KB068857

글로벌 리더를 위한
전략경영

Strategic Management for Global Leader

유순근

박영사

Good fruit never comes from a bad tree.
Never shoot, never hit.

기업의 성공은 어디에서 오는가? "나쁜 나무에서 좋은 과일이 열리지 않는다"는 속담처럼 좋은 전략이 없으면 우수한 경영성과를 얻을 수 없다. 승리하는 군대는 승리할 계획을 사전에 강구하고 전쟁에서 싸워 승리한다. 이와 마찬가지로 성공하는 기업은 경쟁시장에서 경쟁자와 싸울 준비를 계획하고 싸워서 승리한다. 탁월한 전략을 수립하고 실행할 때 성공의 기회가 증가한다. 기업이 경쟁자보다 우수한 전략을 수립하고 선제적으로 시장에 진출할 때 유리한 위치를 차지할 수 있다. 기업이 시장, 고객과 경쟁자를 잘 알고 경쟁자보다 더 탁월한 전략으로 경쟁한다면 승리는 자명한 이치이다. 이것이 바로 전략경영이 필요한 이유이다. 따라서 전략경영은 시장, 고객, 경쟁자, 협력자와 회사를 알고 자원을 최적 배치하여 시장에서 승리하는 경영 활동이다.

경쟁자의 머릿속을 읽는 전략이어야 전략의 가치가 있다. 이러한 전략은 핵심역량을 확보하고 경쟁자와 다른 차별화 전략을 창안하는 창의적인 과정이다. 또한 아무리 훌륭한 전략이라도 실행하지 않으면 단지 서류에 불과하다. 따라서 전략을 실행하고 평가하고 추적·감시하는 과정이 필요하다. 경영자원이 희소하고 가치 있고 경쟁자들이 모방하는데 많은 비용이 들 때 경쟁우위가 가능하다. 이러한 일련의 과정은 혁신, 창의성과 자원의 최적 결합이 요구된다. 따라서 전략경영은 융합적인 이론과 기법을 실천하는 학문이면서 동시에 기술이다. 이러한 관점에서 「글로벌 리더를 위한 전략경영」은 전략경영의 이론과 실무 기법을 설명하였다. 저자는 그동안 대학에서 연구, 저술과 강의한 경험과 산업계에서 전략을 수립하고 실행하고 평가했던 경험을 토대로 본 「글로벌 리더를 위한 전략경영」을 집필하게 되었다. 특히 보편적이고 활용도가 높은 이론과 실무기법을 엄선하여 독자들이 명확하게 이해할 수 있도록 제시하는데 집중하였다.

기업의 세계화, 새로운 기술의 개발에 의한 기존 질서의 파괴나 경영환경의 급격한 변화에 적응하기 위한 혁신경영과 지식경영의 중요성이 더욱 증가하고 있다. 기업의 생존과 번영은 개인이나 사회를 위해서 유익하다. 성공하는 기업의 자원은 성공하는 전략의 요소이다. 전략경영의 모델은 전략경영의 개념을 한눈에 파악하고 전략을 수립하고 실행하고 추적하는데 도움이 된다. 따라서 본 「글로벌 리더를 위한 전략경영」에서는 전략경영의 모델을 제시하고, 이 모델에 의거 설명하였다. 즉, 전략모델에 따라 전략 요소를 제시하고, 기업전략과 사업전략을 연결하고, 기업의 사회적 책임과 윤리경영의 중요성을 강조하였다. 훌륭한 목수에게는 우수한 연장이 필요하듯이 성공하는 기업은 우수한 전략이 필요하다. 따라서 핵심역량을 강화하고 경쟁우위를 확보하는데 필요한 이론과 기법을 활용하면 비전 있는 기업이 될 기회가 증가할 것이다. 따라서 본 「글로벌 리더를 위한 전략경영」은 전략경영을 공부하는 대학생, 대학원생이나 실무에 종사하는 독자들에게 유용한 지침서가 될 것으로 기대한다.

본 「글로벌 리더를 위한 전략경영」은 전략경영을 학습하는 대학생이나 실무에 종사하는 독자들을 위해 환경을 분석하고 전략을 수립하고 실행하고 평가하는 일련의 과정을 설명하여 전략경영의 이론과 실무 기법을 제공하는 전문서적이다. 이러한 집필 목적에서 독자들이 전략경영을 쉽게 이해할 수 있도록 경영이론과 실무기법을 사례와 함께 명확하게 정리하여 설명하였다. 또한 전략경영의 전 분야를 체계적으로 중복이나 누락이 없이 충실하게 편집하였다. 아울러 시각적 효과로 학습의 흥미, 이해의 용이와 장기적 기억을 촉진하기 위해 행동 과학적으로 그림, 도표와 도해를 적절하게 제시하였다. 이러한 집필의 관점으로 타당한 이론과 활용도가 높은 경영혁신 기법을 총 13장에 걸쳐 설명하였다. 한 학기 동안 학습하기에는 다소 무리일 수 있다. 이러한 경우는 제8장 시장전략을 생략하는 것도 한 방법이다. 제1장은 전략경영의 모델, 제2장은 환경분석, 제3장은 내부환경, 제4장은 기회와 혁신, 제5장은 사업전략, 제6장은 기업전략, 제7장은 기능전략, 제8장은 시장전략, 제9장은 브랜드전략, 제10장은 글로벌 전략, 제11장은 혁신과 지식경영, 제12장은 전략실행, 제13장은 전략평가와 윤리경영이다. 특히 디지털 경제에서 무에서 유를 창조해가는 비즈니스 모델과 마케팅 없이 기업이 존립할 수 없는 시장전략을 제시하였다.

본 「글로벌 리더를 위한 전략경영」은 글로벌 기업과 글로벌 리더가 되기 위한 역량을 강화하는 전략경영의 전문서적이다. 따라서 본 「글로벌 리더를 위한 전략경영」이 독자들에게 학습과 경영의 지침서가 되기를 기대한다. 아울러 독자 제현들의 많은 조언과 충고를 부탁드린다. 끝으로 본서의 내용을 정교화하고 가독력을 높여주기 위해 교정과 편집에 창의력과 완성도를 높여 주신 박영사의 모든 선생님들께 감사를 드린다.

2018년 7월
유 순 근

제1장 전략경영

1. 전략의 이해 ·· 5

    1) 전략의 개념 / 5

    2) 전략과 전술 / 8

    3) 기업과 군사 / 8

2. 전략경영 ··· 9

    1) 전략경영의 의의 / 9

    2) 전략경영의 이점 / 11

    3) 전략경영의 함정 / 12

    4) 전략경영의 지침 / 13

3. 전략의 수준 ·· 14

    1) 기본 전략 / 14

    2) 전략의 수준 / 18

4. 전략경영모델 ·· 22

    1) 환경분석 / 23

2) 전략수립 / 24

3) 전략선택 / 27

4) 전략실행 / 38

5) 전략평가 / 39

제2장 환경분석

1. 환경분석 ··· 45

   1) 환경의 의미 / 45

   2) 환경의 특징 / 46

   3) 환경의 중요성 / 47

   4) 기업과 환경 간의 관계 / 47

2. 경영환경 ··· 50

   1) 경영환경 / 51

   2) 거시환경 / 52

   3) 미시환경 / 56

3. 산업분석 ··· 59

   1) 포터의 5요인 분석 / 61

   2) SWOT 분석 / 66

   3) 전략적 위치 및 행동 평가 매트릭스 / 72

   4) 내부요인 평가 매트릭스 / 75

   5) 경쟁 수준 매트릭스 / 76

   6) 경쟁자 행동 예측 / 78

   7) 외부요인 평가 매트릭스 / 80

   8) 갭 분석 / 82

제3장 내부환경

1. 내부환경 ·· 89

    1) 내부환경 요인 / 89

    2) 전략적 인적자원 / 92

    3) 조직구조 / 92

    4) 전략적 기술개발 / 95

    5) 전략적 재무 / 98

    6) 조직문화 / 99

2. 핵심역량 ·· 108

    1) 핵심역량의 개념 / 108

    2) 핵심역량의 기준 / 110

    3) 핵심역량의 결정 / 112

    4) 핵심역량의 사례 / 116

3. 경쟁우위 ·· 117

    1) 경쟁우위의 개념 / 117

    2) 경쟁우위의 개발 / 120

    3) 핵심성공요인 / 122

4. 가치사슬 분석 ·· 124

    1) 가치사슬 개요 / 124

    2) 가치사슬 분석 / 125

5. 비즈니스 모델 ·· 127

    1) 비즈니스 모델의 개념 / 127

    2) 비즈니스 모델의 분류 기준 / 128

    3) 비즈니스 모델의 분류 / 130

    4) 비즈니스 모델 캔버스 / 133

6. 제품수명주기 ·· 135

    1) 제품수명주기의 개념 / 135

    2) 신제품의 진입전략 / 138

    3) 제품수명주기 이론의 한계 / 139

7. 제품성장 매트릭스 ··· 139

    1) 시장침투전략 / 140

    2) 제품개발전략 / 140

    3) 시장개발전략 / 140

    4) 다각화전략 / 141

제4장 기회와 혁신

1. 기회의 창 ·· 145

    1) 기회의 개념 / 145

    2) 기회의 유형 / 146

    3) 기회의 창 / 147

2. 창조적 파괴와 혁신 ··································· 148

    1) 창조적 파괴 / 148

    2) 변화와 혁신 / 149

    3) 캐즘의 극복 / 153

3. 기회발견과 창조 ····································· 156

    1) 발견이론 / 156

    2) 창조이론 / 156

    3) 브리콜라쥬 / 157

4. 기회의 원천 ··· 158

    1) 창조성과 혁신 / 158

    2) 사회와 소비자 추세 / 160

    3) 고객의 이해와 발견 / 161

5. 틈새시장 ·· **162**

   1) 틈새시장의 특징 / 162

   2) 틈새사업 / 163

   3) 틈새마케팅 전략 / 164

6. 벤치마킹 ·· **167**

   1) 벤치마킹의 성격 / 167

   2) 벤치마킹의 유형 / 168

   3) 벤치마킹의 분석 / 168

제5장 사업전략

1. 전략적 대안 ·· **173**

   1) 전략적 대안의 유형 / 173

   2) 사업전략의 유형 / 174

2. 원가우위 전략 ·· **177**

   1) 원가우위의 개념 / 177

   2) 원가우위의 원천 / 178

3. 제품 차별화 전략 ·· **182**

   1) 제품속성의 개념 / 182

   2) 제품 차별화의 특징 / 184

   3) 제품 차별화 전략 / 187

   4) 제품 차별화 분석 / 189

4. 집중화 전략 ·· **196**

   1) 집중화 전략의 개념 / 196

   2) 집중화 전략의 유형 / 196

   3) 집중화 전략의 장단점 / 197

5. 혼합전략 ·· **198**

제6장 기업전략

1. 기업전략 ·· 203

　　1) 성장전략 / 203
　　2) 안정전략 / 208
　　3) 축소전략 / 210
　　4) 포트폴리오 재구축 / 210

2. 통합전략 ·· 216

　　1) 수평적 통합 / 217
　　2) 수직적 통합 / 218

3. 다각화 전략 ··· 221

　　1) 다각화의 이유 / 222
　　2) 다각화의 유형 / 222
　　3) 다각화의 장단점 / 225

4. 전략적 제휴 ··· 226

　　1) 전략적 제휴의 특징 / 227
　　2) 전략적 제휴의 동기 / 227
　　3) 전략적 제휴의 형태 / 228
　　4) 전략적 제휴의 유형 / 228
　　5) 전략적 제휴의 요인 / 231
　　6) 전략적 제휴의 선택 / 232
　　7) 전략적 제휴의 성공 요인 / 232
　　8) 전략적 제휴의 관리 / 233

5. 인수합병 ·· 235

　　1) 인수합병의 동기 / 235
　　2) 인수합병의 방법과 형태 / 237

제7장 기능전략

1. 관리전략 ··· 243

　　1) 계획 / 244
　　2) 조직 / 245
　　3) 지휘 / 246
　　4) 통제 / 247

2. 마케팅 전략 ··· 248

　　1) 마케팅 조사 / 248
　　2) 제품계획 / 248
　　3) 제품판매 / 249
　　4) 구매전략 / 250

3. 연구개발 전략 ··· 251

　　1) 연구개발 전략 / 252
　　2) 정보기술 전략 / 253
　　3) 운영전략 / 254

4. 재무전략 ··· 255

　　1) 재무관리의 개념 / 255
　　2) 재무관리의 기능 / 256
　　3) 재무관리의 목적 / 257
　　4) 위험과 수익 / 258
　　5) 자금조달의 원천 / 259
　　6) 재무비율 분석 / 263
　　7) 손익분기점분석 / 264

5. 전략적 선택 ··· 266

　　1) 기업의 시나리오 구성 / 266
　　2) 위험에 대한 경영자의 태도 / 267
　　3) 이해관계자의 압력 / 268
　　4) 경영자의 필요와 요구 / 269
　　5) 전략적 선택 / 269

제8장 시장전략

1. 시장세분화 ·· 275

    1) 시장세분화의 개념 / 275
    2) 시장세분화의 목적 / 277
    3) 시장세분화의 방법 / 278
    4) 시장세분화의 요건 / 279
    5) 시장세분화의 기준 / 284
    6) 시장세분화의 한계 / 287

2. 표적시장의 선정 ·· 288

    1) 시장표적화 방법 / 288
    2) 세분시장의 평가 / 290

3. 포지셔닝 ··· 292

    1) 포지셔닝의 특성 / 292
    2) 포지셔닝의 전략 / 293
    3) 포지셔닝의 전략 수립 / 296

4. 출시전략 ··· 302

    1) 제품범주 전략 / 303
    2) 제품수명주기 / 304
    3) 출시지역 및 출시시기 / 304
    4) 시장전략 / 305
    5) 제품컨셉의 변환 / 308
    6) 포지셔닝의 오류 / 311
    7) 리포지셔닝 전략 / 312

제9장 브랜드 전략

1. 브랜드의 이해 ··· 317

    1) 브랜드의 개념 / 317
    2) 브랜드의 유형 / 318
    3) 브랜드명의 결정 / 319
    4) 브랜드의 의미성 / 319

2. 브랜드 자산 ··· 320

    1) 브랜드 자산 / 320
    2) 브랜드 인지도 / 321
    3) 브랜드 연상 / 322

3. 브랜드 전략 ··· 324

    1) 브랜드 개발 / 324
    2) 브랜드의 전략 / 325

4. 브랜드 재활성화 전략 ·· 327

    1) 브랜드 수명주기 / 327
    2) 성숙기 브랜드 / 329
    3) 브랜드의 재활성화 전략 / 330

제10장 글로벌 전략

1. 국가 경쟁우위 ·· 341

    1) 국가 위험 분석 / 341
    2) 국가 경쟁우위 / 343
    3) 포터의 국가 다이아몬드 / 344

2. 글로벌 전략 ··· 349

1) 표준화와 현지화 / 350
2) 기업의 글로벌 전략 / 354
3) 국제화의 패턴 / 357
4) 국제시장의 경쟁전략 / 359

제11장 혁신과 지식경영

1. 혁신경영 ···365

    1) 혁신의 개념 / 365
    2) 혁신의 유형 / 369
    3) 혁신의 과정 / 379

2. 지식경영 ···393

    1) 지식의 개념 / 393
    2) 지식의 수준 / 394
    3) 지식의 유형 / 396
    4) 지식경영 / 401

3. 지식재산권 ···408

    1) 지식재산권 / 409
    2) 지식재산권의 종류 / 411
    3) 영업방법 특허 / 413

제12장 전략실행

1. 전략실행 ···419

    1) 전략실행의 성격 / 419
    2) 전략실행의 관여자 / 420

2. 전략실행 방법 ···421

    1) 전략실행의 조직 / 421

    2) 조직수명주기 / 422

    3) 변화의 장애 / 426

3. 전략실행의 기법 ···426

    1) 업무 재설계 / 426

    2) 식스 시그마 / 433

    3) 프로세스 맵 / 440

    4) 프로세스 흐름도 / 441

    5) 기능전개 다이어그램 / 442

    6) 핵심 품질특성 / 443

    7) 작업분류 구조 / 444

    8) 5Whys 분석 / 445

    9) 실패 모드 및 영향 분석 / 446

    10) 품질기능전개 / 447

제13장　전략평가와 윤리경영

1. 전략평가 ···453

    1) 전략평가의 의미 / 453

    2) 전략평가의 기능 / 454

    3) 전략평가의 기준 / 455

    4) 효과적인 평가 시스템 / 458

2. 전략적 통제 ··459

    1) 통제의 개념 / 459

    2) 계획과 통제의 관계 / 460

    3) 통제의 중요성 / 461

    4) 통제의 유형 / 462

    5) 통제지침 / 463

3. 전략적 통제의 과정 ·· **463**

　　1) 감시영역 선정 / 464

　　2) 기준제정 / 464

　　3) 성과측정 / 465

　　4) 성과와 기준 비교 / 470

　　5) 시정조치와 추적 / 471

　　6) 변화관리 / 475

4. 윤리경영 ·· **477**

　　1) 윤리 / 478

　　2) 기업윤리 / 478

　　3) 윤리경영의 장점 / 479

　　4) 윤리경영의 요소 / 480

　　5) 기업윤리의 범위 / 482

　　6) 기업의 사회적 책임 / 484

참고문헌　　488

찾아보기　　492

글로벌
리더를 위한
전략경영

제1장

전략경영

글로벌
리더를 위한
전략경영

전략경영

1. 전략의 이해

기업은 언제나 흥미롭고 역동적인 기회와 불안한 위협에 직면해 있다. 이러한 기회와 위협이 되는 환경에서 기업은 경쟁우위를 확보해야 생존하고 성장할 수 있다. 기업이 경쟁자들보다 탁월한 가치창조 전략을 실행할 때 지속적인 경쟁우위를 확보할 수 있다. 즉, 우수한 사업전략을 수립하고 실행할 때 탁월한 가치를 창조할 수 있다. 이것이 바로 이길 수 있는 전략을 준비하여 경쟁자와 경쟁하는 전략경영이다. 전략은 조직의 장기적인 미래를 위한 핵심 주제인 동시에 방향이다. 전략경영이란 경영자가 우수한 성과를 달성할 수 있는 조직을 위한 일련의 전략을 선택하고 실행하고 추적하는 과정이다. 따라서 기업이 전략경영으로 경쟁우위를 확보하고 평균 이상의 수익을 획득할 수 있다.

1) 전략의 개념

전략(strategy)이란 용어는 stratos(군대)와 ago(지도자)가 결합되어 군대 장군을 의미하는 그리스어 strategos에서 유래하였다. 전략은 어떤 목적을 달성하기 위해 어떤 활동의 관리나 속임수의 기술인 전쟁의 기술을 의미한다. 군사적으로 전략은 적이 실제로 전장에 참여하기 전에 군대를 제 위치로 이동시키는 것으로 군대 배치를 의미한다. 일단 군대가 전장에 참여하면 전투는 개시된다. 여기서 군대의 활동이 핵심이다. 이와 마찬가지로 기업에서 경영의 핵심은 전략이다. 따라서 군대를 기업의 자원으로 대체하고 전장을 산업계로 이전하여 기업경영에서 전략 개념이 널리 사용된다.

전략은 군사 분쟁에서 비롯되었으며 우수한 전략을 사용하는 군대는 다른 군대를 격퇴시킬 수 있다. 손자병법(The Art of War)에서 두 가지 유형의 군대가 있다. 전투하기 전에 승리를 계산하는 군대는 가장 전략적인 요인을 갖고 있는 군대이다. 전투하기 전에 승리할 수 없다고 생각하는 군대는 전략적 요소가 적은 군대이다. 군대의 전략을 관찰하면 승자와 패자를 알 수 있다. 병력과 무기가 전쟁의 결과를 결정하는 군사 분쟁과 달리 기업의 전략은 더 미묘하다. 손자는 전투가 적군과 교전하기 전에 마음속에서 이미 결정된다고 한다. 현대 기업에서 조직은 점점 더 경쟁과 협력의 이점을 인식하고 있다. 기업이 생존하고 성장하기 위해 기업에도 전쟁의 원칙인 전략을 적용할 수 있다.

전략(strategy)은 특정한 목적이나 목표를 달성하기 위해 계획된 방법이나 행동이다. 즉, 개인이나 조직이 사명을 어떻게 달성할 것인가를 기술한 실행 가능한 계획이다. 전략은 유형적으로 만지거나 느낄 수 없고, 또한 전략과 관련된 어떤 물리적 속성도 없다. 조직은 운영, 지원과 관리 과정을 주도할 회사 전략, 제품과 서비스 전략을 수립한다. 전략은 개인이나 조직이 목적을 달성하는 수단이다. 따라서 전략은 구체적인 목적이나 결과를 얻기 위해 계획된 방법이나 행동으로 정의할 수 있다. 조직의 전략은 조직이 사명과 목표를 달성하는 방법을 시작하는 포괄적인 기본계획이다.

- 전략: 특정한 목적이나 목표를 달성하기 위해 계획된 방법이나 행동

환경 변화가 기업의 현실과 충돌하거나 일치할 수 있다. 따라서 기업은 경영환경의 전망을 토대로 시작하여 신중하게 만들어진 계획을 통해 달성할 특정 위치를 결정한다. 전략이란 기본적 방향, 즉 기업이 달성해야 할 목적과 수행할 임무를 말한다. 전략경영의 목적은 기업이 미래를 위한 새롭고 다른 기회를 개발하고 창출하는 것이다. 기업은 다양한 방법으로 전략을 사용한다. 따라서 전략을 수립할 때 전략의 5가지 관점을 고려한다. 5P's의 관점은 계획(plan), 형태(pattern), 위치(position), 책략(ploy)과 관점(perspective)이다.[1]

- 계획: 목적을 성공적으로 달성하기 위해 수행하는 수단
- 형태: 시간의 경과에 따른 추진 행동
- 위치: 특정 제품이나 서비스를 제공하는 특정 시장
- 책략: 경쟁자를 능가하려는 교묘한 수단
- 관점: 회사가 되고자 하는 비전, 방향이나 모습

---

1 Mintzberg, Henry(1994), *The Rise and Fall of Strategic Planning*, Basic Books, New York/Toronto.

손자병법(孫子兵法, The Art of War)

손무의 「손자병법」은 오늘날까지 읽히는 최고의 군사 고전이다. 「손자병법」은 고대 중국의 병법서로 춘추시대 오왕 합려(闔閭)를 섬기던 손무(孫武)가 쓴 것으로 알려졌다. 국가 경륜의 본체를 설파한 정치학과 처세의 교과서라 할 수 있다. 이 책은 전 4권으로 3권까지 손자병법이 만들어지기까지의 과정을 수록하고 있으며, 마지막 4권은 병법 전략이다. 다양한 중국 고사와 더불어 전개되는 이 책은 수많은 무장들에게 존중되었을 뿐만 아니라 국가경영의 요지와 인사의 성패 등에도 비범한 견해를 보이고 있어 인생 문제 전반에 적용되는 지혜의 글이다. 경영자들이 널리 애독하는 서적이다. 다음은 손자병법에서 정리한 것이다.

- 勝兵先勝 而後求戰 敗兵先戰 而後求勝(승병선승 이후구전 패병선전 이후구승): 승리하는 군대는 먼저 승리하는 전략을 찾은 후 전쟁을 하고, 패배하는 군대는 먼저 전쟁을 하고 나서 승리하는 전략을 찾는다.
- 知彼知己 白戰不殆 不之彼而知己 一勝一負 不知彼不知己 每戰必殆(지피지기 백전불태 부지피이지기 일승일부 부지피부지기 매전필태): 적을 알고 나를 알면 매번 싸워도 위태롭지 않다. 적을 알지 못하고 나를 알면 승부를 예측할 수 없다. 적도 모르고 나도 모르면 매번 싸울 때마다 위험에 처하게 된다.
- 不可勝在己 可勝在敵(불가승재기 가승재적): 적이 나를 이기지 못하도록 조치하는 것은 나에게 달려 있다. 그러나 내가 적을 이기는 여건이 마련될지 여부는 적에게 달려 있다.
- 不可勝者 守也 可勝者 攻也(불가승자 수야 기승자 공야): 적을 이길 수 없을 때는 공격을 삼가고 수비에 치중해야 한다. 적을 이길 수 있을 때는 때를 놓치지 않고 공격해야 한다.
- 善攻者 敵不知其所守 善守者 敵不知其所攻(선공자 적불지기소수 선수자 적불지기소공): 공격을 잘하는 자는 적이 어디를 방어해야 좋을지 모르게 만들고, 수비를 잘하는 자는 적이 어디를 공격해야 좋을지 모르게 만든다.
- 兵非益多也 惟無武進 足以併力料敵 取人而已(병비익다야 유무무진 족이병력요적 취인이이): 전쟁에 있어서 병력이 많다고 좋은 것만은 아니다. 오직 무력만 믿고 진격해서는 안 되고 전력을 집중하는 한편 적정을 고려하면서 싸울 수 있을 정도이면 족한 것이다.
- 知彼知己 勝乃不殆 知天知地 勝乃可全(지피지기 승내불태 지천지지 승내가전): 적을 알고 나를 알면 승리를 거두는 데 어려움이 없고, 천시와 지리까지 알면 적을 온전히 하여 승리를 거두는 전승이 가능하다.

전략은 경영자가 회사 목표를 달성하기 위해 취하는 일련의 조치로 회사가 장래에 원하는 상태를 달성하기 위해 다양한 구성 요소로 수립한 일반적인 방향이다. 상세한 계획 과정의 결과로 조직 활동을 통합하고 현재 목표를 달성하기 위해 조직 환경 내에서 자원을 활용하고 할당하는 계획이다. 따라서 기업의 행동은 경쟁자, 고객, 직원 또는 공급업체 등에 영향을 준다. 조직의 청사진인 전략은 "회사가 어디에 있는가"와 "회사가 되고 싶어 하는 것" 사이의 격차를 축소한다. 기업은 조직의 강점을 극대화하고 경쟁업체의 강점을 최소화해야 한다. 따라서 전략은 혁신이나 신제품, 새로운 생산방법 또는 미래에 개발될 새로운 시장의 가능성을 다룬다.

2) 전략과 전술

전략(strategy)은 문제에 대한 목표 또는 해결책의 달성과 같이 원하는 미래를 가져오는 방법이나 계획이다. 이와 달리 전술(tactics)은 전략을 수행하는 수단이다. 즉, 전술은 전략적 목표의 명세, 구체화와 운영이다. 전략은 이사회에서 결정하나 전술은 실행하는 부서장이 결정한다. 전략이 웅장하고 장기적인 그림을 그리고 실천 과정에 대한 아이디어를 제시하는 반면 전술은 단기적이고 구체적인 아이디어를 제시한다. 또한 전술은 단기적인 사고이고 전략실행의 과정에서 발생한다. 우수한 전술이 환경이나 조직의 변화에 반응하는데 필요하다. 따라서 최고 경영자는 전략수립에 관여하지만 조직의 하위 수준에 있는 관리자들은 회사의 기능 부문에서 전술적 결정에 책임이 있다.

표 1-1　전략과 전술의 차이

구분	전략	전술
목표 규모	장기적	단기적
행동 규모	전반적	구체적
결정 주체	이사회	부서장
영향력	전체	특정
유연성	점진적 변화	신속한 조정
행동 시간	실행 전	실행 중

3) 기업과 군사

전략의 역사는 군대에서 시작되었다. 강력한 군대의 전통이 전략경영 연구의 기반이 된다. 목표, 임무, 강점 및 약점과 같은 용어는 전장에서의 문제를 해결하기 위해 구체화되었다. 전략은 대규모 군사작전을 계획하고 지도하는 과학, 적과 실제 교전하기 전에 기동력을 가장 유리한 위치로 이끌어가는 과학이다. 기업전략은 많은 면에서 군사전략과 유사하다. 기업전략과 군사전략의 핵심적인 목적은 경쟁우위를 확보하는 것이다. 기업조직과 군사조직 모두 경쟁자의 약점을 이용하기 위해 자신의 강점을 사용한다. 조직의 전체 전략이 비효율적인 경우 효율성을 달성하기 어렵다. 기업이나 군대의 성공은 우발적인 전략의 결과가 아니다. 오히려 성공은 외부와 내부 조건의 변화에 대한 지속적인 주의와 그러한 조건에 대한 통찰력 있는 적용과 실천의 결과이다.

전략의 성공은 경쟁우위를 제공한다. 경쟁자의 전략과 자원에 관한 자료를 제공하는 정보 시스템은 매우 중요하다. 물론 기업전략과 군사전략의 근본적인 차이점은 기업전략이 경쟁(competition)의 가정 하에 조직화되고 실행되고 평가되는 반면 군사전략은 분쟁(conflict)의 가정에 근거하는 점이다. 그럼에도 불구하고 군사 분쟁과 사업 경쟁은 매우 유사하여 많은 전략기법이 동등하게 적용된다. 기업 전략가는 군사 전략가들이 개선한 가치 있는 통찰력을 이용할 수 있다. 탁월한 전략수립과 실행은 경쟁자의 강점을 극복할 수 있다. 따라서 기업조직과 군사조직은 성공하기 위해 변화에 지속적으로 적응하고 개선해야 한다. 그러나 환경과 경쟁조건이 변할 때 기업은 전략을 잘 변경하지 않는 것이 문제이다.

2. 전략경영

전략경영은 기회의 확인, 우선순위 설정 및 기회의 실천과 평가이다. 예를 들면, 새로운 제품, 새로운 시장과 사업에 대한 진출은 기업이 전략적 계획에 몰입하는 경우에 가능하다. 전략경영을 통해 기업은 수행한 활동을 객관적으로 파악하고 수익성이 있는지 여부에 대한 비용편익 분석을 수행할 수 있다. 차별화하기 위해 재무적 이점만을 목표로 하는 것이 아니라 사업이 목표와 우선순위에 전략적으로 맞는지 평가한다. 핵심은 전략경영을 통해 기업이 시장과 소비자를 위해 탁월한 고객가치를 창조하고 밀착된 고객관계를 유지하는 것이다.

1) 전략경영의 의의

전략경영(strategic management)은 조직의 목적을 달성하기 위해 조직과 환경 간의 탁월성을 제공하는 전략을 구성하고 실행하기 위해 사용되는 의사결정과 행동이다. 전략경영은 조직의 성공을 달성하기 위해 경영, 마케팅, 재무, 회계, 생산, 운영, 조사와 개발, 정보 시스템을 통합하는 데 중점을 둔다. 즉, 전략경영은 환경분석, 전략수립, 전략실행과 전략평가를 말하며, 전략계획은 전략수립만을 의미한다. 탁월한 조직성과는 행운이 아니라 경영자의 전략 선택에 의해서 결정된다. 따라서 경영자들은 다음과 같은 질문에 답할 수 있어야 한다.

- 경쟁환경에서 일어나는 변화와 추세가 무엇인가?
- 경쟁자들은 누구이고, 경쟁자들의 강점과 약점은 무엇인가?
- 제품을 가장 효율적으로 제공할 수 있는 방법은 무엇인가?
- 게임의 법칙[2]을 어떻게 변경할 수 있는가?

전략계획(strategic plan)은 본질적으로 회사의 사업계획이다. 회사는 성공적으로 경쟁하기 위해 전략계획을 갖고 있어야 한다. 전략계획은 많은 우수한 대안들 중에서 엄격한 경영 선택의 결과이고, 좋은 대안을 제시하며, 덜 바람직한 행동 과정 대신 특정 시장, 정책, 절차 및 운영에 몰입하는 것을 의미한다. 전략계획은 기업에서, 전략경영은 학교에서 더 많이 사용하지만 양자를 이 책에서는 동의어로 사용한다. 전략경영의 목적은 미래를 위해 새롭고 다른 기회를 이용하고 창조하는 것이다. 모든 조직은 목표를 설정한다. 전략경영은 회사가 직면하는 상황을 분석하고, 이러한 분석을 기반으로 전략을 수립하고, 최종적으로 전략을 추진한다. 최종 결과는 경쟁자에 대항하여 경쟁우위를 달성하는 것이다. 전략을 수립하고 실행하는 과정은 상호의존적이다. 이러한 문제를 동시에 고려하지 않는다면 성공의 가능성은 현저하게 감소된다. 따라서 전략경영의 과정은 환경분석, 전략수립, 전략실행과 전략평가로 진행되고 이 4개의 요소는 상호작용한다.

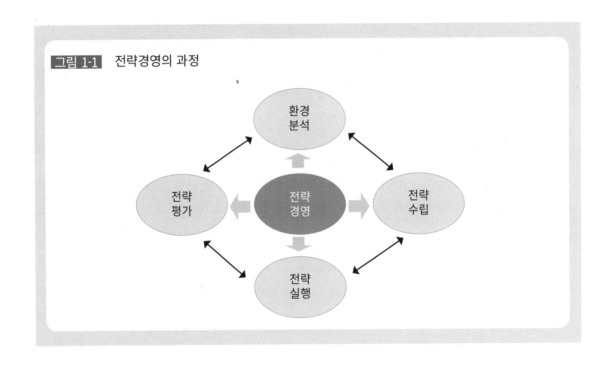

그림 1-1 전략경영의 과정

---

2 게임의 법칙((The Rules Of The Game)이란 상대방이 사용하는 전략에 따라 유리한 전략을 만들어가는 것.

2) 전략경영의 이점

전략경영은 조직이 전략을 보다 체계적이고 논리적이며 합리적으로 선택하여 보다 우수한 성과를 실행하는 과정이다. 이러한 과정에서 의사소통은 성공적인 전략경영의 핵심이다. 관리자들과 종업원들이 전략수립 과정에 함께 관여함으로써, 즉 대화와 참여를 통해 조직을 지원하는데 더 몰입하게 된다. 수립 과정의 참여 목적은 모든 관리자와 직원의 이해와 몰입을 이끌어내는 것이다. 경영자와 종업원들이 조직이 무엇을 하고 있으며, 왜 하는지 이해할 때 회사의 일원이라고 느끼고 목표를 달성하기 위해 최선을 다한다. 종업원들이 자신의 보상과 조직성과 간의 연계를 이해할 때 그렇다. 경영자와 종업원들이 회사의 사명, 목적과 전략을 이해할 때 더 창조적이고 혁신적이다.

전략경영은 개인들의 역량을 강화하는 기회를 제공한다. 역량강화(empowerment)는 종업원들이 의사결정에 참여하고, 솔선과 상상력을 실행하고, 결과를 보상받음으로써 능률을 강화하는 행동이다. 전략경영을 계획할 때 하위 관리자와 종업원들을 포함해야 한다. 과정은 최고 경영층들 간의 회피가 아니라 학습하고, 교육하고, 지원하는 활동이다. 구성원들 간의 대화는 정교하게 제본된 전략경영 문서보다 더 중요하다. 라인 관리자는 전략의 소유자가 된다. 실행하는 사람들을 전략에 관여시키는 것이 성공의 열쇠이다. 우수한 전략적 의사결정이 기업의 소유주나 경영자의 주요 책임이지만, 경영자와 종업원들이 전략수립, 실행과 평가활동에 참여되어야 한다. 참여는 필요한 변화를 위한 몰입을 얻는 비결이다. 많은 기업이 효과적인 의사결정을 위해 전략경영을 사용하고 있으나 전략경영은 성공을 위한 보증은 아니다. 전략경영이 무계획적으로 사용된다면 오히려 역기능적이다.

체계적인 계획으로 활동하는 기업은 판매, 수익성과 생산성이 높다. 높은 성과를 내는 기업들은 외부와 내부환경에 있는 미래 변동성을 대처하기 위해 체계적으로 계획하는 경향이 있다. 이러한 기업들은 장단기 결과에 대한 예상을 바탕으로 정보에 입각한 의사결정을 내린다. 이와 달리 실적이 저조한 기업은 근시안적인 행동을 하고, 미래 상황에 대한 타당한 예측을 반영하지 않는다. 실적이 저조한 조직은 일반적으로 경쟁자의 강점을 과소평가하고, 회사의 강점을 과대평가하는 경향이 있다. 또

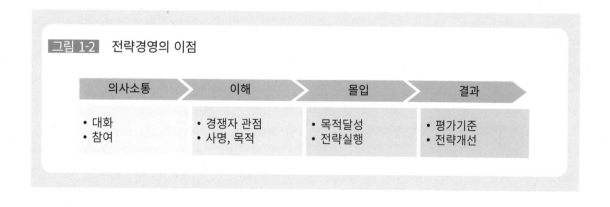

그림 1-2 전략경영의 이점

의사소통	이해	몰입	결과
• 대화 • 참여	• 경쟁자 관점 • 사명, 목적	• 목적달성 • 전략실행	• 평가기준 • 전략개선

한 초라한 성과를 침체한 경제환경, 기술변화 또는 해외경쟁과 같은 통제할 수 없는 요소로 돌린다.

전략경영의 비재무적 이점은 외부 위협의 인식, 경쟁자 전략의 이해, 종업원 생산성 향상, 변화저항의 감소와 성과보상 관계의 이해 등이 있다. 전략경영은 모든 관리자들 간의 상호작용을 촉진하기 때문에 조직의 문제예방 능력을 향상한다. 성공한 조직은 경영자와 종업원들을 양성하고, 조직목표를 공유하고, 제품이나 서비스를 개선하기 위해 역량을 강화하고, 기여를 인정한다. 전략경영은 회사에 질서와 규율을 제공한다. 효과적이고 효율적인 관리 시스템의 시작이고, 사업전략에 대한 자신감을 회복시키거나 시정조치를 적시에 할 수 있다. 다음은 전략경영의 주요 이점이다.

- 기회의 인식, 우선순위와 이용
- 경영 문제에 대한 객관적 견해 제공
- 활동의 조정과 통제를 개선하기 위한 틀
- 불리한 조건과 변화의 영향 최소화
- 기존 목표 지원을 위한 주요 의사결정
- 시간과 자원의 효과적인 할당
- 직원들 간의 내부 의사소통

3) 전략경영의 함정

무한한 자원을 갖고 있는 기업은 하나도 없다. 어떤 기업도 부채나 자본을 무한정 조달할 수 없다. 또한 어떤 기업도 기업에 이익이 되는 모든 전략을 추구할 수 없다. 따라서 전략적 결정으로 기업은 행동의 어떤 과정을 제거하고, 조직 자원을 다른 조직에 할당한다. 대부분의 조직은 주어진 시간에 일부의 기업수준 전략만을 추구할 수 있다. 관리자가 동시에 많은 전략을 추구하여 자원을 분산시켜 모든 전략을 위태롭게 하는 것은 중대한 실수이다. 따라서 기업이 잠재적인 함정을 인식하고 문제를 해결할 준비가 되어 있다면 성공에 필수적이다. 그러나 전략경영은 성공을 위해 즉시 사용할 수 있는 처방을 제공하지 않는다. 따라서 회사는 전략경영을 수행할 때 다음과 같은 함정을 관찰하고 피할 수 있어야 한다.

- 의사결정과 자원에 대한 통제력을 얻기 위한 전략
- 최고 경영자의 공식적 계획과 충돌하는 직관적인 결정
- 성과측정의 기준으로 사용하지 못하는 계획

- 모든 관리자를 참여시키기보다는 일부 계획자에게 위임
- 계획을 불필요하거나 중요하지 않은 것으로 인식
- 계획이 불충분하거나 계획되지 않은 현재의 문제에 지나친 몰입
- 유연성과 창의성이 부족하고 너무 형식화된 기획 과정

4) 전략경영의 지침

전략경영을 수행하는 데 있어 특정 지침을 따르지 않으면 조직에 문제를 야기할 수 있다. 회사의 전략경영이 사람의 과정인지 서류의 과정인지를 혼동해서는 안 된다. 많은 조직은 전략계획을 개발할 때 사후 검토로서 실행될 수단과 상황을 다룸으로써 과도한 시간, 돈, 노력을 낭비하는 경향이 있다. 변화는 계획을 통해서가 아니라 실행과 평가를 통해서 온다. 기술적으로 불완전한 계획의 실행은 서류에 불과하다. 전략경영이 관료주의가 되어서는 안 된다. 오히려 조직의 관리자와 종업원들이 주요 전략의 문제와 이러한 문제를 해결할 수 있는 타당한 대안을 숙지하는 반영 학습 과정이어야 한다. 바람직한 전략경영은 형식적이거나 엄격하지 않고 예측 가능해야 한다.

전략경영 과정은 가능한 간단해야 한다. 전문 용어와 난해한 언어를 제거한다. 현재의 기업전략을 근거로 하는 가정에 도전하는 사고와 행동을 자극한다. 나쁜 뉴스를 환영한다. 전략이 작동하지 않는다면 관리자들은 이유를 알아야 한다. 관련된 정보가 단순히 정량화될 수 없다고 해서 채택할 수 없는 것으로 분류해서는 안 된다. 전략경영의 역할과 필수적 목적을 이해하는 기업문화를 구축한다. 또한 효과적인 전략경영을 위한 중요한 지침은 열린 마음이다. 새로운 정보, 새로운 관점, 새로운 아이디어 및 새로운 가능성을 추구하는 의지와 열망은 필수적이다. 모든 조직원은 탐구와 학습의 정신을 공유해야 한다. 또한 최고 경영자, 기업 소유자 및 정부 기관의 장과 같은 전략가는 조직원의 입장을 청취하고 충분히 이해해야 한다.

전략적 의사결정은 장기와 단기 고려 사항, 수익 극대화와 주주 부의 극대화 간의 상충관계이다. 전략경영의 개념과 기법이 의사결정의 효율성을 향상시킬 수 있다. 그러나 전략을 수립할 때 객관성이 부족하면 경쟁력과 수익성이 악화된다. 위험에 대한 태도, 사회적 책임, 조직문화와 같은 주관적인 요소는 전략수립에 영향을 미치지만 조직은 질적 요인을 고려할 때 가능한 한 객관적이어야 한다.

표 1-2 전략경영 지침

- 서류의 과정이 아니라 사람의 과정이다.
- 모든 관리자와 직원들을 위한 학습 과정이다.
- 과업, 구성원, 회의 형식, 계획 일정까지 다양하다.
- 현재의 기업전략의 근간을 이루는 가정에 이의를 제기한다.
- 나쁜 소식을 환영한다.
- 열린 마음, 탐구정신과 학습정신을 환영한다.
- 관료주의가 되어서는 안 된다.
- 너무 형식적이지 않고, 엄격하지 않으나 예측 가능하다.
- 전문 용어나 비밀스러운 언어를 포함하지 않는다.
- 통제를 위한 공식적인 체계가 되어서는 안 된다.
- 질적 정보를 무시하지 않는다.
- 한 번에 너무 많은 전략을 추구하지 않는다.
- 윤리를 지속적으로 강화한다.

3. 전략의 수준

전략경영은 조직의 목적과 목표를 달성하기 위해 경영진이 목표설정, 경쟁환경 분석, 내부조직 분석, 전략평가, 그리고 전사적 전략을 수행하는 것이다. 전략경영의 핵심은 조직이 직면하는 기회와 위협을 인식하는 것이다. 전략경영은 기본적으로 모든 조직에 필요하고 많은 이점을 제공한다. 전략의 역할은 조직을 위해 경쟁우위를 확보하는 것이다. 경쟁우위는 조직이 경쟁자보다 소비자의 요구를 더 잘 충족시킬 수 있는 것을 의미한다. 그 원천은 제품이나 서비스, 문화, 기술적 노하우와 공정을 포함한 많은 요인에서 온다. 따라서 경쟁우위가 지속가능하기 위해 경쟁자들이 모방하기 어려워야 한다.

1) 기본 전략

회사의 기본 목표는 매출과 이익을 실현하여 생존하고 번영하는 것이며, 전략의 목적은 계획된 특정한 목표를 달성하는 것이다. 생존을 위해 장기적으로 회사가 자본비용을 초과하는 자본 수익률을 확보하는 것이 필요하다. 이것을 성취할 수 있는 방법은 기본적으로 두 가지가 있다. 첫째, 회사가 목표 수익률을 달성하기 위해 매력적인 산업에 위치하는 것이다. 둘째, 회사가 업계 평균을 초과하는 수익을 획득하고, 산업 내 경쟁자와 대항하여 유리한 지위를 얻는 것이다. 이 두 가지 우수한 성과의 원천은 기업전략과 사업전략에서 온다.

회사가 직면하는 기본적인 질문은 "어떻게 돈을 버는가?", "어디서 경쟁하는가?", "어떻게 경쟁하는가?"이다. 이러한 질문에 대한 답은 기업전략과 사업전략의 선택이다. 사업전략은 특정 사업목표를 달성하기 위한 기업의 상위 수준의 계획이다. 즉, 목표의 우선순위를 정하고, 성공적으로 경쟁하고, 사업모델을 통해 재무성과를 최적화하기 위한 회사의 계획이다. 결과적으로 전략은 회사가 경쟁업체와 어떻게 차별화되는지, 수익을 어떻게 창출하는지와 수익을 어디서 얻는지를 실제적으로 설명한다. 전략은 회사의 강점, 약점, 자원 및 기회, 경쟁자와 시장위치를 반영해야 한다. 따라서 전략이 사업성장, 강력한 경쟁우위와 강력한 재무성과로 이어질 때 사업은 성공한다. 그러나 상위 수준의 전략이 실패하면 회사는 전략을 변경하거나 사업을 중단해야 한다.

표 1-3 수익성의 요소

자본비용 초과 수익률	어떻게 돈을 버는가?
산업의 매력도	어떤 산업에 진출해야 하는가?
경쟁우위	어떻게 경쟁하는가?

기업전략과 사업전략의 구분은 조직도에 나타난다. 기업전략은 최고 경영진과 기업전략 담당자의 영역이고, 사업전략은 주로 부문 관리자의 영역이다. 회사의 성공은 경쟁우위를 확보할 수 있는 역량이기 때문에 사업전략을 강조한다. 따라서 이 두 전략은 서로 얽혀 있고, 사업전략의 이슈는 기업전략의 이슈보다 우선한다. 회사의 사업 범위는 경쟁우위의 원천에 영향을 미치며 회사의 경쟁우위의 본질은 성공할 수 있는 사업 범위를 결정한다.

그림 1-3 수익성의 원천과 전략

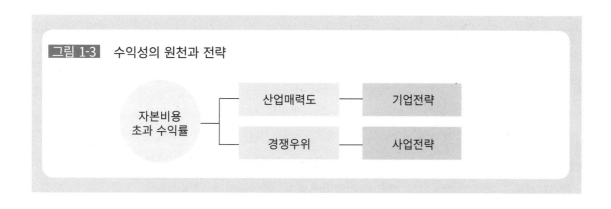

의사결정에서 전략의 사용은 경영자들이 계속적으로 변화하는 외부환경을 고려하는 주요 방식이다. 효과적인 전략으로 외부환경에 있는 기회를 활용하고 위협을 제거하기 위해 조직의 자원과 역량을 사용할 수 있다. 사업전략의 역할은 전반적인 지침, 환경변화에 대한 신속한 대응, 경쟁열위의 극소화, 전략적 비전의 명확화와 목표의 집중, 종업원 동기부여, 의사결정 강화, 효과적이고 효율적인 실천 방법과 기업의 내·외부환경에 대한 이해 증진 등이 있다.

❶ 전반적인 지침

전략이란 특정 목적을 추구하는 특정 행동에 대한 전반적인 지침을 제공하는 생각, 아이디어, 통찰력, 경험, 목표, 전문지식, 기억, 인식 및 기대의 복합을 의미한다. 따라서 전략은 조직의 목표나 목적을 달성하기 위한 전반적인 지침을 제공한다. 또한 조직이 실제로 추진해야 할 우선 경로를 제공한다. 따라서 전략은 경쟁우위를 최대화하는 전반적인 지침이 된다.

❷ 환경변화에 대한 신속한 대응

환경은 매우 역동적이고 빠르게 변화하므로 기업은 운영하기가 매우 어렵다. 기업은 불확실성, 위협 및 제약으로 인해 큰 압박을 받고 있으며 건전한 생존 방법과 수단을 찾는다. 이러한 상황에서 유일한 수단은 경영진이 가능한 기회를 모색하는 동시에 예상되는 위협을 최소화하여 효율성을 달성하는 데 도움이 되는 전략경영을 최대한 활용하는 것이다.

❸ 경쟁열위의 극소화

경쟁열위(competitive disadvantage)는 기업이 산업에서 실적을 저조하게 만드는 불리한 환경이나 조건이다. 즉, 노하우, 생산 규모, 범위, 위치, 유통, 제품품질, 제품기능, 공정 효율성, 생산성 및 비용 등에서 경쟁업체에 비하여 불리한 상태이다. 기업은 경쟁업체에 고객을 잃을 위험이 항상 있다. 벤치마킹이나 특정 요인에 대한 업계 평균을 통해 경쟁열위를 측정할 수 있다. 따라서 전략은 경쟁열위를 최소화하고 경쟁우위를 최대화하는 것이다.

❹ 비전의 명확화와 목표의 집중

전략은 주어진 목표가 어떻게 달성되는지를 나타내기 때문에 산업 내에서 경쟁하는 대부분의 회사는 전략을 갖고 있다. 전략은 시장에서 달성하기를 원하는 목표와 행동 방향을 계획하는 것이다. 따라서 전략은 비전을 제공하고 사명을 정의함으로써 기업 설립의 근거가 되고 변화하는 환경에서 생존하고 유지되는 기본적인 조건이다.

❺ 종업원 동기부여

전략경영이 운영되는 조직은 노동 효율성(labor efficiency)[3]과 경영진에 대한 충성도(loyalty)가 기대될 수 있다. 무엇을, 언제, 어떻게, 누가 수행해야 하는지에 관한 지침을 모든 종업원들에게 준다. 이렇게 해야 주저하지 않고 과업을 수행할 수 있다. 산업 평화와 양호한 실적에 이르는 노동 효율성과 충성도는 전략경영이 채택된 정책의 결과이다.

❻ 의사결정 강화

전략경영은 경영자들이 계속적으로 변화하는 외부환경을 고려하여 전략을 수립하는 방식이다. 외부환경을 고려하면 위험과 기회를 확인할 수 있기 때문에 신속하고 효과적인 의사결정이 가능하다. 따라서 전략경영의 기본 원칙에 따라 조직된 기업은 효과적인 의사결정으로 경영이 순조롭다.

❼ 효과적이고 효율적인 실천 방법

전략은 모든 수준과 모든 기능 영역에 있는 종업원들에게 목적, 목표와 성과의 기준을 분명하게 이해하도록 한다. 따라서 전략은 최대 조화와 구심점을 제공함으로써 실천을 유연하게 해준다. 결과적으로 기대 결과를 더 효율적이고 경제적으로 달성할 수 있다.

❽ 내·외부환경에 대한 이해 증진

전략수립을 위해서는 환경 변수를 지속적으로 관찰하고 이해하고, 환경변수를 기회와 위협으로 분류해야 한다. 또한 이것은 위협이 심각하거나 우연인지 여부와 기회가 합당한지 또는 중요하지 않은지를 아는 것도 포함된다. 이러한 과정으로 전략은 환경에 대한 더 나은 이해를 제공한다. 따라서 조직은 선제적으로 위협에 대응하고 기회를 활용할 수 있다.

---

3 생산수단이 일정할 때 한 사람의 노동자가 투입한 노동량과 생산량과의 관계.

대륙의 실수였다고? - '샤오미' 성공전략

'대륙의 실수'라고 대놓고 불리는 기업이 있다. 2010년 창업 이후 중국에서 가장 사랑을 받으며 성장하고 있는 중국 토종 IT기업인 '샤오미'이다. 2015년에는 중국에서 스마트폰 시장 점유율 1위, 전 세계 4위를 차지했다. 샤오미가 빠른 시간 안에 커다란 성공을 거둘 수 있었던 것은 세 가지 경영전략, 즉 빠른 추격자, 저렴한 가격과 소셜 마케팅 덕분이었다. 먼저 철저한 '빠른 추격자(fast follower)'이다. 샤오미는 사업초기에 디자인에서 가장 혁신적인 디자인 기업이었던 애플을 모방했다. 제품 디자인은 물론 마케팅, 스티브 잡스의 신제품 발표 방식까지 그대로 따라한 기업이었다. 덕분에 빠르게 시장에 진출할 수 있었다. 두 번째는 '저렴한 가격(low price)'이다. 가격대비 가성비가 최고로 좋다는 샤오미의 제품은 경쟁사들의 절반도 안 되는 아주 저렴한 가격이다. 샤오미가 가격을 경쟁할 수 있는 방법은 제품을 온라인으로만 판매하기 때문에 매장 운영비를 줄일 수 있었고, 줄인 비용을 신기술 개발에 투자하여 제품의 가격을 줄일 수 있었다. 세 번째는 SNS를 활용한 '소셜 마케팅(social marketing)'이다. 샤오미는 제작된 제품을 비싼 매체를 통한 광고를 진행하지 않고, 웨이보와 같은 SNS를 통한 소셜 마케팅에 집중했다. 소셜 마케팅을 통해 제품에 팬(Fan)을 만들었고, 고객들이 제품 개발에 의견을 올릴 수 있도록 해서 소비자에게 사랑받는 제품이 되도록 만들었다.

출처: 매일경제 2017.11.15

2) 전략의 수준

전략에는 기업전략, 사업전략과 기능전략이 있다. 조직에서 전략계획은 다수의 다른 수준에서 수립한다. 최고 경영자는 전체로서 회사를 위한 전략계획을 개발하는데 이를 기업전략이라 한다. 전략사업단위(strategic business unit: SBU)는 조직 안에 자신의 경쟁자, 고객과 회계 목적으로 이익 센터를 갖고 있는 사업이나 제품계열이다. SBU는 자신의 사명 선언문을 갖고 있고 스스로 전략계획을 개발한다. 이를 사업전략이라 한다. 회사나 SBU 안에서 마케팅 계획, 회계계획이나 재무계획을 개발할 수 있는데 이를 기능전략이라고 한다.

모든 조직이 모든 수준이나 모든 수준의 계획을 갖고 있는 것은 아니다. 기능수준에서 시행되는 전략과 행동은 사업과 기업수준에서 조직이 목적을 달성하는데 도움이 되어야 한다. 예를 들면, 회사가 기업수준에서 이익을 증가하기를 원한다면 각 단위는 자신의 이익과 전체로서 회사의 이익을 증가하기 위한 전략을 개발할 수 있다. 기능수준에서 회사의 마케팅 부문은 가장 수익이 있는 제품의 판매와 시장점유율을 증가하기 위해 전략계획을 개발할 수 있고, 이익을 증가하고, 회사의 수익을 향상한다.

❶ 기업전략

기업전략(corporate strategy)은 기업의 전반적인 범위와 방향 및 운영전략으로 사업 범위, 기업 목표와 제품계열의 관리 측면에서 회사의 전반적인 방향을 기술한다. 기업전략 결정에는 다각화, 수직적 통합, 인수 및 합병 그리고 회사의 다른 사업들 간의 자원배분을 포함한다.

❷ 사업전략

사업전략(business strategy)은 특정한 산업이나 시장에서 회사가 어떻게 경쟁하는가와 관련이 있다. 사업단위나 제품 수준의 경쟁전략이다. 어떤 제품을 어떤 고객을 대상으로 어떤 경쟁자와 경쟁할 것인가에 관한 전략이다. 사업전략은 경쟁전략과 협력전략 내에서 적합해야 한다. 경쟁전략에는 원가우위와 제품 차별화전략이 있다. 협력전략은 경쟁우위를 제공하기 위해 사용될 수 있다. 예를 들면, 항공사들 간의 전략적 제휴가 있다.

❸ 기능전략

기능전략(functional strategy)은 자원 생산성을 극대화하여 기업 단위 목적과 전략을 달성하기 위해 기능 영역에서 수행하는 전략이다. 회사나 사업부에 경쟁우위를 제공할 수 있는 독창적인 역량 개발 및 양성에 중점을 둔다. 연구개발(R&D) 기능전략의 예로는 다른 회사 제품을 모방하는 기술 추종자와 혁신하는 기술 리더십이 있다.

표 1-4 전략경영 의사결정의 특징

특징	기업전략	사업전략	기능전략
형태	전체	사업단위	특정 부문
측정성	가치판단	준계량	계량
적용범위	고	중	저
현 활동과의 관련	혁신	결합	보완
잠재적 위험	고	중	저
비용	고	중	저
시간 기준	장기	중기	단기
유연성	저	중	고
협력	고	중	저

[그림 1-4]는 한 음료회사의 전략계획을 수준별로 나열한 것이다. 기업전략은 음료의 판매와 이익을 증가하는 것이지만, 각 사업부는 전체 기업전략 및 기능전략과 일치하는 사업전략을 수립하여 판매와 이익을 실현한다. 사업단위는 사회와 환경에 기여하면서 동시에 이익이 있는 제품이나 서비스를 위한 전략계획을 개발한다. 기능수준에서 종업원들은 회사가 더 큰 시장점유율을 확보하기 위해 더 건강한 제품을 개발하고, 환경 친화적인 포장을 사용한다. 조직은 조직의 다양한 목적을 달성하기 위해 기업 내에 있는 다른 수준에서 복합적인 방법과 전략을 이용할 수 있다. 그러나 전략계획 과정의 기본적인 구성 요소는 각 다른 수준에서 동일하다. 기업은 세 가지 유형의 전략을 동시에 사용한다. 전략의 계층구조는 서로 보완하고 지원할 수 있도록 다른 전략 내의 하나의 전략을 중첩한다.

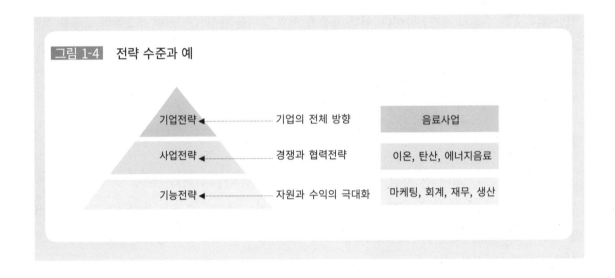

그림 1-4　전략 수준과 예

Sense 전략경영을 수립하지 않는 이유

어떤 기업은 전략경영을 수립하지만 관리자와 직원으로부터 아무런 지원을 받지 못한다. 다음은 전략경영이 불충분하거나 전략적이지 못하고, 전략경영을 수립하지 않는 주요 이유이다.

- **지식과 경험의 부족**: 전략경영에 대한 지식이나 경험이 부족하다.
- **보상체계 부족**: 조직이 성공에 대한 보상을 가정하지만 보상을 하지 않는다. 그러나 실패가 발생하면 회사는 처벌할 수 있다.
- **혼동**: 조직이 위기를 해결하는데 너무 혼동해 계획할 시간이 없다.
- **자원의 과도한 낭비**: 조직이 계획을 시간과 돈의 과도한 낭비로 간주한다. 그러나 계획에 소요된 시간은 투자이다.
- **나태**: 사람들은 계획을 수립하는 데 필요한 노력을 기울이지 않는다.
- **성공의 확신**: 기업이 성공하면 개인들은 계획할 필요성을 느끼지 못한다. 그러나 오늘의 성공은 내일의 성공을 보장하지 않는다.
- **실패의 공포**: 행동을 취하지 않으면 문제가 없는 한 실패의 위험이 거의 없다. 문제가 긴급하고 절박하지 않다면 일이 시도될 때 실패할 위험이 있다.
- **과신**: 경영자가 경험이 많으면 공식화된 계획에 덜 의존할 수 있다. 그러나 과신은 실패를 초래할 수 있다. 사전 계획은 거의 낭비되지 않으며 종종 전문성의 표시이다.
- **과거의 좋지 않은 경험**: 사람들은 계획에 대해 이전의 나쁜 경험을 갖고 있다. 즉, 길고, 성가시며, 비실용적이거나 융통성이 없는 계획에 대한 경험이다.
- **자기 이익**: 기존 시스템을 효과적으로 사용함으로써 지위, 특권이나 자부심을 성취한 경우 새로운 계획을 위협으로 인식한다.
- **미지에 대한 공포**: 사람들은 새로운 기술을 학습하는 능력, 새로운 시스템이나 새로운 역할을 확신하지 않을 수 있다.
- **의견에 대한 차이**: 사람들은 계획이 잘못되었다고 믿을 수 있다. 그들은 상황을 다른 관점으로 보고, 업무가 다른 사람들은 상황을 다르게 인식할 수 있다.
- **의심**: 직원이 경영진을 신뢰하지 않을 수 있다.

4. 전략경영모델

　조직이 실제로 어떤 분석이 없다면 전략이 성공할지, 왜 성공할지를 결코 알 수 없다. 산업의 핵심성공요인을 어떻게 충족하는지를 충분히 이해하지 못한다. 핵심성공요인(key success factors)은 기업의 활동이 성공하기 위해 갖추거나 수행되어야 할 요소이다. 즉, 조직이 고객을 유지하고 성공적으로 경쟁할 수 있게 해주는 산업계에 있는 요소이다. 조직은 소비자들이 원하는 것과 산업계에 있는 경쟁구조를 분석함으로써 핵심성공요인을 확인할 수 있다. 예를 들면, 성공하기 위해 어떤 자원과 역량이 필요한가? 내부구조와 조직문화의 역할은 무엇인가? 산업에서 경쟁을 촉진시키는 요인은 무엇인가?

　어떤 조직은 현재 상황을 충분히 분석하지 않고 실제로 전략을 실행한다. 산업에서 변화가 너무 빠르고 상세히 분석하는 것이 낭비라고 느껴지는 경우가 있다. 조직의 책임자는 경험이나 직관에 의해 의사결정을 할 수 있다. 그러나 분석이 없다면 성공은 단기적이고 지속되기 어렵다.

　전략수립은 SWOT를 고려하여 기회와 위협의 효과적인 관리를 위한 장기적 계획의 개발이다. 이 것은 기업의 사명을 정의하고, 달성할 수 있는 목적을 열거하고, 전략을 개발하고, 정책 지침을 설정

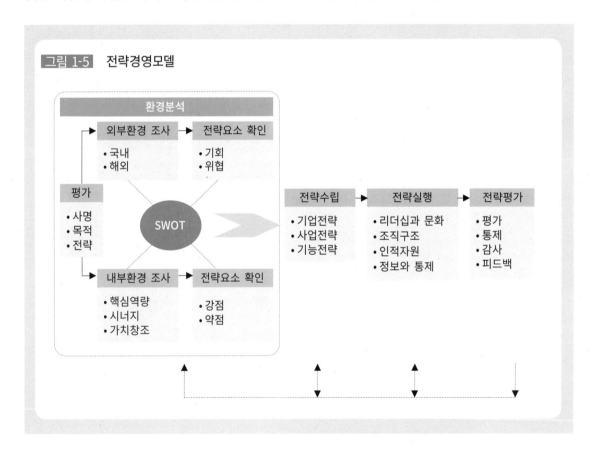

그림 1-5　전략경영모델

하는 것이다. [그림 1-5]는 전략경영모델로 전략경영의 과정 측면에서 기업이 수행하는 것을 제시한 계획 모델이다. 환경의 불확실성이 증가함에 따라 전략경영을 하는 기업이 그렇지 않은 기업보다 변화하는 상황을 더 잘 분석하고 예측할 수 있다.

1) 환경분석

환경분석은 기업 주변에 있는 외부와 내부환경에서 정보를 추적하고, 평가하고, 핵심 구성원들에게 보급하는 것을 의미한다. 환경분석의 목적은 기업의 미래를 결정할 외부와 내부요인을 확인하는 것이다. 외부환경은 기업에 밀접한 요인인 미시환경과 사회 전체에 공통적인 요인인 거시환경으로 구성된다. 미시환경은 고객 기반, 회사 창고의 위치와 기업에 비호의적인 지역 압력단체의 존재 등이다. 거시환경은 인구통계적, 경제적, 정치적, 법적, 사회문화적, 생태적, 지리적, 그리고 기술적 요인 등이 있다. 내부환경은 기업의 성과에 영향을 주는 내부요소와 자원이다. 조직의 내부요인은 조직의 전술 및 결정에 영향을 미치는 중요한 요인이다.

- 외부환경: 통제할 수 없는 조직 외부의 다양한 요인으로 거시환경과 미시환경
- 내부환경: 기업의 성과에 영향을 주는 내부요인
- 거시환경: 기업의 성과에 장기적인 영향을 주는 외부요인
- 미시환경: 기업의 성과에 구체적이며 직접적인 영향을 주는 외부요인

기업은 일상적인 상황에 영향을 미치는 모든 환경 요인에 의해 크게 영향을 받는다. 환경분석은 위협이나 기회의 수준을 평가하는 것을 수반한다. 따라서 기업은 끊임없이 환경을 분석해야 한다. 회사가 사용할 수 있는 외부환경을 조사하는 유용한 방법은 STEEP(Socio-cultural, Technologic, Economic, Ecologic, Political) 분석이다. 환경분석은 전략적 도구로 조직의 성과에 영향을 미치는 외부와 내부요소를 확인하는 과정이다. 이러한 평가는 나중에 의사결정 과정으로 변환된다.

환경분석을 수행하는 가장 간단한 방법은 SWOT 분석이다. SWOT 분석은 전략적 요인인 강점(Strengths), 약점(Weaknesses), 기회(Opportunities)와 위협(Threats)을 분석하는 것이다. 외부환경은 최고 경영층의 단기적 통제가 아니고 조직의 외부에 있는 기회와 위협이다. 핵심적인 환경변수는 조직의 특정한 환경 내에서 작용하는 자연, 사회적 환경이나 특정한 요인들이다. 내부환경은 조직 내에서 있고 회사의 강점과 약점으로 구성된다. 이러한 변수들은 조직의 구조, 문화와 자원을 포함한다. 핵심적인 강점은 기업이 경쟁우위를 얻기 위해 사용할 수 있는 핵심역량을 형성한다.

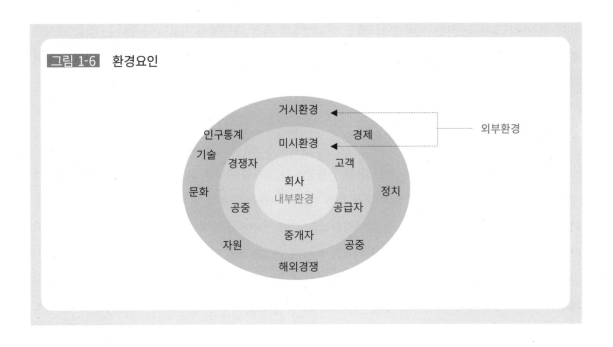

그림 1-6 환경요인

2) 전략수립

전략(strategies)은 회사가 사명과 목표를 달성하는 방법을 설명하는 포괄적인 기본계획(master plan)을 구성한다. 이것은 통일된 방향을 나타내고, 집중과 자원의 개발을 포함하고, 경쟁우위를 극대화하고, 경쟁열위를 최소화한다. 성공적인 전략은 경쟁자가 쉽게 모방할 수 없는 경쟁우위를 확립하는 것이다. 회사는 목적을 달성하고 기회를 이용하기 위해 여러 가지 전략을 사용한다. 예를 들면, Walmart는 저비용 전략을 추구하는 것 이외에 동시에 전 세계적으로 신속하게 신설 점포를 개설하는 전략을 추구한다.

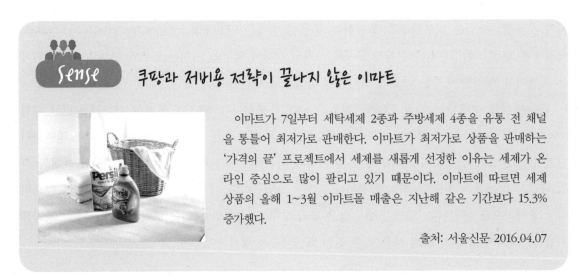

Sense   쿠팡과 저비용 전략이 끝나지 않은 이마트

이마트가 7일부터 세탁세제 2종과 주방세제 4종을 유통 전 채널을 통틀어 최저가로 판매한다. 이마트가 최저가로 상품을 판매하는 '가격의 끝' 프로젝트에서 세제를 새롭게 선정한 이유는 세제가 온라인 중심으로 많이 팔리고 있기 때문이다. 이마트에 따르면 세제 상품의 올해 1~3월 이마트몰 매출은 지난해 같은 기간보다 15.3% 증가했다.

출처: 서울신문 2016.04.07

전략수립은 조직 내에서 사업수준과 기업수준에서 주로 일어난다. 사업수준 전략은 조직이 선택한 시장에서 어떻게 경쟁하는지를 다루지만, 기업전략은 원하는 사업에 대한 근본적인 질문을 다룬다. 전략수립은 기업의 목적을 설정하고, 구체적인 전략계획을 개발하는 계획과 의사결정을 포함한다. 또한 외부환경과 내부환경을 평가하고, 결과를 목표와 전략에 통합하는 것이다. 전략실행은 전략계획의 관리와 추진이다. 따라서 전략수립은 조직의 일관성을 달성하기 위해 6개의 단계로 이루어진다. 각 단계들은 엄격한 순서를 따르지는 않지만 매우 합리적인 순서로 많이 활용된다.

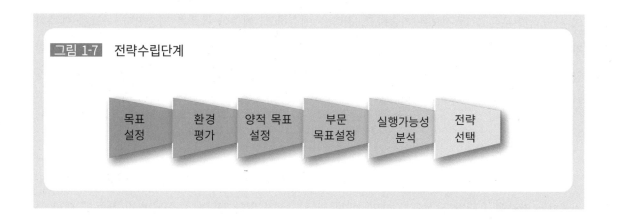

그림 1-7   전략수립단계

❶ 목표설정

전략의 핵심 구성 요소는 조직의 장기적 목표를 설정하는 것이다. 전략은 조직의 목표를 실현하기 위한 매개체이다. 목표설정은 목표에 도달한 상태를 강조하는 반면 전략실행은 목표에 도달하는 과정에 중점을 둔다. 전략에는 목표의 설정과 목표를 실현하는 데 사용되는 매개체가 포함된다. 전략은 목표를 달성하기 위해 자원을 배치하는 방식이다. 따라서 목표선택에 영향을 미치는 요인을 분석해야 한다. 전략결정에 영향을 미치는 목표와 요인이 결정되면 전략적 결정을 내리는 것은 쉽다.

조직은 고객과 시장점유율 목표를 설정한다. 기업은 고객의 욕구를 충족시키고 유지하기 위해 최적의 고객을 정의한다. 또한 조직은 경쟁사와 차별화되는 경쟁우위를 창출하는 전략을 예상해야 한다. 고객이 가격, 명성, 기술 또는 서비스를 구매하는 방식으로 시장을 분석하면 시장 밀도를 높이고 시장 추세를 확인할 수 있다.

❷ 환경평가

목표를 설정한 후 다음 단계는 조직이 운영되는 일반적인 경제 및 산업환경을 평가하는 것이다. 여기에는 조직의 경쟁력에 대한 검토가 포함된다. 기존 제품계열에 대한 질적 및 양적 검토를 수행하는 것이 중요하다. 이러한 검토의 목적은 경영자가 자사의 강점과 약점은 물론 경쟁업체의 강점과 약점을 확인하기 위해 시장에 있는 경쟁적 성공에 중요한 요소를 발견하는 것이다. 따라서 조직은 경쟁업체의 행동과 동향을 추적하여 시장이나 공급처에 대한 위협 가능성을 발견하고 강점과 약점을 파악한다.

❸ 양적 목표설정

양적 목표를 이해하는 것은 수익성 있는 일관된 전략을 수립하는 데 있어 중요한 부분이다. 조직의 사명 선언문은 고객 정보를 기술하고, 전략을 예측하고, 예측한 목표를 기술한다. 목표를 예측하기 위해서는 조직은 시장점유율, 성과 목표, 제품과 서비스, 기업 확장을 측정할 수 있는 달성 가능한 양적 목표를 세워야 한다. 또한 조직은 영업팀이 회사를 유지할 수 있도록 측정된 양적 목표를 설정한다. 이외에도 조직은 조직의 어떤 목표에 대한 양적 목표 값을 실질적으로 설정한다.

❹ 부문 목표설정

사업이나 기능 부문 계획과 관련하여 목표를 설정한다. 이를 위해 조직목표를 사명 선언문과 일치시키는 전략을 수립한다. 목표를 사명 선언문과 일치하기 위한 전략이 수립되면 각 부문에 대한 부서별 계획을 조사하고 작성한다. 모든 회사는 회사의 지속적인 성과를 위해 필요한 여러 가지 업무를 처리하는 특정 부서를 운영한다. 대기업은 경쟁우위를 유지하기 위해 조직구조뿐만 아니라 각 개별 시장을 정의한다. 조직 내의 각 부문이나 제품범주에 의해 이루어진 기여가 식별되고 그에 따라 전략 계획이 각 하위 단위에 대해 수행된다. 이를 위해서는 거시경제 동향을 면밀히 분석한다.

❺ 실행가능성 분석

실행가능성 분석은 기업의 각 조직 부문에서 SWOT 분석을 실행하는 과정이다. 전략수립을 올바르게 실행한 경우에만 효과적이다. SWOT 분석은 시장을 이해하고, 경쟁업체를 확인하고, 브랜드를 만드는 데 필요한 단계이다. 회사가 적절한 분석을 하지 않고 시장진입을 결정하면 시장과 경쟁업체를 이해하지 못하고 과도한 자금을 낭비하게 된다. 실행가능성 분석에는 계획된 성과나 원하는 성과 간의 차이를 발견하고 분석하는 것이 포함된다. 과거 실적, 현재 상태 및 원하는 미래 조건 등을 평가한다. 이 비판적인 평가는 실제 현실과 조직의 장기 목표 사이에 지속되는 차이를 확인한다. 현재 추세가 지속되는지, 어떤 변화가 예상되는지 등 가능한 미래 상태를 추정한다.

3) 전략선택

전략선택은 전략수립의 최종 단계이다. 실제로 조직의 목표, 강점, 잠재력, 한계와 외부 기회를 고려한 후에 최적의 행동 방침을 선택한다. 따라서 선택된 최적의 전략은 실행 가능한 전략이어야 하고, 상황 변화에 따라 유연하게 수정할 수 있어야 한다.

❶ 전략적 의사결정

전략적 의사결정(strategic decision)은 정책 목표나 기본 계획을 수립하는 의사결정이다. 즉, 기업이 "무엇을 할 것인가?"에 관한 의사결정이다. 전략적 의사결정의 대상은 조직이 달성하려는 미래의 바람직한 상태이다. 따라서 전략을 수립하고 관찰된 결과에 따라 전략을 변경하는 과정을 포함하는 지속적인 과정이다. 예를 들면, 백화점의 관리자는 판매를 증가하는 목적으로 영업시간 중에 특정 제품에 더 낮은 가격으로 더 많은 고객을 유치하기 위한 전략을 결정할 수 있다. 그러나 조직이 더 커지고 복잡해짐에 따라 불확실한 환경으로 경영 의사결정이 복잡해지고 어려워진다. 다른 의사결정과 달리 전략적 의사결정은 전체 조직의 장기적 미래를 다루며 세 가지 특징, 즉 특이, 몰입과 지침이 있다.[4]

- 특이: 상황이 특이하나 따라야 할 선례가 없다.
- 몰입: 상당한 자원을 투입하고 모든 수준의 몰입이 필요하다.
- 지침: 조직 전반에 걸쳐 향후 조치에 대한 선례를 결정한다.

전략경영은 전략적 의사결정에 중점을 둔다. 전략적 의사결정은 시간이 지남에 따라 조직을 다른 조직보다 한 방향으로 집중하는 행동의 선택이다. 따라서 전략적 의사결정은 전체 조직의 장기적인 미래를 다루고, 상당한 자원을 투입하고, 모든 수준의 사람들로부터 커다란 헌신을 요구한다. 또한 하부 수준의 의사결정과 향후 조치에 대한 선례를 제시하며 전체 조직에 영향을 미친다. 민츠버그(Henry Mintzberg)는 전략적 의사결정의 방식을 기업가 정신 방식, 적응 방식, 계획 방식과 논리적 점증주의로 분류한다.

---

4   Kenny et al.,(1987), "Strategic Decision Making: Influence Patterns in Public and Private Sector Organizations," *Human Relations, 40(9)*, 613−631.

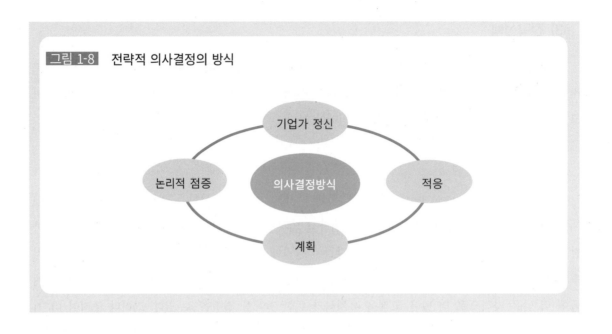

그림 1-8　전략적 의사결정의 방식

기업가 정신

논리적 점증

의사결정방식

적응

계획

▌기업가 정신 방식

기업가 정신 방식(entrepreneurial mode)은 한 명의 강력한 사람이 전략을 수립하고 설립자의 방향에 대한 지침에 따라 진행된다. 주된 목표는 회사의 성장이다. 기업가 정신 방식은 조직의 기회에 초점을 맞춘다. 전략과 관련된 문제는 2차적이다. 제프 베조스(Jeff Bezos)가 창립한 아마존은 이 전략적 의사결정 방식이다. 이 회사는 인터넷을 사용하여 책 등을 판매하는 베조스의 비전을 반영했다. 아마존의 명확한 성장전략이 확실하게 기업가 정신의 장점이었지만 베조스의 편향된 경영 스타일은 고위 임원을 유지하는 것을 어렵게 하였다.

▌적응 방식

적응 방식(adaptive mode)은 새로운 기회의 선제적 탐색보다는 오히려 기존 문제에 대한 사후적인 해결책이다. 기업은 상황에 맞게 적응하는 것이다. 따라서 새로운 기회를 모색하기보다는 기존 문제에 중점을 둔다. 전략은 단편화되어 있으며 기업을 점진적으로 발전시키기 위해 개발된다. 이 방식은 대부분의 대학, 많은 대형 병원, 다수의 정부 기관 및 다수의 대기업에서 사용된다.

▌계획 방식

계획 방식(planning mode)은 상황분석을 위한 적절한 정보가 체계적으로 수집되고, 가능한 대안 전략이 개발되고, 가장 적절한 전략이 선택된다. 이것은 새로운 기회의 선제적 탐색과 기존 문제의 사후 해결책을 모두 포함한다. 한 가지 상황 또는 다른 상황에서 사용될 수 있지만 전략 관리 과정의 기본 요소를 포함하는 계획 방식은 합리적인 방법이다. 이러한 계획방식은 복잡하고 변화하는 환경을 다루는 데 더 적합하다.

▌논리적 점증주의

논리적 점증주의(logical incrementalism)는 기업가, 적응과 계획 방식의 통합으로 과거의 관례나 기존의 정책을 토대로 하여 점진적으로 개선해 나가는 방식이다. 전략이 한 번의 결정에 의해 이루어지는 것이 아니라 주기적으로 평가되는 작은 결정을 통해서 이루어진다. 작은 결정은 실험과 학습을 통해서 논리적으로 이루어진다. 따라서 급격한 변화나 장기적 전망에 의한 계획적인 변화보다도 현실의 당면문제를 점진적으로 해결하고 대처해나가는 데 중점을 둔다. 이 방식은 환경이 빠르게 변화할 때, 전체 조직을 특정 전략에 투입하기 전에 합의를 도출하고 필요한 자원을 개발하는 것이 중요할 때 유용하다. 본사는 사명과 목표를 수립하고, 사업단위는 이를 달성하기 위한 전략을 제안할 수 있다.

❷ 전략적 의사결정의 특징

전략적 의사결정은 회사가 운영하는 환경, 자원 및 구성원들과 관련된 결정이다. 전략적 의사결정의 특징은 조직에 대한 주요 자원을 제안하고 주요 변화를 포함한다. 매우 복잡하고 불확실하고 많은 위험을 수반한다. 조직에 대한 주요 자원을 제안한다. 즉, 새로운 자원을 보유하거나 재배치하는 것이다. 또한 조직의 자원 능력을 위협과 기회와 조화시킨다. 조직은 끊임없이 변화하는 환경에서 운영되기 때문에 주요 변화를 포함하고 변화는 사실상 복잡하다. 따라서 전략적 의사결정은 최고 경영층의 수준이며 미래를 다루기에는 불확실하고 많은 위험을 수반한다.

전략적 의사결정은 관리적 의사결정과 운영적 의사결정과 다르다. 운영적 의사결정(operational decision)은 전략적 의사결정의 실행을 돕는 기술적 의사결정이다. 비용절감은 직원 수를 줄이기 위한 운영의 결정을 통해 달성되는 전략적 의사결정이며, 이러한 절감을 수행하는 방법은 관리적 결정이다. 관리적 의사결정(administrative decision)은 기업의 전략적 의사결정을 통하여 결정된 경영목표와 경영전략을 실행하기 위한 필요한 자원의 조달, 조직화와 운용에 관한 결정이다. 따라서 관리적 의사결정은 전략적 의사결정이나 운영적 의사결정을 지원하거나 용이하게 하는 일상적인 의사결정이다.

표 1-5 의사결정의 차이

전략적 의사결정	운영적 의사결정	관리적 의사결정
장기적 의사결정	간헐적 발생	일별 조치
미래 계획	중기 의사결정	단기 의사결정
조직의 사명과 비전과 일치	전략과 운영적 의사결정과 일치	전략과 운영 의사결정에 의거
조직의 전체 계획과 관련	생산과 관련	종업원들의 과업과 관련
조직 성장	생산과 공장의 효율적 운영	조직 내의 종업원들의 복지

❸ 전략의 구성 요소

전략 선언문(strategy statement)은 회사의 장기적인 전략 방향과 광범위한 정책 방향을 설정한다. 이것은 회사에 대한 명확한 방향과 활동을 위한 청사진을 제공한다. 조직이 경쟁우위를 유지한다면 계속 존재할 이유가 있다. 전략적 의도는 회사의 비전을 달성하기 위해 구성원들에게 동기를 부여하고 비전을 분명히 제시한다. 잘 표현된 전략적 의도는 목표를 안내하고 목표를 구성원들에게 제시함으로써 조직의 관심을 집중시킨다. 이것은 개인의 몰입과 참여를 장려하고 자원을 할당한다. 가용 자원과 잠재력을 외부환경과 조화시키고, 향후 기회를 창출하고 개발하기 위해 새로운 자원과 잠재력을 구축하는 데 중점을 둔다. 전략 선언문의 주요 구성 요소는 사명, 비전, 목적과 목표, 경쟁우위, 예산, 정책, 절차, 방법과 규칙, 프로그램과 프로젝트 등이 있다.

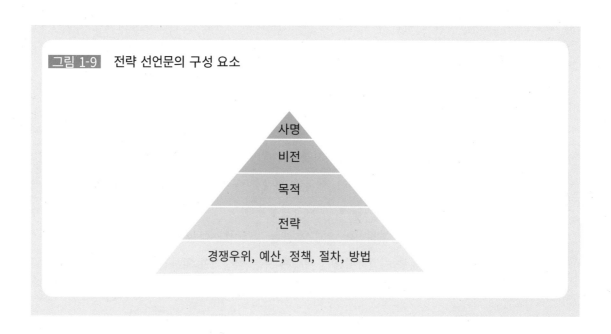

그림 1-9 전략 선언문의 구성 요소

사명
비전
목적
전략
경쟁우위, 예산, 정책, 절차, 방법

▮ 사명

조직의 사명(mission)은 조직이 존재하는 목적과 이유이다. 사명은 회사가 사회에 제공하는 것을 알려준다. 잘 계획된 사명 선언문(mission statement)은 회사를 다른 회사와 차별화하고, 제공되는 제품이나 서비스 측면에서 회사 운영의 영역을 식별하는 독특한 목적을 정의한다. 사명 선언문은 기업의 가치와 기업이 고객과 종업원을 어떻게 다루는지에 관한 철학을 포함한다. 이러한 사명 선언문의 목적은 구성원들의 공통된 기대감을 촉진하고, 중요한 이해관계자 집단과 소통하는 것이다. 따라서 사명 선언문은 어떤 회사인지와 무엇을 하는지를 기술한다.

- 사명(mission): 조직이 존재하는 목적과 이유

종업원들이나 고객들이 회사의 사업을 아는 것이 중요하다. 비전 선언문과 사명 선언문은 기업에 방향을 제공하기 때문에 신중하게 개발하여야 한다. 사명은 최고 경영자의 가치를 반영하고, 기업의 제품, 시장영역과 활동 범위를 규정한다. 사명 선언문은 회사의 목적, 윤리, 문화와 의사결정의 기준을 정의하고 회사의 가치 요약을 포함한다. 가치(value)는 개인이나 집단의 신념이다. 사명은 고객의 관점에서 개발되고 비전과 일치해야 한다. 다음은 사명의 구성 요소이다.

- 목적: 회사는 왜 존재하는가?
- 고객: 회사의 고객은 누구인가?
- 제품: 회사의 주요 제품 또는 서비스는 무엇인가?
- 시장: 회사는 어디에서 경쟁하는가?
- 기술: 기술은 최신인가?
- 철학: 회사의 신념, 가치, 열망 및 윤리적 우선순위는 무엇인가?
- 성장과 수익성: 회사는 성장과 재무 건전성에 전념하는가?
- 경쟁우위: 회사의 독특한 역량이나 기능은 무엇인가?
- 공공 이미지: 회사는 사회 및 환경적인 관심사에 반응하는가?
- 인적자원: 직원은 회사의 소중한 자산인가?

사명 선언문은 조직이 이해관계자에게 제공하고자 하는 역할에 대한 설명이다. 조직을 운영하는 이유를 기술하고 전략이 수립되는 틀을 제공한다. 조직이 수행하는 과업인 현재 기능, 이해관계자와 존재 이유를 기술한다. 사명 선언문은 목표와 목적을 달성하기 위해 사용하는 활동, 제품과 기술의

광범위한 범위를 기술함으로써 조직을 다른 조직과 차별화한다. "회사는 왜 존재하는가?"처럼 조직의 현재에 관한 기술이다. 최고 경영자는 사명 선언문 작성에 중요한 역할을 한다. 사명 선언문에는 기본적인 구성 요소가 있어야 한다. 즉, 회사의 사명이나 비전, 직원의 행동과 행동을 형성하는 핵심가치, 목적과 목표 기술이다. 이러한 사명은 다음과 같은 특징이 있다.

- 실현 가능하고 달성 가능해야 한다.
- 어떤 행동도 취할 수 있도록 충분히 명확해야 한다.
- 경영진, 직원 및 사회 전체에 영감을 줄 수 있어야 한다.
- 충분히 정확해야 한다. 즉, 너무 넓지도 좁지 않아야 한다.
- 모든 사람의 마음에 영향을 미치도록 독특해야 한다.
- 분석적이어야 한다. 즉, 전략의 주요 구성 요소를 분석해야 한다.
- 모든 이해관계자가 신뢰할 수 있어야 한다.

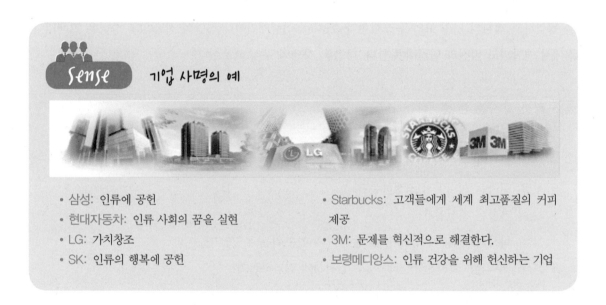

Sense **기업 사명의 예**

- 삼성: 인류에 공헌
- 현대자동차: 인류 사회의 꿈을 실현
- LG: 가치창조
- SK: 인류의 행복에 공헌
- Starbucks: 고객들에게 세계 최고품질의 커피 제공
- 3M: 문제를 혁신적으로 해결한다.
- 보령메디앙스: 인류 건강을 위해 헌신하는 기업

▎비전

비전(vision)은 회사가 나아가야 할 방향으로 기업의 장기적인 목적이다. 즉, 회사가 지향하는 것을 명확하게 설명한 것이다. 비전은 미리 볼 수 있는 잠재력이다. 그것은 "회사가 미래에 되고 싶은 것"이라는 질문에 답한다. 비전은 효율적인 의사결정은 물론 효과적인 사업계획에 기여한다. 비전은 조직의 성격과 목표에 대한 공유된 이해를 통합하고, 조직을 더 나은 목적으로 인도한다. 따라서 비전을 실현하려면 조직에 깊이 뿌리 내리고 조직에 소속된 모든 사람들이 공유해야 한다. 사명은 현재 조직이 무엇인지를 의미하고, 비전은 조직이 미래에 되고자 원하는 것을 의미한다.

- 비전(vision): 회사가 나아가야 할 방향

비전 선언문(vision statement)은 조직이 미래에 있어야 할 곳 또는 이해관계자의 요구를 가장 잘 충족시켜야 하는 곳을 식별한다. 즉, 미래를 향한 꿈과 포부를 묘사한다. 따라서 비전 선언문은 조직의 목적과 열망에 대한 미래의 선언이다. 예를 들면, 중소기업의 욕구에 적합하게 제작하고, 사용자 위주의 소프트웨어를 공급함으로써 회사는 향후 5년 안에 중소기업에 경영 프로그램의 선도공급자가 될 것이다. 비전은 회사가 발전하려고 하는 것을 상기시켜 준다. 고객을 위한 사명 선언문과는 달리 비전 선언문은 조직과 구성원을 위한 것이다. 효과적인 비전 선언문에는 다음과 같은 특징이 있어야 한다.

- 모호하지 않아야 한다.
- 조직의 문화와 가치가 조화를 이루어야 한다.
- 꿈과 포부는 합리적이고 현실적이어야 한다.
- 기억하기 쉽도록 짧아야 한다.

▌ 목적과 목표

목적(objective)은 조직이 주어진 시간 내에 달성하고자 원하는 최종 결과이다. 즉, 방향이나 중점에 대한 포괄적 진술, 장기적인 의미를 뜻한다. 목적은 경영의 계획과 다른 활동을 안내한다. 이와 달리 목표(goal)는 목적을 구체화한 것으로 목적을 실현하기 위한 활동 수단이며, 단기적, 수량적으로 표현된다. 피터 드러커(Peter Drucker)는 경영의 실천(The Practice of Management)에서 중요한 영역의 시장 지위, 혁신, 생산성, 물적·재무자원, 수익성, 경영성과와 개발, 작업 성과와 태도, 공적 책임 등을 목적으로 한다. 기업이 운영하는 환경을 강조할 필요가 있다. 다른 영역에 있는 목적은 적절하게 균형을 맞추어야 한다. 그러나 목적과 목표는 상호 교환하여 사용되는 경우가 있다.

- 목적(objective): 달성하고자 원하는 최종 결과
- 목표(goal): 목적을 실현하기 위한 활동 수단

목표는 회사가 경영 활동으로 달성하고자 하는 것으로 경영전략을 수립하기 위한 근거이다. 목표

는 다양한 방법으로 형성되지만 목표의 달성은 주로 매출과 이익이다. 회사는 자원을 경영 활동에 할당하기 전에 목표를 설정할 필요가 있다. 목표는 정확하고, 측정 가능하고, 중요한 문제들을 다루고, 특정 시간 내에 달성할 수 있어야 한다. 또한 목표는 환경 변화에 반응하고 대응해야 하며, 현실적이고 운영 가능해야 한다. 목표는 SMART 요소로 구성되며 다음은 SMART 요소이다.

- 구체성(Specific)
- 측정가능성(Measurable)
- 달성가능성(Achievable)
- 현실성(Realistic)
- 시간기준(Time-Based)

표 1-6 사명, 비전과 목적

사명	회사는 왜 존재하는가?
비전	회사는 어디로 가는가?
목적	무엇을 달성하고자 하는가?

경쟁우위

경쟁우위(competitive advantage)는 사업을 경쟁업체보다 더 성공적으로 만드는 조건이나 사업을 성공으로 이끄는 특정 조건이다. 경쟁우위는 경쟁회사와 비교할 때 회사가 특히 잘하는 것으로 우수한 시장 포지셔닝과 가치 있는 자원에서 온다. 전략 선언문의 이 부분은 조직이 선택한 영역에서 자신이 설정한 목표를 달성하는 방법을 설명한다. 이것은 경쟁환경에서 경쟁우위를 의미한다. 즉, 회사가 다른 회사와의 경쟁에서 어떻게 목표를 달성하는지 등 경쟁우위를 나타낸다. 특정 목표를 달성하기 위해서는 조직이 동일한 목표를 추구하는 다른 조직보다 뛰어나야 한다.

예산

예산(budget)은 계수적으로 기대 결과를 포함하는 계획이다. 즉, 예산은 계수적으로 주어진 미래 기간 동안 계획의 구성이다. 조직은 사업단위, 부서나 조직을 위한 예산을 수립한다. 예산의 기간은 일년이고, 재무용어로 표현된다. 예산은 통제시스템의 근거이며 성과를 측정하는 척도를 제공하고, 조직 내에서 부문 간 비교를 촉진한다. 예를 들면, 수입과 비용예산은 주어진 기간 동안에 기대 수입과 비용을 반영한다. 이러한 예산이 통제와 연결되는 중요한 관리 도구이다.

▮ 정책

정책(policy)은 구성원들이 앞으로 나아갈 노선이나 취해야 할 방침이다. 정책은 조직 내의 부하 직원이 결정을 내릴 수 있는 범위 또는 영역을 정의한다. 이것은 의사결정을 할 때마다 최고 경영진과 상의하지 않고도 하위 수준의 관리자가 문제를 처리할 수 있도록 한다. 정책은 조직이 행동을 관리하기 위해 개발한 지침으로 결정을 내리는 한계를 정의한다. 경영자는 권한 내에서 정책을 결정한다. 효과적인 정책에는 다음과 같은 기능이 필요하다.

- 구체성: 정책은 구체적이고 명확해야 한다. 그것이 불확실하다면 실행이 어렵다.
- 명확성: 정책은 모호하지 않아야 한다. 용어, 의미에서 오해가 없어야 한다.
- 통일성: 부하 직원들이 효율적으로 따라갈 수 있도록 충분히 균일해야 한다.
- 적절성: 정책은 현재의 조직목표에 적절해야 한다.
- 간단성: 정책은 조직 내 모든 사람이 간단하고 쉽게 이해할 수 있어야 한다.
- 포괄성: 광범위한 범위를 가지려면 정책이 포괄적이어야 한다.
- 유연성: 정책은 운영과 적용이 유연해야 한다. 정책을 항상 변경하는 것을 의미하지는 않지만 관리자가 반복적이고 일상적으로 사용할 수 있어야 한다.
- 안정성: 정책은 안정을 유지해야 한다. 그렇지 않으면 지침을 찾는 사람들의 우유부단과 불확실성을 초래할 수 있다.

정책은 전략과 동의어로 간주되어서는 안 된다. 정책은 반복적이고 일상적인 조직 활동의 청사진이나 전략은 동일한 형태로 이전에 처리되지 않은 조직의 의사결정이다. 따라서 정책은 조직의 효과적이고 효율적인 운영에 필수적인 일상 활동이나 전략은 최고 경영진의 전략적 의사결정이다. 정책과 전략의 차이점은 [표 1-7]과 같이 요약할 수 있다.

표 1-7   정책과 전략의 차이점

정책	전략
• 반복적이고 일상적인 조직 활동의 청사진 • 중간 수준의 관리 • 운영에 필수적인 일상 활동 • 행동과 관련	• 이전에 처리되지 않은 조직의 의사결정 • 최고 경영진의 책임 • 전략적 의사결정 • 사고와 행동 모두 관련

▌ 절차, 방법과 규칙

절차(procedures)는 어떤 구체적인 활동을 하는 정확한 방법이다. 절차는 특정 과업이나 직무를 수행하는 방법을 자세하게 설명하는 순차적인 단계나 기술이다. 프로그램을 완성하기 위해서 수행되어야 하는 다양한 활동을 기술한다. 예를 들면, 기업은 나이에 근거하여 승진정책을 가질 수 있다. 정책을 실행하기 위한 절차는 종업원들의 나이를 계산하고, 실제적인 승진을 주기 위해 수립되어야 한다. 정책은 생각을 안내하지만 절차는 행동을 안내한다. 이와 달리 방법(method)은 단일 운영이나 하나의 구체적인 단계를 포함하고, 이러한 단계가 어떻게 채택되어야 하는지를 명시한다. 규칙(rule)은 긍정적이거나 부정적인 규범을 명시하고, 적용할 때 재량을 허용하지 않는다.

▌ 프로그램과 프로젝트

프로그램(program)은 특정한 목적을 달성하기 위해 적절한 순서로 수행되는 작업계획의 개요이다. 즉, 일회용 계획을 수행하는 데 필요한 활동이나 단계에 대한 설명이다. 예를 들면, 회사의 구조조정, 회사의 내부 문화 변화 또는 새로운 연구 노력의 시작이 포함된다. 기본적이거나 중요한 프로그램은 많은 파생적인 프로그램의 제정을 요구한다.

프로젝트(project)는 프로그램과 연결되어 수행되어야 하는 특정한 과업이다. 프로그램에 있는 단일 단계(single step)이다. 프로젝트는 분명한 대상과 명확한 종결이 있고 프로그램처럼 동일한 특성이 있지만 범위가 좁고 덜 복잡하다. 프로젝트는 프로그램을 지원하거나 보완하기 위해서 사용된다.

❹ 전략적 의사결정 과정

전략적 의사결정으로 기업가 정신, 적응 방식, 계획 또는 논리적 점증주의를 사용하는 이유가 있다. 대부분의 상황에서 전략경영의 기본 요소를 포함하는 계획 방식은 전략적 결정을 내리는 데 합리적이고 우수한 방식이다. 계획 방식은 다른 방식보다 분석적일 뿐만 아니라 정치적 성향도 적고, 복잡하고 변화하는 환경을 다루는 데는 더 적합하다. 다음은 전략적 의사결정을 향상하는 과정이다.[5]

- 투자수익, 수익성 등의 측면에서 성과, 사명, 목표와 전략을 평가한다.
- 회사의 경영구조를 검토한다. 즉, 이사회와 최고 경영자의 성과를 검토한다.
- 전략적 요소(SWOT)를 분석하여 문제 영역을 찾아낸다.
- 실행된 분석에 비추어 최상의 대안 전략을 수립, 평가 및 선택한다.

---

5 Wheelen, Thomas L., Hunger, J. David(2017), *Strategic Management and Business Policy*. Pearson.

- 프로그램, 예산 및 절차를 통해 선택된 전략을 실행한다.
- 피드백을 통해 실행 전략을 평가하고, 계획과의 차이 최소화를 위해 활동을 통제한다.

회사의 내부 및 외부요인들이 의사결정 과정에서의 행동에 영향을 미친다. 관리자의 가치, 목표 및 성격은 내부환경에 속한다. 고객, 공급업체, 경쟁업체, 제품 대체품, 국가 경제 정책 등은 외부환경에 속한다. 전략적 의사결정 과정은 이러한 요인을 고려하여 경영자는 문제와 기회를 찾고, 문제와 대안을 정의하고, 최선의 대안을 분석하고 선택하며, 결정을 내린다. 전략적 의사결정 과정은 문제 탐지, 문제 정의, 분석 및 선택, 전략실행으로 이어진다.

▌ 문제 탐지

문제 또는 기회를 발견하기 위해 외부와 내부 정보를 검색한다. 문제는 현재 상황과 원하는 상황 사이의 인식된 차이로 정의되며 기업에 대한 위협으로 간주될 수 있다. 이러한 차이는 현재 인식되는 상황을 개선할 수 있는 기회이다. 검색된 정보의 양은 문제의 평가와 인식 범위에 직접적인 영향을 미친다. 문제 탐지는 문제해결의 선행과정으로 전략적 의사결정을 내리는 데 매우 중요한 단계이다.

▌ 문제 정의

문제를 지정하고, 대안을 식별하고, 추가로 개발할 대안을 선택하는 과정이다. 올바르게 정의된 문제는 문제해결에서 필수적이다. 제대로 문제를 정의하면 절반은 성공이다. 문제 정의는 정보 검색의 패턴, 대안 아이디어, 향후 조사를 위해 선택되는 대안과 대안의 결과에 의해 인식된다. 대안의 선택은 아이디어의 창안을 포함한다. 그것은 의식적이고 잠재적인 과정을 포함한다. 대안의 평가는 의사결정자가 문제를 해결할 수 있는 대안을 찾는 것이다.

▌ 분석 및 선택

문제를 탐지하고 정의한 후 최적의 대안 선택을 위해 분석하는 과정이다. 이 단계는 행동 계획, 예상 결과 및 행동 평가와 선택이 포함된다. 선택은 문제 정의로 대안을 조사하고 제거하는 과정의 일부이다. 의사결정자는 신뢰할 수 있는 사람들과 논의하고 평가할 수 있다. 결과에 대한 위험과 평가는 이 단계에서 중요하다. 선택은 의사결정자가 최선의 선택이라고 생각하는 것을 결정했다는 것을 의미한다. 의사결정자는 회사의 비전, 사명, 목적과 목표에 의거하여 대안을 선택한다.

▌ 전략실행

의사결정자는 실행 단계에서 확고한 의지를 가져야 한다. 또한 실행은 조직의 다른 부문 활동과 적합해야 한다. 의사결정자는 선택된 대안이 실행되도록 자원을 동원하고 선택된 대안의 결과에 관한 불확실성을 확인하고, 특히 불확실성에 대한 중요성이 얼마나 큰지를 인식해야 한다. 위험과 불확실성을 처리하는 방법은 점증적인 실행이다. 실행을 평가할 때 실제로 실행이 이루어지기 전에 한 예상 결과와 실행 성과를 비교한다.

표 1-8 전략적 의사결정의 과정과 활동

기능	주요 활동	평가
문제탐지(problem detection)	정보 검색, 관심 집중	문제 평가
문제정의(problem definition)	정보 검색, 가능한 대안 탐색	조사 대안의 식별
분석과 선택(analysis and choice)	대안 평가, 제거와 축소	대안의 선택
전략실행(implementation)	불확실성 확인, 점증적 실행	시정조치의 선택

❺ 전략적 선택

전략적 선택은 전략의 이동 방향과 전략의 추구 방법 관점에서 이루어지는 과정이다. 예를 들면, 조직은 다양한 전략적 방향을 제시할 수 있고 새로운 제품으로 다양화할 수 있다. 그것은 새로운 해외시장에 진입할 수 있다. 급진적 혁신을 통해 기존 제품과 시장을 변화시킬 수 있다. 조직은 제품 또는 시장 영역에서 이미 활동 중인 사업을 강화할 수 있다. 또한 새로운 전략을 지원할 수 있는 관련 조직과 협력할 수 있다. 또는 자체적으로 전략을 추구할 수도 있다.

- 기업전략: 기업의 전반적인 범위와 방향 및 운영 전략
- 사업전략: 사업단위나 제품 수준의 경쟁전략
- 국제전략: 새로운 지리적 시장으로의 이동
- 인수합병과 제휴: 다른 기업의 취득, 결합이나 기업 간 상호협력

4) 전략실행

전략실행은 프로그램, 예산 및 절차의 개발을 통해 전략과 정책을 실행하는 과정이다. 즉, 전략을 실행하거나 행동으로 옮기는 것이다. 이 과정은 전체 기업문화, 구조와 경영 시스템 내에서의 변화이

다. 전략실행은 최고 경영자에 의해 검토되고 중간 관리자와 하위 관리자에 의해 수행된다. 운영계획이라고 하는 전략실행에는 자원배분에 대한 일상적인 결정이 포함된다. 많은 회사들은 승리하는 전략을 갖고 있으나 경영자들은 이를 효과적으로 실행하지 못한다. 전략실행은 조직의 모든 부문이 전략과 일치하는 것이 필요하고, 모든 개인의 노력이 전략적 목적을 달성하는데 집중하도록 조정되어야 한다.

전략이 제대로 실행되지 않으면 우수한 전략이라도 실패한다. 또한 조직구조, 보상구조, 자원배분과정 등과 같이 전략과 조직 차원 간에 안정성이 없다면 전략실행이 불가능하다. 전략실행은 한편으로는 조직의 관리자와 직원에게 위협이 된다. 새로운 권력관계가 예측되고 성취된다. 가치, 태도, 신념과 관심이 알려져 있지 않은 새로운 집단이 형성된다. 권력과 지위의 변화에 따라 관리자와 직원은 대결 행동을 취할 수 있다. 따라서 성공적인 전략실행은 많은 의사소통을 통해 공유된 가치와 신중한 준비 절차가 필요하다. 다음은 전략실행의 주요 내용이다.

- 전략을 수행할 수 있는 조직개발
- 필수 활동에 대한 충분한 자원배분
- 정책을 촉진할 수 있는 전략수립
- 지속적 개선을 위한 정책과 프로그램 채택
- 수익 구조를 성과와 연결
- 전략적 리더십 활용

5) 전략평가

전략평가(strategic audit)는 전략의 평가와 통제로 기업활동과 성과를 추적하여 실적을 계획과 비교하고 시정조치하고 문제를 해결하는 과정이다. 모든 수준의 관리자는 결과 정보를 사용하여 시정조치를 취하고 문제를 해결한다. 전략평가는 마지막 요소이지만, 이전에 실행된 전략계획의 약점을 찾아내어 전체 과정이 다시 시작되도록 자극할 수 있다. 성과는 활동의 최종 결과로 전략경영 과정의 실제 성과이다. 전략경영의 실행은 조직의 성과를 향상하는 능력의 측면을 뒷받침하는 이유가 되고 수익과 투자수익으로 측정된다.

전략평가는 전략수립만큼이나 중요하다. 왜냐하면 원하는 결과를 달성할 때 포괄적인 계획의 효율성과 효과성을 밝혀주기 때문이다. 경영자들은 현재 전략을 사회, 경제, 정치와 기술혁신에 타당한지를 평가할 수 있다. 전략평가의 중요성은 성과관리를 통해 관리자, 집단, 부서 등이 수행하는 업무를 조정할 수 있는 능력이다. 전략평가는 새로운 전략계획을 위한 투입 개발, 피드백에 대한 촉구, 평가와 보상, 전략경영의 개발과 전략적 선택의 타당성 판단 등에 필요하다. 이러한 전략평가의 과정은 기준설정, 성과측정, 차이분석과 시정조치이다.

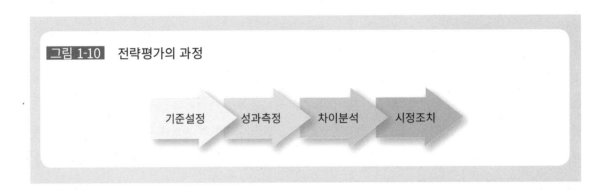

그림 1-10 전략평가의 과정

기준설정 → 성과측정 → 차이분석 → 시정조치

❶ 기준설정

기준은 회사나 개인이 달성해야 할 목표이다. 설정할 성과평가의 기준을 결정하기 위해 주요 과업을 수행하기 위한 특수한 요구 사항을 찾는 것이 필수이다. 특수한 요구 사항을 가장 잘 식별하고 표현하는 성과 지표는 평가에 사용되도록 결정될 수 있다. 조직은 성과에 대한 포괄적인 평가를 위해 양적·질적 기준을 모두 사용할 수 있다. 양적 기준은 순이익, 주당순이익[6], ROI[7], 생산원가, 종업원 이직률 등이고, 질적 기준은 기술, 역량, 잠재적 위험성과 유연성 등의 요소에 대한 주관적인 평가가 있다.

❷ 성과측정

실제 성과와 비교할 수 있는 것은 기준이다. 성과를 측정하기 위한 적절한 기준이 적절한 방식으로 설정되면 전략평가가 쉬워진다. 성과를 측정하기 위해 재무상태표, 손익계산서, 현금흐름표와 같은 재무제표를 연간 기준으로 준비한다. 그러나 관리자의 기여와 같은 다양한 요인을 측정하는 것은 어렵다. 마찬가지로 사업부 성과는 개별성과에 비해 측정하기 어렵다. 성과측정을 수행할 수 있는 변수 목록을 작성하고 측정을 적시에 완료한다. 그렇지 않으면 평가가 목적을 충족시키지 못한다.

---

6 주당순이익((Earning Per Share): 기업의 순이익을 발행한 총 주식수로 나눈 값.
7 투자수익률(Return on Investment): 기업의 순이익을 투자액으로 나눈 값.

❸ 차이분석

측정된 실제 성과는 기준과 차이가 있을 수 있다. 실제 성과와 기준 간의 차이를 수용할 수 있는 허용오차 한계를 언급한다. 긍정적인 차이, 즉 성과가 기준을 초과하면 우수한 성과이지만 항상 목표를 초과하는 것은 드물다. 부정적 차이는 성과 미달을 나타내기 때문에 우려되는 문제이다. 따라서 이 경우 전략가는 차이 원인을 발견하고 이를 극복하기 위한 시정조치를 취해야 한다.

❹ 시정조치

성과와 기준 간의 차이가 확인되면 시정조치를 계획한다. 성과가 원하는 기준보다 낮으면 그러한 성과를 야기한 원인이 되는 요인을 상세히 분석한다. 조직의 잠재력이 요구 사항과 일치하지 않는다는 것을 발견하면 기준을 낮춰야 한다. 또 다른 과감한 시정조치는 전략경영 과정으로 되돌아가 전략을 재구성하고, 새로운 자원배분 계획을 재구성하여 결과적으로 전략경영 과정의 시작점으로 간다.

글로벌
리더를 위한
전략경영

제2장

환경분석

제2장

환경분석

1. 환경분석

　기업을 둘러싼 환경을 이해하는 것은 경영자에게 중요하다. 첫째, 환경은 제품과 서비스를 창출하기 위해 조직이 필요로 하는 자원을 제공한다. 어떤 기업도 자급자족할 수 없다. 인체는 산소, 음식 및 물을 사용하듯이 조직은 인력, 돈 및 원자재와 같은 자원을 외부에서 조달하여 사용한다. 기업은 환경의 지원 없이는 살아남을 수 없다. 둘째, 환경은 기업에 기회와 위협의 원천이다. 기회란 기업의 성과 수준을 향상시킬 수 있는 가능성을 창출하는 사건이나 추세이다. 따라서 경영진은 환경 추세나 사건이 기업에게는 기회 또는 위협이 될 가능성이 있음을 인식해야 한다. 셋째, 환경은 경영진이 기업을 성공으로 이끌기 위해 시도하는 다양하게 전략적 의사결정에 영향을 준다.

1) 환경의 의미

　환경은 조직에 영향을 줄 가능성이 있는 외부 조건과 요인의 집합이다. 기업의 역할은 개인과 국가 사회의 관점에서 중요하다. 사회는 기업 없이 지낼 수 없다. 마찬가지로 기업은 사회를 필요로 한다. 오늘날의 기업을 가장 잘 표현할 수 있는 단어는 변화이다. 기업이 시장에서 생존하기 위해 연구개발에 크게 투자하게 하는 것은 변화이다. 환경이란 기업의 기능에 영향을 주는 모든 요인을 의미하며 이것은 조직의 내부요인과는 별도로 경제적, 사회적, 정치적 및 기술적 요인이다.

　환경요인은 전체는 아니지만 외부적이며 기업과 경영진의 통제를 넘어선다. 경영환경은 회사에 위협을 가하거나 잠재적인 시장개척을 위한 기회를 제공한다. 기업의 성공은 환경에 어떻게 적응하는가에 달려있다. 예를 들면, 정부정책에 변화가 있을 때 기업은 새로운 정책에 맞게 사업을 변경해야 한다. 기술의 변화로 컴퓨터가 타자기를 대체한 것처럼 기존 제품을 쓸모없게 만들 수도 있다. 고객의 취향은 특정 제품의 시장수요를 변화시킬 수 있다. 이러한 모든 측면은 통제할 수 없는 외부요인이다. 기업은 사업에서 생존하고 성공하기 위해서는 이러한 변화에 적응해야 한다. 따라서 경영환경의 개념과 다양한 구성 요소의 특성에 대한 명확한 이해가 필요하다.

2) 환경의 특징

경영환경(business environment)은 회사의 운영 상황에 영향을 주는 내부와 외부요인이다. 경영환경에는 고객, 공급업체, 경쟁업체, 회사 소유자, 기술 향상, 법률, 정부 활동, 시장, 사회 및 경제 동향 등을 포함한다. 경영환경이란 기업의 강점, 약점, 내부 권력 관계, 조직의 방향, 정부정책과 규정, 경제 여건, 사회 문화적 요인, 인구 동향과 자연적 요인 등과 같은 기업과 관련된 모든 측면을 의미한다. 기업이 성공하기 위해서는 경영환경을 이해하는 것이 매우 중요하다. 다음은 경영환경의 특징이다.

- 환경의 복잡성: 기업은 기술적 혼란, 글로벌 경쟁, 리더십 변화, 경제적, 사회적 및 규제 조건의 변화와 같은 수많은 도전에 지속적으로 노출되어 있기 때문에 복잡하다.
- 특정 요인과 일반 요인: 경영환경에는 특정 요인과 일반 요인이 모두 포함된다. 투자자, 고객, 경쟁업체 및 공급업체와 같은 특정 요인은 개별 기업에 직접 영향을 주지만 사회, 정치, 법률 및 기술 조건과 같은 일반 요인은 모든 기업에 영향을 준다.
- 역동성: 경영환경은 본질적으로 역동적이다. 그것은 기술적 개선, 소비자 선호의 변화 또는 시장에서의 새로운 경쟁 진입과 관련하여 변화를 계속한다.
- 불확실성: 정보기술이나 패션 산업과 같이 환경 변화가 너무 빈번하게 발생하여 미래의 사건 예측은 매우 어렵기 때문에 경영환경은 불확실하다.
- 상대성: 경영환경은 국가마다 다르며 지역마다 다른 상대적인 개념이다. 예를 들면, 한국의 정치 상황은 중국이나 미국의 정치 상황과 다르다.
- 다면성: 변화는 기업마다 다르게 볼 수 있다. 어떤 기업에게는 기회가 되지만 다른 기업에게는 위협이 될 수 있다.
- 상호 관련성: 경영환경의 여러 요인들은 공동으로 관련되어 있다. 예를 들면, 신정부가 들어서면 경제 정책에 변화가 있다. 한 요인의 변화가 다른 요인에 영향을 준다.

3) 환경의 중요성

경영환경은 기업의 운영환경에 영향을 미치는 내·외적 요인의 결합이다. 경영환경은 모든 개인, 단체 및 조직의 통제 하에 있을 수도 있고 그렇지 않을 수도 있지만 성과, 수익성, 성장 및 심지어 생존에 영향을 미칠 수 있다. 모든 조직은 독창적으로 존재할 수 없기 때문에 독특한 환경에서 운영된다. 따라서 기업과 환경 간에는 긴밀하고 지속적인 상호작용이 있다. 이 상호작용은 회사를 강화하고 자원을 보다 효과적으로 사용하는 데 도움이 된다. 경영환경은 다각적이고 불확실하며 역동적이어서 기업의 생존과 성장에 광범위한 영향을 미친다.

- 선도자 이점: 기업이 기회를 초기에 인식하면 경쟁사보다 먼저 기회를 활용할 수 있다.
- 위협인식: 위협의 인식은 경쟁에서 살아남을 수 있는 사전 조치를 취할 수 있다.
- 변화대처: 모든 기업은 점점 역동적인 환경에 직면해 있다. 이러한 중대한 변화에 효율적으로 대처하기 위해서는 환경을 이해하고 관찰하고 적절한 방법을 개발해야 한다.
- 성과향상: 지속적으로 환경을 관찰하고 적절한 전략을 채택하는 기업은 현재의 성과를 향상시킬 뿐만 아니라 오랜 기간 시장에서 성공할 수 있다.
- 성장 방향 제시: 환경과의 상호작용은 기업을 위한 새로운 성장의 영역을 열어준다. 사업 활동의 성장과 확장 영역을 파악할 수 있다.
- 경쟁대처: 급속히 증가하는 경쟁에 대처하기 위해 회사가 경쟁업체의 전략을 분석하고 그에 따라 전략을 수립할 수 있다.
- 이미지 구축: 환경 이해는 조직이 활동하고 있는 환경에 대한 민감성을 보여줌으로써 이미지를 개선하는 데 도움이 된다.
- 지속적인 학습: 환경분석을 통해 경영자는 과업을 보다 쉽게 처리할 수 있다. 예측된 변화를 충족시키기 위해 지속적으로 지식, 이해 및 기술을 갱신한다.

4) 기업과 환경 간의 관계

대부분의 기업활동은 조직적 맥락에서 이루어지며 소규모 업체에서부터 다국적 기업에 이르기까지 환경을 분석한다. 자본금이나 매출액 규모, 제품 유형, 시장 유형, 재무 방법, 운영 규모, 법적 지위 등을 기준으로 기업을 구분하는 경향이 있다. 이러한 구분은 유익한 것이지만 모든 조직은 궁극적으로 동일한 기본 활동, 즉 투입을 산출로 변환한다. 모든 조직은 토지, 자재, 노동, 기술, 자금, 경영기술 등의 자원을 확보하고 이러한 자원을 고객이 필요로 하는 제품이나 서비스로 전환한다.

자원의 유형, 양 및 결합은 조직의 필요와 시간에 따라 다를 수 있지만 프로세스는 모든 유형의 조직에 공통적이며 기업활동을 조사하는 데 유용하다. 투입은 산출을 만들고 산출은 투입을 만든다. 또한 자본설비, 자재, 정보 또는 아이디어를 생산하는 회사의 경우처럼 조직의 산출은 다른 조직의 투입이 될 수 있다. 이러한 조직 간의 상호관계는 기업활동의 복잡하고 통합된 특성을 나타내고, 단일 사업 조직이 다른 조직과 항상 연결되어 있다. 조직은 외부 세계와 상호 연관된 부분으로 구성된 개체, 즉 외부환경에 의해 영향을 받는다. 이러한 환경은 경제 활동, 인구통계학적, 사회적, 정치적, 법률적, 기술적 등 광범위한 영향을 포함하고 변형 과정뿐만 아니라 자원획득, 생산과 소비에 영향을 미친다.

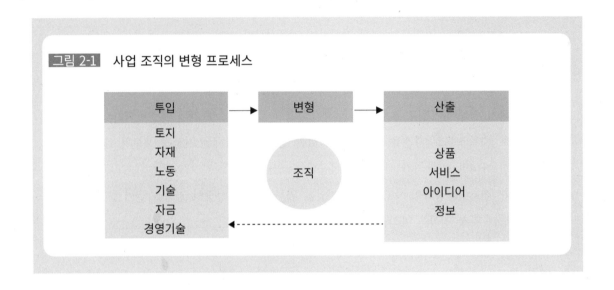

그림 2-1 사업 조직의 변형 프로세스

조직 환경은 내부환경과 외부환경으로 구성된다. 조직의 내부환경 요인은 현재 직원, 경영진, 특히 직원 행동을 정의하는 기업 문화를 포함하여 조직 내의 요소이다. 내부환경 요인은 쉽게 통제할 수 있으나 외부환경 요인은 법적, 사회적, 경제적, 정치적, 기술적 변화로 인해 통제할 수 없는 요소이다. 외부환경은 폭 넓은 기회, 문제, 위협 및 압력을 제공하고, 조직과 기능에 영향을 미친다. 기업은 외부환경 시스템에서 추출한 자원, 정보 및 힘을 교환한다. 따라서 기업과 환경 간의 관계는 정보교환, 자원교환, 영향력과 힘의 교환 등이 있다.

❶ 정보교환

정보교환은 자료나 정보가 내부와 외부환경과 교환되는 것을 말한다. 조직은 외부환경과 내부환경, 행동과 변화를 분석하고, 중요한 정보를 생산하고, 가치 있게 사용하고, 조직의 환경 변수를 적절하게 계획하고 결정하고 통제한다. 조직구조와 기능은 외부환경 정보에 맞게 조정된다. 외부환경은

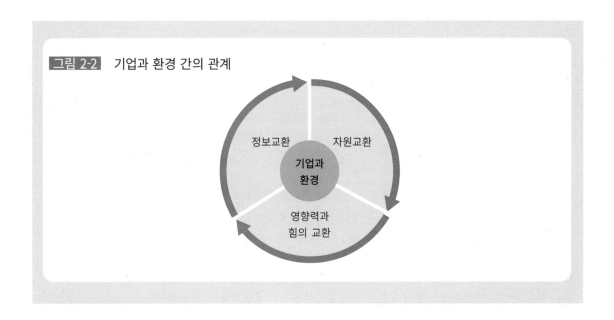

그림 2-2　기업과 환경 간의 관계

정보교환　　자원교환

기업과
환경

영향력과
힘의 교환

조직에 불확실성을 주고 정보의 생산은 복잡하다. 인구통계, 경제, 기술, 법률, 정치와 정부정책과 관련된 최신 정보와 향후 정보를 찾는다. 다른 조직과 이해관계자는 회사의 기능, 제품과 사회적 책임과 관련된 귀중한 정보를 얻기 위해 조직에 접근한다. 조직은 정부, 사회, 금융 기관, 주주, 채권자, 채무자, 투자자, 직원, 노동조합, 경쟁자, 협회 등에 귀중한 정보를 교환한다.

❷ 자원교환

자원교환은 기업과 환경을 연결한다. 기업은 재무, 자재, 인력, 장비를 계약이나 다른 방법으로 외부와 내부환경에서 받는다. 종업원들은 이러한 투입을 제품 및 서비스와 같은 산출로 전환하기 때문에 매우 중요하다. 조직은 투입을 받기 위해 공급자와 목적적으로 상호작용한다. 이를 위해 조직은 단일 공급업체에 의존하지 않고, 때로는 다른 조직과 협력하여 일정한 자원과 정보를 지속적으로 제공한다. 조직은 고객에게 제품이나 서비스를 제공하기 위한 외부환경 요소에 의존한다.

❸ 영향력과 힘의 교환

경영환경은 기업에 영향을 줄 수 있는 요인들이다. 환경은 조직의 성공 수준에 상당한 영향을 미치기 때문에 경영진은 환경의 추세와 사건을 추적하고 예측해야 한다. 이해자 집단은 조직의 기대나 요구 사항을 충족시키고, 조직 자원에 대한 자신의 가치와 이익을 지키기 위해 조직에 압력을 가하는 경향이 있다. 따라서 기업은 환경에 적응하고 환경과 힘을 호의적으로 교환해야 한다.

유턴기업 93%, 중국에서 철수···경영환경 갈수록 악화

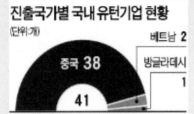

해외에 진출했다 국내로 돌아온 유턴기업의 93%가 중국에서 철수한 기업인 것으로 나타났다. 중국에서의 경영 여건이 나빠졌다는 의미다. 중국의 '사드보복'이 길어짐에 따라 중국발(發) 유턴기업에 대한 지원이 강화돼야 한다는 게 전문가들의 지적이다.

2017년 9월 20일 산업통상자원부에 따르면 '해외 진출 기업의 국내 복귀 지원에 관한 법률'이 시행된 뒤인 2014년부터 2017년 7월까지 국내로 돌아온 기업은 모두 41개로 38곳이 중국에 진출했던 기업이다. 올해는 중국에서 사업하던 3개사가 유턴기업으로 선정돼 국내 사업장을 준비 중이다.

국내 유턴의 주요 이유는 현지 인건비 상승과 인력 수급의 불안정성, 규제 강화 등이다. 중국의 임금 인상률은 2010년 이후 다소 낮아지긴 했지만 여전히 매년 10% 안팎 고공행진하고 있다. 저출산·고령화에 따른 경제활동인구 감소 등으로 구인난도 심해지고 있다. 하지만 업계는 중국에서 철수하는 것조차 쉽지 않다고 호소하고 있다. 사드 여파로 매출이 급감해 철수를 추진한 중소기업 A사는 중국 정부의 황당한 요구에 이러지도 저러지도 못하고 있다. A사의 일반적인 기계장비에 대해 중국 정부가 '반출 시 경제에 악영향을 미치는 장비'로 규정하고 반출을 금지했기 때문이다. B사는 철수 전 사업을 축소하기 위해 현지 근로자를 줄이려 했지만 중국 정부가 막대한 보상금을 요구해 고민 중이다.

출처: 한국경제 2017.09.20

2. 경영환경

경영환경은 조직에 영향을 줄 수 있는 내·외부 조건과 요인이다. 환경은 제품과 서비스를 창출하기 위해 조직이 필요로 하는 자원을 제공한다. 환경은 조직을 위한 기회와 위협의 원천이다. 기회란 조직의 성과 수준을 향상시킬 수 있는 사건과 추세이다. 경영진은 모든 환경이 기회를 창출하고 환경에 대처하고 조직을 성공으로 이끌기 위해 시도하는 다양한 전략을 수립한다. 이처럼 경영환경은 복잡하고 다양하고 역동적이며 기업의 지속성과 발전에 심대한 영향을 미친다. 기업은 내부환경을 통제할 수 있지만 외부환경은 통제할 수 없다. 따라서 외부환경에 기반하여 내부환경을 수정하는 것이 필요하다.

1) 경영환경

외부환경은 전체 산업과 개별 기업의 미래를 형성하는 데 중요한 역할을 한다. 경쟁에서 앞서 기업을 유지하려면 경영자는 기업이 운영되는 환경을 반영하여 지속적으로 전략을 조정해야 한다. 사업은 수익을 창출하기 위해 투입을 산출로 전환한다. 그러나 사업은 공백 상태로 존재하지 않으며 외부에서 기업경영에 영향을 주는 요인들이 외부환경 내에 존재한다. 조직에 영향을 미칠 수 있는 모든 외부 요소는 외부환경이다. 외부환경은 기회와 불확실성을 제공하나 기업이 적응해야 하는 요인이다. 예를 들면, 인구가 많은 국가는 특정 제품의 시장규모가 클 수 있다. 그러나 이러한 시장에 제품을 제공하려면 회사는 제품 기준과 세관 절차의 형태로 무역장벽을 세우는 정부와 경쟁해야 한다.

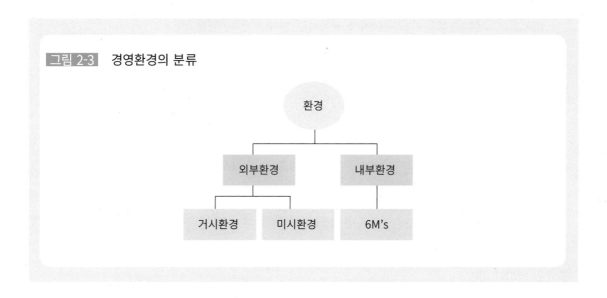

그림 2-3　경영환경의 분류

환경은 기업에 기회를 제공하거나 위협을 준다. 외부환경(external environment)은 일반적으로 통제할 수 없는 조직 외부의 다양한 요인으로 거시환경과 미시환경으로 구성된다. 외부요인은 회사의 통제를 넘어서고 일반적으로 통제할 수 없는 요인이다. 조직은 외부환경을 거의 통제할 수 없지만 외부 변화를 지속적으로 관찰하고 적응해야 한다.

거시환경(macro environment)은 기업의 성과에 장기적인 영향을 주는 외부요인이다. 즉, 사회, 기술, 인구통계 및 경제적 조건과 같은 사회 전반적인 추세와 사건이다. 거시환경은 조직의 외부요인으로 조직의 기능과 성과에 영향을 준다. 거시환경을 경영환경(business environment)이라고도 한다.

미시환경(micro environment)은 기업의 성과에 구체적이며 직접적인 영향을 주는 외부요인이다. 즉, 사업과 관련된 공급업체, 고객, 경쟁업체, 시장, 중개업체 등이 포함된다. 따라서 조직의 외부환경은 조직의 외부에 존재하지만 조직의 성장과 생존에 중요한 영향을 미치는 모든 개체로 구성된다.

내부환경(internal environment)은 기업 내부에서 기업의 성과에 작용하고 있는 환경 요인이다. 내부환경은 기업의 성과에 영향을 주는 내부요소와 자원을 의미한다. 이것은 주로 인력을 포함하고, 직원은 회사 실적에 중요한 역할을 한다. 또 다른 요소는 공장, 기계, 장비와 생산에 사용되는 자산이다. 따라서 내부환경은 조직의 전술 및 결정에 영향을 미치는 중요한 요인이다.

- 외부환경: 통제할 수 없는 조직 외부의 다양한 요인, 거시환경과 미시환경
- 내부환경: 기업의 성과에 영향을 주는 내부요소와 자원
- 거시환경: 기업의 성과에 장기적인 영향을 주는 외부요인
- 미시환경: 기업의 성과에 구체적이며 직접적인 영향을 주는 외부요인

2) 거시환경

거시환경은 인구통계, 사회 문화, 기술, 경제환경, 법률, 정치, 기술 및 지구 환경 등이 포함된다. 거시환경 분석은 전략분석의 첫 번째 단계이다. 거시환경 분석의 목적은 업계 전반에 영향을 미치고 업계의 통제를 벗어날 가능성이 있는 기회와 위협을 식별하는 것이다. 거시환경은 일반적으로 미시환경보다 통제할 수 없다. 거시요인을 통제할 수 없기 때문에 회사의 성공은 환경에 대한 적응력에 달려있다. 거시환경은 기업이 채택한 전략에 중점을 두며 환경 분야의 변화는 운영에 영향을 미칠 수 있다. 거시환경은 주요 쟁점과 향후 환경 변화에 주로 관련된다. 거시분석은 STEEP로 표현되는 다섯 가지 관심 영역이 있다.

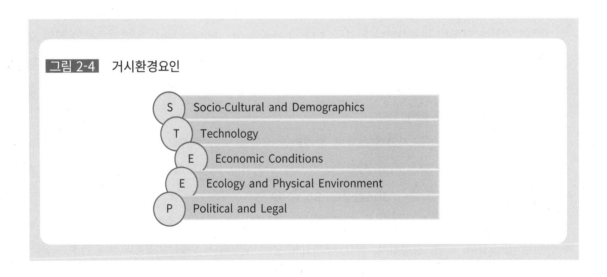

그림 2-4 거시환경요인

S Socio-Cultural and Demographics
T Technology
E Economic Conditions
E Ecology and Physical Environment
P Political and Legal

❶ 사회 문화와 인구통계

사회적 가치와 라이프 스타일은 시간이 지남에 따라 변하지만 경영환경에 가장 중요한 요소로 직접적 또는 간접적으로 영향을 미친다. 예를 들면, 여성들의 사회 진출이 증가하고, 사람들은 60세에 은퇴하지 않는다. 의료의 발달은 흡연, 건강식과 운동, 산업화는 지구 온난화, 경제는 더 오래 일하는 사람들, 여성의 근로 증가, 문화의 다양성은 음악 선호도, 음식, 생활 편의, 기술은 생분해성 플라스틱 등으로 문화와 생활방식의 변화를 초래하였다. 사회적 환경은 관습, 전통, 가치, 신념, 빈곤, 문맹률, 기대 여명 등이 포함된다. 사회가 소중히 여기는 사회 구조와 가치는 기업의 기능에 상당한 영향을 미친다. 예를 들면, 축제 시즌에는 새 옷, 과자, 과일, 꽃과 카드 등에 대한 수요가 증가한다.

한 자녀를 지닌 핵가족이 많이 생겨났다. 가족 구성원의 변화는 특정한 종류의 가정용품에 대한 수요를 증가시킨다. 특히 어린이 제품에 대한 수요를 증가시킨다. 다양한 사회 구조와 문화에 속한 사람들의 소비 패턴, 몸단장과 생활양식은 매우 다르게 나타난다. 인구통계는 인구의 규모, 밀도, 분포 및 성장률을 포함한다. 이러한 요소는 다양한 제품과 서비스에 대한 수요와 관련이 있다. 도시의 욕구는 농촌의 욕구와 다르다. 인구의 증가는 노동력의 이용 가능성을 나타낸다. 또한 특정 지역에서 숙련된 노동력을 이용할 수 있게 됨으로써 회사는 해당 지역에 생산거점을 설립하게 된다. 예를 들면, 숙련된 인력의 쉬운 입지로 베트남, 캄보디아나 인도로 생산시설을 이전한다. 따라서 인구통계학적 측면의 변화를 추적하고 정확하게 읽는 회사는 더 많은 기회를 발견한다.

❷ 기술환경

기술환경이란 과학적 지식이나 조직화된 지식을 실제 업무에 체계적으로 적용하는 것을 의미한다. 기술환경은 제품과 서비스의 생산과 유통에 채택된 방법, 기법 및 접근법을 포함한다. 기술은 변화가 빠르고 경영환경의 역동성을 유지한다. 조직은 시스템 내에서 변화된 기술에 적응해야 한다. 기업은 기술발전에 크게 영향을 받는다. 산업에서 채택한 기술은 생산된 제품, 서비스의 유형과 품질을 결정한다. 다양한 기술환경은 제품설계에 영향을 미친다. 기술환경은 기술투자, 기술의 일관된 적용과 기술이 시장에 미치는 영향과 관련하여 기업의 성과에 영향을 준다.

❸ 경제환경

기업과 경제환경 간의 관계는 매우 긴밀하다. 그것은 경제적 환경으로부터 모든 투입물을 얻으며 모든 생산물은 여기에 흡수된다. 경제상황은 유동적이고 변한다. 현재 상황과 예측될 수 있는 변화는 중요하다. 경제는 호황과 침체와 관련된 일련의 변동을 거친다. 호황은 거의 모든 사업이 이익을 얻는 반면 침체는 이와 반대의 경우이다. 기업은 금리, 환율, 임금 등의 경제적 측면에 영향을 받는다.

각 기업의 생존과 성공은 경제환경에 매우 많이 영향을 받는다. 다음은 경제환경에 영향을 미치는 주요 요인이다.

- 경제조건: 한 국가의 경제조건은 기업 활동과 운영에 큰 영향을 미치는 일련의 경제적 요인들이다. 여기에는 국내 총생산, 1인당 소득, 상품 및 서비스 시장, 자본의 가용성, 외환 보유액, 대외무역의 성장, 자본시장의 강점 등이 포함된다. 모든 것이 경제성장 속도를 개선하는 데 도움이 된다.
- 경제정책: 모든 사업 활동과 운영은 정부가 수립한 경제정책에 직접적으로 영향을 받는다. 정부는 경제 시나리오, 정치적 의미와 변화하는 요구 사항에서 발생하는 발전을 고려하여 정책을 변경한다. 모든 조직은 경제정책 내에서 엄격하게 기능하고 변화에 반응해야 한다. 중요한 경제정책은 산업 정책, 재정 정책, 통화 정책, 외국인 투자 정책, 수출입 정책이 있다.
- 경제 시스템: 세계 경제는 주로 세 가지 유형의 경제 시스템으로 작동하고 있다. 즉, 자본주의 경제, 사회주의 경제, 그리고 혼합 경제에 의해 지배되고 있다. 따라서 정부가 채택하고 있는 경제 시스템은 대체로 변하지 않는 경향이 있기 때문에 이러한 경제 시스템은 사업 선택에 매우 큰 영향을 미치는 중요한 요인이다.

표 2-1 경제조건의 주요 변수

서비스 경제 전환	재정 정책
가처분 소득 수준	세율
소비 성향	이자율
소비 패턴	인플레이션율
가격 변동	환율
상품 및 서비스의 수요 변화	외환보유액
정부 예산	주식 시장 동향
국내 총생산 추세	실업 추세
수출입 요인	제조업 가동률
통화 정책	작업자 생산성 수준

❹ 생태 및 물리적 환경

생태 및 물리적 환경은 많은 기업에 영향을 준다. 특히 생산과 제조활동을 수행하는 데 많은 역할을 차지한다. 사업은 환경 및 생태학적 변화로 인해 매일 영향을 받는다. 예를 들면, 기후 변화의 영향을 고려해야 한다. 즉, 세계가 몇 도 정도만 따뜻해지면 물과 연료비용은 크게 달라질 수 있다. 이러한 요소에는 천연자원의 이용 가능성, 날씨 및 기후 조건, 위치, 지형적 요소 등이 포함된다. 정부의 생태 균형 유지, 천연자원 보전 정책 등은 사업 부문에 대한 추가적 책임을 요구한다.

❺ 정치 및 법률

정치환경은 세 정치 기관, 즉 입법부, 행정부 및 사법부가 기업활동을 형성, 지시, 발전 및 통제한다. 정치환경은 정당의 철학, 정부 또는 정치 세력의 이념과 관료주의 영향에 의해 영향을 받는다. 정치환경에는 정치 시스템, 정부정책 및 산업계에 대한 태도가 포함된다. 이러한 측면은 기업이 채택하는 전략에 영향을 미친다. 정부의 안정은 사업과 관련된 활동에도 큰 영향을 미치고, 다양한 이해집단과 투자자에게 설득력과 신뢰의 신호를 준다.

정치적 변화는 법적 변화와 밀접하게 연관되어 있다. 법률 환경은 법률 및 기업을 관장하는 법적 규칙의 유연성과 적응성을 포함한다. 법원의 정확한 판결은 기업과 경영자에게 큰 영향을 미친다. 이것은 조직과 운영에 영향을 미치는 일련의 법률과 규정을 의미한다. 모든 조직은 법률을 준수해야 한다. 또한 업계는 특정 법률과 규정을 갖고 있을 수 있다. 예를 들면, 애완동물업은 동물 복지를 다루며 동물학대, 관리, 치료 등에 관한 법으로 규제를 받는다. 따라서 안정적인 정치적, 법적 환경은 기업 성장에 필수 불가결한 요소이다.

표 2-2 경영환경의 주요 변수

사회문화	기술	경제	정치·법률
생활방식 변경	R&D 기업 지출	이자율	독점 규제
소비자 행동주의	기술적 노력의 초점	통화 공급	환경 보호법
가족 구성 비율	특허 보호	인플레이션율	세법
인구 증가율	신제품	실업률 수준	특별 인센티브
인구의 연령 분포	개발기술의 사업화	임금·가격 통제	무역 규정
기대 여명	자동화를 통한 생산성 향상	평가절하·재평가	외국 기업에 대한 태도
출생률	인터넷 가용성	에너지 대안	고용 안정 관련 법규
연금 계획	통신 인프라	에너지 가용성	정부의 안정성
건강 관리	컴퓨터 해킹 활동	가처분소득	아웃소싱 규제
교육 수준		금융시장	노동력 착취 규제
생활 임금		글로벌 금융시스템	
노동조합			

세계의 돈 몰리는 인도 ··· 포스트 차이나 유력

2016년 인도의 경제성장률은 7.1%이다. 전 세계 주요 국 가운데 가장 높은 성장률을 보였다. 러시아와 브라질은 1%대, 중국은 6%대 성장률을 기록하고 있다. 국제통화기금(IMF)에 따르면 인도는 2022년까지 7.9% 수준의 경제성장을 이어갈 것으로 전망된다. 인도는 세계 2위의 거대한 인구를 바탕으로 세계 7위의 국내총생산(GDP)

규모(2조 910억 달러, 1인당 1,617달러)를 보유한 국가다. 구매력 기준 GDP 규모는 2008년 일본을 앞선 이후 줄곧 3위를 유지하고 있다. 그만큼 풍부한 노동력과 거대한 내수시장을 갖추고 있다. 구글, 페이스북, 우버 등 글로벌 기업들이 인도 시장에 투자를 확대하는 이유다.

출처: 한국경제 2017.11.15

3) 미시환경

미시환경(micro environment)은 과업환경과 운영환경으로 외부환경 요인임에도 불구하고 회사 운영이나 성과에 직접적인 영향을 미친다. 미시환경 요인은 거시환경 요인보다 회사와 더 밀접하게 관련되어 있다. 그러나 미시요인은 반드시 특정 산업의 모든 회사들에게 유사한 방식으로 영향을 미치지는 않는다. 미시요인 중 일부는 특정 유형의 조직에만 적용될 수 있다. 따라서 미시요인은 동일한 방식으로 특정 산업의 모든 기업에 반드시 영향을 주지는 않는다. 한 업계의 경쟁기업들이 동일한 미시요소를 갖고 있을 때 기업의 성공은 이들 요소를 다루는 데 있어 효율성에 달려있다. 전략에 직접적인 영향을 미치는 주요 미시요인은 고객, 직원, 노동조합, 공급업체, 주주, 경쟁자, 중개기관, 미디어, 공중이 있다.

❶ 고객

오늘날 회사의 마케팅은 고객과 함께 시작되고 고객과 함께 끝난다. 조직은 고객 욕구와 필요를 충족하고 고객에게 편익을 제공하는 것을 기반으로 존속한다. 그렇게 하지 않으면 기업전략은 실패한다. 여기에는 고객에게 합리적인 가격으로 최고 품질의 제품을 제공하는 것이 포함된다. 기업은 고객 욕구를 충족하여 이익을 얻는 것을 목표로 한다. 제품판매는 주로 소비자 만족에 달려 있다. 이것이 고객만족도 조사를 중요하게 여기는 이유이다. 회사는 정기적으로 고객의 태도와 고객만족도를 조사한다. 고객은 동일한 집단에 속하지 않는 개인, 기업, 기관 및 정부 기관이다. 회사의 관점에서 볼 때 다양한 집단의 고객을 보유하는 것이 더 낫고 회사 제품에 대한 수요를 유지할 수 있는 장점이 있다.

❷ 직원과 노동조합

적절한 직원의 채용과 직원의 동기 유지는 조직의 전략계획 과정의 필수적인 부분이다. 교육과 개발은 경쟁력을 확보하는 데 중요하다. 직원은 기업의 성공에 상당한 영향을 미친다. 그들은 정책과 사업계획을 실행하는 데 도움이 된다. 또한 노동조합은 기업의 주요 구성 요소이다. 노동조합은 근로자가 자신의 이익을 보호하고 근로조건을 개선할 수 있도록 구성된 조직이다. 모든 노동조합은 성취하고자 하는 목표를 갖고 있으며, 목표에 도달하기 위한 자체 전략을 갖고 있다.

❸ 공급업체

공급업체는 개인 또는 기업이다. 공급업체는 제조와 생산 활동을 수행하는 데 필요한 자재를 제공한다. 공급업체의 행동은 사업에 직접적인 영향을 미친다. 예를 들면, 공급업체의 서비스가 좋지 않은 경우 출하시기가 지연되거나 제품품질이 저하될 수 있다. 원자재 가격의 상승은 가격상승을 초래할 수 있다. 공급업체와의 긴밀한 관계는 경쟁력 있고 안전한 품질의 제품과 안정적인 조달을 유지하는 효과적인 방법이다. 회사는 사양개발, 잠재적 공급업체 검색, 공급업체 식별 및 분석을 수행한 후 품질, 납품 안정성, 신용, 보증 및 저렴한 비용의 최적 결합을 제공하는 공급업체를 선택한다. 기업은 우수한 공급업체의 선정과 관리로 공급비용을 낮추고 제품품질을 향상시킬 수 있다.

❹ 주주

주주는 회사의 사업에 투자하는 개인이다. 주주는 회사의 주식을 소유함으로써 회사 자체를 소유한다. 따라서 회사 운영에 영향을 미치는 결정에 대해 투표권을 행사할 수 있다. 이것은 주주가 사업의 기능에 영향을 미친다는 것을 의미한다. 이익을 높이기 위한 주주의 압력은 조직전략에 영향을 미친다. 주주와의 관계는 신중해야 한다. 단기간의 이익 증가가 모두 배당된다면 사업의 장기적인 성공에 부정적인 영향을 줄 수 있다. 반면에 주주의 동기를 유지하려면 적절한 배당금을 지급해야 한다. 따라서 조직의 건전성과 주주의 이익 사이에는 균형이 있어야 한다.

❺ 경쟁자

경쟁환경은 모든 회사가 주의해야 하는 특정 기본 사항이다. 아무리 큰 회사일지라도 영구적인 독점을 즐기는 회사는 없다. 산업계에서 회사는 다양한 형태의 경쟁에 직면한다. 오늘날 회사의 제품이 직면하는 가장 일반적인 경쟁은 다른 회사의 차별화된 제품에서 비롯된다. 제품 마케팅의 본질은 차별화이다. 기업은 경쟁업체보다 더 좋은 편익을 제공할 수 있는가? 기업은 독특한 판매제안(Unique Selling Proposition: USP)이 있는가? 경쟁자 분석과 관찰은 조직이 시장 내에서 자신의 지위를 유지하거나 향상시키는 경우 매우 중요하다. 기업이 경쟁업체의 활동을 인식하지 못하면 경쟁업체를 이기기 어렵다. 시장은 거래 조건, 소비자 행동 또는 기술발전의 변화 여부와 상관없이 매우 빠르게 움직일 수 있다. 따라서 기업으로서 변화에 대한 경쟁자의 반응을 조사하는 것이 중요하다.

❻ 중개기관

중개기관은 궁극적인 소비자에게 제품이나 서비스를 홍보, 판매 및 유통하는 대리인이다. 그들은 도매업자, 소매업자, 대리인, 시장 서비스 기관 및 금융기관이다. 어떤 회사는 소비자에게 직접 접근하기가 어렵다. 그러한 경우 대리인 및 유통회사는 제품을 소비자에게 전달하는 것을 돕는다.

❼ 미디어

긍정적이고 호의적인 언론의 관심은 조직을 성장시킬 수 있고 부정적 언론의 관심은 조직을 붕괴시킬 수 있다. 조직은 미디어에 긍정적인 사항을 홍보하고 부정적인 사항이 미디어에 다루어지지 않도록 미디어를 관리해야 한다. 어떤 조직은 홍보 전문가를 고용하거나 자문을 받아 특정한 사건을 관리한다. 광범위하고 직접적인 청중을 가진 소비자 TV 프로그램은 조직의 성공에 매우 강력한 영향을 줄 수 있다. 어떤 기업은 이를 인식하고 기업의 이미지와 명성 구축을 위해 미디어 지원을 사용한다.

❽ 공중

공중은 회사의 능력에 실제 또는 잠재적인 관심이나 영향을 주는 집단이다. 예를 들면, 환경 보호자, 소비자 보호 단체, 언론인 및 지역 주민 등이다. 회사는 공중들에게 호의를 표하며 회사에 유리한 반응을 얻는다. 기업은 고객, 유통업체 및 공급업체뿐만 아니라 공중과의 관계를 효과적으로 관리해야 한다. 또한 기업들이 대중들의 욕구, 불만과 의견을 이해하고 건설적으로 대응하는 것이 현명하다.

4차 산업혁명, 접근법부터 바꿔야

4차 산업혁명 시대를 바라보는 기업들의 시선은 엇갈린다. 신기술이 열어줄 새로운 기회에 대한 기대감도 있지만 불확실한 미래에 대한 불안감 역시 크다. 급변하는 경영환경에서 생존하기 위해 스타트업은 물론이고 대기업까지 4차 산업혁명 시대를 이끌어갈 혁신적인 사업 아이템을 찾고 있다. 하지만 아이디어는 그 자체의 혁신성만으로 성공을 보장할 수 없다. 아이디어가 소비자들에게 가치를 제공해줘야 한다. 이번 스페셜 리포트에서는 초기 사업 아이디어의 성공 확률을 높일 수 있는 방법을 모색했다. 성공한 스타트업이 그렇지 않은 스타트업과 어떤 차별점이 있는지 살펴보고, 벤처 투자자들이 선호하는 비즈니스 모델과 투자 피칭 기법도 알아봤다. 4차 산업혁명 시대를 맞아 국내 기업의 신사업 발굴 및 추진 방식을 어떻게 바꿔야 하는지도 소개했다.

인도는 발전 가능성이 높은 나라다. 미국 경영컨설팅사 AT커니(AT Kearney)가 2014년 발표한 보고서에 따르면 2025년까지 글로벌 무역에서 인도가 차지하는 비중은 현재보다 5배 늘어 6%에 이를 것으로 전망됐다. 그러나 인도 시장의 잠재력을 믿고 투자에 나선 글로벌 기업들이 어려움을 호소하는 사례가 많다. 중국에서 재미를 본 시장 공략 전략을 그대로 인도에 적용했다가 실패한 기업도 적지 않다. 중국에서는 고소득층을 공략한 후 이 시장이 커질 때까지 기다리는 전략이 유용하다. 하지만 인도 시장을 이끄는 것은 고소득층이 아닌 중간 및 저소득층이다. 인도 시장에서 성공하려면 소득별 소비자 집단의 특징을 철저히 이해해야 한다. 실제로 LG, 유니레버 등 해외 기업은 이 전략으로 인도 시장에서 성공을 거뒀다. 인도 시장에서 성장하기 위한 구체적인 대안을 제시했다.

출처: 동아일보 2017.09.25

3. 산업분석

산업이란 공장이나 특별 구역에서 판매용 제품을 생산하는 과정과 관련된 회사와 활동을 의미한다. 즉, 특정 분야의 제조나 유통 기업의 집합체이다. 산업분석(industry analysis)은 특정 기업의 사업 환경에서 공급업체, 고객과 같은 중요한 이해관계자 집단을 조사하는 것이다. 산업분석은 특정 산업의 복잡성에 대한 아이디어를 기업에 제공하기 위해 고안된 시장 평가 도구이다. 산업분석은 산업이 발전하는 방식에 영향을 미치는 경제적, 정치적 및 시장 요인을 검토하는 것을 포함한다. 주요 요인에는 공급업체와 구매자가 사용하는 권력, 경쟁업체의 조건 및 신규 시장진입 가능성이 포함된다.

표 2-3 경쟁자에 관한 주요 질문

- 주요 경쟁자의 강점은 무엇인가?
- 주요 경쟁자의 약점은 무엇인가?
- 주요 경쟁자의 목표와 전략은 무엇인가?
- 주요 경쟁자가 산업에 영향을 주는 거시요인에 어떻게 가장 잘 대응할 것인가?
- 회사 전략의 주요 경쟁자는 얼마나 취약한가?
- 주요 경쟁자의 성공적인 반격을 위한 대안 전략은 얼마나 취약한가?
- 당사의 제품이나 서비스는 주요 경쟁자와 어떻게 관련이 있는가?
- 어느 정도까지 새로운 회사가 진입하고 있으며 업계를 떠나는 기존 회사는 어느 정도인가?
- 업계에서 현재의 경쟁우위를 차지하게 한 주요 요인은 무엇인가?
- 최근 수년 간 업계 주요 경쟁자의 판매와 이익 순위가 어떻게 바뀌었는가?
- 공급업체와 유통업체 관계의 본질은 무엇인가?
- 제품이나 서비스는 어느 정도까지 경쟁자에게 위협이 될 수 있는가?

산업분석은 특정 산업의 전반적인 관련성을 시장 요구에 맞게 해석하는 것이다. 예를 들면, 새로운 기술에 대한 지배력을 잃어 가고 있는 산업은 좋은 투자 성장 전망이 아니다. 산업분석은 또한 제조 기술, 자재 조달 및 유통 요구를 제공할 수 있는 능력과 같은 업계의 내부요인을 조사한다. 따라서 산업분석은 유사한 제품이나 서비스를 생산하는 다른 회사와 비교하여 회사의 지위에 대한 이해를 돕는 도구이다. 산업분석을 통해 기업이 직면한 위협과 기회를 파악하고 경쟁우위를 이끌 수 있는 기능을 개발하는 데 자원을 집중할 수 있다. 산업분석에 사용되는 분석도구는 많이 있지만 [그림 2-5]는 기업에서 가장 많이 사용되는 주요 도구이다.

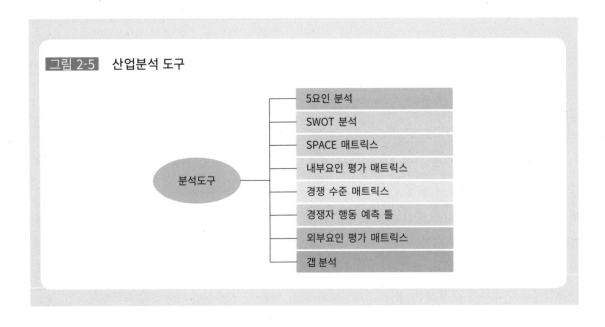

그림 2-5 산업분석 도구

분석도구
- 5요인 분석
- SWOT 분석
- SPACE 매트릭스
- 내부요인 평가 매트릭스
- 경쟁 수준 매트릭스
- 경쟁자 행동 예측 틀
- 외부요인 평가 매트릭스
- 갭 분석

1) 포터의 5요인 분석

경쟁전략의 권위자인 포터(Porter Michael)는 기업은 산업 내에서 경쟁의 강도에 가장 관심이 있다고 주장한다.[1] 이 강도의 수준은 [그림 2-6]에서 묘사된 것처럼 기본적인 경쟁력에 의해 결정된다. 이러한 총체적 힘은 투자된 자본에 대한 장기적 수익에 의해 측정되고, 산업 내에 있는 최종적인 수익 잠재력을 결정한다. 기업 간 경쟁의 강도나 평균 수익은 산업에 따라 크게 다르다. 산업분석의 주요 목적은 산업의 매력을 결정하는 것이다. 산업분석은 전략을 수립하고 회사가 운영되는 경쟁환경을 이해하기 위한 출발점을 제공한다. 경쟁과 수익에 영향을 미치는 단기적 요소는 산업의 기본 구조를 형성하는 경쟁요인과 구별되어야 한다. 따라서 산업분석은 산업계의 기본 특성에 초점을 맞추어야 한다.

산업을 분석할 때 기업은 5요인을 평가한다. 즉, 신규 진입자의 위협, 기존 기업의 경쟁자, 대체제품의 위협, 구매자의 협상력과 공급자의 협상력이다. 상대가 갖고 있는 높은 힘은 이익을 감소시킬 가능성이 있기 때문에 위협이 된다. 반대로 상대가 갖고 있는 낮은 힘은 회사가 더 큰 이익을 얻을 수 있기 때문에 기회가 된다. 단기적으로 상대가 갖고 있는 높은 힘은 회사의 활동을 제약한다. 그러나 장기적으로 한 가지 전략의 선택을 통해 회사가 하나 이상의 요인을 회사의 이익으로 바꿀 수 있다. 예를 들면, Dell이 컴퓨터를 인터넷으로 판매하는 것은 유통업체의 협상력을 무력화하는 방법이다.

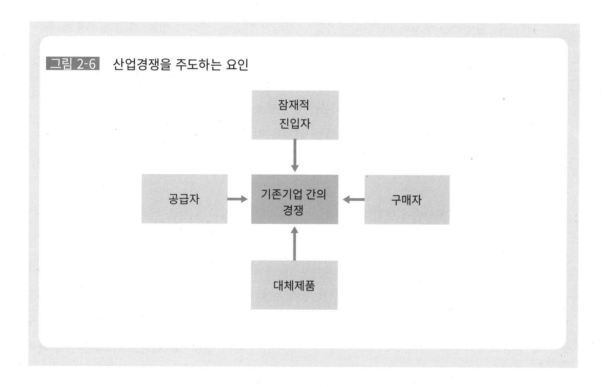

그림 2-6 산업경쟁을 주도하는 요인

---

1 Porter Michael(1980), *Competitive Strategy,* The Free Press/Macmillan: New York.

❶ 기존 기업 간의 경쟁

기존 기업 간의 경쟁(rivalry among existing firms)은 5대 경쟁력 중 가장 강력하다. 한 회사의 성공은 경쟁업체가 추구하는 전략에 비해 경쟁우위를 제공하는 정도에 달려있다. 한 회사의 전략 변화는 가격인하, 품질향상, 기능추가, 서비스 제공, 보증연장 및 광고증가와 같은 보복 대응책으로 충족될 수 있다. 대부분의 산업에서 기업은 상호의존적이다. 한 회사의 경쟁적 움직임은 경쟁업체에 전략의 변화를 주고 결국 보복을 초래할 수 있다. 경쟁회사가 약점을 감지하면 일반적으로 기회를 이용하기 위한 마케팅과 생산 노력을 강화할 것이다. 포터에 따르면 치열한 경쟁은 다음과 같은 여러 요소의 존재와 관련이 있다.

- 경쟁자의 수: 자동차나 주요 가전산업과 같이 경쟁자가 소수이고 규모가 거의 동일한 경우 회사는 경쟁회사의 움직임과 일치하는지 주의 깊게 관찰한다.
- 산업 성장률: 성장의 유일한 길은 경쟁자로부터 매출을 빼앗는 것이다. 고객유인은 항공 업계의 가격전쟁을 초래한다.
- 제품·서비스 특성: 경쟁자를 이기기 위해 경쟁제품과 차별화하는 독특하고 새로운 속성이 있는 제품을 고객들에게 제안한다.
- 고정비용: 항공기는 일정에 따라 비행기를 운항하기 때문에 공석이 있을 때 고정비용을 줄이기 위해 저렴한 할인요금을 제공한다.
- 생산능력: 제조업체가 새로운 공장을 건설하여 최대 용량으로 가동하여 생산량이 증가하면 생산단가를 낮출 수 있다. 따라서 업계 전반에 걸쳐 판매가격이 인하된다.
- 높은 출구장벽: 출구장벽으로 인해 회사는 산업을 떠날 수 없다. 예를 들면, 맥주 양조 업계는 맥주생산을 제외하고는 거의 사용되지 않는 전문자산이기 때문에 업계를 떠나는 비율이 낮다.
- 경쟁의 다양성: 경쟁방법에 대한 아이디어가 매우 다른 경쟁자는 길을 건너고 모르는 사이에 서로의 위치에 도전한다. 소매업체가 동일한 위치에 매장을 개설하는 일이 자주 발생한다.

경쟁업체 간의 경쟁강도는 경쟁업체의 수가 증가함에 따라 경쟁업체의 규모와 기능이 동등해지고, 제품 수요가 감소하면서 가격인하가 보편화되는 경향이 있다. 소비자가 브랜드를 쉽게 전환할 수 있을 때 경쟁도 증가한다. 경쟁업체 간의 경쟁이 치열해짐에 따라 업계 이익이 감소하고, 경우에 따라 산업이 본질적으로 매력을 느끼지 못하게 된다. [표 2-4]는 경쟁기업들 간의 높은 경쟁 상태인 경우이다.

표 2-4 경쟁기업들 간의 높은 경쟁 상태

- 산업 내 경쟁기업이 다수 존재
- 경쟁기업의 비슷한 규모
- 경쟁기업 간의 유사한 능력
- 산업제품에 대한 수요 감소
- 제품이나 서비스의 가격하락
- 소비자가 브랜드를 쉽게 전환할 수 있을 때
- 시장 철수장벽이 높을 때
- 시장 진입장벽이 낮을 때
- 고정비용이 높을 때
- 제품이 부패하기 쉬운 경우
- 경쟁자가 초과 생산능력을 갖고 있을 때
- 소비자 수요가 감소할 때
- 경쟁자가 초과 재고를 갖고 있을 때
- 경쟁업체가 유사한 제품이나 서비스를 판매할 때
- 산업계에서 합병이 일반적일 때

기업 간 경쟁이 낮다면 업계는 통제된 것으로 간주된다. 이러한 통제는 업계의 경쟁사, 선도기업의 역할 또는 일반적으로 이해되는 행동 강령의 비공식적인 준수로 인해 발생할 수 있다. 담합은 일반적으로 불법이며 선택 사항이 아니다. 경쟁우위를 추구하는 독창적인 회사는 시장을 대체할 수 있다. 경쟁자가 다른 회사의 반향을 유도하는 방식으로 행동하면 경쟁이 심화된다. 경쟁강도는 대체로 장점을 얻으려는 기업의 공격성을 기반으로 한다. 경쟁우위를 점할 때 회사는 여러 가지 경쟁적인 움직임 중에서 선택할 수 있다. 즉, 가격변경, 제품 차별화와 새로운 유통경로 등을 선택할 수 있다.

- 가격변경: 일시적인 이익을 얻기 위해 가격을 인상하거나 인하하는 행위
- 제품 차별화: 기능 향상, 제조과정 및 제품 자체의 혁신
- 새로운 유통경로: 수직적 통합을 사용하거나 업계에 새로운 유통경로를 사용한다. 예를 들면, 고급 보석이 중저가 시계 판매를 꺼리는 점을 파악하여 Timex는 약국과 기타 비전통적 매장으로 이동하여 중저가 시계 시장을 공략했다.

❷ 신규 진입자의 위협

신규 진입자(new entrant)는 일반적으로 시장점유율을 확보하려는 열망으로 새로운 역량과 상당한 자원을 갖고 시장에 진입한다. 따라서 그들은 기존 회사에 대한 위협이 된다. 신규 진입의 위협은 진입장벽

의 존재와 기존 경쟁자로부터 기대할 수 있는 반응에 달려 있다. 진입장벽(entry barrier)은 기업이 산업에 진출하기가 어렵게 만드는 장애물이다. 다음은 신규업체가 진입하기 어려운 진입장벽의 유형이다.

- 규모의 경제: 삼성의 반도체는 규모의 경제로 상당한 비용우위를 갖는다.
- 제품 차별화: 가전제품을 생산하는 LG는 고품질의 제품으로 진입장벽을 높인다.
- 투자자금: 자동차를 생산하기 위한 제조시설에는 막대한 투자자금이 필요하다.
- 전환비용: Excel 또는 Word와 같은 사무용 소프트웨어는 높은 학습비용으로 새로운 소프트웨어로 전환하기 어렵다.
- 유통경로의 접근성: 대기업은 좋은 위치의 진열 공간을 확보하고 고객수요를 창출하는 데 필요한 광고비용을 지불할 수 있다.
- 규모와 무관한 비용: 신제품이 해당 유형의 표준으로 받아들여지기에 충분한 시장점유율을 확보하게 되면 제조업체는 핵심 이점을 갖게 된다.
- 정부정책: 정부는 과당경쟁을 방지하고 산업을 보호하기 위해 허가 요건을 통해 산업계 진입을 제한할 수 있다.

많은 진입장벽에도 불구하고 새로운 회사는 때때로 고품질 제품, 저렴한 가격 및 상당한 마케팅 자원으로 산업에 진입한다. 따라서 회사는 시장에 진입할 가능성이 있는 새로운 회사를 확인하고, 새로운 경쟁회사의 전략을 관찰하고, 필요에 따라 반격하고, 기존의 강점과 기회를 활용한다. 신규 기업의 시장진입에 대한 위협이 강할 때, 기존 기업은 일반적으로 가격인하, 보증연장, 기능추가 또는 구매자금의 혜택과 같은 새로운 진입자를 억제하기 위해 시장 위치를 강화하고 조치를 취한다.

표 2-5 진입과 출구의 난이

진입이 쉬운 경우	진입이 어려운 경우
· 평범한 기술 · 소규모 브랜드 프랜차이즈 · 넓은 유통경로 · 낮은 산업표준	· 특허 또는 독점 노하우 · 브랜드 전환의 어려움 · 제한된 유통경로 · 높은 산업표준
출구가 쉬운 경우	출구가 어려운 경우
· 판매 가능한 자산 · 낮은 출구비용 · 독립적인 사업	· 전문 자산 · 높은 출구비용 · 상호 연관된 사업

❸ 구매자의 협상력

구매자의 협상력은 고객이 제조업에 미치는 영향이다. 구매자는 가격을 낮추고, 더 높은 품질이나 더 많은 서비스를 위해 협상하고, 경쟁자를 서로 대항하는 능력을 통해 산업에 영향을 미친다. 구매자의 협상력이 강할 때 제조산업과의 관계는 독점 구매자(monopsony)이다. 즉, 많은 공급업체와 단일의 구매자가 있는 시장이다. 이러한 시장조건 하에서 구매자가 가격을 결정한다. 실제로 순수독점은 거의 존재하지 않지만 종종 생산 산업과 구매자 간에 약간의 비대칭성이 존재한다.

표 2-6 구매자의 협상력을 결정짓는 요소

구매자의 교섭력이 강한 경우	구매자의 교섭력이 약한 경우
• 구매자 집중: 상당한 시장점유율을 가진 소수의 구매자 • 구매자의 다량 구매 • 제품 표준화 • 구매자의 후방통합 가능성	• 구매자의 전방통합 가능성 • 구매자 전환비용이 높은 경우 • 표준화되지 않은 제품 • 다수의 구매자 • 구매자에게 중요한 제품

❹ 공급자의 협상력

공급자는 가격을 인상하거나 공급한 제품과 서비스의 품질을 저하시키는 능력을 통해 산업에 영향을 미칠 수 있다. 특히 소수의 공급자가 있는 경우, 대체제품이 적을 때 또는 원자재를 전환하는 데 드는 비용이 많이 드는 경우 공급자의 협상력은 강하다. 제조업은 원자재, 노동, 구성 부품 및 기타 소모품을 필요로 한다. 이러한 필요는 업계와 제품을 만드는 데 사용된 원자재를 제공하는 회사 간의 구매자와 공급자 관계로 연결된다. 강력한 공급자라면 이익을 얻기 위해 원자재를 고가로 판매하여 산업에 영향을 미친다.

표 2-7 공급자의 협상력을 결정짓는 요소

공급자의 교섭력이 강한 경우	공급자의 교섭력이 약한 경우
• 공급자의 후방통합 위험 • 공급자의 집중 • 높은 전환비용 • 고객 강점	• 많은 공급자 • 표준화 제품 • 구매자의 전방통합 위험 • 고객 약점

❺ 대체제품의 위협

대체제품(substitute product)은 소비자들의 동일한 욕구를 충족시킬 수 있는 제품이다. 대체제품은 산업계의 잠재적인 수익을 제한한다. 많은 산업에서 기업은 다른 산업의 대체제품 생산자와 경쟁이 치열하다. 예를 들면, 안경 및 콘택트렌즈 제작자는 레이저 눈 수술로 인한 경쟁압력에 직면한다. 설탕생산자는 인공 감미료 압력에 직면한다. 신문과 잡지는 인터넷과 케이블 TV의 대체제품 경쟁압력에 직면해 있다. 대체제품에서 일어나는 경쟁압력의 크기는 경쟁업체의 생산능력, 판매 및 이익에 달려 있다. 가능한 대체제품 또는 서비스 확인의 어려움은 외관이 다르더라도 동일한 기능을 수행할 수 있는 제품이나 서비스를 검색하는 것이다.

❻ 포터 분석의 한계

포터의 5요인은 산업계에 있는 경쟁분석에 유용한 틀이다. 경쟁분석은 상황을 이용할 것으로 예상되는 맞춤형 경쟁전략의 개발과 전략계획으로 이어진다. 그러나 포터의 경쟁력 분석은 제로섬(zero-sum) 게임이라고 가정하는 것으로 이는 업계의 잠재수익 규모가 고정되어 있음을 의미한다. 회사가 더 많은 수익을 올릴 경우 경쟁자, 공급자나 구매자로부터 이익을 취해야 한다는 것이다. 이와 같이 포터의 5요인 모델에는 몇 가지 한계와 약점이 있다.

첫째, 포터의 분석은 기업의 외부 경쟁환경에 초점을 맞추고 있다. 전체 경쟁력 분석을 완료하려면 요인을 보완해야 한다. 둘째, 정적 시장구조를 가정하기 때문에 5요인은 시장 환경에 한계가 있다. 역동적인 시장은 정보기술과 같은 기술혁신의 영향을 크게 받기 때문에 역동적인 변화를 분석할 수 없다. 셋째, 경쟁우위에 초점을 맞추고 다른 중요한 전략을 무시한다. 예를 들면, 회사는 가치사슬, 가상 네트워크이나 전략적 제휴에 따라 모든 회사의 정보 시스템의 연결과 같은 전략을 고려해야 한다. 넷째, 5요인이 개별 기업전략을 분석하기 위해 고안된 것으로 대기업 포트폴리오의 상호의존성과 시너지 효과에 대처할 수 없다. 마지막으로 가치의 원천이 구조적 이점이라는 것이다. 때로는 진입장벽을 만들 수 있다. 따라서 포터 분석은 역동적인 시장에는 적합하지 않지만 SWOT 분석, STEEP과 가치사슬 분석과 같은 분석으로 보완될 수 있다.

2) SWOT 분석

SWOT 분석은 강점(strength), 약점(weaknesses), 기회(opportunities)와 위협(threats)을 종합적으로 고려하여 기업내부의 강점과 약점, 그리고 외부환경의 기회와 위협을 분석·평가하고 전략을 개발하는 도구이다. 이 기법은 기업의 강·약점 등의 내부요인과 기회·위협과 같은 외부요인 간의 적합성을 평가하는 데 유용한 도구이다. 한 기업의 장점은 다른 기업에는 약점이 될 수 있다. 따라서 기업이나 조직이 미래에 나아갈 방향을 살펴보고, 명확한 목적을 구체화하고, 유리하거나 불리한 내·외부요인을 확인함으로써 기업의 전략수립에 유용한 도구가 된다.

내부요인(internal factors)은 조직의 강점과 약점으로 다소 통제가능하다. 강점은 목적을 달성하는데 도움이 되는 내적 속성이며, 약점은 목적을 성취하는데 해로운 내적 속성이다. 조직의 강점은 브랜드 인지도, 효율적인 유통망, 제품이나 서비스 평판과 우수한 재무상태이다. 반면 회사의 약점은 시장에서 제품 인지도 부족, 인적자원의 부족과 열악한 위치 등이다.

외부요인(external factors)은 외부환경에 의해서 영향을 받는 기회와 위협이며 거의 통제 불가능한 요인이다. 기회는 조직이 목적을 달성하는데 도움이 되는 외적 요인이며, 위협은 조직이 목적을 달성하는데 해로운 외적 요인이다. 기회는 회사 제품에 대한 국제수요, 적은 경쟁자와 사람들이 장수하는 것처럼 호의적인 사회추세이다. 위협은 침체하는 경기, 지급비용을 증가하는 금리인상과 노동자를 찾는데 어려운 고령인구 등이다. 외적 요인은 시장이나 경쟁위치의 변화뿐만 아니라 경제, 기술, 법률, 사회문화의 변화를 포함한다.

SWOT 분석은 기업과 환경의 전반적인 전략적 위치에 대한 분석을 위한 유용한 도구이다. 회사의 핵심 목표는 회사가 운영되는 환경에 필요한 자원과 역량을 가장 잘 부합시킬 수 있는 구체적인 사업 모델을 만드는 것이다. 즉, 내부 잠재력과 한계 그리고 외부환경으로부터의 가능한 기회와 위협을 평가하는 토대이다. 성공에 영향을 미치는 회사 내외의 모든 긍정적 요인과 부정적인 요인을 고려한다. 회사가 사업하는 환경에 대한 일관된 조사는 변화하는 추세를 예측하고, 조직의 의사결정 과정에 이들을 포함시키는데도 도움이 된다.

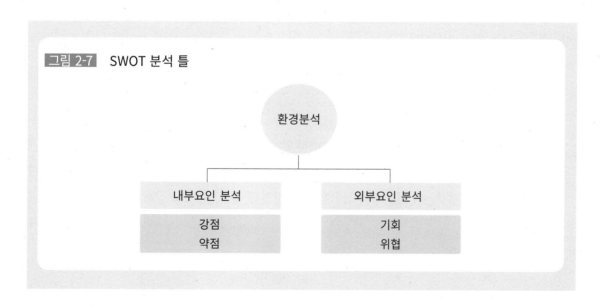

그림 2-7   SWOT 분석 틀

❶ 강점

강점은 조직의 사명을 달성할 수 있게 해주는 특성이다. 이것은 지속적인 성공이 이루어질 수 있고 계속 유지할 수 있는 자원이다. 강점은 유형이나 무형일 수 있다. 또한 이것은 숙련된 지식이나 기술, 직원이 소유하고 있는 자질과 조직에 일관성을 부여하는 고유한 기능이다. 강점은 인적자원이나 역량, 재무자원, 제품과 서비스, 고객 호의 및 브랜드 충성도를 포함하는 조직의 기능에 유리한 측면이다. 또한 조직의 강점은 건실한 재무자원, 광범위한 제품계열, 기술적 독특성과 헌신적인 직원 등이 있다.

❷ 약점

약점은 회사의 사명을 완수하지 못하고 잠재력을 완전히 발휘하지 못하게 하는 특성이다. 이러한 약점은 조직의 성공과 성장을 악화시키는 요인이다. 따라서 약점은 충족해야 한다고 생각하는 기준을 충족시키지 못하는 요인이다. 조직의 약점은 진부화된 기계, 장비나 기술, 연구개발 시설 부족, 제품 범위 협소, 의사결정 불량 등이 될 수 있다. 또한 막대한 부채, 높은 직원 이직률, 복잡한 의사결정 과정, 대량의 원재료 낭비 등이다. 그러나 약점은 통제되고 최소화되고 제거되어야 한다. 예를 들면, 오래된 장비나 기계를 극복하기 위해 새로운 장비나 기계를 구입할 수 있다.

❸ 기회

기회는 조직이 운영되는 환경에 의해 나타나는 호의적인 환경이다. 조직이 환경에서 더 많은 수익을 낼 수 있는 전략을 계획하고 실행할 수 있는 조건의 혜택을 누리는 경우에 발생한다. 이때 조직은 기회를 활용하여 경쟁우위를 확보할 수 있다. 시장, 경쟁, 산업, 정부 및 기술로 인해 기회가 발생할 수 있다. 규제완화와 함께 통신 수요가 증가하는 것은 신생기업이 통신 분야에 진출하고 기존 기업과 경쟁할 수 있는 좋은 기회이다. 따라서 조직은 환경의 관찰에 신중해야 하며 기회가 있을 때마다 포착해야 한다. 원하는 결과를 얻기 위해 고객에게 적합한 제공물을 선택하는 것은 어려운 결정이다.

❹ 위협

외부환경이 기업의 신뢰성과 수익성을 위태롭게 할 때 위협이 발생한다. 약점과 관련이 있을 때 취약성은 복합적이다. 위협은 통제할 수 없고, 위협이 왔을 때 안정과 생존이 위험에 처할 수 있다. 위협의 예는 끊임없이 변화하는 기술, 과잉 생산용량, 가격전쟁 및 업계 이익 감소로 이어지는 경쟁증가 등이 있다.

기업은 위협과 기회, 강점과 약점을 관찰하여 사전에 대비하는 전략을 수립할 필요가 있다. SWOT 분석은 강점과 약점을 이해하고 회사에 열려있는 기회와 직면한 위협을 식별하는 데 유용한 도구이다. SWOT 분석을 특히 강력하게 만드는 것은 약간의 생각만으로도 잘 활용할 수 있는 기회를 발견할 수 있는 점이다. 또한 기업의 약점을 이해함으로써 위협을 제거하고 관리할 수 있다. 강점과 약점과 같은 내부요인은 회사나 개인에 구체적이고 분명하지만, 기회와 위협과 같은 외부요인은 불투명하다. SWOT 분석이 성공하기 위해서는 기업은 다음을 기꺼이 할 수 있어야 한다.

- 분석은 제품에서 고객의 욕구를 충족하는 사업과정으로 집중한다.
- 경쟁보다는 고객에게 더 좋은 가치를 전달함으로써 강점을 활용한다.
- 핵심 영역에 전략적으로 투자함으로써 약점을 강점으로 전환한다.

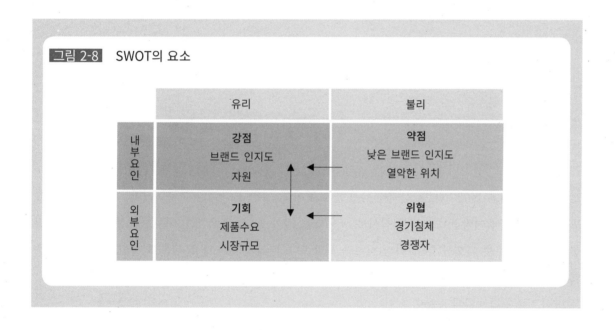

그림 2-8 SWOT의 요소

조직은 SWOT를 사용하여 회사와 경쟁자를 관찰함으로써 회사와 경쟁자를 구별하는 데 도움이 되는 전략을 수립할 수 있으므로 시장에서 성공적으로 경쟁할 수 있다. SWOT 분석은 조직의 강점과 약점, 그리고 직면한 기회와 위협을 분석하는 간단한 도구이지만 유용한 도구이다. SWOT 분석은 기업의 목적을 달성하는데 중요한 내·외부요인을 확인하는 것이다. 기업의 내·외부요인을 분석하여, 강점과 약점, 기회와 위협을 찾아내어, 강점은 강화하고, 약점은 제거하거나 축소하고, 기회는 활용하고, 위협은 억제하는 전략을 수립한다. SWOT 분석을 통해서 얻은 결과로 전략적 대안을 수립하는 방법은 다음과 같다.

- SO전략: 강점을 갖고 기회를 활용하는 전략
- ST전략: 강점을 갖고 위협을 회피하는 전략
- WO전략: 약점을 보완해 기회를 활용하는 전략
- WT전략: 약점을 보완해 위협을 극복하는 전략

그림 2-9 SWOT 분석에 따른 전략 설정

	기회(O)	위협(T)
강점 (S)	SO: 강점으로 기회 활용 1위: 성공전략, 시장선점, 제품다각화	ST: 강점으로 위협 회피 2위: 위협회피, 시장침투, 제품확충
약점 (W)	WO: 약점 보완으로 기회 활용 3위: 약점보완, 핵심강화, 전략적 제휴	WT: 약점 보완으로 위협 극복 4위: 약점보완, 철수, 집중화

❺ SWOT 분석의 이점

SWOT 분석은 전략수립 및 선택에 유용한 도구이다. 그러나 강력한 도구이지만 주관적인 요소를 포함한다. 따라서 처방전이 아닌 지침서로 사용하는 것이 좋다. 성공적인 기업은 환경을 감시하고 경쟁업체보다 새로운 기회를 더 빨리 인식하고 개발한다. 따라서 SWOT 분석은 회사의 자원과 역량을 회사가 운영하는 경쟁환경과 동기화하는 데 도움이 되는 정보를 제공한다. SWOT 분석은 다음과 같은 방식으로 전략계획에 도움이 된다.

- 전략계획을 위한 정보의 원천이다.
- 조직의 장점을 구축한다.
- 약점을 반전시킨다.
- 기회에 대한 활용을 극대화한다.
- 조직의 위험을 극복한다.
- 회사의 핵심역량을 파악하는 데 도움이 된다.
- 전략계획의 목표설정에 도움이 된다.

• 과거, 현재 및 미래를 아는 데 도움이 된다.

❻ SWOT 분석의 한계

SWOT 분석은 많은 장점에도 불구하고 한계점이 있다. 조직이 상황을 매우 간단하게 볼 수 있기 때문에 발생할 수 있는 특정 주요 전략적 관계를 간과할 수 있다. 경쟁우위를 달성하는 방법을 보여주지 않고 분석 시점의 정적 평가를 제공한다. 회사가 전략을 수립할 때 내부 또는 외부 요소를 지나치게 강조할 수 있다. 특히 시장은 불확실성이 크기 때문에 강점, 약점, 기회 및 위협으로 분류하는 것은 매우 주관적일 수 있다. 이 분석은 네 가지 요인의 중요성을 강조하지만 조직이 이러한 요인을 어떻게 식별할 수 있는지를 말하지 않는다. [표 2-8]는 SWOT 분석의 한계인 식별 불가능한 요인이다.

표 2-8   외부환경과 내부환경의 식별 불가능 요인

외부환경	내부환경
• 원재료 • 정부 입법 • 경제적 환경 • 경쟁제품의 새로운 시장 탐색	• 부족한 연구 및 개발 시설 • 불충분한 품질관리로 인한 제품결함 • 불편한 노사관계 • 숙련되고 효율적인 노동력 부족

sense   새 한류기지로 떠오른 아세안 … 48조 콘텐츠 블루오션 잡아라

한국과 문화가 비슷해 한국 콘텐츠와 스타에 대한 대중의 관심이 뜨겁다. 소득 수준이 높아지면서 콘텐츠 소비도 급증하고 있다. 아세안 지역의 콘텐츠 시장 성장세는 미국이나 중국 등에 비해 가파르다. 2015년 인도네시아, 태국, 말레이시아, 필리핀, 싱가포르, 베트남 등 아세안 주요 6개국의 콘텐츠 시장 규모는 433억 달러(약 48조원)에 달했다. 2016년 대비 8.8% 늘어난 것으로 세계 콘텐츠 시장의 연평균 성장률 5%를 웃돌았다. 예상 성장률은 더 높다. 과학기술정보통신부에 따르면 2019년까지 매년 평균 9.95%의 성장률을 기록할 전망이다. 한국 콘텐츠 기업들이 아세안 지역을 한류의 새로운 전진기지로 눈여겨보는 이유다.

출처: 한국경제신문 2017.11.13

3) 전략적 위치 및 행동 평가 매트릭스

전략적 위치 및 행동 평가 매트릭스(Strategic Position and Action Evaluation Matrix: SPACE)는 전략적 계획을 세우거나 전략계획의 의미를 평가하는 데 사용할 수 있는 전략적 도구이다. 즉, 해당 조직에 적합한 전략을 정의하기 위해 두 개의 내부 차원과 두 개의 외부 차원을 기반으로 조직을 분석하는 데 사용되는 관리 도구이다. 따라서 SPACE 분석은 전략의 일반적인 주제를 결정하는 외부 및 내부 요인의 균형을 맞추는 네 가지 주요 요인을 체계적으로 평가하고, 전략적 행동의 대안을 선택한다.

❶ 내부요인

- 재무 건전성(financial strength): 투자 회수율, 유동성, 부채비율, 가용자금 대 필요자금, 현금흐름, 재고 회전율
- 경쟁우위(competitive advantage): 시장점유율, 제품품질, 제품수명주기, 혁신주기, 고객 충성도, 수직적 통합

❷ 외부요인

- 산업 매력도(industry attractiveness): 성장 잠재력, 수익 잠재력, 재무적 안정성, 자원 활용, 산업진입의 복잡성, 노동 생산성, 생산능력 활용, 제조업체의 협상력
- 환경 안정성(environmental stability): 기술 변화, 물가 상승률, 수요 변동성, 경쟁제품의 가격 범위, 수요의 가격 탄력성, 대용품의 압력

특정 전략계획에서 내부환경과 외부환경의 요인을 분석하여 기업에 적합한 경영전략에 대한 아이디어를 창출할 수 있고 적절한 전략을 수립할 수 있다. SPACE는 사업 조직의 현재 전략적 위치와 취해야 할 조치가 명시되어 있다. 분석은 외부환경 요인과 내부환경 요인을 사용한다. 네 가지 요인, 즉 재무 건전성, 경쟁우위, 환경 안정성과 산업 매력도는 조직의 전반적인 전략적 위치를 결정짓는 가장 중요한 요소이다. 회사의 전략적 위치와 전략적 행동의 대안은 공격, 보수, 방어 또는 경쟁 전략이다.

- 공격전략(aggressive position): 매력적이고 상대적으로 안정적인 산업이다. 회사는 경쟁우위를 갖고 있으며 그것을 보호할 수 있다. 중요한 요소는 새로운 경쟁자가 업계에 진입할 가능성이 있는 점이다. 시장점유율을 높이고 경쟁력이 있는 제품에 집중할 수 있는 새로운 인수합병을 고려한다.

- 경쟁전략(competitive position): 매력적이나 상대적으로 불안정한 환경이다. 회사는 다소 경쟁우위를 갖고 있다. 중요한 요소는 회사의 재무 건전성이다. 해결안은 생산 효율성을 증가하고 현금흐름을 강화하고 다른 회사와의 전략적 제휴이다.

- 보수전략(conservative position): 낮은 성장률과 재무적으로 안정된 기업으로 안정적인 산업이다. 중요한 요소는 제품 경쟁력이다. 회사는 성공적인 제품을 보호하고 신제품을 개발하고 더 매력적인 산업으로 침투하는 것을 고려하고 비용을 절감한다.

- 방어전략(defensive position): 매력적이지 않은 산업이다. 회사는 경쟁력이 있는 제품과 재무자원이 부족하다. 중요한 요소는 경쟁력이다. 회사는 비용을 절감하고, 투자를 줄이고, 산업에서 철수하는 것을 고려한다.

표 2-9 내부환경과 외부환경의 요인

	재무 건전성에 미치는 요인	경쟁우위에 미치는 요인
내부환경	판매수익 투자수익 유동성 부채비율 가용자금 대 필요한 자본 현금흐름 재고회전율 규모의 경제와 경험의 사용	시장점유율 제품범위 제품품질 제품수명주기 혁신주기 고객충성도 비용 수준 수직적 통합 신제품 출시 속도
	산업 매력도에 미치는요인	환경 안정성에 미치는 요인
외부환경	성장잠재력 이익잠재력 재정안정성 기술적 노하우 자원 활용 업계 진출의 복잡성 노동생산성 가동률 제조업체의 협상력 고객의 힘	정치적 불확실성 기술적 변화 물가상승률 이자율 환율 수요 변동성 경쟁제품의 가격 범위 수요의 가격탄력성 대용품의 압력 순환문제

이 분석은 2가지 내부환경(재무 건전성과 경쟁우위)과 2가지 외부환경(환경 안정성과 산업 매력도)을 평가하고 이를 SPACE Matrix에 그린다. 공간 매트릭스는 경쟁우위와 산업 매력도 차원에 대한 계산된 값을

X축에 위치하고, 재무 건전성과 환경 안정성 차원에 대한 계산된 값을 Y축에 위치시킨다. 분석을 바탕으로 회사의 전략적 위치를 공격적, 보수적, 방어적 또는 경쟁적 위치로 해석한다. 다음은 SPACE 매트릭스를 개발하는 데 필요한 단계이다.

- 재무 건전성, 경쟁우위, 환경 안정성과 산업 매력도를 선택한다.
- 재무 건전성과 산업 매력도의 변수에 1(최악)에서 6(최상)까지의 숫자 값을 할당한다.
- 경쟁우위와 환경 안정성의 변수에 −1(최상)에서 −6(최악)까지의 숫자 값을 할당한다.
- 각 요인별로 평균 점수를 계산한다.
- 각 요인의 값을 관련된 축에 표시한다.
- 사변형의 가장 큰 부분에 행동의 적절한 대안이 있다.

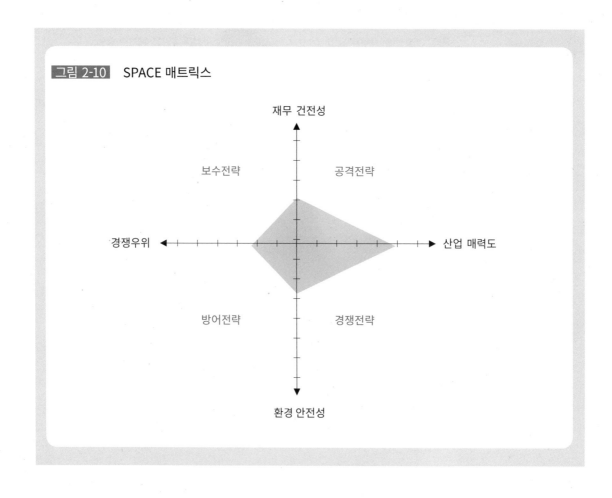

그림 2-10   SPACE 매트릭스

4) 내부요인 평가 매트릭스

내부요인 평가(Internal Factor Evaluation: IFE) 매트릭스는 기업의 내부환경을 평가하고 강점과 약점을 밝히는 데 사용되는 전략 도구이다. 내부요인은 회사의 상세한 내부감사 결과이다. 분명히 모든 회사는 강점과 약점이 있다. 내부요인은 강점과 약점의 두 가지로 분류된다. 강점은 약점을 극복하고 업계에서 이용 가능한 외부 기회를 이용하기 위해 사용되는 회사의 강력한 영역이나 속성이다. 강점은 유형이나 무형일 수 있다. 약점은 영향을 최소화하기 위해 최우선적으로 해결해야 할 위험한 영역이다.

이 도구는 기능 영역의 주요 강점과 약점 및 해당 영역 간의 관계를 식별하고 평가할 수 있는 기반을 제공한다. 내부요인 평가는 재무, 마케팅, 정보, 기술, 운영, 회계, 인사 및 기타 다양한 기능 영역의 내부분석에 사용된다. 강점과 약점은 IFE 매트릭스에서 각기 다른 부분으로 편성된다. 내부요인의 강점과 약점을 우선적으로 나열하고 중요도에 따라 가중치를 결정한다. 그런 후 요인에 대해 평점을 매기고 가중 점수를 계산한다. 다음은 이러한 방법으로 IFE 매트릭스를 작성하는 절차이다. [표 2-10]에서 IFE 매트릭스의 평균 가중 점수는 2.83으로 조금 강하다.

- 중요한 내부요인의 강점과 약점을 찾는다.
- 강점과 약점에 가중치를 할당한다.
- 가중치 범위가 0.0에서 1.0으로 높을수록 중요성이 높아진다.
- 강점과 약점에 평가한 점수로 평점을 매긴다.
  평점의 범위는 1~4점이다. 1 = 매우 약하다. 4 = 매우 강하다.
- 각 요인의 가중치에 평점을 곱하여 가중 점수를 계산한다.
- 가중 점수를 합산하여 총점을 계산한다.
- 가중 점수의 합계는 1.0(낮음)에서 4.0(높음) 사이이다.

가중 점수의 총점
- 총 가중 점수 > 2.5 : 회사는 내부적으로 강하다.
- 총 가중 점수 < 2.5 : 회사는 내부적으로 약하다.

표 2-10   내부요인 평가 매트릭스

요인	가중치	평점	가중 점수
강점			
품질과 신뢰성 있는 서비스로 유명하다.	0.16	4	0.64
낮은 직원 이직률은 연속성과 고객지식을 제공한다.	0.07	3	0.21
최고 품질의 부품 제조업체를 대표한다.	0.15	4	0.60
부채가 거의 없고, 재무상태가 건전하다.	0.11	3	0.33
약 60%의 고객이 추천에서 온다.	0.13	4	0.52
약점			
지역회사이다.	0.05	2	0.10
일반인에게 알려져 있지 않다.	0.02	2	0.04
높은 비용으로 부품을 구매한다.	0.08	2	0.16
제품의 결함으로 A/S 비용이 높다.	0.13	1	0.13
고객 중 5% 미만이 반복 구매한다.	0.10	1	0.10
총점	1.00		2.83

5) 경쟁 수준 매트릭스

경쟁우위를 유지하려면 회사는 경쟁우위를 평가해야 한다. 경쟁 수준 매트릭스(Competitive Profile Matrix: CPM)는 회사와 경쟁업체를 비교하는 분석 도구이다. 경쟁기업의 생산설비·마케팅·구매·연구개발 조직 등의 장점과 약점을 평가하는 도구이다. 즉, 분석 도구는 기업의 경쟁 구도, 특정 시장에서의 입지 및 회사의 제품과 서비스를 경쟁업체와 차별화할 수 있는 기회를 한눈에 볼 수 있다. 또한 회사와 경쟁사의 이익에 기여하는 중요한 성공요인을 파악할 수 있다. 다음은 CPM의 주요 용도이다.

- 경쟁사와 비교할 때 제품이나 서비스를 차별화하고 개선할 수 있는 방법을 찾는다.
- 고객의 요구 충족을 위해 제품을 사용자가 쉽게 정의할 수 있는 방법을 개발한다.
- 경쟁기업보다 효과적으로 제품의 이점을 전달할 수 있는 마케팅을 개발한다.
- 회사를 차별화할 수 있는 새로운 제품을 개발할 수 있는 기회를 찾는다.

CPM은 기업의 주요 경쟁기업의 전략적 위치와 관련하여 특정 강점과 약점을 식별한다. CPM의 중요한 성공요인에는 내부와 외부요인이 모두 포함된다. 성공하고 있는 기업의 역량과 비교함으로써 다각화의 성공 가능성을 판단할 수 있다. 매트릭스는 각 회사의 강점과 약점을 보여 주며 중요한 성공요인은 성공 영역 또는 개선 영역을 나타낸다. 중요한 성공요인은 회사와 경쟁기업의 성공과 가장 관련이 있는 요소이다. 이를 확인하는 방법은 기존 고객과 잠재고객에게 가장 중요한 요소를 파악한 다음 회사를 경쟁기업과 비교한다. 이 관점은 핵심역량을 확인하고 약점을 발견하고, 경쟁기업과 제품을 차별화하는데 도움이 된다. 다음은 이러한 방법으로 경쟁 수준 매트릭스를 작성하는 절차이다.

- 중요한 성공요인을 찾는다.
- 조직 성공의 중요한 요소에 가중치를 할당한다.
- 가중치 범위가 0.0에서 1.0으로 높을수록 중요성이 높아진다.
- 요소에 대한 평점은 각 회사가 평가받은 점수이다.
  중요 성공요인에 1~4 등급을 지정하여 회사의 현재 전략이 요인에 얼마나 효과적으로 대응하는지 나타낸다. 1 = 매우 좋지 않다. 4 = 매우 좋다.
- 각 요인의 가중치에 평점을 곱하여 가중 점수를 계산한다.
- 가중 점수를 합산하여 총점을 계산한다.
- [표 2-11]에서 총점은 회사 2가 3.15으로 가장 높다.

표 2-11 경쟁 수준 매트릭스

중요 성공요인	가중치	회사 1		회사 2		회사 3	
		평점	가중 점수	평점	가중 점수	평점	가중 점수
시장점유율	0.15	2	0.30	3	0.45	3	0.45
고객충성도	0.06	3	0.18	4	0.24	2	0.12
제품품질	0.10	2	0.20	3	0.30	3	0.30
가격 경쟁력	0.10	3	0.3	3	0.30	4	0.4
유통경로	0.08	2	0.16	4	0.32	3	0.24
기술수준	0.09	4	0.36	2	0.18	3	0.27
생산능력	0.07	3	0.21	3	0.21	4	0.28
생산설비	0.11	2	0.22	4	0.44	2	0.22
재고 시스템	0.09	4	0.36	3	0.27	2	0.18
재무상태	0.07	3	0.21	4	0.28	3	0.21
조직구조	0.08	4	0.32	2	0.16	4	0.32
총점	1.00		2.82		3.15		2.99

6) 경쟁자 행동 예측

경쟁자 행동 예측(predicting competitor behavior)은 우수한 의사결정을 위해 중요한 경쟁자에 대한 정보를 얻고 경쟁자의 행동을 예측하는 방법이다. 경쟁자에 대한 정보는 회사의 전략수립과 실행에 도움이 된다. 고도로 집중된 산업에서 회사의 경쟁환경의 지배적인 특징은 가장 가까운 경쟁업체의 행동일 가능성이 크다. 예를 들면, 삼성전자의 산업환경은 스마트 폰에서 애플 전략에 의해 주도되고 있다. 경쟁자 분석의 주요 목표는 경쟁자가 누구인지, 그들이 사용하고 계획하고 있는 전략, 회사의 행동에 어떻게 반응하는지, 그리고 경쟁자의 행동을 유리하게 활용하는 방법을 이해하는 것이다.

❶ 경쟁자 정보

경쟁자 정보에는 의사결정을 알리기 위한 경쟁자에 대한 공개 정보의 체계적인 수집 및 분석이 포함된다. 경쟁자를 이해하려면 경쟁업체에 대한 정보를 얻는 것이 중요하다. 경쟁자 정보는 최근의 도서, 전문 저널, 전문 컨설팅 회사 및 전문 협회 등에서 수집할 수 있다. 합법적인 경쟁자 정보와 불법적인 경쟁자 정보 간의 경계가 항상 명확하지는 않다. 또한 공개 정보와 사적 정보의 구분도 불확실하다. 경쟁자 정보를 수집하는 세 가지 주요 목적이 있다. 이 세 가지 목적에서 중요한 사항은 환경변화와 경쟁자의 동향을 예측하기 위해 경쟁업체를 이해하는 것이다.

- 경쟁자의 미래 전략과 의사결정 예측
- 회사의 전략에 대한 경쟁업체의 반응 예측
- 경쟁자의 행동이 유리하게 영향을 줄 수 있는 방법 파악

❷ 경쟁자 행동 예측 틀

경쟁자 정보는 단순히 정보만을 수집하는 것이 아니다. 문제는 정보가 너무 많을 수 있다. 열쇠는 필요한 정보와 사용 목적을 명확히 하는 체계적인 접근 방식이다. 목표는 경쟁자를 이해하는 것이다. 위대한 장군의 특징은 군대 지능을 뛰어 넘어 상대방 지휘관의 머리 안에 들어 있는 능력이다. 마이클 포터(Michael Porter)는 경쟁자 행동을 예측하기 위한 네 부분으로 구성된 경쟁자 분석 틀을 제안한다.

- 경쟁자의 현재 전략: 경쟁자가 미래에 어떻게 행동할 것인지를 예측하려면 경쟁자가 현재 어떻게 경쟁하고 있는지 이해해야 한다. 핵심은 전략적 행동, 특히 자원 투입과 관련된 행동 및 경영자 의사소통 내용과 투자자, 언론 및 재무 분석가와 연결하는 것이다.

그림 2-11 경쟁자 분석 틀

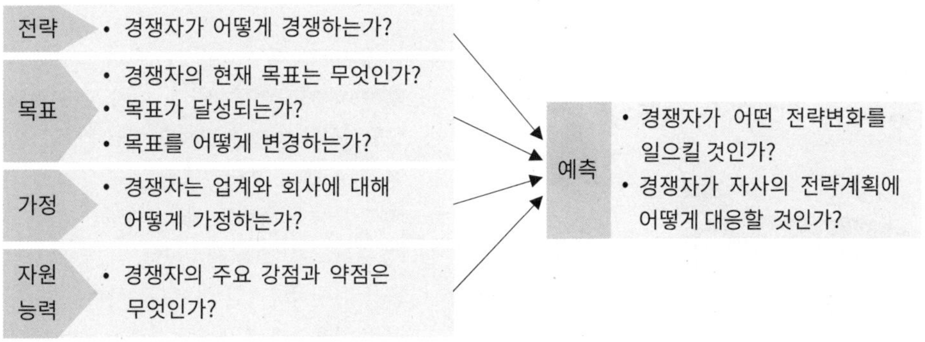

전략	• 경쟁자가 어떻게 경쟁하는가?
목표	• 경쟁자의 현재 목표는 무엇인가? • 목표가 달성되는가? • 목표를 어떻게 변경하는가?
가정	• 경쟁자는 업계와 회사에 대해 어떻게 가정하는가?
자원 능력	• 경쟁자의 주요 강점과 약점은 무엇인가?

예측
• 경쟁자가 어떤 전략변화를
일으킬 것인가?
• 경쟁자가 자사의 전략계획에
어떻게 대응할 것인가?

- 경쟁자의 목표: 경쟁자가 전략을 어떻게 변경할지 예측하려면 목표를 파악해야 한다. 핵심은 재무 목표 또는 시장 목표에 의해 주도되는지 여부이다. 주요 목표가 시장점유율인 회사는 주로 매출에 관심이 많고 훨씬 공격적이다. 경쟁자의 목표와 관련하여 현재 성과의 수준은 전략변화의 가능성을 결정한다. 현재의 성과에 만족하는 기업이 많을수록 현재 전략을 계속할 가능성이 크다. 그러나 성과가 목표에 미달할 경우 경영진의 변화와 함께 급진적인 전략 변화가 발생할 가능성이 있다.
- 산업체에 대한 경쟁자의 가정: 경쟁자의 전략적 결정은 환경에 대한 인식으로 조정된다. 이러한 인식은 관리자가 업계와 성공요인에 대해 갖고 있는 신념에 따라 결정된다. 이러한 신념은 시간에 따라 안정적이고 산업계에 있는 기업들 간에 수렴하는 경향이 있다.
- 경쟁자의 자원과 능력: 경쟁자의 잠재적인 도전의 가능성과 심각성을 평가하려면 경쟁자의 자원과 역량의 강도를 평가해야 한다. 경쟁자가 막대한 현금을 갖고 있다면 회사가 가격전쟁을 일으키는 것은 현명하지 않다. 가격인하는 경쟁자의 경쟁우위를 대응하기 어려울 수 있다.

'여성 운전 허용' 빗장 푼 사우디

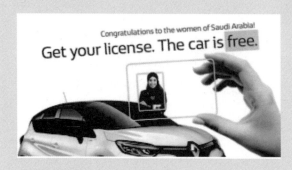

사우디가 내년 6월 24일부터 그동안 금지됐던 여성 운전을 허용한다. 이에 따라 글로벌 차량업체들의 마케팅 경쟁도 치열해지고 있다. 사진은 여성 운전자 7명을 선착순으로 자사의 SUV 차량을 무료로 제공하겠다는 이벤트를 내건 프랑스의 르노 광고이다. 세계 유일의 여성 운전 금지국가였던 사우디아라비아가 여성 운전을 허용함에 따라 시장선점을 위한 글로벌 차량업체 간 경쟁도 치열해지고 있다. 독일의 폴크스바겐 역시 운전대를 잡은 여성의 모습과 함께 '이제 당신 차례'라는 글귀를 달아 여성 소비자를 겨냥한 마케팅에 나섰다.

출처: 중앙일보 2017.10.08

7) 외부요인 평가 매트릭스

외부요인 평가(External Factor Evaluation: EFE) 매트릭스는 회사의 외부 환경을 검사하고 기회와 위협을 식별하는 데 사용되는 전략 도구이다. 경제적, 사회적, 문화적, 인구통계학적, 환경적, 정치적, 법률적, 기술적 및 경쟁적 상황을 요약하고 평가할 수 있다. 대학교 캠퍼스 내에 영화관에 대한 사례를 통해 외부요인을 평가해 본다. [표 2-12]와 같이 외부요인 평가 매트릭스는 5단계로 개발된다.

❶ 외부요인 열거

외부요인 분석 과정에서 확인된 주요 외부요인을 열거한다. 기회와 위협을 포함하여 회사와 기업에 영향을 미치는 총 15~20개의 요인을 포함시킨다. 기회 요인을 먼저 나열한 다음은 위협 요인을 나열한다. 추출한 중요한 요인에 대해 구체적으로 열거한다.

❷ 외부요인의 가중치 설정

각 외부요인에 대해 0.0(중요하지 않음)에서 1.0(매우 중요함)까지의 가중치를 지정한다. 이 가중치는 산업에서 성공하기 위해 요인의 상대적 중요성이다. 기회 요인은 종종 더 높은 가중치를 받는다. 위협 요인은 있지만 심각하거나 위협적이라면 높은 가중치를 지정한다. 적절한 가중치는 경쟁자와 성공을 비교하거나 논의하여 집단 합의에 의해 결정할 수 있다. 그러나 가중치의 총계는 1.0이어야 한다.

❸ 외부요인 평점

외부요인에 1에서 4 사이의 등급을 지정하여 회사의 전략이 요인에 얼마나 효과적으로 반응하는지 표시한다. 4 = 응답이 매우 우수하다. 3 = 응답이 평균보다 높다. 2 = 응답이 평균이다. 1 = 응답이 좋지 않다. 등급은 회사에 대한 평점이며, 가중치는 산업에 대한 평점이다. 위협과 기회의 평점 범위는 모두 1, 2, 3 또는 4 이내에서 평가자가 내리는 평점이다.

❹ 가중 점수 계산

각 외부요인의 가중 점수를 모두 합계한 점수가 총점이다. 본 사례의 가중 점수의 총계는 2.66이다. 가중 점수의 총계가 4.0일 경우 조직이 기존 업계에서 기회와 위협에 뛰어난 방식으로 대응하고 있음을 나타낸다. 즉, 회사의 전략은 기존 기회를 효과적으로 활용하고 외부 위협의 잠재적 부작용을 최소화할 수 있다. 이 사업에서 성공하기 위한 가장 중요한 요소는 관람객의 성장률, 두 개의 신도시 개발과 낮은 실업률이다. 그러나 가장 큰 위협 요인으로는 대히트작 영화 대여의 증가율이다.

표 2-12 외부요인 평가 매트릭스

핵심 외부요인	가중치	평점	가중 점수
기회			
세종시는 인구가 매년 8% 증가하고 있다.	0.06	3	0.18
대학교 신입생 수는 매년 5% 증가하고 있다.	0.06	3	0.18
도시 전역의 주요 경쟁자가 최근 운영을 중단했다.	0.07	3	0.21
관람객이 매년 10% 성장한다.	0.08	3	0.24
두 개의 신도시가 10km 이내에서 개발되고 있다.	0.08	2	0.16
시민들의 가처분 소득은 전년도에 10% 증가했다.	0.05	2	0.10
세종시의 실업률은 2%이다.	0.08	3	0.24
위협			
시민들은 건강한 식습관을 선호하는 추세이다.	0.03	3	0.09
온라인 영화는 매년 10% 성장한다.	0.05	2	0.10
영화관의 상업 시설이 매각된다.	0.08	2	0.16
대학교 캠퍼스 내 영화관이 설치된다.	0.07	2	0.14
올해 도시 재산세는 20% 인상된다.	0.06	3	0.18
지역 단체는 19금 영화 상영을 금지한다.	0.09	2	0.18
대히트작 영화의 대여가 20% 증가한다.	0.08	4	0.32
지난 분기에 대여점에서 영화가 15% 증가했다.	0.06	3	0.18
총점	1		2.66

8) 갭 분석

갭(gap)이란 조직의 실제 성과와 목표 간의 차이를 의미한다. 갭 분석(gap analysis)은 "있는 곳(현재 상태)"과 "되고 싶은 곳(목표 상태)"의 두 가지 문제를 해결한다. 사업을 유지하는 문제에 대한 해결책을 찾는 것이다. 이 분석 과정에는 현재의 실제 성과를 기대하는 성과와 비교하는 과정이 포함된다. 이뿐만 아니라 업계 평균과 비교하고 결과를 벤치마킹하여 경쟁업체 대비 회사 실적 차이를 찾을 수도 있다. 실제 성과가 미리 정해진 목표를 충족시키지 못하면 기업은 차이를 줄이기 위한 전략을 선택한다. 이 분석은 개선의 기회가 있는 분야에 대한 통찰력을 제공한다. 갭 분석은 작업의 범위와 갭이 연결될 수 있는 방법을 평가하여 대상과 예상 결과 간의 차이를 분석하는 전략적 도구이다. 기업이나 사업단위의 현재 성과 수준을 설정된 목표 수준과 비교한다. 차이가 좁으면 안정전략이 가장 좋은 대안이나 차이가 크고 기회가 있는 경우 확장전략이 적절하다.

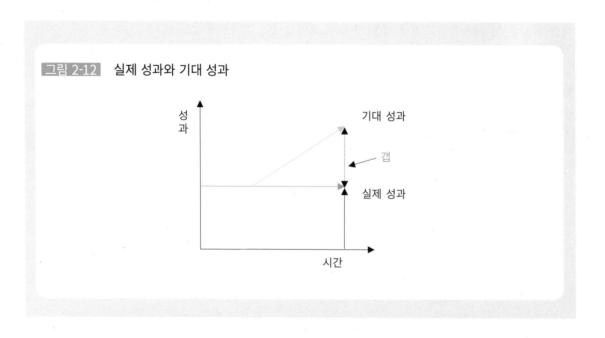

그림 2-12 실제 성과와 기대 성과

갭 분석은 전략 또는 운영 차원에서 수행될 수 있다. 예를 들면, 분석한 후에 실제 성과가 기대 성과를 초과한다는 것을 알았다. 그렇다면 목표는 문제발견에서 성공요인 파악으로 바뀐다. 평가하는 대상이 무엇이든 성공 또는 문제, 인적자원 또는 사업 기능과 상관없이 분석을 수행하는 실제 과정은 동일하다. 갭이 발견되면 경영자는 다음과 같은 조치를 취할 수 있다.

• **목표 재정의**: 목표와 실제 성과의 불일치가 발견될 때 목표가 현실적이며 달성 가능한지 확

인한다. 목표가 매우 높은 수준으로 설정되었다면 보통 목표를 낮게 조정한다.

• 전략 변경: 목표와 실제 성과 사이에 차이가 발견되면 현재 전략을 변경한다.

실제 성과의 원인이 조직 전체에 퍼져있는 상황에서 갭 분석은 대체 전략을 평가하는 적절한 기법이다. 그러나 포트폴리오 분석은 사업의 특정 부분에 대한 전반적인 성과 저하를 추적하는 데 유용하다. 갭은 실제 성과와 원하는 성과 간의 차이를 의미하고 기업의 효율성과 효과성에 영향을 미칠 수 있는 회사의 미래 성과, 성장 및 생존에 대한 위협이다. 이러한 갭에는 네 가지 유형이 있다.

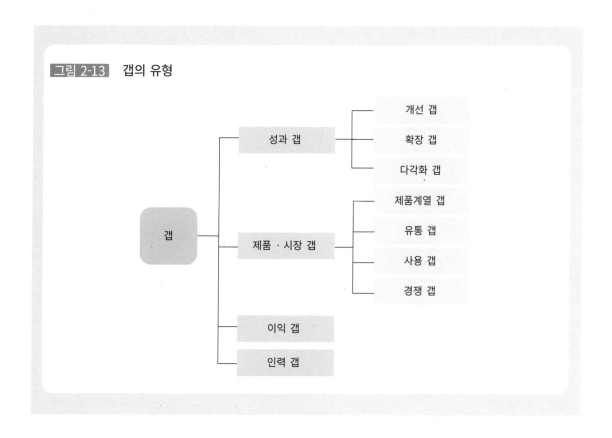

그림 2-13 갭의 유형

❶ 성과 갭 :기대와 실제 성과 사이의 격차이다.

• 개선 갭: 현재 활동을 개선함으로써 축소할 수 있는 격차

• 확장 갭: 현재의 체제와 자원 내에서 활동을 확대함으로써 축소할 수 있는 격차

• 다각화 갭: 제품계열을 다각화함으로써 축소할 수 있는 격차

❷ 제품·시장 갭: 실제 판매량과 판매 잠재량 간의 차이이다.

- 제품계열 갭: 불완전한 제품으로 인해 발생하는 갭
- 유통 갭: 유통 결함으로 인해 제품을 소비자에게 제공할 수 없는 갭
- 사용 갭: 존재하는 제품의 사용이 부족하여 생기는 갭
- 경쟁 갭: 고객이 회사 대신 경쟁제품을 구매할 때 발생하는 갭

❸ **이익 갭:** 목표 이익과 실제 이익 사이의 갭이다. 실제 이익이 목표 이익보다 적다면 불량 마케팅 관리로 인해 고객이 브랜드 전환으로 인하여 손실된 매출 때문이다.

❹ **인력 갭:** 필요한 인적자원의 수와 실제 인적자원의 간의 갭이다.

글로벌
리더를 위한
전략경영

제3장

내부환경

1. 내부환경

　조직은 목표를 달성하기 위해 과업을 수행하는 한명 이상의 사람들의 집단이다. 조직은 활동이 매우 복잡하고, 불확실성을 피하기 위해 과업을 체계적으로 수행한다. 내부환경은 전략을 실행하기 위해 조직을 구성하는 인적자원, 물적자원, 기술, 재무자원 및 기타 자원 관리와 관련된다. 다른 회사와 경쟁할 때 본질적으로 내부환경을 다루는 전략이 필요하다. 적절한 내부자원에 대한 평가는 프로젝트를 진행하기 위해 필요하며 그렇지 않으면 프로젝트가 바람직하지 않은 결과를 초래할 수 있다.

1) 내부환경 요인

　내부요인은 통제 가능한 요인(controllable factors)으로 회사가 통제할 수 있다. 기업은 환경에 적합하도록 인적자원, 물적자원, 조직 및 마케팅 등 기능적 수단과 같은 요소를 변경하거나 수정한다. 내부환경은 조직의 전술과 결정에 영향을 미치는 중요한 내부요인으로 기업에서 상당히 중요한 요소이다. 내부환경에는 기업 소유자, 주주, 경영자, 직원, 고객, 경영구조와 조직문화가 포함된다. 즉, 6M's이다. 기업은 이러한 내부요소를 통제하고 사업의 기능 변화에 따라 변경할 수 있다.

- 사람(Man): 인적자원
- 돈(Money): 재무자원
- 마케팅 자원(Marketing Resources): 마케팅 조직, 담당자의 질, 브랜드 자산과 유통망

- 기계(Machinery): 물적자산과 시설
- 경영구조와 형태(Management Structure and Nature): 조직의 구조와 의사결정
- 기타 요인(Miscellaneous Factors): 연구개발, 이미지, 브랜드 자산, 가치, 경쟁우위

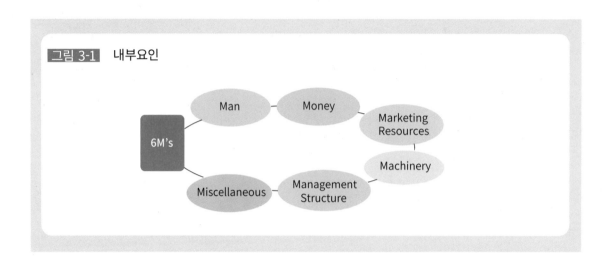

그림 3-1 내부요인

❶ 인적자원

조직의 인적자원은 조직의 강점과 약점에 기여하는 가장 핵심적인 요소이다. 조직의 인적자원은 기술, 품질, 종업원 사기, 업무 몰입 및 태도이다. 서로 다른 수준의 종업원들의 참여와 주도권은 조직마다 다를 수 있다. 조직문화와 모든 환경이 인적자원과 관련되어 있다. 이것은 내부요소이며 조직은 기업과 다른 요인의 필요에 따라 이 요소를 변경하는 데 있어 절대적인 통제권을 가진다.

❷ 재무자원

자금 정책, 자금 상황과 자본구조는 기업 기능과 성과에 실질적인 영향을 주는 내부요인이다. 금융기관은 조직을 시작하고 운영하는데 필요하다. 자금의 원천은 주식 자본, 은행, 기타 금융기관 및 조직화되지 않은 자본시장이다. 자본시장의 변화는 금융기관뿐만 아니라 일반 대중으로부터 이용할 수 있는 높은 자금의 가용성이다. 다양한 인센티브가 결합된 금융의 가용성은 내부요인을 촉진한다.

❸ 마케팅 자원

마케팅 조직, 마케팅 담당자의 질, 브랜드 자산 및 유통망과 같은 마케팅 자원은 경영의 의사결정에 영향을 줌으로써 회사의 마케팅 효율성에 직접적인 영향을 미친다. 이러한 마케팅 자원은 판매와 직결된다. 이것은 기업 내부환경에 큰 영향을 미친다.

❹ 물적자산과 시설

생산능력, 기술, 기계와 생산설비와 같은 자산의 적절한 확보와 운용은 조직의 효율적 활동에 필수적이다. 조직은 향후 비용을 상회하는 수익을 기대하기 때문에 기계와 생산설비에 자금을 투자한다. 기계와 생산설비 사용으로 인한 수익은 투자비용과 운영비용을 충당하고 조직을 만족시킬 수 있는 충분한 이익을 창출하기에 충분해야 한다.

❺ 경영구조와 형태

조직의 구조와 형태는 의사결정에 직접적인 영향을 미친다. 전략은 조직의 구조와 환경에 따라 결정된다. 따라서 조직이 번성하려면 조직은 성장하는 경영환경에 적합해야 한다. 어떤 시장과 환경은 다른 시장과 환경보다 빠르게 변화한다. 예를 들면, 첨단기술 환경에서 사업하는 회사는 경쟁업체가 항상 새로운 제품을 출시하기 때문에 빠른 반응 시간이 요구된다. 급변하는 환경에서 기업은 운영과 활동의 모든 변화와 영향에 대해 최신 정보를 얻는 것이 어려울 수 있다. 조직은 엄격한 계층구조를 갖는 경향이 있지만 변화하는 시장의 조직은 신속한 적응력이 있다. 이러한 조직은 새로운 문제를 다루기 위해 경영구조에서 새로운 부문을 창출할 수 있다.

❻ 기타 요인

경영환경에 기여하는 다른 내부요인은 많이 있다. 많은 요인 중에서 기업에 영향을 주는 요인으로는 연구개발, 회사 이미지, 가치체계와 경쟁우위 등이 있다.

- 연구개발: 연구개발은 혁신하고 경쟁할 수 있는 능력을 결정한다. R&D는 경영환경의 기술적 향상을 가져온다. 기술환경은 제품을 생산하는 방식을 제공하는 지식의 총합을 의미한다. 또한 제품을 설계, 생산 및 유통하는 방식에 영향을 미치는 발명과 기술이 포함된다.
- 회사 이미지: 회사의 이미지는 제품의 신뢰도에 영향을 미친다. 금융, 합작투자, 전략적 제휴, 합병과 인수, 판매와 구매, 신제품 출시 등에 도움이 된다.
- 가치체계: 가치는 기업을 다루는 사람들에게 사업의 기본 원칙을 안내한다. 개인이나 조직이 수용하는 옳고 그름의 원칙은 가치체계를 구성한다. 창립자와 경영자의 가치체계는 사업의 선택, 조직의 사명과 목적, 사업정책과 관행에 중요한 영향을 미친다.
- 경쟁우위: 경쟁자는 제품과 서비스를 차별화하고 우수한 가치를 제공함으로써 지속적으로 경쟁우위를 추구하기 때문에 기업이 수익을 창출할 수 있는 능력에 영향을 미친다. 강점과 약점에 대한 내부분석은 조직이 목표시장의 요구를 충족시켜 경쟁업체보다 더 큰 경쟁력을

확보할 수 있는 내부요소에 중점을 둔다.

2) 전략적 인적자원

인적자원관리는 개인과 직무 간의 일치를 개선하는 것이다. 인적자원관리를 잘 수행한 기업이 그렇지 않은 기업보다 높은 이익과 생존율을 나타낸다. 관리자는 직원 근무태도 조사와 기타 피드백 장치를 사용하여 직원에 대한 직무와 직무 만족도를 평가한다. 또한 직무를 수행하는 데 요구되는 지식, 능력, 기술, 경험, 책임에 대한 정보를 얻기 위해 직무분석을 사용한다. 직무기술서는 급여관리와 임금협상, 직원선발, 평가, 교육, 개발과 전사적 인력을 파악하는 데 필수적이다. 회사가 제조시설 규모, 제조 유형 및 품질을 알아야 하는 것처럼 고용하는 직원의 유형과 직원이 보유한 기술을 알고 있어야 한다. 최상의 인적자원 전략은 직무에 필요한 지식과 기술을 파악하고 직무에 적합한 직원을 선발·채용하는 것이다.

❶ 과업환경의 질

인적자원 부서는 직원 만족도와 노조관계를 개선하기 위해 직무설계에서 직장생활의 질에 이르기까지 다각적으로 고려해야 한다. 지식이 풍부한 인적자원관리자는 참여적 문제해결의 도입, 직무의 재구축, 혁신적인 보상 시스템 도입과 작업환경의 개선을 통해 과업환경을 향상한다. 기업들은 에너지 효율성을 높이기 위해 공장과 사무실을 재설계하고, 직원의 근무환경을 개선하여 노동 생산성을 향상한다. 환경 지속가능성은 에너지 효율 향상이 비용을 절감할 뿐만 아니라 직원들의 사기를 향상시키는 기능이다.

❷ 인적 다양성

인적 다양성은 다양한 인종, 문화 및 배경을 가진 사람들이 작업장에서의 결합을 의미한다. 조직의 인적자원은 지속가능한 경쟁우위를 달성하기 위한 핵심 요소이다. 기술발전으로 경쟁업체에 의해 제품이 전 세계적으로 즉시 모방된다. 그러나 종업원들은 다른 나라의 다른 회사로 옮길 의향이 거의 없다. 종업원들에게 높은 몰입을 하는 회사가 그렇지 못한 회사보다 경쟁전략을 더 성공적으로 수행한다.

3) 조직구조

기업의 가치사슬에 대한 분석을 시작하는 가장 간단한 방법은 잠재적인 강점과 약점을 면밀히 검토하는 것이다. 기능적 자원과 역량은 각 영역의 재무적, 물적, 인적자원뿐만 아니라 각 영역의 사람들이 필요한 기능 목표, 전략과 정책을 공식화하고 이행하는 능력을 포함한다. 마케팅, 재무, R&D, 운영, 인적자원 및 정보 시스템 기술 기능 외에도 조직과 문화를 기업의 가치사슬의 핵심 부분에 포함한다. 자원과 기능을 적절하게 사용하면 부가가치 활동을 수행하고 전략적 의사결정을 지원하는 강점이 된다. 또한 기업의 현재 기본 구조가 전략을 지원하지 않으면 최고 경영자는 제안된 전략이 실현 가능한지 또는 구조를 매트릭스나 네트워크와 같은 보다 발전된 구조로 변경해야 하는지 결정해야 한다.

❶ 간단한 구조

간단한 구조는 기능적 또는 제품계열이 없으며 합리적으로 작고 쉽게 식별할 수 있는 시장 틈새에서 작동하는 하나 또는 두 개의 제품계열을 갖춘 소규모 기업가 기업에 적합하다. 종업원은 일반직 종사자이나 만물박사인 경향이 있다. 이러한 구조는 소규모 기업에는 유용하지만 조직의 기능이 증가하면 기능 구조나 사업부 구조 등으로 변경해야 한다.

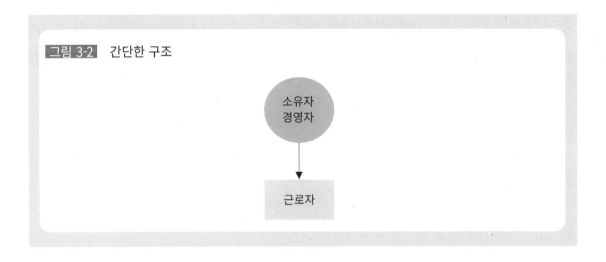

그림 3-2 간단한 구조

❷ 기능 구조

기능 구조는 한 산업 분야에서 여러 제품계열을 보유한 중기업에 적합하다. 생산, 기술, 구매, 재무, 마케팅, 인적자원처럼 전문화된 기능에 근거하여 작은 집단으로 나누어진다. 조직의 최고 경영층 집단은 생산임원, 기술임원, 구매임원, 마케팅임원이나 인적자원임원처럼 기능 부분의 장으로 구성된다. 직원은 제조, 마케팅, 재무 및 인적자원과 같이 해당 업계에서 중요한 기능의 전문가가 되는 경향이 있다.

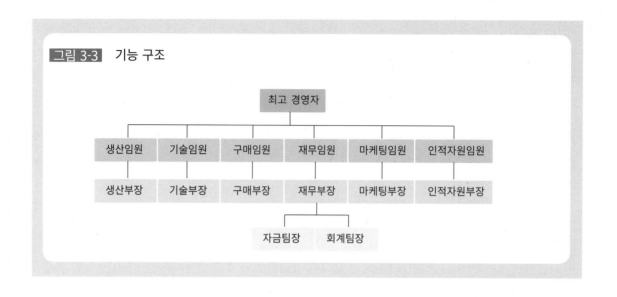

그림 3-3 기능 구조

③ 사업부 구조

사업부 구조는 여러 관련 산업에서 많은 제품계열을 보유한 대기업에 적합하다. 사업부 구조 (divisional structure)는 제품·고객·지역 등에 따라 분할하여 일관된 사업을 독립적으로 수행하는 구조이다. 즉, 기업 전체의 사명과 비전 하에 일정한 재량권을 부여받는 조직형태이다. 직원은 제품과 시장 구분에 따라 조직된 기능적 전문가가 되는 경향이 있다. 경영진은 위원회와 수평적 연계를 통해 사업부 활동 간의 시너지를 찾는다.

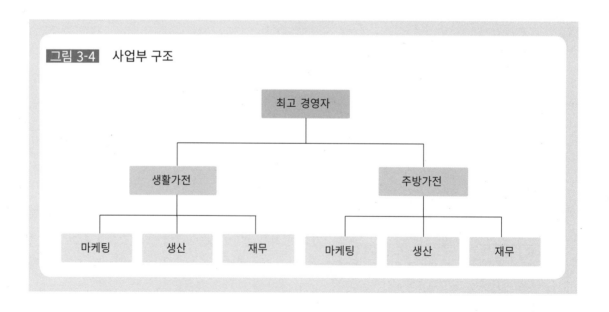

그림 3-4 사업부 구조

❹ 전략사업단위

전략사업단위는 사업부 구조를 수정한 것으로 자체 기능 영역 관리에 대한 일차적인 책임과 권한을 부여받는 독립적인 제품으로 구성된 사업부이다. 즉, 독자적인 경영목표를 가지고 운영한다. 전략사업단위는 규모나 수준에 관계없이 고유한 사명, 식별 가능한 경쟁자, 외부 시장 집중, 사업 기능 통제가 있어야 한다. 이러한 관점은 조직 크기, 제품특성이나 통제 범위에 근거하지 않고 전략적 요소를 토대로 분권화하고 이전에는 분리된 단위 사이에서 수평적 연결을 만드는 것이다.

❺ 복합기업 구조

복합기업(conglomerates)은 다른 산업이나 업종의 기업을 인수·합병하여 서로 다른 시장에 속하는 다양한 제품이나 서비스를 생산하는 기업이나 기업군을 의미한다. 복합기업 구조는 관련이 없는 여러 산업에서 많은 제품계열을 보유한 대기업에 적합하다. 분할 구조의 변형인 복합기업 구조(자주 회사)는 하나의 기업 우산 아래에서 운영되지만 자회사의 이사회를 통해 통제되는 법적 독립기업의 집합이다.

4) 전략적 기술개발

R&D 활동은 미래 사업의 경쟁우위로서 기술적 핵심역량을 확보하고 사업화하는 과정이다. 연구 결과를 바탕으로 하여 상품을 개발하는 업무를 의미한다. 연구개발은 성공할 확률이 낮아 기업에서 R&D를 추진하는 것은 비용투자가 많고 위험이 상당히 크다. R&D 관리자는 회사의 목표와 정책에 따라 회사의 기술 전략을 제안하고 실행한다. R&D 관리자의 직무는 사용할 대체 신기술 선택, 신기술을 적용하는 방법 개발과 새로운 기술을 성공적으로 구현할 수 있게 하는 자원 배치 등이 있다.

❶ R&D 투자 집중도, 기술역량과 기술이전

회사는 효과적인 연구개발에 필요한 자원을 확보해야 한다. 기업의 R&D 투자 집중도(매출액 대비 R&D 지출 비중)는 글로벌 경쟁에서 시장점유율을 확보하는 주요 수단이다. R&D 비용은 전략적 계획이 비정상적인 지출이 아니라 기업이 특정 부문에 대해 정규적으로 지출하는 기술개발 비용이다. 단순히 R&D나 새로운 프로젝트에 돈을 쓰는 것으로 유용한 결과를 얻는 것은 아니다. 회사의 R&D 부서는 혁신적인 기술의 개발과 사용 측면에서 기술역량을 평가받아야 한다. 따라서 회사는 일관된 연구 노력뿐만 아니라 연구인력을 관리하고 혁신을 일상 업무에 통합하는 데 능숙해야 한다. 또한 기술이전은 실험실에서 시장으로 새로운 기술을 도입하는 과정이다.

❷ R&D와 제품 결합

R&D 제품 결합은 잘 갖추어진 실험실에서 문제에 집중하는 과학자들이 수행한다. 이 분야에서 회사의 역량을 나타내는 지표는 특허와 연구 출판물이다. 제품 연구개발은 마케팅에 중점을 두고 제품이나 포장개선과 관련된다. 이 분야의 능력을 측정하는 방법은 성공적인 신제품의 수와 출시된 제품으로 인한 총매출과 이익의 비율이다. 또한 R&D는 품질관리, 설계사양 개발 및 생산장비 개선을 포함한다. 이 분야에서 회사의 역량은 단위 생산비용의 감소와 제품결합의 수에 의해 측정될 수 있다.

❸ 기술적 불연속성

혁신에서 가장 유명한 개념 중 하나는 기술수명주기인 혁신 S곡선이다. S곡선은 산업이나 제품의 성숙도를 파악하는데 유용한 도구이다. 산업이나 제품을 평가할 때 특정 단계에서 발생할 수 있는 위험과 함정을 이해하는 것이 중요하다. 기술수명주기(technology life cycle)는 태동기(ferment), 도약기(takeoff), 성숙기(maturity), 불연속기(discontinuity)라는 4단계로 구분한다. 이 기술주명주기는 새로운 산업이나 제품을 계획할 때 잠재력을 파악하고 최적의 특정 혁신전략을 결정할 수 있다.

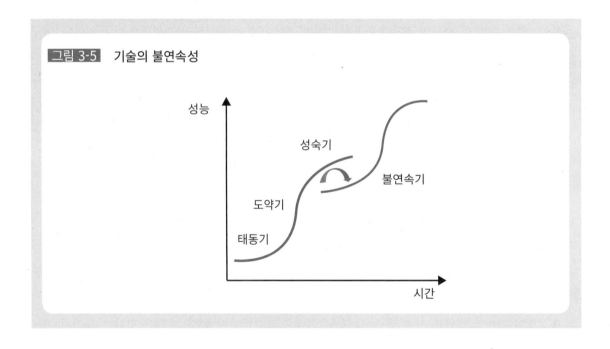

그림 3-5 기술의 불연속성

- 태동기: 이 단계에서는 혁신의 S곡선의 시작이다. 이것은 산업이나 제품이 완전히 새로운 시기이다. 결과적으로 시장에서 지배적인 제품이 아직 확립되지 않았다. 따라서 다양한 경쟁자들 간의 경쟁이 치열하다. 단계에서 대부분의 자원이 연구개발에 사용된다.

- 도약기: 이 단계에서는 주요 기술적 장벽이나 시장의 욕구를 충족시킬 수 있는 능력으로 인해 초기 대다수가 산업이나 제품을 채택하고 틈을 가로 질러 움직이며 지배적인 제품이 확정된다. 따라서 시장은 급격한 생산증가로 이어지고 제품은 전체 시장 수용을 향해 빠르게 움직인다.
- 성숙기: 이 단계에서는 제품이 사회에서 거의 완전하게 채택되며 물리적 한계에 도달한다. 시장에서 경쟁력이 있는 주요 업체들 간의 치열한 경쟁으로 시장이 정체되고 대부분의 자원은 생산 프로세스 개선 및 비용 절감에 투입된다. 따라서 제품이 완전히 표준화되고 혁신이 점진적으로 조정된다.
- 불연속기: 이 단계에서는 혁신이 새로이 발생하여 새로운 S곡선이 형성할 수 있다. 또 다른 혁신제품이 혁신수용자에게 호소할 수 있는 기회가 발생하는 파괴적 혁신으로 새로운 제품 수명주기가 시작된다. 즉, 새로운 시장이 진전됨에 따라 S곡선을 추가로 사용할 수 있는 기회가 발생한다.

❹ 경험곡선

가격이 얼마나 빨리 변할 것인지를 결정하는 것은 전략적 의사결정에 매우 중요하다. 경험곡선은 마케팅과 가격분석에서 잘 정립된 도구이며 시장에서 누적 판매량으로 표시되는 경험에 대한 제품의 평균 가격을 그려 제품 시장에 대한 유익한 정보를 제공한다. 경험곡선(experience curve)에 따르면 단위 생산량의 합계가 두 배가 될 때마다 단위 생산비용은 일정 비율로 감소한다. 즉, 생산 경험이 두 배가 될 때마다 고정된 비율로 가격이 하락한다. 경험곡선은 무언가를 많이 할수록 더 쉽고 편리하게 수행한다는 전제에 근거한다. 즉, 제품을 만드는 경험이 많을수록 더 빠르고 저렴하게 만들 수 있다.

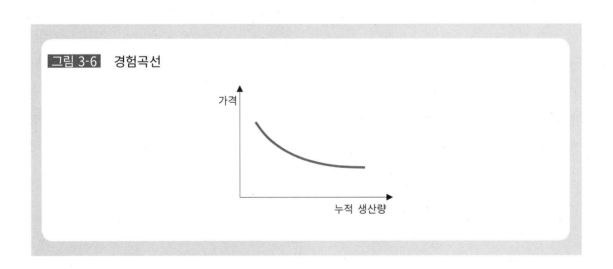

그림 3-6 경험곡선

그러나 규모의 경제는 경험곡선과 동일하지 않다. 규모의 경제(economy of scale)는 생산규모가 확대됨에 따라 생산비가 절약되는 것을 의미하며 대량생산의 이익, 대규모 경영의 이익이라고 한다. 따라서 규모의 경제는 많은 생산단위에 고정된 비용을 분산시키는 것과 관련이 있으나 경험곡선은 기술 전문성을 향상시키고 일을 수행하는 새로운 방식을 찾는 것과 관련이 있다.

❺ 정보 시스템과 기술

정보 시스템과 기술 관리자는 생산성과 의사결정을 향상시키는 방식으로 조직의 정보 흐름을 설계하고 관리한다. 중요한 운영과 전략적 문제에 답할 수 있도록 정보를 수집, 저장 및 통합한다. 이것은 환경 조사와 회사의 많은 활동을 통제하는 데 도움이 될 뿐만 아니라 경쟁우위를 확보하는 전략적 무기로 사용될 수 있다. 기업의 정보 시스템은 전략적 관리의 여러 영역에서 강점이나 약점이 될 수 있다.

❻ 공급사슬 관리

공급사슬 관리(Supply chain management)는 원재료를 조달하고, 제품을 생산하고, 제품을 보관하고, 유통하거나 고객에게 전달하기 위한 네트워크를 구축하는 것이다. 선두기업들은 정보 시스템을 기업의 가치사슬에 통합하여 회사 전체의 노력을 조화시키고 경쟁우위를 확보하고 있다. 제품 정보가 포함된 RFID(Radio Frequency IDentification)는 재고와 유통경로를 통해 상품을 추적하는 데 사용된다. 네트워크는 위성통신으로 실시간 연결된다. POS(Point-of-Sale) 정보를 통해 제품은 현재의 수요를 충족시키고 부족 재고를 최소화하면서 실시간으로 재고를 보충한다.

5) 전략적 재무

재무 관리자는 최상의 자금 원천, 자금 운용과 자금 관리를 확인해야 한다. 조직 운영에서 자금흐름을 추적·관찰해야 한다. 회사가 국제 활동에 관여한다면 원화, 유로화, 위엔화, 엔화나 다른 통화 대비 달러의 상승 또는 하락에 따라 이익이 사라지지 않도록 통화 변동을 처리해야 한다. 재무관리는 전체 기업전략을 보완하고 지원하는 방식으로 처리되어야 한다. 회사의 자본구조는 전략적 선택에 영향을 준다. 예를 들면, 부채 증가는 유동성과 금융비용의 위험을 높이고 R&D에 투자할 경영진의 의지를 감소시키는 경향이 있다.

❶ 재무 레버리지

내부적으로 창출된 자금의 금액과 시기와 관련하여 외부에서 조성된 단기와 장기 자금의 혼합은 기업의 목표, 전략 및 정책에 적절해야 한다. 재무 레버리지(financial leverage)는 기업에 부채를 보유함으로써 금융비용을 부담하는 것을 뜻한다. 타인자본으로 발생하는 이자비용이 영업이익의 변화에 대한 이익의 변화폭을 더욱 확대시키는 현상이다. 따라서 재무 레버리지의 개념(총부채와 총자산의 비율)은 부채가 일반 주주에게 제공되는 이익을 증가시키는 데 어떻게 사용되는지를 설명한다. 회사가 내부적으로 창출한 자금은 회사의 순이익을 증가시킨다. 따라서 높은 레버리지는 성장하고 매출이 증가할 때는 강점이지만, 경기가 침체하거나 매출이 감소할 때는 약점이 될 수 있다. 이것은 주당 순이익을 확대시키거나 감소시키기 때문이다. 따라서 높은 레버리지는 안정적인 환경에서 기업의 성과에 긍정적 효과가 있지만 침체 환경에서는 기업에 부정적인 영향을 미친다.

❷ 자본예산

자본예산(capital budgeting)은 토지, 건물 및 장비와 같은 고정자산에 대한 가능한 투자를 분석하는 것이다. 즉, 기업이 장래 수익을 목적으로 고정자산에 대한 투자결정과 이에 필요한 자금조달 계획을 수립하는 종합적인 장기 재무계획을 말한다. 회사는 자본예산을 준비하고 투자 회수율, 손익분기점과 같은 인정된 기준 수익률을 전략적 의사결정의 목적으로 활용할 수 있다.

6) 조직문화

조직문화는 조직의 독특하고 사회적이고 심리적인 환경에 기여한다. 조직문화는 회사 이미지, 내부운영, 외부 세계와의 상호작용으로 표현되는 조직의 기대, 경험, 철학과 가치를 포함한다. 이것은 공유된 태도, 신념, 관습과 성문이나 불문 규칙에 근거한다. 조직문화는 생산방법, 마케팅, 광고 실무와 새로운 제품개발까지 확대되기 때문에 모든 조직에 독특하고 변화하기 어려운 요소 중의 하나이다. 다음과 같이 조직문화는 조직에서 중요한 기능을 수행한다.

- 직원에 대한 정체성을 전달한다.
- 조직에 대한 의지를 도출한다.
- 사회 시스템으로서의 조직의 안정성을 증대시킨다.
- 조직 활동을 이해하고 적절한 행동에 대한 지침으로 사용된다.

❶ 조직문화의 개념

조직문화(organizational culture)는 조직의 심리, 태도, 경험, 신념과 가치이다. 조직에 있는 사람과 집단이 공유하고, 내부와 외부 사람들과 상호작용하는 방식을 통제하는 가치와 규범의 특정한 집합이다. 즉, 조직문화는 적절하고 부적절한 행동이 무엇인지를 사람들에게 보여주는 공유된 업무, 가치, 신념의 체계를 의미한다.[2] 이러한 가치는 조직성과 및 종업원 행동에 강력한 영향을 준다. 회사 성공은 결단력이 있고, 고객지향적이고, 사람지향적인 조직문화에 기인한다. 조직문화는 기업 이미지, 수입, 판매량, 시장점유율과 주가와 같은 성공지표와 관계가 있다. 조직문화는 다음과 같이 나타난다.

- 기업을 운영하고, 종업원, 고객들과 공동체를 다루는 방법
- 의사결정, 새로운 아이디어와 개인적 표현을 개발할 때 재량이 허용되는 정도
- 권한과 정보가 위계를 통해 흐르는 방법
- 종업원들이 집단적 목적에 몰입하는 방법

❷ 조직문화의 요소

문화는 종업원들이 생각하고, 행동하고, 다른 사람들과 상호작용하는 방식에 영향을 준다. 조직문화를 어떻게 발견할 수 있는가? 조직문화를 발견하는 방법의 하나는 종업원들을 관찰하거나 면접하는 것이다. 문화는 조직환경의 가시적인 측면에서 저절로 드러난다. 조직문화의 요소는 사명선언문, 의식, 규칙과 정책, 물리적 배치, 이야기와 언어가 있다.

▌사명선언문

사명선언문(mission statement)은 어떤 회사인지와 무엇을 하는지를 기술하는 목적의 진술이다. 계획할 때 가장 중요한 기능이다. 효과적인 사명선언문은 종업원들에게 잘 알려지고, 전달되고, 종업원들의 행동에 영향을 준다. 어떤 사명선언문이 일별 기준으로 종업원들의 행동에 영향을 주지 않는다면 기업문화를 이해하는 도구로써 거의 유용하지 않다. 사명선언문은 기업문화에 통찰력을 제공한다.

▌의식

의식(ritual)은 정해진 방식에 따라 치르는 행사로 상징적 의미를 갖는 조직 내에 있는 반복적인 활동이다. 의식은 기업문화의 역사에 있는 뿌리이다. 기업문화는 종업원들 간의 동료애와 귀속감을 창

---

2 Chatman, J. A., & Cha, S. E.(2003), "Leading by Leveraging Culture," *California Management Review*, 45(4), 20-34.

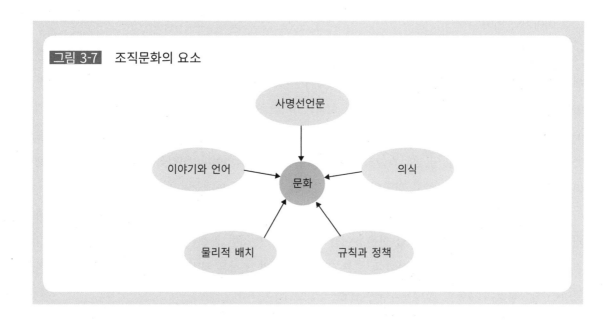

그림 3-7 조직문화의 요소

조하고, 종업원들에게 기업 가치를 가르치고, 조직의 정체성을 창조한다. 의식 중에 종업원들은 자기결정권, 의지력과 열정과 같은 기업문화와 연결되는 것을 느낀다.

▌규칙과 정책

기업문화를 발견하는 방법은 규칙(rules)과 정책(policies)을 검토하는 것이다. 회사는 수용가능과 불가능한 행동을 결정하기 위해 규칙을 제정하고, 회사에 존재하는 규칙은 회사가 갖고 있는 가치의 형태를 나타낸다. 의사결정, 인적자원과 종업원의 사생활에 관한 정책은 회사가 중요하고 강조하는 영역이다. 왕따와 부당한 대우, 작업장 감시, 문호개방 정책, 성적학대, 직장 연애와 기업의 사회적 책임 등이 기업문화를 구성하는 어려운 문제이다. 이것은 관리기능이 실무에서 어떻게 관련되는지를 강조한다. 규칙과 정책을 통한 갈등해결은 조직문화에 긍정적인 영향을 준다.

▌물리적 배치

회사의 빌딩, 사무실과 작업장의 배치는 기업문화에 관한 중요한 메시지를 전달한다. 특히 사무실 공간의 배치는 기업문화의 강력한 지표이다. 최고 경영자가 종업원들과 상호작용하는 개방적인 배치를 하는 회사는 팀 중심과 평등주의 문화이지만, 최고 경영자가 자신의 독립적인 방을 갖고 있는 회사는 높은 수준의 위계를 나타낸다.

▍ 이야기와 언어

조직이 신입직원과 종업원들에게 문화를 전달하는 효과적인 방법은 이야기의 능숙한 사용을 통해서이다. 이야기는 조직이 직면하는 중요한 사건과 그것에 대한 반응이나 회사의 가치를 실제로 보여주는 종업원들의 영웅적 노력을 돋보이게 한다. 이러한 이야기들은 종업원들의 정서를 자극하고, 종업원들과 이야기의 영웅을 구별한다. 종업원들에게 행동 방향을 주고, 확실한 목표에 힘을 주는 감동적인 이야기는 경영자들이 종업원들을 자극하는 핵심적인 방법이다. 신입직원과 공유된 이야기는 회사의 역사, 가치와 우선사항을 전달하고, 신입직원과 조직 간의 연대감을 창조한다.

언어는 조직문화를 확인하는 또 다른 방법이다. 회사는 종업원들에게 분명히 하고, 조직 내부인과 외부인을 구별하는 고유한 약어 및 전문용어를 갖고 있다. 이러한 관례는 은어이다. 은어는 집단이나 전문직에 의해 사용되는 전문용어이다. 모든 직업, 무역, 및 조직은 자신의 전문용어가 있다. 이러한 언어는 조직원들의 행동을 통일하고 귀속감을 조성한다.

❸ 조직문화의 유형

조직문화는 조직의 생산성과 성과에 영향을 주고, 고객주의와 서비스, 제품품질과 안전, 정확성과 환경에 대한 지침을 제공한다. 조직문화가 직접적으로 관찰될 수 없더라도 조직문화를 기술하는데 사용되는 가치를 확인하는 것은 조직을 효과적으로 관리하는데 도움이 된다. 이러한 조직문화는 혁신적 문화, 공격적 문화, 결과 지향 문화, 안정적 문화, 인간 지향 문화, 팀 지향 문화와 상세 지향 문화가 있다.

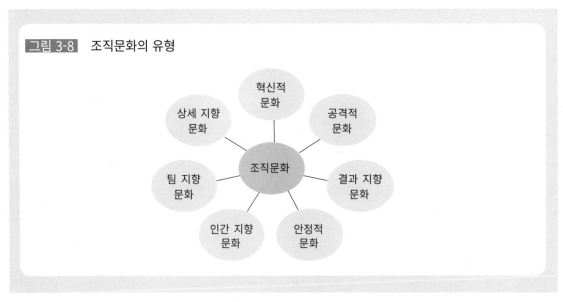

그림 3-8 조직문화의 유형

출처: O'Reilly, C. A., Chatman, J., & Caldwell, D. F.(1991), "People and Organizational Culture: A Profile Comparison Approach to Assessing Person-organization Fit," *Academy of Management Journal*, 34, 487-516.

▌혁신적 문화

혁신적 문화(innovative cultures)를 갖고 있는 회사는 새로운 아이디어에 유연하고, 적응적이고, 실험적이다. 이러한 회사는 수평적 구조가 특징이고 신분 차이는 경시된다. 종업원들은 전통적인 의미의 상사가 없고 위험추구는 성공뿐만 아니라 실패도 격려한다. 구글은 종업원들이 선택한 프로젝트에 몰두할 수 있도록 20%의 자유 시간을 허용함으로써 종업원들의 창의성과 위험추구를 장려한다.

▌공격적 문화

공격적 문화(aggressive cultures)를 갖고 있는 회사는 경쟁자를 능가하는 것을 중요시한다. 이러한 회사는 해마다 경쟁자로부터 많은 소송과 논란에 직면한다. 공격적인 회사에서 사람들은 경쟁자를 몰아내자는 말을 많이 사용한다. 또한 시장점유율을 확대하여 경쟁자들이 판매하는 것을 포기하게 하려고 하고, 과거의 문제가 해결되기 전에 새로운 법적 문제를 만든다.

▌결과 지향 문화

결과 지향 문화(outcome-oriented cultures)는 성취, 결과와 행동을 중요한 가치로 강조하는 문화이다. 종업원들은 제품을 효과적으로 판매하기 위해 훈련과 지도를 받고, 매일 돈을 벌어들이는 방법을 안다. 이러한 문화가 있는 회사는 결과와 목적의 달성에 근거하여 종업원들을 평가한다. 결과 지향 문화는 경영자뿐만 아니라 직원에게 성공에 대한 책임을 주고, 종업원과 집단 결과를 보상하는 시스템을 사용한다. 이러한 회사는 연공서열, 충성심과 이러한 대가로 성과 지표와 연결된 보상은 중심이다. 성과 압력이 비윤리적 행동이나 규범이 되는 문화가 될 때, 개인들은 동료를 경쟁자로 생각하고, 단기적인 결과를 보상받고, 결과로 발생하는 해로운 작업환경은 부담이 될 수 있다.

▌안정적 문화

안정적 문화(stable cultures)는 예측가능하고, 규칙 중심적이며, 관료적이다. 환경이 안정적이고 확실할 때 안정적이고, 변함없는 수준의 성과를 제공하기 때문에 안정적 문화의 조직은 효율적이다. 이러한 문화는 급박한 조치가 일어나지 않도록 하고, 결과적으로 변화하고, 역동적인 환경에 잘 맞지 않는다. 그러나 공공기관은 안정적인 문화로 관찰된다. 회사가 문화의 민첩성을 증가하기 위한 변화 프로그램을 시작할 때 최초 행동의 하나는 관료주의와 싸우는 것이다.

▌인간 지향 문화

인간 지향 문화(people-oriented cultures)는 공정성, 지원성과 개인적 권리의 존중을 중요시한다. 이러한 조직은 사람들을 존경과 위엄으로써 대우하는 것을 강조하고 기대한다. 예를 들면, 스타벅스는 인간 지향 문화이다. 회사는 종업원들에게 최저임금 이상을 지불하고, 건강보호와 학비보조 혜택을 정규 직원뿐만 아니라 임시직에게도 제공하고, 모든 동료들에게 주간 무료 커피와 같은 창조적 특혜를 준다. 이러한 정책의 결과로 회사는 산업평균보다 더 낮은 이직률의 혜택을 누린다.

▌팀 지향 문화

팀 지향 문화(team-oriented cultures)는 동료관계가 협력적이고, 종업원들 간의 협력을 강조한다. 많은 서비스 기업들은 종업원들이 다른 동료들을 도울 수 있도록 교차훈련을 통해 팀 지향 문화를 장려한다. 팀 지향 조직에서 구성원들은 협력자와 관리자 간의 긍정적인 관계를 갖는 경향이 있다.

▌상세 지향 문화

상세 지향 문화(detail-oriented culture)의 조직은 정밀성을 강조하고 상세함에 주의를 기울인다. 그러한 문화는 다른 기업과 차별화하는데 도움을 줌으로써 환대산업[3]의 회사에 경쟁우위를 준다. 예를 들면, 리츠 칼튼(Ritz Carlton) 호텔은 고객이 선호하는 신문과 사용하는 베개 유형과 같은 모든 고객요청 사항의 상세한 기록을 유지한다. 이러한 정보는 컴퓨터에 기록되고, 재방문하는 고객을 위해 더 좋은 서비스를 제공하는데 사용된다. 호텔 종업원들이 듣거나 받은 어떠한 요청도 고객에게 더 좋은 서비스를 제공하기 위해 데이터베이스에 저장된다.

❹ 조직문화의 창조

조직문화는 어디에서 오는가? 이러한 질문을 이해하는 것은 문화가 어떻게 변하는지를 이해하는 데 중요하다. 조직이 외부와 내부의 도전에 직면하고, 그것들을 어떻게 다루는지를 알 때 조직문화가 형성된다. 기업을 운영하는 방법은 환경의 도전에 대해 성공적으로 적응하고 성공을 확실히 할 때 조직 가치가 유지된다. 조직 가치와 기업을 운영하는 방법을 새로운 구성원들에게 교육한다. 조직문화를 창조할 때 가장 중요한 요소는 설립자의 가치, 선호와 산업계의 요구이다.

▌설립자의 가치

초기에 확립된 회사의 문화는 불가피하게 조직의 미래에 대한 비전, 사명, 설립자의 개성, 배경과

---

3 환대산업(hospitality industry): 서비스산업에 있어서 숙박산업(lodging industry), 관광산업(travel industry), 식품산업(food industry), 레스토랑 산업(restaurant industry).

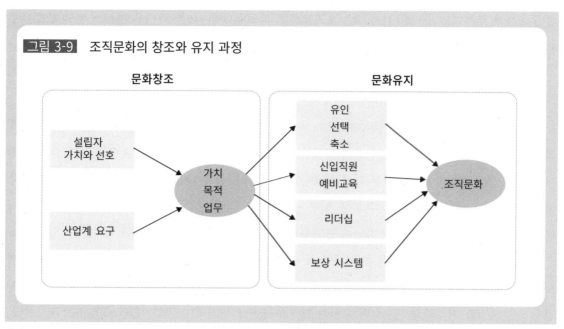

그림 3-9 　조직문화의 창조와 유지 과정

문화창조　　　　　　　　　　　　　　　　문화유지

설립자
가치와 선호

산업계 요구

가치
목적
업무

유인
선택
축소

신입직원
예비교육

리더십

보상 시스템

조직문화

출처: Carpenter, M. A., Bauer, T., & Erdogan, B.(2009), *Principles of Management*. Washington, DC: Flat World Knowledge.

가치와 관련된다. 기업가가 사업을 시작할 때 조직의 규칙, 구조, 구성원들을 결정한다. 기업에 배어있는 핵심가치는 사회적 행동과 지속가능성에 대한 현재 회사의 몰입에서 관찰될 수 있다. 현대그룹의 창업자인 정주영 회장의 가치는 창조성, 도전정신과 근검절약이었다. 설립자의 가치는 기업문화의 일부분으로써 유지되고, 기업을 운영하는 적절한 방식으로써 새로운 구성원들에게 가르친다.

▌산업계의 요구

설립자가 기업문화에 강력한 영향을 행사하지만 산업계의 특성도 중요한 역할을 한다. 동일한 산업에 있는 회사들이라도 다른 문화를 갖기도 한다. 동시에 산업계의 특성과 요구는 조직문화 가운데 동일성을 창조하는 힘이 된다. 예를 들면, 보험회사와 은행은 안정적이고, 규칙 중심적이다. 첨단기술 산업의 회사들은 혁신문화를 갖고 있고, 비영리조직은 인간 중심적이다. 은행, 병원처럼 신뢰성이 높고, 규제 사항이 많은 회사라면 많은 규칙과 규제, 관료제 구조와 안정적 문화가 예상된다.

❺ 조직문화의 유지

기업이 성숙함에 따라 문화가치는 정교화되고 강화된다. 초기의 조직문화는 미래가치에 영향을 준다. 조직문화는 외부영향으로부터 기업을 보호하는 유기체이다. 조직문화는 조직이 고용한 사람들의 유형과 조직을 떠난 사람들의 유형을 알아낸다. 신입직원이 고용되면, 회사는 신입직원을 동화하고 조직에서 수행되는 방식을 가르친다. 조직문화는 유인—선택—축소 과정을 통해서 유지되고 발전된다. 조직문화를 형성하고 유지할 때 리더의 역할과 보상 시스템은 매우 중요하다.

▌유인—선택—축소

유인은 사람들이 조직에 느끼는 매력이다. 사람들은 자신에게 적합한 조직에 매력을 느낀다. 경쟁적인 성격을 갖고 있는 사람은 대인간의 경쟁이 규범으로 있는 회사에서 일하는 것을 선호한다. 어떤 사람은 팀 중심 사업장에서 일하는 것을 선호한다. 어떤 사람들은 다른 문화를 더 매력적으로 느낀다. 예를 들면, 어떤 사람은 혁신적인 문화를, 어떤 사람은 보수적인 문화를 선호한다. 가치의 유사성은 사람들이 회사에 끌리는 이유 중의 하나에 불과하다. 우수한 복리혜택이 더 강력한 매력일 수 있다.

회사는 과업을 수행할 사람들을 선택한다. 사람들이 적합한 회사를 찾듯이 회사도 또한 현재 회사문화에 적합한 사람을 찾는다. 많은 회사들은 기업문화에 적합한 사람을 고용한다. 예를 들면, 항공사들은 특정한 직무관련 기술보다 오히려 개성과 태도에 근거하여 종업원들을 선발하지만, 은행은 차분하고 정직한 사람을 선발한다. 이렇게 선발된 사람은 조직의 문화에 순응한다.

회사는 부적합한 사람을 탈락시킨다. 회사는 기업 가치에 적합하지 않은 사람을 탈락시키기 위해 다양한 기법을 사용한다. 회사가 사람과 조직에 적합한 사람을 선발한 후라도 적합하지 않은 직원이 있을 수 있다. 축소는 회사에 적합하지 않은 후보자가 회사를 떠나게 하는 정상적인 과정이다. 회사는 핵심가치를 공유하는 사람들을 유인하고, 선발하고, 유지하지만, 핵심가치와 다른 사람들을 채용 과정이나 후에 조직으로부터 배제한다. 축소 과정을 통해 조직문화를 유지하고 발전시킨다.

▌신입직원의 예비교육

조직의 가치, 규범과 행동패턴이 종업원들에게 전달되는 또 다른 방법은 예비교육이다. 예비교육은 신입직원들이 조직 내에서 효과적으로 활동하는데 필요한 태도, 지식, 기술과 행동을 배우는 사회화 과정이다. 조직은 신입직원들이 조직의 일원이 되도록 성공적으로 사회화를 한다면 신입직원들은 동료들이 받아주는 것을 느끼고, 수행하는 능력에 관하여 자신감을 갖는다. 신입직원들은 조직문화의 일부인 업무, 규범과 가치를 이해할 것이다. 이렇게 하면, 직무를 더 잘 수행하고, 더 높은 직무만족, 몰입, 장기근속을 갖는 유능한 신입직원이 된다.

▌리더십

조직문화를 창조하고 변경할 때 지도자는 수단이 된다. 지도자의 스타일과 조직문화 간에 직접적인 연관이 있다. 예를 들면, 지도자가 영감을 통해 종업원들을 동기부여할 때 기업문화는 더욱 힘을 주고, 인간 중심이 된다. 지도자가 성과에 의거하여 종업원들을 보상할 때 기업문화는 더욱 성과 중심적이고, 경쟁적이다. 지도자의 문화에 대한 영향력은 역할 모델이다. 역할 모델(role model)은 다른 개인들이 현재나 미래에 닮고 싶은 사람이다. 지도자의 행동, 조직정책과 지도자 행동 간의 일치와 역할 모델은 조직문화가 윤리를 강조하는 정도를 결정한다. 지도자는 다른 사람의 행동에 반응함으로써 문화를 형성한다. 일상 행동을 통해서 지도자들은 조직문화를 형성하고 유지한다.

▌보상 시스템

기업문화는 조직에서 사용되는 보상의 유형에 의해 형성된다. 보상 시스템은 조직이 행동이나 결과를 보상하는 방법이다. 어떤 회사들은 성과가 관찰 가능하거나 불가능한 요소를 기준으로 하는 보상 시스템을 갖는다. 이러한 회사에서 감독자와 동료들은 결과뿐만 아니라 행동을 기준으로 종업원의 성과를 평가한다. 이러한 조직은 비교적 인간이나 팀 중심이고, 종업원들이 가족의 일부로써 행동하는 문화이다. 그러나 목표달성이 보상의 유일한 기준인 회사는 과정에 대한 고려 없이 결과만을 측정한다. 이러한 회사는 결과 중심이고 경쟁적인 문화이다. 조직이 성과나 연공서열을 보상하는지 여부는 문화에서 중요하다. 승진이 연공서열을 기준으로 할 때 결과 중심의 문화를 수립하는 것은 어렵다.

혁신적 솔루션 개발·핵심 경쟁력 강화에 역량 집중

삼성전자는 중장기적으로 사물인터넷(IoT)과 인공지능(AI), 전장사업이 부상하는 등 IT 업계 패러다임 변화가 본격화됨에 따라 부품 사업은 신규 수요가 확대되고, 세트 사업은 새로운 디자인과 제품군이 나타날 것으로 전망하고 있다. 세트 사업의 경우 클라우드·AI 등 단말 솔루션의 중요도가 확대되고 스마트홈 등 연결성의 본격적인 확산이 예상된다. 삼성전자는 이러한 변화들을 통해 중요한 신규 사업 기회를 맞이할 것으로 기대하고 있다. 삼성전자는 회사의 전략적 중장기 비전을 실현해 지속적인 성과를 창출하기 위해 혁신적인 솔루션 개발, 높은 잠재력을 가진 사업에 대한 적시 투자기회 확보, 핵심 경쟁력 강화에 역량을 집중하고 있다. 전략적 투자와 신기술 개발을 통해 IoT, 클라우드 등 차세대 분야에서 리더십을 확보하기 위한 노력도 지속하고 있다.

출처: 국민일보 2017.11.23

2. 핵심역량

경영 전문가인 프라할라드(Prahalad, C. K.)와 하멜(Gary Hamel)이 하버드 비즈니스 리뷰에 처음 사용한다. 핵심역량(core competency)은 기업들이 경쟁력을 유지하고 경쟁우위를 확보할 수 있는 기반이다. 핵심역량 이론은 기업이 시장에서 경쟁우위를 달성하기 위해 취해야 할 조치를 규정하는 전략이론이다. 기업은 장점과 역량을 보유하고 있는 기능이나 영역에 역점을 두어야 한다. 핵심역량은 경쟁업체가 모방하는 것이 쉽지 않고, 회사가 충족시키는 시장에서 재사용할 수 있고, 제품을 생산하고, 가치를 부가한다. 기업은 최종 사용자나 소비자에게 핵심역량을 활용하기 위한 전략을 수립해야 한다.

1) 핵심역량의 개념

자원(resource)은 조직의 자산으로 조직의 기본적인 구성 요소이다. 즉, 자원은 공장, 설비, 자금, 입지, 직원, 동기부여, 문화, 평판과 기술을 포함한다. 능력(capability)은 기업이 자원을 활용할 수 있는 요소로 투입을 산출로 변환하는 과업과 과정으로 구성된다. 예를 들면, 회사의 마케팅 능력은 마케팅 전문가, 유통경로와 판매직원 간의 상호작용을 기반으로 한다. 따라서 능력에는 마케팅, 제조 및 인적자원관리 등이 있다. 능력은 이러한 기능을 지속적으로 변경하고 불확실한 환경에 효과적으로 적응할 수 있도록 재구성하는 동적 능력이다.

역량(competency)은 개인이 적절하게 과업을 수행할 수 있는 능력이다. 즉, 과업을 수행하는데 필요한 지식, 기술과 태도이다. 역량은 성공적인 직무수행에 기여하고 조직의 성과를 달성하는 종업원의 특징이다. 여기에는 측정 가능하거나 평가 가능한 지식, 기술과 능력과 함께 가치, 동기부여, 주도권 및 자기통제와 같은 특성이 포함된다.[4] 역량의 특성은 성공적인 직무수행에 필수적인 측정 가능하거나 관찰 가능한 지식, 기술, 능력과 행동이다. 미국의 심리학자인 카츠(Daniel Katz)는 역량을 기술 또는 기능적 역량(technical or functional competencies), 관리적 역량(managerial competency), 인적 역량(human competency)과 개념적 역량(conceptual competency)으로 분류한다.

- 기술적 역량: 역할 수행에 필요한 기술이나 기능적 숙련도와 관련된 지식, 기술과 태도
- 관리적 역량: 자원을 계획, 구성, 동원 및 활용하는 데 필요한 지식, 기술과 태도
- 인적 역량: 인적자원을 동기부여, 활용 및 개발하는 데 필요한 지식, 기술과 태도

---

4 Shippmann et el.(2000), "The Practice of Competency Modeling," *Personnel Psychology*, 53, 703–740.

- 개념적 역량: 추상적인 수준에서 사고하고 미래를 계획하기 위해 사고방식을 사용하여 보이지 않는 것을 시각화하는 지식, 기술과 태도

핵심역량(core competency)은 경쟁자가 쉽게 모방할 수 없는 독특한 고객가치를 창출하는 능력, 기술이나 전문지식이다. 즉, 핵심역량은 확고한 경쟁우위를 제공하는 자원이나 역량이다. 또한 핵심역량은 회사가 가장 잘 수행하는 업무기능이나 운영활동이다. 예를 들면, FedEx의 핵심역량은 모든 운영에 정보기술을 적용한 물류관리이다. 조직의 고유한 기능은 주로 직원의 상호작용 방식에 영향을 미치는 조직 시스템뿐만 아니라 사람들에 대한 집단적 지식으로 구체화된다. 조직이 성장하고 새로운 환경을 개발하고 조정하면 핵심역량도 조정되고 변경된다. 기업은 지속적으로 핵심역량에 재투자하거나 약점이 되는 위험을 감수해야 한다. 일반적으로 핵심역량은 회계 개념에서는 자산은 아니지만 매우 가치 있는 자원이다. 핵심역량은 사용과 함께 소진되지 않고, 핵심역량이 많을수록 정교함을 얻고 가치를 높인다. 따라서 기업은 핵심역량이 경쟁사보다 우수할 때 경쟁우위를 갖는다.

- 역량: 과업을 수행하는데 필요한 지식, 기술과 태도
- 핵심역량: 경쟁자가 모방할 수 없는 독특한 고객가치를 창출하는 능력, 기술과 전문지식

다양한 의약품 핵심기술 역량 강화

유한양행은 기존 치료제 한계를 극복하고 환자 치료에서 의학적 가치를 개선할 수 있는 의약품 개발 후보 물질을 지속적으로 강화하고 있다. 특히 시장 요구와 글로벌 제약사의 기술도입 욕구가 높은 대사질환, 종양의 두 가지 질환 영역에 집중하고 있다. 신약개발은 매우 높은 실패율을 보이고 있다.

유한양행은 혁신신약 연구 분야에서는 유망한 신약 후보물질을 확보하기 위한 다양한 의약화학 기술, 유전체·단백질공학 기술, 임상 연구개발 성공확률을 높이고 새로운 의학적 가치를 창출하기 위해 약효·안전성 평가 기술구축에 지속적인 노력을 기울이고 있다. 또 개량신약 연구분야에서는 서방형·다층정 등과 같은 신체형 기술, 개발된 신제품의 고품질 유지와 신속한 공급을 위한 연구에서 생산 협력시스템 구축에 노력하고 있다.

회사 R&D 조직 구성원 역량 강화와 최신 기술 습득을 위한 교육 프로그램을 운영 중이며, 국내외 관련 전문가 협력을 통해 글로벌 경쟁력 확보를 위한 전략을 수립하고 있다. 회사 관계자는 "유한양행은 오픈 이노베이션을 통해 R&D 파이프라인을 확보하고 있다"며 "최근에는 해외로 눈을 돌려 베트남이나 미국 샌디에이고, 보스턴, 중국 등 연구소들을 인수·합병하고 있다"고 말했다.

출처: 이뉴스투데이 2018.05.31

2) 핵심역량의 기준

회사의 핵심역량은 다른 경쟁업체와 차별화하고 회사가 수익을 달성할 수 있는 자원과 기능이다. 회사는 핵심역량을 구성하는 자원과 역량을 활용할 수 있도록 전략을 고안하기 위해서는 핵심역량을 결정해야 한다. 회사가 핵심역량을 결정할 때 회사는 핵심활동에만 집중하고 다른 비핵심활동을 외주하기로 결정할 수 있다. 비핵심활동이 해당 활동에 대한 전문성이 있는 외부 조직에 의해 효율적이고 경제적으로 수행될 수 있다면 핵심역량에 집중하기 위해 외주하는 것이 회사에 도움이 될 수 있다.

회사의 자원이나 기능이 특정 기준을 충족하면 핵심역량이다. 자원이나 기능이 기준을 충족하면 회사가 경쟁자에 비해 경쟁우위를 확보하고 수익을 달성할 수 있다. 핵심역량은 가치 있고 희귀하며 모방비용이 많이 들며 대체할 수 없는 자원이나 기능이다. 따라서 핵심역량을 분석하는 기준은 VRIO이다. 즉, 가치(value), 희귀(rareness), 모방(imitability)과 조직(organization)이다.[5] VRIO는 회사의 내부자원과 기능을 분석하여 지속적인 경쟁우위의 원천이 될 수 있는지 파악하는 데 사용되는 도구이다.

경쟁우위의 원천을 이해하기 위해 회사는 외부 도구(Porter's 5 Forces, STEEP 분석)와 내부 도구(Value Chain 분석, BCG 매트릭스)를 사용하여 환경을 분석한다. 회사의 내부자원을 분석하는 도구 중 하나가 VRIO 분석이다. 이 도구는 원래 바니(Barney)가 개발한 것으로 지속적인 경쟁우위의 원천이 되기 위해 자원이 갖추어야 하는 5가지 속성이다. 자원은 가치가 있고, 희귀하며, 모방하는데 비용이 많이 들고, 조직이 자원을 이용할 수 있고, 대체할 수 없는 것이어야 한다. 5가지 요구 사항을 모두 충족하는 자원이나 기능은 회사에 지속적인 경쟁우위를 가져올 수 있다.

- 가치: 고객가치와 경쟁우위를 제공하는가?
- 희귀: 다른 경쟁자가 갖고 있는가?
- 모방: 다른 경쟁자가 모방하는데 많은 비용이 드는가?
- 조직: 회사는 자원을 이용하도록 조직되어 있는가?
- 대체: 동일한 기능을 제공하는가?

❶ 가치

자원이나 기능은 회사가 기회를 이용하거나 외부 위협으로부터 방어할 수 있는 경우에 가치가 있는가? 이 질문은 기업이 기회를 이용하거나 위협으로부터 방어하고, 자원이 가치를 창출하는지 여부

---

5 Barney, J. B.(1995), "Looking Inside for Competitive Advantage," *Academy of Management Executive*, Vol. 9, Issue 4, 49－61.

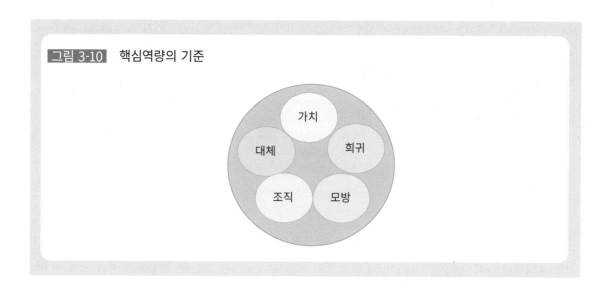

그림 3-10 핵심역량의 기준

가치
대체
희귀
조직
모방

를 묻는다. 대답이 '예'인 경우 자원은 가치 있는 것으로 간주된다. 조직이 지각된 고객가치를 높이는데 도움이 된다면 자원은 유용하다. 이것은 차별화를 높이거나 제품가격을 낮춤으로써 가능하다. 이 조건을 충족할 수 없는 자원은 경쟁열위가 된다. 끊임없이 변화하는 내부 또는 외부 조건으로 인해 가치가 낮아지거나 쓸모가 없게 되므로 자원의 가치를 지속적으로 검토하는 것이 중요하다.

❷ 희귀

자원이나 기능은 다른 산업 경쟁자가 거의 없거나 전혀 없을 때 희귀하다. 희귀하고 가치 있는 자원은 경쟁자가 보유할 때까지는 경쟁우위를 갖는다. 반면에 같은 회사에서 동일한 자원을 갖고 있거나 비슷한 방식으로 기능을 사용하는 회사가 거의 없는 상황은 경쟁동등이 된다. 이는 회사가 동일한 자원을 사용하여 동일한 전략을 구현할 수 있고, 어떤 조직도 우수한 성과를 달성할 수 없기 때문이다. 경쟁동등은 원하는 위치가 아니더라도 회사는 가치 있지만 공통적인 자원을 소홀히 해서는 안 된다. 귀중한 자원과 능력을 잃으면 조직은 약화될 수 있다.

❸ 모방

비용이 많이 드는 모방이어야 가치가 있다. 자원이나 능력은 경쟁자가 복제 비용을 많이 부담해야 하거나 모방할 수 없는 경우이다. 자원이 없는 조직이 자원을 합리적인 가격으로 모방하고 구매하거나 대체할 수 없는 경우 자원을 모방하는 비용이 많이 든다. 모방은 두 가지 방법으로 발생할 수 있다. 즉, 자원을 직접 모방하는 직접복제와 유사한 제품을 제공하는 대체가 있다. 가치 있고 희귀하며 모방하는데 비용이 많이 드는 자원을 갖고 있는 회사는 지속적인 경쟁우위를 달성할 수는 있지만 반드시 그런 것은 아니다. 바니(Barney)는 자원을 모방하기가 어려울 수 있는 세 가지 이유를 제시한다.

- 역사적 상황: 장기간에 개발된 자원은 모방비용이 크다.
- 인과관계의 모호성: 기업은 경쟁우위의 원인이 되는 특정 자원은 식별할 수 없다.
- 사회적 복잡성: 조직문화나 대인관계에 근거한 자원과 기능은 복잡하다.

❹ 조직

기업이 경쟁우위를 달성하려면 자원이나 기능을 이용할 수 있도록 충분히 조직되어야 한다. 자원이나 기능은 다른 자원이나 기능을 동등한 것으로 활용할 수 없는 경우 대체할 수 없다. 자원 자체가 가치를 포착하기 위해 조직되지 않으면 자원은 어떤 이점도 제공하지 않는다. 기업은 가치 있고 희귀하며 비용이 많이 드는 자원과 기능을 모방할 수 있는 잠재력을 완전히 실현할 수 있도록 경영 시스템, 프로세스, 정책, 조직구조 및 문화를 조직해야 한다. 그래야만 회사가 지속적인 경쟁우위를 확보할 수 있다.

❺ 대체

경쟁업체가 동일한 기능의 제품을 제공하지 않는가? 대체 불가능성은 다른 경쟁업체와 동일하지 않는 제품이나 서비스를 제공하는 것이다. 대체 불가능성은 희귀와 모방 불능 특성을 결합한 속성이다. 따라서 대체제품이나 대안제품이 현재 존재하지 않고 잠재적으로도 모방 가능성이 희박해야 핵심역량이 된다.

3) 핵심역량의 결정

자원이나 기능에 대한 질문의 대답이 특정 역량에 대해 "예"일 경우 이는 강점이고 따라서 독특한 역량으로 간주된다. 이를 통해 회사는 경쟁우위를 확보하고 더 높은 성과를 낼 수 있다. 기업의 자원, 능력과 역량이 내부 전략적 요소인지, 즉 회사의 미래를 결정하는 데 도움이 되는 특정한 강점과 약점인지 여부를 확인하는 것이 중요하다. 이는 회사의 과거 실적, 회사의 주요 경쟁자, 업계 전반에 대한 측정치와 비교하여 수행할 수 있다. 회사의 현금 상태와 같은 자원, 능력 또는 역량이 회사의 과거 성과, 주요 경쟁자 또는 업계 평균과 크게 다르다면 자원은 전략적 요인이 될 수 있다. 그러나 독특한 역량이 확실히 기업의 핵심역량으로 간주되더라도 핵심역량이 항상 독특한 역량이 되는 것은 아니다.

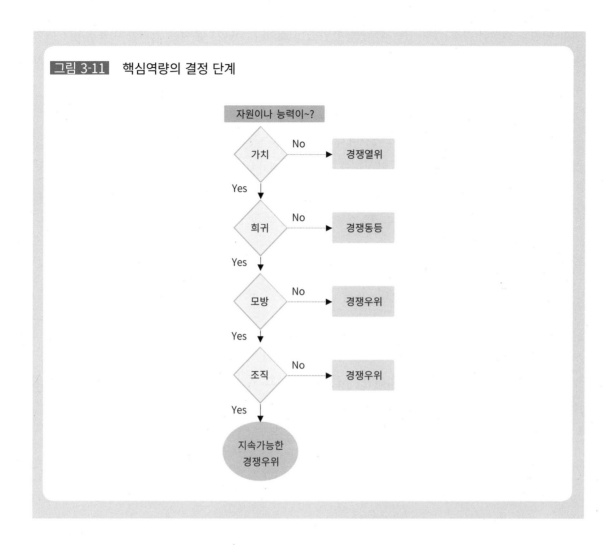

그림 3-11   핵심역량의 결정 단계

자원이나 능력이~?

가치 — No → 경쟁열위

Yes ↓

희귀 — No → 경쟁동등

Yes ↓

모방 — No → 경쟁우위

Yes ↓

조직 — No → 경쟁우위

Yes ↓

지속가능한
경쟁우위

❶ 자원 확인

첫 단계는 가치 있고 희귀하며 모방에 비용이 많이 드는 자원을 확인하는 과정이다. 회사의 자원은 사업 활동을 수행할 수 있는 운영자산이다. 자산은 유형과 무형자산이 있다. 유형자산(tangible assets)은 토지, 건물 및 기계와 같은 물적자산이다. 유형자산은 시장에서 쉽게 확보할 수 있으므로 경쟁우위의 원천이 아니다. 반면 브랜드 인지도, 상표, 지식재산, 독창적인 교육 시스템 또는 고유한 수행 방법과 같은 무형자산(intangible assets)은 쉽게 획득할 수 없으며 지속적인 경쟁우위의 이점을 제공한다. 따라서 가치 있고 희귀하며 비용이 많이 드는 자원을 모방하려면 회사의 무형자산을 먼저 조사해야 한다.

▌ 가치 있는 자원 발견

자원을 쉽게 확인할 수 있는 방법은 가치사슬과 SWOT 분석이다. 가치사슬 분석은 비용 또는 차별화 이점의 원천인 가장 가치 있는 활동을 확인하는 것이다. SWOT 분석은 기회를 이용하거나 위협으로부터 방어하는 데 사용되는 회사의 강점, 약점, 기회와 위협을 확인한다. 가치 있는 자원을 찾기 위해 어려움을 겪고 있다면 다음 질문을 통해 파악할 수 있다.

- 지각된 고객가치를 감소시키지 않으면서 생산비용을 낮추는 활동은 무엇인가?
- 어떤 활동이 제품이나 서비스 차별화와 지각된 고객가치를 증가시키는가?
- 희귀한 원자재에 접근할 수 있는가? 유통경로가 어려운가?
- 공급업체와 강하게 통합된 주문 및 유통 시스템과 관계가 있는가?
- 독특한 기술과 역량을 갖춘 직원이 있는가?
- 품질, 혁신, 고객 서비스에 대한 브랜드 평판이 있는가?
- 경쟁업체에 비해 다른 강점을 보유하고 있는가?

▌희귀한 자원 발견

얼마나 많은 다른 경쟁업체가 희귀한 자원을 소유하고 있거나 업계에서 동일한 방식으로 기능을 수행할 수 있는가? 다른 산업 경쟁자가 자원이나 기능을 갖고 있는가?

- 경쟁업체가 시장에서 쉽게 자원을 구입할 수 있는가?
- 경쟁업체는 가까운 미래에 자원이나 역량을 확보할 수 있는가?

▌비용이 드는 자원 모방 확인

경쟁업체가 회사의 자원이나 기능을 모방하기 어렵고, 모방한다면 많은 비용이 드는지를 확인한다. 경쟁업체가 회사의 자원이나 기능을 모방하는데 많은 비용이 든다면 복제하기 어려워 경쟁우위가 된다.

- 다른 회사가 쉽게 자원을 복제할 수 있는가?
- 경쟁업체가 대체 자원을 쉽게 개발할 수 있는가?
- 특허로 보호되는가?
- 자원이나 능력이 사회적으로 복잡한가?
- 자원을 구성하는 특정 프로세스, 작업이나 기타 요인을 식별하기가 어려운가?

❷ 자원을 이용할 조직 확인

회사가 자원을 이용하도록 조직되어 있는지 확인한다. 회사가 자원을 효율적으로 이용할 수 있도록 관리 프로세스가 갖추어져 있고, 직원들에 대한 동기부여와 보상 시스템이 완성되어 있다면 핵심역량이 된다. 다음 질문은 조직이 자원을 이용할 수 있는지에 관한 질문이다.

- 효과적인 전략적 관리 프로세스를 갖추고 있는가?
- 효과적인 동기부여와 보상 시스템이 있는가?
- 조직문화는 혁신적인 아이디어에 대해 보상을 하는가?
- 자원을 사용할 수 있는 조직구조인가?
- 우수한 관리와 통제 시스템이 있는가?

❸ 자원 보호

VRIO 속성을 모두 가진 자원이나 기능을 식별할 때는 가능한 모든 수단을 사용한다. 이를 지속적으로 수행할 수 있는 능력은 경쟁우위의 원천이다. 가장 먼저 해야 할 일은 최고 경영진이 이러한 자원을 인식하고 이를 사용하여 비용을 낮추거나 제품과 서비스를 차별화하는 방법을 제안하는 것이다. 그렇다면 다른 회사가 회사의 아이디어를 모방하는 것이 많은 비용이 드는 방법을 고려해야 한다. 다른 회사가 합리적인 가격으로 자원을 모방할 수 없다면 훨씬 긴 기간 동안 희소하게 유지될 것이다.

❹ 자원과 기능의 지속적인 검토

자원의 가치는 시간이 지남에 따라 변하며 이전처럼 가치가 있는지를 찾기 위해 지속적으로 검토해야 한다. 경쟁자들이 또한 동일한 경쟁우위를 달성하기를 열망하고 자원을 복제한다면 더 이상 희귀하지 않다. 새로운 자원이나 기능이 조직 내에서 개발되고 이를 식별함으로써 자원을 보호할 수 있다.

한화 '기술개발+M&A'로 태양광 경쟁력 우뚝

사진은 한화테크윈의 항공기 엔진부품 생산현장 모습이다. 한화그룹의 성공 DNA는 '기술혁신'과 '과감한 인수·합병(M&A)'으로 설명된다. 불확실한 경제환경 속에서 선제적인 대응으로 기업의 본원적인 경쟁력을 강화하고, 성공 가능한 사업에 핵심역량을 투입해 '글로벌 한화'를 실현하고 있다. 최근 수년 간 경쟁력이 없거나 시너지가 부족한 사업은 과감히 매각하고 석유화학 및 태양광 사업 부문의 수직계열화를 완성한 게 대표적 사례다. 그룹 관계자는 "삼성그룹의 방산·화학 부문 4개 계열사를 인수하는 민간 주도의 자율형 빅딜로 선택과 집중에 기반해 핵심 사업 경쟁력을 확보했다"며 "태양광 사업 부문은 한화큐셀과 한화솔라원을 합병하면서 기술과 생산 규모 부문 모두 세계 최고의 경쟁력을 인정받고 있다"고 말했다. 방산 부문에서 한화그룹의 성과는 타의 추종을 불허한다. 2015년 삼성테크윈(현 한화테크윈)과 삼성탈레스(현 한화시스템), 올해 두산DST(현 한화디펜스)를 인수해 탄약·정밀유도무기 중심의 사업을 자주포와 항공기·함정용 엔진, 레이더 등으로 대폭 확장했다. 여기에 연구개발－생산－후속 군수지원 등을 일관성 있게 관리하며 경쟁 글로벌 방산기업과도 당당히 어깨를 견줄 수 있는 20위권에 위치해 있다. 그룹 관계자는 "수출로 무게중심이 옮겨가는 글로벌 방위산업 시장에서 국익 창출뿐만 아니라, 지속적 투자와 연구개발을 통해 국가방위 차원에서도 기여를 하고 있다"고 자부했다.

출처: 매일경제 2017.10.31

4) 핵심역량의 사례

직원을 효과적으로 관리하고 우수한 성과를 달성할 수 있는 삼성의 기능은 차별화와 비용우위이다. 삼성은 직원 관리에 대한 신뢰와 관계에 의존하는 다른 회사와 달리 직원에 대한 자료를 사용하여 과학적으로 관리한다. 이 기능을 통해 직원들을 고용하고 기술을 사용하는 최선의 방법에 대한 올바른 결정을 내린다. 삼성은 매우 합리적이고 혁신적인 직원을 채용할 수 있다.

모방하는 데 비용이 많이 드는가? 다른 경쟁업체가 가까운 장래에 모방하는 것은 적어도 비용이 많이 든다면 핵심역량이 된다. 첫째, 기업은 비용이 많이 들고 수행하기 어려운 고도로 정교한 소프트웨어를 구축한다. 둘째, 인사 관리자는 자료 기반 의사결정을 한다. 회사는 이 기능으로 가치를 창출하려고 조직되어 있는가? 물론, 인적관리 관리자는 자료를 사용하고 그에 따라 사람들을 관리하는 방법을 알고 있다. 또한 직원에 대한 자료를 수집하고 관리하는 데 필요한 정보기술을 갖추고 있다.

표 3-1 삼성의 능력 평가

우수한 종업원 관리			
가치	회귀	과도한 모방비용	자원 이용 가능 조직
예	예	예	예
결과: 지속적인 경쟁우위			

3. 경쟁우위

경쟁우위는 본질적으로 경쟁업체와 관련하여 조직의 우수성이다. 경쟁우위는 기업의 독특한 역량, 즉 핵심역량을 개발했기 때문에 경쟁자에 대한 우수성이 존재하는 경우이다. 경쟁자의 능력보다 더 우수한 방식으로 산업 내에 있는 성공요인이나 환경 요인과 일치시킨다. 회사가 핵심역량 또는 독특한 역량을 개발했기 때문에 결과적으로 경쟁업체보다 우수한 위치가 경쟁우위이다. 경쟁우위를 위한 전략적 분석은 조직이 목표를 달성하는 데 도움이 되는 정책과 의사결정을 공식화, 정의, 실행 및 평가하는 기술이자 과학이다. 환경은 성장 기회를 창출하지만 기업이 극복해야 할 과제를 제기한다.

1) 경쟁우위의 개념

회사는 원가우위 또는 제품 차별화를 통해 경쟁우위를 얻는다. 경쟁우위(competitive advantage)는 원가우위를 통해 낮은 가격으로 동일한 가치를 제공하거나 차별화를 통해 더 큰 가치를 제공함으로써 높은 가격을 부과할 때 조직이 얻는 우수성이다. 즉, 회사가 자원을 효과적으로 활용하고 고객가치를 향상시키며 경쟁에서 앞서 나갈 수 있는 독창적인 능력이다. 경쟁우위를 전략적 우위(strategic advantage)라고도 한다. 기업이 핵심역량을 기회와 일치시킬 때 경쟁우위가 발생한다. 기업이 평균을 초과하는 이익을 창출하면 경쟁우위를 확보하게 된다. 경쟁우위는 다음과 같은 특징이 있다.

- 시장의 주요 성공요인이다.
- 경쟁자와 차이가 분명하다.
- 지속가능하다.
- 회사에 더 많은 수익을 준다.

❶ 경쟁우위의 본원적 요소

사업전략의 목표는 지속가능한 경쟁우위를 확보하는 것이다. 회사가 고객에게 경쟁업체와 동일한 편익(benefit)을 제공할 수는 있지만 비용우위나 제품 차별화 이점이 있을 때 경쟁우위가 존재한다. 따라서 기업은 경쟁우위를 통해 고객에게 우수한 가치를 제공하고 양호한 수익을 창출할 수 있다. 즉, 기업은 저원가와 제품 차별화를 통해 경쟁우위를 확보할 수 있다. 품질, 혁신, 효율성 및 고객 대응성은 비용을 낮추고 제품 차별화를 달성하기 위한 경쟁우위의 본원적 요소이다. 따라서 이러한 네 가지 속성을 잘 활용할 경우 경쟁업체보다 앞서는 경쟁우위를 확보할 수 있다.

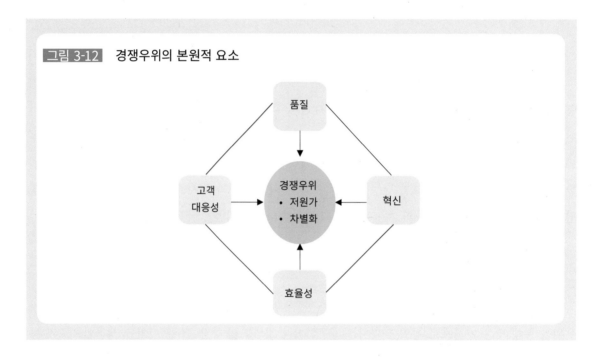

그림 3-12 경쟁우위의 본원적 요소

■ 우수한 품질

많은 기업의 성공은 품질향상에 대한 몰입의 결과이다. 이익은 기업의 성공을 측정하는 가장 중요한 척도이다. 이는 비용을 초과하는 가격으로 받아들여질 수 있는 품질을 판매한 결과이다. 제품품질은 조직에 경쟁우위를 주는 가장 중요한 요소이다. 품질개선은 고객에게 더 큰 만족감을 주고 회사는 전체 운영비용을 절감할 수 있다. 경영진은 제품의 가격 및 비용 수준뿐만 아니라 제품의 품질 수준도 매우 주의 깊게 고려해야 한다.

■ 우수한 혁신

혁신(innovation)은 제품혁신과 프로세스 혁신의 두 가지로 분류할 수 있다. 제품혁신(product innovation)에는 신제품 개발이 포함된다. 여기서 신제품은 표적고객에게 새로운 특성을 제공하는 제품을 의미한다. 혁신적인 제품과 서비스를 개발하면 고객에게 더 큰 가치를 제공할 수 있다 또한 프로세스 혁신(process innovation)은 제품이나 서비스를 생산하거나 고객에게 전달하기 위한 새로운 프로세스를 창출하는 것이다. 유연한 제조 시스템, 컴퓨터 지원 설계와 제조를 통한 공장 자동화, 사무 자동화 및 기타 프로세스 혁신은 단위당 생산비용을 줄이고, 품질을 높이며, 숙련된 근로자의 부족을 해결한다. 자동화를 통한 프로세스 혁신은 현재 작업의 효율성을 향상시킨다.

▌우수한 효율성

기업의 목표는 이익이 되는 고객에게 가치 만족을 제공하는 것이다. 기업은 항상 이익을 극대화하려고 한다. 그러나 이익을 극대화하려면 기업이 효율적이어야 한다. 효율성은 투입에 대한 시스템 산출의 비율이다. 효율성은 단위당 비용을 절감하기 위해 기존 자원의 생산성을 향상시키는 기업의 역량에 의해 측정된다. 경제적 효율성은 주어진 비용과 투입량의 결합으로 주어진 투입량과 산출량이 최대화될 때 달성된다. 효과성(effectiveness)은 목표달성을 의미하며, 효율성(efficiency)은 이용할 수 있는 희소한 자원을 최소화하면서 결과를 최대화하는 것을 의미한다.

▌우수한 고객 대응성

고객 대응성(customer responsiveness)은 합리적인 비용으로 고객의 주문에 대해 우수하고 혁신적인 제품을 제공하는 회사의 능력을 말한다. 기업은 고객이 원하는 제품을 고객에게 정확하게 제공해야 한다. 우수한 고객 대응성을 달성하려면 고객에게 돈에 합당한 가치(value for money)를 제공해야 한다. 다양한 고객집단, 신속한 제품배달, 가격 대비 품질, 심미적인 디자인, 애프터서비스, 고객 대응 시간 등에 적합한 제품을 제공하는 관점에서 고객의 대응성을 분석한다. 고객 대응성이 경쟁업체보다 우수할 때 경쟁우위를 갖게 된다.

❷ 지속가능한 경쟁우위

우수한 성과는 회사의 궁극적인 목표이고 이는 지속가능한 경쟁우위에서 실현된다. 지속가능한 경쟁우위(sustainable competitive advantage)는 경쟁자가 복제하거나 초과하기 어려운 회사의 자산, 특징, 역량이다. 이것은 조직이 경쟁자보다 우수한 실적을 낼 수 있는 특성이나 속성을 결합하거나 개발할 때 달성된다. 이러한 속성에는 자원, 기술, 마케팅 전략에 대한 적절한 결합이 포함된다. 경쟁우위는 우수한 성과를 결정짓는 중요한 요소이며, 시장에서 생존과 탁월한 위치를 보장한다. 경쟁우위가 있으면 기업은 현재 또는 잠재적인 경쟁에서 앞서 나가고 시장선도자를 확보할 수 있다.

경쟁우위를 유지하기 위한 요소는 고객에게 중요한 가치, 독특성, 모방 난이와 지속성이다. 제공하는 제품이나 서비스가 고객들에게 가치가 있어야 하고, 독특하고, 경쟁자가 모방할 수 없고, 모방한다면 더 많은 비용이 들고, 경쟁자가 대체 방법을 찾을 수 없고, 경쟁우위가 장기간 지속될 때 지속가능한 경쟁우위가 된다. 이러한 핵심역량의 이전성에는 느린 주기의 자원과 빠른 주기의 자원이 있다.

조직의 자원과 역량은 지속성이 있고 다른 회사가 이전할 수 없거나 복제할 수 없어야 한다. 이것은 특허, 입지, 강력한 브랜드명 또는 암묵적 지식으로 보호되기 때문에 지속가능한 느린 주기의 자원이다. 이러한 자원과 능력은 지속가능한 경쟁우위를 제공하기 때문에 특유의 역량이다.

이와 달리 다른 극단에는 자원은 쉽게 복제할 수 있는 개념이나 기술을 기반으로 하기 때문에 가장 높은 모방 압력에 직면하는 빠른 주기의 자원이 있다. 회사가 빠른 주기의 자원을 보유하고 있는 한 성공적으로 경쟁할 수 있는 주요 방법은 연구실에서 시장으로의 속도 향상이다. 그렇지 않으면 지속가능한 경쟁우위가 없다.

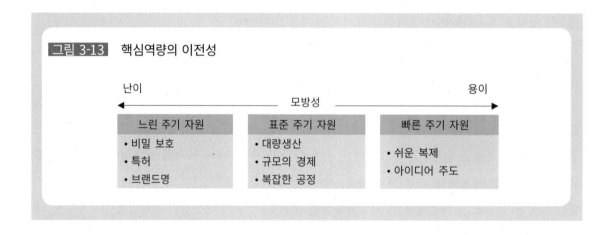

그림 3-13 핵심역량의 이전성

2) 경쟁우위의 개발

기업은 투자비용보다 높은 투자수익을 얻으려고 한다. 경쟁우위는 조직이 경쟁자보다 우수한 실적을 낼 수 있는 속성을 획득할 때 발생한다. 이것은 동일한 산업 또는 시장에서 다른 경쟁업체보다 높은 수준에서 수행되는 속성 및 자원의 이점이다. 원가우위와 차별화 이점은 두 가지 기본 경쟁우위의 유형이다. 원가우위란 조직이 경쟁사와 동일한 편익을 저렴한 비용으로 제공할 수 있다는 것을 의미한다. 회사는 경쟁사보다 우수한 자원과 역량을 갖추어야 한다. 자원은 비용 또는 차별화 이점을 창출하는 데 사용된다. 조직은 조직의 역량을 나타내는 자원을 효과적으로 활용할 수 있는 능력을 갖추고 있어야 한다. 독특한 역량은 자원과 기능으로 구성된다. 그런 다음 조직은 가치창출 활동을 통해 원가우위와 제품 차별화를 실행할 수 있다. 경쟁우위를 확보하는 경로는 제품 생산경로와 제품 마케팅경로이다.

❶ 경쟁우위의 경로

회사가 확보한 핵심역량을 통해서 좋은 제품을 개발하고 많이 판매하여 시장점유율을 구축하면 이익이 극대화된다. 이를 실현하는 방법이 바로 경쟁우위 경로이다. 경쟁우위의 경로는 생산경로와 마케팅경로가 있다. 제품 생산경로는 핵심역량, 우수한 제품 디자인과 제품 생산기술과 능력 등을 반영한다. 이와 달리 제품 마케팅경로는 마케팅 믹스 프로그램, 포지셔닝, 고객가치나 편익을 반영한다. 제품 생산경로와 마케팅경로는 서로 독점적이지는 않고 서로 보완적이거나 강화한다.

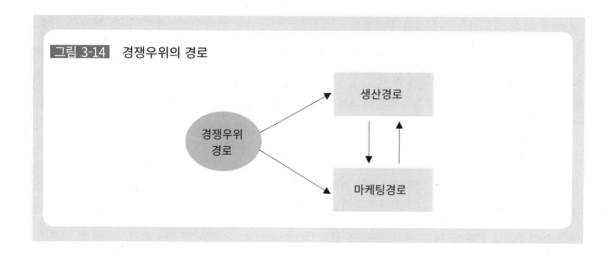

그림 3-14 경쟁우위의 경로

❷ 경쟁우위의 개발

전략적 방법은 제품전략, 가격전략, 판촉전략, 유통전략, 경쟁전략 등과 같은 다양한 개별 전략으로 구성될 수 있고 다양한 형태의 경쟁이 존재한다. 그러나 이러한 전략이나 회사가 경쟁하는 방식이 반드시 성공의 열쇠는 아니며 성공을 위한 완전한 과정도 아니다. 따라서 경쟁우위를 창출하려면 전략적 방법과 전략적 요소가 결합해야 한다. 즉, 전략적 요소는 경쟁 자원, 경쟁 장소와 경쟁 대상이다. 경쟁 자원은 자산과 기술, 경쟁 장소는 제품 시장의 선택, 경쟁 대상은 경쟁자를 의미한다. 경쟁우위 확보를 위해 기업전략은 적절한 자산, 기술 및 역량을 기반으로 해야 한다.

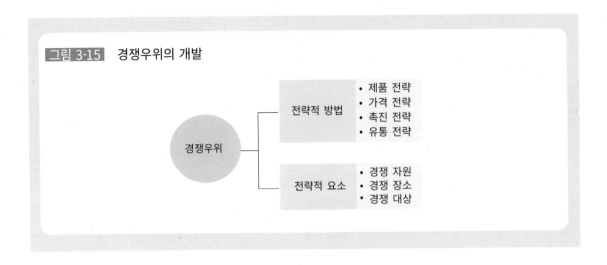

그림 3-15　경쟁우위의 개발

- 전략적 방법
  - 제품 전략
  - 가격 전략
  - 촉진 전략
  - 유통 전략
- 경쟁우위
- 전략적 요소
  - 경쟁 자원
  - 경쟁 장소
  - 경쟁 대상

▌ 경쟁 자원

경쟁 자원은 회사가 시장에서 무엇으로 경쟁하는가이다. 즉, 고객 기반, 품질 평판, 우수한 관리, 회사 이미지, 적절한 기술이나 숙련된 직원 등과 같은 자산과 기술이다. 회사의 독특한 자산과 기술은 회사의 핵심역량이다. 기업의 장점은 이러한 핵심역량을 개발하고 관리하는 것이 전략적 성공의 열쇠이다. 그러나 핵심역량이 경쟁우위의 유일한 원천은 아니다.

▌ 경쟁 장소

경쟁 장소는 표적시장의 선택이다. 즉, 회사가 만족시킬 수 있는 고객들이 어디에 있는지를 찾는 것이다. 표적시장에서 작동하지 않는다면 자산과 기술에 의해 공식적으로 지원되는 잘 계획된 전략이라도 성공하지 못한다. 예를 들면, P&G의 프링글스(Pringles) 감자 칩은 일관된 품질, 긴 유통 기한 및 전국 유통과 같은 많은 자산을 보유하고 있었다. 그러나 이러한 자산은 시장에서 가장 중요한 요인으로 여겨지는 미각 지각에 부정적인 영향을 미쳤다.

▌ 경쟁 대상

경쟁 대상은 회사가 경쟁할 대상이 누구인지를 확인하는 것이다. 경쟁자들과 경쟁자들의 시장점유율을 확인하는 것이 필요하다. 그들이 갖고 있는 경쟁 자원과 전략적 방법의 장단점을 파악하여 경쟁자보다 더 우수한 전략적 방법과 전략적 요소를 수립하는 것이 경쟁우위를 구축하는 길이다.

3) 핵심성공요인

핵심성공요인(key success factor)은 기업의 활동이 성공하기 위해 갖추거나 수행되어야 할 전제를 의미한다. 핵심성공요인은 경영의 목적과 목표를 달성하기 위한 중요한 요건이다. 5요인 틀은 이익을 위한 산업의 잠재력을 결정할 수 있게 해준다. 그러나 서로 다른 회사 간에 산업 이익을 어떻게 공유하는 가? 핵심성공요인을 파악하기 위한 접근 방식은 간단하다. 산업에서 생존하고 번영하기 위해서 기업은 고객의 욕구와 경쟁방법을 충족해야 한다. 첫째, 기업은 고객이 사고 싶은 것을 공급해야 한다. 둘째, 기업은 경쟁에서 살아남아야 한다. 따라서 기업은 다음 두 가지 질문에 답할 수 있어야 한다.

- 고객은 무엇을 원하는가?
- 기업은 어떻게 경쟁에서 살아남는가?

첫 번째 질문에 답하기 위해 수익의 기본적인 원천으로 고객을 보다 면밀히 관찰한다. 고객은 누구인가? 고객의 욕구는 무엇인가? 고객은 제품을 어떻게 선택하는가? 고객의 선호도를 알면 회사에 성공을 부여하는 요인을 파악할 수 있다. 두 번째 질문은 업계 경쟁의 본질을 검토하는 것이 필요하다. 경쟁이 얼마나 치열하고 중요한 측면이 무엇인가? 따라서 항공사의 경우 저렴한 운임, 편의 및 안전을 제공하는 것만으로는 충분하지 않다. 생존은 경기 침체에 수반되는 치열한 가격경쟁을 극복하기에 충분한 자금이 필요하다. [그림 3-16]은 핵심성공요인을 확인하기 위한 기본적인 틀이다.

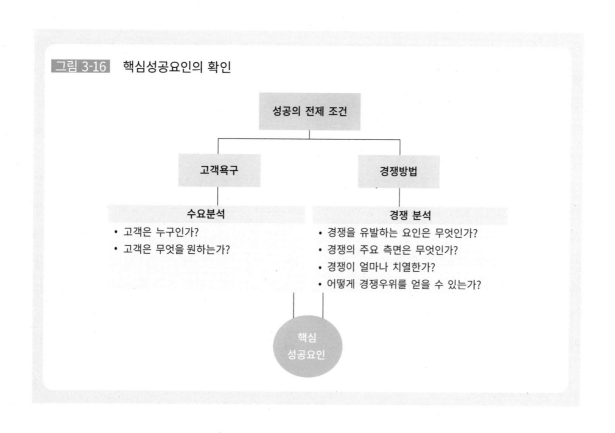

그림 3-16 핵심성공요인의 확인

4. 가치사슬 분석

경영진이 전략을 선택하면 조직의 자원과 역량을 가치사슬에 대한 고려와 함께 검토해야 한다. 가치사슬 분석(value chain analysis)은 회사의 이해관계자들이 서로 상호작용하는 방법을 살피는 도구이다.[6] 가치사슬 분석은 기업이 원재료 구매에서 제품판매에 이르기까지 조직 활동과 관련된 비용을 결정하는 프로세스를 말한다. 이해관계자들은 원자재 공급자, 소매상과 최종 사용자를 포함한다. 가치사슬은 제품과 서비스가 생산되어 결국 고객에게 판매되는 경로를 보여준다.

1) 가치사슬 개요

가치사슬(value chain)이라는 용어는 경로의 각 단계가 완료되면 제품이 이전 단계에서보다 가치가 추가된다는 사실을 반영한다. 즉, 가치사슬은 기업활동에서 부가가치가 창출되는 과정으로 조달→생산→출하→마케팅→서비스 프로세스를 말한다. 예를 들면, 목재 사업 내에서 가치는 나무가 사용 가능한 나무 보드로 변환될 때 추가된다. 나무로 만든 보드는 나무 가격보다 더 많은 돈을 받고 팔수 있다. 이러한 가치사슬은 주요활동과 지원활동을 모두 포함한다.

가치사슬은 주요활동(primary activities)과 주요활동을 지원하는 활동인 지원활동(support activities)이 있다. 주요활동은 기업의 부가가치 창출에 직접적인 영향을 미치는 활동으로 조달물류, 생산활동, 출하물류, 마케팅 및 판매와 서비스 활동 등이다. 주요활동은 제품과 서비스를 창출하고 유통하는 데 직접 관련된 활동이다. 예를 들면, 도넛 가게는 밀가루, 설탕, 버터 및 기름과 같은 기본적인 필수품을 맛있는 음식으로 변환한다. 소비자가 기본 재료에 대해 지불하고자 하는 것보다 훨씬 많은 돈을 도넛에 기꺼이 지불하기 때문에 과정을 통해 부가가치가 창출된다.

반면 부가가치 창출에 간접적인 영향을 미치는 지원활동은 경영 일반, 기획, 재무, 회계, 법무 등 기업 하부구조, 인적자원관리, 기술개발과 조달 등이 있다. 따라서 고객의 욕구를 파악해 기업이 어떤 가치사슬 과정에서 차별화된 전략을 할 것인지 결정하는 것이 중요하다.

이해관계자 간의 상호작용은 주로 돈, 정보나 제품의 교환이다. 신제품을 출시할 때 명확한 전략을 갖는 것은 중요하고 고객가치사슬 분석은 도움이 된다. 모든 관계자들 간에 상호작용하는 방법을 개략적으로 살펴보는 것으로 제품개발팀은 제품이 어떻게 사용되는지와 고객의 욕구와 필요를 잘 이해할 수 있다. 가치사슬 분석을 수행하는 것은 어떤 고객집단이 시장분석에서 제외되는 것을 방지하

---

6 Porter, Michael(1980).

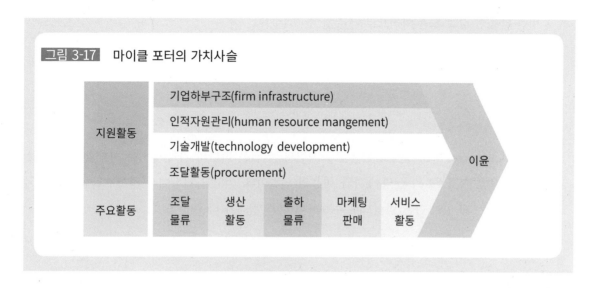

그림 3-17 마이클 포터의 가치사슬

고 고객의 욕구나 요구 사항을 밝혀낼 수 있다.

잠재고객을 확보하고 구매를 유도하는 것은 마케팅 및 판매의 영역이다. 마지막으로 서비스는 회사가 고객에게 도움을 제공하는 범위를 나타낸다. 지원활동은 주요활동에 대한 중요한 근본적인 지원을 제공한다. 기업 인프라는 회사가 경영진에 의해 조직되고 이끌어내는 방식이다. 이러한 조직화와 리더십의 효과는 중대할 수 있다. 또한 직원 모집, 교육 및 보상과 관련된 인적자원관리가 중요하다. 조직의 자료를 사용하여 회사 직원의 지식, 기술 및 능력이 전략적 자원으로 작용하고 회사의 성과에 큰 영향을 줄 수 있다. 기술은 주요활동을 지원하기 위해 전산 및 전기 통신을 사용하는 것을 말한다. 도넛 만들기는 첨단기술이 아니지만 기술은 고객이 신용카드를 사용할 수 있게 하는 것과 같이 도넛 가게에서 다양한 역할을 한다. 조달은 원자재 협상 및 구매 과정이다.

2) 가치사슬 분석

가치사슬은 경영자가 가치를 조직에 추가할 수 있는 곳을 체계적으로 검토할 수 있는 유용한 도구를 제공한다. 이 도구는 제품이나 서비스 생산의 핵심 요소는 물론 주요 활동을 지원하기 위해 가치가 부가될 수 있는 영역을 조사한다는 점에서 유용하다. 이러한 가치사슬 분석은 기본적으로 가치사슬 조사, 가치사슬 내 연결 조사와 가치사슬 간의 시너지 효과 조사 3단계로 이루어진다.

❶ 가치사슬 조사

제품이나 서비스 생산과 관련된 다양한 활동 측면에서 각 제품계열의 가치사슬의 강점과 약점, 경쟁우위와 역량을 조사한다. 가치사슬 조사에 다음과 같은 질문은 유용하다.

- 어떤 활동이 강점 또는 약점으로 간주될 수 있는가?
- 이러한 강점 중 어느 것이 경쟁우위를 제공하는가?
- 그렇다면 독창적인 역량으로 분류될 수 있는가?

❷ 가치사슬 내 연결 조사

각 제품계열의 가치사슬 내에서 연결을 조사한다. 연결은 하나의 가치 활동(예: 마케팅)이 수행되는 방식과 다른 활동(예: 품질관리) 간의 성과와 비용의 연결이다. 기업이 시장에서 경쟁우위를 확보할 수 있는 방법을 찾는 데 있어 다른 방식으로 수행하여 다른 결과가 나올 수 있다.

아마존 같은 디지털 혁신 원한다면 기업 핵심역량부터 먼저 파악해야

아마존이 디지털 혁신에 성공한 기업으로 평가받는 이유는 '편리한 쇼핑'에 집중해 디지털화에 나섰기 때문이다. 아마존은 쇼핑 사업 성공을 위해 저렴한 가격이 아니라 쉽게 사고 빠르게 배송받는 편의성을 내세워 혁신을 집중했고 결국 성공적인 디지털 변혁이라는 평가를 받고 있다.

4차 산업혁명 시대를 맞아 세계 모든 기업들이 정보통신기술(ICT)을 융합하는 디지털 변혁을 진행하고 있는 가운데 성공적인 디지털화를 위해서는 가장 먼저 기업의 핵심역량을 파악해야 한다는 조언이 나왔다. 뚜렷한 목표 없이 진행하는 디지털화는 성공하기 힘들고, 명확한 목표를 설정한 뒤 그에 맞는 디지털화를 추진하는 것이 핵심 전략이 되어야 한다는 것이다. 글로벌 기업용 소프트웨어 업체 SAP에서 고객사의 디지털화를 책임지고 있는 차킵 보우더리 디지털변혁 책임자(DTO, Digital Transformation Officer)는 10월 22일 기업들을 향해 "성공적 디지털화를 위해서는 기업의 핵심역량이 무엇인지 먼저 고민해야 한다"고 조언했다.

차킵 보우더리 DTO는 "많은 기업들이 핵심역량이 무엇인지 고민하지 않는 경우가 많고, 핵심역량이 무엇인지 모르는 경우도 많다"며 "무엇이 우리 회사의 핵심역량인지 고민한 뒤 그 역량을 극대화하는 것을 목표로 디지털화를 추진해야 성공할 수 있다"고 강조했다. 특히 그는 단순히 ICT를 도입하는 것이 디지털화가 아니라고 강조했다. 기업활동의 아무 영역에 ICT를 도입한다고 디지털화가 이뤄지는 것이 아니라 기업 내에서 일하는 사람들이 디지털화를 이해하고, 기업문화가 디지털화를 받아들여야 한다는 것이다.

출처: 파이낸셜뉴스 2017.10.22

❸ 가치사슬 간의 시너지 효과 조사

제품계열 간의 가치사슬의 잠재적인 시너지 효과를 조사한다. 광고나 제조와 같은 각 가치 요소에는 일정 단위의 산출물을 최저비용으로 수행되는 고유한 규모의 경제가 있다. 특정 제품이 경제적 규모에 도달하여 생산되지 않으면 다른 제품을 사용하여 동일한 유통경로를 공유할 수 있다. 이것은 범위의 경제이다. 여러 제품의 공동생산은 개별 생산비용보다 낮을 수 있다.

5. 비즈니스 모델

회사를 분석할 때 어떤 종류의 비즈니스 모델을 운영하고 혁신하는지 알아내는 것이 좋다. 이는 인터넷 기반 회사를 분석할 때 특히 중요하다. 인터넷의 출현으로 사업의 새로운 형태를 개발하기 위해 비즈니스 모델이라는 용어가 널리 사용된다. 아마존, 이베이, 델과 맥도날드와 같은 회사들은 가치창조의 기존 논리를 파괴하고, 산업영역을 사로잡는 혁신적인 모델로 세계적으로 알려지게 되었고, 빠르게 성공적인 비즈니스 모델의 상징이 되었다.[7] 이러한 기업들은 가치창조와 가치포착의 특별한 방법을 시도한 기업들이다.

1) 비즈니스 모델의 개념

비즈니스 모델(business model)은 어떤 상품이나 서비스를 어떻게 소비자에게 제공하고, 어떻게 마케팅하며, 어떻게 돈을 벌 것인가에 관한 계획이나 사업 아이디어이다. 비즈니스 모델은 새로운 서비스나 제품이 제공하는 가치의 개발, 도입과 촉진 등과 관련된 요인들을 이해하는 체계적이고 구조화된 방식이다. 기업은 비즈니스 모델을 사용함으로써 새로운 서비스나 제품의 개발, 도입과 촉진에 있는 위험을 잘 통제할 수 있고, 서비스나 제품의 성공 기회를 창조할 수 있다. Moingeon과 Lehmann-Ortega에 따르면 비즈니스 모델은 가치제안(value proposition), 가치구성(value architecture)과 수익등식(profit equation)을 통해서 가치를 창조하는 구조이다.

• 가치제안: 고객세분화와 고객에게 제공되는 상품이나 서비스를 포함한다. 고객은 회사로부

---

7 Sabatier, V., Mangematin, V., & Rousselle, T.(2010), "From Recipe to Dinner: Business Model Portfolios in the European Biopharmaceutical Industry," *Long Range Planning*, 43(2), 431-447.

터 가치를 제공받을 사람이고, 가치제안은 회사가 고객에게 제공하는 것을 의미한다.

- 가치구성: 가치구성은 고객에게 가치를 어떻게 전달하고, 가치를 달성하기 위해 사용되는 활동과 자원을 의미한다. 이러한 요소는 가치사슬의 결합이다.
- 수익등식: 수익등식은 가치제안과 가치구성의 결합으로 얻는 결과이다. 수익등식은 판매수입, 비용구조와 자본에 영향을 준다.

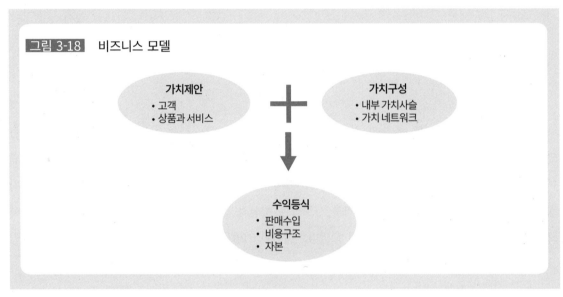

그림 3-18 비즈니스 모델

출처: Moingeon과 Lehmann-Ortega(2010).

2) 비즈니스 모델의 분류 기준

비즈니스 모델은 공급자, 회사, 고객과 다른 협력자로 구성되는 가치사슬 흐름에 근거한다. 이러한 비즈니스 모델의 주요 기준은 거래품목(traded items), 소유권 관계(ownership relation)와 수익(revenue)으로 구분된다. 고객, 공급자와 협력자가 비즈니스 모델의 역할 수행 구성원들에게 주어진 특정한 역할이 있다는 것을 고려하는 것이 중요하다. 어떤 회사는 다른 회사를 위해 고객의 역할을 하지만 이것은 자신의 고객을 위해 공급자로서 행동하는 것을 의미한다.

표 3-2 비즈니스 모델 분류 기준

거래품목			소유권 관계			수익		
서비스	상품	보조제품	생산	콘텐츠	중개	직접수익	수수료	구독료

❶ 거래품목

모든 비즈니스 모델에서 고객, 공급자와 협력자들은 어떤 품목의 교환을 통해서 서로 상호작용한다. 거래품목(traded items)은 수익을 얻기 위해 고객에게 제공된 제품이다. 제품은 서비스, 상품과 보조제품이 있다. 서비스(service)는 고객지원, 구매자와 판매자 연결과 같은 서비스이다. 상품(goods)은 유형제품이고, 보조제품(supplementary product)은 기업의 핵심 서비스나 상품이 아니라 서비스나 상품의 구매를 촉진하는 제품이다.

❷ 소유권 관계

제공된 상품이나 서비스의 소유권(ownership)은 생산, 콘텐츠와 중개로 구분된다. 생산(production)은 회사가 생산한 품목이다. 콘텐츠(contents)는 대중매체나 관련 미디어 활동에 게재된 구조화된 메시지로 사용자들 간의 상호작용 없이 생산될 수 없다. 중개기관(intermediation)은 상품과 서비스를 사용자와 연결하는 플랫폼을 제공하는 것을 의미한다. 이러한 활동은 주요 사업이고, 당사자들의 기여와 의지가 없다면 의미가 없다.

❸ 수익

수익(revenue)은 직접 수익, 수수료와 사용료가 있다. 직접 수익(direct revenue)은 비즈니스 모델의 소유자로서 회사가 정의된 사용자나 고객에게 상품이나 서비스를 제공함으로써 수익을 얻는 것이다. 수수료(commission)는 이커머스 회사의 주된 수입으로 서비스의 사용자들이 지불하는 돈이다. 이 수수료는 고정, 기간이나 사용량 기준으로 부과된다. 구독료(subscription fee)는 사용자들로부터 받는 수수료로 임대의 형태로 얻게 된다.

sense 아마존 같은 디지털 혁신 원한다면 기업 핵심역량부터 먼저 파악해야

호텔 방 하나 소유하지 않은 에어비앤비가 힐튼이나 메리어트 같은 대형 호텔 체인들을 궁지에 몰고 있다. 자동차 한 대 없는 우버는 택시산업 자체를 대체할 기세이다. 플랫폼의 시대엔 '다윗'이 '골리앗'을 꺾는 게 하나도 이상하지 않다. 세계적인 인기 경영서 「플랫폼 레볼루션」의 저자 중 한 사람인 상지트 폴 초더리 플랫폼 싱킹랩스(Platform Thinking Labs) 대표는 "4차 산업혁명과 발맞춰 플랫폼 기업들이 빠르게 영토를 확장하고 있다"며 이렇게 말했다. 기업 내부에서 개발한 상품이나 서비스를 팔아 이익을 내는 전통 비즈니스 모델이 한계에 봉착했다. 건물, 땅과 같은 고정자산이 아니라 플랫폼에 투자해야 할 때이다. 생산자와 소비자 모두에게 이익이 되는 추상적인 공간이다. 판매자와 소비자를 연결해 주는 아마존, 운전자와 승객을 매칭해주는 우버를 생각하면 이해가 쉽다. 플랫폼 기업은 거대한 네트워크의 관리자다. 직접 상품이나 서비스를 생산해 부가가치를 얻는 '파이프라인' 기업과 비즈니스 모델 자체가 다르다.

자산에 의존하는 파이프라인 기업에 비해 성장 속도가 빠르다. 힐튼이 매출을 늘리려면 땅을 구입하고 호텔을 새로 지어야 하지만 에어비앤비는 소수 직원의 클릭 몇 번으로 홈페이지를 통한 숙소 예약을 늘릴 수 있다. 최근 글로벌 기업들이 고정자산이 아니라 플랫폼에 집중적으로 투자하는 것도 이런 이유 때문이다. 인력도 문제가 안 된다. 잘 만들어진 플랫폼 생태계엔 수만 명의 외부 개발자가 따라다닌다. 현재 미국 증시 시가총액 '빅5'인 애플, 알파벳(구글의 지주회사), 아마존, 마이크로소프트, 페이스북 등이 대표적인 플랫폼 기업으로 꼽힌다. 빅데이터나 인공지능(AI), 사물인터넷과 같은 새로운 기술이 등장하면서 자산이 많지 않은 스타트업(신생 벤처기업)이라 하더라도 손쉽게 새로운 기술을 활용해 플랫폼을 만들 수 있다. 전통적인 파이프라인 기업들이 플랫폼 기업으로의 변신을 시도할 수 있게 된 것도 4차 산업혁명의 영향으로 봐야 한다. 트랙터 제조업체인 존디어가 데이터 플랫폼 기업으로 간판을 바꿔 단 것이 대표적인 사례다.

출처: 한국경제 2017.11.08

3) 비즈니스 모델의 분류

Michael Rappa는 일반적인 9가지 비즈니스 모델을 제안하였고, 각 유형별로 사업운영 방식에 따라 보다 구체적인 모델들을 제시하였다. 그러나 비즈니스 모델은 아직도 다양한 방식으로 개발, 정의, 분류되고 있는 실정이다. 이것은 웹에서 관찰될 수 있는 비즈니스 모델의 포괄적이고 타당한 분류를 제시하려는 시도이다. 인터넷 비즈니스는 계속 진화하기 때문에 제시된 분류는 완전하지는 않지만 새로운 비즈니스 모델을 혁신하는 데 유용하다.

표 3-3 비즈니스 모델의 분류

모델 유형	설명
중개모델	중개인은 다른 관계자들에게 서비스를 제공하고 대가를 받는다.
광고모델	상품과 서비스의 광고를 제공하는 모델이다.
정보중개모델	고객정보를 수집하여 기업에 판매하는 모델이다.
판매자모델	상품과 서비스의 도매상과 소매상의 온라인 상점이다.
생산자모델	생산자가 직접 판매하는 모델이다.
제휴모델	상품구매를 촉진하기 위해 파트너 사이트와 제휴하고 재무 인센티브를 제공한다.
공동체모델	유사한 흥미를 가진 사람들끼리 서로 정보를 공유한다.
구독료모델	사용자들은 서비스를 신청하기 위해 주기적으로 사용료를 지불한다.
사용량모델	사용량에 따라 사용료를 지불한다.

❶ 중개모델

중개모델(brokerage model)은 중개인(broker)이 다른 관계자들에게 어떤 서비스를 제공하고 대가로 요금을 부과한다. 제공된 제품은 중개인의 소유가 아니다. 제공된 서비스에 따라 중개인은 수익을 창출하고, 이것은 서비스의 양에 따라 수수료(commission)를 부과한다. 그러나 다른 회사가 생산한 상품이나 서비스의 소유권을 갖는 경우도 있는데, 제품의 판매자로서 행동하고 제공된 품목에 책임이 있다. 또한 중개인은 시장조성자로서 직접적 수익을 창출한다. 중개인은 판매자도 되고 구매자도 되어 거래를 촉진한다. 중개인은 B2B, B2C, C2C에서 다양한 역할을 수행하고, 이러한 거래 수행에 대해 수수료를 사용자에게 부과한다. 새로운 비즈니스 모델의 계속적인 출현으로 수수료 부과 방식은 매우 다양하다.

❷ 광고모델

광고모델(advertising model)은 이커머스 회사가 상품과 서비스의 광고를 제공하는 모델이다. 수익방법은 제공된 상품과 서비스에 따라 다양하다. 회사가 웹 사이트에 광고를 게시하고 이러한 경우에 수입은 수수료 기준이다. 광고회사는 콘텐츠와 배너 형태의 광고 메시지가 결합된 서비스를 제공한다. 배너광고는 광고회사를 위한 수입의 주요 원천이다. 광고회사는 콘텐츠 제작자나 유통자이다. 방문이 많거나 사이트가 전문화될 때 광고모델은 가장 효과적이다.

❸ 정보중개모델

정보중개모델(infomediary model)은 인터넷에서 고객정보를 수집하여 기업에 판매하는 모델이다. 고객정보는 다양한 방법을 통해 수집, 가공되어 데이터베이스화된다. 특정 시장에서 소비자, 생산자 및 제품을 이해할 수 있도록 정보중계를 제공하여 수익을 창출한다. 회사가 사업 파트너에게 제공되는 서비스나 제품에 근거하여 대가를 받기 때문에 비즈니스 모델에서 만들어지는 수익은 직접적인 형태이다. 정보가 신중하게 분석되고 표적 마케팅에 사용될 때 소비자와 소비습관에 관한 자료는 가치가 크다. 독립적으로 수집된 제조자와 제품에 관한 자료는 구매를 고려할 때 소비자들에게 유용하다.

❹ 판매자모델

판매자모델(merchant model)은 상품과 서비스의 도매상과 소매상의 온라인 상점이다. 즉, 아마존닷컴, 예스24처럼 오프라인 비즈니스 모델을 온라인으로 옮겨놓은 것이다. 판매자모델에서 주된 수입은 판매이윤으로 직접적이다. 판매는 표시가격이나 경매에 근거한다.

❺ 생산자모델

생산자모델(manufacturer model)은 생산자가 직접 판매하는 모델로 생산자가 직접 구매자에게 접촉하여 기존 유통망을 생략하는 모델이다. 제품의 생산자는 제품의 완전한 소유권을 갖고 제품을 제공한다. 이러한 모델에서 거래되는 품목은 상품이다. 생산자가 제품을 생산하고 직접 구매자에게 판매한다. 델 컴퓨터가 인터넷과 전화를 사용해 직접 판매하는 대표적인 사례이다. 생산자모델은 생산의 효율성, 개선된 고객 서비스와 고객 선호도의 이해가 중요하다.

❻ 제휴모델

제휴모델(affiliate model)은 웹 사이트 발행자(publisher)가 그의 노력에 의해 파트너의 웹 사이트에 의해서 유인된 방문자, 회원, 고객의 수나 매출을 기준으로 소정의 보상을 받는 수익모델이다. 제휴모델을 통해 판매자에게는 판매기회가 발생한다. 변형 형태는 배너교환, 클릭당 광고료 지불과 수익공유 프로그램 등이 있다.

❼ 공동체모델

공동체모델(community model)은 온라인을 통해서 유사한 흥미를 가진 사람들끼리 서로 정보를 공유할 수 있게 한다. 주로 전문적인 문제해결에 기여한 사람에게 제공되고 서비스의 소유권은 콘텐츠 소유권이다. 회사가 고객이나 파트너의 활동을 지원하기 위해 어떤 도구나 제품을 제공한다면, 거래품목은 보조적이고 생산자 소유권이 된다. 창출되는 수익은 제품유형에 달려있다. 거래품목이 보조적이라면 수익은 직접적이다. 콘텐츠 소유권자는 웹 페이지에 방송광고에 대한 수수료를 받는다. 수익은 보조제품의 판매나 자발적인 기여에 근거할 수 있다. 인터넷은 공동체 비즈니스 모델에 적당하고 개발의 영역이 크다.

❽ 구독료모델

구독료모델(Subscription model)은 회사가 커뮤니케이션과 상호작용을 촉진하기 위해 고객들에게 어떤 서비스를 제공한다. 거래품목은 서비스이고, 서비스는 동일한 성질을 갖고 있는 측면에 달려있다. 회사는 콘텐츠 소유권을 갖고 있다. 회사가 사전에 돈을 받고 어떤 전문제품을 제공한다면 제공된 서비스나 자료는 제품으로 간주된다. 모든 경우에 수익은 구독료에 따라 발생된다.

❾ 사용량모델

사용량모델(utility model)은 수도요금, 전기요금이나 전화요금처럼 사용량만큼 지불하는 방식이다. 서비스는 동일한 유형의 고객들에게 제공되고 회사는 정보의 콘텐츠 소유권을 갖는다. 이용자의 요구에 따라 네트워크를 통해 필요한 정보를 제공하는 방식이다. 구독료모델과 달리 측정된 서비스는 실제 사용률에 근거한다. 인터넷 서비스 제공자는 주로 연결된 시간 동안 고객에게 요금을 부과한다. 사용량모델은 서비스 이용률이 높을 때 유지 가능하다.

4) 비즈니스 모델 캔버스

비즈니스 모델을 설계할 때 많은 요인들이 고려되어 매우 복잡한 과업이다. 설계과정을 용이하게 하기 위해 오스터왈더가 창안한 시각 도구를 사용한다. 도구의 시각 구성 요인은 사업의 다양한 요소가 상호 간에 어떻게 영향을 주는 지를 이해함으로써 설계 과정을 단순화한다. 비즈니스 모델 캔버스는 9개의 상호관련된 영역으로 구성되고, 이것은 각 영역이 설명되는 순서에 따라 간단하게 기술된다. 각 영역의 내용과 관련된 영역 간의 흐름에 친숙해지면 비즈니스 모델 캔버스는 사용하기 더욱 쉬워진다.

❶ 비즈니스 모델 캔버스의 개념

비즈니스 모델은 회사가 제공물을 창조하고, 고객에게 전달하고, 거래로부터 수익을 얻는 방법을 기술하는 기법이다. 즉, 비즈니스 모델 캔버스(canvas)는 어떤 상품이나 서비스를 어떻게 소비자에게 편리하게 제공하고, 어떻게 마케팅하며, 어떻게 돈을 벌겠다는 아이디어를 기술한 것이다. 비즈니스 모델의 목적은 조직이 어떻게 가치를 창조하고, 전달하고, 포착하는 원리를 효과적으로 기술하는 것이다. 이것은 사업계획에서 기대되는 모든 세부 사항과 깊이를 포착하려는 의도가 아니라 아이디어가 사업으로 어떻게 전환되는지에 관한 명확한 통찰력을 얻는 것이다. 알렉스 오스터왈더(Alex Osterwalder)와 예스 피그누어(Yves Pigneur)는 비즈니스 모델을 9개 요소로 분해할 수 있다고 제안한다.

표 3-4 비즈니스 모델 9개 영역

구분	영역	설명
제품	가치제안(value propositions)	제공된 상품과 서비스의 독특한 강점
기반관리	핵심활동(key activities)	가치제안을 실행할 때 가장 중요한 활동
	핵심자원(key resources)	고객을 위한 가치를 창조하는데 필요한 자원
	핵심파트너(key partners)	가치제안을 수행하는데 필요한 파트너 관계
고객접점	고객세분화(customer segments)	제공하려는 특정한 표적시장
	유통경로(channels)	유통의 제안된 경로
	고객관계(customer relationship)	고객과 함께 회사가 원하는 관계의 유형
재무측면	비용구조(cost structure)	활동을 수행하는데 필요한 비용구조
	수익원(revenue streams)	회사가 돈을 버는 방법과 가격결정 방법

출처: Osterwalder, A. & Pigneur, Y.(2010), *Business Model Generation: A Handbook for Visionaries, Game Changers and Challengers*, Wiley.

❷ 비즈니스 모델 캔버스의 구조

오스터왈더(Osterwalder)는 기업이 사업 기회를 활용하기 위해 고객에게 가치를 어떻게 제공하는지를 충분히 기술하기 위해 9개 차원을 사업 의사결정이라고 제안한다. 또한 이해, 창조성, 토론과 분석을 촉진하기 위한 실제적이고 직접 해 보는 도구로써 캔버스를 제안한다. 이 모델 캔버스는 대안을 평가하고, 기록하고, 분석하기 위한 구조를 제공한다.

- 고객세분화(customer segments): 고객은 누구인가?
- 가치제안(value propositions): 제공할 핵심가치는 무엇인가?
- 유통경로(channels): 핵심가치를 어떻게 전달할 것인가?
- 고객관계(customer relationships): 고객들과 어떤 관계를 맺을 것인가?
- 수익원(revenue streams): 이윤을 어떻게 창출할 것인가?
- 핵심자원(key resources): 보유하고 있는 핵심자원은 무엇인가?
- 핵심활동(key activities): 어떤 핵심활동을 수행해야 하는가?
- 핵심파트너(key partnerships): 어떤 파트너십을 가져야 하는가?
- 비용구조(cost structure): 모든 활동을 수행하기 위한 비용구조는 어떠한가?

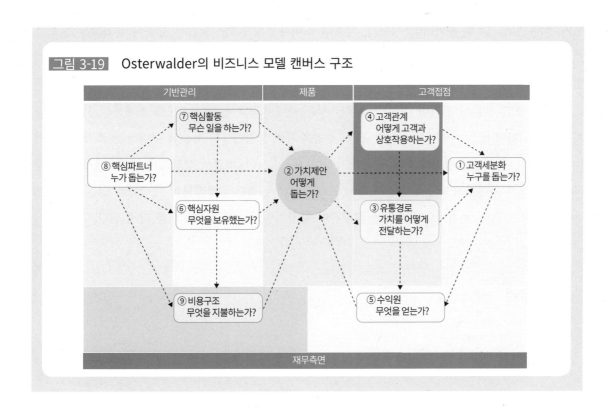

그림 3-19 Osterwalder의 비즈니스 모델 캔버스 구조

기반관리	제품	고객접점

⑦ 핵심활동
무슨 일을 하는가?

⑧ 핵심파트너
누가 돕는가?

② 가치제안
어떻게
돕는가?

④ 고객관계
어떻게 고객과
상호작용하는가?

① 고객세분화
누구를 돕는가?

⑥ 핵심자원
무엇을 보유했는가?

③ 유통경로
가치를 어떻게
전달하는가?

⑨ 비용구조
무엇을 지불하는가?

⑤ 수익원
무엇을 얻는가?

재무측면

6. 제품수명주기

제품수명주기에 대한 아이디어는 마케팅, 가격결정, 새로운 시장진출이나 새로운 포장재 제작에 적합한 시기를 결정하기 위해 마케팅에 사용된다. 각 단계마다 제품의 수익을 극대화하기 위해 다양한 마케팅 활동이 필요하다. 일반적으로 후기에 수익 확보에 도움이 되는 초기 투자가 요구된다. 이 모델이 매출을 예측하지는 않지만 매출 특징과 예측을 신중하게 분석할 때 주어진 시간에 가장 적합한 마케팅 전략에 유용한 지침을 제공한다.

1) 제품수명주기의 개념

제품수명주기(product life cycle)에 따르면 제품은 시장에 처음 출시되어 도입기(introduction), 성장기(growth), 성숙기(maturity) 및 쇠퇴기(decline)의 네 단계를 거친다. 대체로 제품이 시장에 처음 출시되는 도입기, 매출액이 급격히 증가하는 성장기, 제품이 소비자들에게 확산되어 성장률이 둔화되는 성숙기, 그리고 매출이 감소하는 쇠퇴기의 네 단계로 구분한다. 전형적인 제품수명주기는 S자 곡선 형태를 띠고 있지만, 제품이나 시장에 따라 다양한 형태의 제품수명주기 유형이 있다.

초기에 도입 부분이 완만한 곡선을 보이는 것은 구매자들의 관심을 유도해 신제품의 시용구매를 자극시키는 것이 매우 어렵기 때문이다. 초기 수용자들이 도입기에서 제품을 구매하는 초기수용자들이다. 제품의 우수성이 입증되면 많은 구매자들이 제품을 구매하면서 성장기에 진입하게 된다. 이후 제품의 잠재적 구매자까지 구매하여 시장이 포화상태에 이르면서 성장률이 하락하고 안정세를 보이는 성숙기에 이른다. 마지막으로 새로운 대체품이 등장하면서 제품은 쇠퇴기를 맞게 된다.

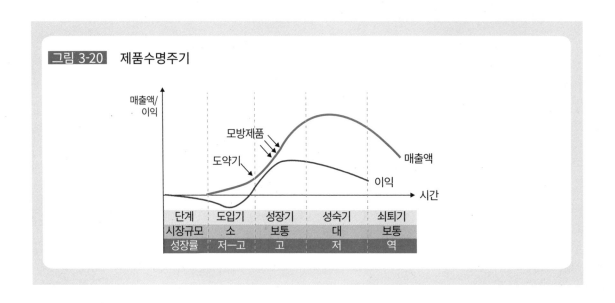

그림 3-20 제품수명주기

단계	도입기	성장기	성숙기	쇠퇴기
시장규모	소	보통	대	보통
성장률	저—고	고	저	역

❶ 도입기

도입기는 제품 시장규모는 작아서 판매량이 적다. 반면에 제품을 출시하는 데 필요한 연구개발, 소비자 테스트 및 마케팅과 같은 비용은 특히 높다. 제품에 대한 실제 수요가 있기 전에 많은 비용이 지출되는 단계이다. 이 단계에서 초기 가격은 경쟁에 따라 결정된다. 가격 책정은 초기에 가격이 높아지고 성장 단계로 내려가면서 인하된다. 도입기에서는 신제품에 대한 인지도를 높이고 초기수용자들 사이에서 판매를 모색하기 위해 홍보와 광고 활동이 확대된다. 초기수용자(early adopter)는 최첨단 제품을 소유하고자 하는 모험심 많은 소비자이다. 이들은 제품이 출시될 때 가장 먼저 구입해 평가를 내린 뒤 주위에 제품의 정보를 알려주는 성향이 있다.

❷ 성장기

성장기는 수요가 가속되기 시작하고 전체 시장규모가 급격히 확대된다. 전형적으로 매출과 이익의 강한 성장으로 이어지며, 회사는 규모의 경제로부터 이익을 얻기 시작한다. 이를 통해 기업은 성장단계의 잠재력을 극대화하기 위해 홍보나 광고 활동에 더 많은 돈을 투자한다. 광고 활동은 제품의 시장을 새로운 세분시장으로 확장하는 데 중점을 두는 경향이 있다. 한편 성장기에는 모방제품이 다수 출현하여 경쟁이 격화되는 시기이다.

❸ 성숙기

성숙기는 아마도 대부분의 제품과 사업에서 가장 경쟁력 있는 시기이다. 성숙기에서는 그동안 축적한 시장점유율을 유지하는 것이다. 따라서 이 시기에 기업은 수행하는 마케팅에 현명하게 투자해야 한다. 또한 생산 프로세스에 대한 제품수정이나 개선을 고려하여 경쟁우위를 확보할 수 있다. 제품의 기능은 수시로 갱신될 수 있으며 제품을 경쟁제품과 차별화하고 시장점유율을 높이기 위한 광고 활동이 계속될 수 있다. 그러나 마케팅 활동과 지출 수준은 도입기보다 훨씬 낮을 수 있다.

❹ 쇠퇴기

궁극적으로 제품 시장의 규모가 축소되기 시작한다. 이 축소 현상은 시장이 포화상태, 즉 제품을 구매할 모든 고객이 이미 구매했거나 다른 유형의 제품으로 전환했기 때문이다. 이러한 쇠퇴는 불가피할 수 있지만 기업들은 덜 비싼 생산방식과 저렴한 시장으로 전환함으로써 여전히 이익을 창출할 수 있다.

신제품이 시장에서 제품수명주기 상에 어디에 위치하고 있는지를 파악한다. 왜냐하면 제품수명주기 단계에 따라서 사용할 전략이 다르기 때문이다. 최근에 제품수명주기가 단축되는 이유는 소비자 선호의 급변과 신기술의 급속한 개발이다. 기업은 신제품개발을 신속히 해야 하고 막대한 R&D 비용이 발생한다. 따라서 기업은 제품개발기술과 대량생산기술을 동시에 구축해야 하며, R&D, 자금, 기술의 확보를 위한 전략적 제휴와 세계시장의 확보가 필요하다. 신제품이 도입기라면 초기 혁신자들을 대상으로 제품확산에 주력하고 제품의 인지도 구축에 초점을 맞추는 것이 필요하다. 시용구매를 유도하여 반복구매와 구전을 이끌어내야 한다. [표 3-5]는 각 단계별로 추진해야 할 주요 전략이다.

표 3-5 제품수명주기별 전략

구분	도입기	성장기	성숙기	쇠퇴기
마케팅 목표	제품인지와 시용구매의 창출	시장점유율 확대	점유율 유지	지출감소 또는 수확
제품	기본 형태	품질향상	제품의 다양화	단계적 철수
가격	고가격·저가격	시장침투가격	방어적 가격	저가격
유통경로	선택적 유통	집중적 유통	집중적 유통	선택적 유통
광고	인지도 구축	인지도·관심제고	제품편익 강조	최소한의 광고
판매촉진	시용구매	판촉비 감소	상표전환 유도	감소

2) 신제품의 진입전략

제품수명주기 이론의 사용은 각 단계에서 필요한 전략적 마케팅 믹스를 예측하는 것이다. 기업은 저가격과 초기고가 전략을 통해 진입을 하거나 촉진을 통해서 시장침투전략을 사용한다. 기업은 네 가지 전략 중에서 시장진입 대안의 전략을 선택할 수 있다. 즉, 신속한 초기고가, 점진적 초기고가, 신속한 침투전략과 점진적 침투전략이다.

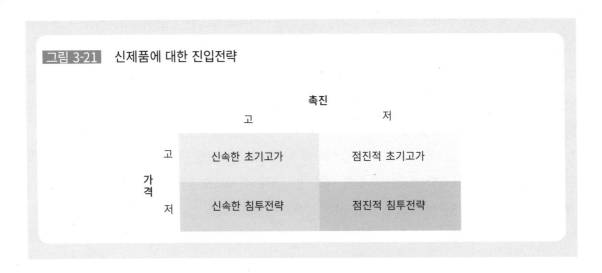

그림 3-21 신제품에 대한 진입전략

- 신속한 초기고가(rapid skimming): 시장규모와 잠재력이 매우 크고, 신속하게 제품을 수용할 가능성이 매우 높을 때 이 전략은 매우 유용하다. 기업이 단기적인 수익 극대화 전략을 갖고 매출을 증가하려고 할 때 이 전략을 사용한다. 표적시장은 초기 사용자가 있고, 고가를 지불할 마음이 없는 초기수용자와 혁신자이다.
- 점진적 초기고가(slow skimming): 이 전략은 기업이 충분한 시간에 투자를 필요로 한다고 확

신할 때 사용된다. 경쟁이 적고 기술과 시스템에 많은 투자가 필요한 경우이다.

- 신속한 침투전략(rapid penetration strategy): 기업이 시장 지배자, 시장점유율과 수익 극대화의 장기적 목표를 가질 때, 그리고 격렬한 경쟁처럼 진입장벽이 있을 때 이 전략은 유용하다.
- 점진적 침투전략(slow penetration strategy): 시장규모가 크고, 서비스 제공물이 잘 알려져 있고, 가격에 민감하나, 경쟁위협이 거의 존재하지 않을 때 이 전략이 사용된다. 기업의 장기적인 목적은 판매나 수익의 극대화이다.

3) 제품수명주기 이론의 한계

제품수명주기 이론에 대한 비판이 있다. 첫째, 각 단계의 길이를 예측하지 않으며 정확하게 판매를 예측하는 데 사용될 수 없다. 실제로 이러한 규범적 주기를 따르는 제품은 거의 없고, 각 단계의 길이는 엄청나게 다르다. 둘째, 제품수명주기는 생물학적 수명주기를 기반으로 한다. 이것은 이론적으로 제품에 대해도 동일하다. 제품이 개발 기간이 지나면 시장에 출시되고 성장함에 따라 더 많은 고객을 확보하게 된다. 결국 시장은 안정화되고 제품은 성숙해진다. 그리고 일정 기간이 지나면 제품이 우수한 경쟁제품의 출시로 판매가 감소하고 결국 철수하게 된다. 그러나 대부분의 제품은 도입 단계에서 실패한다. 마지막으로 모든 제품이 각 단계를 거치는 것은 아니다. 제품이 쇠퇴기에 이르렀다고 판단해 마케팅을 적극적으로 중단하면 제품판매가 거의 줄어들 것이다. 제품이 마치 성숙기에 있는 것처럼 관리되었다면 이런 일이 일어나지 않았을 수도 있다. 또한 적극적으로 제품을 개선함으로써 지속적인 성장이 지속될 수 있다. 따라서 성공적인 마케팅 담당자는 광범위한 자료분석을 통해 제품이 어느 단계에 있는지 발견하고 단계를 확장할 수 있는지 판단해야 한다.

7. 제품성장 매트릭스

앤소프(Harry Igor Ansoff)는 4가지 전략 중 하나를 사용함으로써 기업이 성장잠재력을 갖는다는 제품-성장 매트릭스(Product-Growth Matrix)를 제안하였다. 이 전략은 기존의 제품과 시장, 신제품과 시장을 도입하여, 시장침투, 시장개발, 제품개발과 다각화로 설명한다. 앤소프 제품-성장 매트릭스는 기업의 제품과 시장의 복합적인 4가지 가설과 방향을 바탕으로 기업의 성장 방향과 위험도를 예측하고 분석하여 기업의 성장 방향을 결정하는 도구이다.

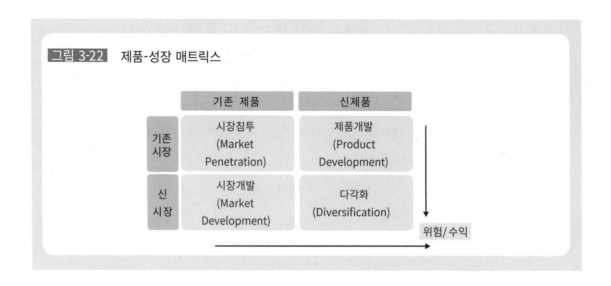

그림 3-22 제품-성장 매트릭스

	기존 제품	신제품
기존 시장	시장침투 (Market Penetration)	제품개발 (Product Development)
신 시장	시장개발 (Market Development)	다각화 (Diversification)

위험/수익

1) 시장침투전략

시장침투(market penetration)는 기업이 판매를 증가하기 위해 판매촉진을 하거나 가격을 인하함으로써 기존 제품의 판매를 증가하기 위해 시장에 침투하는 것이다. 즉, 회사가 기존 고객에게 기존 제품의 판매를 증대하는 것에 집중하는 전략이다. 회사는 제품의 사용을 증가하고 제품구매를 촉진하기 위해 소비자들에게 특별한 촉진이나 저가격을 제공한다. 이 전략은 기업이 제품과 시장을 잘 알기 때문에 가장 낮은 위험 전략이다. 시장침투는 슈퍼마켓과 큰 소매점에서 자주 사용된다.

2) 제품개발전략

제품개발(product development)은 기존 고객에게 신제품을 판매할 목적으로 신제품을 기존 시장에 도입하는 전략이다. 즉, 기존 고객에게 새로운 제품을 제공하는 것이다. 신제품은 전반적으로 새로운 혁신, 개선된 제품이나 향상된 가치이다. 예를 들면, 삼성전자가 냉장고를 생산하면서 김치냉장고를 생산한 경우이다. 기존 시장을 목적으로 기존 모델에 추가할 필요가 있는 신제품의 예이다. 기업이 시장을 잘 알지만, 새로운 제품을 잘 알지 못하기 때문에 제품개발은 중간 수준의 위험전략이다.

3) 시장개발전략

시장개발(market development)은 기업이 새로운 시장에 기존 제품을 판매하는 전략이다. 기존 제품으로 새로운 시장에 진입하는 것이다. 새로운 시장은 다른 연령집단, 새로운 지역이나 국제시장과 같은 새로운 고객집단이다. 예를 들면, 어느 한 지역에서 잘 판매하고 있는 주방가전 판매점이 다른 지역에 또 다른 주방가전 판매점을 개점하는 전략이다. 시장개발을 통해 주방가전 판매점은 전국적인 체인점이 되는 잠재력을 갖는다. 연령, 배경, 관심과 소득이 다른 고객집단을 대상으로 제품을 판매하기 위해 다른 지역을 포함하는 새로운 시장으로 정의하기도 한다.

4) 다각화전략

다각화(diversification)는 새로운 시장에 새로운 상품을 판매하는 전략이다. 현재 사업이 아닌 다른 사업을 하거나 새로운 제품으로 새로운 시장에 진출하는 것이다. 다른 시장이나 다른 제품에 대한 경험이 적은 기업이 다른 회사를 인수함으로써 제품계열을 다각화한다. 다각화는 수익성이 있으나 회사가 전략을 성공적으로 추진하는데 필요한 전문지식이나 자원이 없다면 위험하다. 예를 들면, 식품을 가정에 판매하는 기업이 우레탄 수지를 기업에 판매하는 경우이다. 기업이 제품과 표적시장을 잘 알지 못하기 때문에 매우 높은 위험전략이다.

글로벌
리더를 위한
전략경영

기회와 혁신

글로벌
리더를 위한
전략경영

제4장
기회와 혁신

1. 기회의 창

　사업 기회는 지속적인 수익을 창출할 수 있는 호의적인 환경이다. 그러나 기회로 이용할 수 있는 창은 특정 시간에 짧은 기간 동안 열렸다가 어느 정도 지나면 닫힌다. 시장조사와 사업 타당성 조사를 기반으로 장기적으로 이익을 낼 수 있는 아이디어를 찾을 때 사업 기회로 전환이 가능하다. 사업 기회는 고객의 욕구가 있어야 하고, 욕구를 충족할 수단과 수단을 적용할 수 있는 방법이 있어야 한다. 시장조사와 사업 타당성 조사에 대해 갖는 지식과 통제력이 높을수록 기회를 활용하고 틈새시장의 선도자가 될 수 있다.

1) 기회의 개념

　기회는 제품개발의 맥락에서 신제품을 위한 아이디어의 단서이다. 초기에 소비자들이 새로 느끼는 욕구와 새로 개발해야 할 기술이 가능한 해결안을 찾을 때 기회는 비로소 제품개발로 이어질 수 있다. 기회(opportunity)는 기업에 신제품, 서비스나 사업을 위한 욕구를 창출하는 일련의 호의적인 환경이다. 기업은 고객에게 탁월한 가치를 전달하기 위해 기업에 유리하고 유익한 환경을 활용함으로써 기회를 사업의 계기로 만든다. 기회는 경쟁자가 다루지 않았기 때문에 기업이 이용할 수 있는 최신의 확인한 욕구, 필요와 수요추세에서 온다. 기업은 시장기회를 확인해야 미충족욕구(unmet needs)를 탐색할 수 있다. 사업 기회는 제품수요를 증가하거나 변화추세를 이용할 수 있는 유리한 조건이다.

　아이디어(idea)는 시장기회에 관한 생각, 인상이나 관념으로 욕구나 문제를 발견하고 문제해결에 관한 생각이다. 아이디어나 사업 기회만으로는 제품개발의 기준을 충족하지 못한다. 아이디어에 고객의 미충족욕구를 해결하는 해결책이 있고, 수익성이 있는 아이디어가 제품 아이디어(product idea)가 된다. 사업을 시작한 기업가가 열심히 일하지 않기 때문이 아니라 고객의 미충족욕구에 대한 해결책이 부족하기 때문에 사업에 실패한다.

- 기회: 기업에 신제품이나 사업을 위한 욕구창출에 호의적인 환경
- 사업 기회: 제품수요를 증가하거나 변화추세를 이용할 수 있는 유리한 조건
- 아이디어: 욕구나 문제를 발견하고 문제해결에 관한 생각
- 제품 아이디어: 미충족욕구를 해결하는 해결책이 있고 수익성이 있는 아이디어

2) 기회의 유형

사업 기회를 분류하는 데는 많은 방법이 있지만 2가지 차원이 특히 유용하다. 기회는 제품 개발팀이 사용할 수 있는 시장욕구와 해결안 지식의 두 측면이 있다.[1] 이것은 욕구지식과 해결안 지식이다.

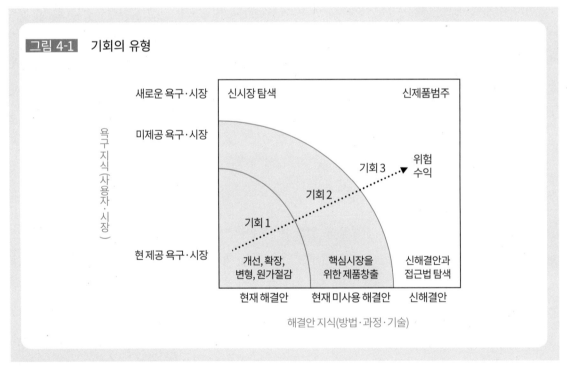

그림 4-1 기회의 유형

출처: Terwiesch, C., & Ulrich, K. T. (2009), *Innovation Tournaments: Creating and Selecting Exceptional Opportunities*, Harvard Business Press.

---

1 Terwiesch and Ulrich(2009).

기회 1에서 기회 3으로 갈수록 위험 수준뿐만 아니라 수익성도 증가한다. 실패위험이 증가하기 때문에 제품 개발팀은 이미 잘 알고 있는 것으로부터 해결안을 찾기 어렵다. 따라서 해결안의 지식이 확장되어야 한다. 기회가 클수록 시장에 대한 욕구는 처리되지 않았거나 새롭게 생기며 이를 해결하기 위한 대안도 현재까지 사용하지 않은 지식을 요구한다.

기회 1에 대한 해결안은 주로 기존 시장에 대한 기존 제품의 개선, 확장, 변형과 원가절감이다. 현재 해결안으로 가능하기 때문에 상대적으로 위험이 낮은 기회이다. 기회 2는 시장이나 기회 중에 적어도 하나 이상은 적게 알려진 영역이다. 현재까지 사용하지 않은 해결안을 요구하는 영역으로 해결안의 지식을 새롭게 적용해야 한다. 기회 3은 불확실성이 최고 높은 수준을 나타내고, 세상에 새로운 기회를 탐구하는 영역이다. 이 영역은 새로운 해결안과 접근법을 고안해야 가능하다.

3) 기회의 창

전략전문가인 타이어(Tyre)와 올리코스키(Orlikowski)가 제안한 기회의 창(window of opportunity)은 기회로 이용할 수 있는 창문으로 특정 시간에 짧은 기간 동안 열렸다가 어느 정도 지나면 닫힌다고 한다. 기회의 창은 즉시 포착해야만 하는 호의적인 짧은 기회이다. 창이 열리고 시장이 성숙함에 따라 창은 닫히기 시작한다. 곡선은 PC, 소프트웨어, 스마트 폰과 바이오 기술과 같은 새로운 산업의 급속한 성장 패턴이다. 성숙기 산업은 성장이 빠르지 않고, 곡선의 경사가 가파르지 않고, 기회의 가능성도 적다. 창이 열리는 시간의 길이가 중요하다. 새로운 벤처가 성공이나 실패를 알기 위해서는 상당한 시간이 걸린다.

즉시 기회를 창조하고 포착하는 과정을 생각하는 방법은 열려 있는 창, 기회의 창으로 이동하는 컨베이어 벨트(conveyer belt)로부터 대상을 선택하는 과정이다. 컨베이어 벨트의 속도가 변하고 이동하는 창이 끊임없이 열리고 닫힌다. 컨베이어 벨트의 속도가 끊임없이 변화하는 것은 시장이 불안하기 때문이다. 기회를 창조하고 포착하기 위해서 창이 닫히기 전에 컨베이어 벨트로부터 선택할 필요가 있다. 기업은 이 짧은 기회를 감지할 수 있도록 항상 주의하고 관찰해야 한다. 외부적 환경으로 기회의 창이 열려져 있을 때 기업은 시장상황과 역량이 적합하다면, 전략적으로 우월한 위치를 선점할 수 있다. 신제품을 위한 시장이 출현하면 기회의 창이 열리고 새로운 진입이 일어난다. 어떤 지점에서 시장이 성숙하여 새로운 진입자에 대한 기회의 창이 닫힌다.

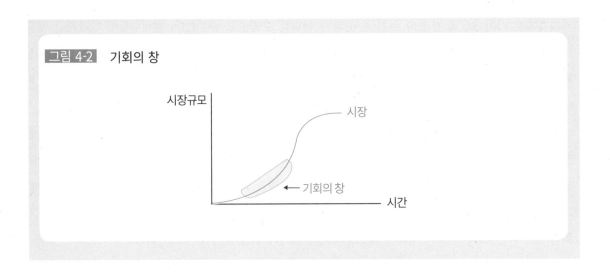

그림 4-2   기회의 창

2. 창조적 파괴와 혁신

기업이 성공하려면 기존의 경쟁구조를 파괴하고 새로운 가치제안을 혁신해야 한다. 기존의 경쟁구조를 파괴하는 것은 창조적 변화이다. 창조적 변화는 새로운 것이 기존의 것을 몰아내는 동적인 사회현상이다. 창조적 파괴는 새로운 생산단위가 오래된 것을 대체함으로써 제품과 공정혁신을 가져온다. 슘페터(Joseph Schumpeter)는 이윤은 혁신적인 기업가의 창조적 파괴행위로 인한 생산요소의 새로운 결합에서 파생되며, 창조적 파괴행위를 성공적으로 이끈 기업가의 정당한 노력의 대가라고 한다. 기업가는 기업을 유지하고 발전하기 위해 혁신과 기술을 사용한다. 유능한 기업가는 벤처를 성공시키기 위해 매력적인 기회를 확인하고 선택하고, 이를 사업 기회로 전환한다.

1) 창조적 파괴

역동적 자본주의(dynamic capitalism)는 부의 창출 과정으로 새로운 창조적 기업의 형성과 성장, 오래된 대기업의 흥망성쇠로 특징지어진다. 이것은 신생기업들에 의해서 기존 시장의 붕괴가 일어나는 불균형이다. 신생기업들은 기업가들에 의해서 새로운 수요와 부를 창조함으로써 신상품이나 서비스를 개발하고 상업화한다. 예를 들면, 음반산업은 변화의 물결을 보여주는 좋은 예이다. 음악 애호가들은 카세트 테이프가 대중화되기까지 비닐음반을 선호하였다. 그 후 CD, P2P(peer-to-peer)로 이전되고, 애플은 iPod과 iTunes를 도입하여 음악유통과 판매사업에서 확고한 시장지위를 얻게 되었다. 이와 같이 역동적인 경제에서 회사는 새로운 사업을 배치할 필요가 생기거나 결국 기존의 사업배치가 부적절해졌다. 슘페터는 새로운 기업가적 회사의 과정과 변화의 물결을 창조적 파괴(creative destruction)라고 한다. 즉, 창조적 파괴는 기술혁신으로 낡은 것을 파괴시키고, 새로운 것을 창조하고, 변혁을 일으키는 과정이다. 경제는 영구적인 동적 불균형 상태에 있다. 이러한 경제에서 기업가들은 확립된 질서를 뒤집어 기존 활동자들을 적응시키거나 퇴출시키는 창조적인 파괴의 강풍을 일으킨다. 창조적인 파괴는 끊임없이 경제구조를 내부에서 혁명적으로 바꾸고, 오래된 구조를 파괴하고, 새로운 구조를 창조한다.

실패해도 박수쳐주고 창조적 파괴자 키우라

우리 팀은 프로젝트에 실패하면 오히려 박수를 받는다. 질책이 아니라 보상이 주어진다. '자율주행차'나 '구글글라스'와 같은 혁신적인 제품을 처음 만들어 세상을 깜짝 놀라게 한 구글X의 아스트로 텔러 대표의 조언이다.

구글 지주사 알파벳에 소속된 구글X는 10년 후 구글의 미래를 짊어질 혁신적 프로젝트를 발굴하고 실행하는 회사로 전 세계를 뒤흔들고 있는 4차 산업혁명의 최전선에 서 있다. 구글X의 X는 10년이라는 시간을 갖고 10배 더 혁신할 수 있는 문제를 만드는 10개를 의미한다.

텔러 대표는 한국이 4차 산업혁명 시대에 '빠른 추격자'가 아닌 '창조적 파괴자'가 되기 위해선 세상을 뒤흔들 만한 시도를 격려하고 실패해도 된다는 경제적·사회적 분위기를 만들어야 한다는 것이다. 텔러는 혁신하는 사고와 실행을 강조하는 '문샷 싱킹(Moonshot Thinking)'의 아버지로 꼽힐 정도로 실리콘밸리에서 가장 뜨거운 인물 중 한 명이다. 텔러 대표는 "세상을 바꾸는 담대한 아이디어가 나오는 것을 독려하고, 실패하더라도 오히려 보상을 해야 한다. 직원들이 말도 안 되는 아이디어를 거침없이 쏟아낼 수 있도록 실패도 제도화해야 한다"고 말했다. 실패에 대한 두려움이 생길수록 조직의 혁신 정신은 무너질 수 있기 때문이다. 그는 "우리 X팀은 실패했다는 결과가 나와도 박수를 받는다. 그리고 보상이 주어진다. 우리는 2명의 팀부터 30명이 넘는 팀까지 실패한 모든 프로젝트와 이를 이끈 개인에게 포상했다"고 설명했다. 텔러 대표는 "미지의 산을 올라간다고 생각해보라. 정찰대를 보냈는데 나름 부지런하고 스마트하게 움직였음에도 정상을 찾는 데 실패했다고 비판하면 다음부터는 누구도 그런 시도를 하지 않을 것"이라며 결국 어느 누구도 미지의 고지를 올라가지 못하게 된다.

출처: 매일경제 2017.07.03

2) 변화와 혁신

기업가들은 변화에 대한 아이디어를 기회와 일치시킨다. 이러한 변화로 창조적인 파괴자들은 새롭고 더 좋은 공급원, 새로운 시장의 개발과 수익이 높은 형태로 전환한다. 신생기업의 수익은 사업성장과 발전의 핵심이다. 혁신가들은 새롭고 가치 있는 제품을 출시함으로써 경쟁자들이 혁신을 모방할 때까지 잠정적인 독점을 확보한다. 저원가는 혁신기업에게 고비용으로 고가에 판매하는 경쟁자보다 더 많은 수익을 준다. 또한 독특한 제품은 다른 회사보다 더 높은 가격을 부과할 수 있다. 이러한 사업 시스템은 비효율성을 몰아내고 사업과정을 새롭게 한다. 기업가에 의해서 이루어진 경제적 발전은 생산성의 증가를 통해 사람들의 삶의 기준을 향상한다. 기업가의 자유로운 정신은 자본주의 제도를 강화하는 핵심적인 에너지를 제공한다. 따라서 기업가 정신, 경쟁과 세계화의 힘은 효율성과 효과성을 향상시키는 새로운 기술과 사업방법을 촉진하고, 경쟁에 의해서 이루어지는 생산성의 혜택은 소비자들에게 이전된다.

변화, 기술과 도전을 이용하는 기업가에 의해서 경제가 주도되고 있다. 새로운 기술은 불균형, 불연속의 원천이고, 파괴적이거나 급진적 혁신에 근거한다. 자본주의의 경제적 발전은 생산요소의 새로운 결합에 의해 내부로부터의 변혁에서 온다. 창조적 파괴와 재결합의 반복을 따르는 기업은 존속과 발전을 이루고, 이러한 기업은 자원의 관리, 이용과 향상성을 지향한다. 기술은 산업과 상업목적에 적용할 수 있는 기구, 인공물, 공정, 도구, 방법과 재료를 포함한다. 예를 들면, 삼성은 반도체 기술을 반도체 회로의 설계와 제조에 적용한다.

❶ 혁신의 물결

기업가들은 새로운 방법, 기술과 아이디어를 세계시장에 도입함으로써 가치를 창출하고 성장을 촉진하기 위해 매력적인 제품을 끊임없이 개발한다. [그림 4-3]은 역사를 통해 다른 기술에 기반을 둔 혁신의 물결(waves of innovation)을 나타낸다. 현대 기업가적 기업은 지속가능성을 강조하는 6차 물결의 선두에 있다. 에너지 공급의 긴축과 기후변화에 대한 두려움, 인구증가와 전 세계 중산층 증가로 기업은 사회적으로나 환경적으로 책임을 지게 되었다. 선도기업의 목표는 에너지를 적게 사용하고, 오염과 이산화탄소를 적게 배출하는 주택, 운송과 에너지 시스템을 제공하는 것이다. 이러한 개념은 지속가능한 에너지 시스템을 창조하고 실천하고, 자원의 생산성을 증가하기 위해 지식과 혁신을 사용하는 것이다.

청정에너지 시스템은 천연자원을 가장 잘 사용하고, 환경영향을 최소화하는 방식으로 에너지 생산, 운송과 이용의 결합으로 구성된다. 청정과 녹색에 의해서 천연자원의 보존과 최적 사용, 환경영향의 최소화에 기반을 둔 시스템을 의미한다. 녹색기술(green technology)[2]은 발전소의 탄소포집 시스템 설

---

2   에너지와 자원을 절약하고 효율적으로 사용하여 온실가스 및 오염물질의 배출을 최소화하는 기술.

치, 풍력 시스템 사용의 증가, 고효율 생물연료 시스템의 개발 등이 있다. 이러한 환경의 변화는 기업가에게 좋은 사업 기회를 제공한다.

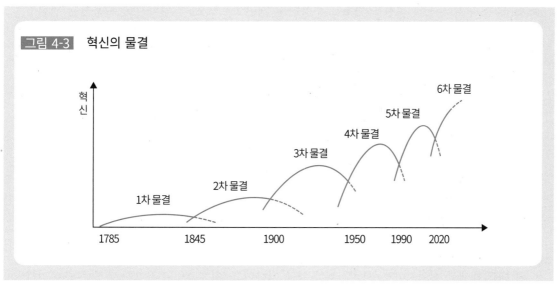

그림 4-3　혁신의 물결

출처: Byers, T. H., Dorf, R. C., & Nelson, A. J.(2011), *Technology Ventures: From Idea to Enterprise*. New York: McGraw-Hill.

표 4-1　시대별 주요 혁신

물결	시대	주요 혁신
1차 물결	1785년	철, 수력, 기계화, 직물, 상업
2차 물결	1845년	증기기관, 철도, 강철, 면
3차 물결	1900년	전기, 화학, 내연기관
4차 물결	1950년	석유화학 제품, 전자제품, 비행, 우주
5차 물결	1990년	디지털 네트워크, 생명공학, 소프트웨어, 정보기술
6차 물결	2020년	지속가능성, 기초자원, 생산력, 전체 시스템 설계, 생체모방, 녹색화학, 산업생태학, 재생에너지, 환경, 나노기술, 로봇, 건강기술

❷ 혁신의 확산

제품수명주기(product life cycle)는 소비자들의 유형에 따라 신제품이 수용되는 과정을 보여준다. 로저스(Everett Rogers)가 제안한 혁신수용의 확산곡선은 각 수용자를 구성하는 인구의 백분율을 설명한다. 즉, 불연속적 혁신의 변화기술, 문화와 제도를 포함해서 소비자 집단이나 사회가 혁신제품을 수용하는 과정을 설명한 이론이다. 이 이론에 의하면 수용자들은 다음 단계의 수용자들에 대해 영향자와 준거집단으로 행사한다. 대부분의 사람들은 혁신의 혜택에도 불구하고 파괴적 아이디어를 즉각적으로 수용하지 않는다. 소비자의 유형을 혁신수용자, 초기수용자, 조기다수자, 후기다수자와 지각자로 구분된다.

- 혁신수용자(innovator): 혁신을 최초로 수용하는 개인으로 2.5%가 된다. 혁신수용자는 위험추구자이고, 젊고, 사회신분이 높고, 경제적으로 윤택하다.
- 초기수용자(early adopter): 혁신을 수용하는 두 번째로 빠른 개인으로 13.5%가 된다. 이들은 의견선도자들이고, 후기다수자들보다 더 젊고, 사회신분이 높고, 경제적으로 윤택하고, 교육 수준이 높고, 사회적으로 진보적이다. 혁신자들보다 수용에 더 신중하다.
- 조기다수자(early majority): 수용시간은 혁신수용자와 초기수용자에 비해 더 길고 34%가 된다. 초기수용자들보다 수용과정에서 더 늦는 경향이 있고, 사회신분이 평균 이상이고, 초기 수용자와 접촉하지만 의견주도자는 아니다.
- 후기다수자(late majority): 조기다수자들 다음으로 혁신을 수용하고 34%가 된다. 이들은 높은 회의심으로 혁신에 접근하고, 사회의 다수자들이 혁신을 수용한 후에 수용한다. 이들은 혁신에 대해 대체로 회의적이고, 사회신분이 평균 이하이고, 경제적으로 윤택하지 못하다. 후기다 수자와 조기다수자와 접촉하나 의견선도자들이 아니다.
- 지각자(laggard): 혁신을 가장 늦게 수용하고 16%가 된다. 이들은 대체로 변화를 싫어하고, 연령이 많은 경향이 있다. 사회신분이 낮고, 경제적으로 윤택하지 못하고, 다른 수용자보다 더 연령이 많고, 가족과 친한 친구들과 접촉하며 의견선도자가 아니다.

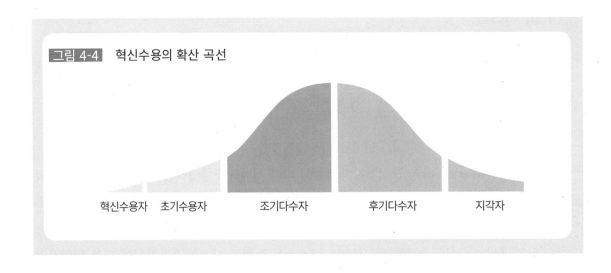

그림 4-4 혁신수용의 확산 곡선

혁신수용자   초기수용자   조기다수자   후기다수자   지각자

표 4-2 수용자의 특성

수용자	특성
혁신수용자(innovator)	기술애호가(technology enthusiast)
초기수용자(early adopter)	선각자(visionary)
조기다수자(early majority)	실용주의자(pragmatist)
후기다수자(late majority)	보수주의자(conservatives)
지각자(laggard)	회의론자(skeptics)

3) 캐즘의 극복

캐즘이론(chasm theory)은 첨단기술 제품이 초기 시장을 거쳐 대중화되는 과정에 단절된 계곡(캐즘)이 있고 캐즘을 넘어서는 제품은 대중화의 길로 들어서지만, 그렇지 못한 제품들은 일부 초기수용자들의 전유물로만 남는다는 이론이다. 첨단기술 제품 또는 혁신제품이 개발되면 소수의 혁신 성향의 소비자들이 지배하는 초기 시장에서 실용주의자가 지배하는 주류시장(mainstream market)으로 이행하는 과정을 거치기 전에 일시적으로 수요가 정체하거나 후퇴하는 단절 현상을 캐즘(chasm)이라고 한다. 혁신제품은 초기 시장이 형성될 당시에는 일반적인 시장가치나 용도를 갖고 있지 않지만, 특정 부류의 사람들에게서 지대한 관심을 끌어낼 수 있기 때문에 일시적으로 유행한다. 그러나 특정 부류의 사람이 아니라 일반대중들이 사용해야 주류시장에 진출할 수 있으나 일반대중들은 혁신제품이 어떤 용도를 충족하는지를 관망하는 시간을 갖는다.

초기수용자와 조기다수자 간의 넓고 깊은 캐즘의 존재는 의미가 있다. 갈라진 틈은 초기수용자인 선각자와 실용주의자인 조기다수자 간에 있다. 첨단제품에 대한 개성 특징과 기대가 다르기 때문에 주류시장에 판매하는 것은 혁신수용자와 초기수용자에게 판매하는 것과 완전히 다르다. 캐즘을 성공적으로 극복하는 것이 회사에 대한 생사의 차이를 의미한다. 기술애호가와 선각자는 신기술과 장치에 진정으로 관심이 있으며, 신제품이나 향후 신제품의 잠재적 이점을 통해 최초 사용자가 될 수 있다는 것에 만족한다. 실용주의자들은 신제품에 두려움이 있다. 애호가와 선각자들은 진보를 찾지만, 실용주의자들은 위험 최소화에 더 관심이 있다.

초기수용자에게 제품이 판매되는 어떤 지점을 지나 캐즘을 뛰어넘으면 제품이 대량으로 판매되는 판매 정점에 도달할 수 있다. 캐즘을 뛰어넘을 때 기업가들과 경영자들이 직면하는 문제는 초기수용자들이 불완전한 특징에 만족하고, 조기다수자들이 실용적이고 완전한 제품을 수용한다는 사실이다. 따라서 회사는 캐즘을 극복하기 위한 적절한 전략이 필요하다. 다음은 기업이 이러한 캐즘을 성공적으로 극복하기 위해서 수행해야 할 사항이다.

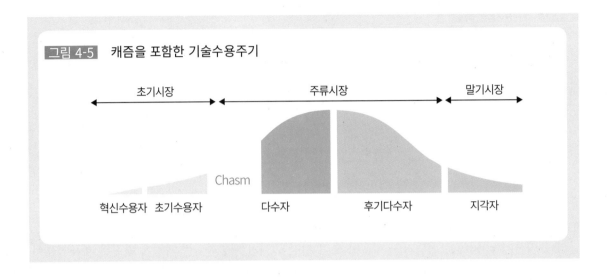

그림 4-5 캐즘을 포함한 기술수용주기

초기시장　　　　　주류시장　　　　　말기시장

Chasm

혁신수용자　초기수용자　　　다수자　　　후기다수자　　　지각자

- 기업이 완전완비제품을 판매한다. 완전한 제품과 오류해결 후 캐즘을 극복한다.
- 회의적인 실용주의적인 조기다수자들을 위해 제품을 적절하게 포지션한다.
- 가치기반 가격결정보다 경쟁비교와 관련되게 제품가격을 결정한다.
- 적절한 경로를 통해 제품을 유통한다.

❶ 완전완비제품

완전완비제품(whole product)은 최종 소비자들의 구매와 사용을 유인할 수 있을 정도의 서비스, 평판, 가격 등 모든 유무형의 가치들이 조합된 제품을 말한다. 즉, 표적시장 고객이 갖고 있는 문제에 대한 완전한 해답이 되는 제품이다. 창업기업이 직면하는 주요 난제의 하나는 제품특징을 완성하는 것이다. 린 스타트업(lean startup)은 핵심제품과 유사한 최소기능제품(minimum viable product)의 창조를 장려한다. 일본 도요타자동차의 린 제조(lean manufacturing) 방식을 본뜬 것으로 미국 실리콘밸리의 벤처기업가 에릭 리스(Eric Ries)가 개발했다. 린 스타트업은 아이디어를 빠르게 최소요건제품으로 제조한 뒤 시장의 반응을 통해 다음 제품개선에 반영하는 전략이다. 짧은 시간 안에 제품을 만들고 성과를 측정해 다음 제품개선에 반영하는 것을 반복해 성공 확률을 높이는 경영방법이다. 고객으로부터 피드백을 많이 받기 때문에 피드백을 완전완비제품에 포함하는 것이 중요하다. 린 스타트업은 생산—측정—학습의 과정을 반복하면서 꾸준히 혁신해 나가는 과정이다.

❷ 제품 포지셔닝

주류시장에 진출하고 마케팅을 적정하게 수행하는 것은 중요한 성공 요소가 될 수 있으나 잘못 수행되면 중요한 함정이 될 수 있다. 제품판매를 증대하려면 제품을 실용주의자에게 성공적으로 포지선한다. 또한 경제적 구매자에게 집중하고 구매하기 위한 매력적인 이유를 제시하는 것이 중요하다. 따라서 다음은 제품 포지셔닝할 때 고려할 사항이다.

- 핵심과 차별적 편익
- 시장점유율과 표준인증
- 응용 프로그램 확산과 산업분석가의 추천

❸ 적절한 경로를 통한 제품유통

대부분의 유통경로는 수요 창조자와 수요 이행자로 분류된다. 예를 들면, 직접판매 경로는 수요 창조에 적당하다. 제품범주가 시장에서 잘 정의되지 않는다면 제품편익을 설명하기 위해 시장에 직접 판매원을 배치해야 한다. 반대로 소매 판매경로는 수요이행에 적당하다. 제품범주가 시장에서 잘 이해되고 제품을 위한 기존수요가 있다면 소매는 기존수요를 충족하는 가장 효과적인 수단이다.

4차 산업혁명, 어떻게 다가오는가?

유럽 최대 컨설팅사 '롤랜드버거'와 국내 최대 운영혁신 컨설팅사 '코너스톤 파트너스'가 그리는 2030년 한국의 모습이다. 빅데이터·AI·자율주행·3D프린터·사물인터넷(IoT) 등 4차 산업혁명의 결과로 우리 일상은 물론 전 산업에서 창조적 파괴가 일상화될 것으로 예상된다. 이들에 따르면 4차 산업혁명은 이미 다가왔다. 아디다스는 지난해 독일에 23년 만에 신발 공장을 열었다. 이 공장은 소비자가 모바일·인터넷으로 맞춤형 신발을 주문하면 3D프린팅·로봇·IoT를 활용해 5시간 만에 완제품을 제작해 매장으로 배달한다. 고객 니즈를 바로 반영한다는 의미에서 공장 이름은 '스피드 팩토리'다. 기존에는 본사에서 디자인을 하고 아시아 공장에서 생산을 한 뒤 독일로 운송되기까지 18개월이 걸렸다. 아마존 등의 물류 센터에서는 자동 운반 로봇을 활용해 운영비용을 줄이고 있다.

주요 프랜차이즈 업체들은 키오스크(무인 단말기)를 활용해 주문·결제를 무인화한 점포를 늘리고 있다. 가까운 미래에는 AI와 상담하면서 콜센터의 전화 연결을 기다릴 필요가 없어지고, 거동이 불편한 사람도 자율주행차를 타고 목적지까지 혼자 이동하게 된다. 3D프린터로 만든 각종 인공장기를 환자에게 이식하고, 소비자의 생활 패턴을 빅데이터로 분석해 보험료를 매기는 습관 연계형 보험(UBI)이 일반화된다. 이런 4차 산업혁명은 산업과 기업 경영에도 변화를 가져올 수밖에 없다. 개별 기업 간이 아닌 생태계 간 경쟁이 벌어지고, 제품·서비스 판매 기업 대신 플랫폼 기업이 시장을 지배한다. 결제·송금·대출 등에 특화한 각종 핀테크 스타트업들이 대형 금융회사를 위협하며 자신만의 시장을 개척하고 있는 것이 대표적이다. 결국 기업은 제품의 기획·설계부터 유통 판매에 이르는 모든 과정에 정보통신기술(ICT)을 접목, 생산단가를 낮추고 소비 시장에 유연하게 대처해야 한다.

출처: 중앙일보 2017.11.20

3. 기회발견과 창조

사업기회와 기회의 발견은 창업기업이나 기존기업에서 매우 중요한 창조적인 과정이다. 사업 아이디어는 창업기회이지만 성공적인 창업기회를 찾는 것은 쉬운 일이 아니다. 창업기회를 보는 관점은 세 가지가 있다. 즉, 발견이론, 창조이론과 브리콜라쥬이다. 창업기회는 기업가의 인식과는 독립적으로 존재하는가? 창업기회가 단지 발견되는가? 아니면, 기업가의 행동으로 이러한 기회가 창출되었는가? 이러한 창업기회는 발견이론, 창조이론과 브리콜라쥬로 설명된다.

1) 발견이론

발견이론(discovery theory)에 의하면 창업기회는 발견되고 이용되기를 기다리는 사람들 주위에 있다. 기회는 객관적이며 이용 가능하다는 주장 때문에 모든 사람들은 이론적으로 기회를 이용할 수 있다. 그러나 모든 사람들이 기업가는 아니다. 어떤 사람들은 주변의 기회를 기꺼이 이용하려고 하기 때문에 결과적으로 기업가는 기회를 발견하는 능력에서 다른 사람들보다 탁월하다. 따라서 기회는 기업가와 독립적으로 존재한다.

2) 창조이론

창조이론(creation theory)에 의하면 기회는 객관적인 형태로 존재하지 않고 기업가의 행동에 의해서 창조된다. 발견이론에서 기회는 탐색해야 하고 탐색은 이미 존재하는 기회를 찾는 것을 의미한다. 그러나 창조이론에서 기업가는 기회를 발견하고 탐색할 필요가 있다고 믿지 않는다. 대신에 기업가들은 행동하고 고객들과 시장이 기업가의 행동에 어떻게 반응하는지를 관찰한다. 따라서 기회는 존재하지 않고 기업가에 의해서 창조된다.

표 4-3 발견이론과 창조이론의 차이

구분	발견이론	창조이론
기회	기회는 기업가와 독립적으로 존재한다.	기회는 존재하지 않고 기업가에 의해서 창조된다.
기업가	기업가는 일반인과 어떤 점에서 다르다.	기업가는 일반인과 같거나 다르다.
의사결정맥락	위험	불확실

출처: Alvarez, S. A., & Barney, J. B.(2007), "Discovery and Creation: Alternative Theories of Entrepreneurial Action," *Strategic Entrepreneurship Journal*, 1(1-2), 11-26.

할리우드 잡아먹는다는 넷플릭스 … 이게 창조적 파괴다

세계 최대 유료 동영상 스트리밍 서비스업체인 넷플릭스가 자체 콘텐츠를 확장하면서 할리우드 인력을 흡수하고 있다는 월스트리트저널 보도다. 21세기폭스사가 유명 제작자까지 빼앗겨 강하게 반발하는 등 넷플릭스와 할리우드 간 경쟁이 격화되고 있다는 것이다. 넷플릭스의 영역 확대가 통신, 방송을 넘어 영화계의 생태계까지 뒤흔드는 모습이다.

영역 간 경계 붕괴와 경쟁 격화는 넷플릭스 창업자 리드 헤스팅즈가 인터넷으로 영화를 유통시킬 꿈을 꿨다고 할 때부터 어느 정도 예상됐던 일이다. 넷플릭스는 올해 콘텐츠 제작에만 60억 달러를 투자할 계획으로 알려졌다. 콘텐츠 제작 범위도 드라마, 예능 등으로 급속히 확장되는 추세다. 할리우드에서는 "넷플릭스가 1순위 공동의 적"이라는 말이 공공연히 나돌 정도라고 한다. 폭스사뿐 아니라 소니픽처스 등 다른 영화사도, NBC 등 방송사도 넷플릭스에 인력을 빼앗길까 봐 전전긍긍하고 있다는 소식이다. 유통업체가 자체 브랜드 상품을 생산하는 것과 같다.

주목할 것은 넷플릭스의 부상과 미국에서 불고 있는 방송·통신·미디어·엔터테인먼트 간 인수합병 붐이 무관치 않다는 점이다. 2014년 통신업체 AT&T의 디렉TV 인수, 케이블업체 컴캐스트의 NBC유니버설 인수, 2015년 통신업체 버라이즌의 AOL 인수, 2016년 컴캐스트의 드림웍스 인수, 케이블업체 차터커뮤니케이션의 타임워너케이블 인수, 그리고 현재 미국 당국의 승인 여부로 주목받고 있는 AT&T의 타임워너 인수 등이 그렇다. 심지어 넷플릭스 또한 인수합병 시장의 변수로 등장한 마당이다. 그야말로 영역을 넘어선 빅뱅이요, 창조적 파괴다.

지난해 한국에 진출한 넷플릭스의 공세도 갈수록 매섭다. 하지만 국내 사업자들의 대응은 답답하기 짝이 없다. 시급히 규모의 경제를 갖춰야 하지만 지난해 SK텔레콤의 CJ헬로비전 합병이 공정위에 의해 불허되면서 인수합병의 동력마저 꺼져버린 상태다. 방송법 등 법적 정비도 말만 무성하다. 이런 식이면 안방시장마저 헌납하는 꼴이 되지 않겠나.

출처: 한국경제 2017.03.26

3) 브리콜라쥬

대부분의 창업기업은 자금과 종업원 등의 제한된 경영자원으로 경영의 한계를 경험한다. 이것은 창업기업의 실패가 되는 난제로 기업의 생존과 성장에서 극복해야 할 과제이다. 사람들은 무에서 유를 어떻게 창조할 수 있는가? 유사한 자원을 갖고 있는 창업기업들이 매우 다른 결과를 보이는 이유는 무엇인가? 브리콜라쥬(bricolage)는 대상이나 상징의 의미를 새로운 사용법이나 비관련된 사물들의 새로운 배치를 통해서 변형시키는 과정이다. 레비-스트로스(Claude Lévi-Strauss)는 브리콜라쥬를 손에 들어오는 어떤 재료든 물건을 만들어 내는 일이라고 한다. 기업가들은 이전에 가치가 없거나 거의 없는 자원으로부터 가치 있는 것을 창조할 수 있다. 기업가 브리콜라쥬는 가치를 창조하고 회사를 구축하거나 성장하기 위해 갖고 있는 모든 자원을 사용하는 것을 뜻한다. 이처럼 브리콜라쥬와 혁신성 간에는 상관관계가 매우 높다.[3] 따라서 희소한 자원조건에서 성공하는 기업가들은 자신의 뜻대로 자원을 가장 잘 활용할 수 있는 사람이다. 성공적인 기업가들은 현재 갖고 있는 자원을 새로운 방식으로 결합하고 결과적으로 문제를 혁신적으로 해결한다.

4. 기회의 원천

중소기업은 언제나 신상품과 서비스의 추진요인을 갖고 있다. 대기업으로 연상되는 많은 제품과 발명은 중소기업에서 창조되었다. 예를 들면, 에어컨, 베이클라이트(Bakelite),[4] FM 라디오, 회전 나침반, 컴퓨터 단층촬영기, 인공심박조율기, 선체의 외부에 붙어 있는 엔진, 퍼스널 컴퓨터, 냉동식품, 안전면도기, 소프트 콘택트 렌즈와 지퍼 등이다. 이러한 창조성과 혁신능력은 광범위한 재무자원, 인적자원 제한이나 물리적 자원이 부족한 중소기업이 신상품과 서비스를 제공함으로써 고객가치를 제공하는 경쟁우위를 발견할 수 있다. 기업은 창조성과 혁신의 몰입을 어떻게 장려할 것인지를 고려하는 것이 중요하다.

1) 창조성과 혁신

중소기업이 대기업과 경쟁하는 방법은 혁신을 더 잘하는 것이며, 이것은 새롭고 다른 것(new and different)을 창조하는 것이며, 신상품과 서비스 창조에 한정할 필요가 없다. 혁신은 상품이나 서비스가 사용되는 새로운 방법을 포함한다. 혁신은 고객에게 도달하기 위한 새로운 방법이나 새로운 고객을

---

3 Perkmann, M., & Spicer, A.(2014), "How Emerging Organizations Take Form: The Role of Imprinting and Values in Organizational Bricolage," *Organization Science*, 25(6), 1785-1806.

4 베이클랜드(Leo Baekeland)가 발명한 합성수지의 일종으로 경화되기 전의 제1차 반응에서 생긴 것이 천연의 로진을 닮아 합성수지라고 불리며, 베이클라이트의 상품명으로 공업화되어, 오늘의 인조재료, 즉 플라스틱의 시초가 되었다.

확인하는 것이다. 혁신은 고객가치를 제공하는 새로운 방법을 발견하는 데 집중한다. 창조성은 고객 가치를 구성하는 혁신적인 수단을 창안하는 것이다. 혁신과 관련된 큰 실수 중의 하나는 혁신은 높은 창조적 개인과 R&D 시설을 갖고 있는 조직에 제한되어 있다는 것이다. 조직의 규모는 새로운 상품이나 서비스를 생산할 능력과 관계가 없다. Alexander Hiam은 조직 내에서 창조적 사고방식을 방해하는 8가지 요소를 확인하였다.[5] 따라서 혁신을 방해하는 요소를 제거할 필요가 있다.

 창조적 사고방식을 방해하는 8가지 요소

① 질문을 하지 않는다.

기업 소유자와 종업원들은 why-type 질문을 자주 하지 않는다.

② 아이디어를 기록하지 않는다.

개인들이 창조적이고 많은 아이디어를 생산하더라도 도움이 되지 않는다. 다른 사람들이 이런 아이디어를 평가할 수 없는 경우이다. 아이디어를 기록하고 공유하는 것이 중요하다.

③ 아이디어를 다시 논의할 수 없다.

아이디어 기록의 혜택 중의 하나는 즉시 실행될 수 없더라도 미래 어느 시점에 실행할 수 있다.

④ 아이디어를 표현할 수 없다.

때때로 개인들은 비난이 두려워서 새로운 아이디어를 표현하려고 하지 않는다. 어떤 조직에서 충분히 개발하는 것을 허용받기 전에는 아이디어를 지나치게 비판한다.

⑤ 새로운 방법으로 생각하지 않는다.

너무 진부하다고 생각한다. 가치를 제공하는 문제를 찾고 접근할 때 새로운 방법을 생각한다.

⑥ 더 많은 것을 원하지 않는다.

특정한 문제를 해결하는 수단이나 문제의 현재 상태에 대한 만족은 고객에게 가치를 제공하는 새로운 방법을 찾을 수 없는 것으로 전환한다.

⑦ 창조적으로 노력하지 않는다.

많은 사람들은 전혀 창조적이지 않다고 잘못 생각한다. 이것이 현재 진행 중인 문제의 새로운 해결안을 창안하려고 하지 않게 된다.

⑧ 계속 시도하지 않는다.

창조적 방해물에 직면할 때 간단히 포기한다. 조직은 창조적인 과정을 종종 육성하지 않는다. 조직은 사람들에게 문제에 관하여 생각할 시간을 주지 않는다. 조직은 종업원들로부터 낯선 것을 허용하지 않고, 창조성을 영역에 가둔다.

---

5   Hiam, A.(1998), *The Manager's Pocket Guide to Creativity*, Human Resource Development.

2) 사회와 소비자 추세

모든 기업이 사회와 소비자 추세와 관련이 있는 것은 아니다. 어떤 기업은 비교적 안정된 환경에서 운영되고 표준제품이나 서비스를 제공한다. 지역의 작은 식당은 메뉴에 표준가격을 제공한다. 남성복 주인은 주류 남성복을 제공하는 것을 예상한다. 그러나 기업은 최근에 만들어진 사회나 소비자 추세를 확인함으로써 더 큰 이익을 얻는다. 기업이 쉽게 새로운 사회와 소비자 추세를 확인할 수 있다면, 신제품을 개발할 수 있다. 추세는 일시적 유행과 다르다. 일시적 유행은 고객을 감동시킬 수는 있지만, 그 자체의 특성에 의해서 수명이 짧다. 반면 추세는 어떤 현상이 일정한 방향으로 나아가는 경향으로 미래의 잠재력이다. 제품의 일시적 유행, 스타일이나 유행풍습과 구별하는 것이 중요하다.

고객의 가치변화는 작은 변화에서 큰 변화에 이르기까지 다양하다. 기존의 고객가치를 밀어내고 새로운 가치가 자리를 잡는데, 이를 가치이동이라 한다. 가치이동(value migration)은 일시적 유행(fad), 작은 변화인 유행(fashion)과 지속적이고 장기적인 변화인 추세(trend)로 이동한다. 일시적 유행은 단기적인 수명주기를 갖고 있고, 종종 짧은 기간(몇 달, 몇 주) 동안 급속한 증가와 급속한 감소를 경험하는 것으로 예측된다. 유행은 의류와 가구처럼 몇몇 분야에서 추세의 모방(emulation)이다. 스타일(style)의 제품수명주기는 예술, 건축, 자동차와 기타 심미적 제품뿐만 아니라 의복에서 나타난다. 일시적 유행은 단기적으로 특정한 지역에서 발생하였다 사라지는 국지적인 변화이지만, 추세는 전국적, 세계적으로 일어나는 거시적 변화이다. 그러나 유행과 추세는 변화의 폭과 양상에서 차이가 있다. 이러한 추세의 과정

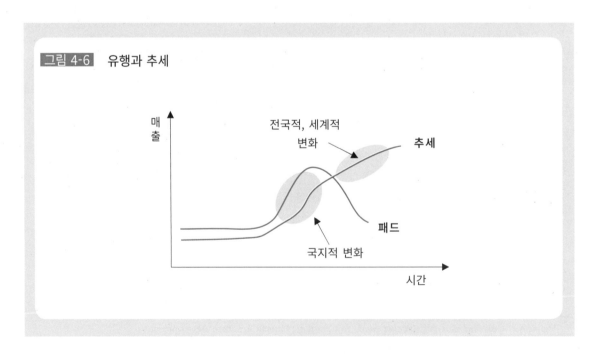

그림 4-6   유행과 추세

에서 변화의 폭은 더욱 깊어지고, 변화의 양상은 더욱 다양해진다. 가치이동에 큰 영향을 주는 추세는 기업에게 기회이자 위기일 수 있다. 따라서 기업은 고객의 가치에 변화를 주는 유형이 일시적인 유행인지 장기적인 추세인지를 구별할 수 있어야 한다.

3) 고객의 이해와 발견

지각된 가치제안은 기업에게 중요한 과제를 제공한다. 기업은 고객의 편익과 비용에 대한 지각을 완전하게 이해하는 것이 필요하다. 시장세분화가 기업이 시장의 분할을 더 잘 이해하는 데 도움이 되더라도 과제는 고객을 이해하는 것이다. 고객들은 제공물의 편익과 비용으로써 제품가치를 지각하는 데 어려움이 있다. 기업은 이러한 중요한 요구 사항을 어떻게 확인하는가? 단순한 해답은 고객의 소리에 귀를 기울이기 위해 모든 기회를 열어놓는 것이다. 이것은 일대일 기준으로 고객에게 적극적으로 말하는 것이다. 만족도 조사나 회사의 웹 사이트를 사용하여 고객의 응답을 요청하는 것이다. 고객을 잘 이해하고 제안된 신상품과 서비스를 평가하기 위해서 시장조사를 사용한다. 회사는 다음 질문을 설명하여야 한다.

- 회사는 고객의 어떤 욕구를 현재 충족하고 있는가?
- 회사는 고객의 어떤 욕구를 현재 충족하지 못하는가?
- 회사는 미충족 고객욕구를 어떻게 확인하는가?
- 고객이 원하는 가치제안은 무엇인가?
- 회사의 가치제안은 경쟁자와 어떻게 다른가?

"우버와 같은 플랫폼 서비스는 종합적으로 봤을 때 사회적 가치를 더해 줍니다. 이미 플랫폼 기업들이 세계 경제의 주역으로 떠오르고 있기 때문에 한국을 비롯한 각국의 규제 당국은 조건부로 이들을 승인해 줘야 합니다." 마셜 밴 앨스타인 미국 보스턴대 교수는 이렇게 말했다. 그는 디지털 경제 연구의 선구자로 꼽힌다. 저서 '플랫폼 레볼루션'이 번역되어 출간된 이후 한국 정보기술 업계와 관련 기관에서 많은 관심을 받고 있다.

플랫폼 기업은 스마트폰과 인터넷을 통해 다수의 공급자와 다수의 사용자를 이어주는 온라인 장터, 혹은 온라인 게시판의 역할을 하고 수수료 등으로 이익을 챙기는 비즈니스 모델을 갖고 있다. 차량 공유 서비스 우버, 숙박 공유 서비스 에어비앤비, 온라인 쇼핑몰 아마존과 알리바바 등이 대표적인 플랫폼 기업이다.

앨스타인 교수는 그동안 "플랫폼 사업의 확산은 택시 산업뿐만 아니라 대부분의 산업에서 피할 수 없는 대세"라고 주장해 왔다. 실제로 전 세계 주요 기업의 주가를 조사하는 FT500지수에 따르면 올 9월 말 기준으로 세계 시가총액 상위 10개 기업 중 6개(애플, 구글 알파벳, 아마존, 알리바바, 텐센트, 페이스북)가 플랫폼 사업을 영위하고 있다. 온라인 쇼핑몰을 운영하는 중국 알리바바그룹은 이달 11일 광군제(독신자의 날) 세일 행사 하루 동안에만 253억 달러(약 28조 3,000억 원)의 매출을 올렸다. 이는 미국의 대표적인 쇼핑 명절인 '블랙 프라이데이'에 오프라인 유통업체들이 올리는 매출을 다 합한 것보다 훨씬 크다는 게 미 CNN의 추정이다.

출처: 동아일보 2017.11.15

5. 틈새시장

틈새시장을 '남이 아직 모르는 좋은 낚시터'로 비유한다. 틈새는 다른 기업이 불충분하거나 전혀 다루지 않고, 상품이나 서비스를 개발하지 않고, 전달하지 않는 욕구와 필요를 확인함으로써 창조될 수 있다. 틈새시장은 거대 경쟁자가 달성할 수 있는 규모경제에 맞서 중소기업이 경쟁할 수 있는 이용 가능한 매력적인 기회가 있는 시장이다.

1) 틈새시장의 특징

틈새시장(niche market)은 지금까지 존재하지 않았던, 존재했더라도 관심을 끌지 못하고, 대체재가 없어 새로운 수요가 확실한 시장이다. 틈새시장은 매우 전문화된 제품에 대한 수요가 있는 시장이다. 예를 들면, 애완시장은 큰 시장이지만, 흰 담비는 대부분의 회사가 제공하지 않는 작은 틈새시장이다. 틈새제품(niche product)은 틈새시장의 욕구를 제공하기 위해 특별히 창조된 전문품이나 서비스이다. 항공기 기내용 포장 스낵은 스낵 제품 포장자가 만든 틈새제품이다. 틈새시장은 성공을 보장하지는 않지만, 새로운 수익을 창조하는 동안 새롭고 미개척된 자원을 사용하는 수단을 창조적인 경영자에게 제공하기 때문에 틈새시장 탐구는 경영선택을 대표하고 있다. 다음은 이상적인 틈새시장의 5가지 특징이다.

- 수익성: 수익이 있는 적절한 규모와 구매력을 갖고 있다.
- 성장성: 잠재적인 성장이 예상된다.
- 제한된 경쟁: 뛰어난 생산자의 경쟁이 없다.
- 경쟁우위: 필요한 자원, 기술과 경쟁자보다 더 잘 할 수 있는 시장을 갖고 있다.
- 고객호감도: 경쟁을 방어하고, 고객의 충분한 충성도를 구축할 수 있다.

2) 틈새사업

틈새사업(niche business)은 틈새시장에 전적으로 틈새제품을 제공함으로써 구축되는 시장이다. 처음부터 시작하는 경우 최소한 방어적인 틈새사업을 시작하는 것이다. 이미 사업을 시작했다면 틈새마케팅을 사용하여 틈새시장에 집중하거나 틈새제품을 추가하는 것이다. 사업을 이미 시작했다면 틈새제품과 시장을 생각하는 것이 필요하다.

틈새시장은 몇 가지 장점이 있다. 틈새시장은 경쟁이 거의 없거나 적다. 틈새시장에서 고객과의 강력한 관계를 형성할 수 있고 경쟁이 거의 없기 때문에 사업이 안정적이다. 이러한 시장에서 기업은 계속적인 기술과 능력을 개발하여 새로운 진입자로부터 경쟁우위를 확보할 수 있다. 또한 수익성이 높은 시장에 집중함으로써 새로운 기회를 찾기 위한 노력이나 시간을 낭비할 필요가 거의 없다.

표 4-4 **틈새시장의 이점**

구분	설명
약한 경쟁	성공적인 틈새시장은 사실상 경쟁이 없고, 새로운 진입의 위험이 적은 시장이다.
강력한 관계	경쟁위협으로부터 틈새시장 진입자를 보호하고, 핵심고객과의 강한 관계를 구축한다.
사업 안정성	경쟁이 적거나 없다. 변동성을 경험하지 못한 기업에 안정성을 준다.
향상된 능력	회사는 계속적으로 기술과 능력을 추가한다. 이것은 경쟁우위가 된다.
사업의 집중	새로운 기회를 찾기 위해서 시간이나 노력을 낭비하지 않고 핵심사업에 집중한다.
높은 수익	고객들이 가격을 중요한 속성으로써 고려하지 않기 때문에 수익이 높다.

3) 틈새마케팅 전략

틈새시장은 유사한 인구, 구매행동과 라이프 스타일을 갖는 고객집단으로 구성된다. 예를 들면, 품질보증과 생산자원을 중요시하는 식품 구매자, 편리한 형태에서 쉬운 준비 음식을 찾는 소비자를 포함한다. 동일한 구매행동이 있는 소비자들조차도 다른 동기를 갖는다. 표적시장 이해는 잠재고객의 욕구를 충족하는 데 필요한 자원, 관심과 사업요소를 갖고 있는지 밝히는데 중요하다.

특성이 비슷한 소비자를 확인하면 표적마케팅 활동과 브랜드 촉진 방법으로써 군집화(clustering)하는 것이 도움이 된다. 기업이 제품을 구매하거나 특정한 판매점을 방문하는 소비자의 동기를 이해한다면, 소비자의 군집화는 표적과 효과적인 마케팅 활동을 계획할 수 있다. 군집화는 잠재적 방문자수와 상이한 고객집단에 대한 적절한 가격을 추정하는 데 도움이 된다. 틈새가 확인된 후 다음 단계는 구매자를 발견하고 그들의 주의를 끌어들이는 것이다. 잠재적 구매자와 연결하기 위해 사려 깊은 촉진계획과 메시지를 개발할 필요가 있다. 틈새시장 소비자와 연결하기 위해서 웹 사이트, 홍보전단, 인적 커뮤니케이션, 포장, 이미지 등과 같은 마케팅 믹스는 신뢰할 수 있는 광고 주장, 동기유발 메시지와 일관된 이미지를 통합할 필요가 있다. 다음은 틈새시장 마케팅을 위한 규칙이다.

- 시장의 독특한 욕구충족: 소비자와 시장조사를 필요로 한다.
- 적절한 정책개발: 세분시장의 동기와 관심을 목표로 하는 촉진정책을 개발한다.
- 테스트시장: 소매상이나 협력자와 최소한 시장테스트로 시작한다.

틈새마케팅(niche marketing)은 큰 연못에 있는 작은 고기 대신 작은 연못에 있는 큰 고기(a big fish in a small pond)를 목적으로 한다. 이를 미시마케팅이라고 한다. 틈새시장 마케팅은 경쟁을 완화하고 제품가격에 대한 통제력을 얻는 방법이다. 약한 경쟁으로 틈새시장 제품에 대한 수요는 탄력성이 적다. 대량마케팅은 모든 고객이 동일한 제품욕구를 갖고 있다는 가정에서 사용하는 산탄총(shotgun) 접근이지만, 틈새마케팅은 잘 정의된 고객집단, 즉 고유한 욕구를 제공하는 집중된 소총(rifle) 접근이다.

❶ 고려사항

생산자의 관점에서 적당한 틈새를 확인하는 것은 부가가치를 붙여 판매가격과 수익을 증가할 수 있는 기회이다. 그러나 특정한 틈새 속으로 확장하는 것을 회사가 결정하기 전에 탐구해야 할 많은 요인들이 있다. 다양한 요인들을 틈새시장으로 이동하기 전에 고려해야 한다. 틈새시장에 진입할 것인지 여부를 결정할 때 고려할 요소는 고객인식, 제조에 미치는 영향, 몰입, 시장과 마케팅이다.

- 고객인식: 마케팅은 제품의 싸움이 아니라 인식의 싸움(battle of perceptions)이다.[6] 따라서 제품이 고객의 인식에 어떻게 영향을 주는지를 아는 것이 중요하다.

- 제조에 미치는 영향: 틈새시장 진출에 필요한 회사의 내부자원을 확인한다. 조직이 확장에 필요한 인력과 장비를 갖고 있는가? 틈새기회에 필요한 부분에서 인력이 훈련되어 있는가? 얼마나 많은 인력이 새로운 기회에 필요한가?

- 몰입: 틈새시장을 추구하기 위해 회사는 몰입되어 있는가? 수익이 있기 위해서는 어느 정도의 기간이 필요한가? 새로운 틈새시장에서의 성공을 어떻게 측정하는가? 부가가치 기회가 회사의 장기계획과 일치하는가?

- 시장과 마케팅: 틈새기회는 이미 제조한 다른 제품과 관련이 있는가? 새로운 틈새시장의 판매에 관하여 지식이 있는가? 새로운 틈새시장에서 주요 경쟁자는 누구인가? 그들은 얼마나 큰가? 신제품이나 부가가치 영역에서 강력한 경쟁우위를 개발할 수 있는가?

❷ 전략수립 절차

틈새마케팅(niche marketing)은 특정한 틈새에 제품을 출시하는 전략이다. 예를 들면, 항공사들이 신혼부부들의 욕구를 알고, 유리한 시장을 향해 표적광고를 할 수 있다. 이러한 고객틈새에 변형제품을 제공하기 위해 기존 제품을 수정하기까지 한다. 틈새시장은 더 작은 틈새에 집중함으로써 사업을 키우는 기법이기도 하다. 다음은 틈새마케팅 전략을 고려할 때 필수적인 요소이다.

- 고객파악: 세분화를 고려한다.
- 자원의 적합성: 회사의 자원, 역량, 선호와 일치해야 한다.

수익성이 있는 틈새시장이 우연히 발견되더라도 틈새기회를 찾고 개발할 때 체계적인 전략이 필요하다. 다음 단계는 수익성이 있는 틈새시장을 활용하기 위해 무엇을 판매할지, 어디에서 팔지, 누구에게 팔지, 그리고 판매가격을 어떻게 할지를 결정하기 위한 틀을 형성한다. 다음은 틈새시장 진출전략을 수립하는 절차이다.

---

6   Ries, A., & Trout, J.(2004), *Positioning: How to Be Seen and Heard in the Overcrowded Marketplace*, American Media International.

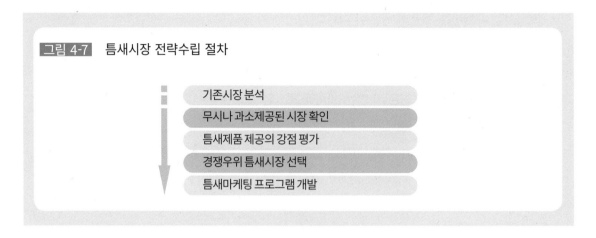

그림 4-7   틈새시장 전략수립 절차

- 기존시장 분석
- 무시나 과소제공된 시장 확인
- 틈새제품 제공의 강점 평가
- 경쟁우위 틈새시장 선택
- 틈새마케팅 프로그램 개발

▌기존 시장 분석

첫 단계는 기존 시장을 분석하는 것이다. 고객이 누구인지, 현재 진출자나 경쟁자가 누구인지, 어떤 제품이나 제품계열이 제공되는지, 어떤 가격이 책정되었는지, 그리고 어떤 유통경로가 사용되는지를 찾는다. 이러한 정보를 기업이 수행하는 조사로부터 이용할 수 있다.

▌무시나 과소제공된 시장 확인

기존 시장에 있는 어떤 세분시장이 현재 무시되었거나 과소제공되었는지를 알아낸다. 정보는 관찰, 현재 시장참여자들의 면접, 컨설턴트, 협회 간행물, 정부 간행물, 시장정보나 신문을 통해서 얻을 수 있다.

▌틈새제품 제공의 강점 평가

무시된(neglected) 또는 과소제공된(underserved) 세분시장의 욕구를 만족할 때 효과적으로 필요한 자원과 기술을 알아낸다. 경쟁에 필요한 원재료, 장비, 기술, 자금과 관리자원을 고려한다. 또한 판매원 규모와 유통경로 구성원과 같은 마케팅 필요 사항을 고려한다. 추가적으로 시장분할에서 예상되는 경쟁이나 경쟁자를 알아낸다.

▌경쟁우위 틈새시장 선택

경쟁우위를 갖고 제공할 수 있는 틈새시장을 선택하는 것이다. 장점, 위치와 자원에 근거하여 하나 이상의 세분시장을 선택한다. 틈새마케팅은 임시적이거나 경쟁자에 의해서 공격을 받을 때 위험할 수 있다. 하나의 틈새시장보다 더 많이 전문화하는 것은 위험을 감소하고 성공의 기회를 증가한다. 시장틈새에 포지션을 어떻게 설정할 것인가를 고려한다.

▌틈새마케팅 프로그램 개발

시장의 욕구를 충족하기 위한 마케팅 프로그램을 개발한다. 선택된 틈새시장에 대해 고객에게 효과적으로, 그리고 이익이 되도록 제공하기 위하여 최고의 제품, 가격, 촉진과 유통 시스템을 밝혀낸다. 탁월한 서비스는 고객충성도를 구축하고 유지하는 데 도움이 된다. 틈새시장 조사방법은 산업과 관련된 전시회와 박람회에 참가하는 것이다. 이러한 곳에서 기업들이 이미 제공하는 것을 확인할 수 있다. 이러한 정보는 틈새시장으로 확장하는 아이디어가 성공할 수 있는지를 판단하는 데 도움이 된다.

6. 벤치마킹

최우수 경영사례(best practice)는 선도회사로서 독특한 방법과 자원을 통하여 상당히 향상된 성과를 실현한 경영사례를 뜻한다. 제품판매, 개발과 생산 등 특정 경영활동 분야에서 최고수준의 성과를 창출해 낸 운영방식이다. 이것은 후발기업이 단순한 모방이 아니라 상황에 적합하게 적용할 수 있는 벤치마킹의 대상이다. 따라서 최우수 경영사례는 다른 회사의 우수한 결과를 끊임없이 나타내는 방법이나 기법이다. 최우수 사례는 탁월한 결과를 산출하는 체계적인 과정을 의미한다.

1) 벤치마킹의 성격

벤치마킹(benchmarking)은 지속적인 개선과 성과향상을 위해 동업계의 최고, 세계 최상급이나 최우수 경영사례(best practice)로 인정받는 회사를 평가, 이해, 비교하는 계속적, 장기적, 체계적, 조직화된 과

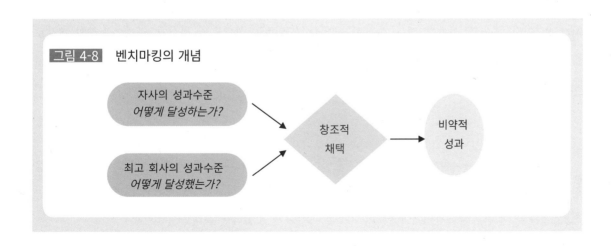

그림 4-8 벤치마킹의 개념

정이다. 벤치마킹은 최고 수준의 회사로부터 얻은 지식을 상세한 행동 계획으로 전환할 때 경쟁우위를 강화할 수 있는 효과적인 도구이다. 따라서 벤치마킹은 최고 성과가 있는 외부나 내부조직과 비교를 통해서 성과 갭(performance gap)을 감소할 수 있다. [그림 4-8]처럼 최고 수준의 회사가 성과를 어떻게 달성했는지를 파악하고, 이를 자사에 창조적으로 채택하여 비약적인 성과를 산출하는 것을 목표로 한다.

2) 벤치마킹의 유형

벤치마킹에는 전략적 벤치마킹, 경쟁력 벤치마킹, 과정 벤치마킹, 기능적 벤치마킹, 내부 벤치마킹 등이 있다. 벤치마킹은 실무적으로 성공한 조직의 도움을 찾기 위해 사용된다. 대부분은 외부 벤치마킹으로 다른 회사의 최고성과로부터 배우는 것을 목표로 한다.

표 4-5 벤치마킹의 유형

유형	대상
전략적 벤치마킹	장기적 전략과 방법
경쟁력 벤치마킹	핵심상품과 서비스의 성능특징
과정 벤치마킹	사업과정의 관찰과 탐구
기능적 벤치마킹	동일한 기능이나 운영과정
내부 벤치마킹	자신의 사업단위나 지점에 대한 벤치마킹

3) 벤치마킹의 분석

벤치마킹은 성과를 전략적으로 관리할 수 있는 조직의 능력을 상당히 향상할 수 있는 강력한 도구이다. 벤치마킹으로 경영자는 더 넓은 관점을 고려하고, 뚜렷한 성과로부터 배우고, 안전지대로 들어갈 수 있다. 최고의 성과를 내는 회사의 최우수 사례를 밝힘으로써 회사가 세계수준급의 회사로 들어갈 수 있다. 성공적인 벤치마킹의 핵심은 과정을 통한 철저한 추적과 그러한 프로그램의 설계와 제정에 경험이 있는 컨설턴트의 조언이다.

❶ 계획

개선을 필요로 하는 활동과 서비스를 검토한다. 벤치마킹할 내용, 즉 서비스, 공정이나 실무 등을 확인한다. 조직 내에서 추진할 벤치마킹 팀을 만들고, 비교할 회사를 확인한다. 그러나 비교회사는 최고 수준의 회사나 선도자이어야 한다. 지표와 데이터 수집방법을 결정한다.

그림 4-9 벤치마킹 분석절차

계획	• 비교할 내용 확인 • 비교할 회사 확인 • 자료수집방법 설정
분석	• 현재 성과 갭 설정 • 미래 성과수준 계획
통합	• 벤치마킹 결과 의사소통 • 운영목적 수립
실행	• 행동 계획 개발 • 구체적인 행동실행 • 벤치마크 재측정

❷ 분석

자료를 수집하고, 현재 성과수준을 파악한다. 높은 성과 부문에 있는 직원을 면접함으로써 직접적인 정보를 얻는다. 현재 성과수준에서 자료와 정보를 수집한다. 회사와 성과지표를 사용하여 현재 활동을 확인한다. 자신의 회사와 비교회사 간의 갭을 확인한다. 자료수집을 통해 성과차이를 분석한다. 성과차이의 분석은 높은 성과조직과 비교하여 부문의 현재 상태를 이해하고 평가하는 것이다. 이렇게 하면 성과를 향상하기 위해 사용된 방법뿐만 아니라 개선이유를 확인하게 된다.

❸ 통합

벤치마킹의 발견 사항을 의사소통하고, 결과를 알리고, 제안된 변화가 채택되는 것을 확실히 한다. 이것은 희망했던 기준을 알리고 전파하는 데 도움이 된다. 희망했던 기준을 달성하기 위해서 필요한 방법을 시행할 때 관련된 종업원을 훈련한다. 벤치마킹의 발견사항을 근거로 성과목표를 달성하기 위해 부문은 새로운 운영목적을 결정하고, 개선을 위해 목표로 한 부문을 확인한다.

❹ 실행

행동 계획을 준비한다. 구체적인 행동을 실행하고 과정을 추적한다. 벤치마킹을 통해 개발된 작업방법을 실행한 후 향상된 과정과 활동의 영향을 조사한다. 또한 벤치마킹을 실행한 결과를 측정한다.

글로벌
리더를 위한
전략경영

제5장

사업전략

글로벌
리더를 위한
전략경영

제5장

사업전략

1. 전략적 대안

기업은 경쟁자가 모방하기 어려운 방식으로 고객이 원하거나 필요로 하는 것을 제공함으로써 경쟁우위를 확보한다. 기업의 상대적인 지위는 기업의 수익성이 업계 평균보다 높거나 낮은지를 결정한다. 장기적으로 평균 이상의 수익성은 지속가능한 경쟁우위이다. 이러한 경쟁우위를 구축하기 위해서 전략적 대안이 필요하다. 전략적 대안(strategic alternatives)은 기업이 현재 진행 중인 사업을 계속 유지하거나 변경할지 또는 현재와 미래 운영의 효과성과 효율성을 개선할지 여부에 대한 질문을 중심으로 이루진다. 그렇다면 회사는 어떻게 전략을 결정하는가? 결정에 영향을 미치는 요인은 무엇인가?

1) 전략적 대안의 유형

경영환경이 매우 불확실하고 경영자들은 생존하기 위해 혁신과 유연성이 필요하다. 기업이 경쟁자에 비해 경쟁우위를 유지하기 위해 경영자들은 전략적 대안을 통해서 이를 성취한다. 환경을 분석하고 평가한 후 전략계획 프로세스의 다음 단계는 조직이 목표를 달성하는 데 도움이 되는 전략적 대안을 개발하는 것이다. 전략적 대안은 선택된 목표를 성취할 수 있는 더 큰 기회를 얻기 위해 인적자원 및 물적자원을 적용하는 방향을 설정하는 것이다. 이러한 전략적 대안은 사업전략과 기업전략이 있다. 사업전략은 원가우위, 차별화와 집중화 전략이 있다. 기업전략은 성장전략, 안정전략, 축소전략과 포트폴리오 재구축 등이 있다. 다양한 종류의 전략적 대안이 [그림 5-1]에 제시되어 있다.

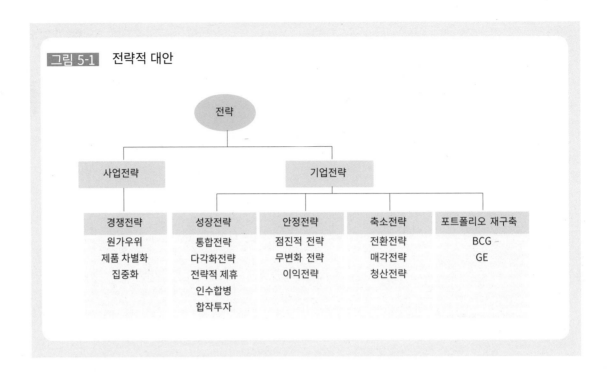

그림 5-1 전략적 대안

```
                                    전략

            ┌──────────────┴──────────────────────────────┐
         사업전략                                        기업전략

    ┌────────────┬──────────────┬──────────────┬──────────────┐
  경쟁전략      성장전략         안정전략        축소전략      포트폴리오 재구축
  원가우위      통합전략       점진적 전략       전환전략         BCG
  제품 차별화   다각화전략      무변화 전략      매각전략         GE
  집중화        전략적 제휴      이익전략        청산전략
              인수합병
              합작투자
```

2) 사업전략의 유형

사업전략(business strategy)은 기업전략이 정한 사업영역에서 "어떻게 경쟁을 할 것인가"를 결정하는 전략이다. 사업전략은 일반적으로 본원적(generic) 전략, 경쟁우위 전략 또는 경쟁전략으로 알려져 있다. 마이클 포터(Michael Porter)는 저서 「경쟁전략(Competitive Strategy)」에서 기업이 취할 수 있는 경쟁전략의 유형을 크게 3가지로 유형화했다. 즉, 원가우위, 제품 차별화와 집중화 전략으로 분류한다. 조직은 본원적 전략으로 경쟁우위를 확보할 수 있다. 조직은 경쟁업체가 모방하기 어려운 방식으로 고객이 원하거나 필요로 하는 것을 제공함으로써 경쟁우위를 확보한다.

사업전략의 성과는 시장점유율이나 이윤 등으로 측정될 수 있다. 원가우위 전략과 제품 차별화 전략은 대치되는 개념이고, 기업은 비용과 기술보다 집중화 전략을 채택할 수 있다. 원가우위 전략과 차별화 전략은 넓은 시장 전체를 대상으로 경쟁하는 것이나 집중화 전략은 좁은 시장에 집중하는 전략이다. 장기적으로 평균 이상의 수익은 지속가능한 경쟁우위이다.

- 원가우위: 경쟁업체보다 낮은 가격으로 제품을 제공하는 전략이다.
- 제품 차별화: 경쟁제품과 다른 독특한 기능, 고품질이나 서비스를 제공하는 전략이다.
- 집중화: 특정한 시장, 즉 틈새시장에 집중하고 전문성으로 경쟁우위를 획득한다.

그림 5-2 경쟁우위 전략의 특징

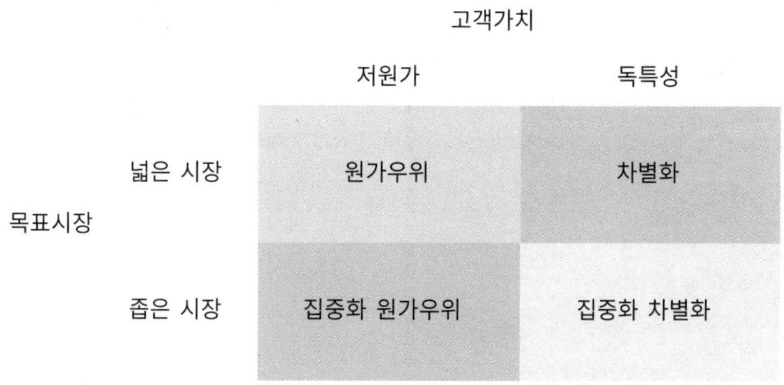

고객가치

목표시장	저원가	독특성
넓은 시장	원가우위	차별화
좁은 시장	집중화 원가우위	집중화 차별화

표 5-1 사업전략의 특징

구분	저원가 전략	차별화 전략	집중화 전략
초점	가격 집중	독특성 집중	가격이나 독특성 집중
시장세분화	대량생산과 단일시장	다수의 세분시장	하나 또는 소수
차별적 역량	제조와 물류	연구개발	다양한 차별적 역량

자료: Charles, Hill & Jones(2004), *Strategic Management: An Approach*, Houtghton Mifflin Company, Boston.

대부분 전략은 실패한다? 진짜 그런건지 살펴보니

마이클 포터의 경쟁 시리즈 '경쟁전략(Competitive Strategy)'(1980), '경쟁우위(Competitive Advantage)'(1985), '국가 경쟁우위(The Competitive Advantage of Nations)'(1990)는 경영 전략의 이정표를 세운 저서이다.

하버드대학교 조앤 마그레타 교수가 'The Essential Guide to Competition and Strategy(마이클 포터의 '경쟁과 전략' 핵심)'(2012)라는 책을 냈다. 마이클 포터의 기존 저서와 강의를 요약하고 직접 인터뷰한 내용을 모아놓은 일종의 주석서다. 실패하는 전략의 가장 대표적 사례는 최고를 목표로 하면서 남들이 하고 있는 것을 남들이 하는 방식대로 추구하는 것이다. 그 전략은 성공 가능성이 거의 없다. 사람들은 통상 전략과 효율적 운영을 착각한다. 또 다른 사례는 마케팅이 전략이라고 착각하는 것이다. 물론 소비자와 그들의 요구에 집중하는 것은 전략의 일부다. 하지만 건강한 전략은 공급자가 구성한 가치사슬에 의해 주도되는 것이다. 또 흔히 하는 실수 중 하나는 강점을 과대평가하는 것이다. 전략은 경쟁자보다 내가 무언가를 단순히 더 잘 하는 것을 목표로 하지 않는다. 전략은 '근본적으로 다른 활동'을 지향한다. 즉, 경쟁자와는 다른 차원, 접근법으로 그들이 하는 일을 해낸다는 뜻이다.

전략이 없는 데에도 다 이유가 있다. 좋은 전략의 형성을 방해하는 가장 두드러진 것은 조직 그 자체이다. 즉, 내부 시스템, 조직 구조, 의사결정 절차 같은 것들 말이다. 이런 장애물이 있는 조직에서는 전략적 사고를 하는 것이 매우 어렵다. 전략적 사고가 불가능한 조직에서는 아웃소싱으로 아무리 좋은 전략을 가져와도 결국 실패한다. 다른 이유가 있는 것도 아니고 경쟁자에게 패했기 때문도 아니다. 바로 자기 자신 때문이다. 가장 비근한 예는 임원들의 과욕이다. 전략은 필연적으로 기회비용을 발생시킨다. 그러나 어떤 임원들은 더 성장하고 더 이익을 얻고 더 많은 고객을 응대하려 한다. 그러면 전략은 실패한다. 그러니 '대부분의 전략은 실패한다'는 인용들은 사실과 다르다. 좋은 전략은 성공하고 나쁜 전략은 실패한다. 가장 큰 문제는 전략이 없는데 전략이 있는 것으로 착각하는 임원들과 좋은 전략이 형성될 수조차 없는 폐쇄적 문화를 가진 조직이다.

출처: 매일경제 2017.02.28

176

2. 원가우위 전략

원가우위 전략(cost leadership)은 시장이나 산업에서 가장 낮은 원가로 동일한 기능의 제품을 생산하는 사업수준의 전략이다. 고객은 저렴한 가격의 제품을 선호하기 때문에 조직이 가능한 저렴한 가격으로 제품이나 서비스를 제공한다면 경쟁업체보다 경쟁우위에 있다. 특히 시장에서 제공되는 유사한 제품과 동일한 기능을 제공하는 경우에 그러하다. 모든 조직이 비슷한 가격으로 제품을 제공하면 원가우위 조직은 제품의 저렴한 비용으로 더 높은 수익을 얻는다. 경쟁이 치열해지면 원가우위는 조직이 가격을 낮추는 융통성을 제공한다.

1) 원가우위의 개념

원가우위 전략은 업계에서 가장 낮은 원가로 경쟁우위를 확보하는 전략이다. 시장에서 낮은 운영비용을 창출하기 위해 기업에서 사용하는 전략이다. 이 전략의 사용은 주로 동일한 업계의 다른 기업보다 운영비용을 절감함으로써 경쟁업체보다 유리한 입지를 확보하는 것이다. 원가우위 전략은 제품이나 서비스 기능보다 구매자가 가격에 더 민감하고 구매결정을 가격 기준으로 하는 경우에 효과적이다. 비용에서의 경쟁우위는 규모의 경제, 생산공정의 자동화, 생산성 증대, 경험곡선 등으로 획득할 수 있다. 원가우위 전략은 [표 5-2]처럼 장점이 있지만 단점도 있다. 다음은 원가우위 전략이 유용한 조건이다.

- 가격 기반 경쟁이 활발하여 비용이 중요한 요소이다.
- 제품은 표준화되어 있고 차별화가 필요하지 않은 방식으로 소비된다.
- 가격인하 등 구매자의 협상력이 크다.
- 고객 충성도가 낮고 고객의 전환비용이 적다.

표 5-2 원가우위 전략의 장단점

장점	단점
• 가격경쟁 도구 • 시장점유율이 확대될 수 있다. • 구매자의 위협을 처리할 수 있다. • 대체품과 경쟁자의 위협을 처리할 수 있다. • 새로운 회사의 진입을 방어할 수 있다.	• 변화하는 고객욕구를 반영하지 못할 수 있다. • 기술발전은 원가 이점을 상실할 수 있다. • 저비용은 경쟁자가 쉽게 복사할 수 있다. • 비용 상승 인플레이션(cost push inflation)[1]

---

1 생산요소의 비용 증가에 의해 물가가 지속적으로 상승하는 현상.

2) 원가우위의 원천

전략경영은 산업에서 경쟁우위를 위한 기본적인 기반으로서 원가우위를 강조한다. 원가에 초점을 맞추는 것은 가격 경쟁력의 주요 매개체가 원가 효율성이기 때문이다. 대량생산과 대량판매를 통해 규모의 경제와 범위의 추구는 원가우위를 기반으로 한다. 원가분석은 여러 요인을 고려해야 하며 업계 상황에 따라 다르다. 임금은 의류 산업에서, 원자재는 석유화학 제품에서, 수율은 반도체에서 중요한 원가이다. 기업의 단위비용을 경쟁업체와 비교할 때 주요한 결정 요인이 있다. 즉, 규모의 경제, 학습의 경제, 생산기술, 제품설계, 투입비용, 생산능력 및 잉여자원의 비효율이다. 이러한 서로 다른 비용 요인의 상대적인 중요성은 산업, 회사 및 한 회사 내의 다양한 활동에 따라 다르다. 회사와 관련하여 이러한 각기 다른 비용 요인을 검토함으로써 다음을 수행할 수 있다.

- 경쟁사와 비교하여 회사의 비용 순위를 분석하고 비효율성 요인을 진단한다.
- 기업이 비용효율성을 어떻게 개선할 수 있는지에 대해 권고한다.

그림 5-3 원가우위의 요인

규모의 경제	• 투입과 산출 관계 • 비용축소 • 전문화
학습의 경제	• 개인 능력 향상 • 향상된 조직 직무
생산기술	• 공정혁신 • 업무 처리 리엔지니어링
제품설계	• 설계와 부품의 표준화 • 제품설계
투입비용	• 입지 장점 • 저비용 투입비용 • 불합리한 노동조합 • 협상력
생산능력	• 고정비와 변동비의 비율 • 신속하고 유연한 생산능력 조정
잉여자원의 비표율	• 조직잉여와 비효율성 • 동기부여와 조직문화 • 경영 효율성

❶ 규모의 경제

대기업의 우위는 규모의 경제(economies of scale)이다. 규모의 경제는 생산 공정에 투입되는 투입량의 증가로 인해 단가가 낮아지는 곳에 존재한다. 전통적으로 제조와 관련된 규모의 경제가 이용되는 지점은 최소 효율적 시설 규모(minimum efficient plant size)이다. 규모의 경제는 구매, 연구개발, 유통 및 광고와 같은 비제조 운영에도 해당된다. 규모의 경제는 다음과 같은 주요 원천에서 나온다.

- 투입과 산출 관계: 많은 활동에서 생산량 증가는 투입에 비례하지 않는다. 예를 들면, 자동차 1,000대의 생산비용은 자동차 10대 생산비용의 100배가 아니다.
- 비용절감: 많은 자원과 활동은 규모가 다르지만 작은 규모에서는 비용절감을 이용할 수 없다. 따라서 기업들이 많은 양을 산출하면 생산비용을 축소하는 규모의 경제를 달성한다.
- 전문화: 규모가 커지면 업무의 분화가 이루어져 전문화된 업무가 수행된다. 전문화는 학습을 촉진하고, 활동교대로 인한 시간낭비를 피하며, 기계화와 자동화를 지원한다.
- 산업 집중도: 규모의 경제는 산업 집중도[2]를 결정하는 핵심 요소이다. 규모의 경제는 소수의 거대기업에 의해 세계시장을 지배하게 만드는 주요 요인이다.

❷ 학습의 경제

경험곡선은 주로 개인과 조직의 입장에서 일함으로써 배우는 학습을 기반으로 한다. 반복은 개별적인 기술과 조직의 일상적인 업무절차를 개발한다. 공정이나 제품이 복잡할수록 학습 잠재력은 더 커진다. 특히 학습곡선은 반도체 제작에서 예외적으로 가파르다. 학습은 기술과 문제해결의 향상을 통해 개인 차원에서, 그리고 조직 일상 업무 개발과 개선을 통한 집단 차원에서 수행된다.

❸ 생산기술

공정기술(process technology)은 공장의 디자인, 설비와 조작을 다루는 기술 분야이다. 회사는 실험실 공정을 경제적으로 최적화한 대규모 공장을 일정 비율로 늘린다. 대부분의 제품과 서비스에는 대체 공정기술이 존재한다. 추가적인 투입 없이도 동일하게 산출하면 공정은 기술적으로 우수하다.

▌공정혁신

제품혁신은 새로운 특성이나 의도된 용도가 크게 개선된 제품 또는 서비스의 도입이다. 반면 공정

---

2 가장 큰 기업이 전체 산업의 매출액에서 차지하는 비중.

혁신(process innovation)은 새롭거나 크게 개선된 생산 또는 전달 방법의 구현을 의미한다. 회사는 종종 제품혁신과 공정혁신을 결합한 혁신적인 혼합 방식을 채택한다. 공정혁신으로 회사는 회사의 업무, 조직, 공정 등 기업의 전 부문에 걸쳐 불필요한 요소들을 제거하고 재구축한다. 따라서 새로운 공정기술로 비용을 획기적으로 줄일 수 있다. 그러나 새로운 공정은 작업설계, 직원 인센티브, 제품 디자인, 조직구조 및 관리에 대한 시스템 차원의 변경이 필요하다. 실제로 공정혁신으로 인한 생산성 향상은 기술혁신과 조직 개선의 결과이다. 도요타 시스템의 핵심 구성 요소는 로봇 또는 IT보다는 즉시 작업 일정, 전사적 품질관리, 지속적인 개선, 팀워크, 작업 유연성 및 공급업체 협력이다.

▌ 업무 재설계

업무 재설계(Business Process Re-engineering: BPR)는 비용, 품질, 서비스 및 속도와 같은 중요한 성과측정에서 극적인 개선을 달성하기 위한 업무 프로세스의 근본적인 재검토와 급진적 재설계를 의미한다.[3] BPR은 운영 및 상업 프로세스가 효율성이나 효과성의 일관된 방향 또는 체계적 평가 없이 시간이 지나면서 진화하는 것이다. 핵심은 공정이 현재 구성되어 있는 방식에서 분리하고 "새로 시작한다면 이 과정을 어떻게 설계할 것인가?"라는 질문으로 시작하는 것이다. 해머(Hammer)와 챔피(Champy)는 BPR을 안내할 수 있는 공통점, 반복되는 주제나 특성의 존재를 지적한다.

- 여러 직무를 하나로 결합한다.
- 작업자가 결정을 하도록 허용한다.
- 자연스런 순서로 과정의 단계를 수행한다.
- 공정은 복합적이고 다른 상황을 고려하여 공정을 설계한다.
- 가장 합리적인 절차를 수행한다.
- 검토와 통제를 합리적인 수준으로 축소한다.
- 조정을 최소화한다.
- 공정과 공유 영역에 있는 단일 접촉점을 제공하기 위해 관리자를 임명한다.
- 공정설계에서 중앙 집중화를 분권화로 조정한다.

---

3 Hammer M. and Champy J.(1993), *Re-engineering the Corporation: A Manifesto for Business Revolution*, New York: HarperBusiness, 32.

❹ 제품설계

단순한 기능 및 심미성보다는 생산 용이성을 위한 제품설계는 새로운 공정기술 도입과 관련하여 상당한 비용절감 효과가 있다. 예를 들면, 폭스바겐은 30개의 서로 다른 모델을 단지 4개의 개별 플랫폼으로 재설계함으로써 제품개발과 구성 요소 비용을 절감한다. 서비스 제공물도 생산의 용이성과 효율성을 위해 설계될 수 있다. 서비스 설계의 효율성은 고객이 서비스 제공을 간섭하는 경향에 의해 손상된다. 따라서 서비스 설계는 수요의 변동성을 관리하기 위한 명확한 전략이 필요하다.

❺ 투입비용

투입비용은 제품이나 서비스 생산에 소요되는 직접 재료비, 직접 노무비, 간접비를 의미한다. 기업은 동일한 투입물에 동일한 가격을 반드시 지불하지는 않는다. 이를 절감할 수 있는 몇 가지 방법이 있다.

- 입지 차이: 투입물의 가격은 지역에 따라 다를 수 있으며 가장 중요한 것은 한 국가에서 다른 국가 간의 임금 차이이다.
- 저비용 공급원의 확보: 원료 집약산업에서 저비용 공급처의 확보나 접근은 비용 면에서 중요한 이점을 제공할 수 있다.
- 불합리한 노동조합: 불합리한 노동조합은 높은 수준의 임금, 복리후생 및 작업 제한으로 인해 생산성을 낮춘다.
- 협상력: 기업 간 구매력의 차이가 비용우위의 중요한 원천이 될 수 있다. 예를 들면, 대형 구매자는 엄청난 협상력을 이용해 공급업체로부터 추가 할인을 받을 수 있다.

❻ 생산능력

단기 및 중기적으로 생산능력은 다소 고정되어 있으며 판매량의 변동은 가동률을 높이거나 낮춘다. 낮은 가동률은 고정비용의 발생으로 단위비용을 증가시킨다. 경기 순환 산업에서 수요의 침체에 맞추어 생산능력을 신속하게 조정할 수 있는 능력이 비용우위의 주요 원천이 될 수 있다. 핵심은 수요의 침체에 앞서 생산을 조정을 하는 것이다.

❼ 잉여자원의 비효율

산업 분야에서 기본적인 원가 요인은 규모, 기술, 제품설계, 공정설계 및 생산능력 활용이다. 그러나 이러한 요인만으로는 산업체의 한 회사가 경쟁자보다 생산단가가 낮은 이유를 설명하지 못한다. 모든 비용 요인을 고려한 후에도 기업 간에는 단위당 비용 차이가 남아 있다. 잉여자원의 비효율은 활용되지 않는 자원과 직원의 습관으로 인해 기업이 부담하는 비용을 뜻한다. 이는 사소한 잔여 비용이지만 이것은 경쟁기업 간의 중요한 차이를 만든다. 이러한 비용은 조직 체지방(organizational fat)이라 불리며, 경영진과 작업 현장 직원 모두의 결과로 이완된 조직문화에서 발생된다. 그러나 초과 비용을 제거하는 것은 어렵기 때문에 제도화된 비효율을 근절하기 위해서는 충격이 필요하다.

3. 제품 차별화 전략

핵심 기능과 독특한 속성에 따른 제품 차별화는 기업이 가격을 낮추지 못하도록 방어하고 다른 기업이 동일한 소비자에게 동일한 제품을 공급하는 것을 방지하는 중요한 전략이다. 시장 수준에서 차별화는 혁신으로 인해 제품의 품질이 시간이 지남에 따라 개선되는 방식이다. 완전히 새로운 성능으로 새로운 상품을 출시하는 것은 급격한 변화이며, 종종 시장점유율과 업계 구조의 변화로 이어진다.

1) 제품속성의 개념

제품은 다양한 속성으로 구성되어 있다. 제품속성(product attributes)은 다른 제품과 구별되는 원재료나 완성품의 특징이다. 이러한 제품속성은 크기, 색상, 기능성, 구성요소와 시장에서 제품의 소구나 수용에 영향을 주는 특징을 포함한다. 속성은 소비자들의 기능적, 사회적, 상징적인 욕구를 만족시켜주는 특성인 동시에 소비자들이 제품을 평가하는 지표이다. 가령 승용차를 구입할 경우 안정성, 연비, 디자인, 가격, 내구성, 브랜드명, A/S, 옵션 등을 비교하게 된다. 따라서 기업은 제품속성을 변화시킴으로써 소비자에게 매력적인 품질을 제시하여 고객들의 제품 선호도를 증가시킬 수 있다.

❶ 제품속성의 특성

제품속성(product attributes)은 기업이 출시하여 판매하는 제품의 물리적 특징(physical characteristics)으로 외관, 형태, 크기, 색상, 무게, 속도, 내구성, 재료, 기능, 성능과 같은 변수를 포함한다. 제품편익(product benefit)은 구매자가 제품을 사용함으로써 얻는 심리적 혜택이나 가치이다. 제품특징이 제품 자체에 존재하는 것이라면, 제품편익은 소비자가 제품으로부터 느끼는 가치의 본질이다. 제품특징은 제품을 사용하는 방법이나 사람과 관계없이 동일하게 유지되지만, 제품편익은 사용자에 의해서 평가되고 제품특징에 의존한다.

❷ 제품속성의 유형

제품속성은 탐색속성, 경험속성과 신뢰속성으로 분류되고,[4] 제품이나 서비스는 특정한 속성을 더 많이 유지하고 있다. 탐색속성(search properties)은 제품을 구매하기 전에 소비자가 식별할 수 있는 속성이다. 예를 들면, 의류, 보석, 가구, 가방, 주택, 자동차 등이 해당된다. 경험속성(experience properties)은 구매 후 혹은 소비하는 동안에 식별할 수 있는 속성이다. 예를 들면, 음식, 휴가, 미용, 유아 돌봄 등이 있다. 신뢰속성(credence properties)은 상품이나 서비스를 구입하거나 소비한 후라도 특성을 알기 힘들거나 또는 평가할 수 없는 속성이다. 예를 들면, 자동차 수리, 의료진단 등이다. 지식이나 기술을 갖고 있는 극소수의 사람들만이 해당 서비스가 제대로 제공되었는지를 판단할 수 있다. 대체로 제품은 탐색속성이 많으나 서비스는 경험 및 신뢰속성이 지배적이다. 따라서 소비자들이 유형성이 높은 제품은 평가하기가 쉽지만, 무형성이 높은 제품은 평가하기가 어렵다.

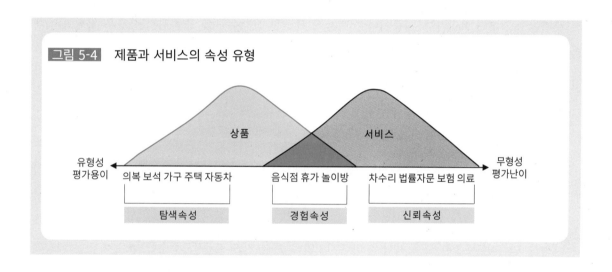

그림 5-4 제품과 서비스의 속성 유형

표 5-3 제품속성의 정의와 사례

속성	정의	사례
탐색속성	구매 전 식별할 수 있는 속성	가방, 옷, 선풍기, 냉장고, 컴퓨터, 휴대폰
경험속성	구매 후나 소비 중 식별할 수 있는 속성	음식, 오락, 미용, 유아 돌봄
신뢰속성	소비 후라도 식별할 수 없는 속성	보험, 자동차 수리, 의료 서비스

---

4 Zeitharnl, Valarie A.(1981). "How Consumer Evaluation Processes Differ Between Goods and Services," In The Marketing of Services, Proceedings of the 1981 National Services Conference. Ed. J. Donnelly. Chicago: *American Marketing Association*, 186−190.

제품 차별화를 분석할 때 유형과 무형의 차별화 요소를 구별해야 한다. 유형적 차별화(tangible differentiation)는 제품이나 서비스의 관찰 가능한 특성의 차별화이다. 여기에는 크기, 모양, 색상, 무게, 디자인, 재료 및 기술이 포함된다. 유형적 차별화는 신뢰성, 일관성, 맛, 속도, 내구성 및 안전성 측면에서 제품이나 서비스의 성능이 있다. 유형적 차별화는 해당 제품을 보완하는 제품이나 서비스로 확대된다.

고객이 제품이나 서비스에서 지각하는 가치가 독점적으로 제품의 유형에 전적으로 의존하지 않기 때문에 무형적 차별화(intangible differentiation)를 위한 기회가 발생한다. 차별화 요소는 제품의 전달 속도, 고객의 자체 시스템을 구성할 수 있는 유연성, 기술 지원, 온라인 교육 과정, 수리 서비스, 갱신 서비스나 애프터서비스 등이 있다. 관찰 가능한 제품기능이나 객관적인 성능 기준에 의해서만 선택되는 제품은 거의 없다. 사회적, 정서적, 심리적 및 심미적 고려 사항은 모든 제품과 서비스에 대한 또 다른 선택 요인이다. 지위, 독점성, 개성, 그리고 안전에 대한 욕망은 대부분의 소비재와 관련된 선택에서 강력한 동기부여 요인이다. 제품이나 서비스가 복잡한 고객욕구를 충족시키는 경우 차별화 선택은 회사와 제품의 전반적인 이미지를 포함한다. 이미지 차별화는 구매할 때 품질과 성능을 확인하기 어려운 제품이나 서비스, 즉 경험속성에서 특히 중요하다.

2) 제품 차별화의 특징

제품 차별화가 무엇인가? 경쟁우위를 확보하는 데 중요한 이유가 무엇인가? 제품이나 서비스를 차별화할 수 있는 잠재력은 물리적 특성에 의해 부분적으로 결정된다. 기술적으로 복잡하지 않은 욕구를 충족시키거나 엄격한 기술 표준을 충족시켜야 하는 제품 차별화 기회는 기술이나 시장 요인에 의해 제약을 받는다. 복잡한 요구 사항을 만족시키거나 특정 기술 표준을 준수할 필요가 없는 기술적으로 복잡한 제품은 차별화의 범위가 훨씬 더 넓다. 이러한 제약을 넘어서는 차별화를 위한 제품이나 서비스의 잠재력은 인간의 상상력에 의해서 확대된다. 모든 판매점의 진열대에 있는 브랜드의 확산은 기업의 독창성과 고객선호의 복잡성에 대한 결과이다.

❶ 제품 차별화 개념

제품 차별화(product differentiation)는 표적고객이 다르고 바람직하다고 지각하는 편익, 가격, 품질, 스타일이나 서비스와 같은 속성의 개발이다. 제품 차별화는 제품이나 서비스의 물리적 특성뿐만 아니라 고객이 제품에서 얻는 가치에 영향을 미치는 제품이나 서비스에 관한 모든 것을 포함한다. 제품 차별화는 설계 및 마케팅과 같은 특정 기능에 한정된 활동이 아니다. 그것은 조직이 고객과 관련이 있고 회사의 정체성과 문화에 기반을 둔 모든 활동이다. 이러한 제품 차별화에는 수직적 차별화와 수평적 차별화가 있다.

- 수평적 차별화(horizontal differentiation): 제품품질의 차이가 없이 동일한 제품에 다양한 변화를 주는 차별화이다. 예를 들면, 디자인, 색상, 맛, 향기 등을 다르게 한다.
- 수직적 차별화(vertical differentiation): 제품품질의 차이가 있게 제품성능이나 기능의 변화를 주는 차별화이다.

수평적 차별화는 스타일(현대와 복고풍), 색상의 차별화(동일한 상품의 다른 색상), 도형, 맛, 취향 등의 변화이다. 대표적인 예는 다양한 취향으로 제공되는 아이스크림이다. 초콜렛이 레몬보다는 더 좋은 것은 아니다. 이것은 특정 소비자가 하나 또는 다른 버전에 대해 안정적인 선호도를 갖는 것을 막지는 않는다. 일부 소비자는 레몬보다는 초콜릿을 선호하지만 다른 제품은 제품계열 구조와 관련이 없으며 기발한 선택이나 기분에 따라 선택하거나 알고 있는 사람들과 관련된다. 소비자가 안정적인 선호도를 갖지 않을 때, 행동 규칙은 선택한 제품을 자주 바꿔 다양성을 찾아내는 것일 수 있다. 예를 들면, 패스트푸드에 가서 이전에 먹지 않은 것을 요청할 때이다.

수직적 차별화는 존재하는 여러 상품이 객관적인 질에 따라 가장 높은 것에서 가장 낮은 것으로 주문될 수 있는 시장에서 발생한다. 이 경우 하나의 제품이 다른 제품보다 더 우수하다고 말할 수 있다. 일반적으로 우수한 제품은 높은 생산비용(고급 재료, 긴 생산기간, 엄격한 검사)과 시장에 대한 큰 기대이익 때문에 부분적으로 높은 이익이 반영되어 가격이 높다. 따라서 품질과 가격 관계는 전형적으로 상향 관계이다. 고객들은 더 나은 품질을 기대하기 때문에 더 높은 가격을 지불한다.

❷ 제품 차별화 기준

시장은 대체로 동질적(homogeneous)이 아니라 이질적(heterogeneous)이고 항상 변하는 가변적 성질이 있다. 표적고객이 다르고 고객마다 독특한 욕구를 갖고 있기 때문에 제품 차별화는 표적고객에게 경쟁자보다 유리한 차별화 우위를 실행하는 것이다. 차별화 우위는 소비자에게 독특한 가치를 제공하고, 그 대가로 차별화에 소요되는 비용 이상으로 높은 가격 프리미엄을 얻는다. 따라서 제품 차별화는 제품의 표적고객에게 편익, 가격, 품질, 스타일이나 서비스 등에서 경쟁제품과 다르고, 소비자가 바람직하게 지각하는 속성의 개발이나 결합이다. 즉, 소비자가 원하고, 동일한 제품범주에 있는 다른 경쟁제품이 제공하지 않는 것이다. 다음은 차별화 우위가 되는 중요한 기준이다.

- 중요성(importance): 구매자에게 중요한 요소이다.
- 지각(perception): 탁월한 차별성을 고객이 확실히 지각할 수 있어야 한다.
- 독특성(uniqueness): 제품이나 서비스가 다른 제공자와 독특하게 달라야 한다.
- 지속성(sustainability): 차별적 우위가 일정 기간 지속되어야 한다.

❸ 제품 차별화 이점

차별화된 제품은 제품이나 서비스에 대해 프리미엄 가격을 부과할 수 있고, 차별화를 중요시하는 고객을 확보하고, 고객 충성도를 강화할 수 있다. 차별화된 제품에 대한 이익은 프리미엄 가격과 차별화를 제공할 때 발생하는 추가 비용의 차이에서 비롯된다. 조직이 가격과 비용 간의 균형을 유지하면 차별화는 성공한다. 그러나 고객이 더 이상 차별화된 기능에 관심이 없거나 그러한 기능에 대한 추가 비용을 기꺼이 지불하지 않으면 실패할 수 있다. 다음은 차별화를 통해 얻을 수 있는 이점이다.

- 경쟁우위 강화
- 구매자의 위협 완화
- 대체제품 및 경쟁업체의 위협 약화
- 새로운 회사의 진입 방지

❹ 제품 차별화 비용

제품 차별화로 인해 비용이 추가된다. 제품 차별화의 직접비용에는 고품질의 투입비, 우수한 직원, 높은 광고비용 및 좋은 애프터서비스가 포함된다. 차별화의 간접비용은 차별화 변수와 비용 변수의 상호작용을 통해 발생된다. 제품 차별화로 인해 기업의 세분화 범위가 축소되면 규모의 경제를 활용할 잠재력도 제한된다. 제품 차별화와 비용 효율성을 조화시키는 방법은 회사의 가치사슬의 후기 단계로 차별화를 연기하는 것이다. 제품 차별화는 쉽지 않지만 브랜드의 경쟁력을 증가한다. 제품 차별화는 많은 장점을 갖고 있지만 단점 또한 지니고 있다. 제품을 차별화하는 것은 결국 비용을 수반하는 상충관계이다. 제품 차별화에 많은 비용이 소요되는 이유는 다음과 같다.

- 고품질의 투입 요소 비용
- 서비스를 위한 재고 확보 비용
- 차별화를 위한 소량생산 시 규모의 경제 약화
- 빈번한 신제품 출시로 경험곡선 활용 약화
- 브랜드 강화를 위한 광고비용

3) 제품 차별화 전략

제품 차별화 전략은 다양한 고객에게 독창적인 기능을 제공하는 것이다. 제품 차별화는 고품질, 탁월한 서비스, 혁신적 디자인, 기술력, 브랜드 이미지 등 해당 산업에서 경쟁기업들과 다르게 하는 것을 의미한다. 조직의 경쟁우위가 고객이 요구하는 제품이나 서비스에 있고 비용을 기꺼이 지불할 경우 채택되는 전략이다. 차별화된 제품은 시장에서 분명히 다르고, 고객은 특별한 속성과 특성을 구분할 수 있다.

❶ 제품 차별화가 가능한 경우

회사는 고객이 가치 있게 생각하고 프리미엄 가격을 기꺼이 지불할 수 있는 독특한 제품이나 서비스의 기능과 특성을 제공하기 위해 핵심역량에 의존한다. 이러한 제품 차별화 창출 능력은 경쟁우위를 확보하기 위해 활용된다. 다음은 제품 차별화가 사용될 수 있는 경우이다.

- 회사는 누가 경쟁자인지 알고 경쟁자의 마케팅 믹스를 알고 있다.
- 시장규모가 너무 크고 시장에 표준화 제품을 제공하는 회사들이 있다.
- 고객의 욕구와 선호도가 너무 다양하다.
- 고객이 가치를 갖는 차별화를 위해 프리미엄 가격을 지불할 수 있다.
- 브랜드 충성도가 창출되고 유지될 수 있다.

제품 차별화는 제품 간의 차이점을 보여주는 마케팅 프로세스이다. 또한 다른 경쟁제품과의 공통적인 특성을 대조하여 제품을 더욱 매력적인 것으로 만드는 것이다. 고객이 제품을 독창적인 것으로 인식해야 경쟁우위가 창출된다. 제품 차별화는 상품을 창의적인 방식으로 포장하는 것처럼 간단할 수도 있고 새로운 기능을 창안하는 것처럼 정교할 수도 있다. 차별화 전략의 궁극적인 성공은 고객이 회사가 제공하는 제품이나 서비스를 인식할 수 있는 능력에 달려있다. 그러나 고객이 식별하기 쉬울수록 경쟁자가 그것을 복사할 수 있는 가능성이 커진다는 역설이 있다. 따라서 조직은 고객을 쉽게 연관시킬 수 있고 기꺼이 지불할 가격으로 독창적인 역량에 의존해야 한다. 그러나 제품 차별화 전략은 많은 이점이 있지만 다음과 같은 위험이 있다.

- 원가우위 기업이 제품 차별화 전략을 사용하고 경쟁이 치열한 경우
- 경쟁자가 제품 차별화된 원천을 쉽게 모방할 수 있는 경우

- 고객의 욕구와 선호도가 시간이 지남에 따라 변화되는 경우
- 지속적인 혁신과 기술적 변화가 제품 차별화 전략에 영향을 미칠 수 있는 경우
- 제품 차별화 비용이 추가적인 이익보다 더 큰 경우

❷ 제품 차별화 유형

기본적인 마케팅 전략은 시장세분화와 마케팅 믹스 차별화이다. 제품을 어떻게 차별화하는가? 차별화는 제품을 구매할 때 소비자가 가치를 느끼는 제품속성이다. 기본적으로 기업의 기능에 따라 회사가 추구할 수 있는 옵션의 수는 무제한이다. 문제를 더 빠르게 해결하거나 동일한 문제를 더 저렴하게 해결하는 제품은 더 많은 돈을 지불할 가치가 있다. 삼성전자와 LG전자는 더 많은 돈을 지불하는 제품을 제공하는 회사이다. 제품특징을 추가하고 이를 차별화 요소로 사용하기 전에 비용편익 비율이 무엇인지 확립하는 것이 중요하다. 전체 비용이 고객이 지불할 수 있는 가격보다 높으면 제품 차별화 전략은 가치가 없다. 다음은 차별화를 만드는 일반적인 방법이다.

- 성능 차별화: 경쟁자보다 더 우수한 제품 성능을 제공하는 것이다. 경쟁자와 동일한 특성의 제품이 전혀 아닌 특징을 제공하여 정확한 가격비교가 어렵도록 제품의 독특한 속성이나 성능을 제공한다. BMW는 "최고의 자동차회사"로 회사를 위치시킴으로써 개념을 잘 활용한다.
- 장소 차별화: 다입지나 다경로를 통하여 소비자들이 제품이나 서비스를 쉽게 이용하게 하는 것이다. 고급품 고객은 제품이나 서비스에 있는 독특성, 차별성과 선택적 서비스를 원하기 때문에 독점적 유통을 선호하고 완전 서비스 판매업자를 선호할 수 있다.
- 가격 차별화: 상이한 제품특성으로 각기 다르게 판매하는 방식이다. 회사가 표적고객들에게

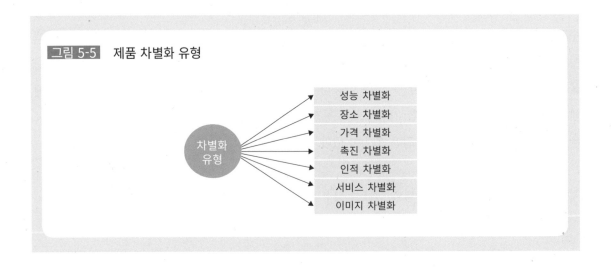

그림 5-5　제품 차별화 유형

차별화 유형
- 성능 차별화
- 장소 차별화
- 가격 차별화
- 촉진 차별화
- 인적 차별화
- 서비스 차별화
- 이미지 차별화

최상의 가치를 제공하고, 표적고객이 제품이나 서비스에 기꺼이 지불하려는 수준에서 가격을 포지션할 수 있다. 경쟁제품과 동일한 특징이나 속성을 갖는 제품을 서로 다른 시장에서 각기 다른 가격으로 판매하거나 최저가격으로 차별화할 수 있다.

- 촉진 차별화: 회사, 제품이나 서비스의 바람직한 이미지를 투영하기 위해 독특하고 획기적인 광고를 이용한다. 표적고객의 마음에 들게 현저하게 만드는 기발한 촉진이다. 특정한 세분시장에 가장 잘 도달하는 특이한 광고방법을 사용할 수 있다.
- 인적 차별화: 경쟁자보다 고객을 접촉할 때 더 훌륭하고, 친절하고, 자상하고, 근면하고, 자격이 있는 직원을 배치한다. 경쟁자가 제품편익을 판매한다면, 소비자 상담과 교육을 제공함으로써 회사나 브랜드를 차별화할 수 있다.
- 서비스 차별화: 제품의 물리적 특성이 아니라 배달, 설치, 교육, 상담, A/S, 자금결제, 보장이나 보증 등에서 차별화를 시도하는 것이다. 물적증거, 서비스의 절차나 운영, 서비스 회복 등을 경쟁자와 다른 요소를 독특하게 제공하여 고객에게 새로운 경험을 제공한다.
- 이미지 차별화: 경쟁제품에 비하여 독특하고 차별적인 요소를 선정하고, 상징물이나 인물과 결합하여 연상효과를 도모한다. 제품이 갖는 환상적인 느낌이나 가치 등을 전달한다. 매력적이고 독창적인 제품 디자인은 차별화할 수 있는 매우 효과적인 방법이다.

4) 제품 차별화 분석

제품 차별화란 기업이 시장에서 유사한 제품과 제품을 구별하기 위해 사용하는 마케팅 전략이다. 기업이 사용하는 차별화 전략은 유사 제품과 다른 점을 알리는 메시지를 전달한다. 차별화는 저비용보다 경쟁우위 확보를 위한 안전한 기반을 제공하나 비용우위는 새로운 기술과 전략적 혁신에 취약하다. 다른 유사한 제품과 비교할 때 소비자와 잠재고객 사이에 인식된 가치를 창출한다. 가치에 중점을 둔 전략은 다른 제품과 비교하여 제품의 비용절감 또는 내구성을 강조한다.

❶ 제품 차별화와 세분화

제품 차별화는 세분화와 다르다. 제품 차별화는 기업이 경쟁하는 방식, 즉 고객에게 독창성을 제공할 수 있는 방식과 관련이 있다. 이러한 독창성은 일관성(McDonald), 신뢰성(Federal Express), 신분(American Express), 품질(BMW) 및 혁신(Apple)과 관련된다. 세분화는 고객집단, 지역 및 제품유형 측면에서 경쟁하는 회사와 관련이 있다. 세분시장은 고객의 특성과 요구에 따라 분할될 수 있는 시장이다. 차별화는 고객 선택에 영향을 미치는 제품, 서비스 및 이미지 특성과 관련하여 세분시장에 있는 기업의 위치와 관련이 있다.

❷ 수요 측면의 제품 차별화 분석

고객의 차별화 요구와 차별화를 제공할 수 있는 회사의 능력이 일치할 때 성공적인 차별화는 가능하다. 고객 수요분석을 통해 어떤 제품특성이 고객을 위한 가치를 창조하는 잠재력, 차별화에 대해 돈을 지불하려는 의지, 최적의 경쟁적 위치를 갖고 있는지를 판단할 수 있다. 수요분석은 고객이 제품이나 서비스를 구매하는 이유를 이해하는 것으로 시작된다. 시장조사는 기존 제품의 고객선호와 고객인식을 체계적으로 탐구한다. 그러나 성공적인 차별화의 열쇠는 고객이해이다.

▌제품속성과 포지셔닝

사실상 모든 제품과 서비스는 여러 고객의 욕구를 충족시킨다. 결과적으로 고객의 욕구를 이해하려면 여러 속성을 분석해야 한다. 시장조사는 신제품의 포지션 결정, 기존 제품의 포지션 변경 및 가격책정에 관한 결정을 안내한다.

▌사회와 심리적 요인의 역할

소비자들은 기본적인 신체적 욕구를 충족시키기 위해 소수의 제품이나 서비스를 구매한다. 대부분의 구매는 다른 사람들과 공동체를 찾고 자신의 정체성을 강화하려는 욕구와 같은 사회적 및 심리적 요구에 의해 동기부여된다. 심리학자인 Abraham Maslow는 인간의 욕구에 대한 계층구조를 제안했다.[5] 생존을 위한 생리적 욕구가 확립되면 욕구는 안전 욕구, 귀속 욕구, 존중 욕구, 자기실현 욕구로 진보된다. 대부분의 상품에서 브랜드 자산은 유형의 제품성능보다 신분과 정체성과 관련이 있다. 고객이 정체성과 사회적 소속을 만족시키는 제품을 필요로 한다면, 차별화 의미가 훨씬 커진다. 특히 고객수요를 파악하고 수익성 있는 차별화 기회를 파악하려면 제품특성뿐만 아니라 라이프 스타일과 열망에 대한 제품의 관계를 분석해야 한다.

잠재고객의 인구통계학적(연령, 성별, 인종, 위치), 사회경제적(수입, 교육) 및 심리 특성(생활방식, 성격 유형)을 탐구하는 시장조사는 소비자와 제품의 관계에 대한 깊은 이해에 유용하다. 실제로 고객의 욕구와 선호도를 이해하는 것이 중요하다. 일반적으로 소비자는 자신을 움직이는 동기와 다른 제품이 유발하는 감정을 명확하게 표현할 수 없다. 기업은 제품이 라이프 스타일과 어떤 관련이 있는지 이해하기 위해 고객을 주의 깊게 관찰해야 한다. [그림 5-6]은 수요 측면에서 차별화 가능성을 모색하는 몇 가

---

5 Abraham Maslow(1943), "A Theory of Human Motivation," *Psychological Review*, 50, 370-96.

지 기본적인 질문을 제시함으로써 차별화 전략을 수립하는 방법이다.

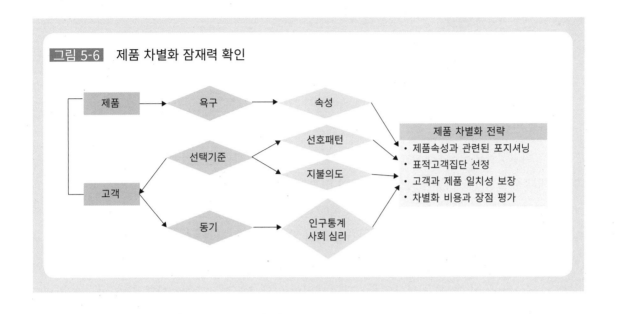

그림 5-6　제품 차별화 잠재력 확인

❸ 공급 측면의 제품 차별화 분석

수요분석을 통해 고객의 차별화 욕구와 지불의지를 확인하지만 차별화 이점을 창출하는 것은 차별화를 제공하는 기업의 능력에 달려있다. 차별화를 제공할 수 있는 회사의 잠재력을 확인하려면 회사가 수행하는 활동과 접근할 수 있는 자원을 검토해야 한다.

▌ 제품의 독창성

제품 차별화는 경쟁제품과 다른 제품의 독창성(uniqueness)과 관련된다. 고객에게 제공되는 제품의 독창성을 창출할 수 있는 기회는 특정 기능이나 활동 내에 있는 것이 아니라 사실상 모든 부문에서 발생할 수 있다. 대부분의 제품은 단일 제품이나 서비스가 아니라 제품과 서비스 간의 결합 제품이다. 마이클 포터(Michael Porter)는 의사결정의 독창성을 결정짓는 몇 가지 요인을 제시한다.[6]

- 제품기능, 제품성능과 제품품질
- 보완 서비스(예: 신용, 배달, 수리)
- 마케팅 활동의 강도(예: 광고비용)

6　Porter Michael(1980), *Competitive Strategy, The Free Press/Macmillan: New York*.

- 제품설계와 제조에 구현된 기술
- 활동의 수행에 영향을 미치는 절차(예: 엄격한 품질관리, 서비스 절차, 고객방문 빈도)
- 직원의 기술과 경험
- 생산과 유통 입지
- 수직적 통합 정도

▌ 제품 완결성

제품 완결성(product integrity)은 회사의 일관된 차별화이다. 제품 완결성에는 내부와 외부 완결성이 있다. 내부 완결성이란 기능과 제품구조 간의 일관성을 의미한다. 즉, 부품들이 잘 맞고, 잘 작동하며, 배치에서 최대 공간 효율성을 달성하는 정도이다. 외부 완결성은 제품의 기능, 구조 및 의미가 고객의 목표, 가치, 생산 시스템, 라이프 스타일, 사용 패턴 및 자체 정체성에 잘 맞는 정도이다. 내부와 외부 제품 완결성을 결합하는 것은 고객의 사회적 및 심리적 욕구에 따른 차별화된 라이프 스타일 제품에서 특히 중요하다. 이미지의 신뢰성은 제시된 이미지의 일관성에 결정적으로 달려 있다. 따라서 차별화의 완결성을 유지하는 것은 제품과 관련된 이미지에 구현된 가치를 나타낼 수 있는 회사의 능력이다.

▌ 품질신호와 평판

독특한 제품의 가치가 고객에게 전달되는 경우 차별화는 효과적이다. 그러나 제품의 품질과 특징에 대한 정보가 항상 잠재고객에게 쉽게 전달되는 것은 아니다. 차별화에서 성능 변수를 보완하기 위한 신호 변수는 잠재 구매자가 성능을 평가할 수 있는 용이성에 달려 있다. 구입 전에 성능을 확인하는 것이 어려울수록 신호는 더 중요하다. 향수는 구매하기 전에 샘플로 시용할 수 있으며 향기는 평가할 수 있지만 사용자의 주의를 끌 수 있는 능력은 불확실하다. 따라서 브랜딩, 포장, 광고, 호의적인 홍보 이벤트는 핵심적인 역할을 한다. 암시된 개성, 라이프 스타일 및 사용자의 열망에 의해서 향수에 대한 정체성을 확립한다. 금융 서비스에서 고객은 공급자의 정직, 재무적 안전 또는 역량을 쉽게 평가할 수 없다. 따라서 금융 서비스 회사는 위엄 있는 본사, 보수적인 사무용 실내 장식, 현명한 의복을 입은 직원 및 상표 등으로 보안과 안정성의 상징을 강조한다.

- 품질신호는 구매 후에만 품질을 확인할 수 있는 제품, 즉 경험제품에 특히 중요하다.
- 광고비용은 우수한 품질을 알리는 효과적인 수단이다.
- 프리미엄 가격과 광고의 결합은 가격이나 광고 단독보다 품질신호 면에서 우수하다.
- 시장진입에 필요한 매몰비용이 높고 회사의 총투자가 클수록 인센티브가 크지 않다.

▌브랜드

브랜드 이름과 이를 지원하는 광고는 품질과 일관성의 신호로서 특히 중요하다. 브랜드는 가치 있는 자산이기 때문에 낮은 품질은 브랜드 자산에 장애가 된다. 브랜드는 제품품질에 대한 소비자의 보증을 제공한다. 브랜드는 제품 생산자를 경쟁자와 구별한다. 이것은 생산자가 시장에 공급된 제품에 대해 법적으로나 도덕적으로 책임이 있음을 보증한다. 또한 브랜드는 고객에게 불확실성과 검색비용을 줄여주는 보증을 의미한다. 제품검색에서 품질을 식별하는 것이 어려울수록, 결함이 있는 제품을 구매하는 고객에게 드는 비용이 클수록 브랜드의 가치는 더 커진다. 예를 들면, 양말을 사는 것보다 등산 장비를 구입할 때 잘 알려진 브랜드 이름이 더 중요할 수 있다.

광고(advertising)는 광고주가 비용을 지불하고, 매체를 통해서 제품, 품질, 특징과 이용성에 관하여 현재와 잠재고객들에게 정보를 알리는 수단이다. 광고는 확인된 광고주에 의해 제품, 아이디어, 서비스나 조직에 관하여 매체를 통해 비인적(non-personal) 커뮤니케이션의 유료 형태(paid form)이다. 광고는 고객의 인식에 영향을 미치고 강화시키는 주요 수단이다. 그러나 소비재 기업들은 제품특성과 브랜드 경험, 브랜드 정체성, 공유가치 및 감성적 대화에 초점을 둔 새로운 브랜드 개발을 찾고 있다. 전통적인 대중시장 광고는 바이럴 마케팅(viral marketing)[7]이나 스텔스 마케팅(stealth marketing)[8]이라고 불리는 소셜 네트워크를 전개하는 입소문 홍보와 같은 브랜드 정체성을 홍보하는 데 덜 효과적이다.

❹ 가치사슬 분석

회사가 차별화 속성을 제공할 수 없다면 고객은 가장 중요시하는 제품속성을 식별하지 못한다. 성공적인 차별화의 열쇠는 고객이 가장 가치 있게 여기는 특성에 차별화 역량을 맞추는 것이다. 이를 위해 가치사슬은 특히 유용하다.

▌생산자 상품의 가치사슬 분석

차별화 이점을 얻기 위해 기회를 확인하는 가치사슬이 사용된다. 이러한 가치사슬에는 4가지 주요 단계가 있다.

- 기업과 고객을 위한 가치사슬 구축: 현재 고객뿐만 아니라 가치사슬의 하부에 있는 회사도 고려하는 것이 유용하다. 예를 들면, 철강회사가 서로 다른 유형의 고객, 즉 자동차와 백색

---

7 누리꾼이 이메일이나 SNS 등을 통해 자발적으로 어떤 기업이나 제품을 홍보하기 위해 널리 퍼뜨리는 마케팅 기법.
8 대중매체가 아닌 입소문 등을 통해 자연스럽게 브랜드를 알리는 마케팅 기법.

가전제품 제조업체에게 제품을 공급한다면 철강회사는 개별적인 가치사슬을 그린다.

- 각 활동에서 독특성의 원천 확인: 가치사슬에서의 각 활동을 검토하고 경쟁사의 제품과 관련하여 회사가 독창성을 확보할 수 있는 변수와 조치를 식별함으로써 제품의 차별화 가능성을 평가한다. [그림 5-7]은 Porter의 일반적인 가치사슬 내에서의 차별화 요인을 나타낸다.
- 유망한 차별화 변수 선택: 회사 내에서 식별할 수 있는 독창성을 이끌어내는 수많은 원천 중 최적의 차별화 변수를 차별화 전략의 기본 토대로 선택한다.
- 회사의 가치사슬과 구매자의 가치사슬 간의 연계성: 차별화의 목표는 회사가 가격 프리미엄을 얻는 것이다. 회사의 차별화가 고객에게 가치를 제공하는 것을 필요로 한다. 가치창출은 회사가 고객의 비용을 낮추거나 제품 차별화를 촉진하는 것이다. 고객에게 가치를 창출할 수 있는 방법을 확인하려면 고객활동 내에서 자체 활동, 비용절감 및 차별화 간의 연계를 찾아야 한다. 이러한 연계를 분석하여 차별화의 잠재적 수익성을 평가할 수 있다. 고객을 위해 창조된 가치 차별화는 고객이 지불하게 될 최대 가격 프리미엄을 나타낸다.

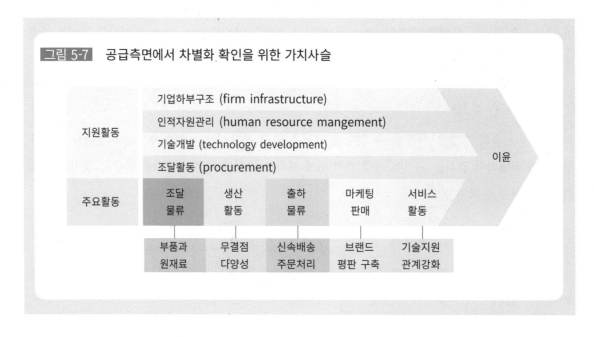

그림 5-7 공급측면에서 차별화 확인을 위한 가치사슬

▌소비자의 가치사슬 분석

차별화 기회의 가치사슬 분석은 소비재에도 적용될 수 있다. 직접 소비되는 소비재는 거의 없다. 대부분의 경우 소비자는 제품구매와 관련된 일련의 활동에 관여한다. 따라서 고객이 제품을 구매하고 소비할 때 소비자가 참여하는 활동을 보여주는 가치사슬을 그려낼 수 있다. 또한 내구 소비재의 경우 고객은 제품검색, 구매, 자금조달, 보조재 구입, 운영, 서비스 및 수리에서 최종 폐기에 이르기까

지 다양한 활동을 하고 있다. 소비자 가치사슬은 제조업체의 가치사슬과의 잠재적 연관성을 제공하며 혁신적인 차별화를 위한 기회를 제공한다. 자동차, 가전제품 및 가정용품의 생산자는 제품선택과 사용에 대한 고객의 행동을 관찰한 다음 제품설계와 마케팅을 계획한다.

음식은 혀 아닌 腦로 맛본다는 미식(美食)물리학

화이트와인에 색소를 첨가해 붉은 와인처럼 바꾸면 전문가들조차 레드와인 맛이 난다고 한다. 진저(생강) 비스킷을 표면이 매끈하지 않고 거친 접시에 담아내면 더 맵게 느낀다. 딸기 무스를 검은 접시와 흰 접시에 담아냈더니 실험자의 10%가 흰 접시에 담긴 딸기 무스가 '더 달다'고 평가했다. 영국 옥스퍼드대학 찰스 스펜스(Spence) 교수는 음식을 맛볼 때 오감(五感)이 어떻게 상호작용하는지를 과학적으로 실험·분석하는 정신물리학자다. 그는 자신의 연구를 '가스트로피직스(gastrophysics)', 즉 미식(美食)물리학이라 명명했다. 스펜스 교수는 "음식은 혀가 아니라 뇌가 맛본다"며 "시각·청각·후각·촉각이 음식 맛에 미치는 영향이 미각(味覺)만큼 중요하다"고 말했다. 또 "음식을 가장 먼저 맛보는 기관은 눈"이라고 했다. "2013년 영국 제과업체 캐드버리가 '데어리밀크(Dairy Milk)' 초콜릿 바의 모서리만 둥글게 깎았는데도 '맛이 바뀌었다'며 엄청난 항의를 받았다. 인간의 뇌는 음료를 빨간색으로 물들이면 달게, 초록빛이 나게 하면 신맛이 난다고 인지한다."

"어떤 색 음료가 가장 달콤할까?" 영국 런던과학박물관에서 벌인 실험에 참가한 사람들은 빨간색 음료가 가장 달 것이라고 응답했다. 시끄러운 소음은 풍미를 덜 느끼게 한다. 스펜스 교수는 "기내식이 맛없는 이유 중 하나"라고 했다. 높은 음조의 음악은 단맛을, 낮은 음조의 음악은 감칠맛과 쓴맛을 더 도드라지게 한다. 스펜스 교수는 감자칩을 씹을 때 나는 '바삭' 소리를 인위적으로 크거나 작게 들리도록 하면서 먹는 실험을 진행했다. 실험대상자들은 똑같은 감자칩을 먹으면서도 바삭 소리가 클수록 더 신선하고 맛있다고 평가했다. 이 연구로 스펜스 교수는 기발한 상상력과 이색적인 발명으로 세상을 즐겁게 한 과학자들에게 주는 이그노벨상(Ig Nobel Prize)을 2008년 받았다. 스펜스 교수는 보다 건강하게 먹기 위해 뇌를 '속이는' 방법으로 작고 오목한 그릇에 묵직한 식기를 사용해 TV·휴대전화를 끄고 먹으라고 조언했다. 같은 양의 음식이라도 작은 그릇에 담으면 더 많아 보이며 포만감도 더 크다. 납작한 접시보다는 오목한 그릇, 묵직한 숟가락·젓가락·포크·나이프도 마찬가지 효과를 낸다. TV나 휴대전화를 끄라는 건 음식과 먹는 행위에 집중하란 소리다. "다른 활동을 하면서 아무 생각 없이 먹으면 30% 더 섭취하게 된다. 오감을 총동원해 음식의 맛·향·질감을 음미하세요. 맛을 즐기면 덜 먹으면서 더 큰 만족을 얻을 수 있다."

출처: 조선일보 2017.11.08

4. 집중화 전략

집중화 전략에 성공한 기업은 비교적 좁은 지리적 세분시장이나 특정 구매자 집단의 욕구를 충족한다. 또한 평균 이상의 투자수익을 올리기 위해 대체품에 덜 취약하거나 경쟁이 가장 약한 시장을 대상으로 한다. 제한된 요구 사항을 채우거나 소수만 구매할 제품을 제공하는 집중화 전략은 소규모 집단의 소비자를 만족시키기 때문에 프리미엄 가격으로 제품을 판매할 수 있다. 대부분의 성공적인 중소기업 성장은 틈새시장의 개척자이며 혁신을 통해 시장을 창출한다. 기업이 공개적으로 싸울 자원이 없기 때문에 큰 경쟁자가 관심을 갖기에는 작은 틈새를 찾아야 성공한다.

1) 집중화 전략의 개념

집중화 전략(focus strategy)은 특정 시장이나 특정 소비자 집단, 특정 제품, 특정 지역 등에 회사 자원을 집중하는 것이다. 전체 시장에서 경쟁하지 않고 고객, 제품, 서비스 등의 측면에서 독특한 특성이 있는 특정 세분시장만을 대상으로 원가우위나 차별화를 꾀하는 사업수준의 경쟁전략이다. 전체 시장에서 차별화나 원가우위를 실행할 역량이 없는 기업이 실행하는 경쟁전략의 하나이다. 원가우위 전략과 차별화 전략이 전체 시장을 대상으로 한 전략이나 집중화 전략은 특정 시장에만 집중하는 전략이다. 기업의 자원이 제한되어 기업은 특정 영역 안에서 원가우위나 차별화 전략을 추구하게 된다. 원가우위에 의한 집중화는 원가 측면에서, 차별화에 의한 집중화는 특정한 제품범주에 집중하는 전략이다.

- 집중화 전략: 특정 시장에 자원을 집중하는 전략

2) 집중화 전략의 유형

집중화 전략에는 집중화 원가우위 전략과 집중화 차별화 전략이 있다. 집중화 원가우위 전략(focused cost leadership)은 특정 세분시장을 상대로 원가우위 전략을 펴는 경우이다. 집중화 원가우위 전략은 목표시장 내에서 경쟁하는 다른 회사와 비교하여 낮은 가격을 책정한다. 집중화 차별화 전략은 좁은 시장의 욕구를 충족시키는 독특한 기능을 제공해야 한다. 집중화 차별화 전략(focused differentiation)은 특정 세분시장을 상대로 차별화 전략을 실행하는 경우이다. 인터넷을 통한 판매와 같은 특정 유통경로에만 집중할 수 있고, 특정 인구통계 집단을 대상으로 할 수 있다. 따라서 집중화 차별화 전략을 따르는 회사가 제공하는 독특한 기능은 전문화되어 있다.

- 집중화 원가우위 전략: 특정 세분시장을 상대로 하는 원가우위 전략
- 집중화 차별화 전략: 특정 세분시장을 상대로 하는 차별화 전략

3) 집중화 전략의 장단점

집중화 전략은 생산규모를 늘리기 어려워 규모의 경제를 누리지 못하는 소기업에게 유리하다. 집중화 전략은 근본적으로 원가우위 또는 차별화에 의존하지만 전체 시장의 좁은 부분을 수용한다. 따라서 시장 측면에서 집중화 전략은 틈새전략이다. 고객집단을 식별하기 위해 일반적으로 사용되는 기반은 인구통계 특성, 지리적 특성이나 심리적 특성이 있다. 다음은 집중화 전략을 사용할 수 있는 경우이다.

- 고객에게 제품 또는 서비스에 대한 특별한 욕구가 있다.
- 시장이 집중화 회사에게 수익이 될 만큼 충분히 크다.
- 시장의 성장 가능성이 있다.
- 기업이 틈새 분야에 필요한 기술과 전문지식이 있다.

전략은 기업이 성공을 저해할 수 있는 단점뿐만 아니라 향상시킬 수 있는 잠재적 이점을 제공한다. 집중화 전략은 다른 조직에서 제공할 수 없는 제품이나 서비스를 제공하기 때문에 매우 높은 가격이 부과될 수 있다. 또한 기업이 종종 제공하는 제품과 서비스에 대한 엄청난 전문지식을 개발할 수 있다. 제품 지식이 중요한 전문품 시장에서 신규 진입자는 집중화 전략을 따르는 회사와 경쟁하기 어려울 수 있다. 그러나 틈새시장에서 제한된 수요로 인해 문제가 발생할 수 있고, 다른 시장으로 이전하기가 어려울 수 있다. 따라서 틈새시장은 더 큰 경쟁업체에 의해 사라지거나 인수될 수 있다.

표 5-4   집중화 전략의 장단점

장점	단점
• 독특한 제품이나 서비스를 제공한다. • 소량 구매에 강력한 공급자는 관심이 없다. • 강력한 구매자는 다른 제품들을 찾지 못해 충성도를 바꿀 가능성이 적다. • 구매자의 위협을 처리할 수 있다 • 대체품과 경쟁제품의 위협을 처리할 수 있다.	• 목표시장이 어떤 이유로 사라질 수 있다. • 기업이 어떤 부문을 선택해야 하는지를 식별하기 어렵다. • 틈새시장을 위한 차별화 전략개발이 어렵다. • 다른 시장으로 이전하기가 어려울 수 있다. • 대기업들이 관심을 갖기에 충분한 틈새시장은 경쟁이 치열해질 수 있다.

5. 혼합전략

전략 관리에 관한 대부분의 교과서는 Porter의 성장전략을 채택한다. 그러나 회사는 원가우위 전략과 차별화 전략을 혼합할 수 있다. 혼합전략(hybrid strategies)은 저비용 생산과 차별화를 가능하게 하는 전략을 의미한다. 대량생산으로 규모의 경제 효과에 따른 저렴한 가격에 의존하는 원가우위 전략과 고가를 지불하는 세분시장을 위해 독특한 제품에 의존하는 제품 차별화 전략을 채택한다. 원가우위 전략은 단위당 이익이 낮은 경우에도 대량판매로 수익을 창출하고, 차별화 전략은 매출이 제한적이더라도 높은 가격으로 높은 단위당 이익을 창출한다. 근본적인 문제는 더 큰 이익을 창출하기 위해 표준화되고 저비용의 생산으로 대중시장과 세분시장에 제공할 수 있는 가능성이다.

• 혼합전략: 원가우위 전략과 제품 차별화 전략의 결합 전략

혼합전략은 원가, 평균 가격과 평균 품질로 회사가 중간에 머물러 있을 위험이 있다. 그러나 높은 규모의 경제와 차별화를 유지할 수 있는 경우가 있다. 모듈식 설계는 높은 경제성으로 광범위한 가능성을 제공한다. 자동차 산업이 대표적인 예이며, 대량맞춤으로 정의되는 Dell 컴퓨터가 있다. 저가 대중시장의 한계는 높은 가격을 지불할 준비가 된 고객에게 더 높은 가격을 부과할 수 없다는 사실이다. 제품 디자인, 브랜드 또는 서비스의 변화에 따른 가격차별화로 수익을 극대화할 수 있다. 그러나 저비용 차별화는 대량생산으로 인한 것이 아니라 주로 혁신으로 인한 것이다. 다양한 제품을 사용하더라도 경쟁력을 유지할 수 있다. IKEA는 제품의 높은 차별화와 가치를 유지하면서 생산비용을 줄이는 데 성공한 기업이다.

포터의 본원적 전략 모델은 많은 장점을 갖고 있지만 여러 이유로 비판을 받는다. 산업 정의에 대한 분명한 경계가 없고, 모델이 본질적으로 정적이며, 제품과 서비스가 단일 범주 아래 완벽하게 분류되지 않는 원가우위 차별화와 관련된다. 따라서 본원적 전략이 성공하려면 사전에 갖추어져야 할 전제 사항들이 있다. [표 5-5]는 본원적 전략이 성공하기 위한 사전 전제 사항이다.

표 5-5 본원적 전략의 사전 요구 사항

전략	필수 기술과 자원	조직 요구 사항
원가우위	• 지속적인 자본 투자와 자본 접근 • 공정, 공학, 기술, 강력한 노동 감독 • 제조가 용이하도록 설계된 제품 • 저비용 분배 시스템	• 엄격한 비용 관리 • 빈번하고 상세한 통제 보고서 • 체계적인 조직과 책임 • 엄격한 양적 목표 충족에 따른 인센티브
차별화	• 강력한 마케팅 능력 • 제품개발 능력 • 창조적인 감각 • 기초 연구에서의 강력한 역량 • 품질 또는 기술 우위에 대한 기업의 명성 • 기술의 독특한 조합 • 채널과의 강력한 협력	• 제품개발과 마케팅의 기능 간 강력한 조정 • 양적 측정 대신 주관적 측정 및 인센티브 제공 • 숙련된 노동력, 과학자 또는 창조적인 인재를 유치하기 위한 복지제도
집중화	• 특정 전략목표를 위한 상기 전략 조합	• 특정 전략목표를 위한 상기 전략 조합

글로벌
리더를 위한
전략경영

기업전략

제6장
기업전략

1. 기업전략

기업전략(corporate strategy)은 전략적 행동에 대한 기본 방향을 제공하는 전략이다. 기업전략은 주로 기업 전체로서 기업의 방향 선택과 사업이나 제품 포트폴리오 관리에 관한 것이다. 대규모 회사에서 특히 기업전략은 최대 가치를 위해 다양한 제품계열과 사업단위를 관리하는 것이다. 따라서 장기적인 사업목표를 달성하기 위해 조정하고 유지하는 노력의 기본으로 간주된다. 기업전략은 장기적 목표가 어떻게 달성되는지를 보여주고, 주요 행동을 안내하는 종합적인 접근 방식이다. 이러한 기업전략은 회사의 제품계열과 사업단위로 또는 회사와의 재무와 기타 자원의 흐름에 관한 결정이 포함된다. 이러한 기업전략은 성장전략, 안정전략, 축소전략과 포트폴리오 재조정 등으로 분류된다.

1) 성장전략

조직은 기본 목표로서 매출, 자산, 이익, 시장점유율 등을 추구한다. 산업에서 회사는 생존하기 위해 성장해야 한다. 지속적인 성장은 판매증가와 경험곡선을 활용하여 제품단가를 낮추어 수익을 높이는 것을 의미한다. 비용절감은 기업이 빠르게 성장하거나 경쟁업체가 시장점유율을 높이기 위해 가격전쟁에 참여하는 경우 매우 중요하다. 특별한 제품이나 서비스로 높은 가격을 충족할 수 있는 수익성 있는 틈새시장이 임계질량(critical mass)[1]에 도달하지 않는 회사는 큰 손실에 직면한다. 이와 같

---

1   바람직한 결과를 얻기 위한 충분한 양.

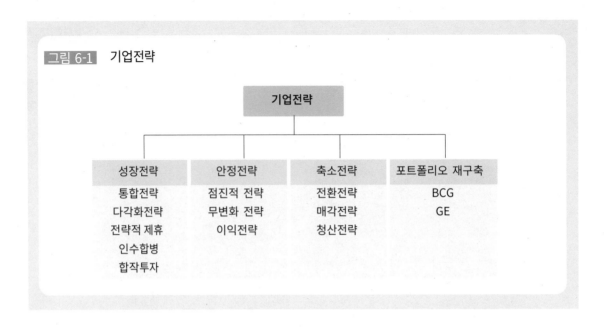

그림 6-1 기업전략

기업전략

성장전략	안정전략	축소전략	포트폴리오 재구축
통합전략	점진적 전략	전환전략	BCG
다각화전략	무변화 전략	매각전략	GE
전략적 제휴	이익전략	청산전략	
인수합병			
합작투자			

이 성장전략(growth strategy)은 회사의 활동을 확대하는 전략이다. 이러한 전략에는 집중전략, 통합전략, 다각화전략, 전략적 제휴, 인수합병과 합작투자 등이 있다. 다음은 기업이 성장전략을 선택하는 목적이다.

- 이익 성장
- 시장점유율 증가
- 자산 또는 판매로 측정한 규모 증가
- 지리적 영역에서의 성장
- 사업 또는 제품 수의 증가

❶ 통합전략

통합전략(integration strategies)은 다른 회사와 결합하여 외부적으로 확대하는 전략이다. 통합은 회사가 합병하거나 한 회사가 다른 회사를 인수할 때 이루어진다. 통합은 사업을 운영하는 프로세스의 효과성과 효율성을 향상시키는 데 중점을 둔다. 이러한 전략은 시너지 효과를 창출함으로써 성장을 추구하는 전략이다. 통합에는 두 가지 유형이 있다. 즉, 수직 및 수평적 통합이다. 다음은 기업들이 통합하는 목적이다.

- 생산과 유통 사슬 강화
- 시장점유율 향상
- 신제품 개발과 출시비용 절감
- 새로운 사업에 진입하는 위험 축소
- 시장진입 가속화
- 사업 다각화
- 경쟁강도 완화

❷ 다각화 전략

다각화(diversification)는 시장, 제품, 서비스 또는 생산 단계를 기존 사업에 추가함으로써 기업 운영을 확장하는 성장전략이다. 다각화는 새로운 시장 또는 현재 운영하지 않는 사업에 진입하는 기업 전략이며 새로운 시장을 위한 새로운 제품을 창출한다. 다각화에는 제품 범위, 고객 또는 대체 기술 측면에서 실질적인 변화가 필요하다. 다각화는 다른 산업이나 사업 분야의 기업인수를 통한 성장을 포함한다. 다각화 전략은 공공 부문과 민간 부문의 여러 사업 집단과 개별 기업에서 채택된다. 다음은 다각화 전략의 이점이다.

- 저성장 산업의 조직은 급성장하는 산업의 기업을 인수하여 성장률을 높일 수 있다.
- 유동성이 있는 조직은 성장하는 산업에 대한 투자로 높은 수익을 추구한다.
- 조직은 여러 산업에 걸쳐 위험을 분산시킨다.
- 관리, 재무, 기술, 자원이나 마케팅 기술로 다른 산업의 회사에 높은 수익을 제공한다.

Sense 다각화한 사업 포트폴리오

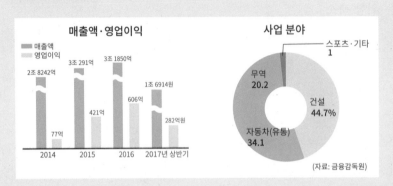

매출액·영업이익

- 매출액
- 영업이익

2조 8242억 / 77억 (2014)
3조 291억 / 421억 (2015)
3조 1850억 / 606억 (2016)
1조 6914원 / 282억원 (2017년 상반기)

사업 분야

- 스포츠·기타 1
- 무역 20.2
- 건설 44.7%
- 자동차(유통) 34.1

(자료: 금융감독원)

건설, 무역, 자동차 판매(유통), 스포츠 등 다각화한 사업 포트폴리오는 코오롱글로벌의 성장전략 중 하나다. 시장 변화를 읽고 끊임없이 새로운 사업을 추가한 것이다. 1954년 설립된 코오롱글로벌(당시 사명은 '개명상사')은 무역업을 하다가 1960년 코오롱건설과 합병한 후 건설업을 주력으로 성장했다. 이후 1987년 코오롱모터스를 설립, BMW 수입 판매를 시작했다. 2011년에는 코오롱아이넷(무역 부문)과 코오롱B&S(유통)를 인수하며 무역·유통 사업을 강화했다. 올해 상반기 코오롱글로벌의 사업별 매출 비율을 보면 건설 부문이 44.7%로 가장 높고, 자동차 판매 34.1%, 무역 20.2%, 스포츠·기타 1% 순이다.

코오롱글로벌 건설 부문은 토목·건축·플랜트 등 일반 건설과 주택건설·해외건설 등 건설업 전반을 영위하고 있다. 올해 건설사 시공능력평가에선 19위에 이름을 올렸다. 자동차 판매 부문은 BMW와 미니(MINI), 롤스로이스 수입 판매와 애프터서비스(AS) 사업을 하고 있다. 특히 지난해 기준 국내 BMW는 딜러사 중 가장 많은 판매를 했다. BMW는 국내 수입차 시장에서 메르세데스 벤츠와 판매 1위를 다투고 있다. 무역 부문은 60년이 넘는 업력과 아랍에미리트 두바이, 이란 테헤란, 이탈리아 밀라노, 중국 난징, 베트남 호찌민, 인도 델리 등 탄탄한 글로벌 네트워크를 구축하고 있다. 철강이 무역 부문 매출의 44%를 차지하는 주력 제품이고, 에너지·군수·석유화학·섬유 등을 트레이딩하고 있다. 스포츠 부문은 1984년 회원제 종합스포츠센터 '코오롱 스포렉스'를 설립, 국민 생활체육 증진과 건전한 레저 문화 정착에 기여하고 있다.

출처: 조신비즈 2017.09.25

❸ 전략적 제휴

전략적 제휴(strategic alliance)는 공동의 목표를 달성하기 위해 두 개 이상의 회사가 협력하는 방식이다. 따라서 전략적 제휴는 공동 관리를 수반하고 상호이익을 위해 기여하는 두 개 이상의 독립적인 기업 간의 협력을 의미한다. 전략적 제휴는 원하는 기술이나 능력을 얻는데 효과적이고 목적달성 후에도 철수가 쉽고 투자가 적다. 전략적 제휴의 동기 규모의 경제성, 위험과 투자비용의 분산, 경쟁우위 자산의 보완적 공유, 기술획득 및 이전수단, 시장의 신규진입과 확대, 과다한 경쟁방지 등이다. 어떤 제휴는 단기적이나 어떤 제휴는 장기간에 걸쳐 기업의 완전한 합병을 유도한다. 다음은 전략적 제휴의 특징이다.

- 제휴회사는 합의한 목표를 추구하기 위해 단합하지만 서로 독립을 유지한다.
- 할당된 업무의 수행에 대한 제휴와 통제가 가장 구별되는 특징이다.
- 제휴회사는 기술, 제품 등 주요 전략 영역 중 제휴한 영역에 대해 기여한다.
- 공통된 전략을 공동으로 개발하고 상생의 태도를 유지한다.
- 각 협력자는 구체적인 강점을 공유한다.
- 자원, 투자 및 위험을 공동으로 부담한다.

❹ 인수합병

인수(acquisition)는 한 기업이 다른 기업을 인수하고 피인수 기업은 존재하지 않는 상황을 의미한다. 즉, 한 기업이 다른 기업의 주식이나 자산을 취득하면서 경영권을 획득하는 것이다. 합병(merger)이란 두 기업이 결합하는 전략이다. 즉, 두 개 이상의 기업들이 법률적으로나 사실적으로 하나의 기업으로 합쳐지는 것을 의미한다. 합병은 두 회사가 결합하여 하나의 단일 회사를 형성하지만 새로운 이름으로 형성될 때 발생한다. 합병을 결혼으로 표현한다. 인수는 조직이 다른 조직의 소유권을 갖는 반면 합병은 상호 합의한 조직 간의 공동 소유 결정을 의미한다.

❺ 합작투자

합작투자(joint venture)는 두 개 이상의 회사가 합법적으로 독립적인 회사를 설립하여 경쟁우위를 발전시킬 수 있는 자원과 역량을 공유하는 전략적 제휴이다. 두 회사가 합작투자 회사인 제3의 회사를 설립하는 자금을 투자할 때 이 새로운 자회사를 합작투자라고 한다. 합작투자는 두 파트너 사의 자산, 지식 및 자금에 접근할 수 있기 때문에 모회사를 변경하지 않고 해당 회사의 최상의 기능을 결합할 수 있다. 새로운 회사는 계속해서 사업을 영위할 실체이다. 합작투자의 목적은 두 회사가 성장이나 매출 등의 측면에서 함께 달성하는 것이다. 다음은 합작투자의 이점이다.

- 자원 공동 활용
- 높은 수익 추구
- 위험의 분산

화장품 ODM, 동남아, 미국서 활로 찾는다

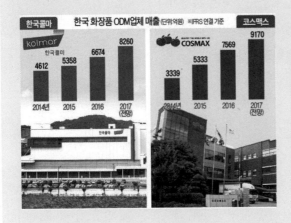

중국 시장에 집중하던 한국콜마, 코스맥스 등 국내 화장품 제조자개발생산(ODM) 회사들이 방향을 돌리고 있다. 화장품업계 관계자는 "중국 관광객이 급감하면서 국내 화장품 ODM업체들의 수익성이 악화됐다"며 "중국을 대체할 시장을 찾기 위해 화장품업계가 사활을 걸고 있다"고 말했다.

2016년 그룹 매출 1조 원을 넘어선 코스맥스는 올해 주요 투자처를 중국에서 동남아로 바꿨다. 지난 6월 태국 방콕에 법인을 설립했다. 중국 상하이와 광저우, 미국, 인도네시아에 이어 다섯 번째 해외 법인이다. 코스맥스는 태국 1위 화장품회사와 손잡고 제품 공동 개발과 공동 마케팅 방안을 협의 중이다. 이 회사는 태국에서 연매출 3,500억 원을 올리는 것으로 알려졌다.

한국콜마는 미국 펜실베이니아주에 화장품 공장을 증설한다. 미국 화장품 ODM회사인 프로세스테크놀로지앤드패키징(PTP)을 인수하면서 미국 시장에 진출한 지 1년만이다. 1993년 설립된 PTP는 로라메르시에, 시세이도 등에 납품하고 있다. 한국콜마는 작년부터 북미 시장에 공격적으로 투자했다. PTP 인수 당시 한국콜마는 170억 원을 투자해 지분 51%를 획득했다. 나머지는 북미 최대 화장품 소싱 전문기업인 월저가 보유하는 공동 인수 방식이다. 한국콜마는 제품 연구개발과 생산을 맡고 미국 판매 네트워크를 갖춘 월저에 마케팅과 영업을 맡겼다. 경쟁사인 코스맥스보다 뒤늦게 미국 시장에 뛰어든 만큼 빠르게 시장에 안착하기 위한 전략이다. 한국콜마 관계자는 "중국과 한국 화장품 시장이 침체된 상황에서 미국 자회사가 판매 호조를 보이며 효자 역할을 하고 있다"며 "새로운 고객사를 확대해 북미 시장 점유율을 높이겠다"고 말했다.

출처: 한국경제 2017.09.13

2) 안정전략

안정전략(stability strategy)은 기존 제품계열이나 기존 사업에 중점을 두는 전략이다. 기업은 방향에 큰 변화 없이 현재의 활동을 계속함으로써 성장에 대한 안정성을 지속할 수 있다. 때로는 전략의 부족으로 보이지만 기업의 안정전략은 합리적으로 예측 가능한 환경에서 운영되는 성공적인 기업에 적합하다. 이 전략은 틈새시장을 찾아 성공과 관리 가능한 크기에 만족하는 중소기업 소유주들에게 매우 인기가 있다. 그러나 안정전략은 단기적으로 매우 유용할 수 있지만 장기적으로 추구한다면 위험할 수 있다. 시장을 장악하는 조직은 산업 독점에 대한 정부 통제나 처벌을 피하기 위해 안정전략을 선택할 수 있다. 조직이 추가 성장은 대가가 너무 크고 수익성에 악영향을 줄 수 있다. 안정전략 중 인기 있는 전략은 점진적 전략, 무변화 전략과 이익전략이다. 안정전략은 다음과 같은 방법 중 하나로 유지한다.

- 현상유지: 현재 하고 있는 사업을 계속 유지한다.
- 역량강화: 우수하고 혁신적인 방법으로 역량을 강화한다.

❶ 점진적 전략

어떤 기업은 성장이나 축소전략을 추진하기 전에 휴식할 수 있는 기회를 갖는다. 점진적 전략(incremental strategy)은 특정한 환경 상황이 바뀔 때까지 점진적 개선만을 하려는 매우 신중한 시도이다. 즉, 도약하지 않지만 이미 수립한 목표로 천천히 꾸준히 개선하는 전략이다. 경영환경이 보다 우호적일 때까지 또는 회사가 장기간의 급속한 성장 후에 자원을 통합할 수 있게 될 때까지는 사용되는 임시 전략이다.

❷ 무변화 전략

무변화 전략(no-change strategy)은 현재의 운영과 정책을 그대로 지속하는 전략이다. 무변화 전략의 성공 여부는 기업 상황에서 중대한 변화가 없다는 점에 달려있다. 거의 또는 전혀 성장하지 않는 산업에서 회사가 판매와 이익 목표에서 과대한 것을 조정한다. 뚜렷한 기회나 위협이 없으며 중요한 강점이나 약점이 많지 않다. 이러한 회사는 합리적으로 수익성 있고 안정적인 틈새시장을 발견했을 것이다. 회사가 경험하는 상대적인 안정은 미래가 현재의 연장으로 계속될 것으로 기대하여 무변화 전략을 추구한다.

❸ 이익전략

이익전략(profit strategy)은 회사의 매출이 감소할 때 투자와 단기적 지출을 축소함으로써 인위적으로 이익을 강화하는 시도이다. 주주와 투자기관에 대해 회사의 열악한 상황을 알리는 대신 최고 경영자는 이 전략을 따를 수 있다. 경영진은 반기업 정부정책, 비윤리적인 경쟁자나 까다로운 고객과 같은 적대적인 환경에서 투자를 지연하거나 R&D, 유지보수 및 광고와 같은 비용을 절감하여 안정화시킨다. 이 기간 동안 이익이나 현금흐름을 위해 일부 제품계열을 매각할 수도 있다. 또한 기업공개(initial public offering: IPO)를 준비하는 회사는 가치를 높이는 방법일 수도 있다. 이익전략은 회사의 일시적인 어려움에 도움이 된다. 그러나 이 전략이 오랜 기간 지속된다면 기업의 경쟁우위를 심각하게 악화시킬 수 있다.

3) 축소전략

조직의 생존이 위협받고 효과적으로 경쟁하지 못하면 축소전략이 필요하다. 축소전략(retrenchment strategy)은 회사의 다양성이나 운영 규모를 줄이는 전략이다. 이 전략은 재무적 안정성을 목적으로 비용을 절감하기 위해서 사용된다. 축소전략의 기본적인 유형은 전환, 매각과 청산이 있다. 전환전략(turnaround strategy)은 조직의 성과가 좋지 않고 아직 수익 단계에 이르지 않은 경우에 사용된다. 수익성이 낮은 제품을 제거하고, 인력을 정리하고, 유통을 조정하고, 조직을 보다 효율적으로 만들 수 있는 방법을 모색한다. 전환이 성공적이면 조직은 성장전략에 중점을 둘 수 있다. 매각전략(divestment)은 특정 사업 부분을 전부나 일부를 매각하는 것이다. 매각은 특정 사업이 조직에 적합하지 않거나 일관되게 목표를 달성하지 못하는 경우에 사용된다. 또한 매각은 조직의 재무상태를 개선한다. 청산전략(liquidation strategy)에는 더 이상 수익이 발생하지 않는 사업을 폐쇄하는 것이다. 이것은 기술이나 시장 추세가 시대에 뒤떨어져 있는 경우이다.

4) 포트폴리오 재구축

포트폴리오 재구축(portfolio restructuring)은 본질적으로 매각 및 분할을 통해 사업 포트폴리오를 수정하는 것을 말한다. 원하지 않는 자산을 매각하여 선호하는 자산으로 대체함으로써 포트폴리오 구성을 변경할 수 있다. 예를 들면, 조직은 새로운 사업의 인수를 통해 성장을 추구하고, 기존 사업의 일부에 안정성 전략을 적용하고, 다른 사업을 포기할 수 있다. 사업 포트폴리오 분석은 경영자가 이러한 문제를 해결할 수 있다. 사업 포트폴리오 분석은 해당 산업에서 사업의 상대적 위치와 조직의 모든 사업 간의 관계를 분석하는 도구이다.

❶ 전략적 포트폴리오 관리

개인 투자자들은 고위험 증권, 저위험 증권, 성장증권과 저수익 채권으로 투자 포트폴리오(portfolio)[2]를 다양화하기를 원한다. 사업 포트폴리오(business portfolio)는 회사에서 제공하는 제품 및 서비스의 집합 또는 사업의 집단이다. 많은 기업들이 상대적인 경쟁우위 및 매출 성장률에 따라 제품

---

2 한 자산에 투자하지 않고 주식, 채권, 부동산 등 둘 이상의 자산에 분산투자할 경우 투자대상 총칭.

을 분류하여 전략적 계획 작업의 일환으로 사업 포트폴리오를 분석한다. 기업은 전략적 사업단위라고 하는 사업 부문의 균형 잡힌 결합을 이뤄야 한다. 전략적 사업단위는 독특한 기업사명, 제품계열(product line)[3], 경쟁자와 시장을 갖고 있다. 포트폴리오 전략(portfolio strategy)은 사업단위, 회사의 경쟁우위와 상승효과를 제공하는 방식으로 잘 어울리는 제품계열의 결합과 관계 있다. 경영자들은 한 사업단위에 지나치게 의존하는 것을 싫어한다.

성공적인 조직은 비전을 실현하기 위해 어떤 활동을 실행해야 하는지에 대한 전략적 선택을 한다. 이러한 선택은 전략적 포트폴리오를 구성한다. 조직이 하는 일은 고객 서비스 개선, 성장촉진 또는 새로운 시장진출과 같은 기업활동과 변화 주도를 포함하여 잠재적으로 포트폴리오의 구성이다. 전략적 포트폴리오 관리는 전략적 목표를 달성하고 사업을 포트폴리오로 간주하고 포트폴리오 전반에 맞는 균형을 유지하기 위해 조직의 자원을 집중시키는 데 가장 적합한 부분을 결정하는 것이다.

회사가 여러 가지 전략사업단위를 갖고 있을 때 각 사업에 대한 목적과 전략이 무엇인지와 각 사업단위에 자원을 어떻게 배분할 것인지를 결정해야 한다. 각 사업을 평가하기 위해 포트폴리오 계획법을 사용한다. 포트폴리오 계획법은 회사의 전체사업의 집합을 분석하는 것이다. 즉, 포트폴리오 분석은 각 전략사업단위의 매력도를 평가하기 위해 사용되는 도구이다. 각 전략사업단위의 시장매력도와 사업의 시장 내 경쟁 위치를 확인함으로써 각 전략사업단위의 기업성과에 대한 상대적 공헌도를 시각적으로 알 수 있다. 포트폴리오 분석에 가장 널리 사용되는 것은 BCG 성장-점유율 매트릭스와 GE 접근법이다.

❷ BCG 성장-점유율 매트릭스

BCG 성장-점유율 매트릭스(Boston Consulting Group Growth-Share Matrix)는 회사 내 여러 사업들을 시장성장률과 시장점유율이라는 두 변수를 양축으로 하는 2차원 공간상에 표시하여 각 사업의 상대적 매력도를 비교하는 도구이다. 시장성장률(market growth rate)은 시장매력도를 측정하기 위해서, 상대적 시장점유율(relative market share)은 사업의 경쟁적 강점을 측정하기 위해서 사용된다. BCG 성장-점유율 매트릭스는 y축은 시장성장률을 나타내고 x축은 상대적 시장점유율을 나타낸다. 원의 위치는 각 사업단위의 시장성장률과 상대적 시장점유율의 크기이며, 원의 크기는 각 사업단위의 매출액을 보여준다. BCG 성장-점유율 매트릭스는 수익성과 시장점유율이 서로 높게 관련되어 있다고 가정하기 때문에 사업과 투자의사결정에 유용하다. 그러나 BCG 성장-점유율 매트릭스는 주관적이기 때문에 경영자들은 의사결정 전에 그들의 판단과 다른 방법을 사용해야 한다.

---

3 기업이 동일한 기능을 제공하는 모든 개별제품의 집합.

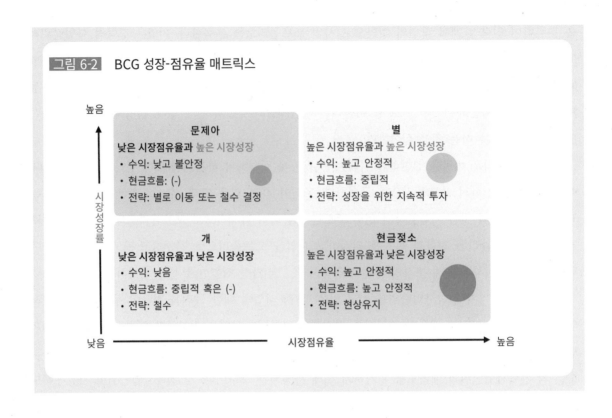

그림 6-2 BCG 성장-점유율 매트릭스

문제아
낮은 시장점유율과 높은 시장성장
• 수익: 낮고 불안정
• 현금흐름: (-)
• 전략: 별로 이동 또는 철수 결정

별
높은 시장점유율과 높은 시장성장
• 수익: 높고 안정적
• 현금흐름: 중립적
• 전략: 성장을 위한 지속적 투자

개
낮은 시장점유율과 낮은 시장성장
• 수익: 낮음
• 현금흐름: 중립적 혹은 (-)
• 전략: 철수

현금젖소
높은 시장점유율과 낮은 시장성장
• 수익: 높고 안정적
• 현금흐름: 높고 안정적
• 전략: 현상유지

높음 / 낮음 (시장성장률)
낮음 / 높음 (시장점유율)

▌별: 높은 시장점유율과 높은 시장성장

모든 사람은 별이 되기를 원한다. 별(star)은 높은 성장과 높은 시장점유율을 갖고 있는 제품이다. 별 제품의 성장을 유지하기 위해 회사는 돈을 투자하고 촉진뿐만 아니라 유통도 개선해야 한다. 사업을 통해 많은 현금을 벌어들이지만, 급속히 성장하는 시장에서 시장점유율을 유지·증대시키기 위해 많은 자금 필요하다.

▌현금 젖소: 높은 시장점유율과 낮은 시장성장

현금 젖소(cash cow)는 낮은 성장과 높은 시장점유율이 있는 제품이다. 현금 젖소는 위축되는 시장에서 높은 점유율을 갖고 있다. 비록 많은 현금을 창출하더라도 장기적인 미래를 갖고 있지 않다. 회사는 별 제품에 자금을 투자하고, 수익을 창출하기 위해 현금 젖소를 관리할 필요가 있다.

▌문제아: 낮은 시장점유율과 높은 시장성장

문제아(problem children)는 물음표(questions mark)라고도 일컬으며, 제품이 높은 시장성장에서 낮은 점유율을 갖고 있다. 또한 시장점유율을 유지·증가시키는데 있어 많은 현금이 필요하다. 경쟁력이 있는 사업단위는 시장점유율 증대를 위해 현금을 지원하고 경쟁력이 낮은 사업단위는 처분한다.

▌개: 낮은 시장점유율과 낮은 시장성장

사업에서 개라고 간주하는 것은 좋은 것이 아니다. 개(dog)는 낮은 성장과 낮은 시장점유율을 갖고 있는 제품이다. 개는 많은 돈을 벌지 못하고, 유망한 미래를 갖고 있지도 않다. 수익성이 낮고 시장전망이 어둡다. 회사는 종종 개를 제거한다.

보스턴 컨설팅 그룹의 핸더슨(Bruce Henderson)이 창안한 BGC 성장-점유율 매트릭스는 회사의 제품과 서비스에 대한 그래픽 표현을 사용하여 회사가 확대, 유지, 수확이나 철수해야 할 것을 결정할 수 있도록 도와주는 도구이다. BCG 성장-점유율 매트릭스는 경영자들이 자원배분 결정을 하는데 도움이 된다. 제품에 따라서 회사는 확대, 유지, 수확과 철수와 같이 많은 전략을 결정한다.

- 확대전략(building): 사업이나 제품에 대한 시장점유율을 확대하는 것이다. 특히 별이 되는 제품이다. 회사가 시장점유율을 증가할 수 있기 때문에 많은 회사들은 문제아에 투자한다. 성공의 연속으로 돈은 현금 젖소에서 나온다.
- 유지전략(holding): 회사가 동일한 수준에서 제품의 점유율을 유지하기를 원하는 것을 의미한다. 회사가 유지전략을 추구할 때 최소한의 투자만 한다.
- 수확전략(harvesting): 회사가 투자를 줄이는 것이다. 목적은 생존을 위해 장기적인 영향과 관계없이 제품으로부터 단기적인 이익을 창출한다.
- 철수전략(divesting): 회사가 제품을 단종하거나 매각한다.

BCG 성장-점유율 매트릭스는 여러 사업단위에 자원을 할당하기 위한 틀을 생성하고 한눈에 많은 사업단위를 비교할 수 있다. 이 도표는 몇 가지 분명한 장점을 지닌 매우 잘 알려진 포트폴리오 개념이다. 이것은 정량화되어 사용하기 쉽다. 현금 젖소, 개, 문제아 및 별은 기업의 사업단위 또는 제품을 언급하는 용어로 쉽게 기억할 수 있다. 그러나 이 도표는 의사결정 도구이지만 사업이 궁극적으로 직면해야 하는 요인을 모두 고려하지는 않는다. 또한 상대 시장점유율이 너무 작아 수량화가 어려운 소규모 사업에서 제품을 분류하는 것은 어려울 수 있다. 다음과 같은 몇 가지 한계가 있다.

- 기업의 규모를 대소로 분류하지만 기업도 중규모일 수 있다.
- 시장이 명확하게 정의되어 있지 않다.
- 높은 시장점유율은 항상 높은 이익으로 이어지지는 않는다.
- 성장률과 상대적 시장점유율만이 수익성을 나타내는 유일한 지표는 아니다.

- 개들은 경쟁우위를 확보하기 위해 다른 기업을 도울 수 있다.
- 4셀 방식은 너무 단순하다.

❸ GE 접근법

회사가 새로운 사업 기회에 투자할지를 결정하는데 도움이 되는 또 다른 포트폴리오 계획법은 GE(General Electric) 접근법이다. GE 접근법은 사업강점과 경쟁하고 있는 산업의 매력도를 검토하는 것이다. 사업강점(business strengths)은 시장점유율, 매출성장률, 가격, 원가우위, 제품품질, 자금력, 지식, 기술력 등과 같은 기업 내부요인이다. 산업의 매력도(industry attractiveness)는 시장성장률, 시장의 규모, 산업의 수익률, 산업의 경기 및 계절 민감도, 경쟁강도 등 기업 외부요인 등을 포함한다. 예를 들면, 자동차 회사는 경기 침체기에는 매력적이지 않다.

- 사업강점: 시장점유율, 매출성장률, 가격, 원가우위, 제품품질, 자금력, 고객과 시장에 대한 지식, 기술력 등 기업 내부요인
- 산업의 매력도: 시장성장률, 시장의 규모, 산업의 수익률, 산업의 경기 및 계절 민감도, 경쟁 강도 등 기업 외부요인

수평축은 사업강점을 나타내고, 수직축은 산업의 매력도를 나타낸다. 회사는 사업강점과 산업매력도를 저, 중, 고로 평가한다. 그런 다음 두 변수 간의 상관관계에 근거하여 투자전략을 결정한다. 원의 크기는 각 사업단위가 진출한 산업의 크기이며, 원 내의 %는 각 사업단위의 시장점유율이다. 따라서 확대, 수확, 유지 및 철수 전략을 수립하는데 참고가 된다.

표 6-1 산업의 매력도와 사업강점 요소

산업의 매력도		사업강점	
• 시장규모	• 가격 추세	• 시장점유율	• 고객에 대한 지식
• 시장성장률	• 업계의 전반적인 수익률	• 시장점유율 증가율	• 고객 충성도
• 업계 수익성	• 제품과 서비스의 차별화	• 이윤폭	• 생산능력
• 경쟁강도	기회	• 유통 효율성	• 재무자원에 대한 접근성
• 규모의 경제	• 수요 변동성	• 브랜드 이미지	• 기술적 능력
• 기술 요구 사항	• 세분화	• 가격과 품질에 경쟁할 수	• 경영능력
	• 유통구조	있는 능력	

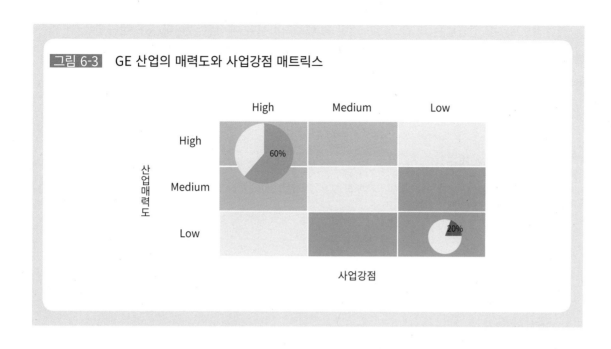

그림 6-3   GE 산업의 매력도와 사업강점 매트릭스

GE 접근법은 교통신호등에 비유하여 투자선택을 개괄적으로 보여 준다. 예를 들면, 회사가 산업에서 경쟁할 사업의 강점을 갖고 있지 않고 산업이 매력적이 아니라고 느끼면 이것은 평점이 낮고 적색등에 해당한다. 이 경우에 회사는 수확을 하고 서서히 투자를 줄이거나 사업을 철수하거나 투자를 중지한다. 많은 사람들이 황색등을 속도증가로 생각하더라도 실제로는 경고이다. 사업의 강점과 산업의 매력성에서 중간 평점을 받는 회사는 투자할 때 주의해야 하고 갖고 있는 시장점유율을 유지해야 한다. 회사가 사업의 강점에서 높게 평점을 받고 산업이 매우 매력적이라면 이것은 녹색등에 비교된다. 이 경우에는 회사는 사업에 투자해야 하고 시장점유율을 확대해야 한다. 경제가 좋지 않은 시기 동안에 많은 산업은 매력적이지 않다. 그러나 경제가 개선될 때 기업은 기회를 재평가해야 한다.

그림 6-4   GE 접근법

●	적색등	수확이나 철수, 새로운 제품, 시장이나 기술 투자 중지
○	황색등	시장점유율 유지, 투자 주의
●	녹색등	시장점율 확대, 신제품, 시장이나 기술 지원

전반적으로 GE 접근법은 BCG 성장-점유율 매트릭스보다 개선된 것이다. GE 접근법은 더 많은 변수를 고려하여 단순한 결론으로 이어지지 않는다. 예를 들면, 산업의 매력도는 여러 가지 방법으로 평가할 수 있다. 따라서 사용자는 자신의 상황에 가장 적합한 것으로 생각되는 기준을 선택할 수 있다. 그러나 GE 접근법에는 이러한 장점에도 불구하고 몇 가지 단점이 있다.

- 이 기법은 고려 변수가 많아 매우 복잡하고 번거롭다.
- 산업 매력도와 사업강점의 평가는 객관성을 주지만 실제로는 사람마다 다를 수 있다.
- 개발도상국에서 신제품이나 사업단위의 위치를 효과적으로 묘사할 수 없다.

2. 통합전략

통합(integration)을 통한 사업 확장은 하나 이상의 현재 사업운영을 고객집단의 변화 없이 결합하는 것을 의미한다. 이러한 결합은 가치사슬을 통해 이루어질 수 있다. 가치사슬은 원료의 조달에서 완성품의 마케팅에 이르기까지 상호 연결된 활동으로 구성된다. 따라서 기업은 기존 고객의 요구에 보다 포괄적으로 초점을 맞추기 위해 가치사슬을 상하로 이동할 수 있다. 통합을 통한 확장은 사업의 범위를 넓히는 확장전략으로 수직적 통합과 수평적 통합이 있다.

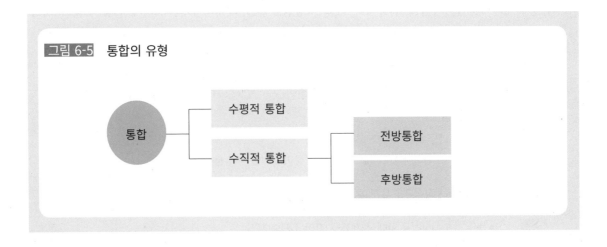

그림 6-5 통합의 유형

통합 ─ 수평적 통합
　　　 ─ 수직적 통합 ─ 전방통합
　　　　　　　　　　　 ─ 후방통합

1) 수평적 통합

수평적 통합(horizontal integration)은 동일한 산업 가치사슬에서 다른 회사를 인수하거나 합병하는 전략이다. 즉, 동일한 사업 분야와 활동 수준에 종사하는 두 개 이상의 기업 간의 합병이다. 수평적 통합은 시장의 기업 간 경쟁을 줄인다. 이것은 대부분의 기업들이 규모를 확장하고 생산수준 증가로 인한 규모의 경제를 달성하기 위해 사용하는 전략이다. 따라서 회사는 새로운 고객과 시장에 접근하는데 도움이 되고 제품과 서비스를 다양화할 수 있다.

수평적 통합은 산업계에서 기업의 지위를 강화하기 위해 추구하는 통합전략의 한 유형이다. 이러한 유형의 전략을 수행하는 기업은 일반적으로 동일한 생산 단계에 있는 다른 회사를 합병하거나 인수한다. 수평적 통합의 목적은 회사의 규모를 키우고, 제품 차별화를 도모하고, 규모의 경제를 달성하고, 경쟁을 줄이거나 새로운 시장에 진입하는 것이다. 많은 기업들이 동일한 산업에서 이 전략을 추구할 때 산업통합, 즉 과점 또는 독점으로 이어진다. 또한 수평적 통합은 합병, 인수 또는 적대적 인수의 형태로 발생할 수 있다. 합병(merger)은 하나의 합작 법인을 만드는 독립적인 두 개의 유사한 규모의 결합이다. 인수(acquisition)는 다른 회사를 취득하는 것이다. 적대적 인수(hostile takeover)는 인수되기를 원하지 않는 회사의 인수이다. 다음과 같은 경우에 수평적 통합은 효과적이다.

- 조직이 성장하는 산업에서 경쟁한다.
- 경쟁자가 이미 보유하고 있는 능력, 역량, 기술 또는 자원이 부족하다.
- 수평적 통합이 정부가 허용하는 독점으로 이어질 것이다.
- 규모의 경제가 중요한 영향을 미친다.
- M&A를 관리하기에 충분한 자원이 있다.

❶ 수평적 통합의 장점

- 비용절감: 더 많은 제품과 서비스를 생산하는 하나의 큰 회사가 된다. 더 많은 생산은 더 큰 규모의 경제와 높은 효율성을 가져온다.
- 제품 차별화: 제품이나 서비스의 기능을 더 많이 제공할 수 있다.
- 시장 지배력 강화: 대기업은 공급업체, 유통업체와 고객에 대해 많은 권한이 있다.
- 경쟁완화: 산업계에서 운영되는 회사가 줄어들어 경쟁이 감소한다.
- 새로운 시장에 대한 접근: 새로운 시장과 유통경로는 동일한 제품을 생산하지만 다른 지역에서 운영하거나 다른 시장 부문을 담당하는 회사와 통합하여 접근할 수 있다.

❷ 수평적 통합의 단점

- 가치의 훼손: 기업에 가치를 부여하지 않고 시너지 효과가 실현되지 않을 수 있다.
- 법적 영향: 독점으로 이어질 수 있다. 독점은 경쟁이 없어 정부가 권장하지 않는다.
- 유연성 감소: 대기업은 관리하기가 어렵고 혁신을 도입하는 데 있어 유연성이 떨어진다.

2) 수직적 통합

수직적 통합(vertical integration)은 가치사슬을 따라 관련 활동을 소유하고 통제하는 것을 의미한다. 즉, 유통경로 상의 상하 분야, 전방이나 후방 분야로 성장하는 전략이다. 수직적 통합은 회사가 시장에서 힘을 높이고 거래비용을 줄이며 공급이나 유통경로를 확보하기 위해 공급업체나 유통업체를 통제하기 위해 사용하는 전략이다. 기업전략에서 중요한 질문은 기업이 하나의 활동에 참여해야 하는지, 아니면 산업 가치사슬을 따라 많은 활동에 참여해야 하는지에 관한 전략이다. 예를 들면, 회사가 제품을 제조하는지 또는 소매 및 애프터서비스에 종사할 것인지를 결정해야 한다.

수직적 통합은 회사가 비통합 회사에 비해 경쟁우위를 제공한다. 이것은 소비자가 통합회사의 제품이나 서비스를 선택할 가능성이 높다는 것을 의미한다. 비용우위나 차별화로 제품이 고객에게 직접 맞춰져 있기 때문이다. 이러한 수직적 통합은 통합의 수준에 따라 완전통합, 부분통합과 비통합이 있다. 완전통합은 가치사슬의 전 과정을 통합하는 것이다. 삼성전자는 완전통합의 가장 좋은 예이다. 반도체, 스마트 폰, 컴퓨터 등은 처음부터 끝까지 전체 생산 및 유통 과정 자체를 통제한다. 부분통합은 가치사슬의 일부만을 담당하고, 비통합은 제조 부문만을 담당한다.

그림 6-6 통합 수준에 따른 수직적 통합의 유형

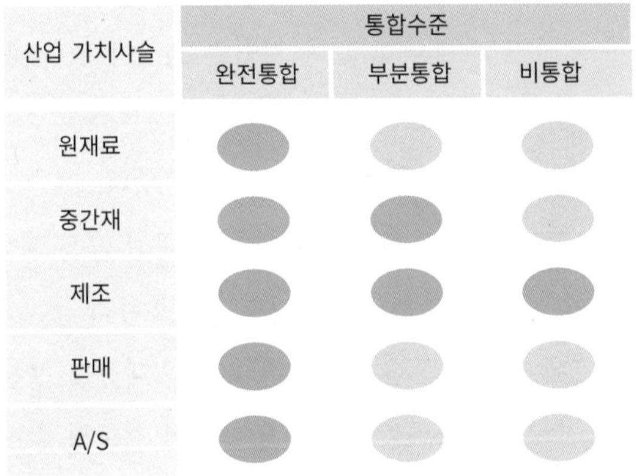

❶ 수직적 통합의 유형

수직적 통합은 기업이 원재료 조달에서 제조, 소매업에 이르기까지 산업의 가치사슬에서 여러 위치에서 수직적으로 운영되는 결과이다. 수직적 통합은 전방과 후방의 두 가지 유형이 있다. 조직이 최종적인 고객 가까이에 이동할 때, 즉 완제품의 판매를 촉진하면 전방통합이다. 예를 들면, 제조회사가 소매점을 운영한다. 회사는 경쟁우위를 확보하기 위해 가치사슬을 확장함으로써 독창적인 역량을 구축한다. 전방통합(forward integration)은 제품을 판매하는 시장 쪽으로 통합하는 것이다. 후방통합(backward integration)은 원자재를 공급하는 방향으로 통합하는 것이다. 즉, 산업계의 가치사슬에서 뒤로 이동한다. 경쟁우위를 유지하고 향상시키려면 회사는 후방통합을 사용하여 자원확보 비용과 비효율적인 운영을 최소화하고, 전방통합을 통해 제품유통을 보다 효율적으로 통제할 수 있다.

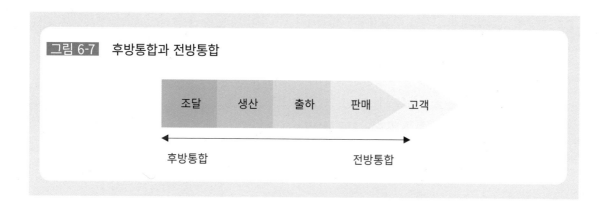

그림 6-7 후방통합과 전방통합

▌전방통합

제조회사가 판매나 판매 후 업종에 종사하는 경우 전방통합 전략을 추구한다. 이 전략은 회사가 규모의 경제와 시장점유율을 높이려는 경우 수행된다. 전방통합 전략은 인터넷의 출현이 증가함에 따라 매우 인기가 있다. 예를 들면, 많은 제조회사가 온라인 상점을 만들어 소매점을 거치지 않고 직접 제품을 소비자에게 판매하기 시작했다. 전방통합 전략은 다음과 같은 경우에 효과적이다.

- 이용할 수 있는 우수한 유통업체가 거의 없다.
- 유통업체나 소매업체가 높은 이윤을 실현한다.
- 유통업체가 매우 비싸고, 신뢰할 수 없고, 유통 수요를 충족시킬 수 없다.
- 산업이 크게 성장할 것으로 예상된다.
- 안정적인 생산과 유통의 이점이 있다.
- 새로운 사업을 관리할 수 있는 충분한 자원과 기능이 있다.

▌후방통합

제조회사가 중간재를 생산하거나 가치사슬 이전 공급업체를 인수하는 경우 후방통합 전략이다. 후방통합은 소매업의 낮은 이윤으로 인해 전방통합보다 수익성이 높지만 기업의 전략적 유연성을 감소시킬 수 있다. 그 결과 판매하기 어려운 고가 자산으로 출구장벽이 생겨 회사가 특정 산업을 떠나기 어렵다. 예를 들면, 용광로와 양조장이 있다. 철강이나 맥주산업은 수요가 감소하면 이러한 자산은 대체 용도가 없어 부채상환, 재산세 및 유지비 측면에서 비용이 계속 발생한다. 기업은 자원의 안정적인 투입을 보장하고 보다 효율적으로 수행하기 위해 후방통합 전략을 수행하고, 다음과 같은 경우에 가장 유용하다.

- 현재 공급자를 신뢰할 수 없고, 필요한 정보를 제공하지 않는다.
- 소수의 공급업체가 있지만 경쟁업체가 많다.
- 업계가 급속히 확대되고 있다.
- 투입물 가격이 불안정하고 비싸다.
- 공급업체가 높은 이윤을 얻는다.
- 새로운 기업을 관리하는 데 필요한 자원과 기능이 있다.

❷ 수직적 통합의 장단점

수직적 통합은 많은 장점이 있다. 이는 유통경로의 확보로 유통비용을 절감할 수 있다. 특히 회사가 여러 지역에서 운영되는 경우 더욱 그렇다. 수직적 통합은 공급망 내에서 조정이 개선된다. 회사는 공급망 내의 투입물에 대한 통제력을 강화할 수 있다. 새로운 유통경로를 확보할 수 있는 기회를 얻는다. 회사의 핵심역량이 확장되어 더 나은 제품이나 서비스를 제공하는 데 전문성을 집중할 수 있다.

표 6-2 수직적 통합의 장단점

장점	단점
• 유통경로의 확보와 유통비용 절감 • 공급망의 개선과 공급 품질향상 • 중요한 자원 획득 • 물리적 및 인적 자산에 대한 투자 촉진 • 새로운 역량	• 새로운 활동의 비효율적 관리로 인한 비용증가 • 경쟁부족으로 인해 제품품질과 효율성 저하 • 관료주의 증가와 투자증가로 인한 유동성 감소 • 독점기업 가능성 • 새로운 역량이 기존 역량과 충돌

❸ 수직 및 수평적 통합의 차이

수직적 통합은 제조공정의 여러 단계에서 운영되는 두 회사의 통합이나 수평적 통합은 제품과 생산 유형이 동일한 두 회사 간에 발생한다. 수직적 통합은 생산 분배 과정을 강화하고 원활하게 하는 데 목표로 하나 수평적 통합은 회사 규모와 생산 규모를 증가시키는 것을 목표로 한다. 수직적 통합은 생산과 폐기비용을 낮추나 수평적 통합은 기업 간의 경쟁을 경감하여 회사의 시장점유율을 확대한다. 수직적 통합은 회사가 자급자족의 시너지를 얻을 수 있도록 도와주나 수평적 통합은 시너지 효과를 가져 오지만 자급자족은 아니다. 수직적 통합은 전체 산업에 대한 통제권을 얻는데 사용되나 수평적 통합은 시장에 대한 통제권을 얻는 데 도움이 된다.

표 6-3 수평적 통합과 수직적 통합의 비교

비교 기준	수평적 통합	수직적 통합
의미	두 회사가 결합할 때 제품과 생산 유형 동일	한 회사가 다른 회사를 인수할 때 동일한 생산 경로에서 다른 단계에 있는 경우
도해	A회사 → B회사	A회사 ↓ B회사
목적	사업 규모 확대	공급사슬 강화
결과	경쟁의 제거와 최대 시장점유율	비용과 낭비 감소
필요 자본	고	저
자급자족	무	유

3. 다각화 전략

다각화 전략(diversification strategy)은 회사를 새로운 제품이나 서비스를 갖고 새로운 시장으로 진출하는 전략이다. 성공적인 사업을 개발하면 성장규모는 시장규모에 달려 있다. 기업은 제품이나 표적시장을 다양화하여 사업영역을 확장할 수 있다. 계속해서 성장하려면 비용과 위험을 최소화하면서 판매량을 늘릴 수 있는 방법을 검토한다.

다각화는 기업위험의 부담을 분산시키고 기업의 안정성을 확보함으로써 기업의 성장을 촉진하고 시장지배력을 강화하고 이익을 증대하는 것이다. 경기 침체기에 잠재적인 손실을 최소화하여 위험을 관리하기 위해 사업을 다각화한다. 즉, 현재의 사업에 부정적으로 반응하지 않는 사업 활동으로 확장하는 것이다. 따라서 기업은 다각화를 성장전략으로 사용할 수 있다.

1) 다각화의 이유

회사는 다양한 이유로 다각화 전략을 선택할 수 있다. 회사가 쉽게 처분하거나 폐기할 수 없는 자원이나 역량을 충분히 활용하지 못하는 경우가 종종 있다. 따라서 기업은 다각화 전략을 사용하여 모든 역량이나 자원을 활용할 수 있으며 이전에 제공되지 않은 시장에서 새로운 사업을 전개할 수 있다. 상승효과는 다각화의 주요 원인으로 결합된 조직이 독립적으로 운영되는 두 조직보다 수익성이 높을 때 복합적 다각화로 인한 결과이다.

- 상승효과: 상승효과는 두 개 이상의 활동이 두 부분의 합보다 큰 결합효과이다. 관련 다각화는 생산기술에 기반을 둔 상승효과를 창출한다.
- 위험 분산: 한 제품이나 시장에 대한 과도한 의존을 피할 수 있다. 하나의 제품계열 또는 일부 제품과 관련된 위험을 분산시킨다.
- 기회 활용: 회사는 새로운 제품계열에서 좋은 기회를 활용할 수 있다. 제품에는 고유한 제품 수명주기가 있다. 차별화나 다각화는 시장점유율을 높일 수 있다.
- 자원 활용: 회사는 금융, 시장 경로, 생산설비, 기술역량, 경영 지식 등과 같이 지금까지 활용되지 못한 자원을 사용할 수 있다.
- 경쟁전략: 경쟁자들이 진입하기 전에 경쟁자들보다 경쟁우위를 얻거나 사기를 꺾기 위해 회사는 새로운 제품을 출시할 수 있다.
- 시장점유율: 시장점유율을 확보하기 위한 목적으로 국내외에 있는 기회를 활용한다.

2) 다각화의 유형

다각화는 좋은 경쟁전략이다. 다각화 전략은 시장, 제품, 서비스 또는 생산 단계를 기존 사업에 추가하여 위험을 감소하고 기업 운영을 확장하는 데 사용된다. 다각화의 목적은 회사가 현재 운영과 다른 사업영역에 진입할 수 있게 하는 것이다. 회사는 시장이 변화하고 기회가 발전함에 따라 새로운 수익원을 개발한다. 다각화를 통한 성장은 필요할 때 회사에서 기회를 제공할 수 있다. 이러한 다각화 전략의 유형은 집중적, 수평적, 수직적, 그리고 복합적 다각화 전략이 있다.

- 집중적 다각화: 기존 제품과 관련이 있는 새로운 제품을 기존 고객에게 제공
- 수평적 다각화: 기존 제품과 관련이 없는 새로운 제품을 기존 고객에게 제공
- 수직적 다각화: 현재 가치사슬 중에서 특정 영역을 기존 고객에게 제공
- 복합적 다각화: 거의 시너지가 없는 다른 시장에 진입하거나 합병하는 방식

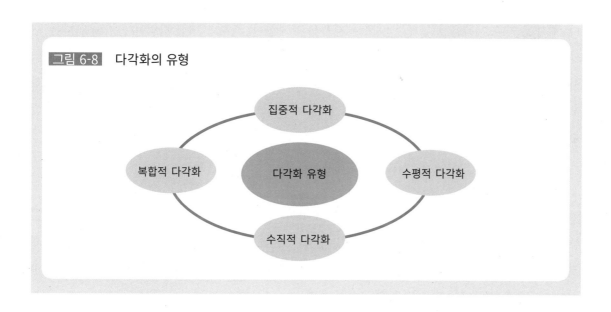

그림 6-8 다각화의 유형

❶ 집중적 다각화

집중적 다각화(concentric diversification)는 기존 제품이나 서비스와 관련이 있는 새로운 제품이나 서비스를 기존 고객에게 제공하는 것이다. 즉, 자사제품과 관련성이 있는 제품이나 서비스를 취급하고 있는 사업체를 인수하거나 창설하여 사업 활동을 확장하는 전략이다. 기존 기술과 마케팅 시스템의 잠재력을 최대한 활용할 목적으로 신제품을 추가하여 생산 포트폴리오를 확대한다. 산업이 성장할 때 조직은 집중적 다각화가 생존과 성장을 위한 중요한 전략이 된다. 이러한 다각화는 종종 소비재의 소규모 생산자들에 의해 사용된다.

❷ 수평적 다각화

수평적 다각화(horizontal diversification)는 기존 제품과 기술적으로 관련이 없는 새로운 제품과 서비스

를 기존 고객에게 제공하는 경우이다. 즉, 기업이 핵심 사업이나 기술과 다른 새로운 제품을 개발하여 기존 고객에게 제공하는 전략이다. 이 경우 회사는 기존 제품계열에 대한 판매와 기술적 관계에 의존한다. 이 전략은 특정 시장 부문에 대한 회사의 의존도를 높이는 경향이 있다. 예를 들면, 노트북을 제작한 회사가 새로운 제품으로 모자 시장에 진입할 수 있다.

❸ 수직적 다각화

수직적 다각화(vertical diversification)는 현재 사업단위의 가치사슬 중에서 특정 영역을 기존 고객에게 제공하는 것이다. 회사가 전방 또는 후방으로 사업을 확장하는 것으로 수직적 통합이라고 한다. 회사는 기존 제품을 보완하는 새로운 제품을 추가한다. 회사가 핵심 사업이나 기술과 다른 새로운 제품을 개발하거나 획득하지만 기존 고객을 대상으로 하는 다각화이다. 예를 들면, 주택 및 사무실을 재건축하는 회사가 있고 이 사업을 위해 페인트 및 기타 건축 자재를 판매하기 시작한 경우이다. 이러한 종류의 다각화는 더 우수한 품질과 저렴한 가격으로 안정적인 자재 공급을 보장할 수 있다.

❹ 복합적 다각화

복합적 다각화(conglomerate diversification)는 기업이 핵심 사업이나 기술과 거의 또는 전혀 시너지가 없는 전혀 다른 시장에 진입하거나 합병하는 방식이다. 즉, 조직의 현재 제품과 서비스와 크게 다른 새로운 제품과 서비스가 추가되는 성장전략이다. 복합적 다각화는 새로운 제품과 서비스의 추가로 손실이 이익으로 전환되는 것을 기대한다. 예를 들면, General Electric, Virgin Group, Walt Disney와 SK가 있다. General Electric은 처음에는 조명 사업으로 시작하여 의료기기 및 가전제품으로 다각화하였다. Virgin은 음반사에서 운송과 건강관리로, Disney의 활동 범위는 영화 스튜디오에서부터 엔터테인먼트 파크에 이르기까지 다양하다. SK는 섬유에서 시작하여 에너지, 화학, 이동통신에서 반도체로 다각화하였다. 다음은 이러한 복합적 다각화를 채택할 때 얻는 이점이다.

- 현재 사업부의 현금흐름으로 다른 사업부를 지원한다.
- 세금을 절세하기 위해 한 부문의 비용을 다른 부문의 이익으로 상쇄한다.
- 성장을 촉진하거나 경영진이나 소유주의 가치와 야망을 만족시킨다.
- 매력적인 성장 기회를 활용하고 위험을 분산시킨다.
- 더 나은 산업으로 이동하여 조직의 전반적인 수익성과 유연성을 향상시킨다.
- 자본시장, 안정성과 성장에 더 잘 접근할 수 있다.

• 주식 가격이 상승하여 주주의 부의 가치를 극대화한다.

3) 다각화의 장단점

다각화는 성장전략의 한 형태로 과거 성과 수준을 넘어서는 성과 목표, 즉 매출이나 시장점유율이 크게 증가하는 것을 목표로 하는 전략이다. 조직은 하나 이상의 성장전략을 추구한다. 판매 성장은 성과측정 기준으로 사용된다. 이익이 안정되거나 감소하더라도 매출 증가는 많은 사람들을 만족시킨다. 판매량이 증가하면 수익이 증가한다는 가정이 생긴다. 기업들은 다양한 시장과 제품에 대해 재무 위험을 분산시키기 위해 다각화 전략을 사용할 수 있다.

그러나 기업이 사업과 업무 범위의 다각화에 수반되는 위험을 깨닫는 것이 중요하다. 회사가 다각화를 과도하게 추구하면 핵심 기능이 약화될 수 있다. 다른 시장에 공급되는 너무 많은 제품은 기존 제품에 부정적인 영향을 미칠 수 있다. 서로 다른 제품과 시장에 분산되어 제품의 품질이나 독창성이 떨어질 수 있다. 따라서 다각화를 계획하는 기업은 사업을 정의하고 SWOT 분석, 위험 분석, 경쟁 및 갭 분석을 수행하고 다각화의 장점과 단점을 평가해야 한다.

표 6-4 다각화의 장점과 단점

전략	장점	단점
집중적 다각화	• 기술과 자원의 공유로 얻는 시너지 효과 • 규모의 경제와 절세 혜택	• 유연성 감소 • 추가 투자 • 미경험 시장과 기술
수평적 다각화	• 경쟁자 제거 • 새로운 시장에 대한 접근성	• 유연성 감소 • 위험과 몰입 증가
수직적 다각화	• 우수한 품질, 저렴한 가격, 안정적인 자재 공급	• 공급업체와의 갈등 • 자원의 분산
복합적 다각화	• 관리 개선 및 높은 ROI • 사업 확산으로 위험 감소	• 집중 부족 • 완전히 새로운 사업 위험

뉴욕타임스도 주목한 한국 모자 … 미국 야구 모자 시장 70% 장악

야구 모자를 쓰는 미국인 70%가 한국 업체가 만든 모자를 쓴다. 한국의 야구 모자는 남다른 품질과 기술로 미국 스포츠 모자 시장에서 인정받고 있다. 미국인들은 평균 6개의 스포츠 캡(Sports cap: 운동모자)을 갖고 있다. 미국 인구가 3억 2천만 명이 넘으니 어림잡아도 18억 개다. 다양한 모자 가운데 야구 모자 형태의 스포츠 캡이 인기를 끄는 이유는 야구, 농구, 미식 축구 등 프로 스포츠가 활성화됐기 때문이다. 미국인들이 쓰는 야구 모자 가운데 70%가 한국 업체가 만든 모자라는 것이다. 한국의 야구 모자는 남다른 품질과 기술로 미국 스포츠 모자 시장에서 압도적인 우위를 점했다.

아디다스, 리복, 나이키, 갭, 슈프림 … 이들의 공통점은 무엇일까? 바로 한국 모자를 판매하는 세계적인 패션 브랜드라는 것이다. 유명 브랜드뿐만 아니라 미국 4대 프로 스포츠인 MLB(미국 프로야구리그), NBA(미국 프로농구리그), NFL(미식축구리그), NHL(미국 아이스하키리그)의 거의 모든 팀의 모자가 한국인의 손에서 나왔다. 영안모자는 1959년 청계천의 작은 노점 가게에서 시작해 세계 최고의 모자 기업으로 성장했다. 1970년대 LA다저스에 팬 서비스용 모자를 독점 납품한 이후 미식축구와 농구, 하키 등으로 영역을 확대해 지금은 연간 1,200만 개의 스포츠 모자를 미국에 수출하고 있다. 영화 '인디애나 존스' 모자의 라이선스도 이 회사가 갖고 있다. 야구 모자 외에도 다양한 모자를 생산해 연간 1억 개 이상의 모자를 전세계에 수출한다. 이후 사업 다각화에 성공해 세계적인 지게차 회사인 클라크와 대우버스, OBS(경인방송) 등을 계열사로 둔 중견기업으로 성장했다.

출처: 조선일보 2017.10.02

4. 전략적 제휴

기업은 치열한 경쟁, 변화하는 기술, 사업 확장의 필요성으로 인해 다른 회사를 인수하거나 제휴관계를 맺는다. 새로운 전략의 공동 개발이 점차 대중화되고 있다. 이는 조직이 내부자원과 역량만으로 복잡한 환경에 대처할 수 없기 때문이다. 전략적 제휴(strategic alliance)는 공동의 목표를 추구하기 위해 자원을 공유하지만 제휴 결성 후 독립적으로 유지하는 데 동의하는 두 회사 간의 협력 계약이다. 제품을 공동으로 생산하는 단순한 협력에서부터 복잡한 제품과 해결책을 제공하는 여러 협력까지 다양하다. 그러나 모든 제휴의 절반은 실패한다. 따라서 제휴관계를 관리하려면 특별한 주의가 필요하다.

1) 전략적 제휴의 특징

전략적 제휴란 두 개 이상의 독립 회사가 제품, 서비스 또는 기타의 제조, 개발 또는 판매에 협력하기로 한 계약이다. 예를 들면, A사와 B사의 회사는 각각의 자원, 역량 및 핵심역량을 결합하여 상품 또는 서비스의 설계, 제조 또는 유통에서 상호이익을 창출한다. 전략적 제휴를 체결하는 근본적인 이유는 경쟁우위를 확보하여 조직역량을 강화하는 데 있다. 이를 위해 새로운 시장과 새로운 공급자원에 접근할 수 있다. 전략적 제휴의 주요 이유는 기술이나 제조능력 확보, 특정 시장에 대한 접근, 재무적 위험 축소, 정치적 위험 축소와 경쟁우위 확보 등이 있다. 다음은 전략적 제휴의 특징이다.

- 당사자들이 가치를 창출할 수 있는 두 조직 간의 협력이다.
- 매출, 사업 범위와 지식을 향상시키는 양자 간의 긍정적인 관계이다.
- 장기적인 가치창출 관계이다.
- 양자가 성공할 수 있는 협력관계이다.
- 자신의 목표를 달성할 수 있는 기회이고 상대방이 목표를 달성하도록 돕는다.
- 집중적으로 협력하기 위해 상호신뢰에 근거한 공식적 합의이다.
- 개별 회사가 할 수 있는 것 이상의 가치를 창출한다.

2) 전략적 제휴의 동기

전략적 제휴는 두 개 이상의 조직 간의 전략적 협력으로 당사자 중 하나가 홀로 달성할 수 없는 결과를 달성하는 것을 목표로 한다. 또한 전략적 제휴는 조직이 필요로 하지만 자체적으로 소유하지 않는 자원을 확보하기 위한 것이다. 예를 들면, 제조업체는 전문회사에 외주하여 핵심 사업에 집중할 수 있다. 또는 인터넷 기반 상점은 택배회사와 협력하여 고객에게 제품을 신속하게 전달할 수 있다. 이러한 제휴에 대한 주요 동기는 비용절감과 제품향상, 집중적 전문화와 상호학습이 있다.[4] 또한 재무적 위험과 정치적 위험을 줄이기 위한 동기도 포함된다.

- 비용절감과 제품향상: 비용을 절감하고 제품이나 서비스를 향상할 수 있다.
- 집중적 전문화: 자사의 역량에 가장 잘 부합되는 활동에 집중할 수 있다.
- 상호학습: 제휴는 암묵적 지식, 기술에 기초한 지식이나 능력이 필요한 경우에 특히 유용하

---

4 Koza, M. P., & Lewin, A. Y.(1998), "The Co-Evolution of Strategic Alliances," *Organisation Science*, 9, 3, 255-264.

다. 제휴사로부터 배우고 널리 활용될 수 있는 역량을 개발할 수 있다.

- 재무적 위험 축소: 신규투자나 인수는 많은 재무자원을 투자해야 한다. 투자는 자본의 고정화가 되어 필요한 경우 쉽게 퇴장할 수 없다.

- 정치적 위험 축소: 현지 제휴사와의 제휴를 통해 국제시장으로 확장할 때 자원과 역량의 결함을 극복할 수 있다.

3) 전략적 제휴의 형태

기업은 여러 가지 유형의 제휴관계를 맺을 수 있다. 사업적 제휴의 한 가지 유형은 수직 및 수평적 제휴이다. 제휴사들은 제품, 유통 경로, 프로젝트 자금 및 지식과 같은 공통된 목표에 대한 자원을 제공한다. 전략적 제휴는 장·단기적인 의도를 갖고 회사가 제휴사와 함께 과업을 수행한다. 조직은 자신의 자원과 역량개발에만 의존하는 것을 벗어나 협력에 참여할 수도 있다. 실제로 회사에서 조직적으로 개발한 것과는 다른 전략을 개발하기 위한 기반으로 제휴할 수 있다. 전략적 제휴의 형태는 수평적·전략적 제휴와 수직적·전략적 제휴가 있다.

❶ 수평적 전략적 제휴

수평적 전략적 제휴(horizontal strategic alliances)는 동일한 사업 영역에서 운영되는 회사들 간의 제휴이다. 즉, 경쟁자였던 기업들은 이제 다른 경쟁자와의 경쟁력을 높이기 위해 손을 잡는 경우이다. 시장에서의 입지를 강화하고 다른 사업 경쟁자와 비교하여 시장지배력을 향상시키기 위한 동일한 사업 영역에 있는 기업 간의 제휴이다. 이러한 제휴는 원자재 비용을 대량으로 협상하고 물류비용과 연구개발 비용을 합리화할 수 있고 마케팅 및 서비스 네트워크를 공동으로 활용할 수 있어 규모의 경제와 같은 경쟁우위를 제공한다.

❷ 수직적 전략적 제휴

수직적 전략적 제휴(vertical strategic alliance)는 서로 다른 산업 분야의 사업체들 간의 연합이다. 예를 들면, 제조 회사와 유통업자 간의 협력관계이다. 어떤 회사는 제품 및 서비스를 생산하기 위해 수직적·전략적 제휴를 이용한다. 이러한 제휴관계는 주로 제품의 상류 및 하류 가치사슬 간에 나타난다.

4) 전략적 제휴의 유형

전략적 제휴는 특히 기업이 글로벌 분야에서 경쟁한다는 사실을 고려할 때 많은 산업 분야에서 중요한 기업 활동이 되고 있다. 전략적 제휴를 통해 기업은 경쟁우위를 확보하고 새로운 시장에 진입하며 중요한 기술을 보완하고 주요 개발 프로젝트의 위험과 비용을 공유할 수 있다. 공식화된 조직 간의 관계, 다른 극단적인 상황에서는 주식이나 소유권이 없이 조직 간에 탄력적인 협력과 비공식 네트워킹이 있다. 다양한 종류의 전략적 제휴가 있다. 제휴의 일반적인 유형은 합작투자, 컨소시엄, 네트워크, 프랜차이징, 라이센싱과 외주가 있다.

❶ 합작투자

합작투자(joint venture)는 둘 이상의 사람이나 회사가 공동지배의 대상이 되는 경제활동을 수행하기 위해 만든 계약구성체를 말한다. 파트너들이 독립적으로 존재하고 법적으로 별개인 새로운 조직을 만드는 것을 결정하는 협약이다. 여기서 조직은 독립적이지만 모회사가 공동 소유한 새로운 회사를 설립한다. 자본참여 비율은 50/50, 49/51, 30/70이 될 수 있다. 대부분의 합작투자는 특정 기능으로 제한한다. 예를 들면, 제품개발과 유통이 아닌 R&D에만 적용할 수 있다. 회사의 모든 기능을 다루는 합작투자는 거의 없다. 예를 들면, 현지 회사는 노동과 시장진입을 제공하고 모회사는 기술, 경영 전문지식 및 재무를 제공한다. 상황에 따라 합작투자를 맺는 것은 위험한 것으로 간주된다. 경험 축적을 목표로 행동 강령을 설정하는 것이 바람직하나 사례마다 다르다. 다음 목록은 장래 동반자가 성공적인 합작투자로 나아가야 할 주요 경로이다.

- 회사의 장기 전략 내에서 제휴 프로젝트를 평가한다.
- 합작투자의 구체적인 목표를 정의한다.
- 합작투자사를 선택한다.
- 무엇을 제공하고 무엇을 교환해야 하는지 평가한다.
- 사업 기회를 정의한다.
- 이해관계자에 대한 영향을 평가한다.
- 협상 능력을 평가한다.
- 통합을 계획한다.
- 합작투자를 설립한다.

❷ 컨소시엄

컨소시엄(consortium)은 공통의 목적을 위한 협회나 조합을 말한다. 컨소시엄은 일반적으로 특정 벤처나 프로젝트에 중점을 둔 합작투자 협약에 두 개 이상의 조직이 포함된다. 예를 들면, 대규모 항만, 도로나 건축 공사, 우주 항공 개발에서 여러 기업들이 함께 참여하여 과제를 수행한다. 여기에는 종종 공공 부문과 민간 부문의 두 개 이상의 조직이 관련된다. 그들의 목표는 특정 프로젝트이다. 가장 좋은 사례는 유럽의 에어버스 컨소시엄 (Airbus consortium) 또는 우주 항공 건설과 같은 대형 인프라 사업이다.

❸ 네트워크

네트워크는 상호 소유권과 정식 계약에 의존하지 않고 공동 작업을 통해 조직이 상호이익을 얻는 비공식적인 방식이다. 이것은 두 개 이상의 조직이 협력하고 상호이점을 제공하는 협약을 맺는다. 이러한 네트워크 구성의 특징은 네트워크를 촉진시키고 적극적인 태도를 유지할 수 있는 작업관계, 상호신뢰와 연결 조직의 상호적응을 통한 조정에 대한 신뢰이다.

❹ 프랜차이징

프랜차이징(franchising)은 회사(franchiser)가 가맹점(franchisee)에게 제품이나 서비스를 판매할 수 있는 권리를 허용하는 계약이다. 독점 판매권은 단일 회사와 판매계약을 체결하고, 비독점 판매권은 다수의 회사와 판매계약을 체결한다. 프랜차이징 계약은 특정 기간 동안 설정된다. 가맹점은 회사에 판매 권리에 대한 로열티를 지불한다. 회사는 브랜드 이름, 마케팅 및 교육에 대한 책임이 있다.

프랜차이징은 양측에 이점을 제공하는 제휴이다. 회사는 많은 자원을 투자할 필요 없이 넓은 지역, 종종 전 세계적으로 판매를 신속하게 개발할 수 있는 기회가 있다. 가맹점은 대형 조직의 브랜드 이름으로 운영하는 것을 선호한다. 가맹점은 기술 지원, 전문 장비 및 광고 캠페인에서 판매 방법을 얻는 이점이 있다.

❺ 라이센싱

라이센싱(licensing)은 회사가 다른 회사에 자사의 기술, 유통 네트워크를 사용하거나 제품을 제조할 수 있는 권리를 유료로 허용하는 계약이다. 라이센싱은 특정 기간 동안 규정된 계약을 기반으로 하며, 라이센스가 부여된 권리에 대해 일정 금액 또는 수수료를 받는다. 라이센싱은 특허 제품을 제조할 권리를 유료로 부여하는 기술 기반 산업에서 일반적이다. 자원이 한정되어 있는 혁신적인 회사의 경우 라이선싱은 빠른 투자자본의 회수할 수 있다. 그러나 현재나 잠재적 경쟁자에 대한 노하우를 제공함으로써 회사가 핵심 기술에 대한 통제권을 잃을 위험이 있다. 이러한 위험을 해결하고 기술 분야의 협력을 넓히기 위해 회사는 전문지식이나 기술교류를 공동으로 결정할 수 있다. 그들이 보유한 특정 전문기술을 보완하기 위해 상호교환하는 교차 라이센싱 계약을 할 수 있다.

❻ 외주

회사는 특정 서비스 또는 프로세스의 일부를 외주한다. 외주(outsourcing)는 기업 업무의 일부 프로세스를 비용절감과 효율성 증대를 목적으로 제3자에게 위탁해 처리하는 것이다. 과업, 운영, 직무나 공정을 외부 계약한 제3자에게 이전함으로써 비용을 절감하고 효율을 개선하기 위해 사용된다. 예를 들면, 공공 서비스에서 폐기물 제거, 청소나 IT 서비스에 대한 책임이 점차 민간 기업에 위탁된다.

5) 전략적 제휴의 요인

회사는 경쟁전략과 전술을 사용하여 다른 회사와의 경쟁을 통해 산업 내에서 경쟁우위를 확보한다. 그러나 이는 기업 내에서 성공적으로 경쟁하기 위해 회사나 사업부가 사용할 수 있는 유일한 전략은 아니다. 회사는 다른 회사와 협력하여 산업 내에서 경쟁우위를 확보하기 위해 협력 전략을 사용할 수도 있다. 이러한 협력 전략인 전략적 제휴에 영향을 미칠 수 있는 요인은 시장 변화 속도, 자원과 역량관리와 제휴 협력자의 기대와 동기이다.

- 시장 변화 속도: 시장은 너무 빠르게 변화한다. 따라서 형식이 적당하지 않고 유연한 네트워크 구성이 합작투자보다 더 적절할 수 있다. 합작투자는 너무 오래 걸릴 수 있다.
- 자원과 역량관리: 전략이 개별적이고 전용적인 자원이 필요한 경우 합작투자가 적합하다.
- 제휴 협력자의 기대와 동기: 제휴 협력자의 기대와 동기가 부분적으로 작용한다. 예를 들면, 제휴 협력자가 재무적 위험을 분산시키는 수단으로 합작투자를 선택할 수 있다.

그림 6-9 전략적 제휴에 영향을 주는 요소

영향 요소	느슨한 시장	계약	소유권
	• 네트워크 • 기회주의적 제휴	• 라이센싱 • 프랜차이징 • 외주	• 컨소시엄 • 합작투자
■ 시장 • 시장변화 속도	• 빠른 변화	→	• 느린 변화
■ 자원 • 자산관리 • 협력자 자산 • 자산손실 위험	• 협력자별 개별관리 • 모회사 자산 의존 • 고위험	→ → →	• 공동 관리/개별적 관리 • 모회사 자산 의존 • 저위험
■ 기대 • 재무위험 분산 • 정치적 환경	• 위험 유지 • 비호의적 환경	→ →	• 위험 분산 • 호의적 환경

6) 전략적 제휴의 선택

제휴의 성공은 적절한 제휴사 선정이다. 제휴사 선택은 가장 어려운 과제이다. 이 선택 기준은 개별 제휴사의 필요와 과거 경험에 따라 매우 다양하다. 선결적인 자세는 주도권, 잠재적인 제휴사에 대한 확인과 접근 등이다. 또한 신중하게 검토할 요소는 제휴 대상에 대한 제휴사의 역사이다. 기대를 계획하고, 제휴사의 기대를 알고, 협력관계를 회사의 계획에 포함시키는 것이 신뢰구축에 기여한다. 또한 후속 협상에서 제휴사의 행동을 부분적으로 예측하는 데 도움이 된다. 제휴사의 잠재력을 측정하기 위한 기준은 3Cs이다. 융화성(compatibility), 능력(capability)과 책무(commitment)를 모두 충족시키는 것이 바람직하다.

- 융화성: 이전 제휴를 조사하여 융화성이 존재하는지 여부를 확인한다. 알려진 제휴사와의 관계를 구축하면 위험은 줄어들지만 새로운 제휴사를 선정하여 새로운 정보와 자원을 협력하는 길을 포기할 수 있다.
- 보완적 능력: 제휴 목적은 제휴사의 능력을 활용하는 것이다. 단점을 보완할 수 있어야 한다. 예를 들면, 한 제휴사는 기술을, 다른 제휴사는 유통을 책임진다.
- 책무: 제휴의 성공은 신뢰관계다. 신뢰관계는 의무를 이행하려는 책임이다.

7) 전략적 제휴의 성공 요인

조직이 다양한 이유로 전략적 제휴를 맺을 수는 있지만 제휴의 이익은 진화하는 경향이 있다. 예를 들면, 특히 복잡한 기술적 기회를 해결하기 위해 수립될 수 있지만 새롭고 예기치 않은 기회를 만들어 낼 수 있다. 따라서 제휴관계의 성공은 어떻게 관리하고 협력자가 협력관계의 진화하는 특성을 수용하는 방식에 달려 있다. 성공요인은 크게 전략적 목적, 제휴의 기대와 이점, 그리고 관계와 신뢰관리가 있다.

❶ 전략적 목적

명확한 전략적 목적은 제휴 초기부터 도움이 된다. 그러나 제휴 협력자들은 서로 다른 이유가 있을 수 있다. 제휴관계가 발전함에 따라 역동적이거나 복잡한 환경에 대처하기 위해 기대와 혜택이 진화할 가능성이 있다. 기대가 양립할 수 있거나 수렴한다면 제휴는 지속될 수 있다. 그러나 제휴사들의 기대가 변하기 시작하면 제휴는 결국 붕괴될 수 있다.

❷ 제휴의 기대와 이점

제휴사의 기대가 달라질 수 있으므로 제휴관계가 진화하면서 기대를 관리하는 것이 중요하다. 조직 간에 성과정보를 포함하는 정보교환 의향이 없으면 기대를 충족시킬 수 없다. 만약 제휴사 중 한쪽이 이익을 얻지 못하고 제휴에 부정적이라면 문제를 야기할 수 있다. 또한 물리적 제품과는 다른 지식 기반 제품과 서비스를 개발하는 제휴는 그러한 제품과 서비스의 개발에 있어 암묵적 지식에 대해 상호의존적이 될 가능성이 있으므로 제휴사를 더욱 밀접하게 연결하는 경향이 있다.

❸ 관계와 신뢰관리

제휴에 대한 최고 경영진 지원은 제휴관계가 구축되고 유지될 수 있는 광범위한 관계를 강화하기 때문에 중요하다. 최고 경영진은 제휴사 간에 존재하는 문화적·정치적 장애물을 극복할 수 있다. 강력한 대인관계를 달성해야 한다. 따라서 국가별 문화적 차이를 초월해야 한다. 또한 신뢰는 성공의 가장 중요한 요소이며 실패할 경우 실패의 주요 원인이다. 신뢰는 동반자가 상대방이 제휴에서 자신의 역할을 수행할 수 있는 역량을 보유하고 있음을 각 제휴사가 확신한다는 의미에서 중요하다. 신뢰는 인격을 기반으로 하며 정직성, 개방성, 재량 및 행동의 일관성에 대한 태도를 포함한다. 일관된 메시지는 제휴가 명확한 목표, 관리와 조직 구성을 확보하는 데 매우 도움이 된다.

8) 전략적 제휴의 관리

전략적 제휴는 특정한 부문에 대해 두 회사 간에 이루어지는 협력관계이다. 회사 간의 목적, 사업영역, 핵심역량이나 조직문화가 다를 수 있어 공동의 목표를 유지하고 신뢰관계를 형성하지 못한다면 협력관계가 지속되기 어렵다. 따라서 명확한 전략적 목적을 갖고 직접적인 경쟁을 피하는 것이 효과적인 전략적 제휴를 형성할 수 있다. 다음은 전략적 제휴를 성공적으로 관리하는 데 도움이 된다.

- 전략적 목적이 명확해야 한다.
- 모든 협력사는 상호가치를 공유한다.
- 측정 가능한 목표와 보완 기능을 갖춘 협력사를 찾는다.
- 제휴관계가 형성될 때 발생할 수 있는 제휴 위험을 규명한다.
- 각 협력사가 최선을 다해 전문화하고 업무와 책임을 할당한다.
- 시장에서 직접 경쟁을 피하고 협력사 간의 갈등을 최소화한다.
- 국제제휴는 제휴를 관리하는 사람들이 이문화에 대한 지식을 가져야 한다.

- 의사소통과 신뢰유지를 위해 인적자원을 교환하고 편중된 이익 관점을 배제한다.
- 장기적인 시야와 미래 이익에 대한 기대는 단기적인 갈등을 최소화할 수 있다.

네이버-배달의민족 전략적 제휴

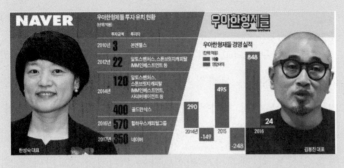

네이버가 O2O(온·오프라인 연계) 서비스 동맹군으로 배달앱 시장 1위 업체 우아한형제들을 택하면서 업계 지각변동을 예고하고 있다. 네이버는 자체 인공지능(AI) 스피커의 '킬러 콘텐츠'로 우아한형제들의 '배달의민족'을 활용해 카카오가 앞서 있는 O2O 시장 공략에

본격 나설 방침이다. 우아한형제들은 네이버와 손잡고 서비스 고도화를 통해 배달앱 시장에서 압도적 우위를 점한다는 목표다. 배달앱은 물론 '푸드테크(음식＋정보통신기술)' 시장 전체를 재편하는 촉매제가 될 것이란 관측도 나온다.

배달앱을 포함한 국내 O2O 시장은 급성장하는 추세다. 음식주문, 쇼핑, 숙소 및 택시 예약 등 생활에 필요한 모든 것을 스마트폰 하나로 해결하는 소비자가 늘고 있어서다. 우아한형제들은 2010년 음식 배달 전단을 스마트폰으로 볼 수 있는 서비스를 선보이며 선풍적인 인기를 끌었다. 창업 7년 만에 연매출 1,000억 원을 기록했다. 하지만 경쟁도 치열하다. 요기요·배달통을 서비스하는 알지피코리아가 뒤를 바짝 쫓고 있는 데다 최근 카카오(카카오톡 주문하기), 우버(우버이츠) 등 대기업들도 배달앱 시장에 뛰어들었다. 우아한형제들이 네이버와 전격 손잡은 이유다. 우아한형제들은 올해 초 AI 프로젝트 '배민 데이빗'을 시작했다. 네이버가 보유한 빅데이터를 활용해 배달앱 서비스 품질을 높일 전망이다.

배달음식 시장 규모는 업계 추산 연 15조 원이다. 이 중 배달앱을 통한 주문이 3~4조 원 정도로 파악된다. 배달앱 시장이 급성장하면서 서비스도 빠르게 진화하고 있다. 우아한형제들도 △배민라이더스(외식배달) △배민찬(반찬 새벽배송) △배민쿡(레시피·쿠킹박스) 등을 운영하며 푸드테크 전반으로 사업을 확장하고 있다. 이 회사는 지난해 매출 848억 원을 내며 전년 대비 71% 성장했다. 흑자전환에도 성공했다. 2015년 8월 중소상인들에게 과도한 수수료로 부담을 준다는 비판 여론이 일면서 주문 수수료(약 6.5%)를 없앤 뒤 거둔 성과여서 의미가 크다는 평가다. 수수료 대신 돈을 낸 가맹점을 화면 상단에 노출해주는 광고 등으로 수익 문제를 해결했다. 올해도 흑자 기조를 유지할 것으로 예상된다. 회사의 성장 가능성에 대한 시장의 신뢰도 두텁다. 앞서 골드만삭스(400억 원), 힐하우스캐피털그룹(570억 원) 등으로부터 잇따라 대규모 투자 유치에 성공한 배경이다.

출처: 한국경제 2017.10.30

5. 인수합병

인수합병(merger and acquisition)은 본질적으로 전략적이고 운영상의 이유이다. 경영자들이 저평가 자산을 취득하는 것이 아니라 좋은 유통경로, 큰 시장 영역, 우수한 조직역량 및 다양한 새로운 특징을 취득하는 것을 의미한다. 이러한 인수 요인은 모두 조직에 많은 전략적 기회를 제공하여 경쟁업체의 제품이나 서비스보다 더 큰 경쟁우위를 확보할 수 있다. 따라서 조직은 수익을 극대화하고 주가를 높이기 위해 사업단위를 성공적으로 통합한다. 기업들은 최근 기업의 성장을 위한 전략적 동기로 비용절감에서 인수합병에 중점을 두고 있다. 인수합병의 결과는 이익이거나 손실일 수 있다. 조직의 전략 계획은 인수합병 계획과 일치시키는 것이 매우 중요하다. 따라서 인수합병의 결정은 상당한 주의를 요구한다.

1) 인수합병의 동기

인수합병은 끊임없이 변하는 전략적 환경에 대응하는 매우 중요한 수단이다. 조직이 생존할 기회가 없을 때 인수나 합병을 통해 기회를 얻을 수 있다. 기업의 기본 목표는 성장이다. 성장하는 기업은 경쟁자로부터 시장점유율을 빼앗아 경제적 이익을 창출하고 주주에게 합리적인 이익을 제공한다. 한편 정체하는 기업은 주주 가치를 훼손할 뿐만 아니라 고객과 시장점유율을 상실하게 된다. 또한 성공적인 회사에 의해 인수됨으로써 약한 회사의 멸종으로 이어진다. 사업을 통합하는 이유는 시장점유율과 매출증가부터 국제확장에 이르기까지 다양하다. 그러나 합병 동기가 약하거나 실체가 없는 이유는 잘못된 결합을 초래하여 엄청난 시간과 자원을 낭비하게 된다. 다음은 회사 간에 발생하는 합병의 동기이다.

❶ 시너지 효과

시너지 효과는 합병의 가장 일반적인 이유이다. 두 회사가 합병하여 새로운 큰 회사를 구성할 때 새로운 회사의 가치는 두 회사의 합산된 가치 이상이 될 것으로 예상된다. 결국 합병을 통해 비용을 절감하고 시장점유율을 증가한다. 회사의 여러 부문에서 규모의 경제를 통해 비용을 절감하는 효과이다. 연구개발, 조달, 판매와 마케팅, 제조, 유통 및 일반 관리 등에서 비용이 절감된다. 확장된 시장, 제품 교차판매 및 가격상승을 통해 전체 매출을 증가시키는 시너지 효과이다.

❷ 빠른 성장과 시장지배력

성숙한 산업에서의 성장 기회는 제한되어 있다. 어떤 회사가 성장할 수 있는 두 가지 형태는 내부 성장과 외부 성장이다. 내부 성장은 내부 투자를 통해 매출을 증가시킴으로써 성취된다. 외부 성장은 인수합병을 통해 외부 자원을 조달하여 매출이 증가한다. 기업들은 외부적으로 성장하는 것을 선호한다. 외부 성장이 덜 위험하다. 또한 소규모 산업에서의 수평적 합병은 시장점유율을 높일 수 있다. 증가한 시장점유율은 가격에 영향을 줄 수 있는 힘을 부여한다. 독점은 수평적 합병의 극단적인 예이다. 수직적 합병은 외부 공급업체에 대한 의존도를 줄여 시장지배력을 높일 수 있다.

❸ 독특한 역량

기업들이 성공적인 성장에 필요한 자원이나 강점을 모두 보유할 수 있는 것은 아니다. 회사가 부족한 역량과 자원을 확보하고자 할 때가 있다. 이는 내부적인 역량을 개발하는 것과 비교할 때 인수합병은 매우 비용 효율적인 방식이다. 따라서 인수합병을 통해 독특한 역량을 확보할 수 있다.

❹ 다각화와 세금 문제

회사의 총현금흐름의 다각화는 경영자가 합병을 주장한 이유이다. 그러나 주주들은 포트폴리오 차원에서 투자를 쉽게 다각화할 수 있기 때문에 이러한 이유를 확신하지 않는다. 또한 소득이 큰 회사는 이월 법인세로 큰 회사와 합병할 것이다. 이렇게 함으로써 인수 회사는 세금 부담을 줄일 수 있다. 따라서 합병은 이익을 조절하는 효과를 얻을 수 있다.

❺ 경영자를 위한 개인 인센티브

경영자들은 합병을 통해 주주 가치를 극대화하기보다는 개인적인 목표달성을 원할 수 있다. 합병 후의 큰 회사는 더 많은 명성과 더 큰 힘을 갖게 된다. 심지어 더 큰 회사에서는 보상이 증가한다. 따라서 경영자는 합병을 선호하여 회사의 규모를 키우게 된다.

❻ 국제적 목표

국제적인 인수합병은 오늘날의 사업 세계에서 점점 더 보편화되고 중요해지고 있다. 자국에서의 합병과 마찬가지로 이러한 국제거래는 합병에 대한 몇 가지 다른 이유가 있다.

- 고유한 제품을 새로운 시장 판매
- 새로운 시장으로 기술 이전

- 시장 비효율적인 부분 해소
- 정부의 불리한 정책 회피
- 국제 고객에 대한 지속적인 지원

2) 인수합병의 방법과 형태

합병은 새로운 결합된 기업의 경쟁력을 높이기 위해 두 개 이상의 회사를 하나의 회사로 결합한 것이다. 인수합병은 성격에 따라 우호적 인수합병과 적대적 인수합병이 있다. 우호적 인수합병은 상대 기업의 동의를 얻는 경우이나 적대적 인수합병은 상대 기업의 동의 없이 인수합병을 강행하는 경우이다. 인수합병 방법으로는 자산인수, 주식인수, 흡수합병, 신설합병과 역합병 등이 있다.

- 자산인수: 대상 기업 자산의 포괄적 권리 매수
- 주식인수: 주식 매수를 통한 회사의 경영권 인수
- 흡수합병: 인수 기업이 대상 기업을 흡수
- 신설합병: 양 기업이 합병하여 새로운 회사를 설립
- 역합병: 실질적인 인수 기업이 소멸하고 피인수 기업이 존속

사업 구조의 관점에서 보면 다양한 합병이 있다. 인수합병의 근본적인 특징은 인수 회사가 다른 회사의 소유권을 인수하고 다른 회사의 운영을 자신의 회사와 결합하는 것이다. 인수합병은 합병 당사자 간의 경쟁관계에 따라 세 가지 형태가 있다. 즉, 수직적 합병, 수평적 합병과 복합적 합병이 있다.

❶ 수평적 합병

수평적 합병(horizontal merger)은 두 회사가 유사한 시장에 동일한 제품을 판매할 때 발생한다. 합병 회사의 사업 운영이 매우 유사할 수 있기 때문에 제조와 같은 특정 사업에 참여하고 비용을 절감할 수 있는 기회가 있다. 목적은 경쟁의 제거나 감소, 규모의 경제, 연구개발, 마케팅 및 관리 등이다. 수평적 합병은 종종 시장에서 경쟁의 완화와 같은 비재무적인 합병의 한 유형이다.

❷ 수직적 합병

수직적 합병(vertical merger)은 서로 경쟁하지는 않지만 동일한 공급망에 존재하는 두 회사 간의 결합이다. 이것은 서로 다른 생산 단계에 관여된 두 개 이상의 회사가 결합하는 것이다. 이러한 합병의

목적은 자재의 구매비용과 유통비용을 낮추며 공급 및 시장을 확보하는 것이다. 수직적 합병에는 유통업체와 협력관계를 맺고 있는 제조업체가 포함된다. 합병에 의한 수직적 통합은 시장의 한 수준에서 운영되는 경제적 실체의 총수를 감소시키지 않지만 산업 행동의 패턴을 변화시킬 수 있다. 수직적 합병은 또한 확립된 시장지배력으로 신규 사업이 시장진입을 방해할 수 있기 때문에 반경쟁적일 수 있다.

❸ 복합적 합병

복합적 합병(conglomerate merger)은 상호 관련성이 없고 경쟁관계가 없는 이업종의 기업들 간에 이루어지는 합병이다. 주로 재무측면에서의 상승효과를 얻기 위한 합병이지만 관리기술의 이전 등 경영측면에서의 효과가 있다. 그러나 관련 기업 간 합병보다는 시너지 효과가 적다. 제품계열이나 사업영역 간에는 거의 또는 전혀 시너지 효과가 없을 수 있다. 합병의 이점은 새 모회사가 사업 포트폴리오에서 다양성을 확보하고, 자본비용과 간접비를 줄이고, 효율성을 달성할 수 있는 기회를 제공한다.

표 6-5 합병과 인수가 실패하는 주요 이유

- 통합의 어려움
- 목표의 부적절한 평가
- 거액 또는 특별한 부채
- 시너지 효과 달성의 어려움
- 너무 많은 다각화
- 경영자의 과도한 인수 집중
- 규모가 너무 큰 인수
- 다른 조직 문화 통합의 어려움
- 해고 및 재배치로 인한 직원 사기 감소

한국 게임벤처 언제든지 M&A

"핀란드와 한국은 인구가 많지 않지만 뛰어난 인재를 바탕으로 삼성과 슈퍼셀 같은 글로벌 기업을 배출했다. 우수한 개발 인력을 확보하기 위해 한국 게임 스타트업(신생 벤처기업)에 전폭적으로 투자할 계획이다."

세계 최대 모바일게임 기업인 슈퍼셀을 창업한 일카 파나넨 대표는 15일 한국경제신문과의 단독 인터뷰에서 이같이 말했다.

파나넨 대표는 2010년 창업 후 6년 만에 단 네 개의 게임으로 슈퍼셀을 매출 21억 유로(약 2조 7,600억 원, 2016년 기준)를 올리는 세계 최대 모바일게임사로 성장시켰다. 슈퍼셀은 중간관리자를 두지 않는 독특한 업무체계로 유명하다. 상명하달식 업무체계를 탈피하기 위해 5~12명으로 이뤄진 '셀(소규모 팀)'에 의사결정권을 모두 위임했다. 본사는 핀란드 헬싱키에 있으며 서울, 일본 도쿄, 미국 샌프란시스코 지사를 합해 230여 명의 직원을 두고 있다. 독창적인 방식으로 성장한 슈퍼셀의 몸값은 10조 원을 웃돈다.

중국 최대 인터넷업체 텐센트는 모바일게임 분야 경쟁력을 강화하기 위해 지난해 슈퍼셀 지분 82%를 일본 소프트뱅크로부터 86억 달러(약 9조 6,000억 원)에 인수했다. 일카 파나넨 슈퍼셀 대표는 요즘 한국을 비롯한 아시아 지역에서 투자할 기업을 찾고 있다. 그는 "많은 한국 기업을 만나고 싶고, 한국 기업들도 우리에게 연락했으면 좋겠다"며 "투자받는 회사에는 회사 내부 셀과 마찬가지로 완전한 자율성을 부여할 것"이라고 했다. 슈퍼셀은 올해 영국 게임 스타트업(신생 벤처기업) 스페이스에이프(인수가 약 622억 원)를 비롯해 3곳의 게임 스타트업에 투자했다.

출처: 한국경제 2017.11.16

글로벌
리더를 위한
전략경영

제7장

기능전략

기능전략(functional strategy)은 자원 생산성을 극대화하여 기업 단위 목적과 전략을 달성하기 위해 기능 영역에서 수행하는 전략이다. 사업부제 회사가 여러 사업단위를 보유하고 있듯이 사업단위가 고유한 사업과 기능전략을 갖고 있다. 기능전략의 방향은 상위 사업단위의 전략에 의해 결정된다. 예를 들면, 제품 차별화 전략을 따르는 사업단위는 저렴한 대량생산보다 고가의 품질을 강조하는 제조 기능전략이 필요하다. 고도로 숙련되어 있지만 고임금 인력의 채용과 교육을 강조하는 인적자원 기능전략, 유통업체에 판촉수당을 사용하여 소비자의 수요를 늘리기 위해 광고를 강조하는 마케팅 기능전략 등이 필요하다. 그러나 사업단위가 저비용 경쟁전략이면 사업전략을 지원하기 위해 다른 일련의 기능전략이 필요하다. 또한 경쟁전략이 세계의 지역에 따라 다르듯이 기능전략도 지역마다 다를 수 있다.

1. 관리전략

관리(management)는 정의된 목표를 달성하기 위해 기업활동의 조직과 조정 활동이다. 즉, 관리는 효율성과 효과성을 달성하기 위해 조직의 인적, 재무, 물적, 그리고 정보자원을 계획, 조직, 지휘와 통제하는 과정이다. 관리기능은 경영자의 방대한 의무와 책임의 범위를 포함한다. 조직과 경영자가 직면하는 주요 과제는 경영문제를 창조적으로 해결하는 것이다. 관리의 원리는 경영자들이 경영과제를 다룰 때 사용할 수 있는 지침이다. 프랑스의 경영학자 페이욜(Henri Fayol)은 관리기능을 계획, 조직, 지휘와 통제로 분류한다. 이러한 관리기능들은 서로 밀접한 관련을 갖는 순환 구조이다. 따라서 관리기능은 조직의 목표를 설정하고, 목표를 달성하기 위해 자원의 효율적이고 효과적인 사용에 관한 의사결정 행동이다.

표 7-1 P-O-L-C 체계

계획 (Planning)	• 조직의 비전과 사명정의 • 목적과 목표수립 • 전략계획 • 목표달성을 위한 행동 계획	전략수립
조직 (Organizing)	• 조직구조 구성 • 자원할당 • 직무설계	전략실행
지휘 (Leading)	• 통솔과 지시 • 동기부여 • 조정과 커뮤니케이션	전략실행
통제 (Controlling)	• 과정과 기준 • 검토와 평가 • 시정조치	전략평가

1) 계획

계획(planning)은 목표수립과 달성을 위한 행동 방향의 결정을 포함하는 경영의 가장 중요한 기능이다. 어떤 조직의 미래에 대해서 확실한 것은 변화이며 계획은 현재와 미래의 필수적인 다리이며 바람직한 결과를 성취할 수 있는 가능성을 높인다. 계획이란 작업을 시도하고, 원하는 목표에 도달하는 가장 효과적인 방법을 찾아내고, 적절한 자원으로 경영환경을 극복하기 위해 준비하는 과정이다. 계획은 성공에 대한 선행 투자이다. 계획은 회사가 주어진 노력으로부터 최대한의 효과를 얻을 수 있도록 도와준다. 기업은 계획을 통해 필요한 자원을 모으고 가장 효율적으로 업무를 수행할 수 있다.

계획을 통해 기업은 달성해야 할 목표를 정확하게 파악하고 원하는 목표를 달성하기 위해 누가, 무엇을, 언제, 어디서, 왜, 어떻게 필요로 하는지 정확하게 설명할 수 있다. 계획은 조직 및 개인성과에 긍정적인 영향을 준다. 계획은 조직이 외부 위협을 최소화할 뿐만 아니라 외부 기회를 식별하고 활용할 수 있게 한다. 또한 사명을 개발하고 미래의 사건과 추세를 예측하며 목표를 수립하고 추구할 전략을 선택하는 것을 포함한다. 이러한 계획에는 전략계획, 전술계획과 운영계획이 있다.

- 전략계획(strategic planning): 조직의 목표를 효과적으로 달성하기 위하여 조직의 미래의 방향을 설정하는 전체적 계획이다.
- 전술계획(tactical planning): 전략계획을 달성하기 위한 청사진이다. 이러한 계획은 단기적이고, 중간수준의 관리자에 의해서 수행된다.
- 운영계획(operational planning): 전체 조직의 목적과 목표를 포함하고, 전략계획을 달성하기 위한 방법과 행동 단계를 실행하는 것이다. 운영계획은 보통 일년 미만으로 매우 단기적이다.

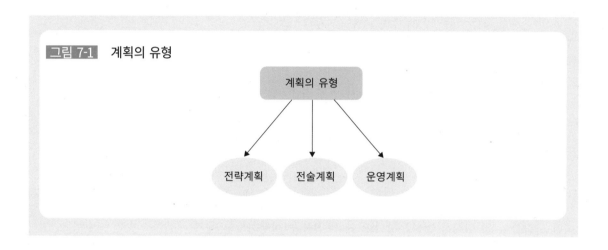

그림 7-1 계획의 유형

2) 조직

조직(organizing)은 조직의 목적을 확실히 달성하기 위해 조직구조를 개발하고 인적자원을 할당하는 경영의 기능이다. 조직은 조직의 목표를 달성하기 위해 조직 구성원들에게 계획된 작업, 권한과 자원을 배치하고, 분배하는 과정이다. 즉, 누가 무엇을 하고, 누가 누구에게 보고하는지 결정하는 것을 의미한다. 조직체계는 조직의 목표를 확실히 달성하기 위한 인적자원의 할당이다. 조직구조는 조직 내에 명령의 사슬을 도표화한 것이다. 직무설계는 노동의 분업과 전문화의 원리에 근거하고, 직무내용이 좁을수록 직무를 수행하는 개인들은 더욱 능숙하게 된다는 가정이다. 다음은 조직의 주요 기능이다.

- 활동의 확인
- 활동의 분류와 집단화
- 의무의 할당
- 권한의 위임과 책임의 부여
- 권한과 책임관계의 조정

3) 지휘

조직이 성장함에 따라 조정과 통제의 필요성이 증가하고 조직구조가 복잡해진다. 이러한 상황을 대처하고 관리하기 위해 공동의 목표를 향해 직원들을 협력하게 할 필요가 있다. 지휘(leading)는 종업원들이 필수적인 과업을 수행하도록 지시하고, 영향을 주고, 동기를 부여하는 것이다. 조직의 목적을 꾸준히 달성하기 위해 유능한 경영자들은 동기부여를 통해 부하를 지휘한다. 개성과 직무태도의 조사는 협력과 통제에 필요한 중요한 통찰력을 준다. 조직목적을 향해 집단적으로 일하기 위해 개인적 노력 중에서 조화를 창조하는 것은 통솔에서 중요하다. 다음은 지휘의 주요 기능이다.

- 감독(supervision): 감독자가 부하의 작업을 관찰하고 지시하는 행동이다.
- 동기부여(motivation): 부하를 격려하기 위해 긍정, 부정, 금전과 비금전 수단을 제공한다
- 리더십(leadership): 원하는 방향으로 작업을 지도하고 영향을 주는 과정이다.
- 커뮤니케이션(communication): 정보, 경험이나 의견을 전달하는 과정이다.

동기부여(motivation)는 사람들이 특정 목표를 달성하는 데 영향을 미치는 프로세스이다. 동기부여는 어떤 사람들이 왜 열심히 일하는지 설명한다. 전략을 실행하도록 동기를 부여하지 않으면 목표, 전략 및 정책이 성공할 가능성이 거의 없다. 경영의 동기부여 기능에는 4가지 주요 구성 요소가 포함된다. 즉, 리더십, 집단역학, 의사소통 및 조직변화이다.

리더십은 회사의 미래에 대한 비전을 개발하고 비전을 달성하기 위해 열심히 노력하는 사람들을 고무시키는 것이다. 사업에 대한 지식, 인지 능력, 자신감, 정직성, 성실성 및 운영 능력과 같은 특성이 효과적인 지도자의 특징이다.[1] 집단역학은 직원 사기와 만족에 중요한 역할을 한다. 규범은 경영에 대해 매우 긍정적인 것에서 매우 부정적인 것까지 다양할 수 있다. 부문과 부서별 목표와 정책에 대한 지원을 얻으려면 양방향 의사소통이 중요하다. 우려 사항을 논의하고, 문제를 공개하고, 아이디어를 제안할 때 전략경영 프로세스가 훨씬 쉬워진다. 경영자는 자신의 직원이 사업에 전념할 수 있도록 해야 한다. 조직변화는 조직 내의 개인이나 집단의 행동을 관리자가 바라는 방향으로 어느 정도 변경시키려는 노력이다. 즉, 조직 변화는 사람, 구조, 기술의 혁신을 의미한다.

---

1 Kirkpatick, S. A., & Locke, E. A.(1991), "Leadership: do Traits Matter?" *Academy of Management Executive*, 5(2), 48–60.

4) 통제

통제(controlling)는 목표와 계획에 대한 성과를 측정하고 기준 이탈을 수정하는 것이다. 따라서 통제는 성과가 기준으로부터 이탈하지 않도록 감시함으로써 계획의 달성을 촉진한다. 경영자들은 어느 정도 통제의 관리기능에 관여한다. 통제기법은 예산감사와 성과감사이다. 감사는 조직 기록과 서류의 물리적 조사와 확인이다. 예산감사는 재무계획과 통제수행으로 절차에 관한 정보를 제공하고, 성과감사는 기록된 숫자가 실제성과를 반영하는지를 파악하는 것이다. 통제는 조직의 재무상태에 제한된 것이 아니라 운영, 회사정책과 규제정책의 순응까지 조직 내에의 많은 활동을 포함한다. 다음은 통제의 주요 기능이다.

- 과업기준 설정
- 기준과 실제 성과비교
- 시정조치

점차적으로 기업들은 조직성과와 관리자 및 직원의 임금을 연계 시키려고 노력하고 있다. 개인 성과측정은 종종 조직에서 비효율적으로 수행될 수 있다. 이 단점에 대한 몇 가지 이유는 대다수 관리자가 평가를 피하는 경향이 있고, 평가기술이 부족하고, 많은 시간을 할애할 수 없고, 대립을 만들 수 있다는 것이다. 개인 성과측정에 대한 단일 접근 방식은 제한이 없다. 이러한 이유로 조직은 그래픽 등급 척도, 행동기준점 등급 척도 및 중요 사건법을 개발하거나 선택한다.

 Sense 전략경영 평가에 필요한 질문

- 회사는 전략 관리 개념을 사용하는가?
- 회사 목표를 측정 가능하고 잘 전달하고 있는가?
- 모든 계층적 수준의 관리자가 효과적으로 계획하는가?
- 관리자는 권한을 잘 위임하는가?
- 조직구조가 적절한가?
- 직무기술서와 직무명세서가 명확한가?
- 직원 사기가 높은가?
- 직원의 이직과 결근은 낮은가?
- 조직 보상 및 통제 메커니즘이 효과적인가?

마케팅은 제품과 서비스에 대한 고객의 욕구를 정의하고, 예상하고, 창조하고, 이행하는 과정이다. 즉, 마케팅은 고객분석, 시장조사, 제품과 서비스 계획, 가격결정, 제품과 서비스 판매와 유통 등에 관한 기본적인 기능이다. 마케팅 전략은 제품의 가격결정, 판매 및 유통을 다룬다. 시장개발 전략을 사용하여 회사 또는 사업부서는 시장포화[2]와 시장침투[3]를 통해 현재 제품에 대한 기존 시장의 큰 부분을 확보하거나 현재 제품에 대한 새로운 용도나 시장을 개발할 수 있다. 소비재 제조자들은 제품 범주에서 지배적인 시장점유율을 얻기 위해 시장포화와 침투전략을 구현하기 위해 광고와 판촉을 활용한다.

1) 마케팅 조사

마케팅 조사(marketing research)는 제품과 서비스의 마케팅과 관련된 문제에 대한 자료를 체계적으로 수집, 기록 및 분석하는 과정이다. 마케팅 조사는 중요한 강점과 약점을 밝힐 수 있으며, 마케팅 조사원은 수많은 척도, 도구, 절차, 개념 및 기법을 사용하여 정보를 수집한다. 마케팅 조사 활동은 조직의 모든 주요 사업기능을 지원한다.

비용편익 분석(cost·benefit analysis)은 마케팅 결정과 관련된 비용, 편익 및 위험을 평가하는 것이다. 비용편익 분석을 수행하려면 세 단계가 필요하다. 즉, 의사결정과 관련된 총비용을 계산하고, 의사결정의 총이익을 산정하며, 총비용과 총이익을 비교한다. 총이익이 총비용을 초과하면 기회는 더욱 매력적이다. 고객분석은 소비자 욕구를 조사하고 평가하는 과정이다. 즉, 고객 설문 조사, 소비자 정보 분석, 시장 포지셔닝 전략평가, 고객특성 개발 및 최적 시장세분화 전략결정을 포함한다. 고객의 욕구와 필요를 확인하기 위해 구매자, 판매자, 관리자, 도·소매업자, 공급자 및 채권자 모두가 정보 수집 대상이다.

2) 제품계획

제품계획은 고객욕구를 충족하기 위한 가치창조 계획이다. 제품과 서비스 계획에는 테스트 마케팅, 제품 및 브랜드 포지셔닝, 보증, 포장, 제품 옵션, 제품기능, 스타일 및 품질 결정과 같은 활동이 포

---

2 제품이 시장에 완전히 보급된 상태.
3 기존의 시장에서 경쟁자의 소비자를 빼앗는 것.

함된다. 제품과 서비스 계획은 회사가 제품 개발이나 다각화를 추구할 때 특히 중요하다.

　테스트 마케팅(test marketing)은 테스트 시장을 통해 마케팅 계획을 검토하고 신제품의 향후 판매를 예측하는 것이다. 테스트 마케팅을 통해 대규모 생산이 시작되기 전에 취약한 제품과 비효율적인 마케팅 접근법을 밝혀냄으로써 상당한 손실을 피할 수 있다. 제품수명주기를 지배하는 회사는 틈새시장에 호소하는 제품과 포장의 새롭고 향상된 변형을 통해 제품수명을 연장할 수 있다. 회사는 기존 시장을 위한 새로운 제품을 개발하거나 새로운 시장을 위한 새로운 제품을 개발할 수 있다.

　신제품에 가격을 책정할 때 회사는 두 가지 전략 중 하나를 따를 수 있다. 신제품 선도자들은 제품이 진귀하고 경쟁자들이 적을 때 초기고가결정을 취한다. 이와 달리 침투가격결정은 시장개발을 서두르고 경험곡선을 사용하여 저렴한 가격으로 시장점유율을 확보한 다음 업계를 장악하는 전략이다. 소비자, 정부, 공급업체, 유통업체 및 경쟁업체 등 주요 이해관계자가 가격결정에 영향을 준다. 정부는 가격담합, 가격차별, 최소가격, 단가, 가격광고 및 가격관리에 제약을 가할 수 있다.

Sense 경기침체 시 광고의 바람직한 특성

- 경쟁자를 직접 목표로 정한다.
- 간결하고, 평범한 광고제작으로 개발비를 적게 한다.
- 짧고 매혹적으로 보이도록 한다.
- 사람들이 힘든 시간을 보내고 편안함을 찾으므로 기분이 좋게 느끼도록 한다.
- 배너 광고가 새로운 정크 메일이 되지 않도록 웹 사이트 게재를 줄인다.
- 가장 인기 있는 광고 색상으로 빨간색이다.
- 경쟁제품과 비교하여 낮은 가격과 가치를 강조한다.
- 제품과 서비스가 고객의 삶을 더 좋게 만드는 방법을 강조한다.

3) 제품판매

　성공적인 전략실행은 일반적으로 조직이 일부 제품이나 서비스를 판매하는 능력에 달려 있다. 판매에는 광고, 판매촉진, 홍보, 인적판매, 판매 인력관리, 고객관계 및 딜러관계와 같은 많은 마케팅 활동이 포함된다. 이러한 활동은 기업이 시장침투 전략을 추구할 때 특히 중요하다. 소비재와 산업제품에 대한 판매 도구의 효과는 다양하다. 인적판매(personal selling)는 산업재 회사에 가장 중요하며, 광고는 소비재 회사에 가장 중요하다.

회사가 유통업체를 사용하여 제품을 판매해야 하는가? 아니면 대량 판매업체를 통해서 판매하거나 인터넷을 통해 소비자에게 직접 판매해야 하는가? 여러 유통경로를 동시에 사용하면 문제가 발생할 수 있다. 유통에는 창고 보관, 유통경로, 유통 범위, 소매점 위치, 판매 지역, 재고 수준, 운송업체, 도매 및 소매업이 포함된다. 대부분의 생산자들은 상품을 소비자에게 직접 판매하지 않는다. 어떤 마케팅 기업들은 중개자의 역할을 수행한다. 이들은 소매업자, 브로커, 촉진자, 대리인, 판매인이나 유통업자와 같은 다양한 이름으로 활동한다.

기업은 물류 기능을 경쟁에서 차별화하고 가치를 창출하며 비용을 절감하는 중요한 방법으로 인식한다. 아웃소싱 물류는 비용을 절감하고 배달 시간을 향상시킨다. 많은 기업들이 물류 시스템을 단순화하기 위해 인터넷을 사용하고 있다. 물류전략(logistics strategy)은 제품이 제조공정의 내외로 흐르는 것을 다룬다. 전략과 관련된 추세는 중앙 집중화, 아웃소싱과 인터넷 사용이다. 사업단위 간의 물류 시너지 효과를 얻기 위해 기업들은 본사에서 물류를 중앙 집중화한다. 이 중앙 집중화 물류는 일반적으로 철도 또는 트럭 운송과 같은 다양한 운송 방법에서 전문성을 갖춘 전문가를 필요로 한다.

마케팅 평가에 필요한 질문

- 시장은 효과적으로 세분화되어 있는가?
- 조직이 경쟁자와 잘 어울리는가?
- 회사의 시장점유율이 증가했는가?
- 현재 유통경로가 안정적이고 비용 효과적인가?
- 회사는 효과적인 영업 조직을 갖추고 있는가?
- 회사가 시장조사를 실시하는가?
- 제품품질과 고객 서비스가 좋은가?
- 회사의 제품과 서비스 가격이 적절하게 책정되어 있는가?
- 회사는 효과적인 홍보와 광고 전략을 갖고 있는가?
- 마케팅, 계획 및 예산 책정이 효과적인가?
- 회사의 마케팅 관리자는 적절한 경험과 교육을 받았는가?
- 경쟁업체와 비교하여 회사의 인터넷은 탁월한가?

4) 구매전략

구매전략(purchasing strategy)은 운영기능을 수행하는 데 필요한 원자재, 부품 및 소모품을 확보하는 것을 다룬다. 공급업체로부터 구매한 자재 및 구성 요소가 제조회사의 총 제조비용의 약 50%를 차지하므로 구매전략은 중요하다. 기능전략이 성공할 수 있는 가장 좋은 기회를 가지려면 기능 영역 내에 있는 고유한 역량에 기반해야 한다. 기업이 특정 기능 영역에서 특유의 역량을 갖고 있지 않은 경우 기능 영역은 아웃소싱의 선택이 될 수 있다. 아웃소싱(outsourcing)은 이전에 내부적으로 제공되었던 제품이나 서비스를 다른 사람으로부터 구매하는 것이다. 이것은 수직적 통합의 반대이다. 아웃소싱은 전략적 의사결정에서 점점 더 중요한 부분이 되고 효율성과 품질을 높이기 위한 중요한 방법이 되고 있다.

해외에서 생산거점을 확보하고 생산하는 경우 해외 현지에서 원자재나 부품 등을 확보하는 해외 아웃소싱이 있다. 그러나 해외 아웃소싱을 포함한 아웃소싱은 중요한 단점이 있다. 경쟁력이 없는 외부 공급업체와 장기계약을 맺는다면 품질, 비용과 시간의 손실을 입을 가능성이 있다. 지속적 아웃소싱은 회사가 새로운 기술을 배우고 새로운 핵심역량을 개발하는 능력을 감소시킨다. 다음은 아웃소싱할 때 피해야 할 주요 실수이다.

- 회사의 핵심활동: 회사는 핵심 활동을 사내에 유지한다.
- 잘못된 공급업체 선택: 공급업체가 신뢰할 수 없거나 최첨단 프로세스가 부족하다.
- 어설픈 계약서 작성: 관계에서 권력의 균형을 잃는다.
- 간과하는 인사문제: 공급업체의 직원은 회사에 기여하지 못한다.
- 활동에 대한 통제력 상실: 관리자는 아웃소싱된 활동을 관리하지 못한다.
- 아웃소싱의 숨겨진 비용 간과: 또 다른 거래비용이 발생할 수 있다.
- 출구전략계획 실패: 회사는 계약에 취소 조항을 만든다.

3. 연구개발 전략

연구개발 전략(R&D strategy)은 제품개발과 프로세스 혁신을 다룬다. 또한 다양한 유형의 연구개발을 어떻게 결합하고, 새로운 기술이 내부 개발, 외부 개발이나 전략적 제휴를 통해서 어떻게 접근해야 하는지에 대한 문제를 다룬다. 포터에 의하면 연구개발 선택은 혁신을 개척하는 기술 선도자(technological leader)나 경쟁자의 제품을 모방하는 기술 추종자(technological follower) 중의 하나이다.

표 7-2	연구개발 전략과 경쟁우위	

	기술 선도자	기술 추종자
원가우위	• 최저 비용의 생산설계 • 최초 학습곡선 활용 • 가치 활동을 수행하는 저비용 방법 창출	• 선도자의 경험학습으로 제품이나 가치 활동의 비용절감 • 모방을 통해 연구개발 비용절감
차별화	• 구매자 가치를 높여주는 독창적 제품개발 • 구매자 가치를 높이기 위해 혁신	• 선도자의 경험학습으로 선도자에 근접한 제품이나 전달 시스템 제공

1) 연구개발 전략

경쟁전략은 원가우위나 차별화 중 하나를 선택하는 전략이다. 나이키는 차별화 경쟁우위를 확보하기 위해 선도자의 연구개발 기능전략을 효과적으로 사용하는 회사이다. 나이키는 운동화의 성능을 경쟁사와 차별화하기 위해 연구개발 투자를 업계에서 가장 많이 지출한다. 결과적으로 경기력을 향상하려는 운동선수들은 나이키 제품을 선호하게 되었다. 추종자들은 저비용 경쟁우위를 달성하기 위해 추종자 연구개발 기능전략을 사용한다.

변화하는 기술을 따라 잡기 위해 공급업체와 협력하는 기업이 늘어나고 있다. 기업은 내부 개발을 통해서만 기술적으로 경쟁력을 가질 수 없다. 전략적 기술제휴를 사용하는 것은 두 회사의 연구개발 역량을 결합하는 방법이다. 연구개발에 대한 새로운 접근 방식은 회사, 정부, 학술 기관 및 소비자와의 제휴나 관계를 사용하여 새로운 제품과 프로세스를 개발하는 개방형 혁신이다. 기술개발에 대한 다른 접근 방식은 IBM이나 Microsoft와 같은 대기업은 운영을 계속하기 위해 자본을 필요로 하는 상대적으로 새로운 하이테크 벤처 기업에서 소수 지분을 매입한다.

 Sense **R&D 평가에 필요한 질문**

• 회사에 R&D 시설이 있는가? 그것들은 적절한가?
• 외부 R&D 기업을 사용한다면 비용 효율적인가?
• 조직의 R&D 인력이 적합한 자격을 갖추고 있는가?
• R&D 자원이 효과적으로 할당되었는가?
• 경영정보와 컴퓨터 시스템이 적절한가?
• R&D와 다른 조직 단위 간의 의사소통이 효과적인가?
• 현재 제품이 기술적으로 경쟁력이 있는가?

2) 정보기술 전략

기업들은 경쟁우위를 확보하기 위해 정보기술(information technology) 전략을 점점 더 많이 사용하고 있다. 예를 들면, FedEx가 고객들에게 파워십 컴퓨터 소프트웨어를 제공하여 주소를 저장하고 배송 라벨을 인쇄하고 패키지 위치를 추적하여 판매량이 크게 증가했다. 파워십(PowerShip)은 고객의 컴퓨터에 설치되는 소프트웨어 프로그램으로서 주요 기능은 주문접수, 화물 추적, 정보저장, 요금징수 시스템 등이 있다. 페덱스는 모든 고객을 온라인으로 연결하는 것을 목표로 하고 있다.

정보는 기업 기능을 하나로 묶어 모든 경영 의사결정을 위한 기반을 제공하는 조직의 초석이다. 정보는 경쟁력 있는 경영 이점 또는 단점의 주요 원천이다. 정보 시스템의 내부 강점과 약점을 평가하는 것은 내부 평가를 수행하는 데 있어 중요한 요소이다. 경영정보 시스템의 목적은 경영 의사결정의 질을 향상시킴으로써 기업의 성과를 개선시키는 데 있다. 따라서 효과적인 정보 시스템은 정보를 수집하고, 부호화하고, 저장하고, 결합하고, 분석하고, 가공하여 제공한다.

정보 시스템 기술이 약한 기업은 경쟁력이 약하다. 반대로 정보 시스템의 강점은 기업이 다른 영역에서 특유의 역량을 확립할 수 있다. 예를 들면, 저가의 제조와 우수한 고객 서비스는 우수한 정보 시스템에 달려있다. 그러나 일부 전략적 의사결정 지원 시스템은 회사의 관리자가 쉽게 사용할 수 없을 만큼 너무 정교하거나 비싸거나 제한적이다. 따라서 전략계획 소프트웨어는 간단하고 단순해야 한다. 단순성은 회사의 관리자 간에 참여를 활발하게 하고 효과적인 전략실행을 위해서는 참여가 필수적이다

sense 경영정보시스템 평가에 필요한 질문

- 회사의 모든 관리자는 정보 시스템을 사용하여 의사결정을 하는가?
- 최고 정보 책임자 또는 정보 시스템 책임자가 회사에 있는가?
- 정보 시스템의 자료가 정기적으로 갱신되는가?
- 회사의 모든 기능 영역의 관리자가 정보 시스템에 정보를 제공하는가?
- 회사의 정보 시스템에 접근하기 위한 효과적인 암호가 있는가?
- 회사 전략가는 경쟁회사의 정보 시스템에 대해 잘 알고 있는가?
- 정보 시스템이 사용자에게 친숙한가?
- 정보 시스템의 모든 사용자는 정보가 제공하는 경쟁우위를 이해하는가?
- 정보 시스템 사용자에게 컴퓨터 교육이 제공되는가?
- 회사의 정보 시스템이 지속적으로 사용자 친화적으로 개선되고 있는가?

3) 운영전략

운영전략(operations strategy)은 제품이나 서비스를 어디에서 어떻게 제조할 것인지, 생산 프로세스에서 수직적 통합 수준, 물리적 자원배치와 공급업체와의 관계를 결정한다. 국가별 차이로 인해 한 국가에서 다른 국가로 제품설계와 제조시설의 차이가 발생할 수 있는지 확인하려면 글로벌 문제를 처리해야 한다. 기업의 운영기능은 투입물을 상품과 서비스로 전환시키는 모든 활동으로 구성된다. 운영관리는 투입, 변형 및 산출을 다룬다. 제조활동은 원자재, 노동, 자본, 기계 및 시설과 같은 투입을 완성품이나 서비스로 변환하거나 전환한다.

산업에서 제품이나 서비스를 생산하는 데 필요한 주요 비용은 운영 과정에서 발생하므로 운영은 회사의 전반적인 전략에서 경쟁력 있는 무기로서 큰 가치를 가질 수 있다. 직원의 교차교육을 통해 기업이 변화하는 시장에 더 빠르게 대응할 수 있다. 근로자의 교차훈련은 효율성, 품질, 생산성 및 직무만족도를 높일 수 있다. 많은 조직이 전략수립에서 운영기능의 역량과 한계를 충분히 고려해야 한다. 운영관리는 프로세스, 생산능력, 재고관리, 인력관리 및 품질관리라는 5가지 기능으로 구성되어 있다.

- 프로세스: 기술 선택, 설비 배치, 공정 분석, 시설 위치, 라인 밸런싱[4] 및 운송 분석
- 생산능력: 예측, 시설계획, 총계획, 일정계획, 용량계획 및 대기분석
- 재고관리: 주문 시점, 주문량과 자재관리, 원자재, 재공품과 완제품 관리
- 인력관리: 직무설계, 직무분석, 직무확충, 동기부여, 숙련, 비숙련 관리
- 품질관리: 품질관리, 표본추출, 테스트, 품질보증 및 비용관리

운영 평가에 필요한 질문

- 원재료, 부품 및 하위 조립라인의 공급이 신뢰성 있고 합리적인가?
- 시설, 장비, 기계 및 사무실은 양호한 상태인가?
- 재고관리 정책 및 절차가 효과적인가?
- 품질관리 정책 및 절차가 효과적인가?
- 시설, 자원 및 시장이 전략적으로 위치하고 있는가?
- 회사는 기술적 역량을 갖추고 있는가?

---

4 라인 밸런싱(line balancing): 생산 라인을 지체 없이 가동시키기 위하여 가공, 조립 등 각 작업공정의 부하를 되도록 평등하게 할당하는 편성 계획.

4. 재무전략

재무전략(financial strategy)은 기업과 사업수준의 재무적 영향을 검토하고 최상의 재무 조치를 결정하는 것이다. 또한 비용절감과 사업전략 지원을 위한 자본조달 능력을 통해 경쟁우위를 제공한다. 재무전략은 기업의 재무 가치를 극대화하는 것이다. 재무상태는 기업의 경쟁우위와 투자자에 대한 전반적인 매력에 대한 척도이다. 조직의 재무 강점과 약점을 파악하는 것은 전략을 효과적으로 수립하고 실행하는데 필수적이다. 회사의 유동성, 레버리지, 운전자본, 수익성, 자산활용, 현금흐름 및 자본은 실현 가능한 대안으로 어떤 전략을 제거할 수 있다.

1) 재무관리의 개념

재무관리는 기업의 재무자원을 계획하고, 통제하는 관리의 한 부분이다. 이것은 기업을 위해 자금조달의 다양한 원천을 발견하는 것을 다룬다. 재무관리(financial management)는 자금투자, 다양한 자금조달 활동 및 이익처분 등의 분야에서 일반적인 관리원칙의 적용이다. 기업의 목표와 목적을 달성하기 위해 자금을 조달하고 활용하는 과정이다. 따라서 재무관리는 자금의 조달, 투자와 배당 등을 결정하는 관리활동이다.

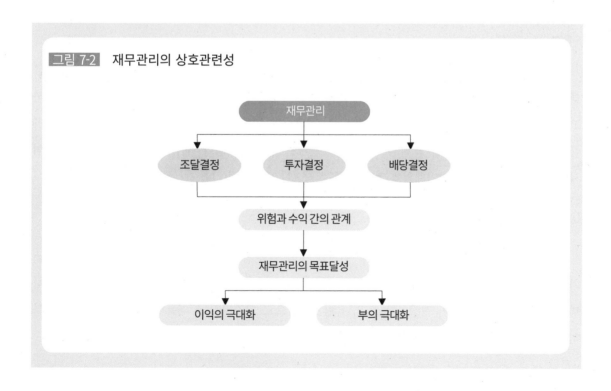

그림 7-2 재무관리의 상호관련성

재무활동에는 예산계획, 현금흐름분석과 자금계획 등이 있다. 예산(budget)은 수입을 예상하고 특정 자원들을 배분하는 과정이다. 예산은 미래 수입과 지출에 대한 계획이다. 따라서 예산계획은 재무목적을 수립하고, 미래 재무자원과 수요를 예측하고, 수입과 지출을 추적관찰하고, 재무목적의 달성을 평가하는 과정이다. 현금흐름분석은 미래의 현금 유입과 유출을 분석하는 것이다. 자금계획은 단기와 장기의 현금흐름을 분석하는 것이다. 자금계획은 필요한 자본을 추정하고 자금의 사용을 계획하는 것이다. 즉, 기업의 재무활동에 관한 목적, 정책, 절차, 프로그램과 예산을 구성하는 과정이다.

2) 재무관리의 기능

재무관리는 기업의 생존과 성장에 중요한 관리의 한 부분이다. 재무관리의 기능에는 자금수요의 추정, 자본구조의 결정, 자금원천의 선정, 투자유형의 선택, 적절한 현금관리, 재무통제의 실행과 유보금의 적절한 사용 등이 있다.

❶ 자금수요의 추정

재무임원의 첫 과업은 기업의 단기와 장기자금 수요를 추정하는 것이다. 현재뿐만 아니라 미래를 위한 자금계획을 준비한다. 또한 운전자본뿐만 아니라 고정자산 구입에 필요한 금액을 확인한다. 부적절한 추정은 기업활동에 부정적인 영향을 주고, 초과자금은 경영진이 과도한 지출을 하게 된다.

❷ 자본구조의 결정

자본구조는 기업이 자본조달의 원천인 자기자본과 부채의 구성비율의 조합을 의미한다. 필요자금액을 결정한 후 조달할 자금의 유형을 결정해야 한다. 즉, 장기부채에 의해서 고정자산 자금을 조달하고, 유동부채에 의해 유동자산을 취득하는 것이 현명하다. 자금의 다양한 원천에 관한 의사결정은 자금조달비용과 연결되어야 한다. 자금조달비용이 크다면 유용하지 않다. 자금의 유형과 규모에 관한 의사결정은 기업의 단기와 장기계획에 영향을 주는 중요한 의사결정이다.

❸ 자금원천의 선정

자본구조를 계획한 후 자금의 적절한 원천을 선택한다. 자금이 조달되는 다양한 원천은 자본금, 차입금과 예금을 포함한다. 자금이 단기적으로 필요하면 단기차입금이 적절하고, 장기자금이 필요하면 자본금과 장기차입금이 적절하다. 그러나 단기자금으로 고정자산을 취득한다면 단기자금을 상환하기 위하여 또 다른 부채를 차입하는 악순환이 될 수 있다.

❹ 투자유형의 선택

자금이 확보되면 투자유형에 관한 의사결정이 이루어진다. 투자유형의 선택은 자금의 사용과 관련된다. 어떤 자산을 구입할 것인가에 관한 의사결정이 이루어져야 한다. 고정자산과 적절한 규모는 운전자본을 위해 유지된다. 자본예산과 같은 의사결정기법은 자본지출에 관한 의사결정에 적용된다. 다양한 자산을 사용할 때 안전성, 수익성과 유동성의 원리를 무시해서는 안 된다.

❺ 적절한 현금관리

현금관리는 재무임원의 중요한 과업이다. 재무임원은 다양한 시점에서 필요한 현금을 평가하고, 현금을 배정하는 일정을 수립해야 한다. 현금은 채무상환, 원자재 구매, 임금과 당일 비용을 충족하는데 필요하다. 현금의 원천은 현금판매, 채권회수나 단기예금 등이다. 현금의 부족은 기업의 신뢰가치에 손상을 주고, 유휴현금은 자금비용의 낭비이다. 현금흐름표를 통해 현금의 다양한 원천과 사용을 발견할 수 있다. 자금의 일시적 유동성 실패는 현금수지의 불균형에서 오고 부도의 원인이 된다.

❻ 재무통제의 실행

일반적으로 사용되는 재무통제 방법은 투자수익, 비율분석, 손익분기점분석, 비용통제와 내부감사 등이 있다. 다양한 통제기법의 사용은 재무임원이 다양한 자산의 성과를 평가할 때 유용하고, 필요할 때마다 시정조치를 할 수 있다. 따라서 재무자원의 최적 사용을 도모할 수 있다.

❼ 유보금의 적절한 사용

수익이나 유보금의 사용은 재무관리에서 중요한 요인이다. 유보금의 현명한 사용은 확장과 다각화 계획에 필수적이고 주주의 이익을 보호한다. 수익의 재투자는 더 많은 자금조달을 위한 최상의 정책이다. 배당금 지급과 자금조달 비용 간의 균형을 이루어야 한다.

3) 재무관리의 목적

기업의 주요 목적은 소유주의 경제적 번영을 극대화하는 것이다. 재무관리는 행동의 적절한 방향을 선택하고, 수익이 있는 전략을 결정하는 기본적인 틀을 제공한다. 따라서 재무관리의 목적은 이익의 극대화(profit maximization)와 부의 극대화(wealth maximization)에 의해서 달성된다.

❶ 이익의 극대화

이익획득은 모든 경제적 활동의 기본적인 목적이다. 기업은 비용을 충당하고 성장을 위한 자금을 제공하기 위해 이익을 확보해야 한다. 어떤 기업도 이익을 얻지 않고 생존할 수 없다. 이익은 기업의 효율성의 척도이다. 이익은 보장될 수 없는 위험에 대해 기업을 보호하는 역할을 한다.

❷ 부의 극대화

부의 극대화는 주주의 이익을 대신하는 개념이다. 회사가 주주의 부를 극대화할 때 주주들은 개별적인 이익을 극대화할 수 있다. 이익을 극대화함으로써 회사는 주주의 부를 극대화한다. 주주의 부는 주식 소유자들의 결과물이 된다. 주주의 현재 부는 현재 보유한 주식의 수에 주당 현재주가에 비례한다. 주당 현재 주가가 높을수록 주주의 부는 더 크다. 따라서 기업은 이익의 극대화를 통해서 시장에서 주식의 가치를 증가하고, 주식가격을 극대화하는 것을 목표로 한다.

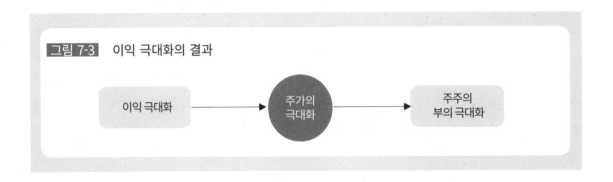

그림 7-3   이익 극대화의 결과

이익 극대화 → 주가의 극대화 → 주주의 부의 극대화

4) 위험과 수익

주식가격(share price)을 극대화하기 위해 재무임원은 위험과 수익을 평가한다. 재무의사결정은 위험과 수익 특성을 제시하고, 이러한 특성의 독특한 결합은 주가에 영향을 받는다. 재무임원은 위험, 수익과 위험회피에 관한 기본적인 생각이 중요하다. 위험(risk)은 재무적 손실의 기회이다. 어떤 위험은 재무임원과 주주에게 직접적으로 영향을 미친다. 사업위험과 재무위험은 기업에 특유하고, 그래서 재무임원은 관심이 크다. 이자율, 유동성과 시장위험은 주주에게 특유하고, 그래서 주주는 관심이 크다. 환율, 구매력과 세금 위험은 회사와 주주 양자에게 직접적으로 영향을 준다.

위험은 특정한 자산과 관련된 수익의 변동성이다. 어떤 자산의 수익이 클수록 변동성과 위험은 더 크다. 수익의 변동성에 근거하여 위험을 평가한다면 수익이 무엇인지와 어떻게 수익을 측정하는지를 알아야 한다. 수익(return)은 주어진 기간 동안에 투자에서 초래하는 총이득이나 가치이다. 이것은 일정 기간 동안 가치의 변화이다.

표 7-3 기업과 주주의 위험

위험 관리자	위험의 원천	설명
기업	사업위험	기업이 운영비용을 충당할 수 없는 위험
	재무위험	부채를 충당할 수 없는 위험
주주	이자율 위험	금리가 상승할 때에 투자가치 하락
	유동성 위험	기업이 파산하여 투자를 회수할 수 없는 위험
	시장위험	경제, 정치와 사회적 사건처럼 투자와 관계없는 시장요인으로 투자가치가 하락할 위험
기업과 주주	사건위험	예측치 못한 사건이 기업이나 투자가치에 큰 영향을 주는 위험
	환율위험	환율의 변동성으로 바람직하지 않은 환율변동이 클수록 기업이나 투자의 가치가 더 하락할 위험
	구매력 위험	인플레이션이나 디플레이션으로 가격수준의 변동이 기업이나 투자에 부정적인 영향을 주는 위험
	세금위험	세법의 불리한 변경이 발생할 위험

5) 자금조달의 원천

기업활동은 자금의 흐름과 연결되어 있고 기업의 유지와 성장은 자금을 필요로 한다. 따라서 기업은 자금을 조달하여 기업활동에 지원한다. 자금조달 방법은 자금의 출처에 따라 내부금융과 외부금융이 있다. 외부금융은 기업의 외부에서 조달하는 것이나 내부금융은 기업 내부에서 조달하는 것이다. 상환기일에 따라 단기자금과 장기자금이 있다. 단기자금은 상환기일이 1년 이하인 자금이나 장기자금은 상환기일이 1년 이상인 자금이다.

그림 7-4 자금조달의 원천

❶ 내부금융

내부금융(internal financing)은 기업의 영업성과에서 나오는 이익금에서 배당금이나 세금을 제외한 나머지를 사내에 준비금으로 적립하고, 필요할 때 자본으로 전환하는 금융방식이다. 내부금융은 이익잉여금, 자본잉여금, 감가상각 등이 있다. 내부금융은 외부금융에 비하여 조달비용이 낮고 상환할 필요가 없고, 가장 바람직한 자금조달 형태이다. 이러한 내부금융은 주로 기업의 투자자금이나 운전자금으로 사용된다. 차입이나 신주발행으로 조달된 외부자금과는 구별된다.

❷ 외부금융

외부금융(external financing)은 기업이 필요한 자금을 외부에서 차입하여 조달하는 것이다. 외부금융에는 직접금융과 간접금융이 있다. 직접금융은 증권시장에서 주식이나 채권을 발행하여 자금을 조달하는 것이지만, 간접금융은 금융기관으로부터 차입하는 것이다. 주식발행은 주식을 추가로 발행하여 필요한 자금을 조달하는 방법이며, 회사채 발행은 회사가 채권을 발행하여 소요자금을 조달하는 방법이다.

직접금융은 자금조달과정에 있어서 금융기관을 개입시키지 않고 주식이나 회사채를 발행하여 투자자로부터 직접 자금을 조달하는 것을 의미한다. 즉, 기업이 자본시장에서 투자자들로부터 자금을 직접 조달하는 방식이다. 간접금융은 기업이 금융기관을 통해 일반으로부터 흡수한 예금을 차입하는 것을 의미한다. 간접은 은행이라는 중개기관(intermediary)이 예금자와 차입자를 간접적으로 연결시켜준다는 뜻이며, 금융은 자금조달을 의미한다.

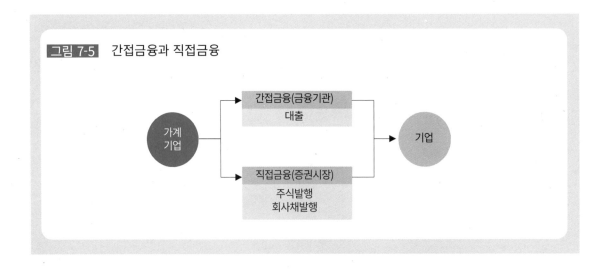

그림 7-5 간접금융과 직접금융

간접금융

간접금융은 금융기관을 통한 차입이다. 은행에서의 장기차입은 대체로 시설투자를 목적으로 차입하며, 단기차입은 운영자금용으로 차입한다. 차입의 중요한 기준은 차입금액, 이자율과 만기이다. 부채가 상환될 때까지 채권자는 기업의 현금흐름의 일부에 관한 법적 청구권을 갖는다. 채권자는 원리금 지급을 요청할 수 있고, 극단적인 경우 연체를 이유로 기업을 파산시킬 수 있다.

차입금의 원금은 빌린 돈의 원래 액수이다. 차입금의 이자율은 빌린 자금의 가격이다. 이자지급은 지급해야만 하는 고정비용이다. 이자지급을 못한다면 채무불이행(default)으로 간주될 수 있고, 전체 차입금의 상환을 요청받을 수 있다. 자금 대여자는 이자 지급시기를 연간, 반기, 분기, 월간, 주간이나 일간으로 구성할 수 있다. 대출금의 이자는 고정금리나 변동금리가 있다. 고정금리는 전체 대출기간 동안에 동일한 이자율을 유지하지만, 변동금리는 시간에 따라서 변하는 금리이다. 변동금리 대출은 기준금리의 변동에 따라서 조정된다. 고정금리 대출은 대체로 변동금리 대출보다 더 높은 이자율을 갖는다. 대출금의 만기(maturity)는 차입금이 차입일로부터 상환되는 날까지의 기간을 말한다.

단기차입은 일년 안에 차입금을 상환해야 하고, 중기차입은 일년 이후에 상환해야 하는 조건이다. 차입목적에 따라 만기를 선택할 수 있다. 일년 안에 판매를 기대하는 구매는 단기차입금을 사용한다. 고정자산이나 고정설비는 장기대출을 고려한다. 차입금의 만기는 차용자의 자금사용과 일치하는 것이 필요하다. 일반적으로 만기가 길수록 이자율이 더 높아진다. 단기자금은 이자율은 보통 싸지만 곧 상환해야 하고 현금흐름에 큰 영향을 준다.

직접금융

직접금융은 기업이 주식 등 소유지분을 매각하거나 신규로 모집하여 자금을 조달하는 방식으로 상환할 필요가 없는 자금이다. 즉, 기업의 현금흐름을 제한하는 지급이 없고 자금에 대한 이자도 없다. 투자자들의 자금을 지분으로 조달하는 것이기 때문에 기업이 손실을 볼 경우 투자자들이 투자한 금액에 비례해 직접 손실을 입게 된다. 또한 담보를 설정하지 않아도 되어 기업은 상당히 안정적 자금이다. 그러나 수익이 투자금액에 따라 분배하므로 기업가 개인에게 돌아오는 수입은 적어진다. 지분 제공자는 기업의 일부를 소유하고 배당금, 기업 가치의 증가와 기업경영의 발언권에 관심이 크다.

배당금(dividends)은 회사의 순이익에 근거하여 지급하고, 반기나 연간 단위로 지급되는 돈이다. 많은 기업은 미래성장을 위해 이익잉여금의 형태로 순이익을 유지하고 신규투자에 필요한 금액 이상으로 이익을 보일 때만 배당금을 지급하는 배당정책을 고려한다. 투자자들은 종종 기업의 장기적 성공만큼 배당에 관심이 없다. 기업이 성공한다면 지분 제공자들은 상당한 이익으로 투자의 전부나 일부를 매도할 기회를 갖게 될 것이다. 경영의 발언권은 지분의 제공자에게 추가적인 고려사항이다. 소유자들에게는 기업이 실패한다면 손실을 보기 때문에 그들의 돈이 어떻게 사용되는지를 알 권리가 있다.

❸ 유가증권

유가증권(securities)은 어떤 재산적 권리를 나타내는 증서이다. 유가증권은 화폐증권, 상품증권과 자본증권이 있다. 화폐증권은 화폐의 대용으로 유통하는 수표나 어음 등이고, 상품증권은 운송 또는 보관 중에 있는 화물의 청구를 표시하는 화물증권이고, 자본증권은 주식·공사채 등 증권시장에서 거래하는 증권이다. 증권은 권리의 특성에 따라 주식, 채권과 수익증권이 있다. 주식은 출자자의 권리 또는 지위를 나타내는 증권이다. 채권은 금전에 대한 채무관계를 나타내는 증권이다. 수익증권은 신탁재산에 대한 수익권을 나타내는 증권이다. 이러한 증권은 발행자의 측면에서는 장기자본의 조달수단이지만, 투자자의 측면에서는 재산증식을 위한 투자수단이 된다.

▌주식

주식(stock)은 주주의 권리·의무의 단위이다. 주식회사에 대한 사원의 지위를 지분이라 하고, 지분, 즉 주주의 지위를 주식이라 한다. 기업이 발행할 수 있는 주식의 종류에는 이익배당과 잔여재산의 분배에 관한 권리의 순서에 따라 보통주, 우선주, 후배주, 혼합주가 있다. 보통주(common stock)는 배당 등의 표준이 되는 주식을 말한다. 보통주는 주식회사가 자기자본을 조달하기 위해 발행하는 것으로 사채와 더불어 기업의 장기적인 자금조달의 원천이 된다. 보통주의 주주는 기업의 소유주로서 경영참가권과 이익배분의 권리를 갖고 있는 반면 기업의 위험도 부담하게 된다. 우선주(preferred)는 이익배당이나 잔여재산분배에 관해 보통주보다 우선적인 권리를 갖는 주식이다.

▌사채

사채(corporate bond)는 기업이 일반대중으로부터 장기간에 걸쳐 거액의 자금을 조달하기 위해 발행한 유가증권이다. 대체로 사채의 만기는 3~5년으로 기업의 장기자본조달수단으로 이용되고 있다. 기업이 사채를 발행할 때 다양한 옵션을 부가하여 발행하기도 하는데 이를 옵션부사채라고 한다. 전환사채(CB: convertible bond)는 사채소유자에게 일정한 기간 이내에 일정한 조건으로 발행회사의 주식으로 전환할 수 있는 권리가 부여된 사채이다. 사채권자는 발행회사의 주가가 상승하면 주식으로 전환하여 높은 투자수익률을 얻을 수 있는 이점이 있다. 신주인수권부사채(BW: bond with warrants)는 발행회사가 유상증자를 할 때 채권자에게도 주주와 마찬가지로 신주를 인수할 수 있는 권리를 부여한 사채이다.

❹ 기업공개와 상장

기업공개(going public)는 소수의 주주들에게 국한되었던 주식을 일반대중에게 공개적으로 판매하는 것을 말한다. 기업공개로 기업은 일반대중들로부터 대규모의 신규자금을 조달할 수 있고, 결과적으로 주식소유가 일반대중에게 분산된다. 기업공개방법은 기존 대주주들이 신주인수권을 포기하고 일반대중으로부터 신주를 공모하는 방법인 신주공모와 기존대주주들의 소유 주식을 일반대중에게 매출하는 방법인 구주매출이 있다. 두 방법을 병행할 수도 있다. 기업공개한 주식은 증권거래소에 상장, 코스닥시장에 등록, 제3시장에 등록하여 공개적으로 거래된다.

▌ 기업공개

기업공개(initial public offering: IPO)는 일정 규모의 기업이 상장을 목적으로 여러 사람들을 대상으로 주식을 매출하는 행위를 말한다. 대주주들이 갖고 있던 주식을 일반인들에게 널리 팔아 분산을 시키고, 기업경영을 공개하는 것이다. 상장(listing)은 기업이 증권을 발행해서 유가증권시장, 즉 매매될 수 있도록 증권거래소에 등록하는 일이다. 이와 같이 기업공개는 국민경제적으로 기업성과를 모든 국민이 공유하는 목적에 부합되며, 기업입장에서는 자금조달 수단과 공신력이 확대되어 효율적 경영의 계기가 마련된다. 그러나 기업공개는 기업에게 여러 가지 책임을 요구하게 된다. 기업에 자금을 공급한 주주, 은행 및 기타 채권자 등에게 투명경영과 보고의 책임이 강화된다.

▌ 코스닥시장

코스닥시장(KOSDAQ: The Korea Securities Dealers Association Automated Quotation)은 법률상으로는 '협회중개시장'이라 부르는데 한국증권업협회가 운영하는 유통시장으로서 거래소 없이 네트워크(network) 시스템에 의하여 주식거래가 이루어지는 시장이다. 코스닥시장은 미국의 나스닥시장(NASDAQ)을 모방하여 1996년 7월 1일에 증권업협회와 증권사들이 출자하여 개설하였다. 코스닥시장은 컴퓨터와 통신망을 이용한 전자거래시스템으로 매매가 이루어진다. 증권거래소 상장에 비하여 요건이 까다롭지 않기 때문에 벤처기업들이 많이 등록되어 있다.

6) 재무비율 분석

원하는 부채비율과 장기조달 간의 상충관계(trade-off)는 재무전략의 중요한 사안이다. 기업이 주당순이익을 높이기 위해 장기자금조달을 통해서 재무 레버리지를 사용하는 것이 바람직하다. 그러나 경제가 침체되고 회사의 현금흐름이 떨어지면 높은 부채가 문제가 될 수 있다. 재무비율은 조직의 재무

상태표와 손익계산서의 자료를 근거로 계산된다. 재무비율 계산은 결과가 한 시점에서만 상황을 반영하기 때문에 사진을 찍는 것과 같다. 시간과 산업 평균에 대한 비율을 비교하면 강점과 약점을 확인하고 평가하는 데 의미 있는 통계가 나타난다.

[표 7-4]는 각 비율을 계산하는 방법과 각 비율을 측정하는 방법을 보여주는 주요 재무비율의 요약이다. 재무비율을 유동성비율, 안정성비율, 활동성성비율, 수익성비율, 성장성비율과 시장가치비율 등으로 분류할 수 있다. 모든 비율은 모든 산업과 회사에서 중요하지 않다. 예를 들면, 매출 채권 회전율 및 평균 회수 기간은 주로 현금 영수증 사업을 하는 회사에게는 의미가 없다.

표 7-4 재무비율 분류

분류	의미	비율
유동성	기업의 단기채무 상환능력	유동비율, 당좌비율
안정성	기업의 타인자본 의존에 따른 장기채무 지급능력과 자본구조의 안정성	부채비율, 자기자본비율, 비유동비율, 비유동장기적합률, 이자보상비율
활동성	기업이 소유하고 있는 자산들의 효율적 이용도	재고자산회전율, 매출채권회전율, 비유동자산회전율, 총자산회전율
수익성	투하자본에 대한 경영성과와 기업의 이익 창출 능력	총자본이익률, 자기자본순이익률, 매출액이익률
성장성	기업의 규모 및 경영성과의 증가	매출액증가율, 총자산증가율, 자기자본증가율, 이익증가율
시장가치	주식시장에서의 평가 측정	주가수익비율, 주가장부가치비율

7) 손익분기점분석

사업의 총고정비와 변동비를 충당하는데 필요한 판매와 수익을 계산하는 공식을 사용한다. 손익분기점(break-even point)은 이익과 손실이 없는 곳이다. 기업은 손익분기점 이상의 제품가격과 매출액을 추정하고 전략을 수립한다. 특정한 가격을 책정하였을 때 총수익과 총비용이 같아지는 매출액을 산출한다. 이때 손익분기점 이상으로 매출을 실현하면 수익이 발생하고, 이하로 매출하면 손실이 발생한다. 고정비(fixed costs)는 판매수준과 관계없이 충당해야 할 비용으로 고정자산의 감가상각비, 임금과 급여, 보험료, 임차료, 이자, 제세공과 등이다. 변동비(variable costs)는 판매에 따라서 발생하는 비용으로 판매수수료, 광고와 마케팅 비용과 재료비 등이다. 손익분기점을 구하는 공식은 다음과 같다.

- 총수익 = 판매량 x 판매단가
- 총비용 = 변동비+고정비
- 총수익 = 총비용
- 판매량 x 판매단가 = 변동비+고정비

예를 들면, 판매단가가 12,000원, 고정비가 50,000,000원, 단위당 변동비가 2,000원일 때 손익분기점 매출수량과 매출액을 구하면 다음과 같다.

- 총수익 = 총비용 (= 변동비+고정비)
- 판매량 Q, 단가 P이면 총수익은 판매량(Q) × 단가(P)이다.
- 총수익: 수량 × 단가 = Q × 12,000
- 총비용: 고정비 + 변동비 = 50,000,000 + Q × 2,000
- 따라서 총수익 = 총비용이므로 Q × 12,000 = 50,000,000 + Q × 2,000
- Q = 5,000개

- 판매액 = 판매수량 × 판매단가: 5,000(개) × 12,000(원) = 60,000,000원
- 손익분기점 매출수량과 매출액: 수량 5,000개, 매출액 60,000,000원

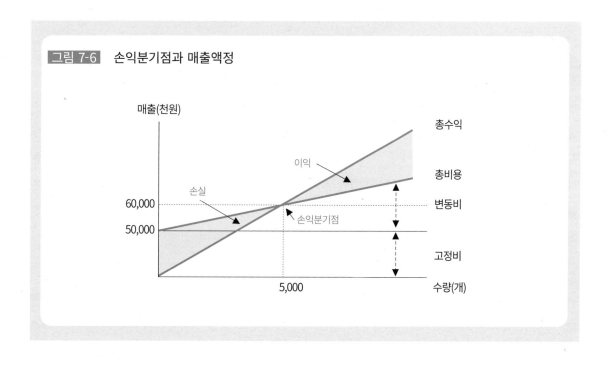

그림 7-6 손익분기점과 매출액정

5. 전략적 선택

전략적 대안의 장단점을 확인하고 평가한 후 최적 대안을 선택해야 한다. 검토된 많은 가능한 대안이 있다. 그렇다면, 최상의 전략을 어떻게 결정하는가? 아마 가장 중요한 기준은 이전에 SWOT 분석에서 개발된 전략의 기능이다. 대안이 환경적 기회, 기업의 강점과 역량을 이용하지 않고 환경적 위협과 기업의 약점을 극복하지 못하면 실패할 것이다. 또한 전략 선택에서 또 다른 고려 사항은 최소한의 자원과 최소한의 부정적인 부작용으로 목표를 충족시킬 수 있는 대안이다.

1) 기업의 시나리오 구성

기업의 시나리오는 각 대안 전략과 다양한 프로그램이 사업부와 기업의 투자수익률에 미칠 영향을 예측하는 추정재무상태표와 추정손익계산서이다. 이들 대부분은 what-if 질문을 다루는 시뮬레이션 모델이다. 예를 들면, 산업 시나리오가 특정 제품에 대해 특정 국가에서 강력한 시장수요가 발생할 가능성을 제시하는 경우 일련의 대안 전략 시나리오를 개발할 수 있다. 해당 국가에서 이러한 제품을 보유하고 있는 회사를 인수하는 대안은 개발 대안과 비교할 수 있다. 향후 5년 동안 신제품에 대해 낙관적, 비관적 및 가장 가능한 예상 판매량을 사용하면 대안은 회사의 향후 추정재무제표에 반영된 미래 회사 성과에 미치는 영향에 대해 평가할 수 있다. 따라서 추정재무제표는 재무와 경제 시나리오를 기반으로 한다. 기업 시나리오를 구성하려면 다음 단계를 수행한다.

❶ 가정 개발

산업 시나리오를 사용하여 사업 환경에 대한 일련의 가정을 개발한다. 국내 총생산, 소비자 물가지수, 주요 금리와 같은 경제적 요인, 정부 규제 및 업계 동향과 같은 외부 전략적 요소에 대한 낙관적, 비관적 및 가장 가능한 가능성 있는 가정을 나열한다. 전략적 대안에 의해 영향을 받을 수 있는 중요한 운영 국가나 지역에 대해 수행한다. 개발할 대안 시나리오 각각에 대해 동일한 기본 가정을 나열한다.

❷ 추정재무제표의 작성

추정재무제표는 기업의 미래 재무제표에 대한 예측을 작성한 표이다. 기업들은 미래의 예상되는 수익과 비용을 미리 추정하여 손익을 추정하거나 미래의 현금흐름과 위험을 추정한다. 회사나 사업부 전년도 재무제표를 근거로 하여 추정재무제표의 추세분석 전망의 기초 자료로 사용한다. 미래의 연도별 추정은 낙관적(O), 비관적(P) 및 가장 가능성 있는(ML) 안으로 구분하여 작성한다.

- 과거 자료를 사용하여 미래의 추정손익계산서에 있는 수입이나 지출을 추정한다.
- 주요 변수가 추정재무제표에 대해 낙관적, 비관적 및 가장 가능한 가정을 개발한다.
- 과거 3년간의 손익실적과 향후 2년간의 손익예측을 제시한다.
- 재고, 매출채권, 미지급금, R&D 비용, 광고 및 판촉비용, 자본지출 및 부채상환 등을 추정한다.
- 역사적인 추세뿐만 아니라 새로운 제조설비를 구축하거나 영업인력을 추정한다.
- 낙관적(O), 비관적(P) 및 가장 가능성 있는(ML) 추정재무제표를 작성한다.
- 재무비율 및 손익계산서를 계산하고 추정손익계산서와 함께 재무상태표를 작성한다.
- 시나리오의 타당성을 결정하기 위해 재무제표 및 비율을 시나리오의 가정과 비교한다.

2) 위험에 대한 경영자의 태도

전략적 대안의 매력도는 대안에 수반되는 위험의 정도에 달려 있다. 위험은 전략이 효과적일 가능성뿐만 아니라 부정적인 결과가 발생할 가능성으로 구성된다. 관세, 규제 및 자원 측면에서 국가 간 차이로 인해 글로벌 사업에서 활동하는 회사는 한 국가에서만 운영되는 회사보다 많은 위험을 처리해야 한다. 주식을 소유한 경영자는 주식이 없는 경영자보다 위험을 감수할 가능성이 더 높다.

　전략이 회사의 기업문화와 양립할 수 없다면 성공 가능성은 매우 낮다. 직원들이 급진적인 변화에 저항하거나 고의적으로 방해할 수 있다. 기업 창립자의 분위기는 기업의 구성원에게 가치가 각인되어 오랫동안 지속될 수 있다. 전략적 대안을 평가할 때 전략수립자는 기업문화를 고려해야 하며 전략과 기업문화와의 적합성을 평가해야 한다. 그러나 문화를 바꾸거나 문화를 관리하겠다는 전략은 위험하다.

3) 이해관계자의 압력

　전략적 대안의 매력은 기업의 업무 환경에서 주요 이해관계자의 지각된 일치성에 의해 영향을 받는다. 채권자는 제때에 원리금을 지급받기를 원하고, 노동조합은 동등한 임금과 고용보장에 대한 압력을 행사하고, 정부와 이해집단은 사회적 책임을 요구한다. 또한 주주는 배당을 원한다. 최적 대안을 선택하는 데 있어 이러한 모든 압력을 고려해야 한다. 이해관계자는 기업의 활동에 대한 관심과 회사의 활동에 영향을 미치는 권력이다. [그림 7-7]에서 볼 수 있듯이 각 이해관계자 집단이 기업의 관심 수준과 활동과 기업의 활동에 영향을 미치는 상대적인 힘을 저수준에서 고수준까지 표시할 수 있다.

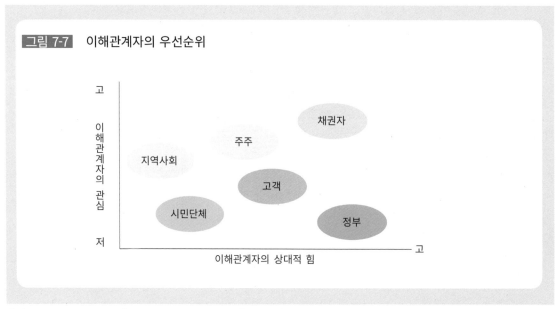

그림 7-7　이해관계자의 우선순위

출처: Anderson, Carl(1997), "Values-Based Management," *Academy of Management Executive*, 11(4), 25-46.

전략수립자는 외부 압력을 최소화하고 이해관계자 지원을 받을 가능성을 최대화하는 전략적 대안을 선택해야 한다. 그러나 경영자는 후에 심각한 문제로 이어질 수 있는 일부 이해관계자를 무시해서는 안 된다. 최고 경영자는 주요 이해관계자에게 영향을 미치는 정치적 전략을 제안할 수 있다. 정치적 전략은 이해관계자를 기업의 행동에 일치시키기 위한 계획이다. 일반적으로 사용되는 정치적 전략은 지지자, 정치적 지원, 위원회, 옹호 광고, 로비 및 제휴 구축이다. 육성산업에서 운영되는 기업과 정부 규제에 의존하는 기업들은 정치적 전략이 활발하다. 정치적 지원은 새로운 국제시장, 특히 자유시장 경쟁이 없었던 과도기 국가에 진출하는 데 중요할 수 있다. 전략적 관리자는 특정 결정에서 이해관계자 관심사의 중요성을 평가하기 위해 네 가지 질문을 해야 한다.

- 결정이 각 이해관계자에게 어떤 영향을 미치는가?
- 각 이해관계자가 대안에서 원하는 것을 얼마나 얻는가?
- 이해관계자가 원하는 것을 얻지 못하면 어떻게 할 것인가?
- 이해관계자가 원하는 것을 얻지 못할 확률은 어느 정도인가?

4) 경영자의 필요와 요구

가장 매력적인 대안조차도 최고 경영자의 필요와 욕구에 위배되는 경우 선택되지 않을 수 있다. 개인적 특성과 경험은 대안의 매력 평가에 영향을 미친다. 예를 들면, 자신에게만 몰두하는 오만한 CEO들은 많은 대규모 기업인수처럼 주의를 끌기 위한 대담한 행동을 선호하여 큰 이익이나 큰 손실을 초래한다. 사람의 자존심으로 대안이 강하게 압력을 받아 특정 제안에 묶일 수 있다. 그 결과 바라는 대안과 더 일치하도록 불리한 예측을 하게 된다.

산업 및 문화적 배경은 전략적 선택에 영향을 미친다. 예를 들면, 다른 업계나 회사에서 온 경영자는 현재 회사에서 사용되고 있는 것과는 다른 전략을 선택하는 경향이 있다. 또한 출신국가는 선호에 영향을 준다. 예를 들면, 한국 경영자들은 미국보다 원가우위를 선호한다. 또한 한국, 미국, 일본, 독일의 경영자들은 서로 다른 의사결정 기준과 가중치를 사용하기 때문에 유사한 상황에서 서로 다른 전략적 선택을 하는 경향이 있다. 예를 들면, 한국의 경영자들은 산업의 매력, 판매 및 시장점유율을 강조하나 미국 경영자들은 예상 수요, 현금흐름과 투자수익률을 강조한다.

5) 전략적 선택

최고의 전략적 대안의 선택은 전략수립의 끝이 아니다. 조직은 정책을 개발해야 하고, 정책은 실행을 위한 지침을 정의한다. 선택한 전략에서 나온 정책은 의사결정 및 조직 전체의 행동 지침을 제공하고, 기업이 일상적으로 운영하는 원칙이다. 정책이 정확하게 수립될 때 효과적인 정책은 경쟁자원 요구의 균형점을 찾고, 특정 행동의 전략적 건전성을 검토하며 직원들이 운영해야 하는 명확한 경계를 설정한다.

전략과 계획이 실패하는 내·외부 장애물이 있다. 전략적 실패는 환경, 환경의 변화 및 경쟁적 행동에 대한 지식이 충분하지 않은데서 온다. 전략이 성공하기 위해서는 기업전략, 사업전략 또는 기능전략으로 간주되어서는 안 되는 매우 위험한 전략을 피해야 한다. 다음은 열악한 분석을 하거나 창의성이 부족한 관리자가 피해야 할 전략이다.

- 선도자 추종: 선도자의 전략을 모방하는 것은 좋은 생각인 것처럼 보일 수 있지만 회사의 특별한 강점, 약점이나 선도자가 실수할 가능성을 무시한다.
- 후속 히트 상품 기대: 회사가 제품개발로 성공을 거둔다면 성장과 번영을 보장할 수 있는 또 다른 우수한 제품을 찾으려고 한다.
- 판매경쟁: 시장점유율 상승을 위해 다른 회사와 치열한 경쟁을 벌이면 판매는 증가할 수 있지만 광고, 판촉, R&D 및 제조비용의 증가로 수익은 상쇄될 것이다.
- 기회 도전: 몇 가지 흥미로운 기회에 직면했을 때 경영진은 모든 기회에 도전하는 경향이 있다. 처음에는 기업이 모든 아이디어를 개발할 수 있는 충분한 자원을 보유하고 있지만 많은 프로젝트에는 많은 자원을 투자하기 때문에 돈, 시간 및 에너지가 곧 소진된다.
- 지속적 투자: 기업이 특정 전략에 너무 많이 투자하면 최고 경영진이 실패를 용인하지 않을 수도 있다. 거액을 투자해 포기하기 어렵다고 믿는다면 경영진은 자금을 계속 투자할 수 있다. 손실이 큰 회사는 파산을 피하기 위해 자산을 매각하고 현금화하는 이윤전략을 따른다.

글로벌
리더를 위한
전략경영

제8장

시장전략

제8장

시장전략

1. 시장세분화

　시장을 정의하고, 제품 차별화와 시장세분화를 통해 표적고객의 만족을 충족하는 것이 경쟁우위를 확보하는 방법이다. 기업은 신제품의 기회를 확인하고, 적절한 포지셔닝과 전달전략을 개발하고, 그리고 핵심 마케팅활동에 효과적으로 자원을 할당하기 위해 매력적인 세분시장을 확인한다. 시장세분화(segmentation: S)는 전체시장을 비교적 동일한 욕구를 가진 고객의 집단으로 나누는 것이다. 표적시장(target market)은 특정 제품을 구입할 가능성이 가장 높은 소비자의 특정 시장을 의미한다. 표적화(targeting: T)는 시장세분화를 통해 목표로 하는 시장의 고객집단을 선정하는 과정이다. 포지셔닝(positioning: P)은 소비자의 마음속에 경쟁제품보다 더 유리하게 자사제품을 자리 잡게 하는 과정이다.

1) 시장세분화의 개념

　시장세분화 개념은 웬델 스미스(Wendell Smith, 1956)에 의해서 개발되었고, 고객의 욕구에 의해 고객들을 분류하는 방법이다. 고객의 욕구는 동일하지 않다고 전제한다. 세분화는 시장을 분할하는 것이고, 표적화는 목표로 하는 시장을 선정하는 것이다. 시장을 세분화하고, 목표로 하는 소비자를 표적으로 선정하고, 경쟁제품보다 더 유리하게 소비자들의 마음속에 제품을 위치하게 하는 전략을 STP 전략이라고 한다. 따라서 [그림 8-1]과 같이 STP 전략은 조직의 현재 상황, 자원이나 능력, 제약 사항과 시장진출 목적에 대한 상황분석부터 시작한다. 상황분석을 통해 시장세분화, 표적화와 제품포지션을 설정하여 마케팅 믹스를 통해 시장에 접근하는 것이다.

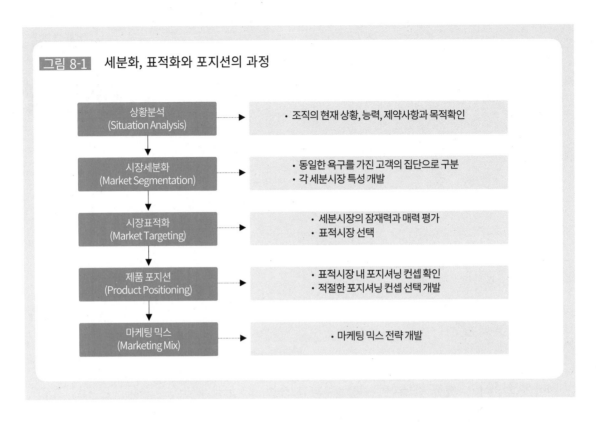

그림 8-1 세분화, 표적화와 포지션의 과정

상황분석 (Situation Analysis)	• 조직의 현재 상황, 능력, 제약사항과 목적확인
시장세분화 (Market Segmentation)	• 동일한 욕구를 가진 고객의 집단으로 구분 • 각 세분시장 특성 개발
시장표적화 (Market Targeting)	• 세분시장의 잠재력과 매력 평가 • 표적시장 선택
제품 포지션 (Product Positioning)	• 표적시장 내 포지셔닝 컨셉 확인 • 적절한 포지셔닝 컨셉 선택 개발
마케팅 믹스 (Marketing Mix)	• 마케팅 믹스 전략 개발

기업은 시장을 세분화하고, 목표로 하는 소비자를 표적으로 선정하고, 경쟁제품보다 더 유리하게 소비자들의 마음속에 제품을 인식시키는 활동을 한다. 그래서 STP는 시장세분화, 표적화와 포지셔닝 등의 연속적인 과정이며, 경쟁영역에서 고객의 인식을 차지하는 활동이다. [그림 8-2]는 조사를 통하여 입수한 시장정보가 변환과정을 거쳐서 제품이 고객에게 전달되는 과정이다. 구체적인 대상의 설정을 통하여 고객의 마음속에 추상적인 상징과 이미지를 형성하는 과정이기도 하다. 시장세분화 측면에서 시장을 조사하고, 유사 고객집단을 확인하여 동질적인 집단을 토대로 세분시장을 구축한다. 남, 여, 연령과 직업 중에서 동일한 욕구와 특성을 가진 고객의 집단을 분류한다. 예를 들면, 30대 여성 직장인으로 시장의 고객집단을 선정한다. 포지셔닝 측면에서 30대 여성 직장인이 내적으로 보상받고, 개인적 발전을 할 수 있는 제품으로 위치를 설정한다.

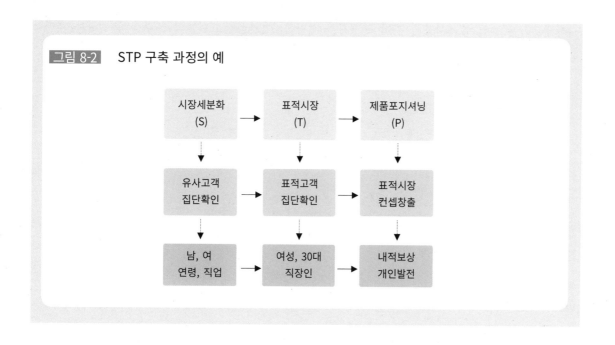

그림 8-2 STP 구축 과정의 예

```
시장세분화          표적시장           제품포지셔닝
   (S)    ──→        (T)     ──→         (P)
    │                 │                   │
    ▼                 ▼                   ▼
유사고객          표적고객           표적시장
집단확인   ──→    집단확인   ──→     컨셉창출
    │                 │                   │
    ▼                 ▼                   ▼
  남, 여          여성, 30대          내적보상
연령, 직업  ──→    직장인    ──→     개인발전
```

2) 시장세분화의 목적

마케팅을 대량마케팅, 제품다양화 마케팅과 표적마케팅으로 분류할 수 있다. 대량마케팅(mass marketing)은 기업이 한 종류의 제품으로 모든 구매자에게 판매하는 전략으로 대량생산, 대량유통과 대량촉진이 특징이다. 대량마케팅은 규모의 경제나 경험효과로 생산원가의 절감과 단일 마케팅 프로그램으로 인한 마케팅 비용을 절감할 수 있다. 제품다양화 마케팅(product-variety marketing)은 기업이 제품의 기능, 형태, 크기, 색상, 디자인 등에서 차이 있게 보이는 2개 이상의 품목을 생산하여 판매하는 방식이다. 소비자들의 취향과 싫증에 다양성과 변화를 도모하는 전략이다. 표적마케팅(target marketing)은 하나 또는 복수의 시장을 선택하여 이에 적합한 차별적인 제품과 마케팅 믹스를 집중하는 것이다.

시장세분화는 구매자의 욕구가 동일한 형태로 널리 존재하는 시장 안에 구매자나 잠재적 구매자를 분할하고, 마케팅 믹스를 다르게 하는 과정이다. 회사는 시장을 전략적으로 관리할 수 있는 부분으로 나누고, 마케팅 믹스에 작은 변화를 줌으로써 정확하게 목표로 삼고 만족할 만한 결과를 기대한다. 그 이유는 단일 제품이나 동일한 마케팅 방법이 모든 구매자의 욕구와 필요에 소구할 수 없기 때문이다. 제품이나 마케팅 프로그램을 다르게 적용하거나 구매자들의 특성과 제품욕구에 근거하여 구매자들을 분류할 필요가 있다. 기업이 시장에서 자신의 위치를 확립하고 강화할 수 있어야 한다. 이로써 경쟁자들이 공격하는 것이 어렵게 될 뿐만 아니라 시장 지식과 고객충성도를 구축할 수 있다.

시장세분화는 결국 틈새시장을 찾아 경쟁자가 제공하지 않았던 고객들의 욕구를 충족하는 것이다. 또한 제품 차별화를 통하여 시장에서 경쟁을 완화할 수 있는 이점이 있다.

3) 시장세분화의 방법

한 기업이 단일 제품이나 서비스로 모든 구매자를 만족시킬 수 없다. 시장세분화는 시장을 유사한 욕구를 갖는 고객집단으로 구분하는 것이다. 따라서 시장세분화는 공통적인 특징과 욕구가 있고, 마케팅 믹스에 유사한 반응을 나타내는 집단을 확인하는 것이다. 예를 들면 소비자들은 가처분 소득이 증가함에 따라 기호가 증가하였다. 이러한 결과로 회사는 소비자들의 소득에 따라 제품과 서비스를 계획하는 세분시장을 찾게 된다.

회사의 자원은 유한하기 때문에 모든 고객이 만족하는 제품을 제공하는 것은 사실상 불가능하고 필요하지도 않다. 제품 차별화 전략은 제품의 변형을 사용하는 것이지만, 시장세분화 전략은 고객의 욕구를 사용하는 것이다. 제품 차별화 접근은 고객의 욕구를 발견하여 이를 충족하고, 경쟁자와 다른 차별적인 제품을 개발하여 마케팅 믹스를 계획하여 새로운 세분시장에 진출하는 방법인데 비해, 시장세분화 접근은 새로운 세분시장을 발견하여 적합한 신제품을 출시하는 전략이다. [그림 8-3]은 제품 차별화 접근과 시장세분화 접근의 차이를 설명한다.

- 제품 차별화 접근: 고객욕구 발견 → 신제품 개발 → 세분시장 접근
- 시장세분화 접근: 세분시장 발견 → 신제품 개발 → 세분시장 접근

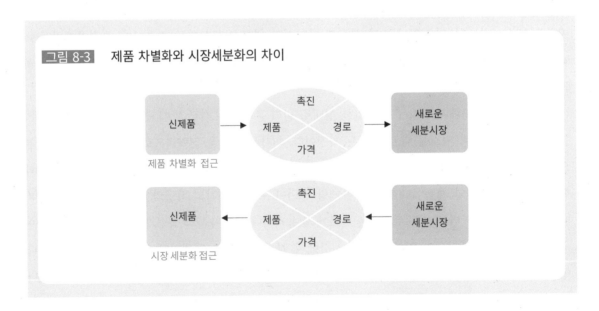

그림 8-3   제품 차별화와 시장세분화의 차이

시장은 이질적이면서 동질적인 요소를 갖고 있기 때문에 시장을 세분하는 방법은 시장의 이질성과 동질성에 따라 구분하는 것이다. 따라서 동일한 욕구를 가진 집단을 확인하는 것이 주된 과업이다. 시장에서 특정한 욕구를 가진 고객집단은 동일집단 내에서 욕구는 유사하나, 다른 욕구를 가진 다른 집단에 대해 이질적이어야 한다. 시장은 욕구가 다른 고객으로 구성되어 있지만, 유사한 욕구를 가진 집단을 찾을 수 있다. 따라서 이질적인 요소로 구성된 시장에서 동질적인 고객집단을 추출하는 것이 시장세분화이다.

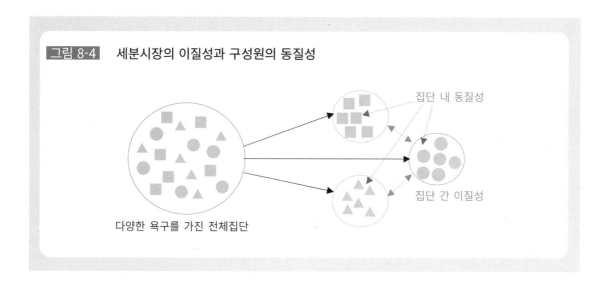

그림 8-4   세분시장의 이질성과 구성원의 동질성

집단 내 동질성

집단 간 이질성

다양한 욕구를 가진 전체집단

4) 시장세분화의 요건

시장세분화는 전략과 전술의 두 수준에서 작동한다. 전략 수준에서 세분화는 포지셔닝에 관한 의사결정과 직접적인 관련이 있다. 전술 수준에서 세분화는 어느 고객집단을 목표로 하는지와 관련이 있다. 이러한 목적을 정당화하기 위한 시장세분화에 대하여 만족해야 할 6가지 요건이 있다. 즉, 효과적인 세분시장의 요건은 측정성, 접근성, 충분성, 독특성, 적합성과 실행성 등이 있다.

- 측정성(measurability): 세분시장의 규모나 소비자들의 구매력 등을 측정할 수 있어야 한다. 시장에서 측정은 비교적 간단한 과제이지만, 산업이나 기술제품에서는 매우 복잡한 과정이다. 이것은 구체적인 공시자료가 부족하기 때문이다.
- 접근성(accessibility): 기업은 목표로 하는 세분시장을 유통경로나 매체를 통해서 접근할 수 있어야 한다. 규모가 크고 잠재적으로 수익성이 있는 세분시장을 확인하더라도 자금이나 내부 전문지식이 부족하여 세분시장을 이용하는 것이 어려울 수 있다.

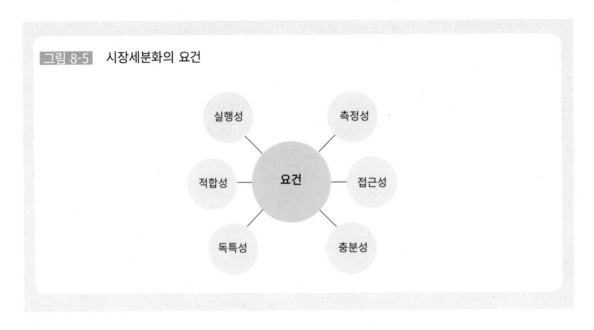

그림 8-5 시장세분화의 요건

- 충분성(substantiality): 세분시장은 충분히 규모가 커서 이익을 창출할 수 있어야 한다. 회사가 세분시장의 개발을 정당화하려면 규모의 경제와 경험효과를 활용할 수 있어야 한다. 세분시장의 규모와 가치는 동질적인 고객들의 집단이 충분히 클 때 가능하다.
- 독특성(uniqueness): 목표 세분시장은 다른 세분시장과 차별화된 다른 특성이 있어야 한다. 다른 세분시장으로부터 구별될 수 있고 고객반응에 독특해야 한다.
- 적합성(appropriateness): 세분시장은 회사의 목적, 기술, 자원과 적합해야 한다. 세분시장에 회사의 자원과 역량은 시장에 적합하고, 시장에 효과적인 마케팅 프로그램을 개발할 수 있어야 한다. 또한 기업의 사명, 규모와 이미지에 적합한 것이어야 한다.
- 실행성(actionability): 회사는 세분시장에 접근할 수 있는 효과적인 마케팅 프로그램을 개발하고, 미래의 행동을 충분히 신뢰할 수 있도록 예측할 수 있어야 한다. 좋은 기회라고 하더라도 현재 회사의 여건에서 실행할 수 없다면 무용지물이 된다.

5) 시장세분화의 기준

제품시장과 서비스 시장을 세분하려면 중요한 소비자, 제품이나 상황 등 관련된 기준에 근거하여 수집된 자료를 사용한다. 세분화 기준은 대체로 인구통계변수, 심리변수와 행동변수가 있다. 인구통계변수는 인구, 연령, 소득, 사회계층과 지리 등이 있다. 심리변수는 라이프 스타일, 개성, 지각과 태도 등이 있다. 행동변수는 추구편익, 제품사용, 사용자 상태, RFM, 충성도와 브랜드 열성, 중요 행사와

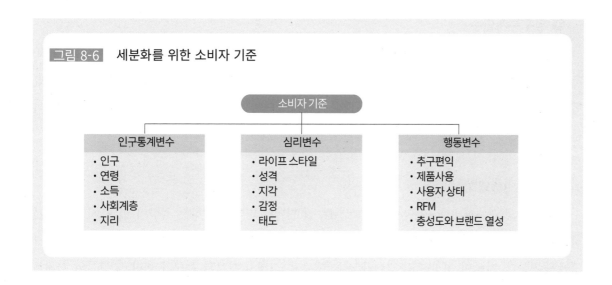

그림 8-6   세분화를 위한 소비자 기준

소비자 기준

인구통계변수	심리변수	행동변수
• 인구 • 연령 • 소득 • 사회계층 • 지리	• 라이프 스타일 • 성격 • 지각 • 감정 • 태도	• 추구편익 • 제품사용 • 사용자 상태 • RFM • 충성도와 브랜드 열성

매체 이용경험 등이다. 이러한 자료는 전술 수준의 마케팅활동에 유용하다.

　[그림 8-7]은 소비자 행동의 예측력을 측정의 용이성과 측정비용 간의 관계를 설명한 것이다. 인구통계변수, 심리변수와 행동변수로 올라 갈수록 소비자 선택행동의 예측력은 높아지지만, 측정이 어렵고, 측정비용이 많이 소요되는 한계가 있다. 상품과 서비스 시장을 세분하는 핵심 소비자 탐색 방법은 시장이 누구이며, 그들이 어디에 있는지에 관한 특성을 작성하기 위해 사용하는 기준이다.

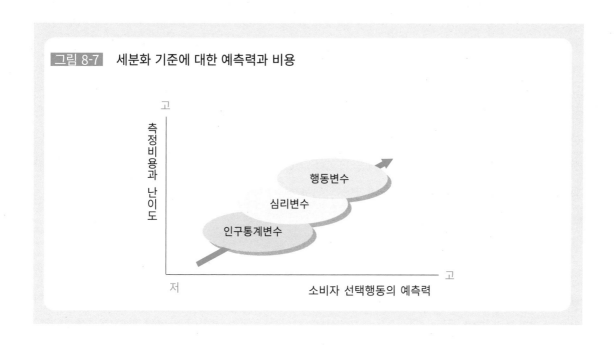

그림 8-7   세분화 기준에 대한 예측력과 비용

❶ 인구통계변수

인구통계변수(demographic variable)는 연령, 성, 생활주기, 세대, 가족크기, 소득, 직업, 교육, 민족, 국적, 종교와 사회계층과 관련된다. 연령은 시장을 세분화하는 공통적인 방법이고, 시장이 묘사되는 첫 방법이기도 하다. 예를 들면, 어린이들의 욕구와 기호가 성인들과는 근본적으로 다르기 때문에 어린이들은 사탕, 옷, 음악, 장난감과 음식으로 목표를 삼는다.

▌ 연령과 가족생활주기

소비자들의 구매행태와 욕구는 연령과 생애주기 단계에 따라 변화하는 경향이 있다. 시장을 세분하는 생활단계는 생활주기에서 다른 단계에 있는 사람들이 다른 제품과 서비스를 필요로 한다는 가정에 근거한다. 가족이 성장하고, 자녀가 집을 떠나고, 그래서 부모의 욕구가 변하고, 그들의 가처분 소득도 대체로 증가한다. 이처럼 가족생활주기에서 휴일, 가구와 자동차는 생활단계에 의해 영향을 받는 주요 제품범주이다. 결혼의 유무, 자녀의 유무 등에 따라 개인들의 소비행태가 많이 다르다.

가족생활주기(family life cycle)는 시간의 흐름에 따른 가족의 변화이다. 가족생활주기는 출생·성장·결혼·출산·자녀의 출가·배우자의 사망과 같은 가족 내의 중대사를 중심으로 단계를 나눈다. 일반적으로 가족수명주기는 5단계로 구성된다. 독신 단계, 신혼부부 단계, 유자녀 부부 단계, 빈 둥지 단계와 고독한 생존자 단계 등이 있다. 사회는 변하고, 가치나 신념이 가족생활주기에서 계속적으로 변하고, 이러한 변화에 따라 선택하는 제품도 다르다.

▌ 성별

성별은 의복, 화장품과 같은 제품에 적용되지만, 광범위한 제품의 범위를 출시하는 전략에서 핵심요소로 사용할 수 있는 변수이다. 미용제품, 향수, 잡지와 옷에서 여성을 목표로 하는 많은 제품을 창조한다. 남성을 목표로 하는 제품은 잡지, 몸단장 제품과 음료수를 포함한다. 향수와 시계처럼 남성과 여성을 목표로 한 제품이 있다. 최근 근로여성의 증가와 높은 수준의 여성 독립을 포함하여 사회 안에서 일어나는 기본적인 역할의 변화에 의해서 제품수요가 창출된다.

▌ 소득

소득(income)은 유효수요를 창조하기 때문에 세분화의 확실한 변수이다. 회사는 소비자가 제품을 살 만한 여유가 있는지를 알아낸다. 수입이나 사회경제적 신분은 또 다른 중요한 인구통계 변수이다. 이것은 소비자들의 개인 소득, 주부 소득, 고용 상태, 가처분 소득과 순자산 가치에 관한 정보를 포함한다. 어떤 회사들은 고가의 독점제품을 구매하는 부유한 소비자를 목표로 한다. 물론 저소득자들을 표적으로 하는 대량마케팅도 대량생산 및 대량판매 방식에 의해 수익을 창출한다.

▎사회계층

사회계층(social class)은 한 사회 내에서 거의 동일한 지위에 있는 집단으로 직업, 교육수준, 소득 등 여러 가지 변수에 의해 복합적으로 형성된다. 동일한 사회계층에 속한 사람들은 대체로 동일한 가치관, 활동, 관심 및 행동패턴 등을 공유하는 경향이 있다. 사회계층은 구성원들의 사회적 지위를 나타내기 때문에 특정 제품의 소유가 지위를 나타내는 지표로 사용될 수 있다. 사회계층에 따라 자동차, 주택, 의류, 가구, 보석 등 선호에 많은 차이를 나타낸다.

▎지리변수

지리변수(geographic variable)는 국가, 도시, 지방, 기후, 인구밀도 등 지역마다 다른 소비자의 욕구에서 차이가 있기 때문에 그에 맞는 마케팅 전략을 구사하는 변수이다. 문화, 기호, 소비와 선호에서 지리적 차이가 명확할 때 이 방법은 매우 유용하다.

오리온 '3色 파이'로 韓·中·베트남 소비자 사로잡는다

오리온이 지난달 한국에서 '초코칩 초코파이'를 선보인 이후 중국과 베트남에서 '큐티파이(Q帝派) 레드벨벳'과 '초코파이 다크'를 잇따라 내놓았다. 오리온은 3국 공장 간에 연구개발(R&D) 노하우를 공유하며 각국 소비자 특성에 맞춘 파이 신제품들을 선보이게 됐다며 3개 국가에서 동시에 서로 다른 초코파이 신제품을 출시한 것은 처음이라고 밝혔다. 한국에서 출시된 초코칩 초코파이는 빵 속에 오독오독 씹히는 초코칩과 깊은 풍미의 초콜릿 청크를 넣어 새로운 식감을 전달하는 데 주안점을 뒀다.

중국의 큐티파이 레드벨벳은 부드러운 초콜릿 코팅 케이크에 딸기와 크랜베리가 어우러진 잼을 넣어 새콤달콤한 맛을 살린 파이다. 최근 중국의 젊은 여성들 사이에 '쏸티엔(酸甜)'이라 일컫는 상큼하면서 새콤달콤한 맛에 대한 선호도가 높아지고 붉은색을 좋아하는 중국인들의 성향에 착안해 개발한 제품이다. 초코파이 다크는 진한 초콜릿 맛을 선호하는 베트남 소비자 입맛에 맞춰 빵 속에 카카오를 듬뿍 담았다. 중국 연구소에서 '카카오 파이'를 만들며 보유한 카카오빵 노하우와 한국 연구소의 마시멜로 기술을 접목해 만든 제품이다. 오리온은 초코파이 다크로 소비자 선택의 폭을 넓혀 향후 3년 내 베트남에서 초코파이를 연 매출 1,000억 원에 달하는 메가브랜드로 성장시킬 계획이다.

출처: 한국일보 2017.10.17

지리인구통계(geodemographics)는 인구와 지리적 변수를 결합할 때 산출되는 결과이다. 인구와 지리적 변수의 결합은 시장분석에서 필수적인 도구가 된다. 인구조사 자료와 인구통계 정보의 융합은 누가 어디에 살고, 그들이 무엇을 좋아하는지를 결합하는 것이다. 소비자들은 그들이 사는 곳, 생활단계와 생활 주기에서 의존하는 것에 의해 분류될 수 있다.

❷ 심리변수

심리적 기준은 태도와 지각, 즉 심리도식이다. 라이프 스타일, 제품과 브랜드로부터 소비자가 추구하는 편익의 유형과 소비선택을 포함한다. 심리도식(psychographics)은 수요조사 목적으로 소비자의 행동양식·가치관 등을 심리학적으로 측정하는 기술이다. 태도(attitude)는 어떤 대상에 대해 일관성 있게 호의적 또는 비호의적으로 반응하게 하는 학습된 선입견이다. 지각(perception)은 소비자들이 자극물을 분리하지 않고 하나로 통합하여 조직화하고 해석하는 과정이다. 소비자들이 동일한 제품을 각각 보고 제품에 대한 태도나 평가는 지각의 주관성으로 매우 다를 수 있다.

▌ 라이프 스타일

라이프 스타일(life style)은 생활양식을 뜻하며, 사람들이 생활하면서 사는 방식으로써 개인마다 독특한 삶의 양식(unique pattern of living)을 말한다. 이것은 개인의 인구통계적 특성, 사회계층, 동기, 개성, 감정, 가치, 가족수명주기, 문화, 경험 등에 의해 결정된다. 또한 개인이나 가족의 가치관 때문에 나타나는 다양한 생활양식, 행동양식, 사고양식 등 생활의 모든 측면의 문화적·심리적 차이를 나타낸다.

▌ 성격

성격은 개인을 특징짓는 지속적이며 일관된 행동양식으로 시간, 상황이 달라져도 지속되며, 한 사람을 다른 사람과 구별 짓는 특징적인 생각, 감정, 행동들의 패턴이다. 성격은 또한 지식, 지능이나 마음의 움직임을 제어한다. 상황대처 방식, 대인관계, 도덕적 가치, 감정적 반응, 스트레스나 곤경에 대처하는 방식 등이 사람의 성격에 따라 독특하다. 환경에 대하여 특정한 행동형태를 나타내는 개인의 독특한 심리적 체계이기 때문에 개인의 성격차이는 구매욕구와 행태에 따라서 다양하게 나타난다. 독특한 개인의 성격은 화장품, 의류나 주류제품 등 구매에서 많은 차이가 있다.

❸ 행동변수

소비재 상품과 서비스를 세분화하는 제품 관련 방법은 세분화 기준으로써 제품사용, 구매나 소유와 같은 행동주의 방법을 사용하는 기법이다. 시장세분화의 행동기준은 추구편익, 제품사용, 사용자

상태, RFM, 충성도와 브랜드 열성, 중요 행사와 매체 이용경험, 제품에 대한 반응을 포함하여 일련의
행동주의 척도에 근거한다.

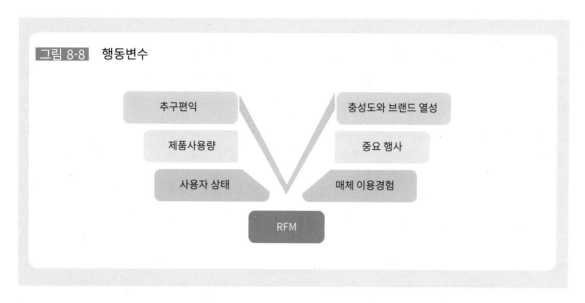

그림 8-8 행동변수

추구편익

제품사용량

사용자 상태

충성도와 브랜드 열성

중요 행사

매체 이용경험

RFM

▌추구편익

추구편익(benefits sought)은 제품이나 서비스를 설계하는 방법이 아니라 소비자들이 사용하는 제품이
나 서비스로부터 유래되는 편익에 근거하여 소비자들이 원하는 것을 정확하게 제공한다는 관점이다.
이것은 새로운 기술과 관련된 유용한 세분화 기준이다. 마케터들은 사용자의 핵심편익과 동기를 확
인하고 있다. 예를 들면 편의성, 접근성과 내구성의 편익은 기능성 편익을 중시하는 고객들에게 중요
한 평가기준이다.

▌제품 사용량

소비자의 제품 사용량(usage rate)에 따라 다량 사용자, 중간 사용자와 소량 사용자로 분류하여 시장
을 세분화한다. 이것은 각각의 사용자 집단에 대해 서비스 사양이나 마케팅 믹스를 개발하는데 사용
된다. 예를 들면 자가용의 다량 사용자들은 대중교통의 다량 사용자와는 다르게 표적할 수 있다. 이
와 같이 소비자들마다 추구하는 편익이 다른 소비재 제품을 세 가지 관점에서 탐구할 수 있다.

- 사회적 상호작용(social interaction): 자동차나 주택처럼 사회적으로 눈에 띄는 과시적 제품의
  소비에 대한 사회적 의미와 상징적 측면을 조사하는 것이다.
- 경험적 소비(experiential consumption): 만족, 환상, 느낌과 재미와 같은 소비자 경험과 제품의

쾌락적 소비 등의 결과로써 정서와 감각적 경험을 탐구하는 것이다.

- 기능적 실용(functional utilization): 제품의 기능과 속성을 탐구하는 것이다.

▌사용자 상태

편익세분화의 대안으로써 시장을 사용자 상태(user status)의 기준으로 비사용자, 이전 사용자, 잠재 사용자, 처음 사용자와 계속적 사용자 등으로 다시 나눌 수 있다. 처음 사용자와 계속적 사용자는 사용률(usage rate)의 기준으로 다시 나눌 수 있다. 비사용자와 잠재 사용자는 제품을 시용하도록 설득할 필요가 있는 집단이지만, 처음 사용자는 중간 사용자가 되도록, 또 다량 사용자가 되도록 설득할 필요가 있다. 예를 들면 치약을 하루 한 번 사용하던 것을 일일 삼회 사용하도록 고객을 설득한다.

▌RFM

고객의 미래 구매를 예측할 때 가장 중요한 것이 과거 구매내용이라고 가정한다. RFM은 최근 구매시점(Recency)에 특정 기간 동안의 구매빈도(Frequency)와 구매규모(Monetary value)를 의미한다. RFM은 가치 있는 고객을 추출해내어, 고객을 분류할 수 있는 매우 간단하면서도 유용한 방법이다. 이와 같이 최근에, 얼마나 자주, 얼마나 많이 구매하고, 구매당 높은 구매금액을 지불한 고객들은 수익성 있는 고객(profitable customer)으로 분류할 수 있다. 따라서 RFM은 구매 가능성이 높은 고객을 선정하기 위한 자료분석방법이다.

- Recency(구매시점): 고객이 최근에 언제 구입했는가?
- Frequency(구매빈도): 고객이 얼마나 자주 상품을 구입했는가?
- Monetary(구매규모): 고객이 구입한 총 금액은 어느 정도인가?

▌충성도와 브랜드 열성

특정한 브랜드나 점포에 대한 충성도(loyalty)의 정도와 깊이를 기준으로 구매자를 분류한다. 충성도의 유형은 절대적 충성도, 보통 충성도, 가변적 충성도와 브랜드 전환자 등이 있다. 높은 충성도가 있는 구매자들은 연령, 사회경제적 특성 등에 의해서 일반적인 특징을 보이지만, 낮은 충성도는 매우 다른 특징을 보인다.

▌중요 행사

중요한 사건의 시장세분화는 상황을 기준으로 하는 세분시장의 개발이다. 이것은 개인 생활의 중요한 사건이 제품이나 서비스의 사용과 수집에 의해서 만족될 수 있는 욕구를 창출한다는 아이디어에 근거한다. 대표적인 예는 결혼, 생일, 의례, 졸업, 입학, 가족의 사망, 실업, 질병, 은퇴와 이사 등이 있다. 의례(ritual)는 정기적으로 반복되어 발생하는 종교적, 민속적 행사이다. 의례에는 자체 행사용품과 선물증정 등으로 제품의 구매와 소비가 일어난다.

▌ 매체 이용경험

시청자 매체이용의 이해와 특성은 커뮤니케이션 계획과정에 중요하다. 매체의 이용빈도를 근거로 사용자를 세분하는 것은 광고업자의 커뮤니케이션에 반응하는 소비자들을 확보하고 유지하는 통찰력을 준다. 이러한 정보는 매체의 효과와 효율을 평가할 때 중요한 자료가 된다. 다른 광고와 이전 광고노출과 경쟁함으로써 반복된 수동적 광고노출에 반응하는 빈도에 따라 효과의 차이가 난다.

6) 시장세분화의 한계

시장세분화는 특정 고객의 욕구를 충족하고, 회사의 자원을 효율적으로 활용함으로써 판매를 신장하고 이익을 확보하는 전략이다. 따라서 시장세분화는 고객욕구를 특징적인 집단으로 분류할 때 유용한 과정이지만, 완벽한 과정은 아니다. 시장세분화가 비판받는 이유는 다음과 같다.

- 고객욕구의 불충분한 제공: 개별적으로 맞춤형 제품이나 서비스를 제공하는 것이 아니라 오히려 고객집단의 욕구에 가깝게 제공하기 때문에 고객의 욕구가 충분히 충족되지 않을 경우가 있다.
- 경쟁우위의 문제: 시장세분화는 경쟁우위와 어떻게 연결되는지에 대한 고려가 불충분하다. 제품 차별화는 경쟁력이 있는 제품이나 서비스를 개발할 필요와 명확하게 연결되고 있지만, 시장세분화는 제품이나 서비스를 경쟁자와 차별화하는 기준으로 세분화를 강조하는 경향이 아니다. 따라서 시장세분화는 경쟁우위를 부각하는데 충분하지 못하다.
- 세분화의 가치 불명확: 경영자에게 얼마나 가치 있는 세분화인지가 불명확하다. 시장세분화 과정의 효과성을 측정하는 적절한 과정과 모형은 아직 이용할 수 없다.
- 설정과정의 불명확: 표적마케팅 설정에 관련된 과정은 정확하지 않을 수 있다. 이럴 때 세분화 계획은 실패한다.

2. 표적시장의 선정

회사는 시장의 모든 부문에 집중할 수 없다. 회사에서 제공하고자 하는 시장을 표적시장이라고 하며 표적시장을 선택하는 프로세스를 시장표적화라고 한다. 시장세분화는 소비자 특성 또는 제품 특성 또는 둘 다에 기초할 수 있다. 시장이 다양한 부문으로 나누어지면 회사는 다양한 부문을 평가하고 목표로 하는 세분시장과 수를 결정해야 한다. 모든 제품이나 서비스는 특정 시장의 요구와 욕구에 호소한다. 사용자를 염두에 두고 전략을 수립하는 것은 표적 마케팅이다.

1) 시장표적화 방법

시장표적화(market targeting)는 시장세분화를 통해 목표로 하는 시장의 고객집단을 선정하는 과정이다. 이것은 세분화 과정 동안에 확인된 다양한 세분시장을 평가하고, 가장 잘 제공할 수 있는 세분시장의 수와 위치를 결정하는 것이다. 세분시장이 확인되면 기업은 표적마케팅 방법을 선택할 필요가 있다. 표적시장 마케팅(target marketing)은 기업이 소비자의 욕구와 필요에 따라 시장을 몇 개로 세분하여 각기 다른 마케팅 믹스를 제공하는 것이다.

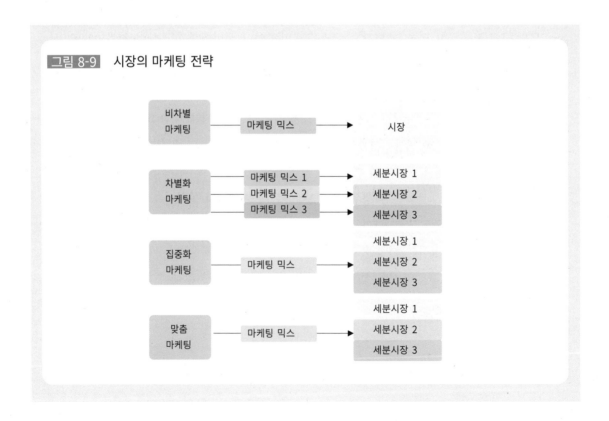

그림 8-9 시장의 마케팅 전략

❶ 비차별 마케팅

비차별 마케팅(undifferentiated marketing)은 시장에 존재하는 고객의 욕구나 필요의 차이를 무시하고 공통점에 중점을 두어 전체시장을 단일제품과 단일 마케팅 프로그램으로 공략하는 대량마케팅(mass marketing) 전략이다. 이것은 공통적으로 보이는 특징에 집중하는 것이다. 예를 들면 초기에 Ford의 T 모델 자동차는 동일한 제품으로 전체시장에 접근하였다. 기업이 표준화 제품을 취급하는 비차별 마케팅의 이점은 제조, 촉진과 유통에서 엄청난 비용의 경제에 대한 기회를 제공하는 것이다.

Sense 비차별 마케팅의 포드 모델 T

최초의 자동차는 17세기 후반에 등장했다. 1678년 플랑드르의 성직자였던 페르디낭드 베르비스트가 60센티미터의 작은 증기 자동차를 선보였다. 이 자동차는 중국 황제를 위해 만들어진 자동차였다. 1919년까지 미국에 등록된 자동차 운전자는 660만 명이었다. 포드는 대량생산과 대량판매를 통하여 자동차의 가격을 획기적으로 낮출 수 있었다. 이중 절반이 선택한 차량은 바로 포드의 '모델 T'였다. 마차 같이 생긴 모델 T는 해를 거듭하면서 디자인과 성능을 개선, 미국인들의 꾸준한 사랑을 받았다. 모델 T는 1908년부터 1927년까지 1,500만대가 생산됐으며, 부자의 전유물로 여겨졌던 자동차를 대중화하는데 성공했다.

출처: 네이버

❷ 차별화 마케팅

차별화 마케팅(differentiated marketing)은 전체시장을 여러 개의 세분시장으로 나누고 각 세분시장의 상이한 욕구에 적합한 마케팅 믹스를 활용하는 전략이다. 시장의 경쟁강도가 점점 증가하고 정교화되기 때문에 비차별 마케팅이 드물어진다는 것을 인식할 필요가 있다. 시장의 경쟁강도 심화와 정교화로 시장의 탈 대중화(demassification) 현상이 증대함에 따라 제품다양성 마케팅과 표적마케팅의 전략이 점점 중요하다. 회사는 주요 세분시장을 확인하고, 하나 이상의 세분시장을 목표로 하고, 그런 다음 각 세분시장의 특정한 수요에 맞추는 마케팅 프로그램을 개발하는 것이다.

❸ 집중화 마케팅

집중화 마케팅(concentrated marketing)은 세분시장 중에 한 시장을 선택하고, 단일 마케팅 믹스로 단일 표적시장에 노력을 집중하는 전략이다. 집중화의 장점은 특정한 시장을 확인하고, 주요 표적으로써 세분시장에 광고하고 유통함으로써 비용을 통제할 수 있다. 집중화의 단점은 목표로 하지 않는 고객을 놓칠 수 있다. 따라서 집중화 마케팅을 종종 산탄총(shot gun)보다는 소총(rifle) 전략이라 한다.

❹ 맞춤 마케팅

맞춤 표적화(customized targeting) 전략은 마케팅 전략이 각 시장세분화와 관계없이 개별고객을 위해 개별적인 전략을 개발하는 미시마케팅이다. 미시마케팅(micro marketing)은 모든 고객 속에서 개별고객을 보는 방법이다. 개별적인 고객의 욕구나 선호를 충족하기 위해 개별적인 맞춤 제품과 마케팅 프로그램을 제공한다. 개별적인 마케팅은 충족되지 않은 고객의 욕구를 발견해 내고, 그러한 욕구를 충족시켜 줄 제품을 생산하여, 고객에게 제공하는 일대일 마케팅이다. 남들과 같은 것을 싫어하는 고객에게 맞춤형 제품을 제공한다.

표 8-1 표적시장과 대상

유형	전략 방향
비차별 마케팅	불특정 다수
차별화 마케팅	특정한 고객이나 시장
집중화 마케팅	극소수의 표적고객이나 틈새시장
맞춤 마케팅	개별고객

2) 세분시장의 평가

발견한 세분시장 중 특정 시장을 표적으로 하고, 마케팅 프로그램을 집중하는가를 결정하는 것이다. 경영자 판단은 특정 시장을 선택하고 이용하고, 다른 시장을 무시하는지를 결정하는 것이다. 시장세분화가 효과적이기 위해서는 세분시장의 요건을 충족하는 것이다. 세분시장을 평가하는 방법은 시장성장률, 세분시장 수익률, 세분시장 규모, 경쟁강도와 산업의 주기와 같은 세분시장의 매력요인에 대한 평가이다. 시장을 세분화하는 가장 좋은 방법을 결정하기 위해 고려할 요소는 3가지가 있다.

그림 8-10 세분시장의 평가 요소

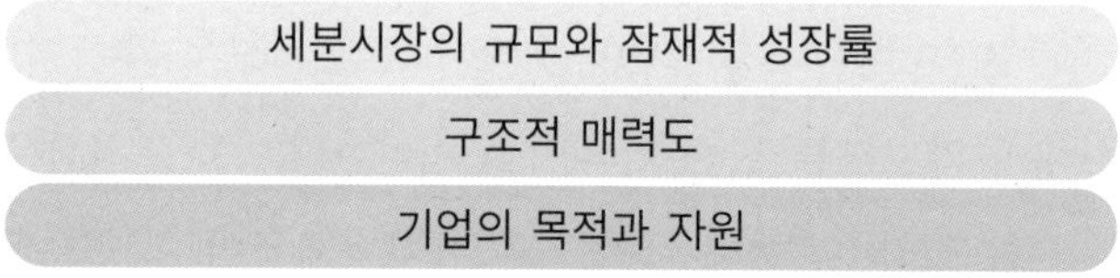

세분시장의 규모와 잠재적 성장률

구조적 매력도

기업의 목적과 자원

❶ 세분시장의 규모와 잠재적 성장률

시장세분화에 대한 출발점은 각 세분시장의 규모와 잠재적 성장률을 조사하는 것이다. 분명히 세분시장의 적정한 규모가 얼마인지에 관한 질문은 기업에 따라서 매우 다르다. 진출하고자 하는 세분시장은 규모와 잠재적 성장률이 기대되는 시장이어야 한다. 가격탄력성이 적고, 신규나 철수장벽이 적어야 한다. 또한 이러한 요인들을 회사의 역량과 자원으로 충분히 감당할 수 있어야 한다.

❷ 구조적 매력도

세분시장은 충분한 수익이 기대되고, 경쟁환경에서 위협적인 요소가 약한 시장이어야 매력적이다. 세분시장의 매력도는 시장요인과 경쟁요인에 의해서 영향을 받는다. 시장요인은 세분시장의 규모, 성장률, 수익성이다. 경쟁요인은 산업의 경쟁자와 시장 경쟁자의 위협, 시장의 잠재적 진입자, 대체재의 위협, 구매자의 상대적 교섭력과 공급자의 상대적 교섭력 등이 있다.

❸ 기업의 목적과 자원

세분시장과 기업의 장기적 목표 간의 적합정도를 찾아야 한다. 세분시장이 법적인 규제와 일치하고, 사회의 여론과 기업의 이미지를 훼손하지 않아야 한다. 기업의 자원과 기술이 세분시장에 부합되어야 한다. 이러한 기업의 자원, 역량과 기술이 세분시장에 적합할 때 매력적인 시장이 된다.

3. 포지셔닝

포지션(position)은 제품이 점유하는 시장에서의 위치이다. 포지션은 제품이 표적시장 내에 있는 고객의 마음 혹은 인식 속에서 차지하는 상대적 위치를 의미한다. 즉, 포지션은 어떤 제품이 소비자의 마음속에 인식되고 있는 모습이다. 포지셔닝(positioning)은 자사제품이 경쟁제품에 비하여 소비자의 마음속에 가장 유리한 위치를 차지하게 하는 과정이다. 따라서 포지셔닝은 표적고객의 마음속에 의미 있고, 특징적인 경쟁적 위치를 점유하기 위해 회사의 제공물과 이미지를 계획하는 활동이다.

1) 포지셔닝의 특성

포지셔닝은 제품의 속성과 편익에 관한 것으로 제품이 어떻게 전달되는가와 이러한 요소들이 고객의 마음속에 함께 결합되는 방법이다. 중요한 것은 제품의 물리적 특성이 아니라 심리적 인식이다. 포지셔닝은 고객이 경쟁자와 비교하여 제품의 가치를 어떻게 판단하는가와 제시한 약속을 전달하는 능력이다. 포지셔닝은 소비자의 마음 또는 인식에서 경쟁 브랜드에 비해 특정 브랜드가 차지하고 있는 위치를 강화하거나 변화시키는 전략이다. 고객의 욕구와 필요를 파악하여 동질적인 시장으로 나누는 시장세분화와 경쟁제품과의 차이점을 인식시키는 제품 차별화를 결합하는 것이 포지셔닝이다. 따라서 포지셔닝은 세분화된 시장에서 제품 차별화를 통해 경쟁우위를 확보하는 방법이다.

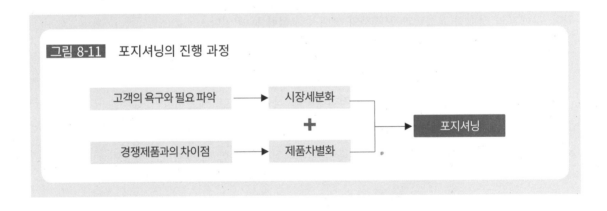

그림 8-11 포지셔닝의 진행 과정

포지셔닝은 구매의 순간 가장 먼저 떠오르는 제품이 되도록 제품의 차별화된 특성과 이미지를 효과적으로 전달하는 가치제안(value proposition)이며, 이를 마케팅 믹스 전략을 통해 지속적으로 고객과 커뮤니케이션하는 모든 구체적인 마케팅 커뮤니케이션 활동을 말한다. 전략가들은 제품이 의미하는 것과 현재와 잠재적 경쟁제품과 어떻게 다른지를 고객들에게 설명한다. 제품컨셉은 소비자의 편익을 명확하게 하여 고객 선호도를 파악할 수 있어야 하고, 포지셔닝은 경쟁제품과의 차이를 명확하게 하여 고객인식을 증진하는데 목적이 있다. 제품포지셔닝의 목적은 고객이 자사의 제품을 최초로 생각하도록 하는 것이다. 다음은 제품포지셔닝은 3가지 목적이다.

- 자사제품을 경쟁제품과 구별한다.
- 중요한 고객의 구매기준을 처리한다.
- 핵심 제품특성을 분명히 한다.

2) 포지셔닝의 전략

포지셔닝의 목적은 고객이 자사 브랜드에 대해서 경쟁제품보다 마음속에 연상을 더 유리하게 갖도록 하는 것이다. 포지셔닝은 세분화된 시장에서 제품 차별화를 통해 경쟁우위를 확보하는 방법이다. 따라서 경쟁상태 내에서의 자사 브랜드의 위치, 소비자의 욕구와 제품특성 등을 통합적으로 고려한다. 고객들이 특정 제품범주를 생각할 때 자사의 브랜드가 최초로 또한 우수한 제품으로 상기하도록 하는 것이다. 포지셔닝 전략에는 제품속성과 편익, 제품범주, 사용상황, 사용자, 가격과 품질, 경쟁자 대항, 경쟁자와 반대 설정과 브랜드 이미지 등이 있다.

❶ 제품속성과 편익

자사제품이 표적고객에게 제공하는 편익에 집중하는 전략이다. 브랜드가 경쟁제품과 관련하여 갖고 있는 특징, 속성이나 편익을 기준으로 하여 포지션하는 것이다. 제품속성과 편익은 가장 일반적인 포지셔닝 전략이다. 예를 들면 현대 소나타는 실용성, 레드불은 에너지를 제공한다. 제품의 특정한 속성을 강조하는 것은 흥미를 돋운다.

❷ 제품범주

고객들에게 브랜드를 제품범주의 선도자(leader)나 최초 브랜드로 인식하게 하는 전략이다. 예를 들면 다시다는 천연조미료, 코크(Coke)는 콜라, 제록스(Xerox)는 복사기, 아스피린은 두통제, 게보린은 진통제로 포지션하는 경우이다. 고객들은 최초(first)를 최고(best)라고 인식하는 경향이 있다.

❸ 사용상황

고객들이 제품을 언제 또는 어떻게 사용하는지를 강조하는 것이다. 제품이 언제 또는 어떻게 사용되는지를 안다면 구매자의 마음속에 포지션을 창출할 수 있다. Kellogg는 아침 식사보다는 낮에 소비되는 제품으로 포지션하였다. 게토레이는 운동 후 갈증이 발생하는 상황에서 갈증해소 음료, 롯데제과 자일리톨 껌은 핀란드에서는 자기 전에 씹는 껌, 출출할 때 요거트는 간식으로 포지셔닝한다.

❹ 사용자

제품을 특정한 사용자의 독특한 특성이나 특정 계층의 사용자 집단과 연결하는 것이다. 이를 통해 동일 집단의 사용자들이 제품을 사용하도록 유인한다. 표적 사용자를 확인함으로써 적절한 표적에게 명확하게 커뮤니케이션을 할 수 있다. 예를 들면 성공한 젊은 사업가로 포지션한 Benz 자동차가 있다. VVIP 카드는 대한민국 국민의 1%만을 위한 최상위층 카드로 포지셔닝한다.

❺ 가격과 품질

싼 게 비지떡이란 속담처럼 가격은 품질을 강력하게 전달한다. 일반적으로 높은 가격은 높은 품질과 가치를, 낮은 가격은 낮은 품질과 가치 수준을 알린다. 가격이 높으면 품질도 좋을 것이라는 가격과 품질 연상효과(price-quality association)는 가격으로 품질을 연상하게 하는 포지션이다. 이는 주로 명품 가방, 외제차, 디자이너 패션이나 보석 등이 있다.

가격과 품질연상: CHANEL No.5 오드퍼퓸

샤넬(Chanel) No.5 향수는 매우 높은 품질과 가격으로 포지셔닝하고 있다. CHANEL No.5 오드퍼퓸은 여성성을 나타내는 최고의 향수로 평가된다. 샤넬은 미국 영화배우인 마릴린 먼로가 잠들기 전에 잠옷 대신 입었다는 누드멘트를 통해 더 유명해졌다. 1921년 출시한 샤넬 No.5는 83가지가 넘는 재료로 만들어낸 독특한 향과 단순한 아르데코 스타일의 병 디자인이 일품이다. 현재 연간 1억 달러의 매출을 기록해주는 장수제품이다.

❻ 경쟁자 대항

경쟁제품에 직접적으로 대응하는 포지셔닝은 구체적인 제품의 우수성 주장을 필요로 한다. 대표적인 예를 들면 미국의 렌터카 업체인 Avis는 "우리는 2위입니다. 그래서 더욱 노력합니다"로 포지셔닝한다. 국내 한 대형할인점은 다른 할인점과 비교하여 항상 최저가격을 제공한다고 포지션하고 있다. 삼성전자와 LG전자는 가전부문에서 많은 화제를 일으키고, 최고와 최신을 경쟁한다.

❼ 경쟁자와 반대

경쟁자와 반대로 포지셔닝하는 것은 어떤 제품이 우위를 차지하는 시장에서 주의를 얻는데 도움이 된다. 예를 들면 미국의 탄산음료인 세븐업은 콜라와 달리 카페인이 없는 Uncola로 포지셔닝하여 콜라가 아닌 탄산음료 중 대표 브랜드라는 인식을 고객들의 마음속에 심었다.

❽ 브랜드 이미지

이미지는 과거 촉진, 명성, 동료의 평가를 포함하고, 고객의 기대를 반영한다. 브랜드도 사람처럼 개성을 갖고 있고, 특정한 상징과 연결되고, 이미지와 결합하여 고객들의 심리에 접근한다. 기업은 브랜드를 소비자들의 실제적, 이상적, 또는 사회적 자아와 일치하는 전략을 사용한다. 이성적인 장점을 부각하는 USP 전략과 달리 감성적으로 접근하는 방식이다. 관광 서비스산업에서는 회사 또는 나라의 문화유산(cultural heritage)이나 전통과 연결하여 브랜드 연상을 강화한다.

❾ 제품군 분해

제품군 분해는 제품이나 회사가 경쟁자보다 탁월한 것으로 포지션 할 수 있거나 제품이 동일한 제품범주에 거의 적합하지 않은 경쟁자와 비교하여 아주 다르다는 것을 암시한다. 예를 들면, Ferrari는 다른 스포츠 제조자와 비교하여 스포티한, 고급스러움과 명성을 언제나 연상한다.

절대 강자 '한국산 TV' 아성 흔들리나

전 세계 TV 시장의 30% 이상을 차지하며 1, 2위를 지켜온 우리나라 삼성전자·LG전자의 아성(牙城)이 위협받고 있다. 시장조사업체인 IHS 마킷에 따르면 2017년 3분기 세계 TV시장에서 중국 TCL은 판매량 453만대(점유율 8.3%)를 기록하며 삼성·LG전자에 이어 세계 3위를 기록했다. TCL에 이어 하이센스(6.3%)도 4위에 오르며 중국 강세를 이어갔다. 일본 소니(5.9%)도 점유율을 확대하며 옛 명성을 되찾고 있고, 대만에 인수된 샤프는 분기 판매량 200만대를 돌파하며 점유율을 끌어올렸다. IHS마킷은 "자국(自國) 시장 성장세가 주춤한 가운데서도 TCL과 하이센스 등 중국 업체들이 글로벌 시장에서 강세를 보였다"고 평가했다. 중국 TV 업체들은 자국 시장에서 점유율이 75%를 넘어서며 절대강자로 군림하고 있지만 '우물 안 개구리'라는 평가를 받아왔다. 작년 말까지만 해도 북미·유럽 등 해외 시장 점유율은 미미했다. 이종욱 삼성증권 연구위원은 "북미 시장에서 TCL은 동영상 스트리밍 업체 로쿠(Roku)와 함께 내놓은 스마트 TV가 판매량 확대를 이끌었고, 하이센스는 상표권 사용 계약을 맺은 샤프 브랜드를 무기로 분기마다 점유율을 확대하고 있다"고 말했다.

삼성전자와 LG전자는 프리미엄 TV 중심으로 제품군을 재편해 시장 방어에 나선다는 전략을 내놓고 있다. 삼성전자는 올 들어 40인치 이하 중·저가 제품 생산량을 10% 이상 줄이는 대신 75인치, 80인치 등 대형 제품을 확대하는 제품 구조조정을 진행하고 있다. 점유율 확대보다는 수익성 중심으로 판매 전략을 수정하는 전략이다. 삼성전자 관계자는 "전 세계 60인치 이상 대형 제품에서는 시장의 40% 이상을 장악하고 있다"며 "QLED(양자점발광다이오드) TV 등 프리미엄 제품이 본격적으로 판매를 시작하면서 4분기에는 더 좋은 실적을 거둘 것"이라고 말했다. LG전자는 초슬림 디자인의 OLED TV를 중심으로 프리미엄 시장에서 입지를 다지고 있다. LG전자 관계자는 "3분기 2,500달러 이상의 OLED TV가 약 25만대 팔리며 사상 최대 영업이익률(9.9%)을 이끌었다"고 말했다. 노경탁 유진투자증권 연구원은 "중저가 LCD(액정표시장치) TV 시장에서는 원가 경쟁력을 바탕으로 한 중국의 공세를 이겨내기 어렵다"며 "삼성전자·LG전자는 기술력을 앞세워 프리미엄 시장에 더 집중해야 할 것"이라고 말했다.

출처: 조선일보 2017.11.27

3) 포지셔닝의 전략 수립

포지셔닝(positioning)은 표적시장에 있는 고객이 브랜드의 차별적인 의미를 경쟁 브랜드와 관련하여 이해하도록 제품의 이미지와 가치를 계획하는 과정이다. 브랜드를 고객이 지각하도록 하는 방법이기 때문에 고객의 마음을 차지하기 위한 전쟁이다. 포지셔닝의 일관성이 없다면 전략의 신뢰성은 급격하게 감소할 뿐만 아니라 고객의 지각 상에 혼란이 일어나 고객은 무엇에 사용하는 제품인지조차 잘 인식하지 못할 수 있다. 조직은 표적시장에 호소하고, 효과적으로 커뮤니케이션하는 경쟁우위를 확인하고, 구축해야 한다. 이러한 관점에서 포지셔닝의 과정은 3단계를 포함한다.

- 조직이나 브랜드의 가능한 경쟁우위를 확인한다.
- 강조해야 할 점을 결정한다.
- 포지셔닝 컨셉을 실행한다.

차별적 포지셔닝(Positioning Differences)

- 중요성(important): 표적고객에게 매우 가치가 있고 의미 있는 편익을 전달한다.
- 차별성(distinctive): 경쟁자들이 제공하지 않는 것을 차별화한다.
- 탁월성(superior): 고객들이 동일한 편익을 얻는 다른 방법보다 우수하다.
- 전달성(communicable): 표적고객에게 차별성을 설명하고 전달한다.
- 선제성(pre-emptive): 경쟁자가 모방하기 전에 차별성을 먼저 제공한다.
- 가격의 적정성(affordable): 구매자가 차별성을 구매할 이유를 제시한다.
- 수익성(profitable): 차별성을 제공하여 수익성을 창출할 수 있다.

❶ 포지셔닝 전략의 수립

성공적인 제품포지셔닝 전략은 제품을 차별화하고, 중요한 고객에게 구매기준을 설명하고, 핵심적인 제품속성을 분명히 표현한다. 제품, 표적시장과 경쟁력이 있는 포지셔닝의 상호관련 요소는 경쟁우위를 달성하기 위해 균형을 이룰 수 있도록 요소의 적절한 결합을 고려한다. 이를 위해서 다음 사항을 깊이 이해하는 것이 필요하다.

- 표적고객은 어떻게 구매결정을 하는가?
- 경쟁자들은 어떻게 제품을 포지셔닝하는가?
- 자사제품은 무엇을 제공하는가?

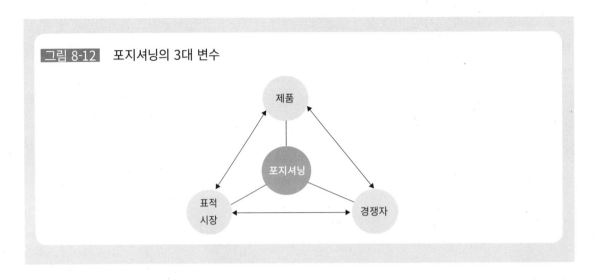

그림 8-12 포지셔닝의 3대 변수

포지셔닝 수립 절차는 5단계로 설명한다. 처음은 표적고객의 특성을 이해하기 위하여 표적시장에 관한 정보를 수집하고 분석한다. 이어서 경쟁자의 이해, 고객의 구매기준 분석, 자사제품의 강점 평가와 위치 선정, 그리고 마지막으로 마케팅 믹스를 개발한다. 이러한 단계로 포지셔닝 전략이 수립된다.

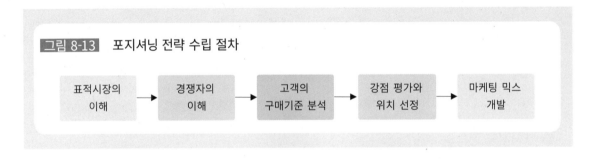

그림 8-13 포지셔닝 전략 수립 절차

▌ 표적시장의 이해

정보를 수집하고 해석하기 위하여 표적고객의 특성을 사용하고, 표적고객이 사용하는 구매기준을 파악한다. 각각의 구매기준에 대하여 속성의 중요도를 사용하여 우선순위를 작성한다. 잠재구매자들로부터 속성의 중요도를 조사하여 선정할 수 있다. 표적고객으로부터 직접 수집한 자료가 타당성이 없다면 판매원이나 산업의 전문가에게 자문을 구한다. 여성용 패션제품의 출시를 목표로 시장을 조사하고, 제품을 포지션하는 과정을 예로 든다. 다음은 조사할 때 고려해야 할 주요 사항이다.

- 표적고객은 어떤 제품특성을 강조하는가?
- 표적고객은 어떤 제품편익을 강조하는가?

표 8-2 표적고객의 속성 중요도

구매기준	자사의 강점	중요도	경쟁자 포지션
색상		20%	
가격		15%	
디자인		20%	
행복한 느낌		20%	
유행 이미지		25%	

▌지각도

진출하고자 하는 표적시장에 경쟁자들이 그들의 제품을 어떻게 포지션하고 있는지를 지각도로 판단한다. 경쟁제품이 위치하는 영역이 각각 다르고, 치열한 경쟁영역과 비어있는 공백이 발견된다. 경쟁영역과 공백에서 자사의 제품이 경쟁할 위치를 찾는 것은 매우 중요한 과업 중의 하나이다. 지각도(perceptual map)는 w소비자가 어떤 제품과 관련하여 중요시하는 속성에 따라 다차원 공간상에서 경쟁제품들이 차지하는 상대적 위치를 나타내는 지도로 포지셔닝 맵(positioning map)이라고도 한다.

지각도를 통하여 소비자 심리상에서 위치한 경쟁자와 자사의 경쟁적인 위치를 파악하고, 목표 포지션을 정하는 마케팅 전략을 결정할 수 있다. 속성 중요도를 결정하고, 속성을 통해 브랜드 지도를 그리면 자사 브랜드와 경쟁 브랜드가 시장에서 어떻게 지각되는지와 경쟁하는지를 발견할 수 있다. [그림 8-14]는 30대 직장 여성용 패션제품의 지각도의 사례이다. 지각도의 용도는 다음과 같다.

- 신제품 기회의 발견
- 신제품의 타당성 조사
- 기존 제품의 경쟁적 포지셔닝 조사
- 리포지셔닝의 타당성 조사

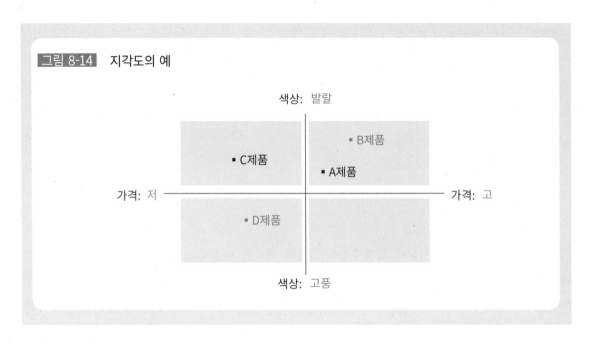

그림 8-14 지각도의 예

색상: 발랄

C제품

B제품

A제품

가격: 저 ────────────── 가격: 고

D제품

색상: 고풍

▌고객의 구매기준 분석

경쟁력이 있는 포지셔닝을 위해 고객이 가장 중요하게 생각하는 구매기준을 선정한다. 제품을 포지션하는 각 경쟁자를 주목하기 위해 고객의 구매기준의 목록에 경쟁자의 포지션을 추가한다. [표 8-3]은 30대 직장 여성용 패션제품을 기준으로 한 것이다.

표 8-3 경쟁자 포지션 상태(30대 직장 여성용 패션제품 예)

구매기준	자사의 강점	중요도	경쟁자 포지션
색상		20%	A
가격		15%	B
디자인		20%	
행복한 느낌		20%	
유행 이미지		25%	C, D

▌자사의 제품강점 평가와 위치 선정

고객이 가장 중요하게 생각하는 구매기준이 자사제품과 적합해야 한다. 이를 위해서는 자사제품의 강점을 평가하고, 제품 차별화 요인을 찾아야 한다. 경쟁제품에 없는 제품 차별화 요인을 찾고, 이를 포지션에 차별적으로 활용한다. 따라서 제품 차별화(product differentiation)는 제품의 표적고객에게 편익, 가격, 품질, 스타일이나 서비스 등에서 경쟁제품과 다르고, 소비자가 바람직하게 지각하는 속성의 개발이나 결합이다. 즉, 소비자가 원하고, 동일한 제품범주에 있는 다른 경쟁제품이 제공하지 않는 것이다.

㉮ 자사의 제품강점 평가

자사제품의 상대적 강점을 분석하여 추가한다. 자사제품의 강점을 고객으로부터 순위를 평가받는다. 이것이 어렵다면 자체 판단한 자료를 사용한다. 이러한 평가를 한 다음 차이분석으로 이전한다. [표 8-4]는 고객의 평가에 의한 자사의 강점과 제품속성의 중요도, 그리고 경쟁제품 포지션이다.

표 8-4 경쟁자 포지션 상태

구매기준	자사의 강점	중요도	경쟁제품 포지션
색상	5	20%	A
가격	4	15%	B
디자인	2	20%	
행복한 느낌	3	20%	
유행 이미지	1	25%	C, D

㉯ 제품강점 요인추출과 위치 선정

자사의 핵심편익, 제품 차별점, 제품강점 요인을 선정한다. 표적시장에 있는 경쟁자들과 다른 차별점을 찾는다. 자사의 제품을 설정할 위치에서 고객을 효과적으로 만족시키는가? 찾은 위치가 수익을 낼 수 있는 성공적인 포지셔닝인가? 어떠한 위치도 없다면, 경쟁자들이 싸우고 자사가 가장 효과적으로 승리할 수 있는 곳을 결정해야 한다. 이러한 자사의 제품강점이 소비자의 마음속에서 어떻게 위치하는지를 지각도 상에서 살펴본다.

경쟁할 위치를 선정한 다음 특징적이고, 차별적이고, 가치 있는 포지션 컨셉을 개발한다. 표적고객에게 전달할 핵심메시지와 고객가치제안을 담은 포지셔닝 서술문을 창안한다. 포지셔닝 메시지는 USP를 소비자의 마음속에 한 단어(one word)로 인식시키는 것이 중요하다. 자사 브랜드가 소비자의 마음속에서 어떻게 위치하고 있는지, 즉 소비자가 이해하고 기억할 수 있는 핵심편익을 한 단어로 제시한다.

❷ 마케팅 믹스 개발

상업화(commercialization)는 신제품을 시장에 출시하는 것으로 제품출시, 안정적인 생산량 증가, 마케팅 자료와 프로그램 개발, 공급사슬 개발, 판매경로 개발, 훈련개발과 지원개발을 포함한다. 시장출시를 위한 마케팅 믹스를 개발하는 단계로 이전한다.

이 과자 만드는 데 8년 걸렸어요

오리온연구소 개발4팀 신남선(41·사진) 부장이 품 안에 수북이 안은 '꼬북칩'을 가리키며 말했다. 오리온이 지난 3월 출시한 '꼬북칩'은 얇은 옥수수 가루 반죽을 4겹으로 말아서 포갠 스낵 과자다. 얇은 과자 4개를 한꺼번에 씹는 듯한 바삭한 식감이 특징이다. 이전까지 국내에는 2겹짜리 스낵만 있었고 세계적으로도 4겹까지만 개발됐다. '세계 기록'에 도달한 셈이다. '꼬북칩'은 출시되자마자 품절 사태를 빚으며 열풍을 일으켰다. 소셜 미디어선 '꼬북칩 대란'이란 말까지 돌았다. 5개월 만에 1,300만개 넘게 팔리며 140억 원 매출 대박을 터뜨렸다. 그 뒤엔 4겹 과자 개발에 8년을 매달린 신남선 부장이 있었다. 4겹 과자 개발은 2009년 시작됐으나 기술적 한계에 부딪혀 2011년과 2015년 두 차례 중단됐다. 반죽이 서로 달라붙는 문제를 해결하는 것이 매우 어려웠다고 한다. "전분은 익으면서 쫀득해져 서로 달라붙는다. 반죽 양끝을 붙이면서 가운데 적절한 공간을 만들기가 쉽지 않았죠." 원료 배합 비율과 수분 함량 등을 수십 차례 바꿔보고, 여러 종류의 기계 설비를 테스트하면서 2015년 바삭한 식감의 4겹 과자 생산기술을 확보했다. 그러나 대량 생산 과정에서 또 문제에 부딪혔다. "기계를 개조하고 자체 제작하는 등 생산 설비를 만드는 데 시간이 오래 걸렸다"고 했다. 8년간 투입된 예산만 100억 원이다. 4겹 과자 개발을 처음 제안한 사람이 신 부장이었기 때문에 책임과 부담이 컸다고 했다. "성공에 대한 확신과 개발자로서의 자존심 때문에 포기할 수 없었다"고 했다. "모양·식감·맛 삼박자가 맞으면 '장수(長壽) 과자'가 될 수 있어요. 3겹으로 목표를 낮출 수도 있었지만, 다른 회사들이 쉽게 따라오지 못할 기술을 고집했죠."

출처: 조선일보 2017.10.03

4. 출시전략

제품을 출시하기 전에 시장의 반응과 소비자 교육을 유도하기 위해 회사는 사전발표를 실시하기도 한다. 제품 사전발표는 복잡한 문제나 해결책을 시장과 소비자에게 교육하고, 경쟁자를 압박하고,

제품인지도와 자금조달을 위한 것이다. 제품출시(product launch)는 시장과 유통경로에 물리적인 포지셔닝 (physical positioning)을 하는 과정으로 상당한 비용을 필요로 한다. 출시활동 계획에서 오는 실수, 오산과 간과는 신제품 성공에 치명적인 장애가 된다. 신제품 출시는 비용과 시간이 많이 들고, 위험을 수반하기 때문에 출시품목, 출시장소, 출시시기와 출시방법 등을 전략적으로 계획한다.

1) 제품범주 전략

시장환경과 경쟁상황을 분석한 다음 시장진입을 어떻게 할 것인가는 매우 중요하다. 왜냐하면 경쟁자와 관련하여 다각도로 검토하고, 자사의 제품에 적합한 제품범주를 설정하여, 제품컨셉을 창출하는 것은 향후 포지션을 설정하고, 시장에 출시하는 모든 과정에 영향을 미치기 때문이다. 이러한 제품범주의 선정전략은 제품범주 창출, 제품범주 분할과 시장세분화 전략 등으로 구분할 수 있다.

표 8-5 제품범주 진입전략

전략	의미
제품범주 창출전략	시장선도자가 제품범주를 창출하여 최초로 시장에 진입하는 전략
제품범주 분할전략	후발 참여자가 시장에 이미 형성된 제품범주를 분할하여 자사제품을 차별화된 하위범주에, 기존 경쟁제품은 진부한 하위범주에 연결하여 차별화를 시도하는 계층적 구조를 형성하는 전략
시장세분화 전략	이미 동일한 제품범주에 다수의 상표들이 진입하여 제품범주가 있는 시장에 신제품으로 진출하는 전략으로 동일한 제품범주에서 동일한 표적고객이나 다른 표적고객을 대상으로 하는 전략

❶ 제품범주 창출전략

제품범주 창출전략(category creating strategy)은 시장선도자가 새로운 제품범주를 창출하여 처음으로 시장에 진입하는 전략이다. 제품범주가 형성되어 있지 않아 선발자로서 제품범주를 처음으로 창조하고, 편익을 유발하여야 한다. 제품범주를 규정하는 편익인 범주욕구를 자사의 제품과 연관하여 포지션하는 방법이다. 상표를 특정 제품범주 욕구와 연관하여 포지션하는데 이를 1차 포지션이라고도 한다. 예를 들면, 숙취해소제의 컨디션, 즉석밥의 햇반, 섬유유연제의 피죤이나 섬유탈취제의 페브리즈 등은 최초로 출시하여 시장을 개척하고, 제품범주를 창출한 제품들이다. 이러한 제품범주 창출형 제품들은 시장을 선도하고, 해당 제품범주의 대표제품으로 인식되어 제품 성공력을 높여줄 수 있다.

❷ 제품범주 분할전략

제품범주 분할전략(category partitioning strategy)은 후발 진입자가 시장에 이미 형성된 제품범주를 분할하여 자사의 제품을 차별화된 우수한 하위범주와 관련시키고, 기존의 경쟁제품은 진부하고 열등한 하위범주와 관련시키는 계층적 구조를 형성하는 전략이다. 예를 들면, 조미료 시장에서 과거에 미원에 비해 열세를 만회하지 못하던 CJ는 천연조미료라는 다시다를 출시하면서 자사제품은 천연조미료, 경쟁자 제품은 화학조미료로 포지션하는 전략을 사용하였다. 조미료라는 제품범주를 화학조미료와 천연조미료라는 제품범주의 분할을 통해 시장을 분화하고 창조한 것이다.

❸ 시장세분화 전략

시장세분화 전략(market segmenting strategy)은 이미 동일한 제품범주에 다수의 상표들이 진입하여 제품범주가 만들어져 있는 시장에 기업이 새로운 제품으로 진출하는 전략이다. 이것은 동일한 제품범주에서 동일한 표적고객이나 다른 표적고객을 대상으로 하는 전략이다. 이미 제품범주명이 있고, 경쟁상표들은 동일한 제품범주명에 의해 집단화한 상황에서 후발 진입자는 제품범주 욕구를 충족하면서 선발 진입상표와 차별화를 시도하는 전략이다. 예를 들면, 세탁세제를 출시할 때 원래의 제품범주 욕구를 충족하면서 경쟁제품과 다른 탁월한 차별점인 고농축으로 적게 쓰는 세제를 부각한 경우이다.

2) 제품수명주기

신제품이 시장에서 제품수명주기 상에 어디에 위치하고 있는지를 파악한다. 왜냐하면 제품수명주기 단계에 따라서 사용할 전략이 다르기 때문이다. 최근에 제품수명주기가 단축되는 이유는 소비자의 선호급변과 신기술의 급속한 개발이다. 기업은 신제품개발을 신속히 해야 하지만, 막대한 R&D 투자를 필요로 한다. 따라서 기업은 제품개발 기술과 대량생산기술을 동시에 구축해야 하며, R&D, 자금, 기술의 확보를 위한 전략적 제휴와 세계시장의 확보가 필요하다. 따라서 신제품이 도입기라면 초기 혁신자들을 대상으로 제품확산에 주력하고, 제품의 인지도 구축에 초점을 맞추는 것이 필요하다. 시용구매를 유도하여 반복구매와 구전을 이끌어내야 한다.

3) 출시지역 및 출시시기

신제품의 출시지역은 단일지역, 전국시장과 국제시장에서 동시 또는 단계적으로 결정할 수 있다. 신제품 출시시기에 관한 의사결정은 회사의 목적과 경영전략에 달려있다. 최종적으로 전국시장에 신제품을 도입할 것을 결정하는 단계를 결정하는 전략은 다음과 같다.

- 초기진입 전략: 경쟁제품보다 먼저 출시하여 유통경로를 선점하거나 특정 제품군에서 선도
  자의 이미지를 확립하는 전략이다.
- 동시진입 전략: 경쟁제품과 동일한 시기에 출시하는 것이다.
- 후발진입 전략: 경쟁제품의 마케팅 비용과 문제점을 활용하여 경쟁제품보다 늦게 출시하는
  전략이다.

4) 시장전략

새로 진출하고자 하는 산업은 시장의 규모가 커서 충분한 이익을 창출할 수 있어야 하지만, 중요
한 것은 시장의 성장성과 제품수명주기 단계이다. 제품수명주기 상에서 성숙기나 쇠퇴기보다는 가격
경쟁이 치열하지 않은 도입기나 성장기이어야 한다. 이러한 시장은 신규진입자와 신제품 도입을 잘 받
아들이기 때문에 매력적이다. 따라서 신사업의 타당성을 결정하는 주요 요인은 산업의 매력성이다.
사업전략유형은 시장선도자 전략, 시장도전자 전략, 시장추종자 전략과 틈새시장 추구자 전략이 있
다. 다음은 매력적인 시장에서 기업의 시장 위치에 따라서 추진할 수 있는 전략이다.

- 선도자 전략: 전체시장 규모 확대, 현 시장점유율 방어나 확대
- 도전자 전략: 시장점유율 확대
- 추종자 전략: 현 시장점유율 유지
- 틈새시장 추구자 전략: 특정 세분시장에서의 전문화를 통한 수익성 추구

표 8-6 시장 위치에 따른 전략

위치	시장목표	마케팅 과제	마케팅 믹스
선도자	최대 시장점유율	총수요 확대	풀 라인업
	최대이윤	제품가치 향상	복수 판매채널 구축
	충성도 강화	점유율 확대	고부가가치 제품
	이미지 유지	경쟁기업 추월 방어	카니발리즘 해소
도전자	선도자에 도전	차별화	차별화 판매채널
	시장점유율 확대	우위제품 개발	차별화 제품
	제품의 독특성	선도자 제품 진부화	차세대 제품개발
추종자	현상 유지	벤치마킹, 신속한 모방	인기제품 집중
	최소이윤의 확보	비용절감과 가격인하	실증된 판매채널
틈새 추구자	고객과 이익에 집중	집중화·전문화	전문화 판매채널

❶ 시장선도자의 전략

시장선도자는 기존 고객을 유지하고, 후기 제품수용자의 선택적 수요를 흡수하여 전체적인 매출을 증가하고, 본원적 수요를 확대하는 시장확대 전략이 바람직하다. 방어전략은 오직 시장선도자만이 할 수 있는 전략이다. 경쟁자의 기존 제품보다 개선된 제품을 출시하여 경쟁자보다 항상 앞서는 전략이다.

▌포지션방어 전략

포지션방어 전략(position defense)은 기존 또는 잠재 경쟁자들의 공격을 방어하기 위해 강력한 포시지션을 강화한다. 따라서 시장선도자는 경쟁시장에서 높은 인지도와 선호도를 구축하는데 필요한 핵심역량과 자원을 확보하여야 한다. 이 전략에 필요한 마케팅 믹스 전략은 다음과 같다.

- 품질관리와 서비스 강화, 지속적인 제품개선으로 고객만족 실행
- 구득성의 향상과 구매과정의 단순화로 반복구매 촉진
- 고객과의 장기적인 관계구축

▌측면방어 전략

측면방어 전략(flank defense)은 새로운 경쟁자들이 다수 출현하는 성장기에 시장선도자의 취약한 측면을 역공하는 것을 사전에 방지하는 전략이다. 시장선도자라고 하더라도 제품의 경쟁우위가 아직 확보되지 않은 상태이기 때문에 주력제품을 더 강화하여 경쟁제품을 대처한다. 제품의 질을 향상하고 새로운 속성을 추가하여, 고객의 선택적 수요를 자극하기 위한 제품 차별화 전략이 필요하다.

▌선제방어 전략

경쟁자를 정신없이 선제공격하는 공격이 최선의 방어전략이다. 선제방어 전략(preemptive defense)은 표적시장에서 이미 확보한 경쟁우위를 더욱 강화하기 위해 마케팅 믹스의 변화를 통해서 경쟁자의 공격을 사전에 차단하는 전략이다. 예를 들면 시장선도자가 계속해서 신제품을 출시하고, 기존 고객에 대해 서비스를 강화하거나 가격을 인하하고, 광고와 판촉을 강화하는 것이다. 회사는 내적으로는 원가절감과 제품개선을 도모하고, 외적으로는 고객서비스를 강화하여 차별화를 시도한다.

▌반격방어 전략

반격방어(counteroffensive defence)란 경쟁기업의 공격에 대해 반격하는 전략으로 경쟁기업의 주력시장을

공격함으로써 시장을 방어하거나 경쟁기업을 단념시키기 위해 주요 공급자, 수요자나 유통경로 또는 정치적 영향력을 행사하는 전략이다.

▮ 이동방어 전략

이동방어(mobile defense)란 시장선도자가 시장확장과 시장다각화 등의 방법을 통해 미래의 공격과 방어의 중심지가 될 새로운 시장으로 이동하는 전략이다. PC 제조사들이 신흥국의 저가공세로 경쟁력이 약화되자 하드웨어 부문을 철수하고 소프트웨어로 이동하는 전략을 실행했다.

❷ 후발기업의 전략

후발기업은 선발기업에 비하여 자원과 역량이 대체로 우월하지 못하다. 경쟁우위를 갖고 있지 못한 측면이 많지만, 시장 후발기업이 효과적으로 활용할 수 있는 전략은 도약, 게릴라공격 전략, 포위 전략과 측면공격 전략 등이 있다.

파괴적 혁신은 선두 기업을 시장에서 퇴출

"2000년 현대자동차가 미국 자동차 시장에 성공적으로 진입한 이후 한국 기업의 파괴적 혁신은 찾아보기 힘들다" 크리스텐슨 교수에게 '한국 기업 중 파괴적 혁신을 이룬 기업이 있냐'고 묻자 돌아온 답이다. 현대차는 2000년 들어 아반떼, 쏘나타를 미국 시장에 선보였다. 가격 대비 좋은 성능과 '10년 10만 마일 무상보증 프로그램'이라는 파격적인 마케팅 전략으로 미국 시장에 안착할 수 있었다. 이후 한국 기업 중 파괴적 혁신을 이룬 기업이 없다는 게 크리스텐슨 교수의 생각이다.

파괴적 혁신에 성공한 기업은 로엔드(low-end) 시장을 주목한다. 수익성이 떨어져 선두기업이 무시하거나, 멀리하는 새로운 시장에 초점을 맞추는 것이다. 그는 "파괴적 혁신은 기존 시장에 존재하지 않는 제품을 판매하는 것"이라며 "성능은 다소 떨어지지만 가격이 저렴하거나, 사용하기 편리하다는 게 그들의 첫 번째 무기"라고 설명했다. 선두 기업과 경쟁하는 시장 자체가 다르다는 게 그가 말하는 비대칭적 경쟁이다. 파괴적 혁신은 선두 기업을 시장에서 퇴출시키기도 한다. 그는 "우리는 블록버스터 비디오(Blockbuster Video), 모토로라(Motorola) 등 세계적인 기업이 파괴적 혁신으로 인해 시장에서 완전히 사라지는 것을 지켜봤다"고 말했다.

출처: 이코노미조선 2016.01.29

▮ 도약전략

도약전략(leapfrog strategy)은 경쟁자들보다 우수한 기술, 탁월한 제품 및 공정 엔지니어링 능력을 보유한 경우 실행할 수 있는 전략으로 고객들에게 자사제품의 우수성을 알려, 고객들이 인지하고 제품을 선호하도록 하는 것이다. 경쟁자와 확실하고 탁월하게 차별화된 제품이나 서비스를 제공한다.

▮ 게릴라공격 전략

게릴라공격 전략(guerrilla attack strategy)은 경쟁자의 시장기반이 매우 강하지 않은 제한된 지역시장들을 중심으로 기습공격을 감행하는 전략으로 최저가정책, 판매촉진활동, 지역이나 비교광고나 법적 제소 등이 있다. 경쟁자들이 게릴라공격에 대한 정면대응이 어려울 때가 많지만, 역풍과 부작용이 발생할 가능성이 상존하고 있고, 상대적으로 높은 비용증대를 유발할 수 있다.

▮ 포위전략

포위전략(encirclement strategy)은 경쟁자들이 별로 관심을 갖지 않는 몇 개의 작은 세분시장을 동시에 공략하는 것이다. 전체시장이 다양한 용도의 세분시장으로 나누어져 있고, 고객들의 욕구에서 서로 차이가 나는 여러 지역시장으로 나누어져 있는 경우에는 바람직한 후발기업의 시장전략이다.

▮ 측면공격 전략

측면공격 전략(flanking attack strategy)은 경쟁기업의 약점을 공격함으로써 시장점유율을 획득하려는 전략이다. 기존경쟁자들이 무시하고 있거나 잘 충족시키지 못하는 세분시장을 집중적으로 공략하는 것이다. 고객욕구와 선호도에 맞춘 제품특성과 서비스를 개발하여 선택적 수요를 유발한다.

5) 제품컨셉의 변환

자사의 제품이 표적고객의 욕구를 충족하고, 표적고객의 마음속에 경쟁제품보다 더 유리하게 차지하여 판매를 증대하려는 노력이 STP 전략이다. 포지셔닝은 경쟁자와 치열하게 다투는 무대이다. 이 무대에서 승리하기 위해서는 훌륭한 연출이 필요하다. 그것은 다름 아닌 포지셔닝이다. 제품컨셉은 제품개발 단계에 따라 용도에 맞게 변환해야 한다. 제품포지셔닝은 구매과정에서 중요한 요소이며, 기회가 치열한 곳으로 자사제품이 고객인식에 영향을 미칠 수 있는 기회이다.

❶ 브랜드 컨셉의 유형

브랜드 컨셉(brand concept)은 브랜드와 관련된 독특하고, 추상적인 의미이다. 브랜드 컨셉에는 기능적 브랜드 컨셉, 경험적 브랜드 컨셉, 상징적 브랜드 컨셉과 관계적 브랜드 컨셉이 있다. 기능적 브랜드 컨셉(functional brand concept)은 기술적 우수성, 높은 내구성, 신뢰성이나 돈에 합당한 가치를 약속하는 것이다. 경험적 브랜드 컨셉(experiential brand concept)은 오감으로 연상을 구축함으로써 제품의 감각적 경험을 강조한다. 상징적 브랜드 컨셉(symbolic brand concept)은 구매자가 자아 존중감과 사회적 표현을 향상하는데 도움이 되는 개성, 가치와 신분을 표현하게 해준다. 관계적 브랜드 컨셉(relational brand concept)은 브랜드에 정서적 애착을 환기하고, 브랜드와의 친밀감을 주는 것이다. 이것은 일반적으로 수용되는 사회적 가치와 정서적 조건의 광고기법에 활용된다.

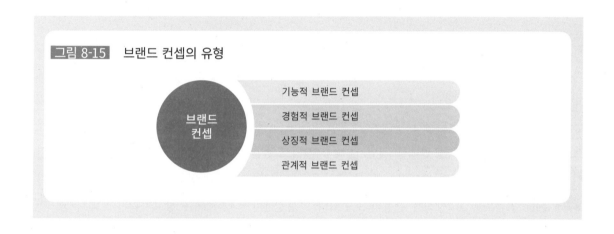

그림 8-15 브랜드 컨셉의 유형

브랜드 컨셉 — 기능적 브랜드 컨셉 / 경험적 브랜드 컨셉 / 상징적 브랜드 컨셉 / 관계적 브랜드 컨셉

❷ 컨셉의 진화

컨셉은 단계별로 용도에 따라 변해야 한다. 제품컨셉은 이성적인 판단으로 제품의 물리적 특성이나 성능에 중점을 둔다. 제품컨셉은 브랜드 컨셉, 포지셔닝 컨셉이나 표현컨셉으로 단계적으로 진화하고, 구체적인 속성이 편익이나 가치로 변환한다. 단계적인 컨셉의 변환은 소비자에게 다가갈수록 이성적 사고보다는 감성적 사고로 진화하는 것이 바람직하다. 가장 효과적인 브랜드 포지셔닝 서술문은 표적시장, 경쟁하는 시장의 정의, 브랜드 약속과 브랜드 약속을 믿는 이유 등을 포함한다.

독특하고, 추상적인 편익은 사용되는 속성, 편익과 마케팅 노력의 특별한 결합으로 일어난다. 브랜드 컨셉은 브랜드의 유형과 무형적인 측면을 반영한다. 의인화나 사용자 이미지와 같은 과정을 통해서 인간과 같은 가치, 목적과 감정이 들어있다. 추상적인 브랜드의 구조는 인간의 가치로 표현된다. 브랜드 컨셉은 포지셔닝, 광고나 표현컨셉의 근거가 된다. 고객에게 다가갈수록 이성적 사고에서 감성적 사고로 표현하는 것은 소비자들의 인식을 향상하는 우뇌를 자극하는 전략이다.

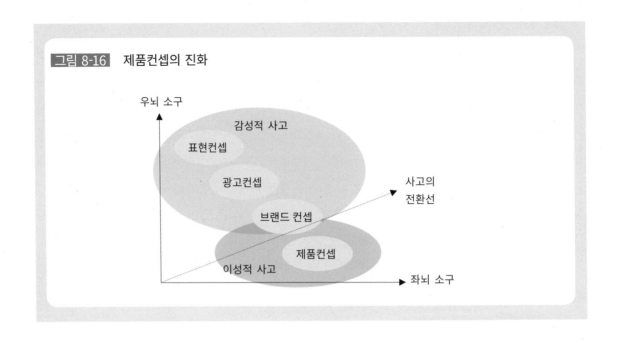

그림 8-16 제품컨셉의 진화

우뇌 소구

감성적 사고

표현컨셉

광고컨셉

사고의
전환선

브랜드 컨셉

제품컨셉

이성적 사고

좌뇌 소구

❸ 컨셉의 유형과 용도

제품컨셉은 마케팅 담당자가 제품을 개발하기 위하여 제품 아이디어를 소비자 언어로 표현한 것으로 핵심 메시지는 무엇을 판매할 것인가(What to sell)에 초점을 두고, 방식은 제품 차별화이다. 광고컨셉(advertising concept)은 마케팅 담당자가 핵심 메시지를 소비자에게 전달하기 위해 무엇을 말할 것인가(What to say)에 초점을 두고, 방식은 감성적 소구이다. 표현컨셉(creative concept)은 광고기획자가 메시지를 어떻게 전달하는가(How to say)에 초점을 두는 창의적인 아이디어 개발 과정으로 방식은 감성적 소구이다. 또 광고컨셉은 감성적 소구라 하더라도 고객에게 제품특징을 과장 없이 사실적으로 전달하고, 고객의 반응을 측정하여, 제품의 구매의향을 판단하기 위한 것이다. 광고컨셉은 커뮤니케이션 컨셉으로 좋은 광고컨셉을 구성하기 위해서 고려해야 할 요소가 있다. 즉, 고려할 요소는 편익, USP, 단일메시지, 표적계획과 FCB 등이다.

- 편익: 고객에게 제품이 제공할 편익을 정확하게 전달한다.
- USP(unique selling proposition): 소비자의 구매를 유도하기 위해 회사가 제시하는 가치약속이다. 가치제안은 경쟁자가 모방할 수 없도록 독특하고 차별적이어야 한다.
- SMP(single minded proposition): 가장 중요한 속성이나 편익을 집약된 단일 메시지로 단순 명료하게 전달한다.
- 표적고객: 정확한 표적고객을 선택하고 표적고객에 적합한 메시지를 소구한다.

• FCB Grid: FCB Grid(Foote, Cone & Belding Grid)는 Vaughn(1986)이 만든 모델로써 주로 광고전략 수
립에 필요한 포지셔닝 기법이다.

6) 포지셔닝의 오류

경쟁우위를 확인하고, 이것을 고객에게 전달하여 경쟁제품보다 유리하게 위치하는 것이 포지셔닝
이다. 포지셔닝 이론을 창시한 알 리스와 잭 트라우트(Al Ries & Jack Traut)는 포지셔닝이 먼저이고, 가장 중
요한 것은 커뮤니케이션 전략이고, 이것을 인식하지 못하는 것은 전체 마케팅 믹스를 약화한다고 한
다. 종종 잠재적으로 가치 있는 포지셔닝의 경쟁우위를 확인함에도 불구하고, 조직은 이러한 이점을
충분하게 나타낼 수 없다. 이것은 세 가지 오류 중의 하나이다.

그림 8-17 포지셔닝의 오류

포지셔닝의 혼돈

과대 포지셔닝

과소 포지셔닝

❶ 포지셔닝의 혼돈(confused positioning)

회사가 표현하는 것을 구매자가 확신할 수 없는 경우이다. 포지셔닝이 자주 변경되어 일관된 커뮤
니케이션이 안 되거나 메시지가 모호하여 고객이 쉽게 지각하지 못하거나, 커뮤니케이션과 제품이 잘
연결되지 않는 경우이다. 시용구매나 반복구매가 이루어지기 어려워 명확하고 단순한 핵심편익을 개
발하여 리포지셔닝하는 것이 좋다.

❷ 과대 포지셔닝(over-positioning)

소비자들이 회사가 제공하는 제품이 가치가 지나치게 커서 신뢰하지 않는 경우이다. 제품컨셉력이
우수하여 시용구매는 일어날 수 있다. 그러나 시용구매가 일어난다고 하더라도 제품력이 우수하지
못하여 반복구매가 일어나는데 지장이 많다. 이것은 과도한 사전 가치제안에 대한 사후 과소한 제품
성능 지각으로 소비자들은 실망하게 된다.

❸ 과소 포지셔닝(under-positioning)

메시지가 실제 제품성능이나 품질보다 약하고 경쟁제품과 다른 차별점을 잘 제시하지 않아 소비자들이 경쟁자와 어떻게 다르고 좋은지를 잘 알지 못한다. 과소한 사전 가치제안과 과도한 성능이나 품질 전달이 될 수 있다. 따라서 초기에 제품컨셉이 약하여 시용구매가 일어나지 않아 제품확산에 어려움이 있다. 만일 제품을 시용 구매한다면, 제품력이 우수하여 반복구매가 일어날 수 있다. 그러나 곧 경쟁제품에 의하여 제품은 시장에서 위기를 맞게 될 것이다.

7) 리포지셔닝 전략

회사는 효과적인 포지션을 선택하기 위해서 시장의 구조와 경쟁자의 현재 포지션을 확인할 필요가 있다. 이것은 브랜드 지도(brand map)에 의한 방법이 있다. 제품이 경쟁제품과 관련하여 있는 곳을 구성하고, 다음으로 신규 브랜드나 기존 브랜드에 마케팅 기회가 존재하는 영역을 확인한다. 마케팅 잠재력이 충분히 이루어지는 방법으로 제품 포지션을 시작한다. 포지셔닝과 리포지셔닝 전략을 선택할 때 목표로 하는 새로운 시장 포지션에 도달할 수 있다는 확신이 필요하다. 리포지셔닝(repositioning) 전략은 고객의 마음속에 이미 자리 잡고 있는 제품과 서비스에 대한 고객의 인식을 다시 조정하는 전략이다. 즉, 고객의 마음속에 기억하고 있는 자사 브랜드에 대한 지각의 구조를 변경하는 과정이다. 시장이 발전하고, 경쟁자가 진입이나 철수하고, 고객의 욕구와 기대가 변함에 따라 포지션에 대한 변화가 필요하다. 다음은 리포지셔닝 전략 유형이다.

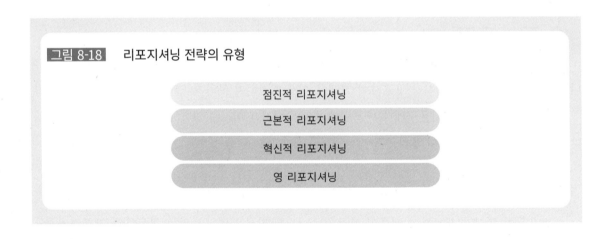

그림 8-18   리포지셔닝 전략의 유형

점진적 리포지셔닝

근본적 리포지셔닝

혁신적 리포지셔닝

영 리포지셔닝

❶ 점진적 리포지셔닝

점진적 리포지셔닝(gradual repositioning)은 현재 포지셔닝 전략을 일정하게, 작게, 그리고 계속적인 수정에 집중하는 전략이다. 변화하는 마케팅환경에 적합하게 점진적인 수정을 채택하는 것이다. 기업이 환경의 진화를 반영하기 위해 포지셔닝 전략을 끊임없이 점진적으로 수정한다. 이것은 시장의 욕구와 기업의 제공물 간의 최소 격차를 유지하는 것을 목적으로 한다.

❷ 근본적 리포지셔닝

근본적 리포지셔닝(radical repositioning)은 브랜드가 제공하는 것과 시장이 원하는 것 간의 격차가 증가할 때 경영층은 중요한 전략적 변화를 생각할 수밖에 없다. 회사가 표적시장이나 경쟁우위에 중요한 불연속적인 변화를 주기 위해 특징적인 역할을 수행하기 위해 새로운 위치를 찾고 경쟁을 시도하는 전략이다. 예를 들면 최초에 복고풍의 패션으로 포지셔닝하였다가 현대적 스타일로 변경하는 경우이다. 또는 기능성 음료에서 청량음료로, 고가품에서 저가품으로 변경하는 경우이다.

❸ 혁신적 리포지셔닝

혁신적 리포지셔닝(innovative repositioning)은 경쟁자가 아직까지 확인하지 못한 시장기회를 제공하는 새로운 전략적 포지션을 발견하는 것이다. 근본적 리포지셔닝이 이상점이나 영역을 변경하는 것이라면 이 혁신적 리포지셔닝은 제품범주의 창출이나 분할을 고려한 새로운 시도전략이라고 할 수 있다.

❹ 영 리포지셔닝

영 리포지셔닝(zero repositioning)은 최초 전략을 그대로 유지하고, 전혀 리포지셔닝을 하지 않는 전략이다. 기업이 변화하는 환경에 주는 어떠한 고려도 없이 최초 표적시장과 기업의 경쟁우위에만 집중하는 전략을 말한다. 기업환경이 변한다면 영 리포지셔닝 전략을 추진하는 기업은 장기적으로 경쟁우위를 잃게 될 것이다. 변화는 고객들이 새롭다고 인식할 수 있지만 고정은 진부하고 싫증을 느낄 수 있다.

글로벌
리더를 위한
전략경영

제9장

브랜드 전략

글로벌
리더를 위한
전략경영

브랜드 전략

1. 브랜드의 이해

브랜드는 쉽게 전달되고 일반적으로 판매될 수 있도록 다른 제품과 구별하기 위해 사용한다. 브랜드 이름은 고유한 제품, 서비스 또는 개념의 이름이다. 브랜딩(branding)은 브랜드 이름을 만들고 보급하는 과정이다. 브랜딩은 기업의 전체 정체성은 물론 개별 제품 및 서비스 이름에도 적용될 수 있다. 회사의 브랜드와 대중의 인식은 종종 회사 평가의 한 요소로 사용된다.

1) 브랜드의 개념

브랜드(brand)는 판매자의 제품이나 서비스를 식별하고, 경쟁자와 구별하기 위해 의도된 이름, 용어, 신호, 상징, 디자인이나 이들의 결합이다. 브랜드는 어떤 기대를 충족하겠다는 고객에 대한 약속이며, 회사의 가장 중요한 자산이다. 브랜드가 기존과 잠재고객의 욕구와 핵심가치를 표현하는 것을 확실히 하기 위해 끊임없이 브랜드를 추적하는 것이 중요하다. 고객들이 논리적 수준이 아니라 감성적 수준에서 궁극적으로 의사결정을 하기 때문에 브랜드는 감성적 수준으로 접근할 필요가 있다. 기업은 브랜드와 관련하여 가능한 많은 감각을 활용한다. 사람들은 감각을 통해서 세계를 이해한다. 인간의 감각은 기억과 연결되어 있고, 곧바로 감성을 이용하기 때문이다.

회사는 제품에 관한 지각을 창조하고, 경쟁제품과 구별하고, 표적고객과의 관계를 창조함으로써 제품에 가치를 추가하기 위해서 브랜드를 사용한다. 회사는 고객과의 연대감을 창조하는 편익을 얻고, 고객은 특정한 브랜드에 충성을 하게 된다. 회사가 브랜드를 통해서 얻는 힘은 더 싼 가격을 제공하는 대체품이 있더라도 고객이 자사의 브랜드를 지속적으로 구매하는 것이다. 잘 구축된 브랜드는 높은 상표충성도, 시장점유율과 수익을 가져다주기 때문에 기업은 브랜드 자산을 구축하기 위해 많은 투자와 노력을 기울인다. 강력하고, 호의적이고, 독특한 브랜드는 언제나 높은 품질이나 적어도 일관된 품질을 보증한다. 그래서 반복구매를 촉진한다.

2) 브랜드의 유형

브랜드의 유형은 기업브랜드, 공동브랜드, 개별브랜드와 브랜드수식어가 있다. 삼성, 현대, LG, SK, 농심과 쿠쿠와 같이 기업의 이름을 그대로 사용하는 브랜드는 기업브랜드(corporate brand)이다. 여러 가지 상품에 공동적으로 사용하는 브랜드는 공동브랜드(family or umbrella brand)이다. 갤럭시, 쏘나타, 신라면 등은 특정제품에만 사용하는 브랜드를 개별브랜드(individual brand)이다. K5, SM5, 갤럭시 7처럼 구형 모델과 구별하기 위해 붙이는 숫자, 문자 등의 수식어를 브랜드수식어(brand modifier)이다.

브랜드를 부착할 것인가의 여부와 브랜드의 소유자를 누구로 할 것인가 등 브랜드의 기본방향을 결정하는 것을 브랜드 전략이라 한다. 제조업자브랜드(national brand)는 제조업자 자신이 브랜드명을 소유하며, 생산된 제품의 마케팅 전략을 제조업자가 직접 통제한다. 유통업체브랜드(private brand)는 도소매상이 하청을 주어 생산된 제품에 도소매상의 브랜드명을 부착한다. 무브랜드(generic brand)는 제품에 브랜드를 붙이지 않고, 철물, 맥주, 콜라, 설탕 등 제품의 내용만 표시한다. 브랜드확장(brand extension)은 2080 치약이 성공하여 2080 칫솔이나 구강용품에 사용하는 것처럼 기존 브랜드를 다른 제품에 사용하는 경우를 의미한다. 브랜드확장은 원래의 브랜드와 관련성이 있어야 바람직하다.

그림 9-1 브랜드 체계

3) 브랜드명의 결정

브랜드는 브랜드가 표현하는 것을 신뢰하는 충성고객을 갖는다. 이것이 신규 진입자들이 브랜드와 경쟁하는 것을 어렵게 하는 이유가 된다. 예를 들면, 밥보다 더 맛있는 밥으로 포지셔닝한 햇반은 제품범주와 연관성이 크고, 기억하기도 쉬워 간편식에 매우 잘 어울리는 브랜드명이다. 바람직한 브랜드명은 제품편익과 품질을 제안해야 하고, 발음, 인식과 기억하기 쉽고, 확장할 수 있어야 하고, 외국어로 쉽게 번역할 수 있어야 하고, 등록과 법적보호를 받을 수 있어야 한다. 브랜드는 간결한 메시지를 전달할 수 있어야 한다. 따라서 브랜드명은 기억하기 쉽고, 발음하기 쉽고, 특징을 암시하고, 경쟁브랜드와 다른 차별성을 암시해야 한다. 브랜드명의 의미가 부정적이거나 혐오의 대상이 아니어야 한다. 또한 글로벌 브랜드명에 적합한지와 진출국가의 언어와 문화를 검토할 필요가 있다. 우수한 브랜드명이 갖추어야 할 요건은 브랜드와의 연관성, 유연성, 독특성과 기억용이성이 있다.

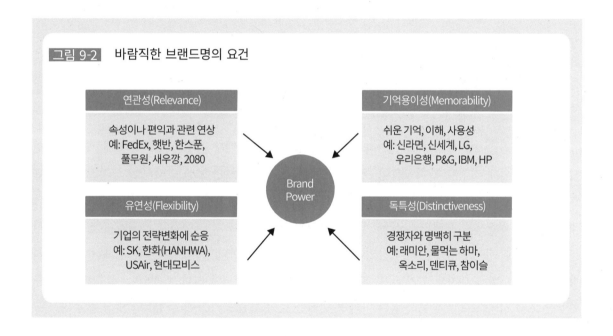

그림 9-2 바람직한 브랜드명의 요건

연관성(Relevance)
속성이나 편익과 관련 연상
예: FedEx, 햇반, 한스푼,
풀무원, 새우깡, 2080

기억용이성(Memorability)
쉬운 기억, 이해, 사용성
예: 신라면, 신세계, LG,
우리은행, P&G, IBM, HP

유연성(Flexibility)
기업의 전략변화에 순응
예: SK, 한화(HANHWA),
USAir, 현대모비스

독특성(Distinctiveness)
경쟁자와 명백히 구분
예: 래미안, 물먹는 하마,
옥소리, 덴티큐, 참이슬

Brand Power

4) 브랜드의 의미성

기호학(semiotics)은 의미(meaning)의 학문으로 대상과 언어에 의해 전달되는 상징주의(symbolism)와 관련이 있다. 기호학은 기호(signs)의 체계이다. 가장 분명한 체계는 단어이지만 다른 체계도 존재한다. 예를 들면, 영화는 전체 의미를 창조하기 위해 구어의 부호체계, 배우의 몸짓, 녹음 음악과 영화감독의 규약을 사용한다. 전체 의미는 부호체계와 관찰자나 독자의 상호작용의 결과로써 창조된다. 평론가들은 기존의 지식과 태도에 비추어 정보를 해석한다. 브랜드는 의미를 창조하기 위해 브랜드 이름, 로고, 색상과 포장 디자인 등 하나 이상의 부호체계를 사용하는 중요한 상징이다. 기호학의 견지에서 브랜드는 4가지 수준을 갖고 있다.

- 실용적 기호(utilitarian sign): 제품의 신뢰성, 효과성과 적합성의 의미를 포함한다.
- 상업적 기호(commercial sign): 돈이나 비용 효과성에 대한 가치 의미를 전달한다.
- 사회문화적 기호(socio-cultural sign): 제품을 구매하는 사회적 영향으로 열망집단의 구성원이나 사회적 역할을 상징적으로 표현한다.
- 제품의 신화적 가치(mythical values): 제품에 관한 영웅이야기이다. 신화는 삶의 모순이 해결될 수 있는 개념적 틀을 제공하고, 브랜드는 이것을 구축할 수 있다.

2. 브랜드 자산

브랜드 자산은 브랜드 가치를 설명하는 마케팅 용어이다. 브랜드 가치는 브랜드에 대한 고객의 인식과 경험에 의해 결정된다. 사람들이 브랜드에 대해 높게 생각하면 브랜드 자산이 긍정적이다. 브랜드가 일관되게 과소평가되고 다른 사람들이 브랜드에 실망하면 브랜드 자산이 부정적이다. 브랜드에 대한 고객의 경험으로 브랜드 자산이 개발되고 성장한다. 브랜드가 긍정적인 사고와 감정을 생성하는 정도를 브랜드 자산이라고 하며 사업에 상당한 가치를 부여한다. 브랜드 자산의 전제는 판매가 특정 브랜드에 대한 소비자의 인지도 및 과거 경험에 강하게 연관되어 있다는 것이다. 결함 있는 제품, 열악한 고객 서비스 또는 잘못 실행된 마케팅 캠페인 등이 브랜드 자산에 부정적인 영향을 준다.

1) 브랜드 자산

브랜드 자산(brand equity)은 제품이나 서비스가 브랜드를 가졌기 때문에 발생하는 가치이다. 브랜드 자산은 브랜드의 과거 투자의 결과로써 제품에 부여된 추가적인 가치이다.[1] 회사의 브랜드 가치는 장시간 관련된 마케팅 전략에 근거하여 확립된다. 긍정적인 브랜드 자산은 회사가 재무와 비재무적 목표를 달

---

1 Keller, K. L.(1998). *Strategic Brand Management: Building, Measuring, and Managing Brand Equity*, New Jersey.

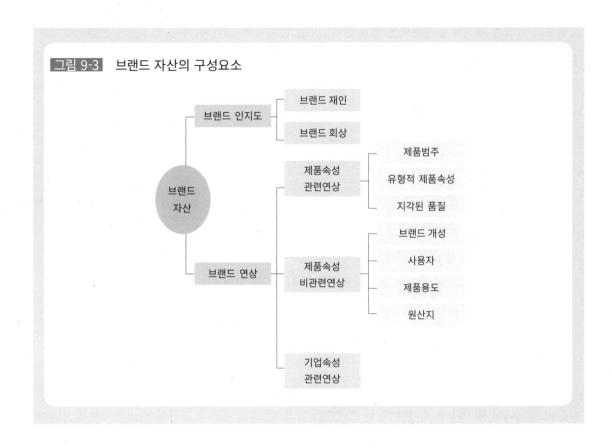

그림 9-3 브랜드 자산의 구성요소

- 브랜드 자산
  - 브랜드 인지도
    - 브랜드 재인
    - 브랜드 회상
  - 브랜드 연상
    - 제품속성 관련연상
      - 제품범주
      - 유형적 제품속성
      - 지각된 품질
    - 제품속성 비관련연상
      - 브랜드 개성
      - 사용자
      - 제품용도
      - 원산지
    - 기업속성 관련연상

성하는데 중요한 역할을 한다.[2] 강력한 브랜드 자산은 신규고객을 유인하고 기존고객을 유지하는데 도움이 된다. 긍정적인 고객기반 브랜드 자산은 소비자들이 새로운 브랜드 확장을 더 수용하게 된다.

2) 브랜드 인지도

브랜드 인지도(brand awareness)는 브랜드를 알아보거나 회상하는 능력이다. 브랜드 인지도의 구축은 소비자들이 브랜드에 반복적으로 노출되는 것과 브랜드를 좋아하는 것을 필요로 한다. 긍정적인 브랜드 이미지 창출은 브랜드에 대한 강력하고, 호의적이고, 독특한 연상을 수립하는 것이 필요하다. 브랜드 인지도는 브랜드 재인과 회상으로 구성된다.

브랜드 재인(brand recognition)은 소비자들에게 동일한 제품범주의 여러 브랜드명을 제시하고, 이들 브랜드를 과거에 들어보거나 본 적이 있는지를 알아보는 것이다. 예를 들면, 갤럭시, 아이폰, 화웨이를 들려주고 들은 적이 있다고 말하면 브랜드 재인이다. 브랜드 회상(brand recall)은 소비자들에게 특정 제

---

2 Shamma, H. M., & Hassan, S. S.(2011), "Integrating Product and Corporate Brand Equity into Total Brand Equity Measurement," *International Journal of Marketing Studies*, 3(1), 11.

품범주의 단서를 제시하고 브랜드를 인출할 수 있는 능력이다. 기억 속에서 떠오르는 브랜드를 알아보는 방법이다. 예를 들면, 소비자들에게 스마트폰하면 생각나는 브랜드를 물었을 때 갤럭시, 아이폰, 화웨이라고 말한다면 브랜드 회상이고, 이중 가장 먼저 떠오른 갤럭시는 최초상기 브랜드(top of mind brand)이다.

3) 브랜드 연상

브랜드는 제품에 개성, 독창성 및 가치를 추가한다. 소비자가 브랜드를 생각할 때 어떤 특성이 떠오르며, 마케팅 캠페인과 제품은 모두 이러한 브랜드 연상을 강화한다. 브랜드 연상은 브랜드와 관련된 가치를 창출하는 데 도움을 준다. 브랜드 인지도와 결합하여 이러한 연관성이 브랜드 자산을 구성한다. 소비자가 브랜드를 인식하고 강하고 긍정적인 관계를 유지하면 브랜드는 호의적인 연상을 형성한다.

❶ 브랜드 연상의 개념

브랜드 연상(brand association)은 브랜드와 관련하여 기억으로부터 떠오르는 모든 것을 의미한다. 브랜드 이미지(brand image)는 소비자가 그 브랜드에 대해 갖는 전체적인 인상으로 브랜드와 관련된 여러 연상들이 결합되어 형성된다. 고객이 특정 브랜드를 알고 있고, 브랜드와 관련하여 긍정적이고, 강력하면서, 독특한 연상들을 기억 속에 갖고 있을 때 브랜드 자산은 형성된다. 긍정적인 브랜드 이미지는 기억 속에 있는 브랜드에 대하여 강력하고, 호의적이고, 독특한 연상을 만들어낸다.[3] 사회적 인정, 개인적 표현과 타인지향 자아 존중감을 포함한 심리적 편익은 사용자 이미지와 연상된다. 바람직한 브랜드 연상이 갖추어야 할 특성은 호의적이며, 강력하며, 독특해야 한다.

- 호의적인 연상(favorable association): 다른 브랜드보다 더 좋아한다.
- 강력한 브랜드 연상(strong association): 브랜드와 관련된 연상들이 즉각적으로 떠오른다.
- 독특한 브랜드 연상(unique association): 경쟁 브랜드에 비하여 특별하게 다르고 독특한 연상을 자아낸다.

❷ 브랜드 연상의 유형

브랜드 연상은 브랜드와 관련하여 소비자들이 갖고 있는 마음의 이미지이다. 호의적인 브랜드 연상

---

3 Keller, K. L.(1993), "Conceptualizing, Measuring, and Managing Customer–Based Brand Equity," *Journal of Marketing*, 1–22.

은 고객이 계속 제품을 구입하는 데 기여한다. 이러한 브랜드 연상은 여러 가지 유형이 있다. 즉, 제품범주, 제품품질·속성·가격, 브랜드 개성, 제품사용자, 제품용도, 원산지와 기업과 관련된 연상이다.

- 제품범주 연상: 제품범주에 대한 강한 연상은 경쟁제품에 대한 기억을 방해한다. 예컨대, 천연 조미료하면 다시다, 라면하면 신라면, 정수기하면 웅진 코웨이 등이 있다.
- 제품품질·속성·가격 연상: 지각된 품질은 고객들이 자사 브랜드의 전반적인 성능에 대해 갖고 있는 주관적 생각이다. 품질에 대한 연상은 고객들의 브랜드 충성도를 유지하는 데 결정적인 역할을 한다. 가격은 품질을 연상한다. 높은 품질의 제품으로 지각된 브랜드는 높은 제품가격을 책정할 수 있어 높은 수익성을 제공한다.
- 브랜드 개성 연상: 브랜드 개성은 브랜드를 인간으로 표현하였을 때 브랜드와 관련된 인간적인 특성이다. 예를 들면, 코카콜라는 전통적이고 활동적으로, 펩시는 젊고 새로움을 특징으로 한다. 소비자는 자신의 자아개념과 일치하는 정보를 잘 기억하고 더 선호한다.
- 제품사용자 연상: 브랜드를 제품사용자와 연계하여 형성되는 연상이다. 예를 들면, Benz는 성공한 젊은 기업가, Sonata는 실용적인 소비자 등이 있다.
- 제품용도 연상: 브랜드를 제품용도와 연결하여 형성되는 연상이다. 예를 들면, 음주전후에 마시는 컨디션이나 무공해 자연식품을 판매하는 풀무원 등이 있다.
- 원산지 연상: 제품 브랜드가 생산된 지역이나 국가는 품질을 연상한다. 예를 들면, 가전제품을 동남아에서 생산한 것보다 국내에서 생산한 것을 소비자들이 더 선호한다.
- 기업과 관련된 브랜드 연상: 유한양행은 창립자인 유일한 박사의 경영이념인 국민보건 향상, 국가경제 기여, 사회적 책임완수를 실현하는 기업이다. 유한양행하면 떠오르는 신용과 투명경영이듯이 유일한 박사와 관련한 연상을 형성하는 것이다.

sense 제품속성과 제품사용자에 관한 연상

Porsche 브랜드는 기술적 탁월성, 신뢰성, 스포츠, 스타일링, 높은 속도와 높은 가격, 부와 성공의 이미지를, Benz 브랜드는 성공한 젊은 사업가의 이미지를 전달한다.

3. 브랜드 전략

전략은 특정한 목적을 달성하기 위해서 계획된 행동 계획이다. 브랜드 전략은 소비자들이 어떻게 브랜드를 경험하는지를 이해하고, 표적청중을 결정하는 것을 포함하는 브랜드 장기계획이다. 브랜드 전략은 브랜드명 결정을 포함하는 모든 마케팅활동을 선행한다. 브랜드 전략은 소비자 시장에서 브랜드의 가시성을 향상하려는 의도로 사전에 고안된 계획이다.

1) 브랜드 개발

회사는 신제품을 개발할 때 기존 브랜드명을 사용하거나 새로운 브랜드명을 개발할 수 있다. 브랜드를 개발할 때 4개를 선택할 수 있다. 즉, 계열확장, 브랜드확장, 복수브랜드와 신규브랜드 등이다.

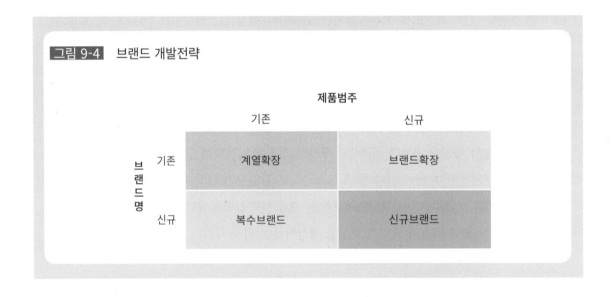

그림 9-4 브랜드 개발전략

계열확장(line extensions)은 회사가 기존 브랜드명을 동일한 제품범주의 새로운 형태, 색상, 크기, 요소나 향기 등을 변경한 제품에 적용하는 것을 뜻한다. 신제품을 출시할 때 저비용과 저위험 능력을 사용하거나 소매업자로부터 진열선반을 지배하기 원할 때 사용된다.[4] 그러나 계열확장은 다소 위험이 있다. 과대하게 확장된 브랜드명은 구체적인 의미를 상실할 수 있다. 즉, 소비자들의 혼돈이나 좌절을

---

4 Keller, K. L.(1993), "Conceptualizing, Measuring, and Managing Customer–Based Brand Equity," *Journal of Marketing*, 1–22.

야기할 수 있다.

브랜드확장(brand extension)은 현재의 브랜드명을 새로운 제품범주에 있는 새롭거나 수정된 제품으로 확대하는 것이다. 브랜드확장은 신제품에 즉각적인 인지와 신속한 수용을 제공한다. 신규 브랜드명을 구축하는데 필요한 높은 광고비를 절약할 수 있다. 그러나 브랜드확장 전략은 주브랜드의 이미지를 혼란스럽게 할 수 있는 위험이 있다. 브랜드확장이 실패한다면 동일한 브랜드명을 갖고 있는 다른 제품에 대한 소비자 태도를 손상할 수 있다. 또 어떤 브랜드명은 특정한 신규제품에 적절하지 않을 수 있다.

회사는 동일한 제품범주 안에서 많은 다른 브랜드를 시장에 출시하는 경우가 있다. 복수브랜드(multibrands)는 다른 소비자 분할시장에 출시하는 다른 특징을 수립하고, 소매업자의 진열공간을 차지하고, 더 큰 시장점유율을 획득하기 위한 방법이다.

회사는 기존 브랜드명의 힘이 감소하고, 그래서 신규브랜드가 필요하다고 생각할 수 있다. 또는 현재 브랜드명이 적절하지 않아 새로운 제품범주로 진입할 때 신규브랜드를 창출할 수 있다. 그러나 과도하게 많은 신규브랜드를 제공하는 것은 회사로서는 자원을 분산하는 결과가 된다.

2) 브랜드의 전략

브랜드를 명명하여 제품에 가치를 추가하는 것은 기억하기 쉬운 이름을 단순히 부여하는 것 이상을 의미한다. 브랜드명의 제정은 품질, 가격, 성능과 신분 등에 관하여 소비자에게 전체 메시지를 전달하는 브랜드 이미지에 영향을 주는 전체 마케팅 믹스에 걸쳐 다양한 활동의 결합이다. [그림 9-6] 처럼 브랜드는 제조자와 소비자 간의 연결점으로 제조자가 투입한 요소가 소비자에게는 다른 모습으로 변환되어 산출된다. 소비자들은 특정한 브랜드에 대하여 자아 이미지, 품질, 성능, 편익, 가치, 비용과 경쟁제품과의 차별성을 형성하고 연상한다. 예를 들면 Benz 브랜드는 성공한 젊은 사업가의 이미지를 전달한다. Porsche 브랜드는 기술적 탁월성, 신뢰성, 스포츠, 스타일링, 높은 속도와 높은 가격, 부와 성공의 이미지를 전달한다. 사람들은 이러한 자동차를 단순히 이동의 수단으로 구매하지 않는다. 브랜드는 마케팅 믹스의 모든 요소를 포함하기 때문에 소비자 만족을 창출하는 수단이다.

브랜드의 인위적인 차별화에도 불구하고 소비자에게 주는 편익은 매우 현실적이다. 고통을 완화하는 진통제 실험에서 브랜드가 있는 진통제가 무브랜드 진통제보다 더 효과가 있다는 결과가 나왔다. 이것은 브랜드의 정신신체의학적인(psychosomatic) 힘이다. 심지어 자동차의 성능이 값싼 자동차의 성능과 다름이 없더라도 명품차를 운전하는 사람은 다른 사람의 존경과 선망에 의한 실제적인 편익을 얻을 수 있다. [표 9-1]처럼 브랜드의 전략적 기능은 소유자의 기호, 차별화 도구, 기능적 성능, 싱징적 도구, 위험축소기능, 간단한 전달기능, 법적 도구와 전략도구 등이 있다.

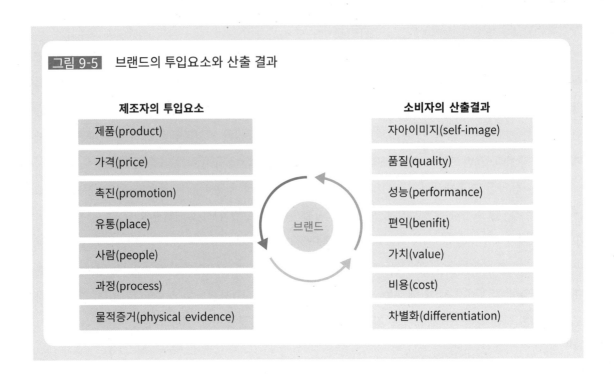

그림 9-5 　브랜드의 투입요소와 산출 결과

제조자의 투입요소	소비자의 산출결과
제품(product)	자아이미지(self-image)
가격(price)	품질(quality)
촉진(promotion)	성능(performance)
유통(place)	편익(benifit)
사람(people)	가치(value)
과정(process)	비용(cost)
물적증거(physical evidence)	차별화(differentiation)

표 9-1 　브랜드의 전략적 기능

기능	설명
소유자 기호	• 브랜드에 대한 마케팅활동을 하는 주체를 나타낸다. • 지식재산권 보호가 불충분한 경우에 제품을 보호해주는 시도이다.
차별화 도구	• 강력한 브랜드는 유사브랜드와 구별해준다. • 브랜드 이미지는 소비자에게 차별성을 전달하는 커뮤니케이션 도구이다.
기능적 성능	• 브랜드는 기능적 성능을 전달하는데 사용될 수 있다. • 브랜드는 소비자에게 품질 이미지와 기대된 성능을 전달한다.
싱징적 도구	• 브랜드의 상징성은 소비자가 브랜드에 관하여 무엇을 말할 수 있게 한다. • 브랜드를 선택할 때 상당한 시간과 노력을 감소한다.
위험축소기능	• 모든 브랜드는 위험을 포함한다. • 강력한 브랜드 제품은 소비자에게 제품과 제조자에 관한 안심을 제공한다.
전달기능	• 소비자의 기억 속에 있는 제품에 관한 정보를 연결하는 방법이다.
법적 도구	• 브랜드는 제조자에게 법적 보호를 준다. • 포장 디자인과 브랜드명은 다른 제품이 사용할 수 없도록 보호된다.
전략도구	• 브랜드 자산은 브랜드가 표현하는 추가적인 가치를 유지하고 관리할 수 있다.

성공적인 브랜드는 경쟁자가 시장에 진입하는 것을 어렵게 하는 진입장벽을 만든다. 브랜드는 회사가 가격보다 다른 부문으로 경쟁할 수 있게 해주며, 경쟁하기 위해 이익을 줄일 필요가 없기 때문에 분명히 이점이 된다. 높은 존중감을 갖고 있는 브랜드는 시장의 부침에도 판매가 견실하다. 모든 브랜드가 프리미엄으로 가격이 형성되는 것이 아니다. 많은 브랜드는 견실한 판매의 이점을 얻기 위해 경쟁적으로 가격을 책정한다. 또 브랜드는 소비자에게도 이점이 있다. 제품을 알아보기 쉽다. 공식표현과 편익에 관한 메시지를 분명하게 갖고 있고, 특별한 브랜드의 사용은 소비자에게 무엇을 말한다. 브랜드는 경쟁제품을 평가하는 노력과 의사결정 시간을 줄이는데 도움이 된다.

4. 브랜드 재활성화 전략

브랜드 재활성화는 브랜드가 제품수명주기의 성숙 단계에 도달하고 이익이 급격히 떨어졌을 때 채택하는 마케팅 전략이다. 브랜드가 성숙해지고 수익이 줄어들 때 사용되는 마케팅 전략으로 활성화를 위한 접근법에는 시장확장, 제품개조 또는 브랜드 재배치 중 하나 또는 모두가 포함될 수 있다. 브랜드 활성화 프로그램은 잃어버린 브랜드 가치를 되찾기 위한 접근법을 포함한다. 또한 브랜드 자산의 새로운 원천을 확인하고 확립한다. 마케팅 환경, 경쟁업체의 전략, 소비자 행동, 문화 발전 및 기타 여러 요소의 변화를 조사하면 브랜드 침식을 파악하고 브랜드 개발을 도울 수 있다.

1) 브랜드 수명주기

브랜드는 도입기, 성장기, 성숙기와 쇠퇴기가 있는 수명을 갖고 있다.[5] 브랜드가 이미지나 매출 측면에서 하락하고 있을 때 회사는 이를 회복하기 위해 변화를 꾀할 필요가 있다. 브랜드 재활성화(brand revitalization)는 브랜드가 쇠약해지거나 쇠퇴기에 있을 때 마케팅활동을 통하여 브랜드의 상실 가치를 회복하는 것이다.[6] 회사에 판매를 회복시켜 다시 번영을 주고, 쇠퇴기를 회피하기 위해 성숙기의 끝에 브랜드 재활성화를 시도한다. 따라서 브랜드 재활성화는 브랜드 자산을 탈환하고, 창조하며, 지속적인 판매를 유지하고, 성장하는 과정이다.

---

5 Egan, J.(2007), *Marketing Communications*, Cengage Learning EMEA.
6 Keller, Kevin Lane(1999), "Managing Brands for the Long Run: Brand Reinforcement and Revitalization Strategies," *California Management Review*, 41(3), 102−124.

브랜드가 성숙기에 진입하게 되면 판매 증가율이 감소되고 쇠퇴기로 진입할 수 있다. 따라서 브랜드 쇠퇴기로 쇠락하기 전에 브랜드에 대한 평가를 착수하여야 한다. 성숙기 브랜드를 재활성화하기 전에 성숙기 브랜드와 성숙의 이유를 평가한다. 많은 재활성화 전략은 Aaker, Kapferer와 Keller 등에 의해서 제안되었다. 기업이 성공적으로 운영하기 위해서 브랜드 전략은 중요한 부분이다.

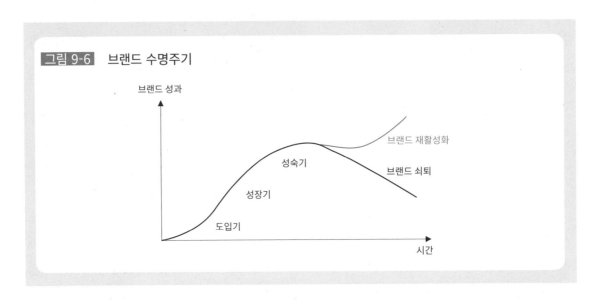

그림 9-6 브랜드 수명주기

  3세대 근육통 달래준 82년 안티푸라민: 제품속성을 연상하는 브랜드

녹색 철제 케이스에 들어 있는 연고 형태의 안티푸라민 초기 제품(왼쪽)이다. 세월이 흐르면서 안티푸라민 연고는 로션 및 스프레이 형태 등으로 변화를 거듭해 왔다. 어깨가 쑤시고 허리가 욱신욱신할 때 한국인들의 머릿속에는 바로 안티푸라민이 생각난다.

안티푸라민이란 이름은 어떻게 만들어진 것일까? 안티푸라민이란 제품명을 처음 제안한 인물에 대한 기록은 현재 남아 있지 않다. 하지만 제품명이 담고 있는 뜻은 지금도 쉽게 유추해 볼 수 있다. '반대'라는 뜻의 영어 접두사 안티(anti)에 '염증을 일으키다'는 뜻의 영어 단어 인플레임(inflame)을 합쳐 발음하기 좋게 바꾼 것이다. 즉, '항염증제', '진통소염제'라는 뜻이다.

출처: 동아일보 2015.08.13

2) 성숙기 브랜드

성숙기 브랜드(mature brand)는 출시한 지 오랜된 브랜드이며 브랜드 가치는 시간이 지남에 따라 약화되어 적절한 판매에 이르지 못한다.[7] 성숙기 브랜드는 오랫동안 확립된 브랜드이다. 어떤 브랜드는 십년, 어떤 브랜드는 백년이 된 것도 있다. 많은 소비자들은 성숙기 브랜드를 안다. 제품이나 서비스를 계속적으로 혁신하고 메시지나 브랜드 커뮤니케이션을 유지하기 때문에 대부분의 브랜드는 오랫동안 활약해왔다. 그러나 성숙기 브랜드는 소비자가 변화했듯이 진화해야 한다. 그렇지 않다면 성숙기 브랜드는 정체되거나 소멸할 것이다. 장수 브랜드는 십년 가까이 시장에 출시되고 진화하면서 상당한 수준의 인지와 이미지를 갖고 있다. 시장의 부침을 경험하고, 경쟁시장에 직면하고, 소비자 기호와 제품에 가치를 추가하는 등 변화를 유지해온 브랜드이다.

성숙기 브랜드는 다차원 상에서 어떤 징후를 보인다. 즉, 브랜드, 가격, 판매, 기술과 투자 측면이다. 브랜드 인지도가 감소하고, 독특한 차별점이 약화되어 판매가 감소한다. 또한 판매감소에 따라 판매원의 활동과 관심도 약화되는 현상이 나타난다. 결국 유통망이 축소되고, 충성고객을 상실하게 되어 수익창출능력이 떨어진다. 성숙기 브랜드의 징후가 나타나기 시작한 것이다.

재활성화를 해야 하는 성숙기 브랜드는 시장에서 일정 기간 동안 활약하고 있는 브랜드이다. 성숙기 브랜드는 수익이 나지 않고, 마케팅과 브랜드 관리자의 소홀로 고객기반을 상실하고 있다. 다음은

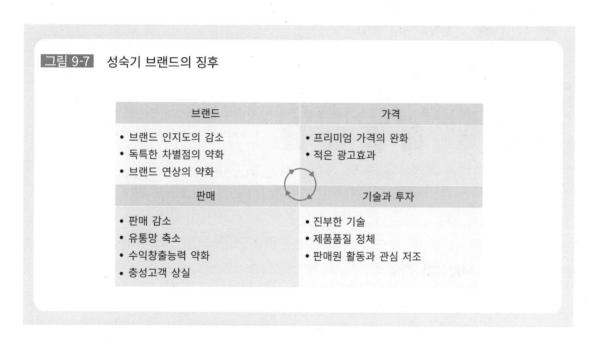

그림 9-7 성숙기 브랜드의 징후

브랜드	가격
• 브랜드 인지도의 감소 • 독특한 차별점의 약화 • 브랜드 연상의 약화	• 프리미엄 가격의 완화 • 적은 광고효과
판매	기술과 투자
• 판매 감소 • 유통망 축소 • 수익창출능력 약화 • 충성고객 상실	• 진부한 기술 • 제품품질 정체 • 판매원 활동과 관심 저조

---

7 Wansink, B., & Huffman, C.(2001), "Revitalizing Mature Packaged Goods," *Journal of Product & Brand Management*, 10(4), 228-242.

성숙기 브랜드의 재활성화를 할 시기이다.

- 진부한 기술: 제공되고 있는 제품이 진부하기 때문에 시장점유율을 상실하고 있다. HMT시계는 고급브랜드(luxury brand)로 한 때 취급되었으나 혁신을 하지 않는 바람에 Omega 등에게 시장점유율을 잃었다.
- 표적시장의 변화: 표적시장이 성숙하였으나, 브랜드는 변화하지 않고 있다.
- 가혹한 경쟁: 브랜드가 경쟁자에게 점유율을 잃고 있다. 경쟁제품이 더 효율적이거나 경쟁자가 자원이 더 많기 때문이다.
- 브랜드 인지도의 하락: 소비자들이 브랜드를 알지만, 브랜드 인지도가 좁아지고 있다. 브랜드부터 시장까지 커뮤니케이션과 메시지가 재편되지 않고 있다.
- 새로운 시장의 진출: 한 시장에 있는 성숙기 브랜드는 다른 시장에서 새롭게 출시될 수 있다.
- 상실 시장점유율의 탈환: 시장지위를 회복하기 위해 브랜드를 재활성화한다.
- 브랜드 성장의 침체: 브랜드 성장이 침체될 때 브랜드를 재활성화해야 한다.

표적고객의 변화

때리고 부수는 온라인 게임이 성장하면서 시장에서 입지가 좁아지던 레고는 트렌드에 맞추기 위해 군복을 입고 총을 든 레고를 선보였다. 그러나 노랑 얼굴과 귀여운 단발머리 캐릭터를 기억하던 고객들은 외면하였다. 그래서 레고는 다시 초심으로 돌아갔고, 어른들의 장난감이라는 마케팅 전략을 내놓으면서 다시 소비자의 사랑을 받았다.

출처: 한국경제 TV 2016.02.25

3) 브랜드의 재활성화 전략

브랜드 재활성화는 브랜드 노화(brand ageing)의 원인과 다양한 측면을 신중하게 탐구함으로써 시작된다. 브랜드가 노화의 신호를 나타내기 시작하면 많은 잠재적 문제영역에서 악화의 기본적인 원인에 근거하여 평가한다. 브랜드 관리자는 정직하게 브랜드 이미지를 관찰한다. 노화신호를 발견하고 설명할 뿐만 아니라 재구축하고 강화할 수 있는 긍정적인 특징을 인식한다. 브랜드 재활성화 전략은 브랜드 자산의 상실 원천을 재탈환하거나 브랜드 자산의 새로운 원천을 확인하고 확립하는 과정이다. 따라서 브랜드 재활성화는 전략적으로 수행되어야 하는 과정이다.[8]

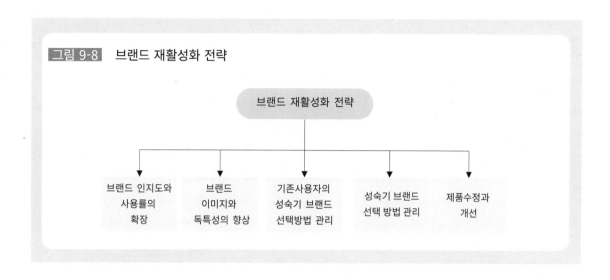

그림 9-8 브랜드 재활성화 전략

❶ 브랜드 인지도와 사용률의 확장

브랜드가 쇠퇴하는 것은 소비자들이 어떤 상황에서 브랜드를 좁게 생각하는 경향이다. 이것은 장애물이다. 브랜드 자산 구축의 유용한 수단은 브랜드가 소비자들의 욕구와 필요를 만족시킬 수 있는 상황에서 구매나 소비를 생각하게 하는 것이다. 이렇게 하여 브랜드 인지의 넓이를 증가시킨다. 다음은 브랜드 인지의 넓이를 증가시키는 방법이다.

- 소비 수준이나 소비량의 증가: 소비자들이 제품을 한 번에 사용할 수 있는 양을 변경하거나 브랜드를 고급화하여 프리미엄 가격을 얻는다.
- 소비 빈도의 증가: 사용 빈도의 증가는 동일한 방법으로 브랜드를 자주 사용하거나 새로운 기회를 확인하는 것이다. 예를 들면, 치약은 아침에 이를 청결하기 위해 사용되었으나, 잠자기 전이나 점심식사 후에 이를 청결하라고 말함으로써 사용 빈도를 증가하였다.
- 추가나 새로운 사용 기회의 확인: 브랜드는 어떤 장소와 어떤 시간에만 유용한 것으로 보일 수 있다. 소비자들이 브랜드를 더 많이 사용하거나 새로운 기회를 확인하기 위해 브랜드 사용의 장점을 알리고 브랜드 사용 상황을 환기한다.

---

8 Lehu, J. M.(2006), *Brand Rejuvenation: How to Protect, Strengthen & Add Value to your Brand to Prevent it from Ageing*, Kogan Page Limited.

- 브랜드의 새롭고 다른 사용 방법 확인: 또 다른 방법은 브랜드를 완전히 새롭고, 다르게 사용하는 것이다. 예를 들면, 비뚤어진 눈과 통제할 수 없는 눈의 깜박거림의 치료제였던 보톡스를 주름과 파킨슨병 치료제로 사용한다.

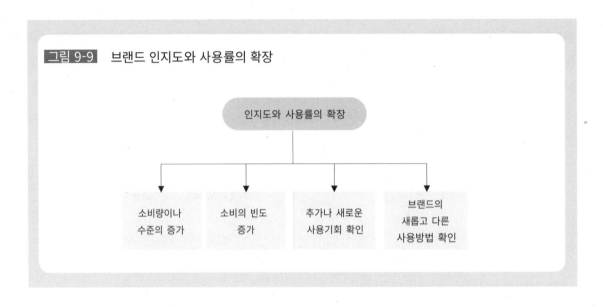

그림 9-9 브랜드 인지도와 사용률의 확장

❷ 브랜드 이미지와 독특성의 향상

마케팅 프로그램은 브랜드 이미지를 구성하는 브랜드 연상의 강점, 선호와 독특성을 향상하기 위해 필요하다. 리포지셔닝(repositioning)의 한 부분으로써 쇠퇴하는 긍정적인 연상을 강화하고, 유발되는 부정적인 연상을 중화하고, 추가적인 긍정적인 연상을 창조한다. 브랜드 이미지와 독특성을 향상하는 방법은 다음과 같다.

- 기존고객 유지 또는 이탈고객의 회복: 브랜드를 전환하려는 기존고객의 유지나 이미 브랜드를 사용하지 않는 이탈고객의 회복은 판매를 증가한다.
- 경시한 세분시장의 확인: 인구변수의 기준에 따른 시장세분화와 경시한 세분시장의 확인은 실행 가능한 브랜드 재활성화 전략이다. 브랜드 지배권이 성장함에 따라 많은 회사는 브랜드 자산을 강화하기 위해 새로운 고객집단에게 접근한다.
- 신규고객 유인: 완전히 새로운 세분시장을 표적으로 한다.
- 신구 표적시장의 균형: 현재 세분시장에 만족하고 신규시장을 유인하는 방법은 개별적인 광고 캠페인과 커뮤니케이션 프로그램을 창조하는 것이다. 모든 회사들은 신규고객을 확보하는 노력과 기존 고객을 유지하는 노력 간의 상충관계에 직면한다.

- 복합마케팅 프로그램: 회사들은 판매를 증가하기 위해 목표로 할 수 있는 다중시장을 갖고 있다.
- 브랜드 이미지 변경: 브랜드 이미지는 로고, 리포지셔닝, 재출시에 의해서 변경할 수 있다. 브랜드명에 새로운 단어를 추가함으로써 브랜드 안에서 작은 변화를 줄 수 있다.

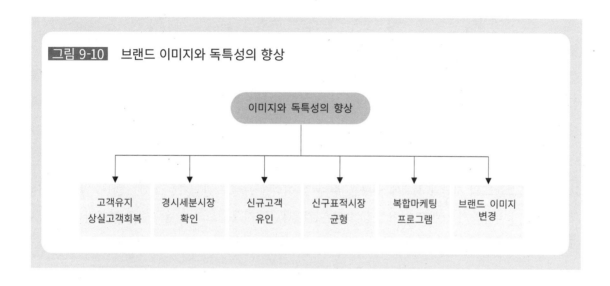

그림 9-10 브랜드 이미지와 독특성의 향상

이미지와 독특성의 향상

| 고객유지 상실고객회복 | 경시세분시장 확인 | 신규고객 유인 | 신구표적시장 균형 | 복합마케팅 프로그램 | 브랜드 이미지 변경 |

❸ 기존 사용자들의 성숙기 브랜드 선택방법 관리

재활성화 전략의 중요한 목적은 소비자들이 경쟁 브랜드보다 자사 브랜드를 더 선택할 가능성을 증가하는 것이다. 성숙기 브랜드 판매의 증가는 개별 구매자 수의 증가로 달성될 수 있다. 많은 유통망의 확보와 유통망의 상품진열은 브랜드 판매기회를 증가할 수 있다.

- 브랜드 가득성 확보: 유통망의 증가는 판매를 증가할 수 있다. 활성화 브랜드는 관리자가 새로운 유통을 만들어 내거나 보완재나 대체재의 마케터와 협력하는 것이다.
- 다중이나 대체진열: 가득성의 증가는 새로운 선반진열을 확보함으로써 달성할 수 있다.
- 신규 유통점 확보: 새로운 시장 유치는 판매기회를 증가하고, 매출을 향상한다.
- 타브랜드보다 선호하는 브랜드 확보: 소비자들이 브랜드를 선택하기 위해서 경쟁범주에 있는 타브랜드보다 더 우수하게 지각되어야 한다. 제품태도를 향상하는 방법은 덜 선호하는 경쟁 브랜드 가운데 진열하는 것이다.
- 브랜드와 사용목적과 연결: 브랜드가 특정한 상황을 위해 목적을 달성할 수 있기 때문에 사람들은 특정한 사용상황과 브랜드를 연결한다.

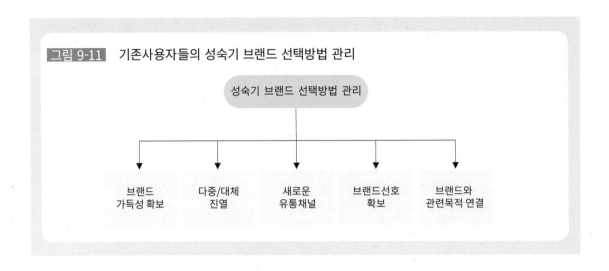

그림 9-11 기존사용자들의 성숙기 브랜드 선택방법 관리

성숙기 브랜드 선택방법 관리

| 브랜드
가득성 확보 | 다중/대체
진열 | 새로운
유통채널 | 브랜드선호
확보 | 브랜드와
관련목적 연결 |

❹ 소비자들의 성숙기 브랜드 사용방법 관리

성숙기 브랜드의 지각과 선택에 영향을 주는 것 이외에 브랜드 관리자는 브랜드의 더 많은 소비를 촉진한다. 소비자들의 브랜드 사용결정 요인은 사용품목, 사용빈도와 사용방법을 포함한다. 따라서 포장변경, 지각된 가치, 계열확장이나 브랜드 확장을 고려한다.

- 포장변경: 큰 포장은 식품, 음료와 세제 등의 더 많은 사용을 촉진한다.[9] 포장 크기가 클수록 사람들이 소비하는 브랜드의 양은 더 많다.
- 지각된 가격 감소: 큰 포장이 많은 소비를 촉진하는 이유는 작은 포장보다 더 싸다고 지각하기 때문이다. 브랜드의 가격을 인하하는 만큼 사용량이 증가한다.
- 브랜드와 하위 브랜드: 어떤 브랜드에 신규고객을 끌어들이고, 브랜드를 최신식으로 유지하는 방법은 계열확장을 도입하거나 새로운 하위브랜드를 설정하는 것이다.

---

9 Wansink, B., & Huffman, C.(2001), "A framework for Revitalizing Mature Brands," *Journal of Brand and Product Management*, 10(4), 228−242.

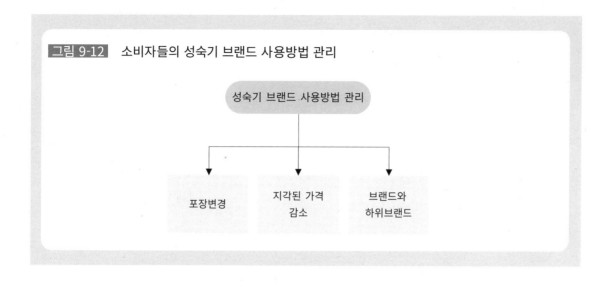

그림 9-12 소비자들의 성숙기 브랜드 사용방법 관리

성숙기 브랜드 사용방법 관리

포장변경 | 지각된 가격 감소 | 브랜드와 하위브랜드

❺ 제품수정과 개선

브랜드 핵심은 브랜드가 제공하는 제품이다. 브랜드 재활성화를 위해서 환경, 경쟁과 기술에 따라서 제품이 육성되고 변해야 한다. 제품수정(product modification)이란 소비자의 요구 변화를 효과적으로 처리할 수 있도록 제품의 특성, 성질, 크기, 포장 및 색상 등을 변경하여 기존 제품을 개선하는 것을 말한다. Philip Kotler는 제품수정은 제품 또는 포장재의 물리적 특성에 대한 의도적인 변경이라고 한다. 디자인 또는 품질 면에서 약간 변경된 제품조차도 완전히 새로운 제품으로 보일 수 있다.

- 혁신: 시장과 산업에서 오랫동안 존속하기 위해 제품을 끊임없이 갱신해야 한다. 제품혁신은 신규고객의 유치뿐만 아니라 기존고객의 유지에도 도움이 된다.
- 기술적 개선: 환경과 경쟁이 매우 빠르게 변화함에 따라 제품의 기술적 개선은 필수적이다.
- 제품범위 확장: 다양한 가격분할로 제품범위를 증가함으로써 브랜드는 제품군을 확장할 수 있다. 브랜드가 고가격 제품을 제공하고 있다면 저가격대 제품을 제공할 수 있다.

성숙한 시장에서 기업을 위한 중요한 제품전략은 기존 제품에 부가가치를 부여하는 것이다. 소비자의 기호, 구매 습관 및 라이프 스타일을 나타내는 마케팅 정보는 이러한 제품수정을 식별하는 데 중요하다. 제품수정의 목적은 기존 수요를 유지하고 신규 사용자를 유치하며 경쟁업체와 효과적으로 대결하는 것이다. 이것은 기업의 매출을 증가시키는 데 도움이 된다. 다음은 제품수정 전략이다.

- 품질개선 전략(quality improvement strategy): 프로세스를 수정하거나 원자재를 변경하여 제품

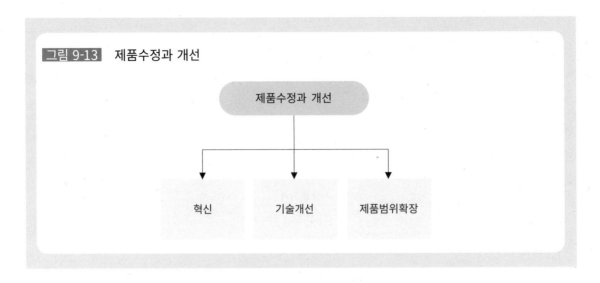

그림 9-13 제품수정과 개선

제품수정과 개선

혁신   기술개선   제품범위확장

품질을 향상시킨다.

- 스타일 개선 전략(style improvement strategy): 제품의 모양이 변경되지만 제품품질은 동일하다. 여기서 제품의 포장이 변경되거나 제품의 크기, 형태, 색상 등이 변경될 수 있다. 이 전략은 패션 업계에서 널리 사용된다.
- 기능향상 전략(functional features improvement strategy): 제품이 더 잘 작동하거나 고객의 변화된 추가 요구 사항을 충족시킨다.
- 포장개선 전략(packaging improvement strategy): 제품의 포장이 변경되는 전략이다. 새로운 포장 기술의 개발이나 소비자의 변화로 개선된다.

글로벌
리더를 위한
전략경영

글로벌 전략

글로벌
리더를 위한
전략경영

제10장
글로벌 전략

1. 국가 경쟁우위

국제화는 기회와 위협의 양면이다. 관세인하, 실질 운송비용의 하락, 교환 통제의 제거, 표준의 국제화 및 고객선호의 집중은 한 국가의 생산자가 다른 국가의 고객에게 제품을 공급하는 것을 훨씬 쉽게 만들어주었다. 국제화는 목표, 전략 및 비용 구조 측면에서 경쟁업체의 다양성을 제고함으로써 경쟁을 강화하고, 신규 설비에 대한 직접투자를 통해 국제화가 발생하면 생산능력이 증가한다. 기업의 국제화는 대형 고객이 구매력을 훨씬 효과적으로 행사할 수 있다. 글로벌 소싱은 제조업체의 비용절감을 위한 핵심 도구를 제공한다. 구성 부품과 재료에 대한 인터넷 기반 시장의 성장은 산업 구매자의 힘을 향상시킨다.

1) 국가 위험 분석

글로벌화는 국제 사업 환경에서 수많은 잠재적 위험을 초래하지만 많은 위험은 대체로 개별 국가에 국한된다. 따라서 국가 위험은 국제적으로 사업을 수행하는 모든 조직에서 중요하다. 국가 위험 조사가 다루는 요인의 범위는 정치 및 경제적 불안정, 정부 규제 및 감시, 사회기반 시설의 취약, 노동시장의 경직성, 문화적 차이, 환율 불안정 또는 교환 제한, 부패와 같은 불리한 요인과 같은 위험을 포함한다. 특히 정치적 불안정뿐만 아니라 정부 규제 및 관료의 부패와 같은 정치적 위험의 문제가 주목된다.

정치적 위험의 개념에 유용한 틀은 브레머(Bremmer)의 J곡선이다. J곡선은 국가의 안정성(stability)과 개방성(openness) 간의 관계를 나타낸다. 정치적으로 안정성이 높은 국가는 더 개방적이다. 정치적 안정에는 법치주의에 기반을 둔 정치체제, 질서와 잘 작동하는 경제를 유지하는 정부, 안전한 국내 환경 등의 요소가 포함된다. 이러한 조건은 민주주의 국가뿐만 아니라 독재정치 체제를 가진 국가에도 적용될 수 있다. 개방성은 개인의 자유와 민주주의, 해외무역, 투자 또는 여행의 자유, 인정된 국제기구 참여와 관련이 있다. 미국과 같은 안정된 민주주의는 J곡선의 오른쪽 상단에 놓여 있다. J곡선의 왼쪽 끝에는 중국과 같이 독재적이지만 안정된 나라가 있다. 가장 큰 정치적 위험은 상당한 수준의 불안정성이 있는 국가가 곡선의 맨 아래에 있을 때 발생한다.

국가의 안정성과 개방성이 기업 조직에 미치는 영향은 복잡하다. 한편으로는 정치적 안정이 질서 정연한 사업 환경을 창출하고 개방성이 사업을 자유롭게 할 수는 있지만 개방성이 없는 안정성은 규제 환경의 경직성과 사업이 효과적으로 운영되지 못할 위험을 증가시키는 경향이 있다. 가장 도움이 되는 사업 환경을 제공하는 안정적이고 개방된 국가에서도 특정 제한으로 인해 정상적인 사업 활동이 제한되지 않을 것이라는 보장이 없다. 여기에는 폐쇄된 국가에서 가장 일반적으로 발견되지만 미국 방위산업체에 적용되는 외국인 소유 제한이 포함될 수 있다. 따라서 해외에서 사업을 수행할 때의 위험을 평가하는 것은 여러 가지 요인에 따라 복잡하고 중요하다.

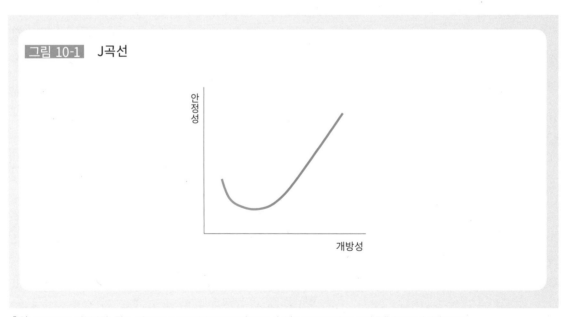

그림 10-1 J곡선

출처: Bremmer, I.(2007), *The J Curve: A New Way to Understand Why Nations Rise and Fall*, Simon & Schuster.

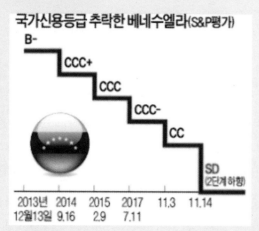

퍼주기식 복지정책으로 재정파탄

국가신용등급 추락한 베네수엘라(S&P평가)

B-
CCC+
CCC
CCC-
CC
SD
(2단계하향)

2013년 2014 2015 2017 11.3 11.14
12월13일 9.16 2.9 7.11

석유 자원만 믿고 무차별 복지를 확대해온 베네수엘라가 부분적인 디폴트(채무불이행) 상태에 놓였다. 국제 신용평가사 스탠더드앤드푸어스(S&P)는 14일 채무불이행 위기에 놓인 베네수엘라의 국가 신용등급을 '선택적 디폴트(SD·selective default)'로 강등했다고 밝혔다. 세계 최대 원유 매장량을 보유한 베네수엘라는 전체 수출의 95% 이상을 석유에 의존하고 있다. 베네수엘라 좌파정부는 고유가 시대에 무상교육과 무상의료로 퍼주기식 복지 정책을 펼쳤다. 하지만 2014년 이후 국제 유가가 하락하면서 재정 파탄에 이르렀다. 니콜라스 마두로 대통령은 국가 디폴트 위험 경고음에도 지난 5월 최저임금을 60% 인상하며 포퓰리즘(인기영합주의) 행보를 멈추지 않았다. 시장에서는 베네수엘라가 디폴트를 피하지 못할 것이란 분위기가 우세하다. 베네수엘라의 총부채가 1,500억 달러(약 167조 3,000억 원)로 불어났으나 보유 외환은 15년 만에 최저 수준인 100억 달러인 것으로 추산된다. 베네수엘라 채권의 70%는 북미 지역 투자자가 보유하고 있고, 나머지는 중국과 러시아 투자자 등이 보유하고 있다.

출처: 한국경제 2017.11.14

2) 국가 경쟁우위

마이클 포터(Michael Porter)의 국가 경쟁우위(Competitive Advantage of Nations)는 세계 경제에서 번영이 어떻게 창출되고 지속되는지에 대한 개념을 완전히 바꿔 놓았다. 포터의 국제 경쟁력에 대한 획기적인 연구는 전 세계 여러 국가에서 국가 정책을 형성했다. 국가 경쟁우위는 기업이 경쟁하는 생산성의 원인에 따라 경쟁력에 대한 최초 이론을 제시했다. 포터는 천연자원 및 노동력과 같은 전통적인 비교우위가 어떻게 번영의 원천으로 대체되었는지, 뿐만 아니라 경쟁력에 대한 거시경제가 얼마나 불충분한지를 보여준다.

기업의 국제화가 경쟁 기반을 어떻게 바꿔 놓았는지 이해하려면 기업의 국가 환경 영향을 포함하는 경쟁우위 분석 틀을 확장해야 한다. 경쟁우위는 회사가 자원과 역량에 대한 내부 강점을 업계의 주요 성공요인과 일치시킬 때 달성된다. 국제 산업에서 경쟁우위는 기업의 내부 자원과 역량뿐 아니라 국가 환경, 특히 사업을 수행하는 국가 자원의 가용성에 달려 있다. 국제 경쟁력에 대한 국가 자원가용성의 효과는 비교우위 이론의 주제이다. 국가 경쟁우위 이론은 한 국가가 그 나라에서 풍부한 자원을 집중적으로 사용하는 제품에 비교우위를 갖고 있다고 말한다. 비교우위(comparative advantage)는 서로 다른 제품을 생산하는 상대적인 효율성을 의미한다. 환율이 잘 작동하는 한 비교우위는 경쟁우위로 이어진다.

3) 포터의 국가 다이아몬드

포터는 국가 내의 특정 산업이 국제 경쟁우위를 제공하는 자원과 역량을 개발하는 역학 관계를 조사함으로써 비교우위에 대한 이해를 넓혔다. 포터의 다이아몬드 이론(Porter's Diamond Theory)은 특정 부문 내에서 국가의 경쟁우위를 결정하는 네 가지 핵심 요소를 확인한다.[1] 특정 국가는 특정 산업 분야에서 특정 경쟁우위를 보유하고 있으며 이러한 경쟁우위의 원천을 진단하는 것은 국가에 중요하다. 최초의 국가 경쟁우위 모델은 경쟁우위의 창출을 촉진하거나 방해하는 현지 기업이 경쟁하는 환경을 형성하는 국가의 네 가지 속성, 즉 요소 조건, 수요 조건, 관련 및 지원 산업, 기업전략, 구조 및 경쟁을 설명한다. 포터는 그 후 정부와 기회를 이 모델에 추가하였다.

국가 다이아몬드 모델은 특정 부문 내에서 국가의 경쟁우위를 결정하는 핵심 요소를 확인한다. 국가 수준의 공통적인 요인들은 기업에 영향을 주고, 이것들은 기업수준에서 경쟁우위를 창조한다. 성공은 환경에 영향을 미치는 요인의 정확한 분석, 그에 따른 올바른 기업전략의 선택과 모든 회사의 실적을 지원할 수 있는 경쟁우위에 달려 있다. 모델에서 모든 요인은 개별적으로 상호작용하는 시스템으로 작용한다. 예를 들면, 기업이 대응할 수 있는 경쟁이 아니라면 호의적인 수요는 경쟁우위가 되지 않을 것이다. 적절한 기업전략만으로는 경쟁우위를 확보하기에 충분하지 않다. 성공을 위해 환경에서 작동하는 요인이 필요하다. 경쟁우위는 경제적 구조, 기관, 정부, 문화, 가치 및 역사와 관련된 지식 생성과 혁신 지향적인 현지화되는 프로세스의 결과이다. 경쟁우위는 하나 또는 두 요인에 근거하여 가능하지만 경쟁으로 인해 장기적으로 유지될 수 없다. 경쟁력은 국가가 인적, 자본 및 천연자원을 사용하는 생산성이다. 국가 경쟁력은 주로 다음을 결정하는 다의적 용어이다.

- 지속가능한 높은 경제성장률을 달성할 수 있는 국가의 능력
- 국가 생산 요소의 생산성 수준
- 기업들이 특정 국제시장에서 성공적으로 완수할 수 있는 능력

---

1   Porter, M. E.(1990), *The Competitive Advantage of Nations*, New York: The Free Press, 127.

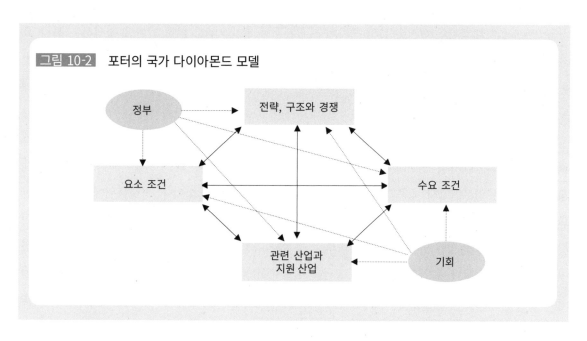

그림 10-2 | 포터의 국가 다이아몬드 모델

① 요소 조건

요소 조건(factor conditions)은 천연자원, 기후, 위치, 노동, 숙련된 근로자, 자본, 기술 및 대학 연구 기관으로 구성되는 생산 조건이다. 한 국가의 요소 조건은 인적자원, 물적자원(국가의 토지, 물, 광물, 수력 발전 및 기후 조건), 지식자원, 자본자원 및 기반 시설이다. 경쟁력에 미치는 영향을 결정하는 요소는 산업 내에서 배치되는 방식의 효율성이다. 이와 같이 요소 조건은 모든 산업에서 경쟁에 영향을 주는 요소로서 다음과 같다.

- 인적자원: 인력의 양, 기술 및 비용
- 물적자원: 국가의 토지, 물, 광물, 목재, 수력 발전, 어장 등 자원의 부존량과 품질
- 지식자원: 제품과 서비스 영역에서 축적된 과학 지식, 기술 지식, 시장 지식
- 자본 자원: 한 국가에서 이용 가능한 자본과 배치 비용
- 사회기반 자원: 사회기반 자원을 사용하는 데 드는 비용

요소 조건은 경쟁에 필요한 투입 요소로 기본 요소와 고급 요소, 일반화 요소와 전문화 요소의 두 가지가 있다. 특정 요소의 소유에 필요한 투자 정도에 따라 요소 조건은 기본 요소와 고급 요소가 있다. 기본 요소(basic factors)는 수동적으로 상속되며 생산 과정에서 새로운 투자가 거의 또는 전혀 필요하지 않은 요소이다. 여기에는 천연자원, 수자원, 원자재, 기후, 위치, 비숙련 또는 준숙련 노동, 자본 등이 포함된다. 예를 들면, 천연자원과 값싼 노동력은 효과적인 요소가 되지 못한다. 고급 요소

(advanced factors)는 재투자와 혁신을 통해 국가의 지속가능한 경쟁우위를 위한 기반을 형성하는 특수 요소이다. 고도로 교육된 인력, 현대의 디지털 자료 통신 인프라 등을 구성할 수 있는 고급 요소는 개발을 위해 지속적으로 많은 투자가 필요하다. 상당한 투자를 통해 달성된 요소 개발은 경쟁력 강화에 크게 기여한다. 따라서 고급 요소는 지속적인 투자를 필요로 하지만 생산하기가 더 어렵다.

경쟁우위의 확립을 가장 잘 설명하는 요소는 일반화 또는 전문화된 요소이다. 일반화 요소 (generalized factors)는 다양한 산업 분야에 적용될 수 있는 요소이다. 전문화 요소(specialized factors)는 전 세계적으로 또는 외부인에게 제공되는 것이 적기 때문에 경쟁우위 요소이다. 경쟁우위에 가장 중요한 요소는 전문화 요소이다. 전문화 요소는 보다 집중적이고 위험한 민간과 사회적 투자가 요구된다. 이것은 특정 산업의 특성에 맞게 특별히 맞춤화된 특성과 더불어 경쟁우위 창출에 영향을 미치는 측면에서 일반화 요소보다 우위를 차지한다. 고급과 전문화 요소는 생산이 지속적으로 개선되고 발전될수록 중요하다. 따라서 요인 창조는 교육 기관 및 연구 기관과 같은 요소를 만드는 기구에 대한 지속적인 투자가 필요하다.

표 10-1 요소 조건

요소	설명
기본 요소	천연자원, 기후, 위치, 비숙련 노동 및 준숙련 노동, 자본
고급 요소	최신 디지털 자료 통신 시설, 고도로 숙련된 인력, 정교한 분야의 대학 연구기관
일반화 요소	고속도로 시스템, 자본 공급, 대학 교육을 통한 잘 동기부여된 인력
전문화 요소	희소한 숙련 인력, 특정 속성을 지닌 인프라, 특정 분야의 지식 기반

❷ 전략, 구조와 경쟁

국가 경쟁력은 기업의 전략, 구조와 경쟁(strategy, structure and rivalry)과 관련된다. 이것은 혁신, 효율성 및 경쟁우위의 향상을 위해 치열한 국내 경쟁의 역할에 특히 중점을 두고 있다. 회사는 적절한 목표를 설정하고 효과적인 방식으로 관리해야 하며 회사의 성공 여부를 결정하는 데 중요한 역할을 담당해야 한다. 회사는 경쟁에 대처할 수 있는 방식으로 전략을 설계해야 한다. 본국에서 치열한 경쟁에 직면하는 회사는 경쟁제품을 해결하는 데 도움이 될 혁신제품 및 서비스를 개발해야 한다.

경쟁우위 분석을 통한 산업계의 관련 산업 및 지원 산업은 중요하다. 동일한 기술, 투입, 유통경로, 고객을 공유하거나 보완제품을 제공하는 산업이 있는 경우 이러한 산업은 경쟁우위가 더 크다. 산업에서의 경쟁우위는 혁신이나 국제화에 중요한 투입물을 생산하기 때문에 기업에 잠재적인 이점을 제공한다. 관련 산업은 기업이 가치사슬에서 활동을 조정하거나 공유할 수 있는 산업 또는 보완제품과 관련된 산업을 말한다. 이러한 산업은 정보 흐름과 기술 교류를 위한 기회를 제공하며 한 업계에서의 성공은 보완산업의 수요를 이끌어 낼 수 있다. 기업전략, 구조 및 경쟁은 프레임 워크의 마지막 특성이다.

기업의 설립, 조직, 관리 방식과 국내 경쟁의 본질을 관리하는 국가의 조건 모두가 중요하다. 구별 가능한 국가적 형태의 목표, 전형적인 전략 및 기업 조직 방법이 있으며 이러한 형태 간의 적합성은 경쟁우위를 달성하는 데 중요한 역할을 한다. 전 세계적으로 경쟁하려는 의지는 경영 태도, 성공 의지, 언어, 기술 등의 영향을 받는다. 또한 국가는 회사, 관리자 및 직원의 목표와 동기가 경쟁우위의 원천과 일치하는 곳에서 발전한다. 회사 목표와 개인 목표는 업계에서 국가의 경쟁우위에 중요한 요소이다. 국내 경쟁은 혁신을 위한 가시적인 압력을 만들어 비용을 낮추고 품질과 서비스를 향상시고, 규모의 경제가 중요할 경우 해외에서 판매하는 것을 요구한다. 또한 경쟁은 경쟁우위의 원천을 향상하도록 강요한다.

❸ 수요 조건

국내시장의 수요 조건(demand conditions)은 국내 기업들이 생산하는 제품이나 서비스의 국내 수요를 뜻한다. 따라서 수요 조건은 혁신과 품질개선의 주요 동력이다. 소비자들과의 근접성 때문에 국내 수요는 외국 수요와 비교하여 경쟁우위에 훨씬 더 중요하다. 제품품질, 규모 및 성장 패턴은 국가의 경쟁우위를 강화한다. 수요 조건의 3가지 속성은 국내 수요 속성, 국내 수요의 규모와 국내 수요의 국제화이다.

▌국내 수요 속성

국내 수요의 속성은 기업이 구매자의 필요를 인식하고 해석하고 대응하는 방식을 결정한다. 이 속성은 경쟁우위 달성에 중요한 역할을 한다. 그 중 하나는 수요의 세분화 구조이다. 시장의 세분화가 국내 수요의 점유율을 높이지만 다른 국가에서 점유율이 낮다면 경쟁력을 높이는데 상당히 유리하다. 정교하고 까다로운 구매자가 제품, 기능 및 서비스의 품질에 대한 높은 혁신 압력을 통해서 경쟁우위가 창조된다. 경쟁우위를 확립할 수 있는 수요의 속성은 예상 구매자 욕구와 관련이 있다. 또한 초기 국내 수요는 다른 시장에서 구매자의 요구를 예측하여 기업이 더 빨리 움직이고 산업에서 확립되도록 도울 수 있다. 국내 수요가 국제화되면 현지 구매자를 통해 국가의 제품과 서비스를 해외로 이동시킬 수 있다. 따라서 국내 수요는 외국 수요에 영향을 미치므로 국가에 유리하게 작용한다.

▌국내 수요의 규모

국내 수요의 규모에 따라 한 국가의 기업은 대규모 시설, 기술개발 및 생산성 향상에 적극적으로 투자하여 규모의 경제와 학습의 관점에서 장려되어야 한다. 경쟁우위를 창출하려는 활동에 박차를 가할 수 있는 또 다른 중요한 요인은 국내 수요의 증가율이다. 이러한 요인으로 기업은 신기술을 신속하게 채택하고 효율성을 높이기 위해 변화를 이끌 수 있다. 근본적인 논리는 초기침투와 같이 초기포화가 한 국가의 기업을 해외에서 원하는 제품을 생산하도록 한다.

▌국내 수요의 국제화

국가 이익 창출의 원천은 국내 수요의 속성에 기반을 두고 있다. 수요의 지속가능성은 국내 수요의 크기와 형태로 설명되며, 국가의 제품과 서비스를 해외로 이전하는 것은 국내 수요 속성과 관련된다. 즉, 수요를 흡수할 수 있는 능력이다. 이 특성은 구매자가 외국 구매자이기 때문에 국가의 기업에 이점을 창출할 수 있는 다국적 지역 구매자의 존재를 의미한다. 이것은 속성의 다른 측면, 즉 외국 구매자의 욕구에 영향을 미친다는 것을 의미한다.

❹ 관련 산업 및 지원 산업

관련 산업 및 지원 산업(related and supporting industries)은 기업의 국내 공급업체와 기타 보완 산업이 개발되고 도움이 되는 정도이다. 국가 경쟁력이 산업단지와 관련이 있다. 관련 산업 및 지원 산업이 회사 설립에 매우 도움이 된다. 그것은 비용 효과적인 투입을 제공하고 회사의 단계적 변화를 유도하기 때문이다. 이것은 유사한 가치사슬의 다른 회사를 자극하여 혁신을 수행하도록 동기를 부여한다. 예를 들면, 실리콘 밸리 산업단지는 반도체, 컴퓨터, 소프트웨어 및 벤처 캐피털 회사로 구성된다. 각 산업 분야에서 밀접한 관련 산업은 중요한 자원 및 역량의 원천이다.

국가 경쟁력 우위의 결정 요인인 관련 산업과 지원 산업의 도입은 포터의 국가 다이아몬드 모델의 가장 중요한 공헌 중 하나이다. 관련 산업 및 지원 산업은 정부에 의해 개발될 수 있다. 경쟁우위의 원천은 전문 공급업체, 기관 및 지역 경쟁의 순환 효과와 같은 관련 및 지원 산업의 외부 경제이다. 단지는 학습, 혁신 및 운영 생산성이 향상될 수 있는 환경이고 모든 선진국에서 두드러진 특징이지만 개발도상국에서는 단지가 부족하다. 단지는 전문 공급업체를 지원하고 근로인력을 풍부하게 하고 지식 순환을 지원한다. 따라서 지역 단지로 인한 외부 경제는 학습에 가장 중요한 영향을 미치고 궁극적으로 기업의 가장 희소한 자원과 능력의 궁극적인 원천이 된다.

❺ 정부와 기회

정부와 기회 요소(government and chance)는 위에서 언급 한 네 가지 주요 결정 요소의 기능을 간접적으로 수행한다. 정부는 스스로 창출하기보다는 국가 이익의 결정 요인을 강화하는 역할을 한다. 정부는 시장의 독려자로 국가 이익을 향상시키거나 감소시킬 수 있는 힘을 갖고 있다. 요인 창출에 대한 정부의 효과는 교육 및 훈련, 과학 기술, 기반 시설, 자본, 정보 및 직접 보조금에 영향을 준다. 또한 정부는 국가 산업의 국제 경쟁력을 촉진하기 위해 요인 및 통화 시장에 개입한다. 이것은 평가절하와 조달가격, 임금 및 노동인구 증가를 통해 이루어진다. 정부의 조달, 제품 및 프로세스에 대한 규제, 조기 또는 정교한 수요촉진, 기술기준, 대외원조 및 정치적 유대관계 강화, 소비재 산업구조 및 조달 정보 개선을 통해 정부는 수요 조건에 영향을 줄 수 있다.

정부는 외국인 투자 분위기를 지원하고 개인 및 회사 목표에 영향을 미치고 국내 경쟁을 개선할 수 있다. 경쟁 규제, 보호 및 국내 경쟁, 기업 간 협력을 통해 유리한 무역정책을 수행한다. 또한 기업의 국제화를 통해 새로운 산업을 형성한다. 반면 기회 요인은 기업의 통제를 벗어나는 요인들을 설명한다. 이 요인의 예로는 발명, 오일 쇼크, 전쟁, 해외의 정치변화 및 해외시장 수요의 주요 변화가 있다. 이러한 기회는 산업구조를 자유화하거나 재형성하는 불연속성을 창출하고 다른 산업에 비해 이점을 얻을 수 있다.

2. 글로벌 전략

기업의 세계화란 무엇인가? 세계화는 사람과 기업을 전 세계적으로 연결하는 관계를 말한다. 광대한 거리에 걸쳐 사회적·경제적 유대 관계를 형성하는 과정은 역사적으로 새로운 것이 아니다. 그러나 기술 향상과 자유무역 협정은 현대 시대에 이러한 관계를 크게 증가시켰다. 세계화는 세계의 사람과 기업의 통합이다. 세계화(globalization)란 국경을 초월한 자본, 제품 및 서비스의 자유로운 이전을 의미한다. 즉, 기업의 세계화는 단일 국가와 관련된 회사에서부터 여러 국가에서 운영되는 회사로의 기업 변화이다. 세계화가 기업에 미치는 영향은 크게 두 가지로 나눌 수 있다. 즉, 시장의 세계화와 생산의 세계화이다.

- 시장의 세계화
- 생산의 세계화

시장의 세계화(market globalization)는 본국 이외의 국가에서의 판매 변화이다. 이 변화로 인해 회사는 국제 가격으로 회사 제품을 쉽게 판매할 수 있다. 관세를 낮추면 소비자 가격이 낮아지고 국경 이동의 제한이 적어 회사가 외국 시장에 쉽게 진입할 수 있다. 기업은 사업전략을 수립할 때 다른 문화를 고려해야 하며 잠재적으로 대상 국가에서 적절하지 않은 경우 제품과 마케팅 메시지를 조정해야 한다. 생산의 세계화(production globalization)는 여러 국가의 가격 차이로부터 이익을 얻기 위해 다른 국가의 자재 및 서비스를 외주하는 것이다. 예를 들면, 여러 국가의 TV용 자재 및 구성 요소를 구입한 다음 다른 국가에서 조립하여 생산비용을 절감할 수 있다. 다음은 기업이 글로벌하는 이유이다.

- 새로운 생산시장 진출
- 비용절감 및 경쟁력 강화
- 새로운 시장에서 핵심역량 활용
- 더 큰 시장에서 기회 개발
- 저렴한 인건비, 세금과 자연자원 활용

1) 표준화와 현지화

기업이 해외에서 마케팅을 시작하기로 결정할 경우, 모든 국가의 단일 마케팅 전략을 통해 전략을 표준화하거나 현지화할 것인지 또는 각 지역의 고유한 특성에 맞게 마케팅 믹스와 전략을 변경할지 여부가 전략적 결정의 핵심이다. 국제경영의 중요한 관건은 표준화와 현지화이다. 관건은 모든 시장을 세계적으로 표준화된 마케팅을 활용할 수 있는 단일 시장으로 또는 각기 다른 욕구를 갖고 있는 다양한 시장으로 고려해야 하는지 여부이다. 표준화와 현지화를 설명하는 일부 용어들은 문헌에서 자주 상호 교환적으로 사용된다. 즉, 표준화(standardization)는 세계화(globalization), 현지화(localization)는 맞춤화(customization)나 적응화(adaptation)로 상호 교환적으로 사용된다. 본서에서는 표준화와 현지화로 통일하여 사용한다. 국제기업은 사업을 성장시키고 수익을 높이며 기존 시장의 역량과 관련된 모든 어려움을 극복하고 해외시장으로 사업을 확대할 것을 목표로 한다.

❶ 표준화

표준화(standardization)는 시장의 동질성을 가정한다. 표준화는 해외시장에 국내 표적시장에 제공된 제품 기준을 적용하는 과정이다. 즉, 본국에서 사용하는 마케팅 요소와 동일하게 해외 현지시장에도 사용한다. 표준화는 여러 국가에서 동일한 판촉 프로그램이 지원되는 동일한 유통 시스템을 통해 동일한 가격으로 동일한 제품계열을 제공하는 것을 의미한다. 다른 극단에서는 완전히 현지화된 마케팅 전략에는 공통 요소가 전혀 포함되지 않는다. 대부분의 경우 이 문제는 현지화 또는 표준화가 어느 정도까지 적절한지에 달려 있다. 따라서 표준화는 우수한 마케팅 인센티브, 미래 지향적인 기술 및 의사소통, 소비자 욕구와 선호의 융합, 그리고 국제 경쟁력 향상에서 유리하다.

▌ 표준화의 장점

글로벌 마케팅 전략의 표준화는 많은 글로벌 기업들에게 매력적인 장점이 많다. 즉, 규모의 경제, 경험의 이전, 동일한 글로벌 이미지, 용이한 관리 및 조정이 있다.

- 규모의 경제: 규모의 경제는 생산량을 증가시킴에 따라 평균비용이 감소하는 현상이다. 표준화 제품을 통해 기업은 상당한 경쟁력을 확보할 수 있다. 제품의 대량생산 및 마케팅은 표준화 제품을 통해서 달성되며 이로 인해 간접비가 낮아진다.
- 경험의 이전: 표준화는 다양한 국제시장에서 마케팅 활동의 통합과 조정을 강화한다. 하나의 국제시장에서 개발된 지식과 경험을 다른 시장으로 이전할 수 있다.
- 동일한 글로벌 이미지: 표준화에는 지속적인 제품, 서비스, 광고 등의 사용이 포함되기 때문에 동일한 글로벌 이미지를 투영하는 역할을 한다. 예를 들면, 코카콜라는 동일한 병, 로고, 색상 및 맛을 사용하여 동일한 글로벌 이미지를 형성한다.
- 용이한 관리 및 조정: 동일한 제품과 광고 전략이 사용되기 때문에 관리, 감시 및 조정이 쉬워진다. 따라서 동일한 품질표준, 생산방식 및 브랜드 인지도를 보다 쉽게 구현할 수 있다. 또한 본국과 현지 간에 아이디어와 우수 사례를 공유한다.

▌ 표준화의 단점

표준화는 많은 장점에도 불구하고 현지시장의 환경과 일치하지 않을 때 낮은 판매로 이어질 수 있다. 어떤 국가에서는 표준화 제품이 과도한 설계가 되고 다른 국가에서는 과소한 설계가 되어 회사의 기존 네트워크를 손상시킬 수 있다. 따라서 모든 지역의 고객욕구가 동일하다고 가정하는 표준화는 기업에서 기업가 정신과 창조적 정신을 감소시킬 수 있다. 다음은 표준화의 단점이다.

- 정부 규정 및 무역 제한: 정부 규정 및 무역 제한은 때때로 회사가 제품을 표준화하려고 시도할 수 있는 정도를 제한한다. 예를 들면, 제휴관계, 현지 관세 또는 기타 무역장벽, 제품유형, 가격결정 또는 판촉을 규제받을 수 있다.

- 마케팅 차별화 부족: 국가와 지역에 따라 개발 단계가 다르므로 국가마다 마케팅 기반의 차이가 있다. 이는 해당 국가 및 지역에서 표준화 전략의 사용을 방해한다. 접근할 수 있는 미디어의 유형, 도달 범위 및 유용성도 국가마다 다르다. 현지시장에서 경쟁조건의 변화는 전략의 변경이 바람직하고, 전략의 변경은 경쟁력이 될 수 있다.
- 고객 관심과 반응의 동질화: 고객의 관심사, 선호도 및 반응에서 국가 또는 지역에 따라 크게 다르다. 이러한 차이를 고려하지 않으면 표준화는 비효율적이다.
- 제품 다양화 부족: 표준화는 기업이 동일한 제품만을 취급한다고 가정하는데, 대부분의 전 세계적인 회사는 여러 사업을 다루기 때문에 적용되지 않는다. 따라서 특정 제품이나 제품계열에 대한 계획을 수립할 때 마케팅 활동뿐만 아니라 외주, 생산, 관리, 자금조달과 같은 모든 활동과 관련하여 다른 제품계열과의 상호작용이나 상호의존성을 고려하는 것이 중요하다.

❷ 현지화

현지화(localization)는 현지시장의 욕구에 맞게 제품 또는 서비스를 변경하는 것이다. 현지화는 현지 적응과 맞춤이 특성화되는 개념이다. 현지화의 필수 요소는 언어, 기후, 인종, 직업, 교육 및 다양한 법률, 문화 및 사회에서 발생하는 빈번한 갈등과 같은 거시환경 및 다른 제약 조건에 영향을 받는다. 다른 나라의 사람들이 다른 언어를 사용하는 것은 명백하다. 법률과 규칙은 국가마다 다르다. 대다수 국가는 오른쪽에서 자동차를 운전하지만 일부 국가는 왼쪽에서 운전한다. 이처럼 각국마다 다른 환경의 차이가 소비 선호와 형태에 다른 영향을 미친다.

▌ 현지화의 장점

현지화에서는 문화, 경제 및 시장 성장, 정치 및 법적 구조, 고객가치 및 라이프 스타일의 차이가 결과적으로 중요하며, 성공을 위해 제품을 현지시장의 환경과 욕구에 국한시켜야 한다. 지역에 따라 고객욕구는 다르다고 전제하는 현지화의 분명한 장점은 다음과 같다.

- 현지 욕구에 대한 대응: 시장의 욕구는 이질적이기 때문에 판매를 위해 현지 욕구에 대한 적응이 필수적이다. 이러한 현지 욕구를 충족하는 것은 판매를 신장한다.
- 신속한 현지 사업 개발: 기업은 현지 경쟁에 신속하고 적극적으로 대처할 수 있다. 현지화 전략이 규모의 경제를 거의 제공하지는 않지만 현지 사업 개발을 가속화한다.
- 수익과 시장점유율 확대: 현지화는 새롭고 독특한 시장에서 현지 고객에게 집중함으로써 수익과 시장점유율을 높이는 것을 목표로 한다.

현지화 전략의 단점

다음은 현지화 전략의 주요 단점이다.

- 경험과 지식의 개별성: 제품 및 마케팅 요소의 현지화는 특정 국가나 시장에서 개발된 경험과 지식이 개별적이어서 다른 국가로의 활용이 의미가 적다.
- 규모의 경제 부족: 현지화 제품을 마케팅하면 표준화 제품의 대규모 생산 및 마케팅으로 인한 규모의 경제를 활용할 수 있는 기회가 주어지지 않는다.
- 제한된 통제: 현지화는 상이한 제품과 판촉 캠페인이 사용되기 때문에 국제기업의 기능을 통제하고 조정하는 것이 더욱 어렵다. 동일한 제품품질 및 브랜드 인지도를 적용하기가 어렵다.
- 글로벌 이미지 제한: 현지화는 독특한 고객 욕구와 선호를 충족시키기 위해 맞춤형 제품, 서비스와 광고 제공으로 글로벌 이미지를 얻을 수 있는 기회가 제한된다.

표 10-2 표준화와 현지화의 장·단점

	표준화	현지화
장점	• 규모의 경제 • 경험의 이전 • 동일한 글로벌 이미지 • 용이한 관리 및 조정	• 현지 욕구에 대한 대응 • 신속한 현지 사업개발 • 수익과 시장점유율 확대
단점	• 정부 규제 및 무역 제한 • 마케팅 차별화 부족 • 고객 관심과 반응의 동질화 • 경쟁 구조의 본질 • 제품 다양화 부족	• 경험 또는 지식의 개별성 • 규모의 경제 부족 • 제한된 통제 • 글로벌 이미지 제한

씬짜오! 베트남 5대 글로벌 챔피언 브랜드 앞세워 'K뷰티' 확산

㈜아모레퍼시픽 글로벌 사업은 2016년 매출 1조 6,968억 원을 달성해 전년 동기 대비 35% 성장했다. 올해는 3분기까지 전년 동기 대비 6.5% 성장한 1조 3,128억 원을 기록했다. 5대 글로벌 챔피언 브랜드(설화수, 라네즈, 마몽드, 에뛰드하우스, 이니스프리)를 앞세워 글로벌 사업 확산에 주력하고 있다. 중화권, 아세안, 북미 등 3대 주요 시장을 중심으로 글로벌 시장 공략을 강화하고 중동, 서유럽 등 신시장 개척을 위한 교두보를 본격적으로 확보해나갈 계획이다.

설화수는 2013년 7월, 전 세계 코스메틱 브랜드들이 선점한 베트남 호찌민 다이아몬드 플라자(Diamond Plaza)에 첫 매장을 오픈하며 한국의 전통 한방화장품으로서 명성을 알리기 시작했다. 진출 첫해에는 최고 권위의 뷰티 매거진 'Dep'에서 선정하는 2013년 베스트 에센스에 윤조에센스가, 2014년에는 베스트 메이크업 제품으로 퍼펙팅쿠션이 선정되며 그 제품력을 인정받았다. 베트남 화장품 브랜드 최초로 디스플레이에 자연주의 콘셉트를 적용했다. 베트남의 주요 대중교통 수단인 오토바이 이용 고객들을 배려해 매장 앞에 오토바이 주차장을 마련했다.

출처: 동아일보 2017.11.10

2) 기업의 글로벌 전략

세계는 점점 작아지지만 세계시장은 점점 커지고 있다. 증가하는 세계시장에 진출하기 위해 기업은 핵심역량과 자원을 국내시장에서 해외시장으로 이전함으로써 가치를 창출한다. 기업이 경쟁우위를 얻으려면 회사의 주요 경쟁 요소를 최대한 활용하고 경쟁업체가 복사하기 어려운 전략을 고안해야 한다. 국제무역에 대한 많은 장벽이 감소함에 따라 기업은 경쟁우위를 확보하기 위한 세계화 전략을 추구한다. 세계화 전략을 개발할 때 회사의 자원, 역량 및 현재의 국제적 위치로 인해 발생하는 세 가지 형태의 국제적 확장을 구별하는 것이 유용하다. 기업의 글로벌 전략은 다국시장 전략, 세계화 전략과 초국가 전략이 있다. 이 세 가지 전략은 현지 반응성과 세계화 효율성 사이의 절충을 반영한다.

다국시장 전략은 외국에 진출한 회사가 현지 상황에 맞추는 전략으로 현지화 전략이라고도 한다. 즉, 다국적기업들이 여러 나라에 자회사를 설치하고, 자회사의 운영은 자회사에게 일임하는 형태의 전략이다. 자국 본사의 계열이기는 하지만 타국 자회사에서 해당 국가만을 표적시장으로 하는 전략이다. 한편 세계화 전략은 자국 본사에서 세계를 하나의 시장으로 보는 표준화·통일화 전략이다. 이 경우에는 특정 국가만이 아닌 세계의 추세에 집중하며, 타국에서의 실수나 경영전략에 대해 모두 해당국 본사에서 계획을 수립, 실행해 나간다. 초국가 전략은 현지화 전략과 표준화 전략 모두를 결합하는 전략이다.

- 다국시장 전략: 외국에 진출한 회사가 현지 상황에 맞추는 현지화 전략
- 세계화 전략: 자국 본사에서 세계를 하나의 시장으로 보는 표준화·통일화 전략
- 초국가 전략: 현지화 전략과 표준화 전략 모두를 결합하는 전략

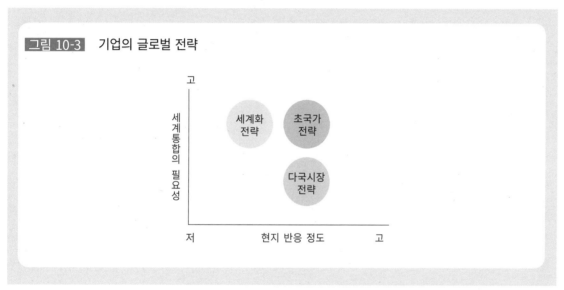

그림 10-3 기업의 글로벌 전략

출처: Hitt, M. A., Ireland, R. D., & Hoskisson, R. E.(2012), *Strategic Management: Competitiveness and Globalization*, Cengage Learning.

❶ 다국시장 전략

다국시장 전략(multidomestic strategy)은 제품과 서비스를 현지시장에 최적화하기 위해 분권화된 의사결정을 줌으로써 현지 반응을 극대화하는 전략이다. 고객 수요와 경쟁이 각국마다 다르므로 각 시장마다 고유한 전략이 필요하다. 이것은 나라마다 시장이 다르다는 것을 가정한다. 즉, 소비자 욕구, 산업 조건, 정치와 법적 구조 및 사회 규범이 나라마다 다르다고 전제한다. 다국시장 전략은 현지시장에 제품과 서비스를 맞춤화하기 위해 의사결정이 각국의 전략사업단위로 분권화되는 전략이다.

다국시장 전략을 사용할 때 기업은 현지 소비자들의 구체적인 선호와 욕구를 충족하는 제품을

생산한다. 따라서 기업은 현지시장에서 효과적으로 경쟁하고 현지 시장점유율을 증가할 수 있다. 그러나 다른 국가에 맞춤형 전략은 기업에 더 많은 위험을 준다. 또한 다른 지역에 다른 전략을 추구하기 때문에 회사 전체의 비용을 증가하고 규모의 경제를 얻을 수 없다. 다음은 다국시장 전략의 특징이다.

- 나라마다 사업단위가 서로 독립적이다.
- 전략이 시장에 따라 다르며 국경에 따라 분류될 수 있다.
- 각 국가 내의 경쟁에 중점을 둔다.
- 개별 시장의 요구 사항이나 선호도에 맞게 제품이나 서비스를 제공한다.
- 회사는 현지 소비자의 욕구에 집중하기 때문에 현지 시장점유율을 확대한다.
- 현지시장은 기업 전체에 많은 불확실성을 초래한다.
- 규모의 경제를 달성할 수 없으며 더 많은 비용이 소요될 수 있다.
- 회사의 의사결정을 각국의 사업단위로 분산시킨다.

❷ 세계화 전략

세계화 전략(global strategy)은 중앙 집중화로 본사에서 현지 사업을 통제하고 세계화 효율성의 극대화를 추구한다. 즉, 회사가 현지시장에 표준화 제품을 제공하고 경쟁전략이 본사에 의해 지시되는 국제 전략이다. 이러한 전략에서 제품은 현지시장에 맞추는 것보다는 표준화된다. 세계가 동일하다면 모든 국가에서 동일한 제품이 동일한 방식으로 판매된다. 각 국가에서 운영되는 전략사업단위는 상호의존적이고 본사는 이러한 사업에 대해 통합을 기울인다. 조직은 세계를 거의 하나의 시장으로 취급하고 하나의 공급원으로 지역 차이를 고려하지 않는다. 따라서 세계화 전략은 표준화 제품이 현지시장에 제공되고 경쟁력 있는 전략이 본사에 의해 지시되는 전략이다. 다음은 세계화 전략의 특징이다.

- 현지에서 운영되는 전략사업단위가 상호의존적이다.
- 본사의 지시에 따라 사업 및 현지시장의 통합을 달성한다.
- 규모의 경제를 강조한다.
- 본사 또는 다른 지역 시장에서 개발된 혁신을 사용할 수 있는 기회가 많다.
- 현지시장의 요구와 선호에 대한 반응이 부족하다.
- 국경을 초월한 전략과 의사결정을 조정할 필요가 있기 때문에 관리가 어렵다.
- 자원 공유가 필요하며 국경을 넘는 조정에 중점을 둔다.

세계화 전략은 규모의 경제를 강조하고 기업 차원 또는 다른 시장의 한 국가에서 개발된 혁신을 활용할 수 있다. 세계화 전략을 추구하는 것은 기업의 위험을 감소시키지만 현지시장에 대응하지 않기 때문에 현지시장에서 높은 시장점유율을 얻을 수 없을 수도 있다. 글로벌 전략의 또 다른 단점은 국가 경계를 넘어 전략과 의사결정을 조정할 필요가 있으나 관리가 어렵다. 세계화 전략으로 효율적인 운영을 달성하려면 자원의 공유는 물론 국경을 넘나드는 협력이 필요하며 중앙 집중화와 본질적 통제가 필요하다.

❸ 초국가 전략

초국가 전략(transnational strategy)은 다국시장 전략과 세계화 전략의 결합이다. 즉, 초국가 전략은 표준화 효율과 현지시장 반응을 동시에 추구하는 기업전략이다. 기업은 현지화와 표준화의 균형을 맞추어야한다. 초국가 전략을 효과적으로 구현하는 기업은 다국시장 전략 또는 표준화 전략을 사용하는 경쟁자보다 우위에 놓이게 된다. 예를 들면, 포드는 전 세계적으로 판매될 핵심 자동차에 주력하고 있다. 이 전략은 개발비용을 낮추는 데, 포드는 모든 자동차 시장에 동일한 자동차를 판매할 것이기 때문이다. 이러한 자동차 전략은 많은 다른 나라의 소비자에게 호소하는 자동차를 어떻게 디자인할 것인가라는 큰 장애물이 있다.

3) 국제화의 패턴

국제화(internationalization)는 무역과 직접투자를 통해 발생한다. 무역은 한 나라에서 다른 나라에 상품과 서비스를 판매하는 것, 직접투자는 다른 나라에 생산적인 자산을 건설하거나 취득하는 것을 말한다. 무역과 직접투자를 주도하는 요인은 다른 국가에서 시장 기회를 활용하려는 욕구와 다른 국가에 위치한 자원과 역량을 개발하고자 하는 욕구이다. 그 결과 기업의 국제화는 무역 및 서비스에 대한 대금 지불, 이자, 이익과 라이센싱 비용 및 자본의 흐름을 포함하는 방대한 양의 국제 거래를 창출한다. 국제화는 위협이자 기회이다. 국제화는 여러 나라의 경쟁자에게 국내시장을 개방한다. 개별 기업뿐만 아니라 전체 국내 산업에 대한 비극적인 결과를 초래할 수 있다. 또한 국제화는 국내시장 규모가 작은 기업이 세계적 기업이 될 수 있는 기회를 제공한다.

- 보호 산업: 보호 산업은 토착기업에만 해당된다. 토착기업은 규제, 무역장벽에 의한 수입과 국내 직접투자, 또는 제품과 서비스의 지역성으로 인해 보호를 받는다. 국제화는 시간이 지남에 따라 점차적으로 보호 산업의 범주를 작게 만든다.

- 무역 산업: 수입과 수출을 사업으로 하는 산업이다. 제품이 운송 가능하고 국가별로 차별화되지 않고 상당한 규모의 경제를 갖고 있는 경우, 수출이 해외시장을 이용하기 위한 가장 효율적인 방법이다. 이것은 자동차, 가전, 반도체, 항공기, 조선 등이 있다.
- 다국적 산업: 무역이 가능하지 않거나 제품이 전국적으로 차별화되어 있기 때문에 직접투자를 통해 국제화하는 산업이다.
- 글로벌 산업: 무역과 직접투자가 모두 중요한 산업이다. 대부분의 대규모 제조업은 자동차, 가전제품, 반도체, 의약품, 맥주 등 세계적인 구조로 진화하는 경향이 있으며 무역 및 직접투자 수준이 높다.

국제화가 어떤 경로를 통해 발생하는가? 제조회사의 경우 국제화는 일반적으로 모국으로부터의 심리적 거리가 가장 적은 국가에 수출로 시작된다. 심리적 거리(psychic distance)는 문화적 차이와 사업적 차이의 인식으로 인한 국내시장과 해외시장 간의 거리이다. 이러한 차이에는 문화, 언어, 종교, 교육, 입법, 정치, 경제, 시장구조 및 사업 관행이 포함된다. 수출 후에 판매 및 유통 자회사가 해외에 설립된다. 궁극적으로 회사는 제조와 제품개발을 담당하는 것보다 통합된 해외 자회사를 설립한다.

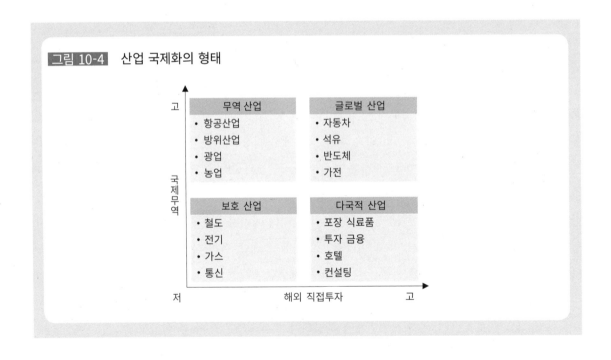

그림 10-4 산업 국제화의 형태

4) 국제시장의 경쟁전략

회사를 담당하는 경영진이 새로운 국가에 진출하기로 결정하면 시장진출 방법을 결정해야 한다. 수출, 라이센싱, 프렌차이징, 합작투자 또는 전략적 제휴 및 단독투자의 5가지 기본 전략을 사용할 수 있다.[2] 이러한 전략은 회사가 운영하는 데 얼마나 많은 통제력을 갖고 있는지, 얼마나 많은 위험이 관련되어 있는지, 그리고 회사가 어떤 운영 수익을 유지할 수 있는지에 따라 다르다. 또한 경쟁전략은 소유권과 통제 정도에 따라 투자자원이 결정된다.

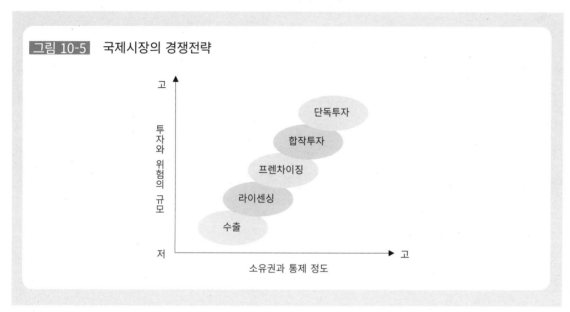

그림 10-5 국제시장의 경쟁전략

출처: Dess, G., Lumpkin, G. and Eisner, A.(2014), *Strategic Management*. 7th ed., New York: McGraw-Hill.

❶ 수출

수출(exporting)은 회사의 모국에서 제품을 만들어 다른 나라로 운송하는 것과 관련이 있다. 제품이 외국에 도착하면 수출업체의 역할은 끝난다. 그런 다음 현지 회사는 현지 고객에게 제품을 판매한다. 해외로 진출하는 많은 회사는 수출이 다른 나라의 고객에게 호소력이 있는지 여부를 알아내는 저렴한 방법을 제공하기 때문에 수출업체(exporter)로 시작한다. 예를 들면, 현대자동차는 수출을 통해 미국 시장에 진출했다. 상품을 수출하는 회사는 현지에서 현지 판매점으로 넘겨지면 상품을 통제할 수 없게 된다. 어떤 지역 대리점은 고객을 형편없이 대우하여 회사의 브랜드를 손상시킬 수 있다. 또한 수출업자는 최종 사용자가 물품을 구매할 때가 아니라 현지 회사에 제품을 판매할 때만 돈을 벌 수 있다.

---

2   Dess, G., Lumpkin, G. and Eisner, A.(2014), *Strategic Management*. 7th ed. New York: McGraw-Hill.

❷ 라이센싱

라이센싱(licensing)은 회사가 로열티(royalty)를 받고 다른 회사에 자사 제품을 만들 권리를 부여하는 것이다. 즉, 라이센싱은 등록된 재산권을 갖고 있는 자가 타인에게 대가를 받고 재산권을 사용할 수 있도록 상업적 권리를 부여하는 계약이다. 라이센서(licensor)는 상표 등록된 재산권을 갖고 있는 자를, 라이센시(licensee)는 이 권리를 대여받는 자를 말한다. 이러한 관계는 특허 기술이 중심이다. 특허를 부여하는 회사의 수익은 수수료이다. 한편 회사는 기술사용 방법에 대한 통제력을 상실할 수 있다.

❸ 프랜차이징

프랜차이징(franchising)은 주로 전 세계적으로 서비스 기업들이 사용한다. 기업이 소매점과 계약을 통해 상호, 상표, 휘장, 특허의 사용권, 제품의 판매권, 기술, 서비스 등을 제공하고 대가를 받는 제도이다. 이때 제공하는 자를 프랜차이저(franchisor, 본사), 제공받는 자를 프랜차이지(franchisee, 가맹점)라 한다. 프랜차이징은 본사가 거의 투자하지 않고 외국 시장에 진출하는 매력적인 방법이다. 가맹점은 사업을 시작하고 운영하는 데 소요되는 비용의 대부분을 부담한다. 프랜차이징을 결정한다는 것은 회사가 브랜드 이름으로 만든 이익의 일부만을 얻게 된다는 것을 의미한다.

❹ 합작투자 및 전략적 제휴

회사는 합작투자 또는 전략적 제휴를 통해 하나 이상의 현지 파트너와 긴밀히 협력하는 것이 도움이 되는 경우가 있다. 합작투자(joint venture)는 두 개 이상의 조직이 각각 새로운 조직을 설립한다. 전략적 제휴(strategic alliance)는 기업들이 협력하지만 새로운 조직을 설립하지는 않는다. 두 경우 모두 회사와 파트너는 의사결정 권한, 운영 통제 및 관계로 창출되는 모든 이익을 공유한다. 합작투자와 전략적 제휴는 현지인들과 긴밀히 협력하는 것이 지역 여건에 대한 중요한 지식을 제공하고 정부의 참여를 수락할 수 있도록 하거나 또는 둘 다를 수행한다고 회사가 믿을 때 특히 매력적이다.

❺ 단독투자

단독투자는 회사가 전액출자한 자회사이다. 전액출자한 자회사(subsidiary)는 회사가 완전히 소유하고 있는 외국에서 운영하는 사업체이다. 회사는 그린 필드 투자를 통해 전액출자 자회사를 개발할 수 있다. 즉, 그린 필드 투자(greenfield investment)는 해외 진출 기업이 투자 대상국에 생산시설이나 법인을 직접 설립하여 투자하는 방식이다. 또 다른 가능성은 현지 회사 또는 다른 외국 사업자로부터 기존 운영을 매입하는 것이다. 회사가 운영을 완전히 통제하고 모든 이익을 독점할 수 있기 때문에 자회사가 매력적일 수 있다. 그러나 전액출자한 자회사는 회사를 설립하고 운영하는데 필요한 모든 비용을 회사가 단독으로 지불해야 하기 때문에 매우 위험할 수 있다. 많은 기업들은 투자를 회수할 수 없다는 위험 때문에 변동성이 큰 국가에 투자하는 것을 기피한다.

삼성, 미국 사우스캐롤라이나주에 세탁기 공장 설립

윤부근 삼성전자 사장(앞줄 왼쪽)과 헨리 맥마스터 미국 사우스캐롤라이나 주지사(오른쪽)가 28일(현지 시간) 미국 워싱턴DC의 윌라드 호텔에서 삼성전자 생활가전 공장 설립에 관한 투자의향서(LOI)를 체결했다. 삼성전자는 사우스캐롤라이나주 뉴베리에 3억 8,000만 달러(약 4,300억 원)를 투자해 내년 초부터 세탁기 생산라인을 가동할 계획이다. 삼성전자가 미국에 직접 투자를 결정한 것은 1996년 시스템반도체 공장 설립 이후 21년 만이다. 윌버 로스 미국 상무부 장관(뒷줄 왼쪽부터), 린지 그레이엄 사우스캐롤라이나주 상원의원, 이인호 산업통상자원부 1차관, 팀 백스터 삼성전자 미국법인장이 서명을 지켜보고 있다.

출처: 한국경제신문 2017.06.29

글로벌
리더를 위한
전략경영

제11장

혁신과
지식경영

글로벌
리더를 위한
전략경영

제11장
혁신과 지식경영

1. 혁신경영

급변하는 기업환경과 치열한 경쟁에서 기업이 경쟁력을 유지하려면 혁신을 효과적으로 관리하는 것이 필요하다. 끊임없이 변화하는 시장 및 경제 환경을 해결하기 위해 혁신 자원을 효율적으로 활용할 수 있는 회사의 능력에 따라 장기적인 지속가능성이 결정될 수 있다. 혁신경영은 기업 가치를 창출하기 위해 새로운 아이디어를 실행하는 의사결정과 활동을 의미한다. 회사는 유지하고 성장시키는 데 필요한 고객가치를 제공할 수 있는 새로운 기회에 투자한다. 혁신 투자는 신제품, 서비스 또는 기술개발에 집중한다. 이러한 투자를 성공적으로 확인하고 반복적으로 수행함으로써 혁신경영의 핵심 목표를 달성한다.

1) 혁신의 개념

혁신이 개인이나 기업에게 명성과 재산을 보증하지는 않는다. 혁신에 의해 창출된 가치는 이해관계자들에게 분배된다. 즉, 혁신가, 공급자, 추종자와 소비자들이 가치를 공유한다. 혁신가는 창조된 가치의 상당 부분을 획득하고 혁신으로 얻는 수익은 창출한 가치와 적용할 수 있는 가치의 공유에 달려있다. 혁신에 대한 수익을 보상하는 것은 상당 부분 혁신에 대한 재산권을 확립하는 능력에 달려 있다. 효과적인 기술 보호가 없다면 경쟁자가 혁신을 모방할 수 있는 정도는 기술을 이해하고 복제할 수 있는 용이성에 달려 있다. 산업재산권에 의해 효과적으로 보호되지 않으면 경쟁우위가 지속되지 않는다.

❶ 창조성과 혁신의 관계

창조성(creativity)은 새로운 것을 산출하는 능력이다. 즉, 창조성은 새로운 것을 만드는 능력이다. 사람들은 새로운 것을 상상하고 얼마나 유용한지를 생각할 수 있지만, 대부분은 반드시 현실로 만들기 위한 필요한 행동을 하지 않는다. 소비자들은 새롭고, 진귀하고, 다른 제품을 원하는 혁신성향이 있다. 소비자가 기꺼이 지불하고자 하는 제품을 찾고, 기업은 시장에서 경쟁자를 이기기 위해서 창조성과 혁신을 통해 신제품을 개발한다. 이러한 신제품은 시장에서 기존 제품을 대체하고 있다.

혁신이란 무엇이며 혁신경영은 무엇을 의미하는가? 혁신(innovation)은 라틴어 'innovare'으로 갱신을 의미한다. 혁신은 "새롭다", "성공하다", "변화하다"[1]를 의미하며 새로운 아이디어나 행동의 창안, 개발 및 적용이다. 경제적 관점에서 혁신은 조직이나 사회에 이익을 가져다주는 새로운 것을 의미한다. 혁신은 아이디어와 자원을 진귀한 것으로 변환하는 과정이다. 혁신은 창조적인 아이디어를 유용한 응용으로 변환하는 것이지만, 창조성은 혁신의 선결조건이다. 창조성과 혁신은 종종 동일한 의미로 사용되지만 각각 독특한 의미가 있다.

- 창조성(creativity): 새로운 것을 산출하는 능력
- 혁신(innovation): 아이디어와 자원을 진귀한 것으로 변환하는 과정

혁신적인 기업은 창조적 사고로 기술을 개발하고 적용하는 방법을 유도한다. 창조성과 혁신은 작은 기업이 큰 경쟁자와 성공적으로 경쟁할 수 있는 핵심역량이다. 혁신적인 기업들은 새롭고 다른 것을 창조하고, 이를 가치 있는 것으로 변환한다. 많은 사람들이 새롭거나 다른 제품과 서비스를 위한 창조적인 아이디어를 창안하지만, 대부분은 결코 어떠한 것도 생산하지 못한다. 창조적인 사람은 창조적 아이디어를 사업의 구조와 의미 있는 행동과 연결하는 사람이다. 성공적인 기업은 시장에서 창조성, 혁신과 적용을 지속적으로 수행하는 기업이다.

[그림 11-1]은 창조성과 혁신의 과정과 결과를 보여준다. 창조적 개인은 시작 단계에서부터 다르게 행동한다. 효과적으로 혁신하기 위해서는 고객과 시장, 가능한 것과 불가능한 것 및 일어나는 일에 관한 통찰력이 필요하다. 혁신을 성공적으로 이용하는 데에는 개인적인 특성, 경영능력과 돈이 필요하다. 따라서 창조성은 새로운 것을 창조하여 새로운 지식을 산출하는 것이며, 혁신은 아이디어와 자원을 유용한 방법으로 변환하여 신제품, 서비스, 공정과 시장을 산출하는 것이다. 발명과 창조성을

---

1 Assink, M.(2006), "Inhibitors of Disruptive Innovation Capability: A Conceptual Model," *European Journal of Innovation Management*, 9(2), 215−233.

밀접하게 연결하고, 발명이 상업적으로 이용할 수 있는 기회를 찾아야 신제품이 된다. 창조성의 시작은 발명이나 기회탐지와 연관되는지 여부이다. 창조성은 혁신을 통해 제품이나 서비스로 전환된다.

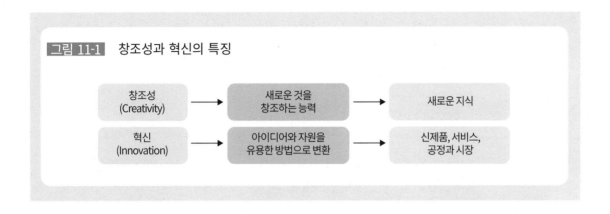

그림 11-1 창조성과 혁신의 특징

❷ 혁신의 중요성

혁신은 외부환경의 변화에 대한 대응으로서 조직을 변화시키는 수단이다. 혁신은 장기적으로 기업이 생존하고 성장할 수 있는 핵심 요소이다. 혁신을 관리하기 위해서는 제품품질 향상과 회사의 전반적인 제조기술 향상이라는 두 가지 공통적이고 상호 연관된 근본적인 경쟁 목표가 필요하다. 따라서 혁신은 장기적인 안정성을 창출하고, 주주 이익을 달성하고, 직원 만족도를 극대화하고, 지속가능한 위치를 통해 업계 선두에 머물 수 있는 신뢰할 수 있는 방법이다. 새로운 제품개발과 제품혁신에 있는 다양한 과제를 해결하기 위해 조직은 기술, 제품 및 시장 간의 긴밀한 연결을 기반으로 해야 한다. 또한 이와 관련하여 신제품 창조 과정에서 지식 관리 및 기술은 경쟁우위를 확보하는 데 중요한 역할을 한다.

혁신은 현재 상태에서 제품이나 서비스를 개선하는 프로세스이다. 혁신은 사업에 종사하는 모든 사람들에게 열려 있다. 혁신은 회사가 제공하는 제품이나 서비스에 가치를 추가한다. 잘 운영되는 사업에서 창의력과 혁신은 성공의 확실한 길이다. 그러면 혁신은 왜 중요한가? 다음은 창조성과 창조적인 문제해결을 위한 혁신의 중요성이다.

- 문제해결: 대부분의 아이디어는 기존 문제를 해결하려는 시도에서 파생된다. 혁신은 회사
  내·외부의 문제에 대한 새로운 해결책이다. 회사는 고객의 의견이나 불만을 해결해야 한다.
  이러한 문제해결로 고객은 만족하게 되고 그 결과 판매가 늘어날 것이다.
- 진화하는 작업장: 작업장은 항상 역동적이고 새로운 변화에 직면한다. 작업장의 근로자들은
  끊임없이 변화하고 있다. 시장에 진입한 새로운 세대와 함께 새로운 추세도 등장한다.

- 고객의 취향과 선호의 변화: 고객은 다양한 제품과 서비스를 원하며 이전보다 더 새로운 것을 선호한다. 따라서 회사는 이러한 진화하는 취향에 맞춰 고객을 만족시키는 새로운 방법을 만들어야 한다.
- 경쟁의 선제적 대응: 기업의 세계는 항상 경쟁이 치열하다. 많은 새로운 회사가 등장하면서

혁신이 세상 바꾼다 ··· 유망 기술의 티핑 포인트

- **지능형 로봇**: 외부환경을 인식하고 상황을 스스로 판단하여 자율적으로 학습하고 계획하고 동작하는 로봇을 말한다. 지능형 로봇의 한 종류인 소셜 로봇의 경우 1997년 미국 MIT에서 사람의 얼굴과 목 부분을 모방해 개발한 '키스멧'(Kismet)이 시초다.
- **초고속 튜브 트레인**: 터널을 아진공 튜브 상태로 만들어 공기 저항을 최소화하고, 캡슐형 차량이 공중에 뜬 채로 시속 1,000㎞ 이상의 속도로 주행하는 초고속 교통기술을 말한다. 2012년 미국 스페이스엑스의 최고경영자 일론 머스크가 진공 튜브 안에서 캡슐 형태의 고속열차가 사람이나 물건을 실어 나르는 시스템인 '하이퍼루프'는 미국 네바다 사막에서 시험용 1km 구간에서 1.1초 만에 시속 186㎞에 도달하는 데 성공했다.
- **3차원(3D) 프린팅**: 제품 형상을 디지털로 스캔하고 설계한 뒤 다양한 소재를 얇은 층으로 여러 겹 쌓아 올리는 방식으로 입체 구조물을 제작하는 기술이다. 3D 프린팅 기술이 개발되면서 건축·제조·의료 분야의 일부 제품이 3D 프린팅 제품으로 대체되고 있다.
- **자율주행 자동차**: 구글은 시각 장애인을 동승자 없이 단독으로 자율 주행차에 태워 시험 운행을 하는 데 성공했다. 벤츠, BMW, 도요타 등 세계적인 자동차 기업들은 자율 주행기술을 겨루고 있다. 현대·기아차 역시 경쟁에 참여하고 있다.
- **빅데이터 활용 개인 맞춤형 의료기술**: 개개인의 고유한 특성을 나타내는 빅데이터 정보의 분석을 통해 개인별 질환 발생 예측이 가능하고, 개인에게 특정한 질병이 발생하기 이전에 적절한 선제적 조치를 설계하고 적용하는 기술을 말한다.
- **유전자 치료**: 질병을 일으키는 돌연변이 유전자를 정상적인 유전자로 대체하거나 질병을 치료하는 데 도움을 주는 유전자를 이식하는 등 질병의 치료와 예방을 목적으로 하는 첨단 치료 기술이다.
- **줄기세포 기술**: 자체 증식을 통해 몸의 다양한 조직 내 세포로 분화할 수 있는 능력을 가진 줄기세포를 분리하거나 배양하고, 분화를 유도하여 난치병을 치료할 수 있는 기술을 말한다.
- **인공 장기**: 인간의 신체 장기를 대용하기 위하여 인공적으로 제작한 장기로, 줄기세포·생체조직·동물의 장기(이종장기)를 이용해 만든 바이오 인공장기와 전기 및 기계공학 기술을 이용해 제작한 전자기기 인공장기로 구분된다.

출처: 서울신문 2017.4.17

업계 최고의 자리는 더 이상 존재하지 않는다. 회사가 선두를 유지하거나 확립하려면 경쟁을 선제적으로 대응하는 혁신이 필요하다.

- 변화에 대한 적응: 이것은 급속한 변화가 있는 기술 세계에서 특히 두드러진다. 변화는 필연적이며 혁신은 기업을 활력이 있는 상태로 유지하고 수익을 개선할 수 있다.
- 세계화의 극대화: 세계시장이 서로 연결되면서 새로운 시장에서 새로운 기회, 새로운 요구와 과제가 부상한다. 예를 들면, 중국과 인도는 주요 시장이며 아프리카는 앞으로 활기가 넘치는 시장일 것이다. 따라서 회사가 이러한 시장에서 시장점유율을 증가하기를 원한다면 기회를 활용할 수 있는 혁신이 필요하다.

2) 혁신의 유형

혁신은 기업 가치를 창출하는 것이다. 혁신이 모든 유형의 환경에서 성장할 수 있는 연료로 작용하기 때문에 혁신적인 제품과 서비스를 생산할 능력이 없는 조직은 경쟁업체에 의해 업계에서 사라질 것이다. 혁신의 목적은 새로운 사업이 수익을 창출하는 데 도움이 되는 새로운 지식의 형성으로 이는 조직의 내부 사업 프로세스와 구조를 시장에서 수용 가능한 제품 및 서비스를 생산하는 보다 정교한 조직으로 만드는 것이다.[2] 혁신은 고객의 욕구와 선호를 다양한 방법으로 충족시킬 수 있는 차별화된 제품, 서비스 및 프로세스를 생산하기 위해 새로운 지식을 창출하고 구현하는 활동과 프로세스이다. 이러한 혁신을 세 가지 유형으로 구분한다. 즉, 제품혁신, 공정혁신과 시장혁신이다.

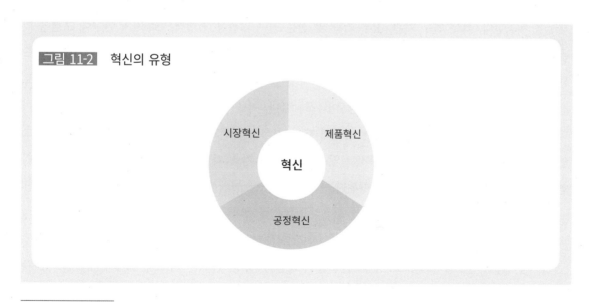

그림 11-2 혁신의 유형

---

2 Plessis, M.D.(2007), "The Role of Knowledge Management in Innovation," *Journal of Knowledge Management*, 11(4), 20−29.

- 제품혁신: 새롭거나 개선된 제품이나 서비스의 개발
- 공정혁신: 제품생산을 위해 물리적 투입을 조직하는 방법의 변화
- 시장혁신: 새롭고 진기한 시장기획의 창조

❶ 제품혁신

제품혁신(product innovation)은 새롭거나 개선된 제품이나 서비스의 개발을 의미한다. 즉, 제품혁신은 조직이 제공하는 제품이나 서비스의 새로운 변화이다. 따라서 제품혁신은 새롭거나 향상된 제품의 마케팅과 관련된 기술설계, R&D, 제조, 관리 및 상업 활동을 포함하는 과정으로 수익창출의 가장 확실한 수단이다. 대부분의 조직에서 제품혁신은 연구개발 노력의 중심이다. 다음은 R&D 프로세스에서 발견된 혁신 노력의 유형이다.

- 기초연구: 순수한 연구개발
- 응용연구: 신제품개발
- 시스템 통합: 제품개선 또는 시장확장

▌기초 연구

기초 연구는 새로운 지식의 창조를 포함한다. 지식은 회사에 새로운 것이거나 노력하기 전에 알려지지 않은 혁신일 수 있다. 기초 연구는 근본적으로 위험하지만 신제품 개발이나 사업 수행 방법의 개선을 제공한다. 학문 연구 기관, 정부 기관 및 전문 연구 기관은 전형적으로 기초 연구에 초점을 맞춘다. 왜냐하면 이들 주체의 가치창출은 일반적으로 금전적 이익으로 결정되지 않기 때문이다. 예를 들면, 레이저 물리학은 독일 태생의 이론 물리학자인 알버트 아인슈타인(Albert Einstein)이 개발한 것으로 전자기 방사의 흡수, 자동방출 및 유도방출을 포함한다. 처음에는 이 연구가 제품을 만드는 것이 아니라 방사선과 빛이 어떻게 상호작용하는지에 대한 지식을 넓히기 위해 수행되었다. 이 영역의 기초 연구가 즉시 새로운 제품으로 이어지지는 않는다. 따라서 기초 과학은 특정 제품의 관심사가 아니라 연구원의 광범위한 호기심에 의해 수행된다.

▌응용 연구

회사는 기초 연구를 기반으로 응용 연구를 수행한다. 응용 연구는 기초 연구에서 개발한 새로운 지식을 활용하여 새로운 제품을 만드는 것이다. 신제품 개발은 기업이 자사의 전략적 지위를 변화시키거나 최소한 업계에서의 잠재적 지위를 변화시킬 수 있다. 이것으로 회사는 경쟁우위를 확보할 수

있다. 응용 연구의 목적은 시장에서 회사와 고객에게 가치를 추가하는 것이다. 이러한 연구에서 혁신의 위험은 기초 연구보다 적다. 대부분의 발명품은 기존 지식의 새로운 응용의 결과이다. 새뮤얼 모스(Samuel Morse)의 모스 부호를 사용하는 전신기는 수십 년 간의 전자기 연구에 기반을 두고 있다. 콤팩트디스크는 수십 년 전에 개발된 레이저에 대한 지식을 구체화한 것이다. 이처럼 레이저 기술에서 출발한 응용 연구는 많은 레이저 프린터, 콤팩트디스크, 수술에 사용되는 레이저 나이프와 바코드 스캐너로 이어졌다.

▍시스템 통합

물이 고이면 썩듯이 조직은 변하지 않으면 문제가 곳곳에 편재해있고 조직의 역동성은 발휘되지 않는다. 시스템 통합은 기존 사업 개선을 지원하거나 기존 제품으로 새로운 시장을 개척하기 위한 것이다. 이러한 유형은 많은 기업들의 혁신 방식이다. 기업은 기존 지식을 조직화하여 상호작용을 높이는 방법을 모색해야 한다. 시스템 통합은 조직 구성원과 기존 지식 기반 간의 적합성을 향상시키는 방법에 중점을 둔다. 시스템 통합이 진행된 후 조정이 이루어진다.

❷ 공정혁신

혁신은 제품이 개발되거나 전달되는 공정에 초점을 맞출 수 있다. 공정혁신(process innovation)은 제품 생산을 위해 물리적 투입을 조직하는 방법의 변화를 의미한다. 즉, 제품과 서비스가 개발되거나 전달되는 방법의 변화이다. 공정혁신은 계획하고 구현하기가 어렵지만 회사는 시스템과 공정을 지속적으로 감시해야 한다. 공정혁신에서의 문제점은 업무 설계 변경이다. 조직이 위기 상황에 직면할 때 기업은 구조조정 및 리엔지니어링과 같은 프로세스 변경이 필요하다.

개인은 위기 상황에서 새로운 방법을 실험하기 위해 더 개방적일 수 있다. 그러나 혁신이 가져다주는 결과에 대한 두려움은 혁신 수행을 해칠 수 있다. 개인이 자신의 직업과 작업에서 지위를 잃을 수 있다고 느끼지 않는다면 변경하는 능력이 훨씬 더 쉬울 수 있다. 앞으로 나아가고 변화를 만드는 회사는 사람들에게 변화로 인한 새로운 기회를 제공해야 한다. 공정혁신은 품질기능 전개와 업무 재설계를 포함한다. 이는 품질을 보호하고 개선하고 비용을 절감하는 수단을 제공한다.

▍지식의 상업화 과정

기술과 경쟁우위 간의 주요 연결 고리는 혁신이다. 기업이 혁신에 투자하는 것은 경쟁우위 추구이다. 또한 기업이 새로운 산업을 대처하고 산업을 지배할 수 있게 하는 것도 혁신이다. 발명은 새로운 지식의 개발이나 기존 지식의 새로운 결합을 통해 새로운 제품과 공정을 창안하는 것이다. 혁신은 새로운 제품이나 서비스를 생산하고 마케팅하거나 새로운 생산방법을 사용하는 발명의 초기 상업화이다. 일단 혁신이 도입되면 고객이 제품이나 서비스를 구매하고 경쟁사의 모방을 통해 혁신은 더 확산된다.

혁신은 단일 발명의 결과이거나 많은 발명을 결합할 수 있다. 예를 들면, 벤츠(Benz)가 1885년에 출시한 첫 번째 자동차는 이전의 약 5,000년 동안 바퀴에서 내연기관까지 발명된 수많은 발명의 결과였다. 그렇다고 모든 발명이 혁신으로 진행되는 것은 아니다. 대부분의 기술집약 기업의 특허 중에서 아직까지 상용 가능한 적용을 찾지 못한 발명품이 있다. 많은 혁신에는 새로운 기술이 거의 또는 전혀 필요하지 않을 수 있다. 예를 들면, 개인용 컴퓨터는 기존 구성 부품과 기술을 하나로 결합했다. 또한 새로운 유형의 포장에는 참신한 디자인이 적용되지만 새로운 기술은 필요하지 않다.

[그림 11-3]은 지식 창출에서 발명과 혁신에 이르는 개발 패턴을 보여준다. 역사적으로 지식 창출과 혁신 사이에는 시차가 길다. 미국의 물리학자이며 발명가인 체스터 칼슨(Chester F. Carlson)은 정전기학 및 인쇄에 관한 기본 지식을 결합하여 1938년에 건식인쇄 기술을 발명하여 1940년에 특허를 획득했다. 제록스는 이 특허권을 구입하고 1958년에 최초의 사무용 복사기를 출시했다. 1974년까지 IBM, Ricoh 및 Canon이 최초의 경쟁제품을 출시했다.

오디오 파일 압축 소프트웨어인 MP3는 1987년 독일 프라운호퍼 연구소(Fraunhofer Institute)에서 개발하였다. 1990년대 중반까지 MP3 음악 파일 교환은 미국 대학 캠퍼스에서 시작되었다. 최초의 MP3 플레이어는 한국의 디지털캐스트가 개발하였으나 자금력이 부족하여 새한미디어에서 1997년 상용화하였다. 1998년에는 미국 회사 다이아몬드 멀티미디어(Diamond Multimedia)가 한국의 디지털캐스트를 인수하여 Rio PMP 300을 출시하였다. MP3 모방제품인 애플의 아이팟은 2001년에 출시되었다. 이처럼 혁신의 결과로 소비자들의 신제품 수용이 확산되면 경쟁자의 모방제품이 출현하게 된다.

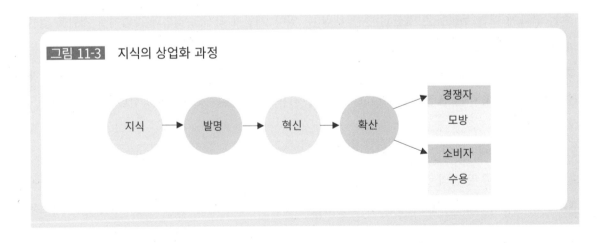

그림 11-3 지식의 상업화 과정

▌ 공정혁신의 수단

공정혁신의 목적은 조직의 효율성이나 효과성을 높이는 것이다. 공정의 변화는 조직과 개인이 혁신에 적응하도록 요구하며, 이는 조직에서 반대로 이어질 수 있다. 그러나 적절하게 적용되면 공정혁신은 조직의 가치를 향상시키고 조직의 생존을 계속 유지할 수 있는 기회를 제공한다. 또한 공정혁신은 회사의 투입과 산출 비율을 개선하는 데 도움이 된다. 따라서 공정혁신을 다루는 가장 일반적인 수단은 신제품 개발, 구조조정 및 가치파괴이다.

㉮ 구조조정

구조조정(restructuring)은 조직 또는 시스템의 여러 구성 요소나 요소 간 관계를 변경하는 과감한 또는 근본적인 내부 변화를 의미한다. 조직 내 의사소통 및 조정 패턴의 실질적인 변화를 수반한다. 대부분의 조직은 공정, 과업 및 사람들의 작은 변화를 항상 경험한다. 그러나 정기적으로 조직이 수행하는 과업과 이유를 검토해야 한다. 구조조정은 비용구조, 조직 및 적절한 자금조달이 파생되는 지속가능한 사업모델로 시작하는 전체적 접근 방식을 취한다. 조직에서 가장 일반적인 구조조정 활동은 다운사이징과 리엔지니어링이다. 주요 구조조정은 다음과 같은 경우에 발생한다.

- 정보가 적절한 사람들에게 적시에 전달되지 않아 의사결정이 지연된다.
- 조직이 기회와 위협을 간과한다.
- 극단적인 스트레스를 초래한 기업환경에서의 혼란이 발생한다.

다운사이징(downsizing)은 조직기구를 축소하거나 인력을 감축하는 경영기법이다. 단기적 비용절감이 아닌 장기적인 경영전략으로 수익성이 없거나 비생산적인 부문을 축소하거나 폐지하는 것이다, 회사가 자산 일부를 매각하거나 직원을 해고할 때 발생하는 구조조정의 유형이다. 직원은 구조조정을 부정적인 것으로 간주하지만 회사에 미치는 영향은 규모축소의 원인과 회사가 수행하는 프로세스에 달려있다. 회사가 추구하는 사업을 신중하게 고려한 다음 새로 명시한 회사의 비전을 충족시키지 못하는 자산이나 사업단위를 매각할 때 단기적으로는 시간이 많이 소요되지만 장기적으로는 더 효과적이다. 다운사이징의 계획과 목표는 명확해야 한다. 그러나 사원들의 사기저하, 회사에 대한 신뢰하락 등으로 생산성이 떨어지는 부작용이 발생할 수 있다.

리엔지니어링(reengineering)은 본질적인 재사고(rethinking)와 작업 프로세스의 근본적인 재설계(redesign)를 요구한다. 즉, 급격한 성과향상을 달성하기 위해서 경영 프로세스를 근본적으로 재사고하고, 조직구조를 급진적으로 재설계하는 과정이다. 주요 내용은 인원감축, 권한이양, 직원 재교육, 조직 재편 등이다. 리엔지니어링의 목적은 비용, 품질과 서비스 향상이다. 기업은 수년 전에 개발되어 더 이상 관련이 없는 기업의 프로세스를 사용하는 경우가 있다. 리엔지니어링은 회사가 업무 프로세스의 각 단계, 업무를 수행하는 이유와 방법에 대해 생각할 것을 요구한다. 리엔지니어링은 다섯 가지 구체적인 목표가 있다.[3]

- 생산성 향상
- 주주 가치 극대화
- 특정한 목표달성
- 통합 기능
- 불필요한 단계와 작업 제거

리엔지니어링을 추구할 때 기업은 몇 가지 관련 질문을 해야 한다. 이러한 질문을 통해 리엔지니어링은 회사 내에서 가치 없는 프로세스를 식별하는 데 도움이 된다. 이러한 프로세스는 신중한 분석보다는 습관에 의해 더 많이 수행된다. 리엔지니어링을 추구할 때 많은 기업들은 다양한 고객들을 분석한다. 고객분석은 회사가 고객으로부터 얻는 것과 고객이 원하는 것에 중점을 둔다. 또한 조직은 초기 분석 시점에서 제품이나 서비스 생산활동을 조사한다. 회사는 고객이 원하는 결과에 가치를 제공하지 않는 활동을 제거해야 한다. 회사는 비생산적이고 불필요한 활동을 제거하고 효율성을 향상시키는 새로운 방법을 개발한다. 고객을 분석할 때 다음과 같은 질문이 포함된다.

- 왜 과업이 그대로 수행되는가?
- 이 과정에서 어떤 가치가 추가되는가?
- 이 과업을 어떻게 더 잘 수행할 수 있는가?

㉯ 가치파괴

가치파괴(value destruction)는 자본에 투자해서 얻은 수익이 자본을 조달하는데 드는 평균 비용보다 작은 것을 말한다. 그러나 많은 가치 있는 기존의 생산 방법이 새로운 방법으로 대체될 때 기존의 가치가 파괴되는 현상을 의미한다. 예를 들면, 트랙터가 쟁기를 끄는 소를 교체했다. 자동차는 마차를 끄

---

3 Bennis, W. G., &Mische, M.(1995), *The 21st Century Organization: Reinventing through Reengineering*, Jossey–Bass Inc Pub.

는 말을 교체했다. 말에 막대한 투자를 한 사람은 이 때문에 말의 가치에 대한 손실을 경험했다. 컴퓨터가 타자기를, CD가 LP를 대체하였고, MP3와 스트림 미디어(streaming media)가 CD를 대체하고 있다. 컴퓨터의 저장장치는 사람들의 기억을 대체했다. 이처럼 대체제품 자체가 파괴적 결과를 낳을 수 있다.

❸ 시장혁신

시장혁신(market innovation)은 제품 디자인이나 포장, 제품구성 또는 가격결정 전략에서 중요한 변화를 가져 오는 새로운 마케팅 방법의 구현이다. 즉, 시장혁신은 기존 시장의 욕구에 대한 이해와 만족, 표적시장의 확대와 새롭고 진기한 시장 기회의 창조이다. 시장혁신의 목적은 더 나은 새로운 잠재시장을 확인하는 것이다. 목표는 고객의 요구를 더 잘 충족시키고, 새로운 시장을 개척하고, 판매수입을 늘릴 의도로 새로운 시장을 개척하는 것이다. 혁신전략의 목표는 회사와 고객가치를 창출하는 것이다. 제품 및 공정혁신이 경쟁의 수단이지만 마케팅의 중요성을 고려하지 않으면 혁신적인 제품이라도 성공을 확신하지 못한다. 시장혁신의 방법은 차별화, 구성, 기술과 협력 등이 있다.

- 차별화: 기능, 디자인, 포장, 가격과 서비스 혁신을 통해 고객을 만족시킨다.
- 구성: 기존 기술을 새롭게 결합하여 새로운 제품이나 서비스 또는 새로운 응용으로 혁신한다. 경쟁은 특정 틈새시장을 제공하고 고객과의 긴밀한 관계에 근거한다.
- 기술: 고객 욕구를 충족시키는 새로운 기술이 개발된다. 혁신은 개발자가 주도하며 경쟁은 가격이나 품질보다는 성능을 기반으로 한다.
- 협력: 기술과 시장은 모두 새롭고 공동 진화한다. 명확하게 정의된 새로운 기술은 없지만 시간이 지남에 따라 개발자는 선도사용자와 협력하여 새로운 제품을 만든다.

기술과 시장은 시간이 지남에 따라 공동 진화한다. 소비자들이 위험을 평가하는 것이 어렵기 때문에 혁신제품의 구매가 늦어질 수 있다. 전체 잠재시장을 소규모의 관리 가능한 부분으로 나누는 시장세분화의 개념은 사업의 수익성을 목표로 하는 경우 매우 중요하다. 품질기능전개(QFD)는 고객의 요구와 기대 사항을 개발 요구 사항으로 변환하는 효과적인 방법이다. 이 기술을 사용하여 설계, 엔지니어링, 생산 및 마케팅 부서의 협업을 통해 제품개선이나 차별화의 기회를 포착한다.

표준적인 마케팅 기법을 적용하기 전에 기술과 시장의 성숙도에 대한 명확한 아이디어가 있어야 한다. [그림 11-4]는 기술과 시장 성숙도의 상관관계를 나타낸다. 각 사분면은 서로 다른 문제로 개발과 상용화를 위한 다양한 기술을 요구한다. 시장의 실제 성장률은 제품수명주기를 예측하는 지표이다. 높은 시장성장률은 높은 연구개발 비용, 높은 마케팅 비용, 생산시설 투자 증가 및 높은 제품이익과 관련이 있다. 연구개발 지출, 신제품 출시, 부가가치와 시장 등의 성숙도 간에는 상당한 상관관계가 있다. 제품과 서비스의 차별화가 감소함에 따라, 그리고 시장이 성숙됨에 따라 수익성이 하락되고 업체 간의 경쟁은 가격으로 이동한다. 기술과 시장이 새로울 때 수익과 위험이 가장 크나 그렇지 않을 때 수익과 위험은 가장 낮다.

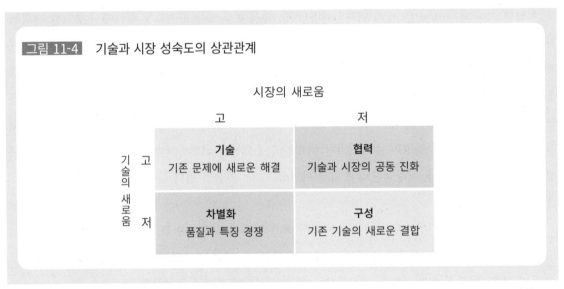

그림 11-4 기술과 시장 성숙도의 상관관계

시장의 새로움

	고	저
기술의 새로움 고	**기술** 기존 문제에 새로운 해결	**협력** 기술과 시장의 공동 진화
저	**차별화** 품질과 특징 경쟁	**구성** 기존 기술의 새로운 결합

출처: Tidd, J., Bessant, J., and Pavitt, K.(2005), *Managing Innovation: Integrating Technological, Market and Organisational Change*, 3rd ed., Wiley, Chichester, UK.

기업은 기술과 시장이 경쟁제품과 제품을 차별화하는 방법에 관심을 기울이고 있다. 이러한 상황에서 마케팅의 표준적 도구와 기법은 매우 유용하다. 차별화가 거의 없고 경쟁업체의 상대적 품질과 큰 차이가 없는 시장은 상대적으로 낮은 수익성을 특징으로 하는 반면 독특한 품질 또는 다른 제품 특성을 기준으로 한 차별화는 높은 수익성을 나타내는 혁신의 강력한 요소이다. 회사가 높은 차별화와 높은 인지도의 결합을 달성하는 경우 투자수익률은 비차별화 제품보다 훨씬 높다.

- 고품질: 높은 품질은 높은 판매 수익을 가져온다. 품질이 높은 기업이 경쟁사보다 높은 가격을 요구할 수 있기 때문이다. 또한 높은 품질은 프로세스를 개선함으로써 비용을 줄일 수 있다. 결과적으로 기업은 경쟁사보다 높은 가격과 낮은 비용으로 이윤이 향상된다.
- 우수한 가치: 우수한 가치는 시장점유율을 증가한다. 가격 대비 품질을 나타내는 것은 상대적 가치의 척도이다. 높은 가격의 높은 품질은 평균적인 가치를 나타내지만 낮은 가격의 높은 품질은 우수한 가치를 나타낸다. 우수한 가치를 제공하는 제품은 시장점유율을 높인다.

• 수익성: 제품 차별화는 수익성과 관련이 있다. 차별화는 경쟁업체가 특정 제품 세분시장에서 어떻게 다른지에 따라 정의된다.

[그림 11-5]는 혁신, 가치 및 시장성과 간의 관계를 나타낸다. 공정혁신은 품질을 향상시키고 비용을 줄임으로써 제품의 가치를 향상시키는 데 도움이 된다. 제품혁신은 제품품질에 영향을 미치지만 명성과 가치에 더 큰 영향을 미친다. 혁신, 가치 및 평판은 함께 시장점유율을 증가시킨다. 저원가에 의한 원가우위와 고품질에 의한 제품 차별화는 가치와 제품 평판과 이미지 개선에 영향을 주어 판매를 증가시키고 결과적으로 기업의 시장점유율을 향상시킨다.

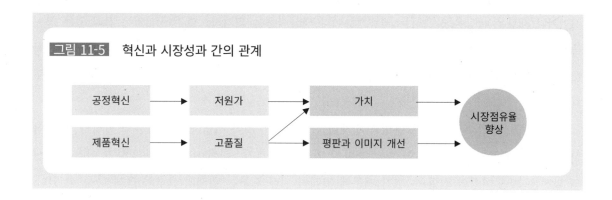

그림 11-5 혁신과 시장성과 간의 관계

❹ 점진적 혁신과 파괴적 혁신

혁신 범위를 점진적 혁신과 파괴적 혁신으로 구분한다. 점진적 혁신은 기존 제품 또는 서비스의 비용이나 기능개선에 중점을 둔다. 파괴적인 혁신은 획기적인 신제품을 도입함으로써 기존 시장이나 산업을 변화시키거나 새로운 산업을 창출하는 극적인 변화를 가져온다. 파괴적 혁신은 시장에서의 기업과 경제 활동에 중요한 영향을 미치는 혁신이며 점진적 혁신은 기존 제품, 서비스, 프로세스, 조직 또는 방법의 경미한 개선과 관련된다. 대체로 점진적 혁신이 혁신의 지배적인 형태이다.

▌ 점진적 혁신

점진적 혁신(incremental innovation)은 이용할 수 있는 기술을 적용하여 제품특성을 확장하는 것을 의미한다. 제한된 특허와 경미한 R&D가 특징이다. 경미한 점진적 혁신은 기존 제품에 비해 점진적으로 개선된 표준화 제품이며 현재 기술의 적용이다. 점진적 혁신은 기존 시장과 기술 또는 프로세스의 경계 내에 있으며 시장 수용 위험이 낮다. 많은 조직은 기존 설계 및 기술의 개선이 주된 혁신으로 시장을 완전히 파괴시키는 파괴적 혁신을 도입하는 기업가에 의해 추월될 위험에 처한다. 기술적 불연속성은 산업 내 기존 역량을 강화하거나 파괴할 수 있다. 슘페터에 의하면 모든 혁신은 필연적으로 어느 정도 창조적인 파괴를 필요로 한다.

▎파괴적 혁신

급진적이거나 파괴적 혁신(radical or disruptive innovation)은 시장과 기업의 경제적 활동에 중대한 영향을 미치는 혁신이다. 즉, 중요한 신기술을 포함하고 소비 패턴에 상당한 변화를 요구하며 실질적으로 향상된 편익을 제공하는 혁신이다. 혁신은 시장구조를 변화시키고 새로운 시장을 창출하며 기존 제품을 쓸모없는 것으로 만들 수 있다. 파괴적 혁신은 기존 제품의 기능을 크게 확장할 수 있는 독창적인 첨단 독점기술을 갖춘 새로운 제품이나 시스템이다.[4] 따라서 파괴적 혁신은 기존 시장을 완전히 변화시키거나 새로운 시장을 창출하는 제품성능이나 생산비용을 획기적으로 향상시키는 전례 없는 성능 특성을 갖춘 제품, 프로세스 또는 서비스이다.[5] 이것은 급진적, 불연속적 산출이나 돌파이다. 급진적 혁신은 전체 가치 네트워크의 주요 변화를 야기할 때 파괴적이라고 할 수 있고 상당한 연구개발이 필요하다.

혁신이 급진적일수록 시장 수용력과 잠재력을 평가하는 것이 어렵다. 증가하는 복잡성과 시장 역학은 이론과 실무 사이에 상당한 지식 격차를 발생한다. 크리스텐센(Christensen)에 의하면 이러한 혁신의 발전은 20년 이상이 걸릴 수 있기 때문에 고객의 미래 요구는 현재의 요구와 크게 다를 수 있다. 따라서 매우 급진적 혁신은 기존의 제품이나 시스템을 진부하게 하는 독창적인 제품이나 시스템이다. 경쟁이 치열하고 기술 집약적 산업 분야에서는 완전히 새로운 제품과 사업을 창안하고 불연속적 제품혁신으로 성공을 거두고 유지하려면 급진적 혁신이 필요하다. 그러나 불연속적이거나 급진적 혁신은 고객 수용의 실패와 같은 심각한 위험에 노출되기 쉽다. 파괴적 혁신의 과정은 탐구와 학습 또는 피드백의 복잡하고 상호작용하는 프로세스이다. 이러한 획기적인 혁신은 많은 후속 발명의 원천에 기반을 두고 있고, 장기적 개발 시간, 모호성과 불확실성으로 인해 매우 위험하다. 조직이 시장에서 경쟁력을 유지하면서 파괴적인 기술을 추구하려면 우수한 경영역량이 필요하다.

---

4 Ojasalo, j.(2008), "Management of Innovation Networks: A Case Study of Different Approaches," *European Journal of Innovation Management*, 11(1), 51-86.

5 Leifer, R., O'Connor, G.C., and Rice, M.,(2001), "Implementing Radical Innovation in Mature Firms: The Role of Hubs," *The Academy of Management Executive*, 15(3), 102-123.

파괴적 혁신을 둔 스티브 잡스

클레이튼 크리스텐슨(Clayton M. Christensen) 교수가 1997년 내놓은 파괴적 혁신(disruptive innovation)이라는 개념은 가장 널리 쓰이는 경영학 용어 중 하나다. 크리스텐슨 교수는 신규 진입자가 제품을 통해 기존 시장 질서를 흔들고 새로운 시장을 만드는 것을 설명하기 위해 이 개념을 사용했다. 이런 틀에서 보면 애플도 에어비앤비도 파괴자(disruptor)와는 거리가 먼 기업이 된다. 조슈아 갠스 토론토대 로트먼 경영대학원 교수는 기존에 기업을 성공하게 만들었던 것을 그대로 하는 일이 거꾸로 기업을 망하게 하는 현상이 왜 발생하는지에 대해 질문을 던졌다. 그는 기업이 파괴적 혁신의 희생자가 되는 것은 트렌드를 잘못 읽었거나 경영을 잘못해서가 아니라고 봤다. 시장을 바꾸는 새로운 기술이 등장했을 때 이에 맞춰 조직을 변화시키지 않았기 때문이다. 이른바 구조적 혁신을 하지 않기 때문이다.

애플의 아이폰이 등장했을 때 기존 스마트폰 시장을 장악했던 노키아와 블랙베리는 위험성을 깨닫고 대응책을 내놨다. 블랙베리는 터치가 가능한 블랙베리 폰 '스톰'을 내놨지만 처참히 실패했다. 스톰의 터치스크린은 오타율이 엄청나게 높았다. 애플은 블랙베리처럼 성급하지 않았다. 아이폰이 처음 출시될 때 사용된 기술(터치 인터페이스, 모바일 인터넷)은 이미 기존에 다른 스마트폰에서 쓰이던 것이었다. 애플은 이 기술을 결합해 뛰어난 완성도와 기가 막힌 상품성을 갖춘 제품을 내놨다. 이 과정에서 애플이라는 조직은 새로운 제품과 완전히 통합됐다. 디자인부터 서플라이체인 관리, 마케팅까지 다른 기업들이 따라올 수 없는 유무형의 경쟁력을 갖춘 것이다. 아이폰은 스마트폰 시장의 지배적 디자인이 됐고 노키아, 블랙베리 등 기존의 자사 디자인을 고집한 기업들은 결국 밀려났다. 반면 아이폰의 지배적 디자인을 따라 스마트폰을 내놓은 삼성, LG 등은 새로운 강자가 됐다.

출처: 매일경제 2016.04.22.

3) 혁신의 과정

중소기업은 관리 계층이 거의 없는 조직구조를 갖고 있으며 관리자들은 다기능적이다. 즉, 그들은 사업개발뿐만 아니라 기술적인 작업을 처리할 수도 있고, 프로젝트 리더가 되어 전사적 업무를 처리할 수도 있다. 이러한 다기능 방식은 유연성과 효율성을 우선시하므로 급진적 혁신에 보다 유용하다.

❶ 혁신에 미치는 요인

대기업은 대규모 사업인 생산 및 유통을 목표로 하고 있어 급속한 변화에 적응하지 못한다. 대기업의 조직구조는 상당히 매트릭스 중심의 엔지니어링 분야이며 프로젝트에 할당되고 중앙 연구소는 연구개발을 지원한다. 혁신은 보다 선형적인 방식으로 구성되며 내부 조직은 규율과 집중을 선호한다. 이러한 유형의 조직은 문제를 식별하고 문제를 해결하는 데 자원을 집중할 수 있으므로 점진적 혁신에 더 적합하다. 우주항공 회사인 록히드 마틴(Lockheed Martin)은 첨단기술의 R&D 및 신속한 개발에 집중하는 공격적인 연구 집단이 있다. 이 집단은 대규모 기업 조직과 완전히 분리되어 있어 엔지니어가 회사 내의 다른 자원으로 처리되는 간접비 문제에 어떤 제약이 없다.

▌ 혁신에 영향을 미치는 내부요인

사용자 및 기타 외부 조직이 혁신을 위한 중요한 아이디어의 원천이지만 회사의 내부 조직은 혁신을 창출하는 능력에 가장 큰 영향을 미친다. 그러나 혁신을 위한 이상적인 작업 환경은 존재하지 않는다. 대신 혁신은 다양하게 상반되지만 필요한 요인들 간의 긴장과 균형을 통해 촉진된다. 혁신에 미치는 내부요인에는 창의성, 개성과 팀워크, 탐구와 집중, 장기 및 단기 등이 있다.

- 창의성: 창조적인 직원들은 기존의 가정에 도전하고 핵심 문제를 해결하기 위한 새롭고 급진적인 접근법을 개발한다. 그들은 창안한 아이디어를 포착하고 혁신으로 전환한다.
- 개성과 팀워크: 창의성은 개인의 특성으로 간주되며 어떤 사람들은 다른 사람들보다 더 창조적이다. 그러나 혁신은 분명히 다수의 사람들이 참여하는 팀의 노력이다. 회사는 독창적인 사고방식을 촉진하고, 가장 탁월한 개인이라도 다른 사람들과 협업이 필요하다.
- 탐구와 집중: 새로운 아이디어는 다양한 원천에서 나올 수 있으며 어떤 경로가 획기적인 기술로 이어질지 예측하기 어렵다. 그러나 어느 회사도 항상 연구할 수 있는 자원을 모두 갖고 있지 않다. 새로운 지식 영역을 탐구할 수 있고 연구에 집중할 수 있어야 한다.
- 장기 및 단기: 급진적인 혁신은 개념에서 유형의 제품으로 발전하는 데 수년이 걸린다. 예를 들면, 1950년대에 발명된 디지털 컴퓨터는 1800년대 중반에 논리와 수학에 관한 연구에 뿌리를 두고 있다. 기업은 10년에서 20년이 지나야 판매하는 연구에 돈을 쓸 수 없다. 그러나 시장 지배력을 강화시킬 수 있는 기술이기 때문에 장기적인 혁신을 놓치지 않아야 한다.

▌ 혁신에 영향을 미치는 외부 요인

기업의 직접 통제를 벗어난 다양한 요인이 혁신 프로세스에도 영향을 줄 수 있다. 요인의 결합은 시장의 요구와 개발 중인 기술과 관련이 있다. 기술개발을 분석하는 방법은 기술지향, 시장지향과 디자인지향이다. 기술지향(technology push)은 신기술을 개발하고, 개발자들은 기술을 사용하기 위해 제품을 개발하는 방식이다. 시장지향(market pull)은 시장에 제품의 욕구가 있고 그래서 개발자들은 욕구를 충족하기 위해 제품을 개발하는 방식이다. 디자인지향(design driven)은 제품의 감성적·상징적 내용의 급진적인 변화를 목표로 한다. 기술지향과 시장지향 간의 동적 균형 조정은 기술 변화의 속도와 가속화를 이끌어 내며, 이 과정에서 기존 기술에 대한 경쟁 위협뿐만 아니라 기회의 창을 창출한다.

기술은 개발 과정에서 S곡선으로 알려진 패턴을 따른다. 개발의 첫 단계에서는 기술투자가 다양한 측면을 연구하는데 집중되기 때문에 성능이 약간 향상되지만 그 중 많은 부분이 유용한 결과를 가져 오지 못한다. 핵심적인 기술혁신이 이루어지면 어느 시점에서 기술이 발전한다. 변곡점이라고 하는 이 중요한 순간에 기술이 빠르게 향상된다. 성장 단계에서 추가 투자는 신속한 결과와 함께 획기적인 기술개발에 중점을 둔다. 획기적인 기술이 개발된 후 개선 속도가 느려지고 기술은 성숙 단계로 접어들게 된다. 마지막으로 기술은 추가 연구가 거의 새로운 지식을 얻지 못하는 결과를 낳는다. 이 시점에서 기술은 최종 단계로 쇠퇴하고 더 나은 기술이 개발되어 시장에 도입됨에 따라 종종 쓸모없게 된다.

❷ 혁신의 수용

Fishbein과 Ajzen에 의하면 행동에 대한 태도는 특정한 행동을 수행하는 지각된 결과(노력, 비용)의 평가에 의해 결정된다. 합리적 행동 이론(theory of reasoned action)은 다양한 영역에서 인간의 행동을 예측하고 설명하기 위해 광범위하게 사용되어온 확고한 모델이다. 행동의도는 개인이 특정한 행동을 수행하려는 의도이다. 주관적 규범(subjective norm)은 자신에게 중요한 사람들이 행동에 관여하거나 관여하지 않도록 하는 사회적 압력이다. 즉, 자신에게 중요한 타인들이 자신이 특정 행동을 하는 것에 대해 어떻게 생각할 것인지에 대한 인식이다. 주관적 규범은 주위 환경에서 다른 사람들이 행동을 수행하려는 개인의 의도에 미치는 영향에 초점을 맞춘다.

이 이론에 의하면 행동에 대한 태도와 주관적 규범은 행동을 수행하려는 개인의 행동의도를 형성한다. 따라서 행동의도는 행동에 대한 태도와 행동을 수행할 개인의 주관적 가능성이다. 행동에 대한 태도가 긍정적이고 행동을 수행하는 사회적 규범이 강할 때 행동의도는 더 강하게 형성된다. 강한 행동의도는 특정한 행동, 즉 실제적 사용을 수행할 가능성이 더 높다.

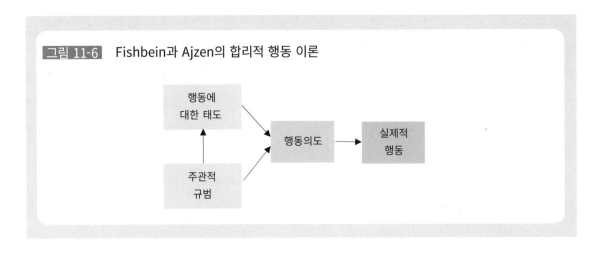

그림 11-6   Fishbein과 Ajzen의 합리적 행동 이론

Rogers는 혁신의 사용이 개인의 가치, 사회 문화적 신념 및 과거와 현재의 경험과 일치하는 것으로 간주되는 정도를 반영하는 요소로서 지각된 양립성(perceived compatibility)이라고 한다. Davis의 기술수용모델(Technology Acceptance Model: TAM)은 사용자가 정보 시스템을 수용하는 것을 나타낸다. 이 모델은 외부변수가 내부 신념, 태도 및 의도에 미치는 영향을 추적할 수 있는 원천을 제공한다. 원래의 TAM은 지각된 사용성, 지각된 유용성, 사용에 대한 태도, 행동의도, 실제적 사용 등으로 구성되어 있으며, 시스템 사용에 있어서 지각된 유용성과 사용성이 가장 중요한 결정 요소이다. TAM은 기술 수용 모델의 선구자적 모델이다. TAM의 장점은 크게 세 요인이 있다. 첫째, 간결하고 다양한 조직, 문화적 맥락, 다양한 시스템 및 기술에 대한 다양한 사용자의 수용을 설명하고 예측한다. 둘째, 강력한 이론적 근거가 있으며 심리적 척도가 잘 연구되었고 타당성이 입증되었다. 끝으로 전체적인 설명력에 대한 강한 경험적 지지가 축적되었다.

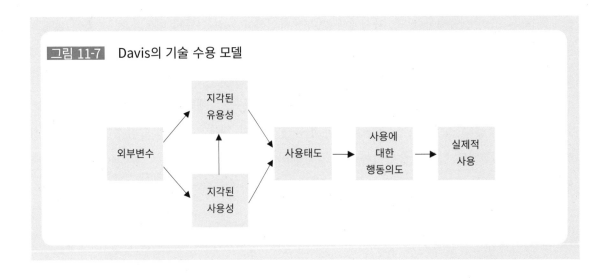

그림 11-7   Davis의 기술 수용 모델

TAM이 더욱 강력한 모델을 제공하기 위해 추가적인 변수가 필요하다. 이 모델은 지각된 유용성, 지각된 사용성, 태도, 행동의도, 행동만을 모형에 반영하고, 기술수용 과정에 영향을 미칠 수 있는 외부 요인들을 구체화시키지 않았다는 단점이 있다. 그래서 Venkatesh와 Davis는 사회적 영향 과정(주관적 규범, 자발성과 이미지)과 인지적 도구 과정(결과품질, 결과 입증가능성, 사용성)을 포함하는 확장된 기술수용모델 TAM2를 제안했다. 다음은 기술수용모델에서 제시된 지각된 유용성과 지각된 사용성과 함께 TAM2에서 제시된 주요 개념이다.

- 지각된 유용성: 시스템 사용으로 업무 성과가 개선될 것이라고 믿는 정도
- 지각된 사용성: 시스템 사용이 많은 노력을 필요로 하지 않는다고 믿는 정도
- 주관적 규범: 중요한 사람들이 갖는 자신의 특정 행동에 대한 인식
- 사회적 이미지: 혁신을 채택함으로써 사회체계에서 자신의 이미지나 지위에 대한 인식 정도
- 업무 관련성: 시스템을 자신의 업무에 활용할 수 있을 것이라고 믿는 정도
- 결과품질: 시스템이 자신의 업무를 잘 수행하게 해 준다고 믿는 정도
- 결과 입증 가능성: 시스템 이용 결과가 관찰 가능하며 결과를 전달할 수 있다고 믿는 정도

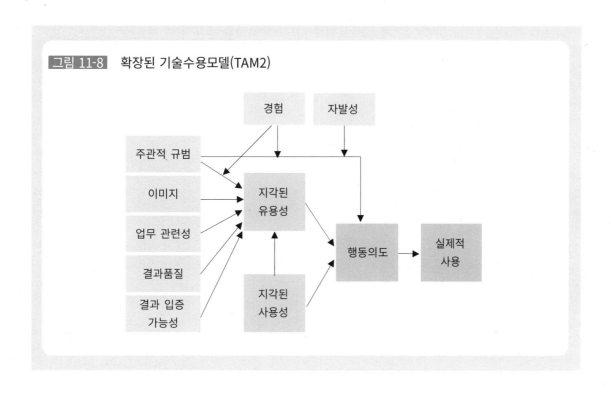

그림 11-8 확장된 기술수용모델(TAM2)

❸ 혁신의 추진 단계

혁신 프로세스는 혁신 팀이 혁신이 성공적으로 구현될 때까지 혁신을 확실히 실행하는 추진 단계 전략이다. 혁신 프로세스를 이해하는 방식은 사용자가 구축하는 방식에 큰 영향을 준다. 프로세스에 대한 이해가 결과에 어떤 영향을 주는가? 왜 구조 혁신 프로세스를 사용해야 하는가? 포기자는 승리하지 못하고 승자는 포기하지 않는다는 말을 들어 본 적이 있는가? 체계적인 혁신 모델은 도전 과제를 처리하고 문제를 해결할 수 있다. 혁신 추진 단계가 없으면 혁신 프로세스는 복잡하고 실현하기 어려울 수 있다. 다음은 혁신 추진 단계의 이점이다.

- 장기적 관점: 혁신은 본질적으로 장기적으로 구현되어야 한다. 혁신은 장기적인 관점에서 문제를 파악하고 문제를 해결하기 위한 계획이 필요하다.
- 효율성과 효과성 증대: 선도기업은 혁신을 핵심 문화로 받아들인다. 연속적이고 구조화된 혁신 프로세스에 의존하여 효율성을 높이면 혁신의 결과를 시장에서 채택할 가능성이 크다.
- 성과 향상: 혁신 프로세스는 단계를 따르므로 취약한 영역을 개선할 수 있다. 예를 들면, 아이디어를 잘 수행하더라도 분석이 조잡하다면 분석기술을 향상시켜야 한다.
- 인센티브 및 보상: 혁신 프로세스를 성공적으로 수행하려면 수행 팀이 필요하다. 제안된 모든 아이디어가 성공적이지는 않다. 일부 아이디어는 실패할 것이고 실패 과정에서 교훈을 얻는다. 단계는 실패와 실패로 이어지는 실수를 구분한다. 모범 사례를 잘 수행하는 참가자들에게 보상하고, 보상과 교훈은 혁신의 동기부여 역할을 한다.

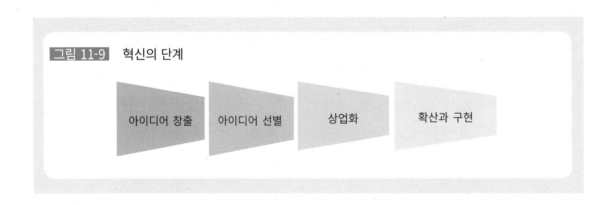

그림 11-9 혁신의 단계

아이디어 창출 · 아이디어 선별 · 상업화 · 확산과 구현

▌ 아이디어 창출

혁신을 한다면 근본적으로 사업이 바뀌는가? 이 질문에 대한 대답은 새로운 조직과 기존 조직의

경계를 보는 데 도움이 된다. 어떤 경영자는 혁신의 필요성을 과도하게 강조하는 경향이 있다. 혁신의 필요성을 지나치게 강조하면 일부 직원들은 과도한 긴장감과 저항감을 갖게 되고, 강조하지 않으면 긴급성과 아이디어 창출이 줄어든다. 아이디어 창출은 개인이 아닌 집단 단위로 수행한다. 새로운 아이디어에 대한 영감은 기존 아이디어의 개선이나 확장에서 발생된다. 혁신적인 아이디어는 일반적으로 비전, 불합리한 요구 또는 목표에서 비롯된다. 집단 토론이나 동료들 간의 토론을 통해 아이디어를 창출하고 이를 기록한다. 브레인스토밍 기법은 집단 아이디어 창출 활동에 효과적이다. 아이디어를 별도의 스티커 메모에 기재하도록 요청한다. 이렇게 하면 다량의 아이디어를 창출할 수 있다. 그런 다음 모든 아이디어를 유사한 아이디어로 분류한다.

▌ 아이디어의 선별

창출된 아이디어라고 모두 실행 가치가 있는 것은 아니다. 따라서 창출된 아이디어를 분류하고 최적의 아이디어를 선별한다. 아이디어의 선별은 아이디어를 평가하고 잠재적 이익과 문제점을 측정하는 데 도움이 된다. 아이디어 선별의 관점은 개선이다. 아이디어가 잠재력을 지니고 있는지를 토론한다면 아이디어를 더욱 향상시킬 수 있다. 아이디어를 지지할 수 있는 타당성을 평가한다. 이러한 과정이 순조롭게 진행되려면 강력한 조직문화가 필요하다. 조직은 혁신적인 아이디어를 평가하는 어려움을 이해해야 하고, 투명한 평가 및 선별 프로세스가 구축되어야 한다. 혁신 팀은 아이디어의 전체 목록을 검토하고 평가하여 아이디어를 선정하는 과정을 합의한다. 이러한 과정에서 선정된 아이디어는 부서, 조직 또는 고객을 고려하여 혁신 작업을 수행한다. 아이디어가 조직의 전략, 사명 및 목표에 어떻게 부합하는지 기술한다. 아이디어를 실행하여 성취되는 결과를 예측한다.

▌ 상업화

상업화는 잠재적인 영향에 초점을 맞춤으로써 아이디어에 대한 시장 가치를 창출하는 것을 목표로 한다. 이 단계는 아이디어를 다른 아이디어와 함께 결합하고, 아이디어가 어떻게 언제 사용되는지를 명확히 하며, 혁신을 사용하여 혜택을 입증하는 등 잠재고객에게 매력적인 아이디어를 제공한다. 상업화의 중요한 부분은 주어진 아이디어의 사양을 수립하는 것이다. 혁신의 실제 이익을 인식하고 전달할 수 있어야 한다. 일단 아이디어가 정교화되면 고객의 요구를 충족시킬 수 있다. 아이디어가 명확해지고 사업계획이 수립되면 확산과 실행 준비가 완료된다. 이 단계에서 기억해야 할 주요 사항은 다음과 같다.

- 아이디어가 언제, 어떻게 사용될 수 있는지 명확히 한다.

- 목표시장에 미치는 잠재적 영향을 고려하여 아이디어의 가치를 평가한다.
- 아이디어의 재원을 확립한다.

▌확산과 구현

확산과 구현은 동일한 동전의 양면이다. 확산은 혁신적인 아이디어에 대한 전사적인 수용이며 구현은 혁신을 개발하고 활용하거나 생산하는 것을 의미한다. 확산은 조직의 모든 수준에서 발생한다. 혁신 팀은 아이디어, 제품 또는 서비스를 포함할 수 있는 특정 컨텐츠 및 응용 프로그램을 사용하여 혁신을 효과적으로 구현한다. 혁신의 수용은 이 단계의 끝에서 입증된다. 혁신이 성공하기 위해서는 적절한 자원, 고객을 위한 마케팅 계획 및 강력한 지지가 필요한 열린 문화가 있어야 한다. 또한 확산과 구현에 중요한 것은 미래 아이디어를 위한 기회이다. 이 최종 단계를 통해 조직은 고객을 위한 다음 요구 사항을 결정할 수 있다. 피드백을 받으면 조직은 혁신 프로세스를 다시 촉진할 수 있다.

 **소비자 맞춤 아이디어 공유 플랫폼**

동아제약은 사내 아이디어 활성화를 위해 아이디어 공유 플랫폼 '동아 IF'를 오픈했다. 동아 IF는 생각과 발상을 뜻하는 '아이디어'와 공장을 뜻하는 '팩토리'의 합성어를 따 이름을 붙였다. 임직원의 신선하고 기발한 생각을 연중 자유롭게 나누도록 고안된 플랫폼으로 임직원들이 자유롭게 제시하는 '떠오르는 아이디어', 분기마다 진행하는 '아이디어 공모전', 최고의 아이디어를 공유하는 'BEST 아이디어', 모든 아이디어의 저장공간인 '아이디어 D.B'로 구성됐다.

아이디어 제출자에게는 각 평가 단계를 거쳐 보상이 지급되며 분기 및 연도별로 1등 아이디어를 선발해 시상한다. 특히, 우수 아이디어 중에는 사업성과 실현가능 여부를 판단해 신제품 개발, 제품개선, 마케팅 전략 등에 실제 활용될 예정이다. 최호진 동아제약 사장은 "동아 IF는 생각에만 머물러 있는 아이디어를 자유롭게 제안하고 마음껏 창의성을 발휘할 수 있도록 도입된 프로그램"이라며 "임직원들의 혁신적인 아이디어를 발전시켜 다양한 분야에 활용하고, 소비자 만족도 실천해 나가겠다"고 말했다.

출처: 동아일보 2017.11.22

❹ 기술과 혁신

기술은 끊임없이 변화하고 종종 예측할 수 없는 방식으로 관리하기가 본질적으로 어렵다. 기술은 매우 중요한 힘이기 때문에 기업이 기업전략 및 운영에서 기술사용에 접근하는 특정 방법을 다루기 위해 기술경영이 등장했다. 기술경영은 조직의 전략 및 운영 목표를 형성하고 달성하기 위한 기술역량을 계획, 개발 및 구현하기 위한 엔지니어링, 과학 및 관리 분야를 연결하는 것이다. 따라서 회사는 독점적인 지식과 노하우를 바탕으로 회사의 경쟁우위를 구축, 유지 및 향상시키기 위해 기술을 활용한다.

▌기술

기술(technology)은 techne(기술)과 logos(논리 또는 과학)의 그리스어에서 유래된 합성어이다. 기술은 논리의 예술 또는 과학적 지식의 기술을 의미한다. 로저스(Everett M. Rogers)에 의하면 "원하는 결과를 얻는 데 관련된 인과관계의 불확실성을 줄이는 도구적 행동을 위한 설계"이다. 기술은 인간의 욕구를 충족하기 위해 어떤 대상을 변화시키는 인간의 행위를 말한다. 따라서 기술이란 생산과 전달 시스템뿐만 아니라 제품과 서비스를 개발하는 데 사용할 수 있는 이론, 실무적 지식, 기술 및 인공물을 의미한다. 이와 같이 기술은 다양한 방식으로 정의된다. 몇 가지 주요 기술 정의는 다음과 같다.

- 투입을 산출로 변경하는 데 사용되는 프로세스
- 업무를 수행하기 위한 지식의 응용
- 생산과 전달 시스템, 제품개발에 사용되는 이론적 · 실무적 지식
- 주변 환경을 개선하는 데 사용하는 기술적 수단
- 산업 또는 상업 목적에 과학을 적용하는 것

기술은 산업기술, 공학, 응용과학, 순수과학 등을 주제로 한 기술적 수단의 창조와 사용, 삶과 사회, 환경과의 상호관계를 다루는 지식의 분야이다. 기술은 사람, 원재료, 인지 및 물리적 프로세스, 플랜트, 장비 및 도구로 구체화될 수 있다. 이러한 기술은 기업과 기업의 외부환경에 영향을 미친다. 따라서 기술은 제품을 창출하거나 서비스를 제공하는데 사용되는 지식, 프로세스, 도구 및 시스템이다. 이와 같이 기술 구현에 대한 시스템 접근 방식은 전체 프로세스를 따라 투입, 변환, 산출 및 피드백의 순환 과정을 포함한다. 즉, 인적, 물적, 자금, 정보 자원과 같은 투입은 변환 과정을 거쳐 제품이나 서비스를 산출한다. 투입을 산출로 변화하는 것이 바로 기술이다. 즉, 기술은 원하는 결과(개선, 목표 및 산출물)를 제공하기 위해 투입을 변환하는 기술을 의미한다. 다음은 이러한 기술의 효과이다.

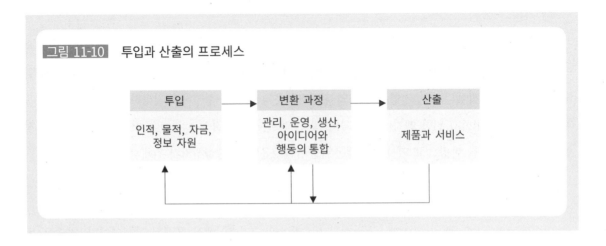

그림 11-10 투입과 산출의 프로세스

투입	변환 과정	산출
인적, 물적, 자금, 정보 자원	관리, 운영, 생산, 아이디어와 행동의 통합	제품과 서비스

- 운영비용 절감
- 신제품과 새로운 시장 창출
- 규모와 형식의 변화에 적응
- 향상된 고객 서비스
- 관리 작업 재구성

기술경영

조직에서 기술경영의 역할은 조직의 특정 기술 가치를 이해하는 것이다. 기술경영은 기술 및 혁신 관리에 영향을 미칠 수 있는 다양한 분야이다. 기술경영은 엔지니어링, 과학 및 경영 분야를 연계하여 조직의 전략과 운영 목표를 형성하고 달성하기 위한 기술 역량을 계획, 개발 및 구현하는 것이다. 기술경영의 구성 요소는 기술전략, 기술예측, 기술지침과 기술 포트폴리오 등이 있다.

- 기술전략: 조직의 기술 논리 또는 역할
- 기술예측: 관련 기술의 식별
- 기술지침: 사업과 시장 요구에 대한 기술 계획
- 기술 포트폴리오: 개발 중인 기술과 사용 중인 기술

기술 및 혁신

기술 변화는 두 가지 활동, 발명과 혁신의 결합에서 온다. 발명(invention)은 유용한 응용을 가진 새로운 아이디어를 개발하는 것이다. 혁신은 발명이 상업적 용도로 어떻게 이동하는가이다. 양자의 구별은 중요하다. 예를 들면, 헨리 포드(Henry Ford)는 자동차를 발명하지 않았다. 다임러(Daimler)와 같은 유럽

의 회사들은 포드가 회사를 설립하기 전에 자동차를 생산하고 있었다. 포드는 자동차의 혁신에 중점을 두고 자동차를 대량으로 생산하여 많은 고객에게 저렴하게 판매할 수 있는 방법을 창안했다. 기술 경영의 실천과 기술전략의 개발을 위해서는 다양한 형태의 혁신과 각 형태의 특징을 이해해야 한다.

- 점진적 혁신은 성능, 안전성, 품질 및 비용을 추가하여 기술 가치를 향상시킨다.
- 차세대 기술혁신은 새롭지만 근본적으로 다른 시스템을 만드는 급진적 혁신이다.
- 급진적 혁신은 이전 제품이나 서비스에서는 사용할 수 없었던 새로운 기능을 제공한다.
- 급진적인 혁신은 새로운 편익을 제공하는, 시장에 강한 영향을 주는 기술과 신제품의 상업화이다.

AI와 결합한 3D 설계가 1인 제조업 시대 열 것

물건은 공장에서나 만드는 거라고 가르친 것이 산업혁명이다. 인간은 기계를 이길 수 없다고, 혼자선 분업의 효율성을 능가할 수 없다고 했다. 개인을 떠나 공장으로 넘어갔던 제조 터전이 다시 개인에게 돌아오게 한 건 역설적으로 4차 산업혁명이다. 디지털 세계에선 누구나 제품을 개발할 수 있고, 공유 제조 플랫폼에서 자신만의 제품을 찍어내게 된 것이다. 덕분에 1인 제조업 시대가 활짝 열리고 있다.

이른바 '메이커스(Makers)'들과 공유경제 시스템을 개척하는 기업이 있다. 3차원(3D) 솔루션 회사 '솔리드윅스'다. 세계 최대 설계 소프트웨어 회사인 프랑스 다쏘시스템의 자회사로 25만 명의 고객을 보유하고 있다. 소프트웨어를 통해 3D 설계와 시뮬레이션, 데이터 관리와 환경 영향 평가까지 돕는다. 지앙 파올로 바시 솔리드윅스 최고경영자(CEO)는 최근 한국을 찾아 "인공지능을 결합한 3D 설계 소프트웨어로 누구나 쉽게 원하는 제품을 개발할 수 있다"며 "분기점을 지나면 엄청난 속도로 공유경제가 성장할 거라 확신한다"고 말했다.

출처: 중앙일보 2017.11.15

❺ 성공적인 혁신 프로세스

혁신의 결과는 창조이다. 창조는 새로운 변화를 가져온다. 이처럼 혁신, 창조와 변화는 순환적인 과정이다. 창조와 변화에 성공적인 아이디어 창안은 쉬운 일이 아니다. 회사는 우수한 아이디어의 창안과 최종적인 성공에 영향을 미치는 수많은 결정을 한다. 우수한 아이디어는 실제 사업 문제를 해결하거나 기회를 성장시키는 것과 관련이 있어야 한다. 다음은 이러한 결정에 힌트가 되는 질문이다.

- 잠재적 혁신과 사업전략이 일치하는가?
- 제안된 변경은 고객에게 어떤 가치를 창출하는가?
- 어떤 투자가 필요한가?
- 투자가 수용 가능한 수익을 창출하는가?
- 혁신이 현재 사업에 미치는 영향은 무엇인가?
- 새로운 개념이 실현되고 사업에 영향을 주려면 얼마나 걸리는가?
- 혁신이 현재 시장을 어떻게 변화시키거나 붕괴시킬 수 있는가?
- 새로운 개념으로 새로운 수익을 창출하거나 비용을 절감하는가?
- 혁신은 기존의 경쟁을 어떻게 강화시키거나 새로운 장벽을 창출하는가?
- 새로운 개념을 실현하는 데 필요한 자원에 어떻게 접근할 수 있는가?

혁신은 끊임없이 변화와 갱신의 필요성을 자극하며 잠재적으로 사업의 모든 분야에 영향을 미치고, 장기적인 투자와 지속력을 필요로 한다. 변화는 종종 저항을 받기 때문에 필요한 혁신을 촉진하기 위한 적절한 인센티브와 보상이 필요하다. 혁신 프로세스는 기업에게 많은 바람직한 이점을 제공하지만 혁신을 사업에 성공적으로 통합하고 이익을 얻는 것은 쉬운 일이 아니다. 다음은 성공적인 혁신 프로세스를 수행하는 방법이다.

- 혁신 관리팀 구축: 이는 혁신을 지원하고 혁신 프로세스를 평가할 수 있는 시스템과 구조를 구축하는 것을 의미한다. 회사가 다양하고 운영하기에 까다로운 곳에서는 혁신에 집중하는 별도의 부서가 필요하다.
- 아이디어 공유: 혁신 문화를 육성하기 위해서는 아이디어를 모든 직원들에게 알린다. 경영진과 직원들이 목표를 공유하는 경우에 혁신 프로세스는 효과적으로 실현된다.
- 불필요한 요식 제거: 어떤 정책은 혁신과 발전을 저지한다. 효율성을 높이기 위해 불필요한 요식을 식별하고 제거하는 것이 중요하다. 경영진과 직원 간의 피드백 흐름의 병목 현상을 개방된 정책으로 처리하고 대체해야 한다.
- 창의적 사고: 혁신은 기존 규칙에 도전하는 것으로 시작된다. 창업 회사들은 무수히 많은 도전에 직면해 있기 때문에 역동적이고 다재다능한 경향이 있다. 그러나 대기업의 경우 변화와 혁신에 무감각하는 경향이 있다.

- 팀워크과 리더: 팀원들의 강점이 효율성과 생산성을 확보하도록 한다. 리더가 창의적이고 혁신적이라면 직원들을 동기부여하는 것은 쉽다.
- 책임성 유지: 직원들을 혁신적이도록 하면 아이디어를 따르고 실행할 수 있는 자유와 힘을 지닌다. 직원들이 자신이 노력한 결과를 알 수 있도록 해야 한다.
- 성과보상: 성과보상이 우수하면 직원들은 독창적이고 일하기를 좋아한다. 직원들은 많은 책임을 져야 하고 그에 따라 보상을 받아야한다.
- 조직의 활성화: 회사는 직장에서 발견되는 다양성으로 인해 특정 기술과 개성을 가진 사람들을 팀으로 만들거나 새로운 아이디어를 가져오기 위해 팀을 경쟁시킨다.

❻ 혁신전략

평범한 것은 혁신이 아니다. 혁신전략은 경쟁우위를 확보하고 기술을 향상하려는 기업에게 필수적이다. 효과적인 혁신전략은 영감을 주고 개발 중인 제품이나 서비스에 새롭고 독특한 것을 추가한다. 회사는 제품의 가치를 높이고 소비자를 유인할 수 있는 새로운 것을 창출하려고 한다. 기업이 자원, 역량 및 목표에 따라 수행할 수 있는 대안적 혁신전략은 다양하다. 혁신성의 수준에 따라 시장전략은 선도자와 공격전략, 빠른 추격자와 방어전략, 비용 최소화 및 틈새시장으로 구분된다.[6]

- 선도자와 공격전략: 경쟁자보다 먼저 시장에 제품을 출시하는 전략이다. 상당한 연구개발 활동을 요구하며 많은 마케팅 자원이 필요하다. Porter에 따르면 시장 선도자는 관련된 지식의 원천, 고객의 요구와 반응과 관련이 있는 창의성과 위험 감수성이 필요하다.
- 빠른 추격자와 방어전략: 빠른 추격자(fast follower)는 선도자의 새로운 제품과 기술을 빠르게 쫓아가는 기업이다. 빠른 추격자는 시장에 처음 진입한 기업을 신속하게 대응할 수 있도록 제조, 설계, 개발 및 마케팅에 민첩하다. 비용, 디자인 및 기능면에서 개선된 제품을 개발하려면 상당한 기술이 필요하다. 방어전략은 경쟁업체 분석, 정보, 역 엔지니어링, 비용절감 및 제조학습에 대한 강력한 의지가 중요하다.
- 비용 최소화: 경제의 규모는 저비용 생산이 달성된다. 저비용 생산을 달성하기 위해 생산 및 공정 엔지니어링 분야에서 탁월한 기술과 역량이 필요하다.
- 틈새시장: 이 전략은 특정 시장 분야나 틈새시장(niche market)의 정확한 요구 사항을 충족시키

6   Trott, P..(2001), "The Role of Market Research in the Development of Discontinuous New Products," *European Journal of Innovation Management*, 4(3), 117−125.

는 데 기반을 두고 있다. 대량생산이 요구되지 않고 경쟁자가 거의 없다.

치열한 경쟁에서 회사의 생존을 위해서는 동적인 기능이 무엇보다 중요하다. 구매자 시장에서 경쟁우위의 지속가능성은 활발한 혁신과 대응 조치를 통해 기존 및 미래의 모든 고객을 위한 가치창출과 비전에 대한 회사의 역량에 크게 좌우된다. 회사의 장기적인 성공은 기본 매출동향 분석과 함께 시장에 대한 심층적인 질적 조사로 측정할 수 있는 이해관계자, 즉 고객 및 직원과의 관계를 만족시키는 데 있다. 혁신 지향성에 따라 혁신전략에는 세 가지가 있다. 즉, 시장지향 혁신(market-pull innovation), 기술지향 혁신(technology push innovation)과 디자인지향 혁신(design driven innovation)이다.[7]

• 시장지향 혁신: 사용자의 욕구분석에 중점을 두고 기술과 의미를 탐색한다. 따라서 이 전략은 사용자가 요구한 것을 제공하여 점진적 개선을 유도하는 것을 목표로 한다.

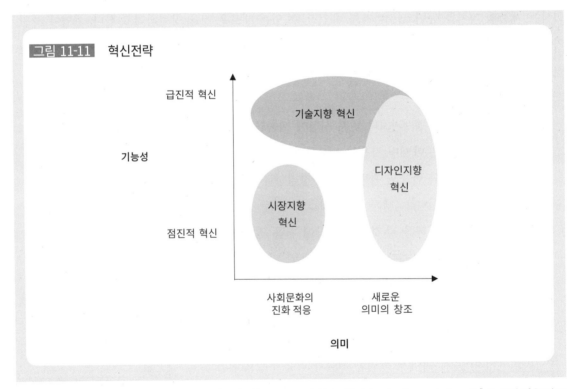

그림 11-11 혁신전략

출처: Verganit, R.(2008), "Design, Meanings and Radical Innovation: A Meta-Model and a Research Agenda," *Journal of Product Innovation Management*, 25, 436-456.

---

7 Verganit, R.(2008), "Design, Meanings and Radical Innovation: A Meta—Model and a Research Agenda," *Journal of Product Innovation Management*, 25, 436—456.

- 기술지향 혁신: 이 유형의 혁신은 기술연구 및 혁신의 역동성을 반영한다. 신기술을 개발하고, 개발자들은 기술을 사용하기 위해 제품을 개발하는 방식이다.
- 디자인지향 혁신: 이 전략은 제품의 감성적·상징적 내용의 급진적인 변화를 목표로 한다. 이러한 유형의 혁신전략은 경쟁사가 거의 모방할 수 없는 더 많은 가치와 강력한 브랜드를 창출할 수 있다. 따라서 디자인지향 혁신은 회사의 지속적인 경쟁우위와 장기 이익을 보장한다. 디자인지향 혁신전략은 경쟁우위를 창출하는 다른 두 가지 전략과는 다른 방식으로 사용자의 욕구, 기술 기회 및 제품 언어 간의 균형을 유지한다.

2. 지식경영

지식경영은 구성원들이 가진 지식을 공유하여 기업의 문제해결 능력을 향상시키려는 경영방식이다. 다른 정보와 연결하고 이미 알려진 것과 비교한 후 이끌어낸 결론이 바로 지식이다. 자료나 정보와 달리 지식은 인적요소를 갖고 있다. 책은 정보를 포함할 수 있지만, 어떤 사람이 정보를 소화하고 사용할 때만이 정보는 지식이 된다. 지식경영은 지식을 체계적으로 축적하고 조직하고 널리 이용할 수 있게 하는 노력이고, 지속적인 학습과 지식공유의 문화를 촉진한다.

1) 지식의 개념

개인이나 조직은 정보를 소유하거나 검색할 수 있는 능력이 요구된다. 이러한 능력이 바로 지식이다. 따라서 지식(knowledge)은 기술과 정보를 포함한 지적능력이나 아이디어이다. 자료는 원래의 사실이나 정보는 처리되거나 해석된 자료이지만 지식은 개인화된 정보이다. 지식은 조직의 자산이자 힘이다. 조직이 성장하기 위해서 조직 내에서 지식은 공유되어야 한다. 경영층과 직원 간에 정보와 지식을 공유하는 조직은 강하게 성장하고 경쟁력을 갖게 된다. 지식의 공유가 지식경영의 핵심이다.

자료의 집합이나 자료 간의 관련성이 없다면 정보가 아니다. 자료의 집합이 정보가 되는 것은 자료 간의 관계 이해이다. 자료를 만들 때 중요한 것은 맥락(context), 즉 자료 간의 관계이다. 조직에서 정보의 기본적인 요소는 자료의 형태이다. 자료가 다른 자료의 요소와 결합되어 제시되지 않는다면 많은 정보를 제공하지 않는다. 의미 있는 맥락에서 자료를 축적할 때 정보를 제공한다. 정보는 맥락에 의존하는 자료 간의 관계이고 미래에 대한 의미를 거의 포함하고 있지 못하다. 다음은 지식의 성격이다.

- 개인화된 정보
- 알고 이해한 상태
- 저장되고 처리된 대상
- 정보에 대한 접근 조건

2) 지식의 수준

자료(data)는 자체로는 사용가치나 의미가 거의 없는 간단하고 확실한 사실, 사건과 수치이다. 즉, 자료는 문자, 이미지, 음성 표현, 행동과 대상의 형태로 계획된 부호의 집합이다. 따라서 자료는 독서, 관찰, 계산과 측정 등을 통해서 얻은 사실이다. 유용한 자료가 되기 위해 자료는 다른 자료와 연결함으로써 완성된 정보로 처리된다. 자료는 특정한 것을 전달하는 사실과 수치이지만, 어떤 방식으로 조직화되지 않고 패턴이나 맥락에 관한 더 이상의 정보를 제공하지 않는다. 단지 있는 그대로 수집된 자료는 의사결정에 완전한 도움이 되지 않는다. 예를 들면, 원유가격은 배럴당 60$이다.

정보(information)는 사용자에게 의미를 주기 위해 특별한 맥락에서 조직되고, 구조화되고, 해석된 자료이다. 즉, 자료가 정보가 되기 위해서 상황을 설명하고, 계산하고, 요약한다. 예를 들면, 원유가격은 배럴당 50$에서 60$로 인상되었다는 것은 자료에 의미를 주고, 그래서 원유가격을 추적하는 사람에게는 정보이다. 정보는 미래의 불확실성을 감소하는데 도움이 되는 방식으로 변환된 자료의 집합이고, 의사결정과정에 이바지한다. 자료와 정보의 관계는 원자재와 완성품 간의 관계와 유사하다. 정보는 구체적인 의사결정을 위해 유용한 원자재를 제공할 때 의미가 있다.

지식은 자료나 정보와 다르다. 지식(knowledge)은 기술과 정보를 포함한 지적능력과 아이디어를 의미한다. 즉, 문제해결책으로 활용할 수 있는 노하우, 이해, 경험, 통찰력, 직관과 맥락적 정보이다. 지식은 개인이나 조직에 유익한 정보, 경험과 통찰력의 결합이다. 원유가격이 배럴당 10$ 인상될 때 석유가격은 리터당 2p가 상승할 것이다. 그러나 자료, 정보와 지식 간의 경계는 언제나 분명한 것은 아니다. 어떤 사람에게 자료가 되는 것이 다른 사람에게는 정보가 될 수 있다.

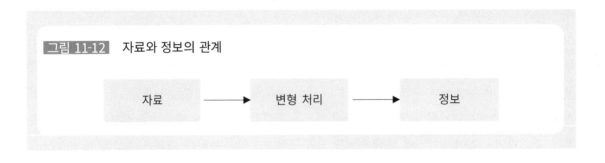

그림 11-12 자료와 정보의 관계

자료 ⟶ 변형 처리 ⟶ 정보

- 자료: 자체로는 사용가치나 의미가 거의 없는 간단하고 확실한 사실, 사건과 수치
- 정보: 의미를 주기 위해 특별한 맥락에서 조직되고, 구조화되고, 해석된 자료
- 지식: 기술과 정보를 포함한 지적능력과 아이디어
- 지혜: 지식과 경험을 사용하는 지적 능력

그림 11-13   자료, 정보와 지식 간의 관계

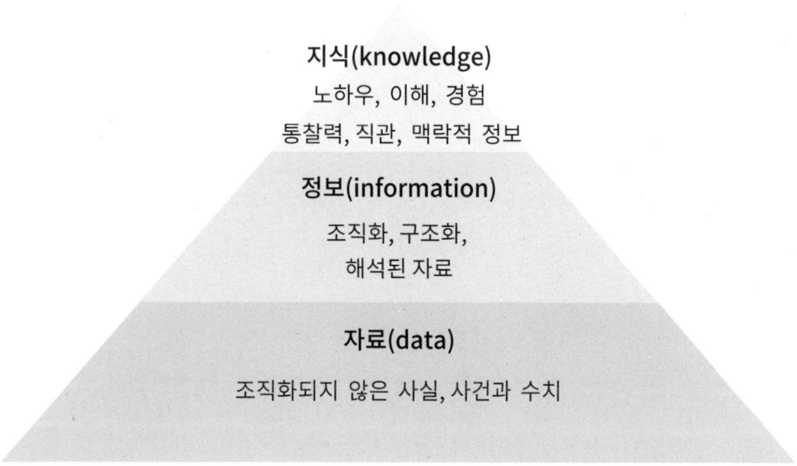

지식(knowledge)
노하우, 이해, 경험
통찰력, 직관, 맥락적 정보

정보(information)
조직화, 구조화,
해석된 자료

자료(data)
조직화되지 않은 사실, 사건과 수치

정보가 처리될 때 지식이 될 가능성이 있다. 자료와 정보 간에 존재하는 패턴 관계를 발견할 때 정보는 더 가치가 있다. 패턴과 의미를 알고 이해할 때 자료의 수집과 정보는 지식이 된다. 정보가 많은 통찰력을 제공하더라도 수집된 정보를 분류하고 분석해야 정보의 가치가 확대된다. 따라서 정보를 분석하고 관계나 패턴을 판단하는 능력이 필요하다. 지식은 논리적 추론을 사용하는 기존 지식으로부터 창조될 수 있다는 점에서 자료, 정보나 분석과 다르다.

정보는 맥락 의존적이지만 지식은 맥락을 창조하는 경향이 있다. 즉, 지식을 나타내는 패턴은 자기 맥락화(self-contextualizing)[8] 경향이 있다. 지식을 표현하는 이 패턴은 역동적이다. 이 패턴은 끊임없이 변하지만, 이러한 패턴이 충분히 이해될 때 어떻게 변하거나 진화하는지에 관해 높은 수준의 예측력과 신뢰성이 있다. 자료의 높은 수준의 이해를 창조할 때 축적된 지식을 사용한다. 어떤 현상이나 사

---

8 어떤 일이 일어나는 상황에 관해 생각하거나 정보를 제공하는 것.

물의 이치를 깨닫고 이를 정확하게 처리하는 정신적 능력이다. 지혜는 현실의 다양한 현상이나 사물을 식별하고, 이해하는 작용이기 때문에 전체를 파악하는 능력이다. 따라서 지혜(wisdom)는 우수한 의사결정과 정확한 판단을 하기 위해 지식과 경험을 사용하는 지적 능력을 의미한다. 따라서 자료, 정보, 지식과 지혜의 관계는 위계적 관계이다. 정보는 자료간의 관계, 지식은 정보의 패턴, 지혜는 사물이나 현상의 원리를 이해할 때 이루어진다.

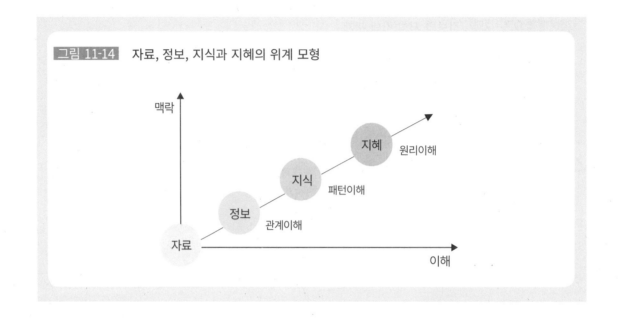

그림 11-14 　 자료, 정보, 지식과 지혜의 위계 모형

3) 지식의 유형

지식은 토지, 노동이나 자본보다 더 중요한 필수적인 자산이다. 조직이 이용할 수 있는 우수한 지식은 조직의 경쟁우위이다. 구성원들의 몰입과 동기부여뿐만 아니라 기술과 아이디어를 결합한 자료와 정보의 충분한 이용을 통해서 경쟁우위가 실현된다. 기업에서 지식은 자료와 정보를 적용한 체계와 조직의 제품이다. 학습의 결과는 조직의 지속가능한 경쟁우위를 제공한다.

지식은 암묵지와 명시지로 구분된다.[9] 암묵지(暗默知)는 공식적으로 문서화되어 있지 않은 조직 구성원들의 전문지식과 경험이다. 명시지(明示知) 또는 형식지(形式知)는 문서나 매뉴얼 등을 통해 외부적으로 표출되어 여러 사람들이 공유할 수 있는 지식이다. 암묵지는 사람의 두뇌에 저장되어 있으나 명시지는 문서나 저장의 다른 형태 안에 포함되어 있다. 지식의 두 유형은 상호작용이나 혁신의 결과로 생산될 수 있고, 관계나 연합의 결과일 수 있다.

9　Michael, Polany(1958), *Personal Knowledge*, Towards a Post-Critical Philosophy.

- 암묵지: 공식적으로 문서화되어 있지 않은 조직 구성원들의 전문지식과 경험
- 명시지: 문서나 매뉴얼 등을 통해 외부적으로 표출되어 사람들이 공유 가능한 지식

복잡하고 암묵적이며 체계적인 지식일수록 획득하고 개발하는 것이 더 어렵다. 따라서 지식의 복잡성이 낮아질수록 기업의 역량이 강화된다. 암묵지는 혁신적인 제품과 서비스를 창출하는 열쇠이며 따라서 경쟁우위이다. 조직이 개인의 암묵적인 지식을 공유할 때 혁신을 일으키고, 이 지식을 제품이나 서비스에 대한 아이디어의 형식을 취할 수 있는 명시적인 지식으로 변환해야 한다. 명시지는 문법적 표현, 수학적 표현, 명세, 설명서 등을 포함한 형식 언어로 표현될 수 있지만 암묵지는 형식적 언어로 표현하기가 어렵고 개인 경험에 포함된 개인 지식이며 개인적인 신념, 원근법 및 가치 체계와 같은 무형의 요소를 포함한다. 따라서 지식 유형의 또 다른 분류는 다음과 같다.[10]

- know-what: 선언적 또는 명시적 지식
- know-how: 절차적 또는 암묵적 지식
- know-who: 개인에 대한 지식
- know-why: 맥락에 대한 지식

❶ 암묵지

암묵지(tacit knowledge)는 공식적으로 문서화되어 있지 않은 조직 구성원의 전문지식과 경험이고, 개인적인 지식이다. 이것은 사람들의 머리에 저장되어 있고, 학습이나 경험을 통해서 축적되고, 다른 사람들과의 상호작용을 통해서 개발된다. 암묵지는 시행착오, 성공과 실패의 경험을 통해서 향상된다. 형식화하고 기록하거나 설명하는 것이 어렵고, 주관적인 통찰력, 직관과 추측을 포함한다. 직관적인 지식으로써 전달하고 표현하기 어렵다. 암묵지는 개인화되어 있기 때문에 공유할 수 있는 정도와 기능은 개인의 능력과 의지에 달려있다. 암묵지의 공유는 많은 조직에서 큰 과제이다. 암묵지는 다양한 활동과 구조에 의해서 공유되고 전달될 수 있어야 한다. 활동은 대화, 공동작업, 직무훈련 등을 포함한다.

암묵지는 다른 조직이 복제하는 것이 어려운 독특한 자산이기 때문에 이것을 소유하는 조직은 가치가 매우 크다. 독특하고, 복제가 어려운 특성은 조직에서 경쟁우위의 토대가 된다. 따라서 종업원들이 암묵지를 발견하고, 전파하고, 이용하는 것이 필수적이다. 조직에 익숙하지 않은 새로운 경영자는 조직의 운영에 관한 암묵지를 확보하지 못해서 우수한 의사결정이 어렵다. 경영자와 종업원들은 경험

---

10   Nonaka, I., and Takeuchi, H.(1995), *The Knowledge Creating Company*, Oxford University Press, New York, NY.

과 행동을 통해서 관련된 지식을 학습하고 내면화해야 한다. 또한 조직 내에서 개인과 집단의 상호작용을 통해서 새로운 지식을 창출해야 한다.

지식은 공식적으로나 비공식적으로 체화된다. 체화(體化)는 생각, 사상이나 이론 등이 몸에 배어서 자기의 것이 된다는 뜻이다. 체화된 지식(embedded knowledge)은 공정, 제품, 문화, 관례, 인공물이나 구조에 들어있는 지식이다. 체화된 암묵지는 자전거 타기, 탁구, 배구 등 운동을 하는 기술과 기타 피아노 연주하는 지식처럼 몸에 체화된 지식이다. 체화된 암묵지에는 인지적, 시스템적, 문화적 암묵지가 있다. 인지적 암묵지는 문제를 파악하고 해결방안을 창안하는 것처럼 두뇌에 체화된 지식이다. 시스템적 암묵지는 조직이나 사회 시스템에 배어있는 지식이며, 문화적 암묵지는 문화에 스며들어 있는 지식이다. 경영은 직접적으로 체화된 학습결과를 절차, 관례와 제품 속으로 주입할 수 있다. 체화된 지식을 관리하기 어렵기 때문에 체화된 지식을 관리할 수 있는 회사는 상당한 경쟁우위를 갖는다.

- 체화된 지식: 공정, 제품, 문화, 관례, 인공물이나 구조에 들어있는 지식
- 인지적 암묵지: 두뇌에 체화된 지식
- 시스템적 암묵지: 조직이나 사회 시스템에 배어있는 지식
- 문화적 암묵지: 문화에 스며들어 있는 지식

❷ 명시지

명시지(explicit knowledge)는 문서나 매뉴얼 등을 통해 외부적으로 표출되어 사람들이 공유 가능한 지식으로 성문화된 지식이다. 즉, 문서, 데이터베이스, 웹 사이트나 이메일 등으로 저장되어 있는 지식이다. 이것은 다른 사람들이 쉽게 이용할 수 있고, 체계적이고 공식적인 언어의 형태로 전달되거나 공유될 수 있는 지식이다. 명시지는 성문화되고, 문서화되고, 저장되어 있는 지식이다. 이것은 보고서, 메모, 사업계획, 초안, 특허, 상표, 고객명단, 방법론 등과 같은 지식자산(knowledge assets)이다. 관련된 당사자들이 쉽게 접근할 수 있고, 필요하다면 복제할 수 있는 형태로 유지된 조직경험의 축적이다.

표 11-1   지식의 유형

종류	개념	예
암묵지	• 학습과 체험을 통해 개인에게 습득돼 있지만 겉으로 드러나지 않은 지식	• 자전거 타기, 손맛, 솜씨 • 고객을 감동시키는 방법
명시지	• 문서나 매뉴얼처럼 외부로 표출돼 여러 사람이 공유할 수 있는 지식	• 업무 매뉴얼, 업무수행 절차

❸ 지식창조의 과정

명시지는 암묵지와 완전히 분리되어 있지 않고 양자는 상호 보완적이다. 암묵지 없이는 명시지를 이해하는 것이 어렵다. 예를 들면, 기술, 수학이나 과학지식이 없는 사람은, 즉 암묵지가 없는 사람은 도서관이나 데이터베이스로부터 쉽게 얻을 수 있는 지식이라 하더라도 매우 복잡한 수학공식이나 화학공정 흐름도를 이해하는데 어렵다. 암묵지를 명시지로 전환하지 않는다면 개인의 머리 안에 숨겨져 있고 접근할 수 없기 때문에 조직 내에서 암묵지를 연구하고 토의하고 공유할 수 없다. 암묵지와 명시지 간의 동적인 상호작용을 통해서 개인지식은 조직지식이 될 수 있다. 이 동적 과정은 조직에서 지식창조의 본질이다. 이러한 상호작용은 지식전환의 네 가지 방법에 의해서 발생한다.[11] 지식창조의 과정은 암묵지와 명시지 간의 공간 이동에 근거한다. 즉, 사회화, 외부화, 결합과 내면화이다.

- 사회화(socialization): 개인의 암묵지로부터 집단의 암묵지로 이동
- 외부화(externalization): 암묵지로부터 명시지로 이동
- 결합(combination): 기존 명시지 간의 결합으로 새로운 명시지 창안
- 내면화(internalization): 명시지로부터 암묵지로 이동

조직지식의 창조는 암묵지를 공유하고 이를 명시지로 변환하고 결합한 후 다시 암묵지로 체화시키는 과정이다. 이러한 조직지식의 창조 과정은 부분적이 아니라 전체적으로 균형 있게 진행되어야 한다. 지식경영은 조직지식의 창조 과정, 즉 조직지식을 획득, 창출, 축적, 공유, 활용함으로써 핵심역량을 강화하고 기업 가치를 증가시키는 과정이다.

▌ 사회화

사회화는 개인이 갖고 있는 암묵지를 다른 조직 구성원들이 경험함으로써 공유하는 과정이다. 즉, 암묵지의 공유화이다. 공유된 지식을 통해 공통적인 암묵지를 창조하는 과정이다. 사회화에서 상호작용의 분야는 개인들이 경험과 장소를 공유하는 곳에서 구축된다. 이러한 과정을 통해 불명확한 믿음과 체화된 기술이 창조되고 개발된다. 한 사람의 암묵지는 공유되고, 다른 사람에게 전달되고, 이것은 다른 사람의 암묵지의 일부가 된다.

---

11 Nonaka, L., Takeuchi, H., & Umemoto, K.(1996), "A Theory of Organizational Knowledge Creation," *International Journal of Technology Management*, 11(7−8), 833−845.

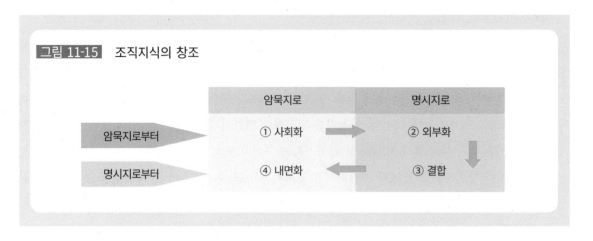

그림 11-15 조직지식의 창조

	암묵지로	명시지로
암묵지로부터	① 사회화	② 외부화
명시지로부터	④ 내면화	③ 결합

▌외부화

외부화는 암묵지를 명시지로 변환하는 과정이다. 즉, 외부화는 암묵지를 개념이나 도해와 같은 명시지로 연결하는 과정이다. 이 과정은 은유, 유추나 스케치를 사용하고, 암묵지로부터 개념을 창조하기 위해 의도된 대화에 의해서 촉발된다. 예를 들면, 신제품 콘셉트를 창출하거나 신제품 생산공정을 개발하는 과정이다. 전문가의 두뇌에 있는 암묵지는 개념이나 소묘로써 표현되고, 이로써 더 연구되고 정제될 수 있는 명시지가 된다.

▌결합

결합은 기존 명시지 간의 결합으로 새로운 명시지를 창안하는 과정이다. 예를 들면, 조사자가 시제품의 새로운 사양을 준비하기 위해 기존 명시지의 배열을 결합할 수 있다. 혹은 새로운 공정설계나 설비를 창안하기 위해 기사가 활용할 수 있는 초안과 설계사양을 결합할 수 있다. 결합 형태는 유형제품을 생산하기 위해 새로 창안된 개념과 기존지식의 결합이다.

▌내면화

내면화는 명시지를 다시 암묵지로 변환시키는 과정이다. 즉, 명시지를 개인의 암묵지로 구현하는 과정이다. 예를 들면, 어떤 개인이 행동하거나 사용함으로써 학습하는 것이다. 문자, 음성이나 비디오처럼 이용할 수 있는 명시지는 내면화 과정을 촉진한다. 다양한 기계나 장비를 위한 작동 매뉴얼의 사용은 내면화를 위해 사용되는 명시지의 전형적인 사례이다. 설명이나 교육은 학습되고 암묵지의 일부가 된다.

표 11-2 암묵지와 명시지의 특성

암묵지	명시지
• 새롭고, 예외적 상황을 다루고, 적응하는 능력 • 전문지식, 노하우 • 대면으로 경험지식을 전달하기 위한 지도	• 보급, 재생산, 접근과 재적용하는 능력 • 교육하고, 훈련하는 능력 • 조직, 체계화하는 능력

4) 지식경영

지식경영은 조직의 목적을 달성하기 위해 조직의 지식자산을 개발하고 이용하는 것이다. 지식은 다른 정보와 연결하고, 이미 알려진 것과 비교한 후 정보로부터 이끌어낸 결론이다. 자료나 정보와 달리 지식은 인적요소를 갖고 있다. 책은 정보를 포함할 수 있지만 어떤 사람이 정보를 소화하고 사용할 때만이 정보는 지식이 된다. 지식경영은 가치를 창조하고 전략과 전술의 필요조건을 충족하기 위해 조직의 지식자산을 체계적으로 관리하는 것이다. 이것은 지식의 저장, 평가, 공유, 개선과 창조하는 독창력, 과정, 전략과 시스템으로 구성된다. 기업은 기업목적에 따라 지식경영을 정의해야 한다.

❶ 지식경영의 개념

지식경영(knowledge management)은 지식을 획득, 동화, 공유, 검색 및 재사용하여 조직의 혁신을 이끌어내는 조직 프로세스이다. 즉, 암묵지를 명시지로, 개인의 암묵지를 시스템적 암묵지로 전환하고 지식을 공유하는 것이다. 따라서 지식경영은 조직에 필수적인 지식을 확인하고, 획득하고, 보급하고, 유지하는 과정이다. 지식의 관리는 지식의 확인, 공유와 창조와 관련된 과정을 수반한다. 이것은 지식의 창조와 유지, 지식의 공유와 조직학습을 육성하고 촉진하는 시스템이 필요하다. 그러나 지식경영을 통해 기업은 지식 기반 경제의 출현으로 인한 복잡성에 직면할 수 있다. 따라서 다음은 조직이 지식경영으로 얻는 이점이다.

- 효율성 향상
- 조직의 수익성 향상
- 관련 개인 및 집단역량 향상
- 의사결정 토대 제공
- 지식 근로자 간의 의사소통 향상
- 핵심 사업과 핵심 지식 집중

제11장 | 혁신과 지식경영 401

❷ 지식경영의 필요성

지식경영은 이용 가능하고 필요한 지식의 식별과 분석, 계획 및 통제를 포함한다. 지식자산은 수익을 창출하기 위해 소유해야 하는 시장, 제품, 기술 및 조직과 관련된 자료이다. 많은 기업에서 지식경영의 성과는 회사의 지식자산과 매우 관련이 있으며, 이는 다시 혁신과 재무성과에 영향을 미친다. 지식경영은 기업이 경쟁사보다 더 빠르고 효율적이며 혁신적인 제품을 제공한다. 효과적인 지식경영은 혁신을 촉진하고 프로젝트 기간을 줄이며 품질과 고객만족을 향상시킨다. 경쟁자가 모방하기 어렵고 조직이 지속가능한 경쟁우위를 달성하기 위해서는 귀중하고 고유한 자원이 필요하다. 지식경영은 조직의 모든 영역과 수준에서 그리고 제품과 작업 방법의 개선으로 이어진다. 다음은 지식경영의 필요성이다.

- 기업의 세계화: 기업이 세계화되면 다국가, 다언어와 다문화 지역에서 운영된다.
- 조직의 간소화: 고객가치를 이해하고 핵심에 집중하는 간소화 조직을 채택한다.
- 지속적인 학습요구: 지식노동자들로부터 지속적인 학습요구가 있다. 이러한 근로자들은 동일한 조직에서 근로시간을 소비하는 것을 기대하지 않는다.
- 기술의 발전: 세계는 기술의 발달로 웹 사이트, 스마트 폰과 최신 기기의 출현으로 연결되어 있다. 고객들은 필요한 정보를 끊임없이 요청한다.

❸ 지식경영의 구성요소

지식경영은 사람, 과정, 내용과 기술의 요소를 포함한다. 지식경영의 중심은 사람이기 때문에 종업원에 대한 교육과 훈련이 요구된다. 훈련을 실시하고, 구조를 확립하는 지식경영 본부가 필요하다. 지식경영 본부는 필요한 시스템과 제도를 설계하여 지식창출과 지식공유가 하나의 통합된 프로세스로 추진한다. 지식경영을 유지하고 발전시킬 수 있는 전략과 업무절차를 수립해야 한다.

종업원들을 지식노동자로 전환하기 위해서는 적절한 교육훈련과 지식공유를 위한 기업문화, 인센티브와 인사고과가 필요하다. 지식경영 실천을 위해 업무 프로세스가 지식경영 프로세스에 적합하게 설계되어야 한다. 지식경영의 추진과 성과측정 기준을 수립하여 통제와 평가시스템을 확립한다. 기술은 지식경영의 실행에 중요한 도구이다. 기술은 창출된 지식을 공유시키고 업무의 질적 수준을 증가시킨다. 지식경영의 실행에 필요한 소프트웨어의 사용은 과정의 성공에서 중요하다.

표 11-3 지식경영의 기본 요소

요소	설명
사람 (people)	• 지식경영을 위한 훈련실시와 정보전달 • 지식경영 본부뿐만 아니라 지식경영 담당 직원 임명 • 지식경영의 효율성에 관한 인센티브 • 공동체 의식과 실무의 구축과 개발
과정 (processes)	• 현재 상황의 감사나 계획 • 지식경영 추진을 위한 전략수립 • 공동체 의식과 실무의 새로운 시스템 추진 • 다른 지식경영 과정의 배치
내용 (contents)	• 지식경영 지도의 개발 • 지식경영 규칙의 실행 • 지식자산의 측정
기술 (technology)	• 지식경영 통제나 감사 시스템의 추진 • 최선의 실무를 위한 방법의 실행 • 지식경영 추진을 위한 소프트웨어의 사용

❹ 지식경영 모델

지식경영은 경쟁우위를 달성하기 위한 도구이다. 지식경영은 회사 지식을 충분히 활용하기 위한 계획적이고, 체계적이고, 통합된 방법이다. 회사 지식은 효율적이고 효과적인 회사를 창조하기 위한 개인의 기술, 역량, 생각, 혁신과 아이디어 등을 포함한다. 즉, 지식자산과 관련하여 지식의 보유와 저장을 통합한다. 지식경영은 조직의 구성원, 기술, 공정, 스타일과 구조의 계획적이고, 체계적인 협력을 의미한다. 따라서 지식경영 주기는 정보를 조직 내에 있는 지식으로 전환하는 과정이다. 이것은 조직에서 어떻게 지식이 수집되고, 처리되고, 유통되는지를 설명한다.

지식경영은 지식 자원과 지식 기반의 구축 능력을 필요로 한다. 지식경영의 효율성은 탁월한 지식, 기술 및 핵심역량에 달려있다. Zack 모델은 자료의 수집과 정보의 활용에 관한 계획을 체계적으로 제시한다. 각 단계의 네트워크는 논리적이고 표준화로 설계된다. 이 주기에서 지식 저장소(knowledge repository)는 지식경영 주기의 단계에서 중요한 역할을 한다. 지식경영 주기의 단계는 수집, 개선, 저장과 인출, 보급과 사용과 피드백이다.

• 자료 수집: 자료나 정보의 수집은 범위, 폭, 깊이, 신뢰성, 정확성, 적시성, 타당성, 비용, 통제, 독점과 같은 원자료의 원천에 관한 문제를 다룬다. 수집의 지도원리는 "쓰레기가 들어가면 쓰레기가 나온다(Garbage in, Garbage out)"이다. 유용한 결과를 얻으려면 유용한 자료를 사용해야

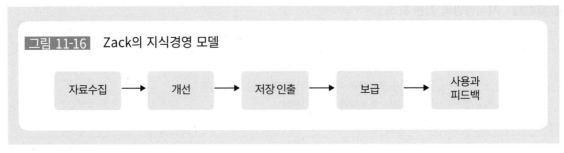

그림 11-16 Zack의 지식경영 모델

자료수집 → 개선 → 저장인출 → 보급 → 사용과 피드백

출처: Zack, Michael H.(1999), "Developing a Knowledge Strategy," *California Management Review*, 41.3, 125-145.

한다. 따라서 높은 품질의 원천 자료가 필요하다.

- 개선: 개선은 더 좋다는 의미이다. 개선은 내용을 정제하여 가장 좋은 방법이나 학습과 일치시키는 것이다. 지식의 창조는 기존 지식의 개선으로 개선이 없는 지식은 경쟁력이 없다. 저장과 개선은 회사의 가치 있는 지식의 관리를 가능하게 한다.
- 저장과 인출: 저장은 파일 폴더나 인쇄 정보와 같은 물리적 형태나 데이터베이스, 지식경영 소프트웨어와 같이 디지털화하는 것이고, 인출은 저장된 정보를 가져오는 것이다.
- 보급: 보급은 지식을 최종 사용자에게 전달하는 것이다. 또한 전달 매체뿐만 아니라 시간, 빈도, 형태, 언어 등을 포함한다. 지식을 적절한 때와 장소에 보급한다.
- 사용과 피드백: 맥락은 사용과 피드백에서 중요한 역할을 한다. 성과가 평가되고 사용자가 지식을 사용할 수 있는 충분한 맥락을 갖고 있는지를 평가한다. 그렇지 않다면 지식경영 주기는 개인들에게 가치를 전달할 수 없다. 또한 사용과 피드백을 통해 지식을 계속적으로 새롭게 한다.

▎ 지식경영의 실행

지식경영 전략은 조직 내 지식의 창출, 저장, 사용과 공유를 통해서 조직의 구체적인 목표를 달성하는 전략이다. 또한 지식경영 전략은 운영전략과 목표를 정의하는 문제기반 접근이다. 따라서 조직은 어떻게 지식자원을 가장 잘 이용할 수 있는지를 확인한다. 지식경영 전략을 개발할 때 중요한 점은 현재 상태와 기업목표에 의해서 조직을 이해하는 것이다. 기본적인 지식경영 전략이 정의되면 기준과 기술을 탐구한다. 지식경영 전략은 다음 질문을 다루는데 도움이 된다.

- 어떤 지식경영 전략이 조직에 가장 가치를 주는가?
- 대안이 매력적이고 자원이 제한될 때 조직은 대안을 어떻게 순위를 정하는가?

표 11-4   우수한 지식경영 전략의 구성요소

구성항목	구성요소
분명한 전략과 목표	• 제품과 서비스 • 표적고객 • 선호유통이나 전달경로 • 규제환경의 특징 • 시명이나 비전 선언문
지식기반 기업문제의 기술	• 협력욕구 • 성과차이의 균형욕구 • 정보 과부하의 설명 욕구
이용가능한 지식자원의 목록	• 지식자본: 암묵지, 명시지, 개인지, 조직지, 공유지 • 사회적 자본: 문화, 신뢰, 맥락, 정보 네트워크, 호혜성 • 기반자본: 물적·지식자원
추천된 지식의 분석	• 지식의 수집과 이용: 최우수와 학습된 데이터베이스 • 미래사용을 위한 보관: 자료저장, 데이터 마이닝 • 연결집중: 알고 있는 사람과 다른 사람 연결

　　지식을 성공적으로 활용하려면 조직 내에서 지식을 수집, 공유 및 통합할 수 있는 지식경영 전략을 실행해야 한다. 시장이 변동함에 따라 불확실성이 자주 발생하고 기술이 확산되고 경쟁이 늘어나고 제품과 서비스가 종종 쓸모없게 된다. 기업은 기업의 지식을 창출하고 포착하여 신속하게 보급하고 새로운 제품 및 서비스와 통합해야 한다. 이를 위해 5단계 실행 단계가 효과적이다.

표 11-5   지식경영 실행 단계

단계	추진 내용
1	지식경영 팀 선정
2	지식경영 전략 및 기업 사례 수립
3	지식 평가 및 감사 수행
4	정보 기술 평가 수행
5	프로젝트 계획 및 측정 시스템 개발

지식감사

　　지식감사(knowledge audit)는 조직의 지식 능력에 대한 평가이다. 이는 조직의 전략적 목표를 기반으로 하는 가용 지식과 필요한 정보 사이의 격차를 식별한다. 지식감사는 조직 내에서 있는 핵심정보와 지식 필요성을 확인하는 것이다. 이것은 차이, 중복, 흐름과 그들이 어떻게 사업목표에 기여하는지를 확인하는 것이다. 지식목록은 무엇을 알고 있는지를 이해하는 실무적인 방법이다. 이 목록은 정보자원 관리에 적용함으로써 수행된다. 지식감사는 핵심 지식자산의 소유자, 사용자, 사용과 핵심속성을 확인한다. 다음은 정보자원관리의 핵심적인 활동이다.

- 확인: 어떤 정보가 있는가? 정보를 어떻게 확인하고 분류하는가?
- 소유: 누가 정보와 조정을 책임지는가?
- 개발: 어떻게 정보의 가치를 증가하거나 수요를 자극할 수 있는가?
- 가치: 돈에 합당한 가치를 극대화할 수 있는가?
- 기회: 조정을 향상하고 필요한 정보에 접근할 수 있는가?

지식감사 기술은 회사의 현재 지식 기반에 대한 가치 있는 통찰력을 제공하여 유형과 무형의 지식을 만들기 때문에 지식경영의 중요한 기술이다. 지식감사는 조직 지식의 목록과 진단으로 구성되어 핵심 정보, 지식 요구 사항과 용도를 확인한다. 또한 지식감사는 핵심 사업목표에 부합하는 간단한 목록이 아니라 지식자산의 우선순위를 제공한다. 이러한 지식감사는 조직이 알고 있는 것을 알도록 도와주고, 누가 지식을 만들고 누가 사용하는지를 파악하는 데 도움이 된다. 즉, 핵심 지식자산의 소유자, 사용자, 사용 및 주요 특성을 파악한다. 따라서 지식감사는 사업을 관리하는데 필요한 정보와 지식, 정보의 과부하 징후, 지식공유의 장벽과 정보수집의 중복을 밝힌다. 다음은 지식감사의 주요 내용이다.

- 핵심 문서와 최신 정보 시스템의 분석
- 주요 직원들과의 인터뷰
- 지식 요구 사항 설문지
- 정보 및 지식 흐름의 분석
- 지식지도 개발
- 행동 계획 작성

지식감사는 위치, 출처 및 활용도를 비롯한 조직의 지식자산을 결정하고 감사한다. 지식 평가를 시작하기에 좋은 곳은 지식을 활용할 수 있는 조직의 강점과 약점을 파악한다. 잘 작동되고 있는 영역과 잘 작동되지 않는 영역의 현재 상황을 조사할 수 있다. 잘 작동되지 않는 영역은 지식경영의 장애물에 해당한다. 지식평가는 문화, 리더십, 조직의 의도, 지식 프로세스, 조직구조 및 기술을 포함하는 지식경영에 영향을 미치는 조직적 요소를 조사한다. [그림 11-17]은 일반적으로 지식감사를 수행하는 단계이다.

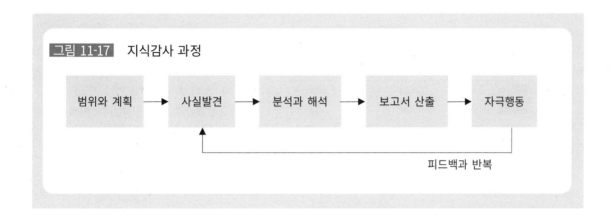

그림 11-17 지식감사 과정

범위와 계획 → 사실발견 → 분석과 해석 → 보고서 산출 → 자극행동

피드백과 반복

- 범위와 계획: 감사 범위가 어디까지인가? 무엇을 감사하는가? 노력을 얼마나 기울이는가?
- 사실발견: 지식 욕구, 지식의 접근성과 질, 지식의 흐름과 병목에 대한 자료를 찾는다.
- 분석과 해석: 많은 관심이 필요한 중요한 지식 영역을 확인한다. 지식 격차와 중복을 발견한다.
- 보고서 산출: 지식자원 목록과 원천의 특성을 보고한다. 또한 감사 결과는 지식경영 전략 및 실천 계획에 반영된다.
- 자극 행동: 감사 결과를 진행 중인 지식경영 실천 계획에 통합한다.
- 피드백과 반복: 감사는 단순히 일회성 조치가 아니라 반복적으로 진행한다.

차이분석(gap analysis)은 지식자원의 현재와 기대상태를 비교하는 것이다. 즉, 차이분석은 지식자원의 현재와 기대에 대한 차이의 원인을 규명하고 개선하는 것을 의미한다. 구체적인 프로젝트를 확인하고 동의된 구체적인 차이를 설명한다. 차이분석은 조직이 다루는 지식경영 목표를 목록하고, 순위화하는데 사용될 수 있다. 우선순위는 조직의 핵심 이해관계자들의 합의로 결정되어야 한다. 이것은 지식자원의 현재와 바라는 상태와 지식경영 수준을 수립하는 것을 포함한다. 차이분석의 결과를 정보수집과 요구분석 국면에 관여된 이해관계자들에게 전달한다.

IT기업, 세계 1~5위 휩쓸었다

5대 IT 대기업 현황	애플	알파벳(구글)	마이크로소프트	아마존	페이스북
	🍎	Alphabet	▦ Microsoft	amazon	f
시가총액	895조원	765조원	602조원	536조원	500조원
2016년 매출	242조원	101조원	95조원	152조원	31조원
주요 제품	스마트폰, 태블릿, 노트북	검색·동영상 광고, 앱 장터, 모바일 운영 체제(OS)	문서 프로그램, 서버 임대 서비스, 게임기, 운영체제(OS)	전자상거래, 동영상, 서버 임대 서비스	소셜 미디어 광고

※시가총액은 5월 25일 기준. 원·달러 환율 1120원 기준.　　　자료: 각 사

애플, 알파벳(구글 지주회사), 마이크로소프트(MS), 아마존, 페이스북 등 미국 소프트 IT 기업들의 기업 가치가 세계 1~5위를 휩쓸었다. 2017년 5월 25일 현재 애플의 시가총액은 8,000억 달러(약 895조 원)에 이른다. 2위 알파벳은 6,830억 달러, 3위 마이크로소프트는 5,382억 달러, 4위 아마존은 4,791억 달러, 5위 페이스북은 4,462억 달러로 올해 들어 주가가 20~30%씩 급등하면서 기업 가치가 천정부지로 치솟고 있다.

제프 베조스가 이끄는 아마존은 미국에서 가장 성장세가 높은 기업으로 꼽힌다. 스위스 크레디트스위스는 "아마존은 창립 이후 매년 20% 이상 성장했고, 향후 10년 간 연평균 16%씩 성장할 것"이라며 "매출 100조 원이 넘는 기업이 연간 15% 이상 성장하는 것은 전무후무한 기록"이라고 평가했다. 아마존 매출은 현재 세계 최대 유통기업인 월마트의 절반에 이르고, 미국 인터넷 유통 시장의 33%를 차지한다. 또 클라우드(원격 서버 임대) 사업은 인공지능과 사물인터넷 열풍을 타고 매 분기 50%씩 매출이 늘고 있다.

영국 주간지 이코노미스트는 "20세기에 석유가 가장 가치 있는 자원이었다면, 지금 가장 중요한 자원은 데이터"라며 "이 데이터가 이들 빅 5 기업에 집중되고 있다"고 지적했다. 이들 기업은 인공지능으로 빅데이터를 분석해 고객들이 무엇을 검색하는지, 어떤 제품을 소비하는지 정밀하게 파악한 뒤 최적의 사업전략을 구사할 수 있다는 것이다. IT 업계 관계자는 "이들 빅 5 기업은 과거 데이터 분석을 통해 시험 답안지를 미리 보고 시험을 치르는 셈"이라며 "데이터 기반이 없는 기업은 앞으로 경쟁상대가 안 될 것"이라고 말했다.

출처: 조선일보 2017.05.27

3. 지식재산권

지식재산권은 특허, 상표 또는 저작물의 창작자 또는 소유자는 자신의 저작물이나 창작물에 대한 투자로부터 이익을 얻을 수 있다. 지식재산권은 도덕적 가치와 상업적 가치를 모두 지닌 마음 창조물을 보호하는 것을 말한다. 지식재산권 보호는 창조를 이용함으로써 얻는 이점들이 창조주에게 유익함을 보장함으로써 모든 사람의 이익을 위한 인간 마음의 창조성을 자극하기 위한 것이다. 이것은 창

의적인 활동을 장려하고 연구개발 투자자가 투자에 대한 공정한 수익을 내도록 허용하는 것이다.

1) 지식재산권

지식재산권은 무단 사용으로부터 보호를 받을 수 있는 인간의 지적산물이다. 즉, 인간의 지적 창조물 중에서 법으로 보호할 만한 가치가 있는 것들에 법이 부여한 권리이다. 산업활동과 관련된 사람의 정신적 창작물이나 연구결과나 창작된 방법을 인정하는 독점적 권리로 무형재산권이다. 또한 지식재산권의 소유자는 배타적 독점권을 갖는다. 지식재산은 특허권, 실용신안권, 디자인권과 상표권 등이 있다.

❶ 지식재산권의 개요

재산(property)은 인간의 사회적·경제적인 욕구를 채우는 유형·무형의 수단이다. 재산권(property right)은 경제적 가치를 지니는 권리이다. 즉, 재산적 가치가 있는 물건을 사용, 수익, 처분할 수 있는 권리이다. 재산은 그 형태에 따라 토지·건물·보석·금전 등의 유체재산과 인간의 지적활동의 결과로 얻어진 정신적 산물로써 재산적 가치가 있는 발명, 고안, 저작, 특허 등의 무체재산으로 구분한다. 무체재산을 지식재산(intellectual property)이라고 한다.

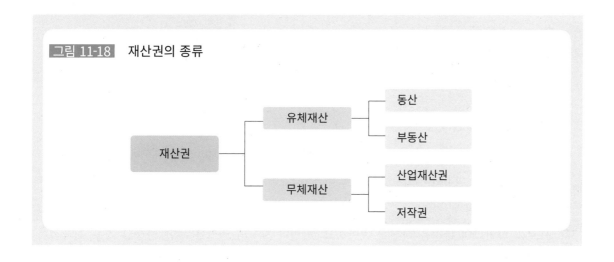

그림 11-18 재산권의 종류

- 재산권
  - 유체재산
    - 동산
    - 부동산
  - 무체재산
    - 산업재산권
    - 저작권

지식재산은 인간의 창조적 활동 또는 경험 등에 의하여 창출되거나 발견된 지식·정보·기술, 사상이나 감정의 표현, 영업이나 물건의 표시, 생물의 품종이나 유전자원, 그 밖에 무형적인 것으로써 재산적 가치가 실현될 수 있는 것을 말한다(지식재산기본법 제3조 제1호). 산업재산권(industrial property)은 물

질문화의 발전에 기여하는 권리이고, 저작권(copyright)은 정신문화의 발전에 기여하는 권리이다. 발명은 특허법, 고안은 실용신안법, 물품의 디자인은 디자인보호법, 상표나 서비스표는 상표법, 그리고 저작물은 저작권법에 의하여 권리를 부여하고 보호하고 있다. 지식재산권에는 산업재산권, 지식재산권과 신지식재산권이 있다. 기타 부정경쟁방지 및 영업비밀보호에 관한 법률, 산업기술의 유출방지 및 보호에 관한 법률, 종자산업법, 식물신품종보호법, 반도체집적회로의 배치설계에 관한 법률과 콘텐츠산업진흥법 등 신지식재산권에 관한 법이 있다.

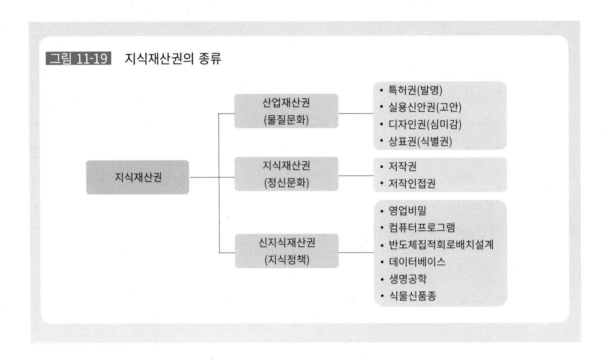

그림 11-19   지식재산권의 종류

❷ 지식재산권의 필요성

- 시장에서 독점적 지위 확보: 특허 등 지식재산권은 독점적, 배타적인 무체재산권으로 신용을 창출하고, 소비자의 신뢰도를 향상하며, 기술판매를 통한 수입을 얻을 수 있다.
- 특허분쟁의 예방 및 권리보호: 특허는 자신의 발명 및 개발기술을 적시에 출원하여 권리화함으로써 타인과의 분쟁을 사전에 예방하고, 타인이 자신의 권리를 무단 사용할 경우 적극적으로 대응하여 법적인 보호를 받을 수 있다.
- R&D 투자비 회수 및 향후 추가 기술개발의 원천: 특허는 막대한 기술개발 투자비를 회수할 수 있는 확실한 수단이며, 타인과 분쟁 없이 추가 응용기술을 개발할 수 있다.
- 정부의 각종 정책자금 및 세제지원 혜택: 지식재산권은 특허기술사업화 자금지원, 우수발명품 시작품 제작지원, 각종 정부자금 활용과 세제지원 혜택을 받을 수 있다.

2) 지식재산권의 종류

지식재산권은 상업적으로 사용되는 발명과 같은 정신적 창조물로 인간의 발전을 자극하는 창조성과 노력을 보상한다. 지식재산권은 권리자가 타인의 실시를 배제할 수 있는 배타적 독점권으로 특허권, 실용실안권, 디자인권, 상표권과 저작권 등이 있다. [표 11−6]은 지식재산권의 보호대상과 보호기간을 요약한 것이다.

표 11-6 지식재산권의 보호대상 및 보호기간

구분	보호대상	보호기간
특허권	기술적 사상의 창작으로써 고도한 것(발명)	20년
실용신안권	제품수명이 짧고 실용적인 개량기술(고안)	10년
디자인권	물품의 형상, 모양(디자인)	20년
상표권	상품의 기호, 문자, 도형(표장)	10년
저작권	인간의 사상이나 감정 표현	생존기간과 사망 후 70년

❶ 특허권

특허권(patent)은 기술적 사상의 창작물(발명)을 일정기간 독점적·배타적으로 소유 또는 이용할 수 있는 권리이다. 특허권을 취득하기 위한 요건은 자연법칙을 이용한 발명, 신규성, 진보성과 산업상 이용가능성을 충족해야 한다.

- 발명의 성립성: 발명이 자연법칙을 이용한 기술적 사상의 창작으로써 고도한 것
- 신규성: 독창적인 기술적 사상으로 발명의 새로움
- 진보성: 당업자가 쉽게 생각해 낼 수 없는 것
- 산업상 이용가능성: 발명이 산업과정에서 반복·계속적으로 이용될 수 있는 가능성

❷ 실용신안권

실용신안권(utility model right)은 실용신안법에 의하여 실용신안을 등록한 자가 독점적·배타적으로 가지는 지배권이다. 기존의 물품을 개량하여 실용성과 유용성을 높인 고안을 출원하여 부여받는 권리이다. 실용신안권은 개량발명 또는 소발명을 보호, 장려하고 기술발전을 촉진하여 산업발달에 이바지하기 위한 제도이다. 특허는 보호기간이 등록 후 20년이지만, 실용신안은 10년이다. 특허등록의 대상은 물품 및 방법이지만, 실용신안등록의 대상은 오직 물품만이 특허출원 대상에 해당된다는 차이

점이 있다. 유행에 민감하거나 수명이 짧은 기술은 실용신안으로 보호받는 것이 유리하다. 특허에 비해 구성이 간단한 단순 아이디어 제품이나 잡화 등에는 실용신안등록이 훨씬 권리화에 유리하다.

❸ 디자인권

디자인권(design right)은 디자인을 등록한 자가 그 등록디자인에 대하여 향유하는 독점적 · 배타적 권리이다. 디자인은 물품(물품의 부분 및 글자체 포함)의 형상, 모양, 색채 또는 이들을 결합한 것으로서 시각을 통하여 미감을 일으키게 하는 것을 의미한다. 즉, 물품이나 글자체의 외관 디자인을 보호하는 권리이다. 디자인권의 성립요건은 물품성, 형태성, 시각성 및 심미성 등을 갖추어야 한다.

- 물품성: 독립성이 있는 구체적인 물품이다. 물품은 독립성이 있는 구체적인 유체동산으로써 통상의 상태에서 독립된 거래의 대상이고, 부품은 호환성이 있어야 한다.
- 형태성: 물품의 형상, 모양, 색채 또는 이들이 결합된 것이다.
- 시각성: 육안으로 식별할 수 있는 것이다.
- 심미성: 미감을 일으키도록 미적 처리가 되어 있는 것이다.

❹ 상표권

상표권(trade mark right)은 등록상표를 지정상품에 독점적으로 사용할 수 있는 권리이다. 상표의 기능은 식별기능, 출처표시기능, 품질보증기능, 광고선전기능, 재산적 기능 등이 있다. 상표권의 독점기간은 10년이지만 갱신이 가능하다.

❺ 저작권

저작권(copyright)은 인간의 사상 또는 감정을 표현한 창작물에 대하여 주어진 독점적 권리이다(저작권법 제2조 제1호). 표현의 수단 또는 형식여하를 불문하고, 사람의 정신적 노력에 의하여 얻어진 사상 또는 감정에 관한 창작적 표현물은 모두 저작물이 된다. 저작권은 저작물이 창작된 때부터 발생하며, 어떠한 절차나 형식적 요건을 필요로 하지 않는다. 저작권의 보호기간은 저작자의 생존 동안 및 사후 70년 간이다. 특허는 아이디어(idea)를 보호하나, 저작권은 표현(expression) 자체를 보호한다.

❻ 신지식재산권

저작권과 산업재산권을 제외하고, 경제적 가치를 지니는 인간의 지적 창작물인 컴퓨터 프로그램, 유전자조작동식물, 반도체설계, 인터넷, 캐릭터산업 등과 관련된 지식재산권을 신지식재산권

(intellectual property rights)이라 한다.

3) 영업방법 특허

이비즈니스의 확산은 기업과 기업, 기업과 정부, 기업과 소비자 간의 새로운 경제활동을 창출하거나 변화시키고 있다. 또한 생산, 고용, 문화, 스포츠, 교육, 생활과 취미 모든 사회적 시스템과 생활패턴을 변화시키고 있다. 이러한 변화는 새로운 비즈니스 모델의 발명으로 특허로 등록되는 지식재산권이 된다. 영업방법 분야의 특허출원도 소셜 네트워킹, 온라인 쇼핑몰, 금융, 광고, 게임 등의 다양한 분야에서 지속적으로 증가하고 있다.

❶ 영업방법 특허

BM은 사업을 운영하는 방법으로써 e-commerce, 보험, 뱅킹 등이 해당되며 아마존의 "원 클릭 쇼핑" 그리고 Priceline의 "역경매" 등이 있다. BM(Business Method)은 영업방법 등 사업 아이디어를 컴퓨터, 인터넷 등의 정보통신기술을 이용하여 구현한 새로운 비즈니스 시스템 또는 방법이다. BM 발명이 특허심사를 거쳐 등록되면 BM 특허가 된다. 순수한 영업방법 자체는 자연법칙을 이용하지 않는 것으로 특허 대상이 될 수 없으나, 영업방법이 컴퓨터나 정보통신기술을 이용하여 구현되는 경우에는 BM 발명으로서 특허 대상이 된다. BM 발명은 컴퓨터상에서 소프트웨어에 의한 정보처리가 하드웨어를 이용하여 구체적으로 실현되고 있어야 특허의 대상이 된다. 비즈니스 모델 특허란 정보 시스템을 사용하여 실현된 새로운 비즈니스 방법이나 제도에 대하여 인정되는 특허를 말한다. 비즈니스 모델은 영업발명으로서 프로세스 모델, 데이터 모델과 비즈니스 모델이 인터넷상의 기술과 유기적으로 결합된 형태이다. Business Method와 Business Model이 혼용 사용되고 있다.

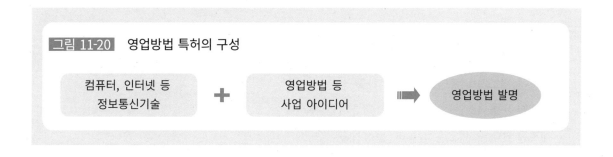

그림 11-20   영업방법 특허의 구성

컴퓨터, 인터넷 등 정보통신기술 ＋ 영업방법 등 사업 아이디어 ➡ 영업방법 발명

표 11-7 BM의 유형과 사례

모델	설명	사례
프로세스 모델	시계열적인 데이터 처리과정	작업공정, 기능, 업무, 데이터흐름
데이터 모델	업무를 다루는 데이터 집합, 속성정보	상품가격, 형태, 종류 등
비즈니스 모델	경제법칙 및 현물시장의 거래방법	업무분석, 요건정의, 시스템 설계

❷ 영업방법 특허 요건

BM 특허는 컴퓨터, 통신, 인터넷 등의 기술을 기반으로 하여 영업방법(비즈니스 모델)의 아이디어가 산업상 이용할 수 있는 구체적인 기술수단으로 이루어진 발명을 의미한다. 따라서 기술적인 요소가 없는 영업방법에 대한 단순한 아이디어는 특허대상이 아니다. BM 특허의 대상 여부를 판단하는 것은 청구항에 관련된 발명이며 청구항 전체로서 판단한다. 소프트웨어와 하드웨어가 구체적인 협동수단에 의해 특정한 목적 달성을 위해 정보처리를 수행하는 장치, 그 동작 방법 또는 프로그램을 기록한 컴퓨터로 읽을 수 있는 기록매체가 BM 특허의 대상이 된다. BM 발명이 특허로 등록되기 위해서는 일반 발명과 같은 특허요건을 만족하여야 한다.

▌ 발명의 성립성

BM 아이디어 그 자체만으로 특허로서 인정을 받을 수 없고, 정보 통신 시스템(하드웨어)과 적절한 연계로써 하나의 발명을 이루어야 한다. 컴퓨터, 통신, 인터넷기술을 기초기술로 하여 비즈니스 모델인 영업방식과 영업방식을 구현하기 위한 시계열적인 데이터 처리과정(프로세서 모델), 데이터 구조 및 속성 즉, 각 데이터 저장장치 및 처리과정, 데이터 흐름, 하드웨어와의 결합관계 등이 구체적으로 제시되어야 한다. 방법발명의 기재요건은 문제와 해결책이 동시에 제시되어야 한다. 다음은 영업방법과 관련된 발명의 유형이다.

- 종래의 비즈니스 방법 + 컴퓨터와 통신분야 기술
- 새로운 비즈니스 방법 + 컴퓨터와 통신분야 기술
- 종래의 비즈니스 방법 + 새로운 컴퓨터와 통신기술
- 새로운 BM + 새로운 컴퓨터, 통신기술

▌ 신규성 및 진보성

출원일 이전에 발명의 내용이 실현된 사이트가 운영된 사실이 있는 경우에는 특허를 받을 수 없다. 특허출원 전에 자신이 웹사이트를 공개한 경우에도 이미 발명이 공개된 것이기 때문에 원칙적으로 특허를 받을 수가 없다.

▌명세서에 상세히 발명의 내용을 기재할 것

권리범위에 따른 상세한 설명이 제3자가 실시할 수 있을 정도로 데이터 속성, 각 데이터 저장장치 및 처리과정, 데이터 흐름, 하드웨어와의 결합관계 등이 구체적이고 상세하게 기재되어야 한다.

글로벌
리더를 위한
전략경영

제12장

전략실행

글로벌
리더를 위한
전략경영

전략실행

1. 전략실행

전략실행은 목표를 달성하기 위한 계획과 전략을 실행하는 프로세스이다. 전략계획은 목표달성을 위한 사업계획을 세우는 서면 문서이지만 전략실행 없이는 단순한 서류에 불과하다. 전략실행은 원하는 목표와 목표에 도달하는 사람, 장소, 시기 및 방법을 다루는 회사의 성공에 중요하다. 이것은 전체 조직에 중점을 둔다. 환경분석, SWOT 분석, 전략적 쟁점 및 목표 파악 후 실행이 이루어진다. 따라서 전략실행은 조직이 목표를 달성하는 데 도움이 되는 작업 및 일정에 개인을 할당하는 것을 포함한다.

1) 전략실행의 성격

전략실행은 전략적 목표와 목표를 달성하기 위해 선택된 전략의 실행이다. 전략실행은 조직이 경쟁우위와 더 나은 성과로 이어지는 전략을 수행하기 위해 조직구조, 통제 시스템 및 문화를 개발하고 활용하고 융합하는 과정이다. 회사는 직원에게 특별한 가치를 부여하는 작업과 역할을 할당하고 이러한 작업과 역할을 상호 연관시켜 효율성, 품질 및 고객만족을 극대화하여 경쟁우위를 달성한다.

전략이 제대로 실행되지 않으면 탁월하게 공식화된 전략이라도 실패한다. 또한 조직구조, 보상구조, 자원배분 프로세스 등과 같이 전략과 각 조직 차원 간에 안정성이 없다면 전략실행이 불가능하다. 전략실행은 조직의 많은 관리자와 직원에게 위협이 된다. 전략실행은 새로운 권력 관계가 구축된다. 즉, 가치, 태도, 신념 및 관심사가 알려지지 않은 새로운 집단이 형식적이든 비공식적이든 형성된다. 권력과 지위의 변화에 따라 관리자와 직원은 대결 행동을 취할 수 있다. 다음은 전략실행의 주요 사항이다.

- 전략을 성공적으로 수행할 수 있는 조직을 개발한다.
- 전략적 필수 활동에 대한 필요한 자원을 할당한다.
- 전략실행을 위한 장려 정책을 수립한다.
- 끊임없는 개선을 위한 최상의 정책과 프로그램을 채택한다.
- 수익 구조를 결과물 달성과 연결한다.
- 전략적 리더십을 활용한다.

전략실행은 전략계획의 실행에 필요한 활동 과정이다. 즉, 목표, 전략 및 정책이 프로그램, 예산 및 절차의 개발을 통해 실행되도록 하는 과정이다. 전략이 공식화된 후 실행으로 연결되지만 실행은 전략적 관리의 핵심 부분이다. 따라서 전략수립과 전략실행은 동일한 동전의 양면이다. 성공적인 실행계획은 경영자의 역할이며, 경영자는 실행에 필요한 비전과 목표를 조직 구성원들에게 전달한다. 전략실행에는 자금, 시장, 작업 환경, 운영, 사람 및 파트너가 포함된다. 전략적 대안의 장단점을 분석할 때 고려할 사항들이 초기에 다루어져야 한다. 최고 경영자가 이러한 고려 사항에 만족스럽게 대답할 수 없다면 최선의 계획된 전략조차도 원하는 결과를 제공하지 못할 수도 있다. 실행 프로세스를 시작하려면 다음 질문을 고려해야 한다.

- 전략계획을 수행할 사람들은 누구인가?
- 새로운 의도된 방향으로 회사의 운영을 조정하기 위해 해야 할 일은 무엇인가?
- 필요한 일을 위해 모든 사람은 어떻게 함께 일할 것인가?

2) 전략실행의 관여자

기업이 조직되는 방식에 따라 전략을 실행하는 사람들은 전략을 수립하는 사람들보다 훨씬 다양한 사람들이다. 대부분의 실행자는 조직의 모든 구성원이다. 공장 관리자, 프로젝트 관리자 및 부서장은 사업부, 플랜트 및 부서에 대한 계획을 수립한다. 따라서 모든 일선 관리자와 모든 직원들은 기업, 사업과 기능전략을 실행하는 데 어느 정도 관여한다. 그러나 성공적인 전략실행에 중요한 조직 구성원들의 일부는 기업전략과 사업전략 개발과 관련이 없다. 따라서 이들은 공식화 과정에 들어가는 자료와 작업을 전혀 모르고 있을 수 있다. 임무, 목표, 전략 및 정책의 변경과 회사에 대한 중요성이 모든 운영관리자에게 명확하게 전달되지 않는다면 많은 저항이 있을 수 있다. 관리자는 최고 경영자가 새로운 계획을 포기하고 예전 방식으로 돌아가도록 영향을 줄 수 있다. 따라서 전략수립과 실행에 모든 조직 수준의 사람들을 참여시키는 것이 조직성과를 향상시킨다.

2. 전략실행 방법

전략을 성공적으로 실행하려면 방법이 필요하다. 직원들이 자신의 고유한 기술과 능력을 지원할 준비가 되어 있어야 한다. 또한 시간과 돈을 포함하는 자원이 필요하다. 경영구조는 의사소통을 위해 열려 있어야 하고 예정된 회의 일정이 있어야 한다. 실행을 추적하기 위해서는 관리 및 기술 시스템이 갖추어져 있어야 한다. 모든 필요한 인원과 함께 전략계획을 완료하고 예산을 조정하며 개별 집단에 대한 다양한 계획을 작성하는 작업이 포함된다. 다음으로 계획을 추적하고 보상으로 시스템을 관리하는 시스템을 구축한다. 마지막으로 진행 상황을 보고하고 새로운 평가를 추가하기 위해 실행관리가 필요하다.

1) 전략실행의 조직

계획이 실제 성과로 이어지기 전에 기업은 적절하게 조직하고, 프로그램은 적절하게 제공하고, 활동은 원하는 목표를 달성하도록 유도하는 것이 필요하다. 기업전략의 변화는 조직이 조직 방식과 특정 직무에 필요한 기술의 종류에 변화를 요구한다. 따라서 관리자는 업무수행 방식에 변화가 있어야 하는지를 결정하기 위해 회사의 구조를 면밀히 검토해야 한다. 활동을 지금과 다르게 분류해야 하는가? 중요한 결정을 내릴 수 있는 권한을 집중화하거나 분산시켜야 하는가? 엄격한 규칙과 통제가 필요한가? 규칙과 통제가 거의 없이 느슨하게 관리해야 하는가? 여러 계층의 관리자가 있는 구조가 좋은가? 관리자의 수를 줄여서 부하 직원에게 더 많은 재량을 주기 위해 통제 범위가 넓은 관리자로 구성해야 하는가?

구조가 전략을 따른다. 즉, 기업전략의 변화는 조직구조의 변화를 가져온다. 조직은 한 종류의 구조적 배열에서 다른 구조적 배열로 전개 패턴을 따라 확장한다. 오래된 구조가 전략을 실행하는데 적합하지 않기 때문에 전략실행에 비효율을 초래할 수 있다.

2) 조직수명주기

조직수명주기(organizational life cycle)는 조직의 도입, 성장, 성숙 및 쇠퇴하는 과정을 설명한다. 제품수명주기와 유사하게 조직수명주기는 회사의 성공의 결과로 특정 단계로 진화하는 것을 설명한다. 또한 조직의 진화는 세 가지 영향의 결과이다. 첫째, 규모가 커지고 이해관계자가 많이 참여하게 되면 조직의 운영은 더욱 복잡해진다. 둘째, 복잡성의 증가는 보다 정교한 조직구조, 정보처리 기능 및 의사결정 스타일의 사용을 요구한다. 마지막으로 기업은 조직역량을 수립하거나 갱신하는 단계와 효율성을 통해 혁신적 단계를 수행하는 단계에서 혁신적인 단계와 보수적인 단계를 반복한다.

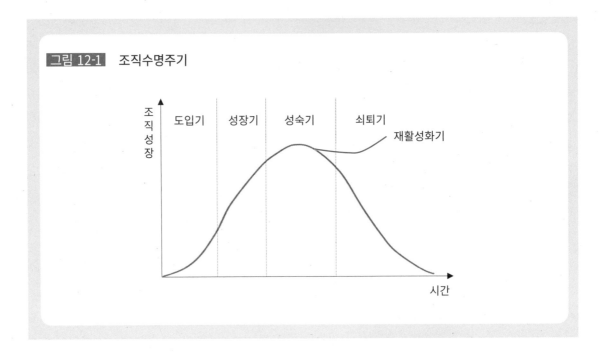

그림 12-1 조직수명주기

성공적인 기업은 성장하고 확장하면서 구조적 발전 패턴을 따르는 경향이 있다. 이러한 기업은 모든 사람이 모든 것을 하는 단순한 구조로 시작하여 일반적으로 마케팅, 생산 및 재무부서와 함께 기능 영역을 따라 조직화된다. 지속적인 성공을 거두면서 회사는 여러 산업 분야에 새로운 제품계열을 추가하고 상호 연결된 부서로 조직된다. 전형적인 문제, 목표, 전략, 보상 시스템 및 기타 특성의 관점에서 기업 발전의 이러한 구조적 단계의 차별화 요인은 [표 12-1]에 설명되어 있다.

표 12-1 단계별 차별화 요인

기능	도입기	성장기	성숙기
규모조정	생존과 성장은 단기적인 운영 문제 취급	성장, 합리화와 자원 확대	부서 수준의 대규모와 다양화된 자원관리
목적	개인적, 주관적인 목적	이익 추구와 기능 지향적인 예산과 성과목표달성	ROI, 주당 순이익
전략	즉각적인 기회 활용	기능 지향적 단일 제품	성장과 제품 다양화
조직	하나의 사업단위	기능구조	사업부 구조
관리와 통제	간단한 회계 시스템과 개인적이고 주관적 통제	구조화된 통제 시스템으로 진화	성과측정의 비교 평가, 부서 관리자의 경영 능력 평가
핵심성과 지표	개인 기준, 소유자와의 관계, 운영 효율성, 운영 문제해결 능력	판매와 예산과 비교한 성과, 조직의 크기, 인적 관계 등 기능과 내부기준	이익, ROI, 주당 순이익률, 판매, 시장점유율, 생산성, 제품우위, 인력개발, 직원태도, 공적 책임
보상 체계	비공식적, 개인적, 주관적 통제, 핵심 인재 인센티브 제공	많은 구조화, 합의된 정책	다양한 보상과 처벌, 전사적 정책

❶ 도입기

기업가가 제품이나 서비스의 아이디어를 찾는 단계가 도입기이다. 기업가는 모든 중요한 결정을 개인적으로 하는 경향이 있으며 조직의 모든 단계에 관여한다. 도입기 회사는 공식구조가 거의 없고, 기업가가 모든 직원의 활동을 직접 감독한다. 계획은 보통 단기 또는 사후 대응이다. 계획, 조직, 지시, 직원 배치 및 통제의 전형적인 경영 기능은 매우 제한된 정도로 수행된다. 기업의 가장 큰 강점은 유연성과 역동성이다. 기업가의 추진력은 성장 지향으로 조직에 활기를 불어 넣는다. 가장 큰 약점은 세부적인 절차뿐만 아니라 일반적인 전략을 기업가에 크게 의존하는 것이다.

신생 기업은 계층구조의 최상위에 중앙 집중화된 권한이 있는 매우 간단한 조직구조이다. 이 단계의 주요 목적은 회사가 고유한 역량을 확립하고 초기 제품시장 성공을 창출하는 것이다. 이는 시행착오를 통해 주로 차별화된 역량과 실행 가능한 사업 모델을 창출하는 방식으로 달성된다. 이것은 주요 제품이나 서비스 혁신과 틈새시장 전략의 추구를 포함한다. 회사는 작고 명성이 없으므로 강력한 경쟁자와의 직접적인 대결을 피해야 한다. 틈새를 발견하고 이를 수행하며 또한 광범위한 혁신을 통해 이러한 틈새를 방어한다. 분석의 방식이 아닌 직관적인 의사결정 방식이 우선한다.

창업 단계에서 제품개발과 유통조직은 다양한 업무를 수행할 수 있는 직원이 필요하다. 창업자는 초기 고객에게 제품을 제공하는 데 필요한 전략적·전술적 수준에 전부 관여한다. 초기는 생존을 위한 자원의 확보와 자원의 유연성 관리이다. 조직은 처음에는 개발 담당자에게 큰 비중을 두나 시간이 지남에 따라 마케팅, 영업, 운영 조직이 필요하다. 창업 단계의 성공은 회사가 생존 가능한 주체로서 직접 또는 외부 자금조달을 통해 사업을 지속할 수 있는 충분한 이익을 창출하는 제품과 시장 틈새를 찾는 데 있다. 창의력과 비전을 통한 성장을 포함하는 창업 단계는 결국 리더십과 조직 문제로 이어진다. 따라서 보다 정교하고 공식화된 관리기법이 필요하다.

❷ 성장기

성장기는 조직구조가 기능적 전문성을 갖춘 관리자 팀으로 대체되는 시점이다. 회사의 최고 책임자에게 상당한 관리 스타일 변경을 요구한다. 기업가는 위임하는 법을 배워야 한다. 그렇지 않으면 직원을 추가로 확보해도 조직에 이익이 없다. 이 단계에 있는 기업의 강점은 한 산업에서의 집중력과 전문성이 있으나 약점은 모든 계란이 하나의 바구니에 있다는 것이다. 매력적인 산업에 집중하는 회사는 성공적일 수 있다. 기능적으로 구조화된 회사가 다른 산업 분야의 다른 제품으로 다양화되면 기능적 구조의 이점이 무너진다. 다양화된 제품계열을 관리하는 사람들이 더 많이 필요하다.

성장 단계의 강조점은 매출성장과 조기 제품 다양화이다. 경영자가 고객의 특정 하위 집단을 확인하고 제품을 수정하여 시장세분화를 도모한다. 경영자는 마케팅, 생산 및 회계 또는 개발 부서장을 임명하는 기능구조를 채택한다. 제품개발 및 제공 관점에서 조직 내의 역할은 더욱 차별화되며 수요를 창출하고 충족시키기 위해 마케팅, 영업 및 운영 조직의 규모와 개발비용이 상대적으로 증가한다. 제품계열과 고객 기반의 다양화로 인해 전문 분야에서의 책임이 발생하기 시작한다. 회사의 통제와 방향을 유지하기 위해서는 보다 공식화된 정보공유 방법과 과감한 제품혁신이 필요하다. 또한 기존 고객은 기능향상과 제품개선을 통해 자원배분에 영향을 미친다. 또한 회사는 수익성을 달성하고 기업공개를 통해 성장기회를 추구한다.

❸ 성숙기

성숙기는 많은 산업 분야에서 다양한 회사의 제품계열을 관리하고 의사결정 권한을 분권화한다. 조직은 제품계열을 다변화하고 더 넓은 지역을 포괄하도록 확장하고 각 사업단위는 기능적으로 분화한다. 최고 경영자는 대기업 구조를 사용할 수도 있다. 성숙기에서 통제의 위기가 발생할 수 있다. 다양한 부서는 전체 회사와 상관없이 자신의 매출과 이익을 최적화하기 위해 행동한다. 제품시장을 잘 반영하기 위해 조직은 전략사업단위로 진화한다. 본사는 결과 중심의 통제와 보고 시스템을 통해 운영 부서나 전략사업단위의 활동을 조정한다. 사업단위는 엄격하게 통제되지는 않지만 성과에 대한 책임이 있다. 성숙기의 장점은 막대한 자원이지만 약점은 조직의 규모가 너무 크고 복잡하여 상대적으로 융통성이 없는 것이다.

성숙기에서는 높은 경쟁활동으로 인해 판매가 안정되고 시장포화가 나타난다. 그러나 판매가 둔

화됨에 따라 성숙기가 끝나기 시작한다. 기업은 내부효율에 대한 관심을 더 많이 나타내며 더 많은 통제 시스템을 설치한다. 조직구조는 성장 단계에서 발견되는 구조와 유사하다. 기능구조는 초점을 맞춘 제품시장 범위에 계속 적용된다. 기업은 혁신이 떨어지고 관료적인 조직구조로 보수화된다. 공식적인 비용통제, 예산과 성과측정에 중점을 둔다. 여러 사업부와 부서가 함께 작업할 수 있도록 조정 시스템을 구현한다. 그러나 시간이 지남에 따라 의사결정을 지연시키는 관료 시스템이 된다. 따라서 다른 단계보다 덜 혁신적이고 덜 능동적이며 위험 회피성이 높은 의사결정 방식을 보여준다.

❹ 쇠퇴기

쇠퇴기는 매출과 수익이 모두 하락하는 시기이다. 시장 침체가 일어나기 시작하고 이로 인해 쇠퇴하기 시작한다. 외부 도전과 혁신의 부족으로 인해 수익성이 떨어진다. 쇠퇴기에 있는 기업들은 정체되어 시장의 역경에 대응한다. 의사결정은 극단적인 보수주의를 특징으로 한다. 위험 감수나 혁신은 거의 없으며 경쟁자의 혁신을 모방하는 것조차도 주저한다. 기업은 제품이나 서비스 혁신이 부족하고, 제품성능이 저하되고, 제품계열이 매력적이지 않기 때문에 판매가 저조하다. 쇠퇴기에서 기업의 구조적 특징 중 하나는 잘 발달된 정보처리 시스템이 없고, 계층 간 또는 부서 간 의사소통이 열악하다. 제품개발 및 전달 기능은 미미하거나 존재하지 않을 가능성이 있다.

❺ 재활성화기

재활성화는 현재의 궤적을 변경하기 위해 과감한 변화를 인식하고 시작하는 회사의 성숙기 또는 쇠퇴기에서 도입할 수 있다. 이것은 제품시장의 다각화와 확장을 요구한다. 기업은 혁신, 인수 및 다각화를 통해 급속한 성장을 추구하고, 이는 상당한 위험 부담을 수반한다. 성숙기에서와 같이 경쟁업체의 전략을 모방하는 것이 아니라 혁신에 집중해야 한다. 주요 자본지출, 혁신 또는 인수를 분석하기 위해 태스크 포스 팀과 프로젝트 팀을 구성하는 것이 일반적이다. 전문가 집단이 함께 모여 문제를 분석하고 체계적이고 과학적인 방법으로 다양한 대안을 창안하고 평가한다. 따라서 재활성화가 성공하려면 의사결정을 신속히 하고 조직 내에서 공식적인 장애물을 제거해야 한다.

정보처리가 또한 훨씬 다양하고 확장된다. 재무통제 및 성과보고에 초점을 맞추는 대신 시장과 고객 기회에 대한 정보에 집중한다. 새로운 동향과 기회에 대한 조사 외에도 시장과 하위 분야별로 자료를 재구성해야 한다. 조직 전체에서 혁신적 사고를 지원하려면 정보 가용성과 공유가 필요하다. 중요한 변화가 제품시장 전략에 따라 이루어지기 시작한다. 예를 들면, 다른 어떤 시기보다 주요 제품, 제품계열 및 서비스 혁신이 더 많다. 또한 기업을 다각화하기 위해 새로운 시장으로 진입한다. 빠르게 성장하는 기회가 있지만 다양한 기능에 대한 분석과 내부 조정이 요구된다.

3) 변화의 장애

기업이 발전하지 못하면 이는 발달장애에 해당된다. 발달장애의 내부적 요인으로는 자원 부족이나 경영자의 능력과 리더십 부족, 외부적 요인으로는 정치적 불안, 경제침체, 노동력 부족, 시장성장 부족 등이 있다. 사업을 시작하는 기업가는 소규모 벤처기업에 적합한 성향을 갖고 있지만 다양한 요구 사항, 부서, 우선순위 및 해외에 있는 회사를 관리하려고 할 때 내·외부적 장애 요인은 기업에 치명적인 약점이 된다. 설립자가 사라진 후에도 조직 전체에서 설립자의 영향력을 유지하는 경향이 있다. 이것은 조직의 강점이 될 수 있지만 문화가 현상 유지를 지원하고 변화가 필요한 부분을 막을 수 있는 약점이 된다. 다음은 변화의 장애 요인이다.

- 동료에 대한 배려: 처음에는 좋지만 곧 정실주의이다.
- 과업지향: 작업 집중이 처음에는 중요하지만 세부 사항에 과도하게 집중한다.
- 단일목표: 새로운 제품을 출시하기 위해 비전이 필요하지만 회사가 더 많은 시장과 제품으로 발전하는 데에는 좁은 시야가 될 수 있다.
- 일인지향: 소규모 창업에는 좋지만 여러 영역이 있는 기업에게 재앙이다.

3. 전략실행의 기법

전략실행이란 전략목표를 달성하기 위해 전략과 계획을 행동으로 전환시키는 프로세스이다. 전략이 실행되지 않는다면 아무런 의미가 없다. 전략실행은 전체 조직의 참여를 요구하는 단계이다. 전략수립은 주로 경영진과 핵심 직원의 도움을 받아 전략경영팀이 수행하지만 전략실행은 조직의 모든 구성원들이 모두 관여하게 된다. 전략을 실행하는 데는 적절한 도구가 필요하다. 이러한 전략실행의 주요 기법으로는 업무 재설계, 식스 시그마, 프로세스 맵, 프로세스 흐름도, 기능적 배치 다이어그램, 핵심 품질특성, 작업분류 구조, 5Whys, 실패 모드 및 영향 분석과 품질기능전개 등이 있다.

1) 업무 재설계

경제의 세계화와 무역의 자유화는 기업환경의 불안정성과 치열한 경쟁을 초래했다. 가격, 품질, 서비스 및 유통의 신속성과 관련하여 경쟁이 지속적으로 증가하고 있다. 또한 무역장벽 제거, 국제협력, 기술혁신은 경쟁을 더욱 심화시킨다. 이러한 모든 변화는 전체 프로세스, 조직환경과 조직구조가 변경되는 조직변화가 필요하다. 이러한 조직변화를 위한 것이 바로 업무 재설계이다. 업무 재설계(business process reengineering: BPR)는 조직이 고객 서비스를 개선하고 운영비용을 절감하기 위하여 반복적이고 불필요한 과정들을 제거하고 업무를 통합하고 단순화하여 업무 프로세스를 근본적으로 재설계하는 과정이다. 업무 재설계 기법을 적용할 때 다음과 같은 목표에 중점을 둔다.

- 고객: 고객불만 제거를 목표로 하는 고객 중심 프로세스
- 속도: 업무 프로세스에 대한 작업을 완료하는 데 걸리는 시간의 대폭적인 단축
- 비용: 가치사슬 전체에서 비용과 자본절감
- 유연성: 변화하는 상황과 경쟁에 적응하는 프로세스와 구조
- 품질: 고객에게 최상의 서비스와 가치 전달
- 혁신: 조직의 경쟁우위를 제공하는 상상력 있는 변화를 통한 리더십
- 생산성: 대폭적인 효율성과 효과성 향상

업무 재설계는 반복적인 과정을 제거하고 효율적인 조직을 만드는 전환전략이다. 기업의 활동과 업무 흐름을 분석하고 반복적이고 불필요한 과정들을 제거하고 업무를 통합하고 단순화하여 재설계한다. 즉, 비용, 서비스 또는 시간의 주요 이익을 달성하기 위해 업무 프로세스를 근본적으로 재설계한다. 업무 재설계의 핵심은 근본적, 급진적, 극적 변화와 프로세스로 전환전략을 구현하는 효과적인 프로그램이다. 지금까지 모든 조직에서 개발되고 정착된 이전 규칙과 절차를 탈피한다. 조직과 업무설계의 규칙은 더 이상 관련성이 없는 기술, 사람 및 조직의 목표에 대한 과거의 가정을 기반으로 했을 수 있다. 기존 프로세스의 미세 조정을 통해 기존 문제를 해결하기보다는 "새로운 회사라면 어떻게 해야 하는가?"라고 묻는 새로운 조직의 구축이다. 따라서 업무 재설계는 재설계와 프로세스의 변경을 의미한다.

- 업무 재설계: 조직이 고객 서비스를 개선하고 운영비용을 절감하기 위하여 반복적이고 불필요한 과정들을 제거하고 업무를 통합하고 단순화하여 재설계하는 과정이다.

업무 재설계는 투입, 프로세스와 결과로 구성된다. 투입은 고객 질문이나 요구 사항과 같은 자료이고, 프로세스는 일반적으로 여러 단계를 거치며 시간과 돈을 소비하는 것을 제거하는 과정이며, 결과는 기대 목표의 달성이다. 프로세스(process)는 고객이나 시장에 대해 산출물을 제공하기 위해 반복적

이고 불필요한 과정들을 제거하는 일련의 활동이다. 이는 조직 내에서 업무가 어떻게 이루어지는지를 강조한다. 업무 재설계는 주로 프로세스 부분에 개입하여 처리 부분은 시간과 비용을 줄이기 위해 재설계된다. 따라서 업무 재설계는 비용, 품질, 서비스와 속도와 같이 성과의 측정에서 극적인 개선을 달성하기 위해 업무 프로세스를 재생각하고 혁신적으로 재설계하는 과정이다.[1]

기대 목표를 달성하기 위한 업무 재설계의 전체 프로세스는 재설계, 재작업 및 재조직을 포함하는 핵심 단계 원칙을 기반으로 한다. 각 원칙은 행동과 자원을 구체화한다. 새로운 기업을 창출하는 것은 실제로 모든 일에서 사람들의 일과 관련하여 상당한 변화를 초래한다. 낡은 것을 수정하기보다는 새로운 것을 만든다. 따라서 업무 재설계는 구조, 프로세스, 사람, 기술 측면에서 업무에서 발생하는 근본적인 변화를 시도하는 과정이다. [표 12-2]는 전통적 방법과 업무 재설계를 비교한 표이다.

표 12-2 전통적 업무 방법과 업무 재설계의 비교

전통적 업무 방법	업무 재설계
• 기능 부서	• 프로세스 팀
• 단순한 과업(노동의 분업)	• 역량강화
• 통제된 직원	• 다방면 과업
• 종업원의 훈련	• 종업원의 교육
• 기술과 시간 보상	• 결과 보상
• 승진과 경력에 의한 급여 인상	• 성과급 급여
• 능력에 의한 승진	• 성과에 의한 승진
• 방어적 조직 문화	• 생산적 조직 문화
• 위계 조직구조	• 수평 조직구조
• 성과 기록원으로서 경영자	• 리더로서 경영자
• 의무와 기능의 분리	• 다기능 팀
• 직선적 프로세스	• 병렬 프로세스
• 대량생산	• 대량 맞춤생산

❶ 업무 재설계의 구성 요소

업무 재설계는 기업환경 내의 구조와 프로세스의 변화를 수반한다. 전체 기술, 인간 및 조직 차원은 업무 재설계에서 변경될 수 있다. 정보기술은 사무 자동화를 제공하고 업무가 다른 위치에서 수행되며 제조 과정에서 유연성을 제공하고 고객에게 보다 신속하게 전달하며 서류가 필요 없는 거래를 지원하므로 업무 재설계에서 중요한 역할을 한다. 업무 수행 방식을 효율적이고 효과적으로 변경할 수 있다. 업

---

1 Hammer, M. and Champy, J.(1993), *Reengineering the Corporation: A Manifesto for Business Revolution*, Harper Business, NY.

무 재설계의 요소가 상호 연결되어 작동될 때 효율적이다. 업무 재설계의 구성 요소는 7개 요인이 있다.

- 업무 프로세스의 내부 또는 외부 고객
- 업무 프로세스에 의해 산출된 제품이나 서비스
- 업무 프로세스의 관점
  - 운영관점: 기업 프로세스가 어떻게 실행되는가?
  - 행동관점: 기업 프로세스가 언제 실행되는가?
- 업무 프로세스 참가자
  - 조직구조(요소): 역할, 사용자, 집단, 부서 등
  - 조직 구성원(개인): 업무와 구성원 간의 관계
- 업무 프로세스가 사용하거나 생성하는 정보
  - 업무 프로세스가 사용하는 기술
  - 고객 이외의 외부환경

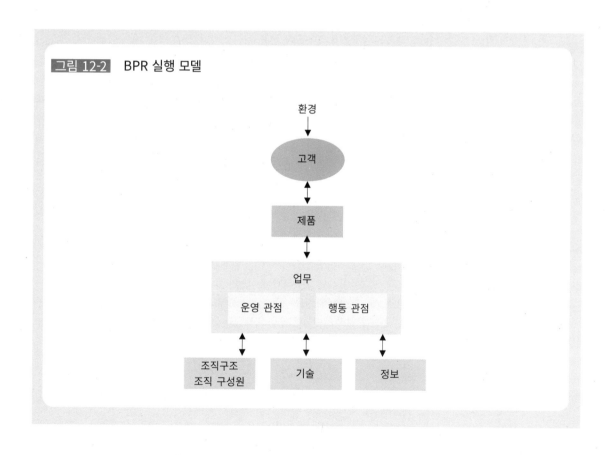

그림 12-2 BPR 실행 모델

BPR은 프로세스 중심의 팀워크 운영으로 고객 중심의 효과적인 조직을 구축하는 데 목적이 있다. 예를 들면, 회계 부서가 적절하게 작동하는지와 관계없이 고객은 자신의 주문이 처리되고 있는지를 알고자 한다. 경영자가 고객의 요구를 알 때 문제에 대한 해결책을 모색할 것이다. 경영자는 조직도를 변경하여 직원을 대체하거나 일부 직원의 역할과 책임을 수정한다. 기업은 지속적으로 원하는 성과를 얻기 위해 운영 방식에 있어 중대하거나 사소한 변화를 시도한다.

BPR을 수행할 때 각 구성 요소의 중요성이 다르다. 고객과 제품은 중요한 구성 요소이다. 고객은 회사에서 가장 중요한 요소이다. 따라서 고객을 위해 누가 무엇을 생산하는지에 초점을 맞춘다. 기술을 사용하든 그렇지 않든 간에 정보는 BPR을 사용하여 매우 큰 개선이 이루어질 수 있는 영역을 의미한다. 구성 요소가 재설계 작업에서 고려되어야 하지만, 업무 해결안을 기업문화에 맞추고 구성원들의 역량을 재설계 프로세스의 실행에 맞추기 위해서는 재설계는 어느 부문에서나 강조되어야 한다.

표 12-3 BPR을 활용할 수 있는 모범 사례

구성요소	모범 사례	정의
고객	• 고객 집중 • 접촉 감소 • 업무 통합	• 관점을 고객에 집중 • 고객과 제삼자 간의 불필요한 접촉 수 감소 • 고객이나 공급자의 업무 프로세스 통합

운영
관점
	• 주문유형과 프로세스
	• 과업제거
	• 주문 과업의
	  분리와 통합
	• 과업 재구성
		• 작업이 동일한 유형의 주문과 관련이 있는지 확인하고 업무 프로세스를 구별한다.
		• 일괄 처리하고 정기적인 활동을 업무 프로세스에서 제거한다.
		• 일반 작업을 둘 이상의 대체 작업으로 분할하거나 두 개 이상의 대체 작업을 하나의
		  일반 작업으로 통합한다.
		• 작은 작업을 복합 작업으로 결합하고 큰 작업을 실행 가능한 작은 작업으로 분할한다.

행동 관점	• 작업 장소 • 동시 처리 • 예외 관리	• 작업을 보다 적절한 장소로 이동한다. • 작업을 동시에 실행할 수 있는지 고려한다. • 대표적인 주문 처리를 설계하고 특별한 주문을 일반적인 흐름과 분리한다.
조직 구조	• 작업 할당 • 유연성 유지 • 집중화 • 책임 분할 • 고객 팀 • 최소 참여 • 주문 처리 책임자	• 종업원이 단일 주문에 가능한 한 많은 단계를 수행하게 한다. • 미래에 최대한의 유연성을 유지할 수 있도록 자원을 할당한다. • 지리적으로 분산된 자원을 중앙 집중식으로 처리한다. • 다른 기능 단위의 사람들에게 업무 책임을 할당하지 않는다. • 특정 주문 처리를 담당할 부서원들로 팀을 배정한다. • 업무 프로세스에 참여하는 부서, 집단과 직원 수를 최소화한다. • 한 명의 인원을 각 유형의 주문 처리 담당 책임자로 임명한다.
조직 구성원	• 추가 자원 • 전용과 범용 • 역량강화	• 용량이 충분하지 않으면 자원 수를 늘린다. • 자원을 더 전문화하거나보다 일반화하는 것을 고려한다. • 종업원에게 의사결정권을 부여하고 중간 관리자를 줄인다.

기술	• 작업 자동화 • 통합 기술	• 작업 자동화를 고려한다. • 신기술을 적용하여 업무 프로세스의 물리적 제약을 줄인다.
정보	• 통제 추가 • 정보 갱신	• 자료의 완전성과 정확성을 확인하고 고객 전달 전에 검토한다. • 정보를 지속적으로 갱신한다.
외부 환경	• 파트너 • 아웃소싱 • 공유영역	• 신뢰할 수 있는 파트너의 정보를 사용한다. • 기업 프로세스의 전체나 일부를 외주하는 것을 고려한다. • 고객과 파트너와의 표준화된 공유영역을 고려한다.

❷ 업무 재설계의 단계

BPR은 업무 프로세스에 중점을 둔 업무 구조조정 기법으로 단기간 내에 상당한 개선 효과를 제공한다. 이 기술은 급속한 변화, 직원 역량강화, 교육 및 정보기술 지원을 위한 방법을 기반으로 조직의 변화를 구현한다. BPR은 프로세스에 관한 팀 운영에 중점을 두고 인사에 기업정신을 구축한다. 따라서 업무의 재설계, 재정비 및 재조직이 필수적이다. 추구된 결과는 야심찬 결과이어야 한다. 이를 성취하려면 매우 정교한 지원정보 시스템과 조직구조의 전환이 필요하다.

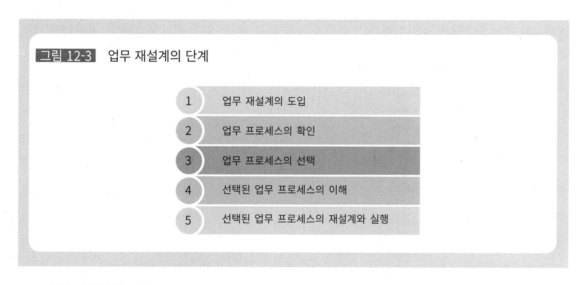

그림 12-3 업무 재설계의 단계

1 업무 재설계의 도입
2 업무 프로세스의 확인
3 업무 프로세스의 선택
4 선택된 업무 프로세스의 이해
5 선택된 업무 프로세스의 재설계와 실행

▌업무 재설계의 도입

업무 재설계의 첫 단계는 행동변화를 위한 사례와 비전 선언문을 준비하고 조직 구성원들에게 전달하는 것이다. 행동변화를 위한 사례는 조직의 업무 문제와 현재 상황에 대한 설명이다. 이것은 변화의 필요성에 대한 정당성을 제시한다. 비전 선언문은 조직이 어떻게 운영될 것인지 설명하고 달성해야 할 결과의 종류를 설명한다. 질적 및 양적 기술은 업무 재설계 목표를 상기시키기 위해, 프로젝트의 진행 상황을 측정하기 위한 기준으로, 그리고 업무 재설계 작업을 지속할 수 있는 자극으로 사용될 수 있다. 관행과 비전 선언문에 대한 의사소통은 경영자의 책임이다.

▌업무 프로세스의 확인

이 단계에서 가장 중요한 업무 프로세스가 확인되고 일련의 프로세스 맵을 사용한다. 프로세스는 과업이 수행되는 곳으로 과업의 단위를 활동(activity)이라 부르며, 여러 활동들의 흐름을 표현하는 분석 기법은 프로세스 맵이다. 프로세스 맵은 회사를 통한 작업 흐름을 보여준다. 이것은 높은 수준의 프로세스를 보여 주며, 별도의 하위 프로세스 맵에서 다시 하위 프로세스로 분해될 수 있다. 프로세스 맵은 구성원들이 재설계를 토론하는 데 도움이 되는 의사소통 수단으로도 사용된다. 이 단계의 산출물은 회사 내에서 그리고 외부 세계와 어떻게 상호작용하는지를 반영하는 다수의 프로세스 맵이다.

▌업무 프로세스의 선택

동시에 조직의 모든 높은 수준의 프로세스를 재설계하는 것은 비현실적이다. 따라서 우선적으로 재설계해야 할 프로세스를 결정해야 한다. 이것은 BPR 실행의 매우 중요한 부분이다. 재설계를 위한 우선순위 업무는 고객이나 프로세스에 큰 영향을 미칠 수 있는 가장 큰 문제가 있는 프로세스이다. 재설계할 가장 중요한 문제를 선택하고, 조직의 목표에 기여하는 업무 프로세스 등을 처리한다. 조직의 전략목표에 따른다면 프로세스가 조직의 전략 방향에 기여하는지, 고객만족에 영향을 미치는지 등과 같은 재설계 프로세스를 선택하는 데 더 많은 기준을 정의할 수 있다.

▌선택된 업무 프로세스의 이해

업무 재설계를 진행하기 전에 재설계 팀은 현재 수행중인 작업, 수행 방법, 성과 저하 정도 및 성과를 좌우하는 중요한 문제와 관련하여 기존에 선택한 프로세스를 보다 잘 이해해야 한다. 현재 프로세스에 대한 상세한 분석과 문서화는 이 단계의 범위에 속하지 않는다. 프로세스 맵, 프로세스 흐름도나 기능적 배치 다이어그램은 팀 구성원이 완전히 새롭고 우수한 설계를 하는 데 필요한 직관력과 통찰력을 제공하고 또한 고려중인 프로세스에 대한 높은 수준의 시각을 제시한다.

▌선택된 업무 프로세스의 재설계와 실행

선택된 업무 프로세스를 재설계한다. 이것은 새로운 규칙과 새로운 작업 방식이 고안되어야 하기 때문에 가장 창의적인 단계이다. 상상력과 귀납적 사고가 이 단계에서 필요하다. 업무 재설계 진행으로 팀은 사용할 수 있는 기술을 다시 고려하여 추가적인 생각을 자극할 수 있다. 재설계된 업무 프로세스 실행의 성공 여부가 5가지 재설계 단계가 제대로 수행되었는지 여부에 달려 있다. 프로세스 재설계는 일상적이지 않으므로 팀을 재설계하여 새로운 아이디어를 창안하는 데 도움이 된다.

- 하나 이상의 재설계 원칙을 적용한다.
- 가정 사항을 찾아 파괴한다.
- 기술의 창조적 적용을 위한 기회를 찾는다.

2) 식스 시그마

식스 시그마는 모토로라의 근로자였던 마이클 해리(Mikel Harry)에 의해 1987년 창안되었다. 식스 시그마(Six Sigma)는 사업의 수익성을 개선하고 제품의 불량비용을 줄이고 모든 작업의 효율성과 효과성을 개선하여 고객의 요구와 기대를 충족시키거나 초과 달성하는 데 사용되는 업무 개선 전략이다.[2] 식스 시그마는 제품결함을 백만분의 3.4개로 줄임으로써 낭비를 막아 비용을 절감하는 것을 목표로 한다. 품질혁신과 고객만족을 달성하고자 하는 업무 프로세스 혁신전략이다. 품질과 효율성을 높이기 위해 제품편차를 줄이는 것이 중요하지만 매출 채권, 판매 및 R&D에 점점 더 많이 적용되고 있다. 식스 시그마의 과정은 다섯 단계를 포함한다.

- 결과가 평균보다 악화되는 프로세스를 정의한다.
- 프로세스를 측정하여 정확한 현재 성과를 판별한다.
- 정보를 분석하여 과업이 잘못될 수 있는 곳을 정확히 찾아낸다.
- 프로세스를 개선하고 오류를 제거한다.
- 미래의 결함이 발생하지 않도록 통제를 수립한다.

식스 시그마는 고객을 우선시하고 더 나은 방법을 추진하기 위해 사실과 자료를 사용한다. 불량업무 프로세스의 개선은 기업에 대한 비용절감 효과는 물론 고객유지, 새로운 시장포착, 제품 및 서비스의 혁신에 대한 명성을 쌓을 수 있는 기회를 제공한다. 식스 시그마는 조직의 업무 프로세스를 측정하고 분석하는 것을 포함하지만 식스 시그마의 목표는 작고 점진적인 개선을 능가하는 것이다. 그것은 모든 작업 영역에서 혁신을 요구한다. 이러한 식스 시그마 활동의 목표는 고객만족 향상, 생산시간 단축, 제품결함 감소, 핵심 프로세스 향상과 직원의 태도변화이다.

---

2 Antony, J.(2004), "Some Pros and Cons of Six Sigma: An Academic Perspective," *The TQM Magazine*, 16(4), 303–306.

표 12-4 업무 재설계와 식스 시그마 비교

구분	업무 재설계	식스 시그마
일반적 경향	급진적 재설계	조정과 유지
목표	간소화	프로세스 조정
도구	프로세스 맵	통계적 분석
핵심 인물	외부 전문가	내부 전문가
영향	단기와 중기	단기, 중기와 장기
위험/수익	고/저	중/고

❶ 식스 시그마의 성공요인

식스 시그마는 다양한 전문지식 수준에 따라 경영진과 직원의 역할 계층구조로 구성된다. 식스 시그마는 핵심 업무 프로세스에 전적으로 참여하고 조직 전체에 식스 시그마 방법을 적극적으로 배치하는 경영진에 의해 운영된다. 식스 시그마 전략은 강력하고 열정적인 리더십과 성공적인 전개에 필요한 지원이 중요하다. 문제해결에 대한 식스 시그마 방법은 인간 요소(문화 변화, 고객 중심, 시스템 인프라)와 프로세스 요소(프로세스 관리, 프로세스 자료의 통계분석, 측정 시스템 분석)를 포함한다. 식스 시그마 프로그램의 실행에 가장 중요한 성공요인은 다음과 같다.

- 경영층의 몰입
- 교육 집중과 결과 중심
- 실행전략
- 식스 시그마와 사업전략의 연계
- 식스 시그마를 고객, 조직 구성원 및 공급업체와 연결
- 직원들과의 초기 의사소통
- 식스 시그마 방법론, 도구 및 기법 이해
- 적절한 자원 투자
- 통일된 언어 및 용어
- 성공 사례의 지속적 실행과 커뮤니케이션

❷ 식스 시그마 실행 지침 DMAIC

시그마의 해결기법 과정은 DMAIC이다. DMAIC(Define, Measure, Analyze, Improve, Control) 방법은 문제해결, 제품이나 프로세스 개선을 위한 지침으로 식스 시그마의 실행 도구이다. DMAIC 방법을 사용하여

식스 시그마를 실행한다. DMAIC 방법의 힘은 구조와 엄격함에 있다. 도구와 기술에 대한 사전 지식은 각 단계에서 유용한 도구를 결정하는 데 필요하다. 도구의 적절한 적용은 정확성보다 효과성이 더 중요하며 모든 도구를 항상 사용할 필요는 없다. 제시된 DMAIC 방법론은 선형적이고 명확하게 정의되어 있다.

표 12-5 시그마 DMAIC 로드맵

DMAIC 단계	사용 도구
D(정의단계): 프로젝트 목표 및 내·외부고객 산출물을 정의한다.	
• 고객과 요구 사항 정의 • 문제 진술, 목표 및 이점개발 • 핵심 경영자, 프로세스 관리자 및 팀 식별 • 자원 정의 • 주요 조직 지원 평가 • 프로젝트 계획 개발 • 고수준의 프로세스 맵 개발	• 프로젝트 헌장 • 프로세스 흐름도 • SIPOC도표 • 이해관계자 분석 • 핵심품질특성 • 작업분류 구조 • 고객의 소리 수집
M(측정단계): 현재 성과를 결정하기 위해 프로세스를 측정한다. 문제를 정량화한다.	
• 결함, 기회, 단위와 측정 정의 • 해당 부문의 상세한 프로세스 맵 • 자료수집 계획 개발 • 측정 시스템 검증 • 자료수집 • 개발 시작 • 프로세스 능력과 시그마 기준선 결정	• 프로세스 흐름도 • 자료수집 계획 • 벤치마킹 • 측정 시스템 분석 • 고객의 소리 수집
A(분석단계): 결함의 근본 원인을 분석하고 결정한다.	
• 성과와 목표 정의 • 가치와 부가가치가 없는 프로세스 단계 식별 • 성과와 목표 차이 확인 • 근본 원인 결정	• 히스토그램 • 파레토 차트 • 시계열 • 산포도 • 회귀분석 • 5Whys • 프로세스 맵 분석 • 통계분석 • 가설 테스트

I(개선단계): 결함을 제거하여 프로세스를 향상시킨다.

• 실험설계 수행	• 브레인스토밍
• 잠재적인 해결책 개발	• 실수 교정
• 잠재적 시스템의 작동 허용 오차 정의	• 실험설계
• 잠재적인 해결책의 결함 평가	• Pugh Matrix
• 사전조사에 의한 잠재적인 개선 가능성 확인	• QFD
• 잠재적 해결책의 수정과 재평가	• 실패 모드 및 영향 분석

C(통제단계): 향후 프로세스 성과를 통제한다.

• 감사와 통제 시스템 정의 및 검증	• 브레인스토밍
• 기준과 절차 개발	• 실수 교정
• 통계 프로세스 통제 실행	• 실험설계
• 프로세스 능력 결정	• Pugh Matrix
• 이전 계획 개발, 프로세스 소유자에게 전달	• QFD
• 이익, 비용절감, 회피확인	• 실패 모드 및 영향 분석
• 프로젝트와 문서 완료	
• 커뮤니케이션	

❸ 식스 시그마의 문제해결 과정

식스 시그마는 프로세스에서 변동성을 제거하는 데 중점을 둔 품질개선 전략이다. 식스 시그마는 정량적 자료의 통계분석에 기초하여 결정되기 때문에 통계적 방법이다. 식스 시그마는 본질적으로 실제 프로세스 자료의 분석을 기반으로 기존 프로세스의 문제를 해결하는 구조화된 방법이다. 식스 시그마는 품질관리 분야에서 통계적 방법으로 정의(Define), 측정(Measure), 분석(Analyze), 개선(Improve)과 통제(Control), 즉 DMAIC를 사용한다. DMAIC는 새로운 것은 아니지만 품질관리에서 사용된 잘 알려진 도구이다. DMAIC를 새로운 것으로 만드는 것은 기본적으로 프로세스 자체에 대한 개별 도구를 구성한다. DMAIC는 품질 수준을 높이기 위해 제조공정에서 자주 사용된다.

- 정의: 프로젝트 목표 및 모든 고객 제안을 확인한다.
- 측정: 현재 프로세스와 성과를 이해한다.
- 분석: 결함의 근본 원인을 파악한다.
- 개선: 결함을 제거하고 프로세스를 수정하는 방법을 수립한다.
- 통제: 향후 프로세스 성과를 관리한다.

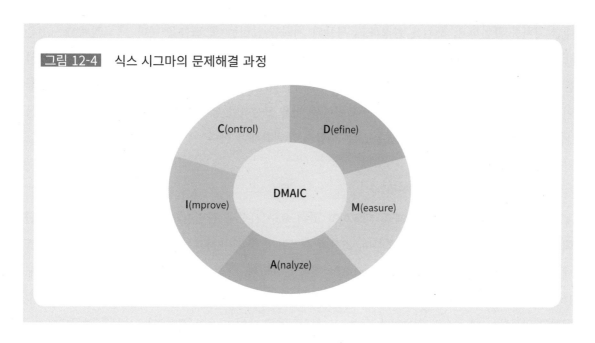

그림 12-4   식스 시그마의 문제해결 과정

(DMAIC)
C(ontrol)
D(efine)
I(mprove)
M(easure)
A(nalyze)

▌정의

고객, 문제 및 관련된 핵심 업무 프로세스를 정의한다. 전체 프로젝트의 단계를 설정하고 가장 큰 도전 과제를 제시한다. 가장 먼저 문제를 파악해야 한다. 무엇을 하는가? 왜 하는가? 누가 고객인가? 제품과 서비스에 대한 고객의 욕구는 무엇인가? 현재 작업이 어떻게 진행되고 있는가? 개선의 이점은 무엇인가? 이러한 종류의 질문과 근본적인 사고는 과거에 너무 자주 무시되었던 문제에 대해 새롭고 독창적인 사고방식을 유도한다. 또한 이러한 질문들이 프로젝트 헌장으로 답변되면 DMAIC 헌장이 개발될 수 있다. 프로젝트 헌장(project charter)은 식스 시그마 프로젝트 정의가 포함된 단일 문서이다. 즉, 프로젝트에 대한 모든 정보이다. 프로젝트 헌장은 특정 프로젝트에 대해 알아내려고 하는 사람들을 위한 기준을 제공한다. 프로젝트 헌장은 회사마다 다르지만 다음 내용을 포함한다.

- 업무 사례: 특별한 기회가 선택된 이유는 무엇인가?
- 문제, 기회와 목표 진술: 구체적인 문제나 고통은 무엇이며 어떤 결과가 발생하는가?
- 제약과 가정: 프로젝트나 자원에 어떤 제한이 있는가?
- 범위: 프로세스나 문제가 범위 안에 있는가?
- 역할: 책임자, 구성원이나 기타 이해관계자는 누구인가?
- 계획: 각 단계는 언제 완료되는가?

프로젝트 청사진은 프로젝트를 정의하고 범위를 좁히고, 찾고 있는 결과를 명확히 하고, 업무에 대한 가치를 확인하고, 자원을 설정하고, 목표와 계획을 알리는 데 도움을 준다. 프로젝트 청사진은 프로젝트 책임자가 서명하는 첫 번째, 그리고 가장 중요한 관문이다. 다음 임무는 어떤 프로세스에서 든 가장 중요한 고객을 확인하는 것이다. 고객은 내부 또는 외부일 수 있다. 고객의 목소리와 관련된 이 작업은 어려울 수 있다. 고객은 자신이 원하는 것을 표현하는 데 어려움이 있다. 따라서 고객의 목소리를 듣고 고객의 언어를 의미 있는 요구 사항으로 변환해야 한다.

▮ 측정

측정은 다른 프로세스의 성과를 비교하고 고객 요구 사항과 관련시키는 데 도움이 된다. 관련된 핵심 업무 프로세스의 성과를 측정한다. 조직의 수익이 측정 가능하고 계량화할 수 있는 재무 수익률에 중점을 둔다. 명확하게 정의하고 측정하는 것이 중요하다. 측정 단계에는 주요 목표가 있다. 첫째, 문제와 기회를 검증하고 계량화하기 위해 자료를 수집한다. 이것은 첫 번째 전체 프로젝트 헌장을 수정하고 완료하는 데 중요한 정보이다. 둘째, 문제의 원인에 대한 단서를 제공하는 사실을 알아낸다.

초점은 현재 문제를 가장 잘 나타내는 산출 수단이다. 문제가 예상보다 작거나 다를 경우 프로젝트가 취소되거나 수정될 수 있다. 잘못된 투입은 잘못된 산출이 될 수 있으므로 투입 측정은 문제의 가능한 원인을 식별하는 데 도움이 된다. 산출은 프로세스의 최종 결과이다. 산출물 측정은 즉각적인 결과(배달, 결함, 불만 사항) 및 장기적인 영향(수익, 만족도)에 집중한다.

▮ 분석

수집된 자료와 프로세스 맵을 분석하여 결함의 근본 원인과 개선 기회를 파악한다. 세부 사항을 조사하고 프로세스와 문제에 대한 이해를 향상시키며 의도대로 진행된다면 문제의 원인을 확인한다. 문제의 근본 원인이 분명하다면 분석을 신속하게 진행할 수 있다. 하지만 근본 원인은 문서 작업과 오래된 프로세스에 의해 묻혀 버리는 경우가 많으며, 많은 사람들이 작업을 수행하고 문서화하지 않는 경향이 있다. 좋은 문제해결은 다양한 유형의 원인을 고려하여 편향이나 과거 경험이 판단을 흐트러뜨리지 않도록 하는 것이다. 다음은 이러한 상황에 영향을 주는 요인이다.

- 방법: 작업 수행에 사용되는 절차 또는 기술
- 기술: 작업 프로세스에 사용되는 컴퓨터, 복사기 또는 제조 장비와 같은 기술
- 자료: 결함이 있는 경우 산출에 부정적인 영향을 주는 자료, 지침, 사실, 양식
- 측정: 측정된 내용과 방법을 기반으로 사람들의 행동을 변경한 잘못된 자료
- 환경: 상황에 따라 프로세스나 업무가 수행되는 방식에 영향을 주는 환경 요소

- 사람: 다른 모든 요소가 결합하여 업무 결과를 창출하는 사람

분석을 통해 원인을 찾아 범위를 좁힌다. 분석은 경험, 자료측정 및 프로세스 검토를 결합하고 추측 또는 원인에 대한 가설을 형성함으로써 시작된다. 그런 다음 원인에 부합되는지 여부를 확인하기 위해 많은 자료와 증거를 찾는다. 근본 원인이 확인될 때까지 가설을 수정하거나 거부하여 분석은 계속된다. 분석의 가장 큰 과제는 올바른 도구를 사용하는 것이다. 문제와 다른 요인 사이의 관계가 복잡하고 숨겨진 경우 문제를 발견하고 원인을 확인하기 위해서 고급 통계기법이 필요할 수 있다.

▌개선

문제를 수정하고 방지하기 위한 독창적인 해결책을 설계하여 프로세스를 개선한다. 실제로 프로젝트를 이해하지 않고 문제를 풀기 시작하는 습관이 강해서 많은 프로세스의 엄격함을 고수하는 것이 어렵다. 필요하면 프로젝트의 범위를 수정할 수도 있다. 문제의 원인을 다루고 수용 가능한 것으로 판단하는 창의적인 해결책은 나무에서 자라지 않는다. 새로운 아이디어가 개발되면 시험을 거쳐야 하고 정교하게 실행되어야 한다. 어떻게 새로운 해결책이 나타날까? 이것은 익숙한 현재의 접근 방법을 포기하는 것이다. 낡은 생각은 자유롭지 않다. 진정으로 창의적인 해결책은 항상 드물다. 따라서 문제를 수정하고 방지하기 위한 독창적인 해결책을 설계하여 대상 프로세스를 개선한다.

- 혁신적인 해결책 제시
- 실행계획 개발 및 보급

다른 회사의 업무를 통해 모범 사례를 빌릴 수 있는지 여부를 확인한다. 몇 가지 잠재적인 해결책이 제안되면 분석으로 돌아가서 가장 유망하고 실용적인 해결책을 선택하는 비용과 이점을 검토한다. 무엇이 잘못될 수 있는지 파악하고 실패를 예방하거나 관리하기 위해 잠재적인 문제분석을 수행한다. 최종 해결책이나 개선 사항은 경영자의 승인을 받는다. 그런 후 실행한다. 실행은 "그냥 하라"는 활동이 아니다. 조직 구성원에게는 새로운 변경 사항이 전달되어야 한다.

▌통제

새로운 과정에서 프로세스를 유지하기 위해 개선 사항을 통제한다. 조직과 프로세스를 고무줄로 묘사한다. 고무줄은 놓자마자 바로 원래 모양으로 되돌아간다. 오래된 습관과 프로세스에 대한 고정을 예방하는 것이 통제의 주요 목표이다. 사람들이 일하는 방식에 장기간 영향을 미치려면 결과를 측

정하고 통제하는 것이다. 식스 시그마의 성공은 프로젝트가 집중된 분야에서 일하는 사람들에게 달려있다. 프로세스를 통해 개발된 새로운 해결책의 가치와 제공되는 결과를 인식할 때 이상적인 실행이 된다. 실행을 추적하고 해결책의 영향과 의도하지 않은 결과를 확인한다. 따라서 결함과 비용을 줄이며 고객에게 더 나은 서비스를 제공할 수 있다. 다음은 팀이 많이 수행하는 통제 과업이다.

- 변경 사항을 추적하는 감시 프로세스 개발
- 발생할 수 있는 문제를 처리하기 위한 대응 계획 작성
- 프로젝트 결과와 핵심 프로세스 측정에 집중
- 발표나 회의를 통해 프로젝트 의사소통
- 일상 업무를 수행하는 사람들에게 프로젝트 책임 위임
- 프로젝트의 장기 목표에 대한 경영진의 지원

3) 프로세스 맵

프로세스 맵(process map)은 제품이나 서비스가 프로세스를 통해 이동하는 방식을 시각적으로 표현한 것이다. 높은 수준의 프로세스 맵은 프로젝트 범위와 경계를 설정할 때 유용하다. 가장 일반적으로 사용되는 유형은 SIPOC 다이어그램이다. SIPOC는 공급자(Supplier), 투입(Input), 프로세스(Process), 산출(Output)과 고객(Customer)을 나타낸다. SIPOC는 처음부터 끝까지 업무 프로세스를 문서화하기 위한 시각적 도구이다. 이 다이어그램을 사용하면 만족시켜야 하는 고객을 확인할 수 있다. 고객이 중요한 매개변수(가격, 디자인)와 해당 매개변수에 가장 큰 영향을 미치는 프로세스를 확인할 수 있다. 어떤 경우에는 문제의 근본 원인이 있는 곳에서 문제를 더 자세히 추적하고 프로세스나 공급업체의 투입을 살펴볼 필요가 있다. 다음은 프로세스 맵의 진행 단계이다.

- 공급업체(S): 프로세스에 대한 정보를 제공한다.
- 투입(I): 생산에 사용되는 재료, 서비스와 정보를 정의한다.
- 프로세스(P): 정의된 활동이며 투입을 가치로 변환한다.
- 산출(O): 고객에게 가치 있는 제품, 서비스 또는 정보이다.
- 고객(C): 프로세스에서 생산된 산출물의 사용자이다.

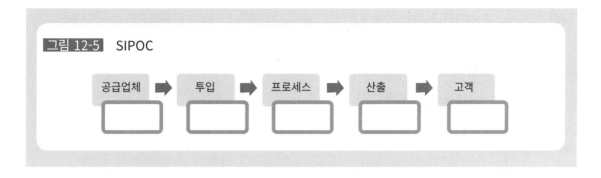

그림 12-5 SIPOC

공급업체 → 투입 → 프로세스 → 산출 → 고객

4) 프로세스 흐름도

프로세스 흐름도(process flowchart)는 프로젝트 내에서 많은 용도를 가질 수 있는 상세한 프로세스 흐름도를 생성하는 데 널리 사용된다. 프로세스 흐름도는 프로세스의 단계를 시각적으로 보여준다. 포함될 수 있는 요소는 프로세스(투입물 및 산출물)에 투입되거나 산출되는 일련의 행동, 자료와 서비스, 관여된 사람, 각 단계와 프로세스 측정에 포함된 시간을 포함한다. 프로세스는 제조 프로세스, 관리 또는 서비스 프로세스, 프로젝트 계획 등 무엇이든 될 수 있다. 이것은 다양한 목적에 맞게 조정할 수 있는 일반적인 도구이다. 다음은 이러한 프로세스 흐름도의 목적이다.

- 흐름이 논리적인지 여부와 잠재적인 병목 현상을 식별할 수 있다.
- 모든 사람에게 프로세스에 대한 명확한 이해를 제공한다.
- 팀워크와 의사소통을 촉진한다.
- 지연 및 부가가치가 없는 단계를 식별할 수 있다.
- 프로세스의 문제에 대해 브레인스토밍을 도울 수 있다.

프로세스의 외부인은 표준 심볼(다이아몬드, 타원형, 사각형 등)을 사용하면 무슨 일이 일어나고 있는지 이해할 수 있다. 이는 특정 구성원이 프로세스에 대한 이전의 경험이 없었던 식스 시그마 프로젝트 팀에게는 매우 유용하다. 프로세스 흐름도를 사용하는 주된 이유는 시스템의 주요 부분 간의 관계를 보여주는 것이다. 프로세스 흐름도는 주로 주요 구성 요소 간의 관계를 묘사해야 하는 공정과 화학 산업에서 주로 사용된다. 그러나 순서도가 정확하지 않으면 이점이 줄어든다. 흐름도를 작성하기 전에 카드나 스티커 메모 등 필요한 자료를 준비한다. 다음은 순서도 기본 과정이다.

❶ 다이어그램을 작성할 프로세스를 정의한다. 작업 면 상단에 제목을 쓴다.

❷ 프로세스의 경계를 토의하고 결정한다. 프로세스가 언제 어디서 시작되는가? 어디서 또는 언제 끝나는가? 다이어그램에 포함될 세부 수준을 논의하고 결정한다.

❸ 일어나는 활동에 대해 브레인스토밍한다. 카드나 스티커 메모에 각각 쓴다.

❹ 적절한 순서로 활동을 배열한다.

❺ 모든 활동이 포함되고 모든 사람이 순서가 바르다고 동의하면 화살표를 그려 프로세스의 흐름을 표시한다.

❻ 프로세스와 관련된 다른 사람들과의 순서도(작업자, 감독자, 공급자, 고객)를 검토하여 프로세스가 정확하게 작성되었다는 데 동의하는지 확인한다.

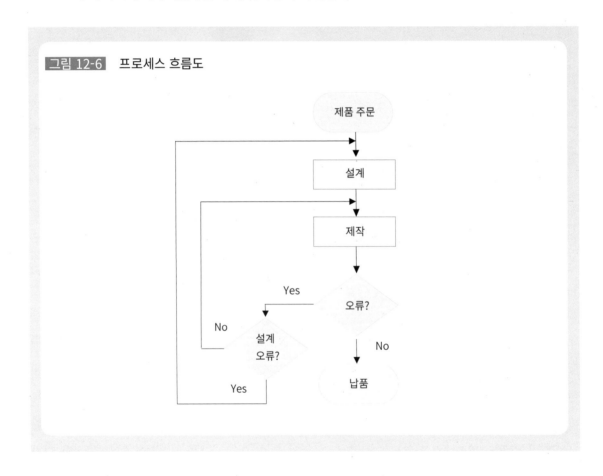

그림 12-6   프로세스 흐름도

5) 기능전개 다이어그램

기능전개 다이어그램(functional deployment diagram)은 간단히 선으로 구성된 순서도이다. 이것은 기능, 부서 또는 개인별로 프로세스 단계를 구분하는 프로세스 맵이다. 각각의 선은 다른 부서 또는 개인을 나타낸다. 이 방법의 장점은 각 선을 사용하여 개인이나 부서의 업무를 표현할 수 있다. 프로세스의 각 단계를 담당하는 담당자는 업무의 전후 상호작용을 한 눈에 파악할 수 있다.

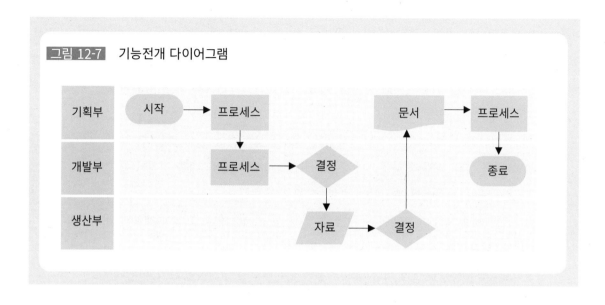

그림 12-7 기능전개 다이어그램

6) 핵심 품질특성

핵심 품질특성(Critical To Quality: CTQ)은 지각된 품질에 직접적이고 중요한 영향을 미치는 부품, 제품이나 프로세스의 속성이다. 즉, 서비스나 공정에서 품질에 가장 큰 영향을 미치는 속성이다. 핵심 품질특성은 고객의 필요와 욕구와 관련된 내부의 중요한 품질 매개 변수이다. 이 특성은 고객이 정의한 제품 또는 서비스 특성이다. 프로젝트를 시작하고 고객의 소리(VOC)를 수집한 후에는 핵심 품질특성을 정의한다. 즉, 고객과 관련하여 품질특성이나 문제를 확인한다.

프로세스 능력을 정확히 계산하기 위해서는 프로세스 결함, 단위 및 기회를 적절히 정의하고 정량화한다. 이러한 과업은 고객과 함께 시작한다. 프로세스 결함, 단위 및 기회를 정의하기 전에 고객의 요구 사항을 이해해야 한다. 고객의 목소리는 고객 의견을 수집하여 제품문제 및 사양으로 변환하는 프로세스이다. 고객의 요구 사항을 충족시키기 위해 제품이나 서비스 특성은 고객의 요구 사항에 대한 해석, 문제점 및 사양에서 나온다. 결함은 제품이나 서비스의 다음과 같은 부분으로 정의된다.

- 고객의 사양이나 요구 사항을 충족하지 못한다.
- 고객불만을 야기한다.
- 기능적 또는 물리적 요구 사항을 충족시키지 못한다.

제품과 서비스 단위를 정의한다. 고객이라는 용어는 내·외부 고객을 모두 지칭한다. 단위는 고객이 수량화할 수 있는 항목이다. 이는 업무 프로세스의 측정 가능하고 관찰 가능한 결과물이다. 그것은 물리적 단위로 나타나거나 서비스인 경우 시작과 중지 지점을 가질 수 있다. 다음으로 제품과 서비스 기회를 정의한다. 기회란 단위당 결함이 있는 총기회 수이다. 총기회 수는 제품이나 서비스의 복잡성을 나타낸다. 각 기회는 측정 가능하고 관찰 가능해야 한다. 최종 기회는 고객 CTQ와 직접 관련이 있다. 다음은 VOC를 유용한 핵심 품질특성으로 변환하는 데 필요한 요구 사항이다.

- 제품과 서비스의 특성: 제품과 서비스의 일부 측면을 설명하는 단어 또는 구이다.
- 측정 및 운영 정의: 제품과 서비스의 특성을 수량화하는 방법에 대한 정의이다.
- 목표 값: 제품과 서비스의 목표이다.
- 사양 제한: 사양 제한은 고객이 수용할 수 있는 성능 제한이다. 고객이 제품과 서비스의 제공에 있어 허용하는 차이는 얼마인가?
- 결함 비율: 생산자가 규격 한계를 벗어난 제품과 서비스를 생산하는 빈도이다.

7) 작업분류 구조

작업분류 구조(Work Breakdown Structure: WBS)는 프로젝트 전반과의 관계를 반영하여 프로젝트 작업을 그림으로 나타낸 차트이다. 제품을 생산하는 과정에서 기술적인 사항과 관련하여 작업 과제들을 상세하게 구성하여 조직화한 것이다. 따라서 계획, 비용과 노력, 자원 할당 및 일정 계획을 포함한 모든 프로젝트 관리 작업의 기초를 제공한다. 프로젝트의 작업분류 구조는 실제로 프로젝트 전체에서 완료될 산출물의 간단한 정보이다. 작업분류 구조는 작고 관리하기 쉬운 부분으로 산출물과 프로젝트 작업을 세분화하는 것을 목표로 한다. 이를 통해 추정하고 관리하고 조정하여 보다 효과적으로 감시할 수 있다. 작업분류 체계를 생성하기 위한 규칙이 있다. 다음과 같은 이점을 제공한다.

- 프로젝트 비용 예측
- 상호의존 확립
- 프로젝트 일정 결정과 수립
- 업무 명세서 작성
- 책임 할당과 역할 명확화
- 프로젝트 진행 상황 추적
- 위험 확인

8) 5Whys 분석

5Whys는 특정 문제의 원인이 되는 인과관계를 탐색하는 데 사용되는 반복 기술이다. 5Whys는 자료 세분화, 가설 테스트, 회귀 또는 기타 고급통계를 포함하지 않으며 자료수집 계획 없이 완료될 수 있는 훌륭한 식스 시그마 도구이다. 왜(Why)라는 질문을 반복적으로 요구함으로써 문제의 근본 원인을 찾는 방법이다. 문제에 대한 표면적인 이유가 다른 질문으로 이어진다. 각 질문은 다음 질문의 기초를 형성한다. 이 기술을 5Whys라고 부르지만 문제와 관련된 원인을 찾기 전에 5번보다 몇 배나 더 많은 질문을 할 필요가 있다. 아이디어는 근본 원인을 확인하는 동안 프로세스를 반복하는 것이다. 근본적인 문제에 도달하기 전에 5가지 또는 5가지 이상의 질문을 한다.

이 분석이 항상 만족스러운 답변을 이끌어 내는 것은 아니다. 이 방법은 추가 근본 원인을 찾기 위해 어떤 질문을 탐색할지 또는 얼마나 오랫동안 지속하는지에 대한 엄격한 규칙을 제공하지 않는다. 따라서 결과는 여전히 관련된 사람들의 지식과 끈기에 달려 있다. 게다가 많은 문제가 모두 문제를 일으키는 데 중요한 역할을 하는 상황이 있으며 그 중 어느 것이 주된 원인인지 결정하는 것은 매우 어렵다. 그러나 근본적인 문제를 파악하는 데 여전히 유용할 수 있다. 그리고 사전에 이 방법의 한계를 알고 있으면 그 단점을 명확하게 처리하면서 효과적으로 사용할 수 있다.

그림 12-8   5Whys 분석 단계

❶ 특정 문제를 기록한다. 문제를 작성하면 문제를 형식화하고 완전히 설명하는 데 도움이 된다. 또한 팀이 동일한 문제에 집중하는 데 도움이 된다.

❷ 발생한 문제 아래에 대답을 적는다.

❸ 방금 제공한 답이 1단계에서 기록한 문제의 근본 원인을 파악하지 못하면 다시 질문하고 답을 기록한다.

❹ 문제의 근본 원인을 파악한 팀이 동의하지 않으면 이전 단계로 돌아간다.

❺ 더 이상 문제가 발생하지 않으면 질문을 종결한다.

▌5Whys 예제

문제 설명: 사양에 맞지 않는 제품을 배달했기 때문에 고객은 만족하지 않았다.

❶ Why: 왜 고객이 만족하지 않는 제품을 배달했습니까?

왜냐하면 고객이 기대했던 사양과 다른 사양으로 제품을 제작했기 때문입니다.

❷ Why: 왜 고객이 제품을 만족하지 않습니까?

왜냐하면 고객의 욕구조사가 제대로 실시하지 않았기 때문입니다.

❸ Why: 왜 고객의 욕구조사가 제대로 실시하지 않습니까?

왜냐하면 고객의 욕구조사 예산이 없기 때문입니다.

❹ Why: 왜 제품을 판매와 다른 사양으로 만들었습니까?

왜냐하면 판매원이 직접 제조 책임자에게 요청하여 생산이 이루어지는데 제품사양이 전달되거나 기록될 때 오류가 발생했기 때문입니다.

❺ Why: 왜 영업 담당자는 회사에서 수립한 절차를 따르지 않고 제조 책임자를 직접 부르는 이유는 무엇입니까?

왜냐하면 요청 작업 양식을 사용하려면 영업 담당자의 승인이 있어야 하고 이것은 제조 프로세스를 느리게 하여 고객에게 신속하게 제공할 수 없기 때문입니다.

❻ Why: 왜 이 양식에 영업 이사의 승인이 포함됩니까?

왜냐하면 회사의 조직구조와 전결규정에 의해서 영업 이사의 승인이 필요하기 때문입니다.

9) 실패 모드 및 영향 분석

실패 모드 및 영향 분석(Failure Modes and Effects Analysis: FMEA)은 제품이나 프로세스에 무엇이 잘못될지 예측하고 실패 위험을 완화하기 위한 계획을 수립할 수 있도록 스프레드시트 내에서 생성하는 정성적 및 체계적인 도구이다. 가능한 많은 구성 요소, 조립 및 하위 시스템을 검토하여 실패 모드, 원인 및 결과를 확인한다. 각 구성 요소에 대해 시스템의 나머지 부분에 대한 실패 모드와 결과가 기록된다. FMEA는 잠재적 실패 지점을 전향적으로 분석하여 프로세스 개발 초기에 우려를 없애는 데 도움이 된다. 다음은 FMEA을 사용하기에 유용한 시기이다.

- 품질기능전개 후 프로세스, 제품 또는 서비스가 설계, 재설계될 때
- 기존 프로세스, 제품 또는 서비스가 새로운 방식으로 적용될 때
- 새롭거나 수정된 프로세스에 대한 통제 계획을 개발하기 전
- 기존 프로세스, 제품 또는 서비스에 대한 개선 목표가 계획될 때
- 기존 프로세스, 제품 또는 서비스의 실패를 분석할 때

10) 품질기능전개

품질기능전개는 1972년 일본 미쓰비시의 고베(Kobe) 조선소에서 개발되어 많은 기업들이 도입한 종합적 품질관리기법이다. 품질기능전개(Quality Function Deployment: QFD)는 고객 요구 사항이 제품 개발 및 생산의 각 단계에 대한 적절한 기술적 요구 사항으로 변환되는 구조화된 방법이다. 새로운 프로젝트를 개발하기 위해 혁신적인 해결책, 정보를 얻는 방법과 가장 좋은 가능한 결과를 확보하는 방법으로 의사결정을 관리하는 방법이다. 회사의 성공은 회사가 고객의 요구 사항을 이해하고 다루는 방법에 달려있다. 고객의 욕구를 설계의 필요 사항으로 전환하고, 이러한 필요 사항을 중요한 특징과 구체적인 필요 사항으로 변환한다. 품질기능전개는 제품기획, 설계, 생산의 각 단계에서 고객의 요구 사항(고객의 목소리)을 회사의 기술적 요구 사항으로 전환시키는 체계적인 방법이다. 따라서 제품개발 및 생산의 각 단계에서 고객의 요구 사항을 파악하여 각 부문에 전달함으로써 고객만족을 통한 수익실현 과정이다.

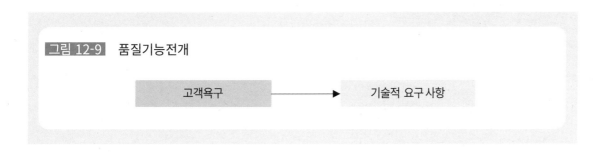

그림 12-9 품질기능전개

고객욕구 → 기술적 요구 사항

품질기능전개는 고객의 소리(voice of the customer)를 엔지니어의 소리(voice of the engineer)로 전환하는 것이다. 제품을 잘 설계하기 위해 설계팀은 설계하고 있는 것이 무엇인지와 최종 사용자가 설계로부터 기대하는 것이 무엇인지를 알 필요가 있다. 예를 들면, 필기가 잘 되는 펜과 같은 고객욕구를 일정한 잉크 점도나 부드러운 볼펜의 접촉면과 같은 기술적 요구 사항으로 전환한다. QFD는 주관적 품질기준을 계량화하고 측정할 수 있는 객관적 기준으로 해석하는 것으로 품질, 기능과 전개 등 3가지 요소가 중심이다. 품질(quality)은 고객의 기대를 만족시키는 우수한 제품의 품질, 속성, 특징, 성능을 의미한다. 기능(function)은 제품이 수행하는 것으로 측정 가능한 기능이고, 전개(deployment)는 고객의 소리를 누가, 어떻게, 언제 전환하는가에 관한 것이다. 따라서 품질기능전개는 고객욕구를 기술적 요구 사항으로 전환하는 것을 의미한다.

품질기능전개의 목적은 주로 몇 가지가 있다. 첫째, 출시할 고품질의 제품을 빠르고 저원가로 개발할 수 있다. 둘째, 고객에 근거한 제품설계를 달성할 수 있다. 마지막으로 미래설계나 공정개선을 위해 추적 시스템을 제공할 수 있다. QFD는 고객의 요구 사항을 기술적 요구로 전환하여 품질의 집(House of Quality)이라는 행렬을 이용하는 기법이다. QFD공정을 실행하는 첫 단계에서 품질의 집을 만든다. 고객으로부터 입수한 자료를 통해 고객요구 사항을 기술적인 사양으로 전환한다. 품질의 집은 고객의 요구와 그의 중요도, 고객의 요구를 만족시킬 설계특성, 고객요구와 설계특성과의 관계, 설계특성 간의 상관관계, 그리고 경쟁자 제품과의 품질특성 비교, 경쟁기업의 벤치마킹 등을 고려하여 설정한 각 설계특성에 대한 목표치를 하나의 집과 같이 일목요연하게 나타낸 일람표이다.[3] 품질의 집에는 6개의 주요 구성 요소가 있다.

- 고객의 소리: VOC에서 도출된 요구 사항을 나열한다.
- 기술적 요구 사항: 잠재적인 제품기능을 나열한다.
- 상관관계: 기술 특성 간 상호의존성을 기록한다.
- 관계평가: 제품기능과 고객 요구 사항 간의 관계를 표시한다.
- 경쟁제품 평가: 경쟁제품에 대한 고객평가를 기록한다.
- 경쟁자의 기술평가: 경쟁자의 기술 수준을 표시한다.

---

3 유순근(2016), 창의적 신제품개발 2판, 진샘미디어.

448

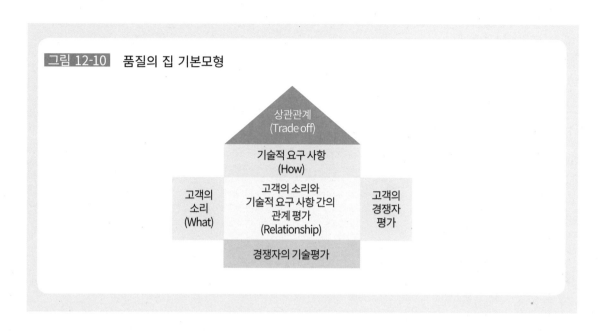

그림 12-10 품질의 집 기본모형

> 상관관계
> (Trade off)
>
> 기술적 요구 사항
> (How)
>
> 고객의 소리
> (What)
>
> 고객의 소리와
> 기술적 요구 사항 간의
> 관계 평가
> (Relationship)
>
> 고객의
> 경쟁자
> 평가
>
> 경쟁자의 기술평가

　　품질기능전개 기법의 단점은 전체 분석이 VOC를 수집하는 데 사용된 방법의 강도에 달려 있다. 또한 시간이 많이 소요되는 프로세스이다. 모든 매트릭스를 올바르게 채우려면 시간이 필요하므로 빠르게 변화하는 시장 요구에 적응하는 것이 더 복잡해진다. 그러나 품질의 집은 일련의 표와 도해로 구성되어 있어 고객의 욕구를 제품 요구 사항, 기능, 기술, 시스템, 서브시스템, 부품, 신뢰성, 원가, 생산 장비 설치, 운영자 교육 및 공정 통제에 체계적으로 전달한다. 다음은 QFD 사용의 이점이다.

- 회사의 프로세스, 제품 또는 서비스를 개선할 수 있다.
- 다른 품질 도구보다 자원이 적게 필요하다.
- 다른 품질 도구보다 빠른 결과를 낼 수 있다.
- 설계 프로세스에 대한 정의를 제공한다.
- 정보를 그래픽으로 표시하여 활동을 쉽게 관리하고 검토할 수 있다.
- 프로세스, 제품이나 서비스를 향상시키기 위해 인력을 적절하게 배치할 수 있다.

글로벌
리더를 위한
전략경영

전략평가와 윤리경영

글로벌
리더를 위한
전략경영

제13장

전략평가와 윤리경영

1. 전략평가

전략평가는 전략경영 주기의 최종 단계이다. 전략평가 없이는 전략과 계획대로 사업목표를 성취하고 있는지 여부를 판단할 수 없다. 전략경영은 사명과 비전에 따라 자원과 행동을 조정하는 과정이다. 최적으로 조직되고 가장 잘 이행된 전략은 회사의 외부와 내부환경이 변화함에 따라 쓸모없게 된다. 따라서 전략실행을 체계적으로 검토, 평가 및 통제하는 것이 필수적이다. 이 장에서는 전략경영 활동을 평가하고, 제대로 작동하는지 확인하고, 시기적절한 변화를 도출하기 위한 경영자의 노력을 안내할 수 있는 프레임 워크를 제시한다. 전략수립, 실행 및 평가를 위한 지침이 제시된다.

1) 전략평가의 의미

전략경영은 전략을 수립하고, 실행하고, 평가하고, 통제하는 일련의 과정이다. 전략이 수립될 때 전략이 실행될 미래에 발생할 수 있는 모든 문제와 사건을 예견할 수 있는 것이 아니다. 따라서 경영자는 전략실행 과정을 평가한 다음 전략을 수정하거나 세밀하게 조정하는 것이 필수적이다. 전략평가(strategy evaluation)는 경영자가 전략적 선택이 적절히 이행되고 조직의 목표를 충족시키고 있는지를 확인하는 과정이다. 즉, 전략실행 과정에 있는 어떤 제약 사항을 밝혀내고 차이를 확인하는 것이다. 전략평가에서 경영자는 전략실행과 관련된 성과의 진척을 검토하고 평가하고, 실제로 선택한 전략에서 실제 성과의 차이를 찾아내고, 적절한 시정조치를 취한다. 따라서 평가는 전략이 얼마나 효과적인지, 얼마나 잘 이행되고 있는지 평가하는 것이지만 통제는 평가에서 얻은 정보로 더 나은 계획을 세우고 전략을 실행하는 방법을 개선하는 것을 의미한다.

2) 전략평가의 기능

조직의 성과 자료는 사업목표를 검토하고 재평가한 주요 지표이다. 예를 들면, 비효율적인 팀 성과, 표적시장의 욕구 변화 또는 비효율적이거나 결함 있는 전략이 포함될 수 있다. 전략평가는 전략에 대한 일종의 추적이다. 전략평가는 경영자가 신속하게 자료를 처리할 수 있도록 시기적절한 피드백을 제공하기 위한 효과적인 컴퓨터 정보 시스템이 필요하다. 실행 중 또는 실행 후 전략평가는 조직의 추적 시스템에 없어서는 안 될 부분이다. 두 시스템 모두 경영자가 전략계획의 진행 상태를 추적하는 데 도움이 된다. 전략평가 과정은 예상치 못한 사건을 알려준다. 이러한 경우 전략을 변경하게 된다. 다음은 전략평가 및 통제 시스템으로 경영자가 파악할 수 있는 사항이다.

- 전략의 진행 상황
- 적절한 자원의 할당과 사용
- 예상된 외부환경
- 장기와 단기 목표달성
- 적절한 전략수립

회사는 사업목적을 충족하기 위해 계획된 프로그램, 프로젝트와 활동의 성과를 평가한다. 경영자는 전략실행을 위해 취해지는 전략적 행동의 진행 상황을 지속적으로 평가하고 추적해야 한다. 체계적인 평가는 계획된 활동에서 실제 활동의 차이를 발견할 수 있는 적절한 정보를 제공한다. 이러한 정보를 바탕으로 경영자는 적절한 조치를 취할 수 있다. 다음은 전략평가의 기능이다.

- 시정조치를 위한 자료수집: 조직은 끊임없이 역동적인 환경에 노출되어 있다. 내부와 외부요인은 신속하고 극적으로 변한다. 이러한 변화는 전략실행에 영향을 준다. 전략의 정기적인 평가는 시정조치를 취하기 위한 관련 자료를 제공한다.
- 진행 상황 추적: 전략평가는 경영자가 전략실행의 진행 상황을 추적하는 데 도움이 된다. 진행이 지연, 이탈되거나 새로운 상황이 발생하면 시정과 조정이 필요하다.
- 결함 발견: 전략이 효과적이거나 적절하다는 것을 보증할 수 없다. 전략에 있는 중요한 결함을 발견해야 한다. 경영자는 전략이 잘 작동되는지를 검토하여 결과나 향후 영향을 판단한

다. 어떤 결함이 발견된다면 전략실행을 중지한다.

- 능동적인 경영자: 경영자는 변화의 영향을 평가하는 중요성을 무시해서는 안 된다. 오늘의 성공이 내일의 성공을 보장하지 않는다고 느끼게 한다.
- 참여와 몰입: 모든 경영자와 직원이 전략을 지속적으로 평가하는 과정에 참여할 때 회사는 목표를 달성하기 위해 꾸준히 움직인다.

쓰리 톱 CEO 체제 바꾸나

삼성의 한 관계자는 "IM과 CE가 독립적인 정도가 아니라 거의 다른 회사에 가까울 정도로 '보이지 않는 벽'이 있다"며 "R&D부터 투자 등 시너지를 낼 수 있는 영역이 많은데 시도조차 되지 않았다"고 설명했다. 하지만, 사물인터넷(IoT)과 인공지능(AI) 사업에 있어 스마트폰과 가전 사업은 융합은 필수인 시대로 가고 있다. 지난 18일 개막한 삼성 개발자 컨퍼런스에서는 스마트폰과 가전이 인공지능으로 묶이는 빅스비2.0을 공개했다. 이어 스마트폰에 탑재했던 인공지능 비서 서비스 빅스비를 2018년형 TV에 탑재할 것이라고 발표했다. AI의 범위가 스마트폰 뿐만 아니라 가전으로 확대된 것이다.

삼성전자는 이미 출시하는 모든 가전제품에 IoT 통신모듈을 장착해 스마트폰으로 원격제어가 가능하도록 개발하고 있다. 인공지능, 자율주행 자동차, 뉴메모리 등 미래 사업 분야에서 이렇다할 두각을 내지 못한 삼성전자가 향후 10년 뒤에도 세계 시장을 주도하는 전자·IT 기업으로 남기 위해서는 공격적이고 선제적인 투자와 R&D가 절실하다. 실제 삼성전자 내부에서는 이사회 내부에 전자 계열사들의 중장기 경영 전략과 경영진 인사 평가를 총괄할 조직을 신설할 수 있다는 추측도 나오고 있다. 사실상 삼성디스플레이, 삼성전기, 삼성SDI, 삼성SDS 등 전자 계열사를 총괄하는 조직이다.

출처: 조선비즈 2017.10.30

3) 전략평가의 기준

잘못된 전략적 결정은 심각한 손실을 초래할 수 있으며 되돌리기가 어렵다. 따라서 조직의 성장에 전략평가가 중요하다. 적시에 전략을 평가하면 상황이 심각해지기 전에 문제 또는 잠재적인 문제를 경영진에게 알릴 수 있다. 예를 들면, 판매가 증가했는가? 생산성이 향상되었는가? 투자수익이 향상되었는가? 이러한 유형의 질문에 대한 답변이 긍정이면 전략이 정확했을 것이다. 특정한 전략이 최적이라는 것을 결정적으로 입증하는 것은 불가능하다. 그러나 중대한 결함이 있는지 평가할 수 있다. 전략을 평가하는 데 사용할 수 있는 기준은 일치성, 조화성, 경쟁우위 및 실행 가능성이다.[1] 조직이 중요한 요인은 극적으로 변하는 동적 환경에 직면하기 때문에 전략평가는 중요하다. 오늘의 성공은 내일의 성공을 보장하지 않는다. 조직은 결코 성공에 대한 만족감에 빠져서는 안 된다.

- 일치성: 전략은 서로 일치하지 않는 목표와 정책을 제시해서는 안 된다.
- 조화성: 전략은 외부환경과 내부에서 발생하는 변화에 대한 반응을 포함해야 한다.
- 경쟁우위: 전략은 선택한 활동 영역에서 경쟁우위를 창출하거나 유지해야 한다.
- 실행 가능성: 전략은 자원을 과도하게 사용하거나 해결할 수 없는 다른 문제를 만들어서는 안 된다.

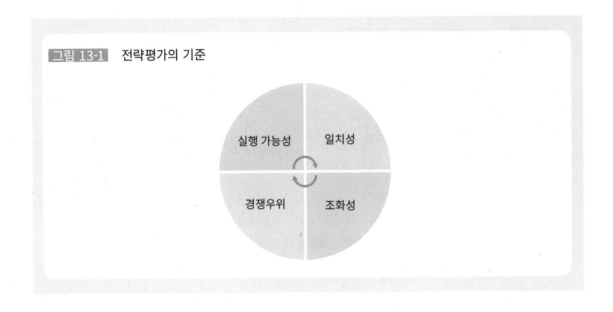

그림 13-1 전략평가의 기준

❶ 일치성

전략은 모순된 목표와 정책을 제시하면 안 된다. 조직 갈등과 부서 간 논쟁은 관리 장애의 징후이지만 이러한 문제는 전략적 모순의 징후가 될 수 있다. 전략의 불일치는 단순히 논리의 결함이 아니다. 전략의 핵심 기능은 조직 행동에 일관성을 제공한다. 명확한 전략의 개념은 효율적인 암묵적 조정

---

1 Rumelt, R. P.(1998), *Evaluating Business Strategy*, Mintzberg H, Quinn JB, Ghoshal S., The Strategy Process, Revised Edition, Prentice Hall Europe.

의 분위기를 조성할 수 있다. 조직 갈등은 경영 장애의 증상이지만 전략적 모순의 문제를 나타낼 수도 있다. 전략의 일관성은 조직의 목표와 구성원들 간의 가치 일치에 있다. 이 영역의 불일치는 이미 실행된 전략의 평가보다 전략수립의 문제이다.

- 조정과 계획의 문제가 발생하고 사람 중심이 아닌 문제라면 전략은 일관성이 없다.
- 한 부서의 성공이 다른 부서의 실패를 의미한다면 전략은 일관성이 없다.
- 권한위임에도 불구하고 문제와 쟁점이 상위 수준에 있으면 전략은 일관성이 없다.

❷ 조화성

전략을 평가할 때 외부 환경과 내부 변화를 조사할 필요성이다. 전략은 외부와 내부에서 발생하는 중요한 변화에 대한 반응을 나타내야 한다. 전략수립에서 기업의 주요 내적·외적 요인을 일치시키는 데 있어 어려움은 추세가 다른 추세와의 상호작용의 결과라는 점이다. 그러나 경영진은 경쟁적 사고에 몰두해 문제가 상당한 수준에 도달한 후에 위협을 인식할 수 있다. 경제나 인구통계학적 추세가 수년 동안 안정적으로 나타날 수도 있지만 상호작용 수준에서 변화가 일어난다. 따라서 조화성을 평가하는 핵심은 현재 기업이 존재하는 이유와 현재의 패턴을 취하는 이유를 이해하는 것이다. 일단 사업을 지원하고 정의하는 기본 경제 기반을 잘 이해하면 주요 추세와 변화를 조사할 수 있다. 이러한 이해가 없으면 어떤 종류의 변경이 가장 중요한지를 결정할 좋은 방법이 없다.

❸ 경쟁우위

전략은 선택된 활동 영역에서 경쟁우위의 창출과 유지를 제공해야 한다. 경쟁전략은 복제하기가 어려운 특성을 창출하거나 개발하는 기술로 기업 간의 차이에 초점을 두고 있다. 경쟁우위는 자원, 기술 또는 경쟁 위치 등에서 우월성의 결과이다. 경쟁 위치는 조직의 전략에서 중요한 역할을 한다. 일단 획득하면 좋은 위치를 방어할 수 있다. 즉, 경쟁자가 전면적인 공격으로부터 방어하는 비용이 많이 든다. 자원을 일정하게 할당하면 결합된 효과를 향상시킬 수 있고 경쟁자의 힘을 혼란에 빠뜨릴 수 있다.

전략적 위치 이점은 주요 요인이 안정적으로 지속되는 경향이 있다. 이러한 이유로 기업의 기술 수준이 평균 수준일지라도 확고부동한 회사는 낙마하는 것이 거의 불가능하다. 모든 전략적 위치 이점이 규모와 관련되어 있는 것은 아니다. 좋은 위치의 주된 특징은 회사가 똑같은 경쟁우위를 얻지 못하는 정책에서도 이점을 얻을 수 있다. 또 다른 유형은 성공적인 거래에서 파생된다. 특히 광고할 때 소매업체는 위치를 강화하고 진입장벽을 더욱 높인다. 따라서 전략을 평가할 때 조직은 주어진 전략과 관련된 전략적 위치 이점의 특성을 조사해야 한다. 다음은 전략적 위치의 요인이다.

- 특수 원재료나 장기 공급 계약
- 상당한 고정투자와 높은 운송비용을 포함하는 사업인 경우 주요 고객 근처 위치
- 독특한 경험을 요구하는 서비스 분야의 선두주자
- 신뢰할 수 있는 제품에 대한 폭 넓은 명성

❹ 실행 가능성

전략은 사용 가능한 자원을 과도하게 사용하거나 해결할 수 없는 다른 문제를 만들어서는 안 된다. 전략의 최종적인 검사는 실행 가능성이다. 즉, 기업의 물적, 인적 및 재무자원 내에서 전략을 시도할 수 있는가? 재무자원은 계량하기가 가장 쉽고 전략이 평가되는 첫 번째 사항이다. 그러나 때로는 자금조달에 대한 혁신적인 접근법이 가능하다는 사실을 잊어버릴 수 있다. 경영자들이 직면하는 근본적인 문제는 유연성, 혁신, 창의성 및 직원들의 주도권이다. 경영자들은 기업가 정신을 발휘하는 능력 있는 직원을 어떻게 보장할 수 있는가? 권한을 부여받은 직원이 목표에 압력을 받고 이를 달성하기 위한 행동의 장애가 발생할 수 있다. 따라서 주어진 전략을 수행하는 데 필요한 능력, 역량, 기술 및 재능을 보유하고 있는지를 검토하는 것이 중요하다. 다음은 전략평가가 어려운 이유이다.

- 환경의 복잡성이 크게 증가한다.
- 미래를 정확하게 예측하는 것이 더 어렵다.
- 고려해야 할 변수의 수가 증가한다.
- 최고의 계획의 노후화가 빠르다.

4) 효과적인 평가 시스템

복잡한 전략평가 시스템은 사람들을 혼란스럽게 하고 거의 성취하지 못한다. 효과적인 평가 시스템은 복잡성이 아니라 유용성이다. 현지 환경에 익숙해 있으면 소규모 조직에서 대기업보다 훨씬 쉽게 정보를 수집하고 평가할 수 있다. 그러나 이상적인 전략평가 시스템은 없다. 조직의 규모, 관리 형태, 목적, 문제점 및 강점을 포함하여 조직의 고유한 특성은 전략평가와 통제 시스템의 최종 설계를 결정할 수 있다. 성공한 기업은 엄격하고 정확한 재무관리, 창의적이고 자유로운 통제와 균형을 유지한다. 효과적인 전략평가는 다음과 같은 기본 요구 사항을 충족해야 한다.

- 경제성과 관련성: 전략평가는 경제적이어야 한다. 너무 많은 정보는 너무 적은 정보만큼 나쁠 수 있다. 평가는 기업의 목표와 구체적으로 관련되어야 한다.
- 유용한 정보 제공: 전략평가는 유용한 정보를 제공해야 한다. 평가 시스템은 유용한 정보를 관리자에게 제공해야 한다.
- 적시정보 제공: 전략평가는 정보를 적시에 제공해야 한다. 통제의 시간 차원은 측정되는 사건의 시간 범위와 일치해야 한다.
- 사실적 상황: 전략평가는 사실적인 상황을 제공해야 한다. 전략평가는 일어나고 있는 일에 대한 진정한 상황을 제공하도록 설계되어야 한다.
- 제한성: 전략평가 프로세스가 의사결정을 지배해서는 안 된다. 상호이해, 신뢰 및 상식을 촉진해야 한다. 전략평가에 모든 부서는 협력해야 하고, 단순하고, 너무 성가시며, 너무 제한적이어서는 안 된다.

2. 전략적 통제

빈번한 측정과 신속한 보고는 좋은 통제를 제공하기보다는 통제를 좌절시킬 수 있다. 따라서 전략적 통제(strategic control)는 기업이 목표로 하는 결과를 달성하기 위하여 전략이 적절하게 실행이 되고 있는가를 감시하고 평가하는 것을 말한다. 즉, 전략적 관리 프로세스를 감시하고 평가하여 올바른 방향으로 진행되는 데 중점을 둔다. 전략적 통제는 계획을 달성하는 것을 목표로 하는 조직 통제이다.

1) 통제의 개념

통제(controlling)는 관리자들이 실제적인 활동이 계획된 활동과 일치하는지를 확인하는 과정이다. Koontz와 O'Donnell은 통제는 계획에 따라서 목표달성을 확인하기 위해 기준과 차이에 대한 성과의 측정이라고 정의한다. 계획과 통제는 밀접하게 관련되어 있다. 통제는 관리자들에게 활동을 계획하고, 조직하고, 지휘하는 효과성을 추적·관찰하는데 도움이 된다. 따라서 통제는 계획된 활동으로부터 얻는 결과에서 중요한 차이를 탐지하고 시정하는 목표를 수행한다. 다음은 통제의 기능이다.

- 통제는 필수적인 기능이다.
- 통제는 계속적인 과정이다.
- 통제는 시정적인 활동이다.
- 통제는 측정을 포함한다.
- 통제는 통합된 시스템이다.

통제는 계획을 수립하고 실제적인 활동이 계획된 활동과 일치하는지를 파악하는 경영 과정이다. 경영 활동에서 통제기능이 중요한 이유는 전략이 계획대로 실행하고 조직 구성원들과 부서 간의 활동을 조정하기 위해서이다. 따라서 경영통제의 주요기능은 감시기능, 비교기능, 시정조치와 피드백 등이 있다.

- 감시기능: 모든 활동을 감시하고 적절한 행동을 확인하는 기능
- 비교기능: 계획과 성과 간의 일치 정도를 활동 단계별로 비교하는 기능
- 시정조치: 계획과 성과 간의 차이를 시정하는 기능
- 피드백: 미래의 의사결정을 위해 조직 구성원들과 경영층에게 피드백

2) 계획과 통제의 관계

계획과 통제는 상호 밀접하게 연결되어 있다. 효과적인 계획은 통제를 용이하게 하고, 통제는 계획을 용이하게 한다. 계획은 미래를 위한 체계이고 통제를 위한 청사진이다. 통제는 어떤 기준의 존재를 예상한다. 계획은 통제의 기준으로 사용하는 성과기준을 제공한다. 모든 목적, 계획, 정책, 절차와 예산은 측정될 수 있는 기준이 있다. 통제 시스템은 자원의 할당과 사용을 조정하고 계획의 다음 단계

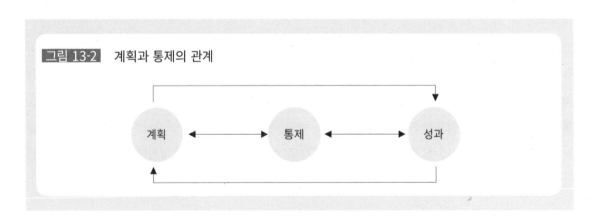

그림 13-2 계획과 통제의 관계

계획 ↔ 통제 ↔ 성과

를 지원한다. 따라서 통제는 혼란과 왜곡을 방지하고, 적절한 추적으로 계획을 유지하는 것을 의미한다. 통제의 교훈은 미래 계획을 수정하고 개선하기 위한 피드백이다. 이처럼 계획과 통제는 상호 강화한다. 즉, 사실에 근거한 계획은 통제를 쉽게 하고, 적절한 통제는 미래 계획을 개선한다.

계획과 통제 간의 관계를 설명할 때, 계획은 미래를 보고 통제는 과거를 본다고 한다. 이 말은 사실이지만 불완전하다. 계획은 조직의 목적, 전략, 주요 정책과 프로그램과 미래 사건의 예측을 사전에 결정하는 미래를 계획하는 활동이다. 통제는 계획이 적절하게 실행되고, 결과가 달성되고, 차이가 시정되는지를 확인하는 과거 회고적인 활동이다. 계획은 미래를 보는 것이고, 미래에 대한 계획은 부분적으로 과거와 현재의 투영이다. 이와 같이 계획은 과거 경험에 근거한다. 조치의 미래 과정을 착수하기 위해 계획 수립자는 조직의 과거 결정, 정책, 프로그램과 몰입을 돌이켜 보아야 한다.

3) 통제의 중요성

통제는 차이를 확인하고 시정단계를 착수함으로써 미래의 성과를 향상하는 것이다. 사전통제는 계획에서 차이와 왜곡의 발생에 대한 예방조치를 가능하게 하고, 조직을 기민하게 하고, 미래 환경에서 생존하게 한다. 조기경보와 신속한 반응과정은 통제를 사전적으로 하는 통제 시스템에 긴요하다. 통제 없는 계획은 무용지물이다. 통제는 조직의 활동에서 환경변화와 이러한 변화의 영향을 추적 관찰하는데 도움이 된다. 개인과 조직의 활동이 조직의 목표와 기준과 일치하기 위해 관리자들은 잘 계획된 통제 시스템에 의해서 활동을 조절한다.

- 변화대처: 모든 조직들은 환경에서 오는 변화를 대처해야 한다. 시장 변화에 대응할 수 있는 유연성이 기업의 경쟁력이다. 예를 들면, 새로운 제품과 기술이 출현하고, 정부 규제가 시행되거나 개정되고, 경쟁자가 전략을 변경한다. 통제기능은 이러한 환경변화에 반응하는데 도움이 된다.
- 최선의 품질창조: 기업들은 전사적 품질경영을 추구한다. 전사적 품질경영 활동에서 공정 결함이 탐지되고 실수가 제거된다. 종업원들은 작업을 검사하고 개선하기 위해 권한을 부여 받고, 효과적인 통제를 위해 태도와 방법을 변경한다.
- 신속한 주기 창조: 통제는 고객들에게 신제품과 서비스를 창조하고 전달하는 주기를 빠르게 한다. 속도는 고객주문을 수행하는데 필수적이다. 고객들이 속도뿐만 아니라 맞춤제품과 서비스를 기대한다. 성공한 회사들은 고객욕구에 맞게 개인화하고, 특정한 방법으로 틈새를 표적화하고 고객욕구를 충족한다.

- 가치추가: 고객들이 자사제품을 경쟁제품보다 더 선호하기 위해서 조직은 제품에 가치를 추가한다. 정확한 통제절차를 통해서 달성되는 평균 이상의 품질을 달성한다.
- 위임과 팀워크의 촉진: 참여적 경영은 통제 과정의 본질을 변경한다. 종업원들이나 팀이 특정한 문제를 해결하는 방법을 결정하기 위해 자신의 창조성을 사용하도록 한다. 통제는 기준과 성과의 차이를 확인하는 과정으로 위임된 과업은 팀워크를 통해 수행된다.

4) 통제의 유형

조직전략을 평가하고 통제하는 것을 조직이 끊임없이 변하는 수요에 대한 가치를 창출하고 경쟁우위를 확보하는 과정이다. 따라서 조직은 실제 성과 결과, 성과를 실현하는 활동 또는 성과에 사용되는 자원에 초점을 맞추기 위해 통제를 수립한다. 실제 성과는 산출, 성과를 산출하는 활동은 행동, 성과에 사용되는 자원은 투입이다.

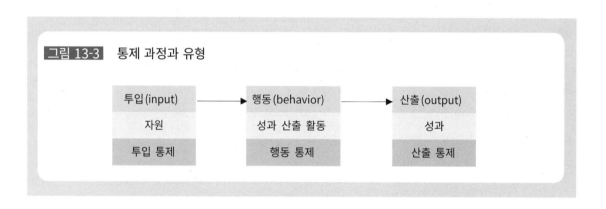

그림 13-3 통제 과정과 유형

투입(input) → 행동(behavior) → 산출(output)

자원 / 성과 산출 활동 / 성과

투입 통제 / 행동 통제 / 산출 통제

투입 통제(input control)는 직원의 지식, 기술, 능력, 가치 및 동기와 같은 자원을 지정한다. 행동 통제(behavior controls)는 정책, 규칙, 표준 운영 절차 및 상사의 명령을 통해 업무가 수행되는 방법을 지정한다. 산출 통제(output control)는 목표와 성과 목표를 사용하여 행동의 최종 결과에 초점을 맞춤으로써 달성해야 할 것을 지정한다. 투입, 행동과 산출 통제는 서로 바꿔 사용할 수 없다.

표 13-1 통제 과정의 예

투입 통제	행동 통제	산출 통제
직원의 지식, 기술, 능력, 가치 및 동기	정책, 규칙, 표준 운영 절차 및 상사의 명령	행동의 최종 결과

462

5) 통제지침

기업환경은 자유화, 민영화, 세계화에 따라 변하는 동적 시스템이다. 조직은 미래가 항상 불확실하고 특정 분야의 전문가가 예측하지 못하는 변화하는 환경에서 경쟁한다. 끊임없이 변화하는 세계화 시대에 기업들은 경쟁우위를 확보하기 위해 원칙과 지침을 가질 필요가 있다. 이러한 원칙과 지침은 목표와 목적을 달성하는데 도움이 된다. 적절한 원칙과 지침이 없으면 조직은 운영하기가 어렵고 비효율적이다. 원칙과 지침에 따라 조직은 품질과 우수성을 달성하는 데 집중할 수 있다. 따라서 최고 경영자는 통제가 전략을 따라야 한다는 것을 기억해야 한다. 통제가 목표를 달성하기 위한 적절한 전략의 사용을 보장하지 않는다면 역기능이 목표의 실행을 완전히 훼손할 수 있다. 다음은 적절한 통제지침이다.

- 최소한의 정보: 통제는 사건에 대한 믿을 만한 상황을 주는 데 필요한 최소한의 정보만을 포함해야 한다. 너무 많은 통제는 혼란을 야기한다.
- 의미성: 통제는 의미 있는 활동과 결과만을 추적한다. 부서 간의 협력이 기업 성과에 중요할 경우 협력을 추적하기 위해 질적 또는 양적 측정을 수립한다.
- 적시성: 너무 늦기 전에 시정행동을 취하기 위해 통제는 시의적절해야 한다.

3. 전략적 통제의 과정

경영진은 환경의 어떤 요소와 조직을 감시, 평가 및 통제해야 하는지 결정한다. 통제는 기업의 목표와 계획이 달성되기 위해 활동성과를 측정하고 시정하는 것을 뜻한다. 오류와 차이가 신속하게 보고·분석되고, 적절한 시정조치가 시행되도록 통제는 행동을 계획과 일치시키는 것이다. 시정행동은 계획이나 조직구조의 변경, 인력배치의 수정이나 지휘의 변경을 수반한다. 목표를 설정하고 활동을 구체화하기 위한 계획이 없다면 통제는 어떤 유용한 목적을 갖지 않는다. 통제는 목표와 계획의 존재를 가정한다. 따라서 어떤 관리자도 계획되지 않은 행동을 통제할 수 없다. 따라서 통제 과정은 기본적으로 감시영역 선정, 기준제정, 성과측정, 성과와 기준 비교, 시정조치로 이루어진다.

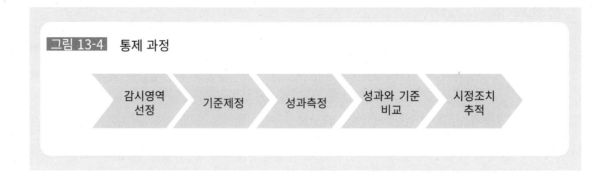

그림 13-4 통제 과정

감시영역 선정 → 기준제정 → 성과측정 → 성과와 기준 비교 → 시정조치 추적

1) 감시영역 선정

감시할 핵심 영역 중 하나는 거시환경이다. 이 영역에 가장 먼저 집중해야 한다. 일반적으로 개별 회사는 환경에 큰 영향을 줄 수 없다. 그러나 환경의 변화가 회사의 전략적 실행 프로세스에 영향을 미치기 때문에 외부환경 세력을 지속적으로 감시해야 한다. 회사와 외부환경 간의 지속적인 전략적 적합성이 필요하다. 따라서 전략적 통제가 필수적이다.

- 전략감시와 통제: 회사의 사명, 목적, 목표와 전략에 따라 전략실행 과정을 감시한다.
- 산업환경: 환경을 감시하고 통제한다. 환경의 변화는 새로운 기회를 제공하거나 새로운 위협을 제기할 수 있다. 새로운 기회를 활용하고 새로운 위협에 효과적으로 대처하기 위해 회사의 전략, 목표 및 운영을 수정한다.
- 내부운영: 환경의 변화를 고려하여 내부운영을 지속적으로 평가한다. 환경 변화가 전략에 영향을 줄 때 전략가는 내부운영에 변화를 도입한다.

2) 기준제정

기준(standard)은 성과를 측정하는 규준(norm)이다. 통제 과정의 가장 본질적인 요소는 결과가 무엇인지를 아는 것이다. 이것은 미래의 예측, 목적의 결정과 성과기준을 필요로 한다. 기준은 유형적, 무형적이거나 구체적, 추상적일 수 있다. 그러나 관계자들이 이해하고, 할당된 의무의 완수가 측정될 수 있게 표현되어야 한다. 조직성과를 평가하는 것은 일반적으로 특정 기준을 근거로 한다. 이러한 기준은 전년도의 성과, 경쟁사의 기록 또는 경영진이 수립한 새로운 기준일 수 있다. 이처럼 기업은 요소를 고려하여 전략의 성과를 평가할 기준을 제정해야 한다. 기준에는 다음이 포함될 수 있다.

- 제품의 품질·서비스
- 생산되는 제품의 수량
- 경영의 질
- 혁신·창조성
- 장기 투자 가치
- 판매량 또는 시장점유율
- 투자수익률, 자기자본 수익률, 시장가격, 주당 순이익과 같은 재무 건전성
- 지역 사회에 제공되는 다양한 시설, 환경 보호 및 생태적 균형을 위한 프로그램
- 생산목표, 생산시설 활용, 신제품 설계, 제품품질에 대한 고객불만, 원재료의 적합성
- 직원 만족도, 직원 결근율, 직원 이직률, 노사관계 현황 등 인사관리의 건전성
- 유능하고 숙련된 직원 유치와 유지할 수 있는 능력
- 회사 자산의 사용
- 고객 및 일반 대중의 기업 이미지
- 시장 환경
- 자율, 통제 수준, 책임, 공식과 비공식 조직

3) 성과측정

조치를 취하기 전에 조직의 다양한 영역의 성과를 측정해야 한다. 기준이 제정되면 통제 과정에서 다음 단계는 성과측정이다. 성과측정은 기준에 근거해야 한다. 성과 확인으로 미래를 예측할 수 있다. 판매가 상승하거나 감소하는지를 예측하기 위해 고객이나 근로자 질문이 때때로 사용된다. 예를 들면, 장비의 진동은 고장을, 근로자의 고충은 파업을 예측하기 위해서 사용될 수 있다. 이러한 예측으로 실제적인 사건이 발생하는 것을 기다리지 않고 시정조치가 착수될 수 있다.

❶ 조직성과 측정

중요한 전략평가 활동은 조직의 성과를 측정하는 것이다. 실제 결과를 계획이나 기준과 비교하여 차이를 조사하고, 목표를 달성하기 위해 진행 상황을 조사한다. 장기와 연간 목표는 이 프로세스가 일반적으로 사용된다. 전략을 평가하는 기준은 측정 가능하고 쉽게 검증할 수 있어야 한다. 장기 또는 연간 목표를 달성하기 위한 만족스러운 진전을 이루지 못하면 시정조치가 필요하다. 불합리한 정책, 예기치 않은 경제환경, 신뢰할 수 없는 공급업체나 유통업체와 비효율적인 전략과 같은 많은 요인

으로 인해 목표달성이 만족스럽지 못할 수 있다. 문제는 비효과성(적절한 일을 하지 않음) 또는 비효율성(적절한 일을 제대로 수행하지 못함)에서 비롯된다. 많은 변수가 조직성과측정에 포함된다.

유리하거나 불리한 변수들은 월간, 분기, 연간으로 기록되고, 필요한 행동이 결정된다. 전략평가는 양적 및 질적 기준에 기초한다. 전략평가를 위한 정확한 기준을 선택하는 것은 특정 조직의 규모, 산업, 전략 및 경영 철학에 달려 있다. 예를 들면, 축소전략을 추구하는 조직은 시장개발 전략을 추구하는 조직과 완전히 다른 평가 기준을 가질 수 있다. 전략을 평가하는 데 일반적으로 사용되는 정량적 기준은 재무비율이다. 재무비율의 비교는 회사의 성과를 다른 기간과 비교, 회사의 성과를 경쟁업체와 비교, 회사의 실적을 업계 평균과 비교 등이 있다.

표 13-2 조직성과 측정

요인	실적	추정	차이	필요 조치
총매출액				
매출액 성장률				
시장점유율				
매출총이익률				
순이익				
순이익 성장률				
투자수익률				
주당순이익				
자산 성장률				
부채비율				
사업부 1 이익				
사업부 2 이익				
사업부 3 이익				
제품 1 이익				
제품 2 이익				
제품 3 이익				

잠재적인 문제 중 일부는 전략평가에 양적 기준을 사용하는 것과 관련이 있다. 대부분의 양적 기준은 장기 목표보다는 연간 목표에 맞춰져 있다. 또한 여러 가지 회계 방법으로 많은 양적 기준에서 다른 결과를 얻을 수 있다. 직관적인 판단은 거의 항상 질적·양적 기준을 도출하는 데 도움이 된다. 이러한 이유로 전략을 평가할 때 질적 기준이 중요하다. 높은 결근율과 이직률, 낮은 생산품질 및

생산성이나 낮은 직원만족과 같은 인적 요인은 성과 저하의 근본 원인이 된다. 마케팅, 재무·회계, R&D 또는 경영정보 시스템 요소는 재무 문제를 야기할 수 있다. 전략평가에서 질적 또는 직관적 판단의 필요성을 드러내는 몇 가지 주요 질문은 다음과 같다.

- 고위험 프로젝트와 저위험 프로젝트 사이의 투자 균형은 어떠한가?
- 장기 및 단기 프로젝트 간의 투자 균형은 어떠한가?
- 저성장 시장과 고성장 시장 간의 투자 균형은 어떠한가?
- 각 사업부 간 투자의 균형은 어떠한가?
- 기업의 대체 전략은 어느 정도까지 사회적 책임을 지고 있는가?
- 회사의 주요 내부 및 외부 전략적 요인들 간의 관계는 어떠한가?
- 주요 경쟁업체들은 특정 전략에 어떻게 대응하는가?

❷ 전략적 감사

전략적 감사(strategic audit)란 전략실행으로 영향을 받는 조직의 운영을 평가하고 실행하는 것이다. 전략적 감사는 전략적 관리 프로세스의 모든 측면을 강조하는 매우 포괄적인 관리이다. 또한 특정 프로세스의 단일 부분에만 중점을 둘 수도 있다. 전략적 감사는 조직의 규칙과 절차를 준수하는 방식으로 공식적이다. 관리자에게 결정을 내릴 수 있는 자율성을 제공하는 것은 상당히 비공식적일 수 있다. 따라서 전략적 감사는 관련 기능을 통합하기 위해 노력해야 하기 때문에 다기능 팀의 관리자가 수행한다.

❸ 전략적 감사 측정 방법

전략가는 충분한 자금, 원자재, 기계, 기술 및 인적자원을 배분하지 않고 전략을 실행해서는 안 된다. 일반적으로 인정되는 방법을 사용하여 조직의 성과를 측정할 수 있다. 이러한 방법들은 질적 방법과 양적 방법으로 크게 나눌 수 있다. 그러나 이러한 측정 방법을 적용하는 것은 주로 개인의 판단에 달려 있다. 질적 방법으로 도출한 결론은 판단의 주관성 때문에 신중하게 판단해야 한다. 따라서 질적 방법과 양적 방법은 상호보완적으로 사용하는 것이 바람직하다.

▌ 질적 방법

질적 측정은 주관적으로 요약된 비수치 자료의 형태로 이루어진다. 이러한 측정은 의사결정 및 전략통제 조치를 위해 구성되고 제공된다. 질문은 조직 운영의 중요한 측면을 반영하도록 고안된다. 질문에 대한 답은 측정의 기준으로 삼는다. 모든 회사에서 보편적으로 허용되는 일반적인 질문이 있다.

조직의 자원을 고려할 때 조직전략이 적절한가? 전략실행에는 언제나 충분한 자원을 할당해야 한다. 따라서 기존 조직의 자원이 제안된 전략을 수행하기에 충분한지 여부를 조사해야 한다. 전략의 시간 범위가 적절한가? 조직전략은 시간 틀 내에서 구체적인 목표를 달성하기 위해 수립된다. 기존 상황에서 시간 틀이 현실적이고 수용 가능해야 한다.

▌양적 방법

전략 수행의 양적 방법은 조직적 측정에서 수치화된 자료의 형태로 이루어진다. 결론을 도출하고 전략적 조치를 권고하기 위해 수치 자료를 요약하고 정리한다. 조직은 자체적인 방법을 설계하고 사용하여 양적으로 성과를 평가한다. 측정에서는 양적 방법을 주로 사용하지만 과거의 자료를 기준으로 하기 때문에 한계점이 있다. 따라서 양적 측정을 사용하여 다음과 같은 사항을 평가할 수 있다.

- 기간별 생산단위 수
- 생산원가, 마케팅 비용
- 생산성 및 생산 효율성 수준
- 직원이직률, 결근 수준
- 판매, 판매 성장률, 시장점유율
- 총이익, 순이익, 주당 이익, 배당률, 자본수익률, 시장가격

❹ 균형성과기록표

균형성과기록표(Balanced Score card)는 재무 요소와 비재무 요소를 균형적으로 고려하여 성과지표를 도출하는 중요한 전략평가 도구이다. 즉, 균형성과기록표는 조직의 비전과 전략을 달성하기 위해 수행해야 할 핵심적인 사항을 측정 가능한 형태로 바꾼 성과지표의 집합을 말한다. 기업의 비전과 전략을 조직 내·외부의 핵심성과지표로 재구성해 전체 조직이 목표달성을 위한 활동에 집중하도록 하는 전략경영 시스템이다. 기업이 성과지표를 도출하려면 재무 관점(financial perspective), 고객관점(customer perspective), 내부사업 프로세스 관점(internal business process perspective), 학습 및 성장 관점(leading and growth perspective)의 네 관점에서 전략을 평가할 수 있다. 네 분야로 구분하여 기업별 특성에 맞는 지표를 선정하고 각 지표별 가중치를 적용하여 산출한다. 균형성과기록표 분석에서는 다음 질문에 대한 답변을 찾고 금융 정보와 함께 해당 정보를 활용하여 전략을 적절하고 효과적으로 평가한다.

- 혁신, 기술, 제품품질, 운영 프로세스 효율성 등과 같은 조치를 통해 회사가 지속적으로 개

선되고 가치를 창출하는 방법은 무엇인가?

- 회사는 핵심역량과 경쟁우위를 얼마나 잘 유지하고 개선하고 있는가?
- 회사의 고객은 얼마나 만족하는가?

회사는 전략을 평가할 때 주요 사안, 즉 경영자와 직원, 운영·프로세스, 지역 사회·사회적 책임, 기업윤리, 자연환경과 재무 등을 검토한다. 전략평가 접근법은 장기적인 관점과 단기적인 관점의 균형, 비재무적 관심사와 재무의 균형, 내부 문제와 외부 문제 간의 균형을 유지하는 것을 목표로 한다. 균형성과기록표는 재무적 측정뿐만 아니라 비재무적 측정을 포함한다. 비재무적 자산이 회사 가치의 50%에서 80%를 설명한다는 연구 결과가 있다.[2] 이와 같이 비재무적 자산에 관한 정보는 매우 중요한 변수이다. 따라서 균형성과기록표에서 경영자는 네 가지 영역 각각에서 목표를 수립한다.

- 금융: 주주에게 어떻게 호소하는가?
- 고객: 고객이 회사를 어떻게 생각하는가?
- 내부사업 프로세스: 회사는 무엇을 해야 하는가?
- 학습과 성장: 회사는 지속적으로 가치를 향상시키고 창출할 수 있는가?

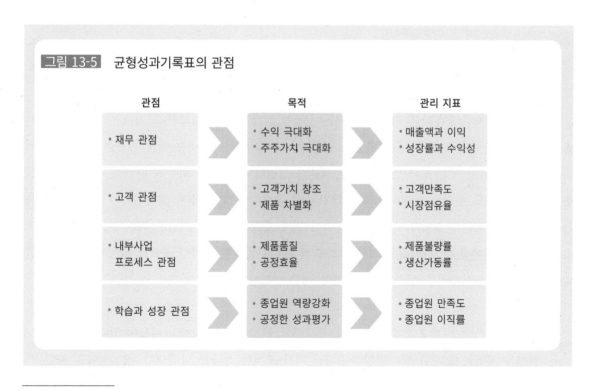

그림 13-5 균형성과기록표의 관점

관점	목적	관리 지표
• 재무 관점	• 수익 극대화 • 주주가치 극대화	• 매출액과 이익 • 성장률과 수익성
• 고객 관점	• 고객가치 창조 • 제품 차별화	• 고객만족도 • 시장점유율
• 내부사업 프로세스 관점	• 제품품질 • 공정효율	• 제품불량률 • 생산가동률
• 학습과 성장 관점	• 종업원 역량강화 • 공정한 성과평가	• 종업원 만족도 • 종업원 이직률

---

2 Goldenberg, D. I.(2000), "Shareholder Value Debunked," *Strategy & Leadership*, 28(1), 30−36.

표 13-3 균형성과기록표

관점	관리 지표	가중치	평정	점수
재무	매출액순이익률			
	주당순이익			
	매출액 성장률			
	부채비율			
	이자보상비율			
고객	시장점유율			
	고객만족도			
	고객충성도			
	기업평판			
	제품반품률			
내부 사업 프로세스	생산가동률			
	제품불량률			
	제품납기			
	리드타임			
학습과 성장	종업원만족도			
	종업원이직률			
	인당 교육시간			

4) 성과와 기준 비교

조직의 여러 측면의 성과를 측정한 후에는 사전에 정한 기준과 비교한다. 기준은 이미 공식화된 조직의 목표와 전략을 달성하도록 설정된다. 기준은 조직성과를 나타내는 척도와 기준점이다. 조직의 목표와 전략에 따라 모든 성과 영역에 대한 기준을 설정한다. 기준은 회사에 따라서 다양하다. 또한 동일한 회사에서도 수시로 다양하다. 적절한 기준의 설정, 정확한 측정과 성과평가의 수단을 개발하는 것은 매우 어려운 과업이다. 성과를 측정하기 위해 개발된 새로운 기법은 객관적이고 현실적이고 유용한 기준이어야 한다. 관리는 예외의 원칙을 적용하고 발생할 때마다 중요한 차이에 집중해야 한다. 이러한 기준에는 수익성, 생산성, 시장 위치, 제품 선도성이 포함된다.

- 수익성: 기간 동안 매출총이익, 순이익, 투자수익, 주당수익, 매출이익 비율이 있다.
- 생산성: 투입물을 산출물로 전환하는 관점에서 조직의 성과를 나타낸다. 생산성에는 자본 생산성, 노동 생산성과 자원 생산성이 있다.

- 시장 위치: 총판매량, 지역별 판매량, 제품별 판매량, 시장점유율, 마케팅 비용, 고객 서비스, 고객만족도, 가격, 고객 충성도가 있다.
- 제품 선도성: 기존 제품의 새로운 용도를 증가시키고 새로운 용도로 새로운 제품을 개발하기 위한 제품혁신과 수정이 있다.

5) 시정조치와 추적

평가의 결과로 기존의 전략은 전략유지, 전략변경과 새로운 전략수립이 된다. 성과가 기준과 일치한다면 아무런 조치도 취하지 않아도 된다. 즉, 기존 전략을 계속 유지한다. 그러나 성과가 기준에 미달한 경우 시정조치를 취한다. 시정조치는 전략 자체를 변경하는 것이다. 시정조치의 권고만으로는 충분하지 않고, 권고한 시정조치가 이행되지 않는다면 통제 과정은 비효과적이거나 실패한다. 시정조치를 수행하기 위해 구체적인 절차가 제정되어야 하고, 책임이 명확하게 할당되어야 통제기능이 효과적으로 작동된다.

표 13-4   시정조치의 중요한 단계

운영국면	관리국면
• 차이원인의 신속한 탐지 • 필요한 시정조치에 관한 의사결정 • 의사결정에 일치하는 신속한 시정조치 • 시정조치의 철저한 감독	• 요인파악을 위해 반복되는 문제의 탐지 • 필요시 징계조치 • 상황의 재발을 방지하기 위한 창의적 계획 • 상황의 인식과 계획된 측정의 도입

❶ 차이의 원인

목표와 결과 간의 차이가 발생하면 차이의 원인을 규명해야 한다. 목표와 결과 간의 차이가 확인될 때 누군가 실수했다고 결론짓는 것은 매우 쉽다. 그러나 차이는 경쟁자에 의한 예기치 않은 결과일 수 있으며 전형적으로 외부환경의 패턴 또는 변화 여부를 나타낸다. 원인이 내부 또는 외부, 일시적 또는 장기적 대응이 가능한지를 파악한다. 따라서 이와 관련하여 다음과 같은 사항을 고려한다.

- 내부 또는 외부 차이의 원인인가?
- 원인이 무작위인가, 예상된 것인가?
- 변동이 일시적인가, 영구적인가?

- 현재의 전략이 여전히 적절한가?
- 필요한 변화에 대응할 능력이 있는가?

❷ 시정조치

시정조치는 조직을 내부 강점과 외부 기회를 활용하고, 외부 위협을 피하거나 완화하고, 내부 약점을 개선함으로써 더 좋은 위치에 두어야 한다. 시정조치는 회사의 운영이 보다 효과적이고 효율적으로 목표에 도달하고 확립된 기준을 수행하기 위한 변화이다. 기준을 달성하지 못하는 전략은 기준변경, 전략수정 또는 전략변경을 고려한다. 전략변경은 기존 전략의 미세 조정이거나 완전한 변경이다. 현재의 기준이 현 상황에서 비현실적이라면 기존의 조건을 고려하여 기준을 재설정한다. 시정조치는 가격인상만큼이나 간단할 수도 있고 최고 경영자 변경만큼 복잡할 수도 있다. 목표와 결과 간의 차이로 인해 회사의 사명, 목표, 환경과의 관계, 내부 강점, 약점 및 전략에 대한 재검토가 필요하다.

시정조치를 취하는 최종 전략평가 활동은 미래에 회사를 경쟁적으로 재배치하기 위해 변경해야 한다. [표 13-5]에서 보듯이 조직의 구조변경, 하나 이상의 핵심인물 교체, 부서 판매 또는 사업 사명 변경 등이 필요할 수 있다. 다른 변경 사항에는 목표수립 또는 수정, 새로운 정책수립, 자본확충을 위한 자금조달, 영업사원 추가, 자원배분, 새로운 성과 인센티브 개발 등이 포함될 수 있다. 시정조치를 취한다고해서 반드시 기존 전략이 포기되거나 새로운 전략이 수립되어야 한다는 의미는 아니다. 전체 사업을 지휘하는 사람은 참가자의 행동뿐만 아니라 그들이 성취한 결과를 확인해야 한다. 행동이나 결과가 계획한 실적이 아닌 경우 시정조치가 필요하다.

표 13-5	바람직하지 않은 목표와 결과의 차이 시정조치

- 회사의 구조 변경
- 핵심 인물 교체
- 사업부 분리
- 회사의 비전이나 사명 변경
- 목표 수정
- 전략 변경
- 새로운 정책 수립
- 새로운 성과 인센티브 제정
- 주식이나 부채로 자금조달
- 영업사원, 직원 또는 관리자 증원이나 감원
- 자원할당의 변경
- 사업기능 아웃소싱

전략평가는 변화하는 환경에 성공적으로 적응할 수 있는 조직의 능력을 향상시킨다. 시정조치를 취하면 직원 및 관리자의 불안이 높아진다. 전략평가에 직원들을 참여시키는 것은 변화에 대한 저항을 극복하는 방법이다. 변화에 대한 저항은 종종 정서적으로 이루어지며 이성적으로 쉽게 극복할 수 없다. 저항은 지위의 상실, 현재의 능력에 대한 묵시적인 비판, 새로운 상황에서의 실패에 대한 두려움, 협의되지 않는 것에 대한 성가심, 변화의 필요성에 대한 이해의 부족 또는 잘 알려진 고정된 방법의 집착과 같은 감정에 근거한다. 따라서 변화가 예상될 때 참여와 설명을 통해 변화에 대한 저항을 극복할 수 있다.

❸ 시정조치 지침

시정이나 조정을 위한 영역이 무엇이든 관계없이 조직 리더는 언제 조정해야 하는지 결정한 다음 조정해야 할 사항을 지정해야 한다. 이것은 리더십이다. 시정에 따라 조정하는 과정은 상황에 따라 다르므로 리더는 상황에 적합한 프로세스를 채택할 수 있다. 그러나 조정의 성공 여부는 대부분 상황에 대한 명확한 이해와 리더의 훌륭한 사업 판단력에 달려 있다. 조정 과정은 상황에 따라 다르지만 리더는 시정조치를 취하기 위해 다음과 같은 일반적인 지침을 따를 수 있다.

- 유능하고 신뢰할 수 있는 부하 직원이 직접 정보를 수집한다.
- 정보를 비판적으로 분석하고 상황을 깊게 이해한다.
- 문제를 명확하게 이해할 수 있도록 세부 사항을 조정하고 대안을 확인한다.
- 상황과 가장 관련된 적절한 대안을 찾기 위해 확인된 대안을 평가한다.
- 위의 단계를 통해 생성된 정보를 기반으로 고려할 잠정 조치 제안을 준비한다.
- 관계자들을 회의에 참석시키고 예비 조치 제안을 검토하고 제안 사항을 제시한다.
- 경영자와 직원 간에 합의를 도출한다.

❹ 전략실행의 성공요인

전략은 수립되면 실행되어야 한다. 전략실행의 지침에는 비전, 사명 및 목표를 포함한다. 평가 프로세스에는 프로세스가 전략실행 지침에 따라 수행되는지 확인하는 작업이 포함된다. 전략이 실행되면 의도대로 목표를 달성한다는 보장은 없다. 따라서 전략실행이 전략대로 실행되는지 확인하기 위해 전략과 프로그램을 평가한다. 또한 외부환경이나 조직 환경에서 조건의 차이가 발생할 수 있다. 이러한 조건의 차이는 전략의 변화를 필요로 하고 변화는 시정조치와 통제를 필요로 한다.

- **직원 참여**: 변화 전략을 수립하고 실행하고 평가하는 가장 중요한 요소는 전체 프로세스에서 직원 참여와 관심이다. 직원 참여와 관심을 통해 직원들은 아이디어를 공유할 수 있고 이는 전략의 품질과 전략실행 프로세스를 향상시킨다.
- **의사소통**: 전략수립, 실행 및 평가 프로세스는 상향, 하향, 수평 및 교차 의사소통을 통해 모든 관계자에게 전달되어야 한다.
- **혁신**: 경영진은 변화 전략수립, 실행 및 평가에 있어 직원들이 혁신적이도록 장려해야 한다.
- **프로젝트 관리**: 프로젝트 관리는 전략의 모든 측면을 실행하는 통합된 접근 방식이다.
- **문화**: 조직문화는 직원의 태도, 신념, 가치관 및 행동을 포함한다.

❺ 기업 위험관리

기업 위험관리(enterprise risk management)는 회사의 목표달성에 부정적인 영향을 미칠 수 있는 불확실성을 관리하기 위한 전사적인 통합 프로세스이다. 기업은 프로세스 위험, 안전 위험 및 보험, 재무 및 기타 위험을 관리한다. 기업 위험관리는 기업 전체에 영향을 줄 수 있는 환경 불확실성의 증가로 인해 채택되고 있다. 기업은 시나리오 분석을 사용하여 주요 사업 위험을 식별한다. 통합 위험 관리 기능을 갖춘 회사는 우수한 경영성과를 달성한다. 다음은 위험을 평가하는 과정이다.

- 시나리오 분석이나 브레인스토밍을 사용하여 위험을 식별한다.
- 합의된 기준을 사용하여 위험을 측정하고 순위화한다.

❻ 비상계획

기업은 바람직하지 않고 불리한 사건이 발생하기 전에 이를 처리할 방법을 계획한다. 큰 조직은 불리한 사건을 대비하여 비상계획을 준비한다. 위협을 최소화하고 기회를 활용하는 것이 회사의 경쟁력을 향상시킬 수 있기 때문이다. 파업, 불매, 자연재해, 해외 경쟁자의 진입과 정부 조치와 같은 예기치 못한 사건은 전략을 쓸모없게 만들 수 있다. 잠재적인 위협의 영향을 최소화하기 위해 조직은 비상계획을 수립해야 한다. 비상계획(contingency plan)은 특정 핵심 사건이 예상대로 발생하지 않을 때 실행될 수 있는 대체 계획이다. 우선순위가 높은 영역만 비상계획이 필요하다. 비상계획은 가능한 한 간단해야 한다. 기업이 일반적으로 설정하는 비상계획에는 다음이 포함된다.

- 주요 경쟁업체가 특정 시장에서 철수하면 회사는 어떤 조치를 취하는가?
- 영업 목표에 도달하지 못하면 손실을 피하기 위해 어떤 조치를 취하는가?

- 신제품 수요가 계획을 초과하면 큰 수요를 충족시키기 위해 어떤 조치를 취하는가?
- 컴퓨터 장애, 적대적 인수, 특허권 침해나 자연재해에 의한 시설 파괴와 같은 재난이 발생하는 경우 회사는 어떤 조치를 취하는가?
- 새로운 기술발전으로 신제품이 조기 진부화된다면 회사는 어떤 조치를 취하는가?

전략평가를 통해 주요 변경 사항을 신속하게 파악해야 하는 경우 적시에 적절한 비상계획을 수립할 수 있다. 비상계획은 내부 및 외부 기반의 주요 변경 사항에 신속하게 대응할 수 있는 능력을 향상시킬 수 있다. 예를 들면, 경제에 대한 근거 가정이 잘못되면 관리자는 비상계획을 즉시 취할 수 있다. 경우에 따라 예기치 않은 기회가 발생하면 비상계획을 통해 조직은 신속하게 대처할 수 있다.

6) 변화관리

변화(change)라는 용어는 기존의 패턴이나 상황에서 불균형이 생기는 것을 의미한다. 변화는 사물을 다르게 만드는 현상이지만 기업에서의 변화는 매우 복잡하고 중요하다. 환경은 조직의 변화를 일으키는 중요한 요인이다. 기업에 미치는 외부환경은 경제적, 사회·문화적, 정치적, 기술적 또는 자연환경의 변화이다. 내부환경은 목표, 조직구조, 전략, 문화, 기술, 인력, 직무 등이다. 조직은 환경변화에 대응하고 효율성을 높이기 위해 기술, 구조, 시스템, 인력관리 등을 변화시켜야 한다.

변화관리(change management)는 개인, 팀 및 조직을 현재 상태에서 원하는 미래 상태로 전환하여 비전 및 전략을 이행하거나 구현하는 체계적인 접근 방식이다. 경영자는 조직의 효율성, 효과성 및 궁극적으로 지속 가능성에 영향을 줄 수 있는 조치를 취하기 전에 복잡하고 역동적인 상황에 관련하여 변화를 관리해야 한다. 구성원의 이해와 참여를 통한 변화저항을 극복한다.

❶ 변화 관리자

변화를 야기하는 요소에는 구성원들의 성격, 태도, 기술, 경제적 충격, 경쟁, 사회적 동향 및 정치환경이 포함된다. 필요는 발명의 어머니라고 하듯 전 세계의 급속한 기술개발과 치열한 경쟁환경은 변화를 야기한다. 변화의 결과로 기술 인력, 시스템 전문가 및 기계 운영자에 대한 수요는 증가하나 다른 영역의 직원에 대한 수요는 감소하고 있다. 또한 기술 변화로 인해 기존 직원은 자신의 기술과 지식을 갱신해야 한다. 기술은 기업을 통해 사람들에게 도달하고 고객의 기대를 증가시킨다. 또한 기술은 사회 변화를 가져오고 사회 체계를 복잡하게 만들기도 한다. 인적자원에 대한 기술의 영향은 직접적이고 복잡하고, 지적인 직업, 다중 전문 관리자, 조직구조의 변화, 전사적 품질관리와 업무 재설계를 발생시켰다.

조직변화는 조직 구성원의 행동을 변화시켜서 조직의 능률성을 향상하고 조직을 존속, 성장, 발전시키려 하는 과정이다. 조직의 변화 활동을 관리하는 책임을 지는 사람이 변화 관리자이다. 변화 관리자(change agent)는 직책, 신분, 지식이나 기술을 활용해 조직의 변화를 촉진하고 영향을 주는 개인이나 집단을 말한다. 변화 관리자는 회사의 직원, 관리자, 임원 또는 외부 경영 컨설턴트이다. 이들은 타인의 완전한 참여와 관심을 촉진한다. 또한 기술, 제품 및 시장의 가능한 변경을 예측하고 회사의 수정 계획을 수립하고 수정 사항을 실행한다. 다음은 변화 관리자의 주요 활동이다.

- 조직구조의 변화: 기존 조직구조의 변경을 도모한다. 팀 구조, 권한부여, 개방적이고 유연한 구조와 같은 조직설계 등이 포함된다. 변화 관리자는 매트릭스 구조, 평면 구조 및 간단하고 동적인 구조를 도입한다.
- 기술의 변화: 새로운 혁신적인 기술장비, 도구, 기계, 운영방법, 새로운 아이디어, 새로운 지식 등을 도입한다. 경쟁력 있는 환경에서 자동화 및 정보기술은 업무 재설계, 공급망 관리 및 기업 자원 계획을 포함한다.
- 물적 환경의 변화: 공장, 사무실, 상점, 공간 구성, 인간 공학, 장식 및 색상에 근거하여 가구의 신체적 배치에 있는 변화를 도입한다.
- 조직 구성원의 변화: 조직 구성원의 태도, 가치, 규범, 적성, 행동, 리더십 기술, 팀 구축 기술, 개방성, 의사소통 능력, 문제해결 능력을 변화시키는 데 중요한 역할을 한다.

❷ 변화전략

조직변화는 조직 내의 개인이나 집단의 행동을 경영자가 원하는 방향으로 변경시키려는 과정이다. 사람, 기술 및 구조 간의 관계 변화는 지속적으로 이루어진다. 사람들은 자신의 직업, 근무 조건, 동료, 상사 등과 함께 변화에 적응한다. 변화는 개인과 조직이 새로운 조정을 요구한다. 복잡성과 조정의 두려움은 저항과 변화의 문제를 야기한다. 인적자원은 조직이 개인으로 구성되어 있기 때문에 개인, 조직 및 환경 간의 조정에 중요한 요소이다. 개인은 개별적으로 또는 집단으로 변화에 저항할 수 있다. 구성원들이 변화에 동참하지 않는다면 진정한 변화를 성취할 수 없다.

변화는 반응적이고 사전 행동적일 수 있다. 미래의 예상되는 도전에 대비하기 위해 적극적으로 변화를 계획해야 한다. 반응은 환경에서 일어나는 변화에 대한 자발적 대응 또는 계획된 대응일 수 있다. 변화는 크게 업무 변화와 조직 변화로 구분할 수 있다. 업무 변화에는 기계, 근무 시간, 작업 방법, 작업 확대 및 축소, 직무 재설계 또는 리엔지니어링이 포함된다. 조직 변화는 이전, 승진, 감원, 해고나 구조조정 또는 조직 변경, 신제품 출시, 규정 개정, 조직의 목표 변경 등이 포함된다. 다음은 조직에서 변화 전략이 필요한 경우이다.

- 확장 및 다각화
- 합작투자
- 흡수, 합병 및 인수
- 조직구조조정
- 새로운 생산 및 제품 개조 소개
- 신규 시장진출 및 기존 시장 철수
- 수출
- 라이센싱, 프랜차이징 및 관리 계약

표 13-6 변화전략

공격전략	방어전략
• 경쟁사의 강점 공격 • 경쟁자의 약점 공격 • 여러 측면에서의 동시 공격 • 최종 실행 공격 • 게릴라 공세 전략 • 선제공격 전략	• 기업의 경쟁력 확보 • 선도자 이점 • 수직적 계열화 • 저가의 고품질 전략 • 차별화 전략

4. 윤리경영

　윤리는 기업계에서 유행어가 되고 있다. 윤리기준은 성문화되어 있지 않기 때문에 적절한 행동에 관한 불일치와 딜레마가 발생한다. 가치가 충돌할 때 윤리적 딜레마는 옳거나 잘못된 상황에서 발생한다. 윤리는 행동과 의사결정 시 좋거나 나쁜 것에 관한 기준이다. 윤리적 문제는 개인이나 조직의 행동이 해롭거나 이로울 때 나타나고 때때로 복잡하다. 조직의 구성원들은 상황과 관련하여 윤리적으로 적절하거나 부적절한 행동에 관한 견해가 다를 수 있다. 관리자들은 옳은 것을 결정하는 어려운 상황에 직면하고 상사와 조직에 대한 의무감과 불안 사이에서 갈등을 겪는다.

1) 윤리

윤리(ethics)는 성격, 관습이나 수용되는 행동을 언급하는 그리스어의 에토스(ethos)에서 유래되었다. 개인의 행동을 지배하는 도덕원리나 활동이 수행되는 방법이다. 윤리는 옳거나 잘못된 것에 관한 개인이나 집단의 행동을 지배하는 도덕원리와 가치이다. 윤리적 기준을 사용함으로써 사람이나 집단은 옳은 것과 그른 것을 식별하기 위해 행동을 규제한다. 윤리는 자연과학이 아니라 인간 마음의 창조이다. 이러한 이유로 윤리는 절대적이지 않고, 시간, 장소와 상황에 영향을 받는다. 윤리는 다른 사람들을 다루는 동안 따르기로 기대한 행동강령이다. 행동강령(code of conduct)은 특정한 집단의 구성원을 구속하는 원리와 기대이다. 집단구성원의 올바른 활동을 지도하는 지침이 된다.

2) 기업윤리

기업윤리(business ethics)는 기업의 행동을 지도하는 원리와 기준이다. 기업은 이해관계자들의 욕구와 이익을 극대화하려는 욕망에서 균형을 이루어야 한다. 균형유지는 상호보완을 필요로 한다. 명시적이거나 암묵적인 규칙은 기업이 개인이나 사회 전체에 해를 주지 않고 이익을 버는 것을 안내하기 위해 개발된다. 기업윤리의 범위는 회사와 종업원들, 공급자들, 고객들과 이웃들과 관련된 규범을 다룰 만큼 방대하고, 주주들에 대한 수탁자의 책임이다. 이것은 기업의 철학을 반영한다. 다음은 기업윤리의 특징이다.

- 직원들이 과업을 수행할 때 준수하는 행동강령이다.
- 조직 내에서 보편적인 적용이다.
- 상대적인 규범으로 기업마다 다르다.
- 장기적이고 지속적인 관계일 때 매우 효과적이다.
- 잘 수용되는 사회적 가치를 기반으로 한다.
- 고객들과 기업과 관련된 사회집단을 보호한다.
- 법적, 도덕적, 경제적, 그리고 문화적 제한을 규정한다.
- 법에 의해서 강제할 수 없는 회사원들의 자기수양이다.
- 정기교육 프로그램과 훈련지도가 필요하다.

법의 영역은 기업활동의 범위를 강제로 규정한 영역이다. 입법자는 사람과 기업이 준수해야 할 규칙을 정한다. 선택의 영역은 법이 규정하지 않고, 개인이나 조직이 완전한 자유를 갖고 있는 행동과

478

관련이 있다. 윤리의 영역은 법의 영역과 선택의 영역 사이에 있다. 이 영역은 구체적인 법을 갖고 있지 않지만, 개인과 회사를 안내하는 도덕적 행동에 관한 공유된 원칙과 가치에 근거한 행동의 기준이다. 많은 기업들과 개인들은 선택이 법이나 자유에 의해서 지배되는 영역에서 갈등을 겪는다. 가장 좋은 선택은 윤리의 영역을 인식하고 도덕적 가치를 강력한 힘으로써 수용하는 것이다.

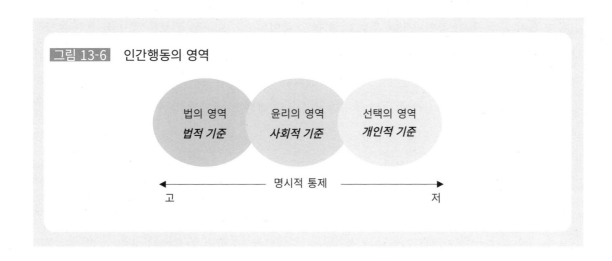

그림 13-6   인간행동의 영역

법의 영역
법적 기준

윤리의 영역
사회적 기준

선택의 영역
개인적 기준

명시적 통제
고   저

윤리는 종업원들에게는 의무이지만, 기업과 종업원들의 이익을 보호하고, 이해관계자 집단의 신뢰를 구축한다. 윤리경영은 최고 경영층에서 시작해야 하고, 회사 전체에 스며들어야 한다. 따라서 기업이 경쟁환경에서 생존하고, 성장하기 위해서 경영자들은 윤리적으로 기업을 경영해야 한다. 다음은 기업이 윤리적으로 경영을 해야 하는 주요 이유이다.

• 기업과 종업원들의 이익 보호
• 주주 기대의 충족
• 이해관계자 집단의 신뢰구축
• 종업원들과 기업의 평판 보호
• 사회에 대한 기여

3) 윤리경영의 장점

많은 기업들이 기업윤리와 재무성과 간의 상관관계를 인식하고 있다. 윤리행동에 명확한 의지를 보이는 회사는 윤리행동을 보이지 않는 회사보다 더 나은 성과를 내고 있다. 종업원들이 윤리를 준수하는 회사는 직원들의 낮은 이직률을 보인다. 따라서 기업윤리의 장점은 인재유치와 보유능력, 투자자 충성도와 고객만족 등이 있다.

❶ 인재유치와 보유능력

사람들은 높은 윤리적 가치를 갖고 있는 회사에서 종사하기를 바란다. 윤리적인 회사는 유능한 인재를 유치할 수 있고, 종업원들을 돌보고, 답례로 종업원들은 회사를 돌보는 것으로 상호 보상한다. 윤리적 풍토는 종업원들에게 중요한 관심사이다. 동료들의 결정과 행동에 따라 행동하고, 신뢰하고, 결정을 받아들이기 때문에 윤리적 조직들은 신뢰할 가치가 있는 환경을 창조한다. 이러한 근무환경에서 종업원들은 동료와 상사에 대한 존경과 배려를 기대하고, 회사는 강한 팀워크와 생산성을 장려하고, 종업원 성장을 지원한다.

❷ 투자자 충성도

투자자들은 투자한 회사의 윤리, 사회적 책임과 이미지에 관심이 있다. 투자자들은 윤리적 풍토가 효율성, 생산성과 수익에 기반이 된다고 인식한다. 이해관계자들과의 관계는 신뢰와 헌신이고, 신뢰와 헌신은 지속적인 충성심이 된다.

❸ 고객만족

고객만족은 성공적인 기업전략에서 중요한 요인이다. 반복구매와 상호존중의 지속적인 관계는 기업의 성공에 필수적이다. 지속적인 성공을 위해 고객들 가운데에서 회사에 신뢰와 존중을 나타내야 한다. 이것은 윤리적 실천을 채택하는 회사에 의해서 달성된다. 높은 윤리에 대한 믿음으로 고객들은 작은 일탈을 위기나 작은 사고로 지각할 수 있다. 강력한 윤리적 회사는 고객의 이익을 최우선으로 놓는다. 고객에 대한 윤리적 행동은 강한 경쟁위치를 구축하고 강한 대중 이미지를 촉진한다.

4) 윤리경영의 요소

기업은 윤리적 행동을 증진하기 위해 무엇을 할 수 있는가? 많은 조직들은 구성원들 간의 윤리적 행동을 장려한다. 직원의 선발에서 개인의 도덕적 성장, 개인적 가치, 자아강도와 통제 정도를 검토한다. 윤리는 행동과 의사결정시 좋거나 나쁜 것에 관한 기준이다. 윤리적 문제는 개인이나 조직의 행동이 해롭거나 이로울 때 나타나고 때때로 복잡하다. 윤리경영의 핵심적인 요소는 강력한 윤리강령, 윤리교육, 윤리지도와 기밀보고 시스템이 있다.

❶ 강력한 윤리강령

윤리는 해야 할 일과 해서는 안 될 일을 구분한다. 경영자들은 회사의 이미지와 목적을 위해 비전을 종업원들에게 알린다. 이것은 종업원들에게 작업장에서 행동을 어떻게 해야 하는지를 알게 하고 준수해야 하는 것을 제공한다. 윤리강령은 종업원들이 따를 주요 가치와 윤리적 규칙을 기업이 공식적으로 기술한 것이다. 최고 경영자의 리더십과 윤리적 행동은 문화적 분위기를 수립하기 때문에 매우 중요하다. 조직이 종업원들에게 높은 윤리적 기준을 준수하기를 원한다면 업적평가에서 이러한 차원을 포함해야 한다. 업적평가는 경제적 결과에만 집중하는 것이 아니라 포괄적이어야 한다.

❷ 윤리교육

이해하지 않거나 따르지 않는 어떤 윤리강령은 저장된 종이나 파일에 불과하다. 회사는 필수적인 교육을 제공할 수 있는 사내 교육 부서를 갖고 있다. 교육관은 윤리분야에서 충분한 경험과 훈련을 가져야 한다. 윤리적 훈련은 윤리적 문제해결을 가르치는 훈련이어야 한다. 독립적인 윤리적 감사는 조직의 윤리강령에 의해 의사결정과 관리 실무를 평가하고 비윤리적 행동을 저지하는데 사용될 수 있다.

❸ 윤리지도

복잡한 윤리적 딜레마에 직면하는 종업원들을 위한 우호적이고 신뢰할 수 있는 사내·외 전문가가 있어야 한다. 문제에 대한 윤리적 결정을 촉진하기 위해 윤리적 개념, 분석적 기술과 의사결정 도구를 사용하는 사람은 충분한 전문지식이 있어야 한다. 또한 윤리를 지도할 때 기밀성의 확보와 기밀성을 보호하는 우호적이고 정직한 지도가 필수적이다.

❹ 기밀보고 시스템

기밀보고 시스템은 보복의 두려움이 없이 관찰된 비행이나 위반을 보고하는 수단을 종업원들에게 제공하는데 적합하고, 또한 윤리적 위반을 방지하는데 도움이 된다. 추가적으로 윤리적 문제의 조기탐지와 해결은 도난이나 비행과 같은 경우에 많은 손실을 보호해 준다. 윤리적 딜레마가 있는 종업원들이 보복의 공포 없이 무엇인가를 할 수 있기 위해 조직은 공식적인 보호 구조를 제공할 수 있다.

5) 기업윤리의 범위

옳은 것은 실행하고 잘못된 것은 거부하는 행동은 도덕원리와 가치이다. 개인이나 집단은 이러한 도덕원리와 가치를 따라야 한다. 조직의 구성원들은 상황과 관련하여 윤리적으로 견해가 다를 수 있다. 윤리적 문제와 현상은 조직의 모든 수준에서 발생한다. 윤리는 이해관계자들 간의 신뢰를 형성하여 거래 속도를 빠르게 하고 경비를 절감한다. 기업윤리의 범위는 규칙과 권한, 회계와 자금, 인적자원, 마케팅과 생산공정 등이 있다.

❶ 규칙과 권한

윤리준수는 경영자들이나 종업원들이 규칙과 권한을 준수하는 것이다. 조직에서 윤리적 풍토는 법률준수를 확실히 하는 것이다. 윤리를 중시하는 조직들은 규정이나 기대한 것 이상으로 법을 준수한다.

❷ 회계와 자금

회사와 종업원들이 직면하는 회계와 자금의 윤리적 문제에는 자산가치의 불법적 평가, 내부자 거래와 금융시장을 조작하는 증권사기, 경영자 보상이나 과도한 비용과 급행료 결제 등이 있다. 특히 분식회계와 같은 회계사기는 투자자와 고객의 이탈을 초래한다.

❸ 인적자원

인적자원관리는 윤리를 도입하고 실행할 때 중요한 역할을 한다. 특히, 윤리는 인적자원 전문가에게는 중요한 사안이다. 인적자원관리의 윤리는 종업원과 사용자 간의 권리와 의무처럼 노사관계에서 발생하는 윤리적 사안을 포함한다. 다음은 인적자원관리에서 직면하는 기업윤리의 사안이다.

- 연령, 성, 민족, 종교, 지역, 장애 등의 차별
- 소수집단 우대
- 종업원 대표, 작업장이나 노동조합의 민주화
- 종업원의 사적비밀
- 내부고발자
- 고용계약의 공정성과 노사 간의 힘의 균형
- 작업장 안전과 건강

❹ 마케팅

소비자와 밀접한 마케팅 윤리는 마케팅의 운영과 규제 이면의 도덕을 다룬다. 마케팅 윤리는 고객과 시장에 관한 불공정 거래 사안이다. 다음은 마케팅 부문에서 직면하는 심각한 사안이다.

- 가격담합, 가격차별화와 초기고가
- 공급의 조작, 독점거래 협정
- 허위, 오도나 과장 광고
- 암시장과 노인 소비자 시장

❺ 생산공정

제품과 생산공정에서 신체적 손상이나 제품결함을 야기하지 않는 것을 확실히 하는 것은 회사의 의무이다. 심각한 딜레마는 제품이나 생산공정에서 위험의 정도가 있다는 사실이나 허용의 정도를

 스튜어드십 코드 "사회적 책임 확대" vs "기업 간섭"

스튜어드십 코드는 기관투자가의 적극적인 경영참여를 유도하는 의결권 행사 가이드이다. 재산을 관리하거나 집안일을 맡아보는 집사(스튜어드)처럼 주주권 행사를 통해 기업의 지속가능 성장에 기여하고 투자자 이익을 극대화하려는 목적을 가지고 있다. 스튜어드십 코드는 2010년 영국이 가장 먼저 도입했는데, 2008년 글로벌 금융위기가 기업의 잘못을 견제하지 못한 기관투자가 무관심에서 비롯됐다는 판단에 따른 것이다. 현재 네덜란드, 캐나다 등 10여개 국가가 운용하고 있다. 아시아에서는 '잃어버린 20년'을 겪은 일본이 상장사 자기자본이익률을 개선시키기 위해 2014년 도입했다. 국내서는 증시 최대 큰손인 국민연금이 내년 초 스튜어드십 코드 입법을 추진하고 있고, 삼성자산운용·미래에셋자산운용·KB금융 등 주요 금융사들도 잇따라 도입 계획을 밝혔다. 스튜어드십 코드 활성화 분위기가 형성되며 지속가능 투자·사회책임 투자에 대한 증권가와 시장의 관심도 커지고 있다. 금융투자사들은 ESG(환경(environment)·사회(social)·지배구조(governance)) 상장지수펀드(ETF) 상품을 내놓았고 사회책임투자(SRI) 펀드도 20여개가 출시됐다. 여기에 스튜어드십 코드 도입에 따른 주주환원 기대감으로 배당성향이 확대될 가능성이 높아짐으로써 배당주나 배당주 펀드의 매력도 함께 높아졌다.

출처: 서울경제 2017.11.01

정의하는 것은 어렵다. 허용의 정도는 예방기술이나 수용할 수 있는 위험의 사회적 인식에 달려있다. 다음은 생산윤리의 유형이다.

- 결함, 중독성과 위험성이 있는 제품
- 회사와 환경 간의 윤리관계는 오염, 환경윤리, 탄소배출거래를 포함한다.
- 새로운 기술에서 발생하는 윤리문제, 즉 유전자변형 제품
- 제품 테스트 윤리

6) 기업의 사회적 책임

기업은 관계를 맺고 있는 사회와 환경에 관한 책임이 있다. 기업의 사회적 책임은 기업이 고객, 종업원, 공급자, 사회 공동체와 주주 등 이해관계자들에 대해 스스로 인식한 의무를 자발적으로 완수하기 위해 실천하는 행동이다. 기업의 사회적 책임을 지속하는 가장 체계적인 방법은 윤리기준, 사회적 책임과 기업실천을 연결하는 기업문화를 구축하는 것이다. 모든 기업은 사회적 책임에 관한 정책을 갖고 있고, 활동을 상세히 기록한 보고서를 생산한다.

❶ 기업의 사회적 책임

사회적 책임은 옳게 행동하는 선량한 시민을 의미한다. 기업의 사회적 책임(corporate social responsi- bility: CSR)은 사회가 기업에 기대하고 요구하는 사회적 의무들을 충족하기 위해 수행하는 활동이다. 즉, 기업이 지속적으로 유지하기 위한 이윤 추구 활동 이외에 법적, 경제적, 윤리적 책임을 다함으로써 사회에 긍정적 영향을 미치는 경영활동이다. 따라서 조직뿐만 아니라 사회의 복지와 이익에 기여하는 행동을 하는 경영자의 의무이다. 기업경영에서 사회와 환경의 관심사를 자발적인 기준으로 통합하는 개념이다. 다음은 사회적, 경제적, 환경적 영향과 인권을 고려하는 사회적 책임의 활동 범위이다.

- 지역사회와 동반자 역할
- 사회적 책임 투자
- 종업원과 고객 간의 관계개발
- 환경보호와 유지

❷ 기업의 사회적 책임 기준

기업의 사회적 책임은 기업이 이행관계자들과 공존하기 위한 당연한 의무 사항이다. 기업의 사회적 책임은 경제적, 법적, 윤리적, 재량적 책임 기준으로 나누어진다. 기업의 사회적 책임을 구성하기 위해서는 이 기준에 들어맞아야 한다. [그림 13-7]은 기업의 사회적 성과에 대한 평가 모델이다.

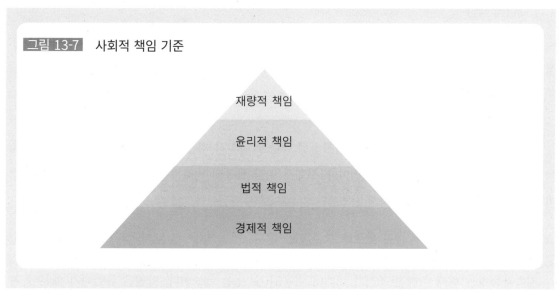

| 그림 13-7 | 사회적 책임 기준 |

출처: Mark S. Schwartz and Archie B. Carroll(2003)," Corporate Social Responsibility: A Three-Domain Approach," *Business Ethics Quarterly*, 13(4), 503-530.

▌경제적 책임

기업은 사회의 기본적인 경제적 단위이다. 경제적 책임은 사회가 원하고 기업을 위해 이익을 극대화하는 상품과 서비스를 생산하는 것이다. 경제적 책임은 이익극대화의 관점이다. 기업이 유지되기 위해서는 이익 지향적 기준으로 운영되어야 한다. 그러나 경제적 이익은 사회적 책임이지만 이를 추구만 한다면 기업은 곤란하게 된다.

▌법적 책임

법적 책임은 사회가 적절한 기업행동에 관하여 중요한 것으로 생각하는 것이다. 즉, 정부, 지역단체의 법적 요구 사항 내에서 경제적 목적을 달성하는 것이다. 기업의 불법적 행동은 기업 사기, 의도적인 결함제품 판매, 불필요한 수리 또는 절차, 소비자에 대한 의도적인 오도와 미제공한 작업에 대한 청구 등을 포함한다. 법을 위반하는 조직은 성과와 기업 이미지가 결과적으로 나쁘다.

▌윤리적 책임

기업이 사회의 일원으로 이해 관계자들의 가치와 기대를 충족하는 것이 윤리적 책임이다. 윤리적 조직의 의사결정자들은 공평과 형평으로 행동하고 개인의 권리를 존중한다. 비윤리적 의사결정으로 개인이나 회사가 다른 사람이나 사회를 희생하여 이익을 얻게 될 때 행동은 윤리적인 문제를 발생시킨다.

▌재량적 책임

재량적 책임은 순수히 자발적이고, 경제, 법이나 윤리에 의해서 강제하지 않는 사회적 기여이다. 재량 활동은 회사에 어떠한 이익을 주지 않고 기대하지 않는 인류애적인 공헌이다.

❸ 사회적 책임의 원리

사회적 책임 활동을 둘러싸고 있는 불확실성 때문에 사회적 책임을 정의하는 것이 어렵지만, 사회적 책임 활동을 확인하는 것은 필수적이다. 사회적 책임 활동의 원리는 지속가능성, 책임성과 투명성이 있다. 이것은 조직을 사회와 경제 시스템의 일부로 보는 관점이다.

▌지속가능성

지속가능성은 현재 취해진 조치가 미래에 이용될 수 있는 정도이다. 자원은 유한하기 때문에 자원이 현재 이용된다면 미래에 자원이 사용될 수 없다. 석유, 철이나 석탄과 같은 추출 자연의 원자재는 양적으로 유한하고, 사용되면 미래에 이용될 수 없다. 지속가능성은 사회가 창조된 것보다 더 많이 자원을 사용할 수 없다는 것을 의미한다. 이것은 자원의 투입과 산출로 기술될 수 있다.

▌책임성

기업의 활동으로 영향을 받는 환경과 이해 관계자들에 대해 기업은 책임이 있다. 책임성은 이러한 결과의 적절한 조치를 개발하는 것과 기업의 조치를 보고하는 것이 필요하다. 이러한 필요성은 성과를 개발하고, 조직하고, 보고할 때 기업에는 비용이 된다. 이것은 다음과 같은 근거가 필요하다.

- 모든 이해관계자가 이해할 수 있어야 한다.
- 제공된 정보가 사용자와 관련이 있어야 한다.
- 측정의 정확성, 결과의 대표성과 객관성이 있어야 한다.
- 일관성과 비교성이 있어야 한다.

▌투명성

투명성은 조직의 신뢰자산으로 이해관계자들과의 관계를 지속시키는 원천이다. 투명성은 조치의 외적 결과가 조직의 보고서로부터 확인될 수 있어야 하고, 관련된 사실은 보고서 안에 위장되어 있지 않아야 한다. 투명성은 배경정보와 지식이 부족한 외부 사용자에게 특히 중요하다. 따라서 투명성은 조직의 성장을 유지하고 외부 이해관계자들의 신뢰를 얻는 필수적인 요소이다.

 농협은행 '윤리경영 우체국' 출범

윤리공감우체국은 임직원간 감사편지를 주고받고 윤리경영 실천관련 아이디어 제안, 미담사례 소개, 청렴직원을 추천할 수 있으며 잘못된 업무관행 및 부패행위도 신고할 수 있다. 직원들이 우체통에 비치된 '윤리공감카드' 또는 자유양식에 편지를 써서 우체통에 넣으면 임직원간 감사편지는 내부 BPR시스템 등을 통해 해당 직원에게 배달되고 윤리경영 실천 아이디어 등은 관련부서에서 검토 후 제도개선 등에 반영된다. 또한 미담사례 및 청렴직원을 적극 발굴하여 시상하고 전파함으로써 임직원의 윤리의식 제고를 위해 노력할 계획이다. 임직원들의 이용 편의 제공과 윤리공감우체국 활성화를 위해 농협은행 사내통신망에도 윤리공감우체통을 개설하여 임직원들이 윤리공감우체국을 보다 편리하고 자유롭게 이용할 수 있도록 했다.

출처: 스포츠조선 2017.07.23

글로벌 리더를 위한
전략경영

참고문헌

김승경(2017), 지속적 경쟁우위를 위한 경영전략론-4판, 학산미디어.

방호열, 김민숙(2014), 전략 경영, 문우사.

유순근(2016), 센스 마케팅, 무역경영사.

_____(2016), 서비스 마케팅, 무역경영사.

_____(2017), 센스 경영학, 진샘미디어.

_____(2017), 창업 온·오프 마케팅, 박영사.

장세진(2016), 경영전략-제9판, 박영사.

Frank T. Rothaermel(2014), 이병희(2014), 최신 전략경영, 한국맥그로힐.

Abraham Maslow(1943), "A Theory of Human Motivation," *Psychological Review*, 50, 370 –396.

Aaker DA, Joachimsthaler E.(1999), "The Lure of Global Branding," *Harvard Business Review*, 77: 137– 144.

Akaka MA, Alden DL(2010), "Global Brand Positioning and Perceptions," *International Journal of Advertising*, 29: 37–56.

Alvarez, S. A., & Barney, J. B.(2007), "Discovery and Creation: Alternative Theories of Entrepreneurial Action," *Strategic Entrepreneurship Journal*, 1(1-2), 11–26.

Anderson, Carl(1997), "Values–Based Management," *Academy of Management Executive*, 11(4), 25-46.

Antony, J.(2004), "Some Pros and Cons of Six Sigma: An Academic Perspective," *The TQM Magazine*, 16(4), 303–306.

Assink, M.(2006), "Inhibitors of Disruptive Innovation Capability: A Conceptual Model," *European Journal of Innovation Management*, 9(2), 215–233.

Barney, J. B.(1995), "Looking Inside for Competitive Advantage," *Academy of Management Executive*, Vol. 9, Issue 4, 49–61.

Bazerman, M. H., & Chugh, D.(2006), "Decisions Without Blinders," *Harvard Business Review*, January, 88-97.

Bennis, W. G., &Mische, M.(1995), *The 21st Century Organization: Reinventing through Reengineering*, Jossey–Bass Inc Pub.

Bremmer, I.(2007), *The J Curve: A New Way to Understand Why Nations Rise and Fall*, Simon & Schuster.

Byers, T. H., Dorf, R. C., & Nelson, A. J.(2011), *Technology Ventures: From Idea to Enterprise.* New York: McGraw—Hill.

Calantone RJ, Cavusgil ST, Schmidt JB, Shin G (2004), "Internationalization and the Dynamics of Product Adaptation—An Empirical Investigation," *Journal of Product Innovation Management,* 21: 185—198.

Carpenter, M. A., Bauer, T., & Erdogan, B.(2009), *Principles of Management,* Washington, DC: Flat World Knowledge.

Chatman, J. A., & Cha, S. E. (2003), "Leading by Leveraging Culture," *California Management Review,* 45(4), 20—34.

Cayla J, Arnould E. J.(2008), "A Cultural Approach to Branding in the Global Marketplace," *Journal of International Marketing,* 16: 86—112.

Charles, Hill & Jones(2004), *Strategic Management: An Approach,* Houtghton Mifflin Company, Boston.

Dess, G., Lumpkin, G. and Eisner, A.(2014), *Strategic Management 7th ed.,* New York: McGraw—Hill.

Egan, J.(2007), *Marketing Communications,* Cengage Learning EMEA.

Ger G.(1999), "Localizing in the Global Village: Local Firms Competing in Global Markets," *California Management Review,* 41: 64—83.

Goold, M., & Campbell, A.(1998), "Desperately Seeking Synergy," *Harvard Business Review,* 76(5), 131—143, 131-143.

Goldenberg, D. I.(2000), "Shareholder Value Debunked," *Strategy & Leadership,* 28(1), 30—36.

Hammer, M. and Champy, J.(1993), *Reengineering the Corporation: A Manifesto for Business Revolution,* Harper Business, NY.

Hiam, A.(1998), *The Manager's Pocket Guide to Creativity,* Human Resource Development.

Hitt, M. A., Ireland, R. D., & Hoskisson, R. E.(2012), *Strategic Management: Competitiveness and Globalization,* Cengage Learning.

Hunger, T. L., Wheelen, J. D.(2008), *Strategic Management and Business Policy,* New Jersey: Pearson/ Prentice Hall, Upper Saddle River.

Keller, K. L.(1993), "Conceptualizing, Measuring, and Managing Customer—Based Brand Equity," *Journal of Marketing,* 1—22.

Keller, K. L.(1998), *Strategic Brand Management: Building, Measuring, and Managing Brand Equity,* New Jersey.

Keller, Kevin Lane(1999), "Managing Brands for the Long Run: Brand Reinforcement and Revitalization Strategies," *California Management Review.* 41(3), 102—124.

Kenny, G. K., Butler, R. J., Hickson, D. J., Cray, D., Mallory, G. R., & Wilson, D. C.(1987), "Strategic Decision Making: Influence Patterns in Public and Private Sector Organizations," *Human Relations,* 40(9), 613—631.

Koza, M. P., & Lewin, A. Y.(1998), "The Co—Evolution of Strategic Alliances," *Organisation Science,* 9, 3, 255-264.

Kim, W. C., & Mauborgne, R.(1999), "Creating New Market Space," *Harvard Business Review,* 77(1), 83-93.

Kirkpatick, S. A., & Locke, E. A.(1991), "Leadership: do Traits Matter?" *Academy of Management*

Executive, 5(2), 48−60.

Koza, M. P., & Lewin, A. Y.(1998), "The Co−evolution of Strategic Alliances," *Organisation Science*, 9, 3, 255-264.

Lehu, J. M.(2006), *Brand Rejuvenation: How to Protect, Strengthen & Add Value to your Brand to Prevent it from Ageing*, Kogan Page Limited.

Leifer, R., O'Connor, G.C., and Rice, M.,(2001), "Implementing Radical Innovation in Mature Firms: The Role of Hubs," *The Academy of Management Executive*, 15(3), 102−123.

Mark S. Schwartz and Archie B. Carroll(2003), "Corporate Social Responsibility: A Three−Domain Approach," *Business Ethics Quarterly*, 13(4), 503-530.

Michael, Polany(1958), *Personal Knowledge*, Towards a Post−Critical Philosophy.

Mintzberg, Henry(1994), *The Rise and Fall of Strategic Planning*, Basic Books, New York/Toronto.

Narayandas D, Quelch J, Swartz G.(2000), "Prepare your Company for Global Pricing," *MIT Sloan Management Review*, 42: 61−70.

Nonaka, I., and Takeuchi, H.(1995), *The Knowledge Creating Company*, Oxford University Press, New York, NY.

Nonaka, L., Takeuchi, H., & Umemoto, K.(1996), "A Theory of Organizational Knowledge Creation," *International Journal of Technology Management*, 11(7−8), 833−845.

Ojasalo, J.(2008), "Management of Innovation Networks: A Case Study of Different Approaches," *European Journal of Innovation Management*, 11(1), 51−86.

O'Reilly, C. A., Chatman, J., & Caldwell, D. F.(1991), "People and Organizational Culture: A Profile Comparison Approach to Assessing Person−organization Fit," *Academy of Management Journal*, 34, 487-516.

Osterwalder, A. & Pigneur, Y.(2010), *Business Model Generation: A Handbook for Visionaries*, Game Changers and Challengers, Wiley.

Park, C. W., Milberg, S., & Lawson, R.(1991), "Evaluation of Brand Extensions: The Role of Product Feature Similarity and Brand Concept Consistency," *Journal of Consumer Research*, 18(2), 185−193.

Perkmann, M., & Spicer, A.(2014), "How Emerging Organizations Take Form: The Role of Imprinting and Values in Organizational Bricolage," Organization Science, 25(6), 1785−1806.

Perry, J. S., & Herd, T. J.(2004), "Reducing M&A Risk through Improved due Diligence," *Strategy & Leadership*, 32(2), 12−19.

Plessis, M.D.(2007), "The Role of Knowledge Management in Innovation," *Journal of Knowledge Management*, 11(4), 20−29.

Porter Michael(1980), *Competitive Strategy*, The Free Press/Macmillan: New York.

Porter, M.E. (1990), *The Competitive Advantage of Nations*, New York: The Free Press.

Puranam, P., Singh, H. &Zollo, M.(2006), "Organizing for Innovation: Managing the Coordination Autonomy Dilemma in Technology Acquisitions," *Academy of Management Journal*, 2, 263−280

Quah, P. Young, S.(2005), "Post−Acquisition Management: A Phase Approach for Cross−Border M&As," *European Management Journal*, 23 (1), 65−75.

Ries, A., & Trout, J.(2004), *Positioning: How to Be Seen and Heard in the Overcrowded Marketplace*,

American Media International.

Rumelt, R. P.(1998), *Evaluating Business Strategy*, Mintzberg H, Quinn JB, Ghoshal S., The Strategy Process, Revised Edition, Prentice Hall Europe.

Sabatier, V., Mangematin, V., & Rousselle, T.(2010), "From Recipe to Dinner: Business Model Portfolios in the European Biopharmaceutical Industry," *Long Range Planning*, 43(2), 431−447.

Shamma, H. M., & Hassan, S. S.(2011), "Integrating Product and Corporate Brand Equity into Total Brand Equity Measurement," *International Journal of Marketing Studies*, 3(1), 11.

Shippmann, J.S., Ash, R.A., Battista, M., Carr, L., Eyde, L.D., Hesketh, B.J., Kehoe, J., Pearlman, K., Prien, E.P., & Sanchez, J.I.(2000), "The Practice of Competency Modeling," *Personnel Psychology*, 53, 703−740.

Terwiesch, C., & Ulrich, K. T.(2009), *Innovation Tournaments: Creating and Selecting Exceptional Opportunities*, Harvard Business Press.

Tidd, J., Bessant, J., and Pavitt, K.(2005), *Managing Innovation: Integrating Technological, Market and Organisational Change*, 3rd ed., Wiley, Chichester, UK.

Trott, P..(2001), "The Role of Market Research in the Development of Discontinuous New Products," *European Journal of Innovation Management*, 4(3), 117−125.

Verganit, R.(2008), "Design, Meanings and Radical Innovation: A Meta−Model and a Research Agenda," *Journal of Product Innovation Management*, 25, 436−456.

Viswanathan NK, Dickson PR(2007), "The Fundamentals of Standardizing Global Marketing Strategy," *International Marketing Review*, 24, 46−63.

Wansink, B., & Huffman, C.(2001), "Revitalizing Mature Packaged Goods," *Journal of Product & Brand Management*, 10(4), 228−242.

Wheelen, Thomas L., Hunger, J. David(2017), *Strategic Management and Business Policy*. Pearson.

Yankelovich D, Meer D(2006), "Rediscovering Market Segmentation," *Harvard Business Review*, 84, 122−131.

Yunus, M., Moingeon, B., & Lehmann−Ortega, L.(2010), "Building Social Business Models: Lessons from the Grameen Experience," *Long Range Planning*, 43(2), 308−325.

Zack, Michael H.(1999), "Developing a Knowledge Strategy," *California Management Review*, 41.3, 125−145.

Zeitharnl, Valarie A.(1981), "How Consumer Evaluation Processes Differ Between Goods and Services," In The Marketing of Services, Proceedings of the 1981 National Services Conference, Ed. J. Donnelly, Chicago, *American Marketing Association*, 186−190.

Zukin S, Jennifer SM(2004), "Consumers and Consumption," *Annual Review of Sociology*, 30, 173−197.

글로벌 리더를 위한
전략경영

찾아보기

ㄱ

가치사슬(value chain) 124

가치사슬 분석(value chain analysis) 124

가치이동(value migration) 160

가치파괴(value destruction) 374

간접금융 261

감독(supervision) 246

개(dog) 213

개별브랜드(individual brand) 318

갭 분석(gap analysis) 82

거래품목(traded items) 129

거시환경(macro environment) 51

게릴라공격 전략(guerrilla attack strategy) 308

결과 지향 문화(outcome-oriented cultures) 103

경영환경(business environment) 46

경쟁 수준 매트릭스(Competitive Profile Matrix:
    CPM) 76

경쟁열위(competitive disadvantage) 16

경쟁우위(competitive advantage) 34, 72, 117

경쟁자 분석 틀 78

경쟁자 행동 예측(predicting competitor
    behavior) 78

경쟁적 위치(competitive position) 73

경쟁전략 174

경험곡선(experience curve) 97

경험속성(experience properties) 183

경험적 브랜드 컨셉(experiential brand
    concept) 309

계열확장(line extensions) 324

계획(planning) 244

계획 방식(planning mode) 28

고객관점(customer perspective) 468

고정금리 261

고정비(fixed costs) 264

공격적 문화(aggressive cultures) 103

공급사슬 관리(supply chain management) 98

공급자의 협상력 65

공동브랜드(family or umbrella brand) 318

공동체모델(community model) 132

공정혁신(process innovation) 371

과소 포지셔닝(under-positioning) 312

관계적 브랜드 컨셉(relational brand concept) 309

관련 산업 및 지원 산업(related and supporting
    industries) 348

관리(management) 243

관리적 의사결정(administrative decision) 29

광고모델(advertising model) 131

광고컨셉(advertising concept) 310

구독료모델(subscription model) 133

구매자의 협상력 65

구매전략(purchasing strategy) 250

구조조정(restructuring) 373

국가 경쟁우위(Competitive Advantage of
　　Nations) 343

국제화(internationalization) 357

규모의 경제(economy of scale) 98

규칙(rule) 36

균형성과기록표(Balanced Score card) 468

근본적 리포지셔닝(radical repositioning) 313

기능 구조 93

기능적 배치 다이어그램(functional deployment
　　diagram) 442

기능적 브랜드 컨셉(functional brand concept) 309

기능전략(functional strategy) 19, 243

기술(technology) 387

기술수명주기(technology life cycle) 96

기술수용모델(Technology Acceptance Model:
　　TAM) 382

기술지향(technology push) 381

기술지향 혁신(technology push innovation) 392

기업가 정신 방식(entrepreneurial mode) 28

기업공개(initial public offering: IPO) 263

기업브랜드(corporate brand) 318

기업 위험관리(enterprise risk management) 474

기업윤리(business ethics) 478

기업의 사회적 책임(corporate social responsibility:
　　CSR) 484

기업전략(corporate strategy) 19, 203

기회(opportunity) 145

기회의 창(window of opportunity) 147

ㄴ

내면화 400

내부금융(internal financing) 260

내부사업 프로세스 관점(internal business process
　　perspective) 468

내부요인(internal factors) 67

내부요인 평가(Internal Factor Evaluation) 75

내부환경(internal environment) 52, 89

네트워크 230

논리적 점증주의(logical incrementalism) 29

능력(capability) 108

ㄷ

다각화(diversification) 141, 205

다각화 전략(diversification strategy) 221

다국시장 전략(multidomestic strategy) 355

다운사이징(downsizing) 373

단기자금 259

단기차입 261

단독투자 360

대량마케팅(mass marketing) 277

대체제품 66

도약전략(leapfrog strategy) 308

동기부여(motivation) 246

디자인권(design right) 412

디자인지향(design driven) 381

디자인지향 혁신(design driven innovation) 392

ㄹ

라이센싱(licensing) 230, 360

라이프 스타일(life style) 284

라인 밸런싱(line balancing) 254

로저스(Rogers) 151

리더십(leadership) 246

리엔지니어링(reengineering) 373

리포지셔닝(repositioning) 312

ㅁ

마이클 포터(Michael Porter) 343

마케팅 조사(marketing research) 248

맞춤 표적화(customized targeting) 290

매각전략(divestment) 210

맥락(context) 393

명시지(explicit knowledge) 398

목적(objective) 33

목표(goal) 33

무변화 전략(no-change strategy) 209

무브랜드(generic brand) 318

무형적 차별화(intangible differentiation) 184

문제아(problem children) 212

문화적 암묵지 398

물음표(questions mark) 212

미시환경(micro environment) 51, 56

ㅂ

반격방어(counteroffensive defence) 306

발견이론(discovery theory) 156

방법(method) 36

방어적 위치(defensive position) 73

배당금(dividends) 261

벤치마킹(benchmarking) 167

변동금리 261

변동비(variable costs) 264

변화(change) 475

변화관리(change management) 475

변화 관리자(change agent) 476

별(star) 212

보수적 위치(conservative position) 73

복수브랜드(multibrands) 325

복합기업(conglomerates) 95

복합적 다각화(conglomerate diversification) 224

복합적 합병(conglomerate merger) 238

부의 극대화(wealth maximization) 257

브랜드(brand) 317

브랜드수식어(brand modifier) 318

브랜드 연상(brand association) 322

브랜드 이미지(brand image) 322

브랜드 인지도(brand awareness) 321

브랜드 자산(brand equity) 320

브랜드 재인(brand recognition) 321

브랜드 재활성화(brand revitalization) 327

브랜드 컨셉(brand concept) 309

브랜드확장(brand extension) 318, 325

브랜드 회상(brand recall) 321

브레머(Bremmer)   341

브리콜라쥬(bricolage)   158

비상계획(contingency plan)   474

비전(vision)   32

비즈니스 모델(business model)   127

비즈니스 모델 캔버스(canvas)   133

비차별 마케팅(undifferentiated marketing)   289

ㅅ

사명(mission)   31

사명 선언문(mission statement)   31

사업강점(business strengths)   214

사업 기회   145

사업부 구조(divisional structure)   94

사업전략(business strategy)   19, 174

사업 포트폴리오(business portfolio)   210

사용량모델(utility model)   133

사채(corporate bond)   262

사회화   399

산업 매력도(industry attractiveness)   72, 214

산업분석(industry analysis)   59

산업재산권(industrial property)   409

산출 통제(output control)   462

상세 지향 문화(detail-oriented culture)   104

상장(listing)   263

상징적 브랜드 컨셉(symbolic brand concept)   309

상표권(trade mark right)   412

생산자모델(manufacturer model)   132

선제방어 전략(preemptive defense)   306

성격   284

성숙기 브랜드(mature brand)   329

성장전략(growth strategy)   204

세계화(globalization)   349

세계화 전략(global strategy)   356

소유권(ownership)   129

손익분기점(break-even point)   264

손자병법(The Art of War)   6

수요 조건(demand conditions)   347

수익증권   262

수직적 다각화(vertical diversification)   224

수직적 · 전략적 제휴(vertical strategic
     alliance)   228

수직적 차별화(vertical differentiation)   185

수직적 통합(vertical integration)   218

수직적 합병(vertical merger)   237

수평적 다각화(horizontal diversification)   223

수평적 · 전략적 제휴(horizontal strategic
     alliances)   228

수평적 차별화(horizontal differentiation)   185

수평적 통합(horizontal integration)   217

수평적 합병(horizontal merger)   237

수확전략(harvesting)   213

슘페터(Joseph Schumpeter)   148

시스템적 암묵지   398

시장개발(market development)   140

시장세분화(segmentation)   275

시장세분화 전략(market segmenting strategy)   304

시장지향(market pull)   381

시장지향 혁신(market-pull innovation)   392

시장침투(market penetration)   140

시장표적화(market targeting) 288

시장혁신(market innovation) 375

시정조치 472

식스 시그마(Six Sigma) 433

신규 진입자(new entrant) 63

신뢰속성(credence properties) 183

신설합병 237

신주인수권부사채(bond with warrants) 262

신지식재산권(intellectual property rights) 412

실용신안권(utility model right) 411

실패 모드 및 영향 분석(Failure Modes and Effects Analysis) 446

심리도식(psychographics) 284

심리적 거리(psychic distance) 358

ㅇ

아웃소싱(outsourcing) 251

아이디어(idea) 145

안정적 문화(stable cultures) 103

안정전략(stability strategy) 208

알렉스 오스터왈더(Alex Osterwalder) 134

암묵지(tacit knowledge) 397

앤소프(Ansoff) 139

업무 재설계(business process reengineering: BPR) 180, 427

역량(competency) 108

역량강화(empowerment) 11

역합병 237

연구개발 전략(R&D strategy) 251

영 리포지셔닝(zero repositioning) 313

영업방법 413

예산(budget) 34, 256

오스터왈더(Osterwalder) 134

완전완비제품(whole product) 154

외부금융(external financing) 260

외부요인(external factors) 67

외부요인 평가(External Factor Evaluation) 80

외부화 400

외부환경(external environment) 51

외주(outsourcing) 231

요소 조건(factor conditions) 345

운영계획(operational planning) 245

운영적 의사결정(operational decision) 29

운영전략(operations strategy) 254

원가우위 전략(cost leadership) 177

유가증권(securities) 262

유지전략(holding) 213

유통업체브랜드(private brand) 318

유형적 차별화(tangible differentiation) 184

윤리(ethics) 478

의식(ritual) 100

이동방어(mobile defense) 307

이익의 극대화(profit maximization) 257

이익전략(profit strategy) 209

인간 지향 문화(people-oriented cultures) 103

인수(acquisition) 207

인수합병(merger and acquisition) 235

인지적 암묵지 398

ㅈ

자료(data) 394

자본예산(capital budgeting) 99

자본증권 262

자산인수 237

자원(resource) 108

작업분류 구조(Work Breakdown Structure: WBS) 444

장기자금 259

재무 건전성(financial strength) 72

재무관리(financial management) 255

재무 관점(financial perspective) 468

재무 레버리지(financial leverage) 99

재무비율 264

재무전략(financial strategy) 255

재산권(property right) 409

저작권(copyright) 410, 412

적응 방식(adaptive mode) 28

전략(strategy) 6

전략경영(strategic management) 9

전략경영모델 23

전략계획(strategic plan) 10, 245

전략, 구조와 경쟁(strategy, structure and rivalry) 346

전략사업단위(strategic business unit) 18, 95

전략실행 419

전략적 감사(strategic audit) 467

전략적 대안(strategic alternatives) 173

전략적 위치 및 행동 평가 매트릭스(SPACE) 72

전략적 의사결정(strategic decision) 27, 29

전략적 제휴(strategic alliance) 206, 226

전략적 통제(strategic control) 459

전략평가(strategy evaluation) 39, 453

전방통합(forward integration) 219

전술(tactics) 8

전술계획(tactical planning) 245

전환사채(CB: convertible bond) 262

전환전략(turnaround strategy) 210

절차(procedures) 36

점진적 리포지셔닝(gradual repositioning) 312

점진적 전략(incremental strategy) 209

점진적 혁신(incremental innovation) 377

정보(information) 394

정보중개모델(infomediary model) 131

정부와 기회 요소(government and chance) 349

정책(policy) 35

제조업자브랜드(national brand) 318

제품개발(product development) 140

제품계열(product line) 211

제품다양화 마케팅(product−variety marketing) 277

제품범주 분할전략(category partitioning strategy) 304

제품범주 창출전략(category creating strategy) 303

제품−성장 매트릭스(Product−Growth Matrix) 139

제품속성(product attributes) 182

제품수명주기(product life cycle) 135, 151

제품수정(product modification) 335

제품 아이디어(product idea) 146

제품 차별화(product differentiation) 184, 300

제품출시(product launch) 303

제품혁신(product innovation) 370

조기다수자(early majority) 152

조직(organizing) 245

조직문화(organizational culture) 100

조직변화 476

조직수명주기(organizational life cycle) 422

주식(stock) 262

주식인수 237

주요활동(primary activities) 124

중개모델(brokerage model) 131

중기차입 261

지각(perception) 284

지각도(perceptual map) 299

지각자(laggard) 152

지속가능성 486

지속가능한 경쟁우위(sustainable competitive advantage) 119

지식(knowledge) 393, 394

지식감사(knowledge audit) 405

지식경영(knowledge management) 401

지식재산(intellectual property) 409

지원활동(support activities) 124

지혜(wisdom) 396

지휘(leading) 246

직접금융 261

집중적 다각화(concentric diversification) 223

집중화 마케팅(concentrated marketing) 290

집중화 원가우위 전략(focused cost leadership) 196

집중화 전략(focus strategy) 196

집중화 차별화 전략(focused differentiation) 196

ㅊ

차별화 마케팅(differentiated marketing) 289

차이분석(gap analysis) 407

창조성(creativity) 366

창조이론(creation theory) 156

창조적 파괴(creative destruction) 149

채권 262

철수전략(divesting) 213

청산전략(liquidation strategy) 210

체화된 지식(embedded knowledge) 398

초국가 전략(transnational strategy) 357

초기수용자(early adopter) 152

최우수 경영사례(best practice) 167

추세 160

축소전략(retrenchment strategy) 210

측면공격 전략(flanking attack strategy) 308

측면방어 전략(flank defense) 306

ㅋ

캐즘이론(chasm theory) 153

커뮤니케이션(communication) 246

컨소시엄(consortium) 229

코스닥시장(KOSDAQ) 263

클레이튼 크리스텐슨(Chistensen) 379

ㅌ

탐색속성(search properties)   183

태도(attitude)   284

테스트 마케팅(test marketing)   249

통제(controlling)   247, 459

통합(integration)   216

통합전략(integration strategies)   204

투명성   487

투입 통제(input control)   462

특허권(patent)   411

틈새시장(niche market)   162

틈새제품(niche product)   163

팀 지향 문화(team-oriented cultures)   104

ㅍ

파괴적 혁신(radical or disruptive innovation)   378

판매자모델(merchant model)   132

페이욜(Henri Fayol)   243

포위전략(encirclement strategy)   308

포지셔닝(positioning)   292, 296

포지셔닝의 혼돈(confused positioning)   311

포지션(position)   292

포지션방어 전략(position defense)   306

포터(Porter Michael)   61

포터의 다이아몬드 이론(Porter's Diamond Theory)   344

포트폴리오(portfolio)   210

포트폴리오 재구축(portfolio restructuring)   210

포트폴리오 전략(portfolio strategy)   211

표적마케팅(target marketing)   277

표적시장(target market)   275

표적시장 마케팅(target marketing)   288

표적화(targeting)   275

표준화(standardization)   350

표현컨셉(creative concept)   310

품질기능전개(Quality Function Deployment: QFD)   447

품질의 집(House of Quality)   448

프랜차이징(franchising)   230, 360

프로그램(program)   36

프로세스 맵(process map)   440

프로세스 흐름도(process flowchart)   441

프로젝트(project)   36

ㅎ

학습 및 성장 관점(leading and growth perspective)   468

합리적 행동 이론(theory of reasoned action)   381

합병(merger)   207, 237

합작투자(joint venture)   207, 229, 360

핵심성공요인(key success factor)   122

핵심역량(core competency)   109

핵심 품질특성(Critical To Quality: CTQ)   443

행동 통제(behavior controls)   462

혁신(innovation)   366

혁신수용의 확산곡선   151

혁신수용자(innovator)   152

혁신의 물결(waves of innovation)   150

혁신적 리포지셔닝(innovative repositioning)   313

혁신적 문화(innovative cultures)   103

현금 젖소(cash cow)   212

현지화(localization)   350, 352

혼합전략(hybrid strategies)   198

확대전략(building)   213

환경   45

환경 안정성(environmental stability)   72

후기다수자(late majority)   152

후방통합(backward integration)   219

흡수합병   237

3Cs   232

5P's   6

5Whys   445

5요인   61

6M's   89

BCG 성장-점유율 매트릭스   211

BM(Business Method)   413

DMAIC   434

GE 접근법   214

J곡선   341

Michael Rappa   130

Rogers   382

SIPOC   440

SPACE   72

STEEP   23, 52

SWOT 분석   66

TAM2   383

Venkatesh와 Davis   383

VRIO   110

저자소개

유순근

- 숭실대학교 초빙교수
- 전 한림대학교 교수
- 고려대학교 경영대학 졸업
- 숭실대학교 대학원(경영학 박사)
- 법무부장관상 수상(2013)

[주요 저서]
- 벤처창업과 경영(2판)(박영사)
- 글로벌 리더를 위한 전략경영(박영사)
- 논리와 오류: 비판적 사고와 논증(박영사)
- 창업을 디자인하라(무역경영사)
- 센스 경영학(진샘미디어)
- 창업 온·오프 마케팅(박영사)
- 창의적 신제품개발(2판)(진샘미디어)
- 서비스 마케팅(무역경영사)
- 센스 마케팅(무역경영사)
- 비즈니스 커뮤니케이션(무역경영사)
- 신상품 마케팅(무역경영사)
- 기업가 정신과 창업경영(비앤엠북스)
- 중소기업 마케팅(북넷)
- 속임수와 기만탐지전략(좋은땅)

글로벌 리더를 위한 전략경영

초판발행	2018년 8월 10일
지은이	유순근
펴낸이	안종만
편 집	김효선
기획/마케팅	송병민
표지디자인	권효진
제 작	우인도 · 고철민
펴낸곳	(주) 박영사
	서울특별시 종로구 새문안로3길 36, 1601
	등록 1959.3.11. 제300-1959-1호(倫)
전 화	02)733 – 6771
f a x	02)736 – 4818
e-mail	pys@pybook.co.kr
homepage	www.pybook.co.kr
ISBN	979-11-303-0570-7 93320

정 가   35,000원